中　国　学　术　思　想　库

Library of Chinese Academic Thought

学术顾问：纪宝成　程天权

环城农业

中国城市农业问题发展研究

㊤

朱乐尧　周淑景　著

中央编译出版社
Central Compilation & Translation Press

图书在版编目（CIP）数据

环城农业:中国城市农业问题发展研究/朱乐尧，周淑景.-北京:中央编译出版社，2008.4

ISBN 978-7-80211-664-1

Ⅰ.环… Ⅱ.①朱…②周… Ⅲ.①农业经济-研究-中国 ②农村经济-研究-中国 ③农民-问题-研究-中国 Ⅳ.F32 D422.64

中国版本图书馆CIP数据核字（2008）第051280号

环城农业

——中国城市农业问题发展研究

出 版 人：和龑

出版发行：中央编译出版社

地　　址：北京市西单西斜街36号（100032）

电　　话：（010）66509360　（010）66509352（编辑部）

（010）66509364（发行部）　（010）66509618（读者服务部）

网　　址：http://www.cctpbook.com.cn

经　　销：全国新华书店

印　　刷：大连经济技术开发区兴华彩印包装有限公司

开　　本：880毫米×1230毫米 1/32

字　　数：800千字

印　　张：26

版　　次：2008年5月第1版第1次印刷

定　　价：98.00元（上中下）

本社常年法律顾问：北京建元律师事务所　　首席顾问律师鲁哈达

序

中国共产党第十七次全国代表大会提出建设生态文明的重要任务。建设生态文明，坚持生产发展、生活富裕、生态良好的文明发展道路，在全社会牢固树立生态文明观念，是深入贯彻落实科学发展观的重要方面，是确保到2020年实现全面建成小康社会奋斗目标的一项基本要求。生态文明建设的核心问题是在强调产业发展、经济增长与改变消费模式进程中，以最大努力积极主动地节约能源资源，发展循环经济和有效保护生态环境，使生态环境质量不断改善，让人民在良好的生态环境中生产生活，实现经济社会永续发展。

生态文明建设与农业发展密切相关。农业发展一方面受到既有自然生态环境的制约，同时又能够在保护和良化自然生态环境、使其功能不断改进、健全和完善方面发挥重要作用。因此，农业发展与生态文明建设互为条件和因果，可以说是一个问题的两个方面。朱乐尧和周淑景的新作《环城农业——中国城市农业发展问题研究》一书，围绕城市地区农业发展和农业如何在保护及良化城市自然生态环境方面的问题展开研究，不只是一部内容充实、全面，系统论述城市农业发展问题的重要著述，更是一部将生态文明建设落实到农业这一具体产业的系统著述。书中有关城市农业生态化建设和农业发展的一些设想、政策、措施设计等具有实际的指导意义和参考价值。

朱乐尧是我在中国人民大学求学期间的同窗好友，大学毕业后，前往东北财经大学等高等院校任教，长期从事经济学与农业经济问题的理论研究与教学工作，同周淑景等一起先后出版了《关贸总协定概要》（1992）、《产业配置经济学导论》（1991）、《经济学通论》（1996）、《走向明天的国有企业——中国国有企业改革备忘录》（1999）、《中国商业银行经营之道丛书》（2001）、《回归农业——中国经济超越工业化发展模式的现实选择》（2005）等十几部著作。由于长时间的跨学科研究及教学和对诸多经济学科知识、观点及方法的广泛涉猎，朱乐尧和周淑景也逐渐形成了他们对经济与农业问题的特有视角和某些独到的见解或看法。如中国应按照“以农为本”，重农业、农村，利工商和城市的新的重农主义思想，建立农业与工商业等非农产业、城市与乡村经济互为促进的互动经济与产业结构体系的观点和本书中提出的有关环城农业发展的一些看法，包括农业是一种生活方式，中国必须高度重视非耕地农业包括城市建成区农业及山地农业发展问题，必须将农业建立在“大自然的智慧而不是人的聪颖”之上，重视对自然资本投资，谨防农业劳动力的过度转移，以及环城农业发展的相关设想及其政策措施设计等，都反映出他们的见解和看法的独特性。

作为同窗学友，我为乐尧和周淑景在理论研究上所获得的成果和进步由衷地感到高兴，同时也衷心地祝愿他们在理论研究上能够再接再厉，取得新的成就。

陈锡文

2007年11月18日

引言

21世纪，是人类回归自然、与自然和谐相处的工业文明嬗变时代。面对日趋严峻的资源耗竭、环境污染和地球生态的广泛损害，要求人类必须在改进、完善自然生态环境和不断提高其质量方面有所作为。由于农业对于自然生态环境的影响和作用具有明显的双重性质，即一方面对自然生态环境造成破坏，另一方面又在保护和良化自然生态环境从而改进、完善其功能方面发挥重要作用，因此，生态文明建设必须重视农业的有效发展，将农业发展纳入其建设范畴之中，反之亦然。

当代农业在科技进步的强力推动和人类绿色意识及生态文化的作用下，其哲学、目标、方法、结构、资源利用等方面已发生重大变化，农业正日益成为有效促进经济效率提高、生态保护和社会公平发展最具生机与活力的产业。主要表现包括：

（一）农业功能不断完善。农业的社会功能包括食品的保障、工业原料生产、生态保护、美化绿化环境、提供就业、文化传承与服务等多个方面。迄今为止，农业实际承担的主要是食品的生产与供应，属生计产业范畴。未来时期的农业，除为人类社会提供日益增多、更高质量的各种食品外，还将在新兴工业原料及燃料生产、修复受到损害的地球环境、保护自然、促进生态系统服务、提供就业及文化生活服务等方面发挥日益重要的作用，农业物质产品中的非食品生产部分和整个产出中的非物质产品部分所占份额不断加大，从而形成食品与非食品生产、物质产品生产与服务性农业协同发展的农业经营发展格局。

（二）农业中的新兴产业部门不断涌现、壮大。农业中的新兴产业部门包括以生物能源、生物基产品和生物质原料生产为主要内容的农林生物质产业，以保护、治理、美化、绿化城乡环境，提供生态服务为主要目的绿化农业，以传承文化、提供社会生活及文化服务为目标的服务性农业如旅游观光农业、体验农业、休闲农业、教育示范农业，等等。随着新兴农业部门的不断涌现、壮大，农业在一个不断细化的国民经济产业分类结构体系中将逐渐提升、优化其重要地位，并在量的规定性上再次成为国民经济的主体产业部门，而不是如同现在那样，随着经济发展水平的提高，农业份额快速下降，在一个发达的经济体系中，农业份额仅为3%～5%，甚至低于2%。

（三）农业发展的土地依存及其利用方法形成转折性的变化。现有农业的土地利用方法主要是对目标土地进行有目的的开垦，使之在转换成耕地后用于种植目标农作物以获取所需要的农作品。未来农业将在越来越大的程度上有赖于非耕地的直接利用，即通过因地制宜地选用适宜的植物及其种植方式、工艺，充分、有效地利用土地生态系的自然生产力及其发展规律，辅之以符合种植植物生长发育要求的经营措施来获取量多、质优的农产品或服务。这种以土地近自然利用为基础的近自然农业，能够在确保农业增产、增效和农民增收的同时，最大限度地减少农业生产过程因大量使用人工物品而引起的环境与生态问题，从而促进土地资源使用与保护的有机结合和农业生产过程中经济、社会、生态三大效益的协调统一，实现农产品价值与其生态防护及社会公益价值的平衡，是当前推行可持续农业最为现实、有效的一种发展途径。

（四）农业生物资源利用向全方位、多样化方向推进。现有农业所利用的植物资源，世界农产食品总量的3/4来自下述7种农作物，即小麦、水稻、玉米、马铃薯、大麦、木薯、高粱；而作为食品摄入的热量和蛋白质，又几乎有一半来自这7种农作物的前3种。再在这7种农作物清单上加上一种豆类植物（大豆）、一种薯类植物（白薯）、一种糖源（甘蔗和糖甜菜）和一种水果（香蕉），便是构成世界农作物总产量80%的几种主要作物（Paul Hawken, Amory Lovins,L.Hunter Lovins,1999）。这就意味着，世界植物宝库中的其他众多优良植物始终未能得到应有的开发、利用。就中国情况看，单就已发现具有开发利用价值的经济林木即高达1000多种，其中果实含油率在20%以上可用于生产食用植物油或（和）生物燃油的木本油料树种就有300多种，果实或根基淀粉含量在

20%以上的木本粮食植物90多种。此外，还有上百种干鲜水果和野生浆果，以及大量的木本药材、木本纤维植物和用于生产塑料类产品、结构材料类产品、栲胶等生物质原料的各种林木资源。这些经济林木，除极少数外，目前都还未能得到有效的利用。这种情况在未来时期必然发生重大转变。

（五）小区域专业化特色农业成为农业区域化分工的重要组织与布局形式之一。农业区域化分工除形成大区域集中连片的农产品专业生产带（区）外，另一重要形式则是立足当地资源优势，按照“合理配置、适当集中、形成规模，一村一品、一地（乡或县）一业”的基本思路，因地制宜地发展主导产品（或产业）突出的产业及其组织方式。一是根据当地的优势资源，在某个“点”（村）上利用现代科学方法和工程技术，通过特定设施或在自然条件下，建成以某种产品生产为主、多物种共栖、质能多级利用的农业生产基地经营体系；二是对“点”上的小规模特色产品生产进行有效整合，使之融入一个较大范围及连续的区域之中，形成在“面”上进行因事制宜的产业链纵向开发，构建从初级产品生产（第一产业）到以初级产品为原料的加工业（第二产业）和以初级产品为营运对象或以初级产品过程所形成的生产景观为依托的服务业（第三产业，如运输、市场营销、旅游观光业等等）有机结合、协同发展的农业一体化经营系统。

（六）农业成为国民经济中最具活力和生机的重要产业。具体表现：一是科学技术进步为农业发展奠定空前坚实的基础。进入近代以来，科学技术发展一直以工业为重心，而农业则始终处于科技进步及其成果应用的落后状态。这种情况已开始出现重大变化。作为农业基础科学的生物学、动植物生理学、生态学的快速进步和在此基础上发展出来的生物工程技术，必将从根本上改变农业生产，有力地促进农业的迅速崛起，使农业成为最具前途、最富效率的一个产业。二是农工一体化的结合程度不断提高。农业与工业作为两个产业部门的有效结合，在市场经济条件下主要通过互为市场方式加以体现，核心问题是双方各自能够为对方提供什么、提供多少和需要对方提供什么、何时提供。未来工业用原料及燃料中将有日益增多的部分需要由农业提供，农业将成为工业中最为主要的原料燃料供应源，由此，农业对工业品的购买力必然大幅提高，从而成为工业品的最重要购买者。农业成为工业发展的主导力量，既为工业提供日益增多的原料、燃料，还为工业奠定日趋扩大的产品销售市场。三是农业份额的下降势头得到一定程度的遏制和缓解。未来农业作为一个包含众多部门、行业及生产方式的庞大产业部门，其食品生产部门所生产的“生计产品”在整个国民经济及农业总产出中所占有的份额必然不断下降，但其生物能源、生物质原料部门和环境及生态服务部门生产的产品必然大幅增加，从而得以在一定程度上减缓农业份额的下降势头。

适应发展不断变化的演进过程，需要我们牢牢地把握住新的东西，同时，对已有的概念、行为等进行不断的更新。历史对于未来几乎没有什么指示的作用。“没有人能复制什么”（托夫勒）。唯一可以明确的是，只有站在未来出现的最前沿，坚持进行不断的改革和创新，才能真正拥有未来。

中国社会以农村为主体，户口在乡村的常住人口占全国人口总量比重，截止2006年底仍高达72.2%，是世界上最大的农业生产国，主要农产品产量谷物、肉类、棉花、花生、油菜籽、水果、茶叶等均居世界首位。2005年，中国主要农产品产量占世界总产量比重，谷物19.27%、油菜籽28.79%、花生39.3%、水果31.68%、茶叶29.22%，甘蔗6.7%、麻类34%、籽棉25.71%、肉类29.2%、羊毛19.48%、水产品39.3%。中国农业发展状况如何，不仅对于中国经济而且对于整个世界来说，都具有至关重要的决定性作用及意义。

中国在现行市管县体制条件下，全国目前总人口的90%、乡村人口的86%、国土 面积的48.9%、耕地总资源的75%、农业总产值和蔬菜、肉类、水产品等鲜活农产品总量的95%以上分布在地级及以上城市地区。城市地区农业发展水平、增长速度与质量，既在相当程度上决定中国农业的发展状态，也反映中国生态文明建设的水平和质量。

本书以经济生态化问题为主线，集中探讨中国城市地区农业发展问题。全书21章，分为两大部分，其中1～12章，集中研究、探讨城市地区农业发展的基本原理及综合性问题，13～21章研究、探讨城市地区农业的各具体行业、部门发展问题。

与探讨城市地区农业发展的同类著述相比较，本书具有以下几个方面的个性化特点：

（一）强调城市地区农业发展的社会及文化学意义。农业是社会的一种生活方式，是塑造完美人性、良化自然及社会、文化与经济生态环境的一个社会活动部门。城市必须在事实上高度重视农业的有效发展，而不是停留在口头上将农业置于优先于工商业发展的重要地位。对于城市的经济与社会发展，农业的重要性，不只是或不仅仅是经济的，还包括社会的和文化的。

（二）重视并突出农业活动及其资源利用的广泛性，使农业成为一种只要有条件即无处不存在的经济与社会生产活动。在可资利用的农业资源中，城市建成区内农业建设与发展具有特别重要的经济、社会意义。城市建成区内的绿化用地、街道路旁闲地、庭院土地、建筑物之间的间隙地和某些建筑空间，都可成为城区内绿化农业、社区农业、室内农业发展的资源基础。

（三）建立有别于一般农区的农业发展产业体系。城市及其周边地区的农业发展，重点应放在以下几个方面：（1）蔬菜、肉、禽、蛋、奶、鱼等鲜活农产品生产；（2）以休闲、观光、示范教育为主体的服务农业经营；（3）农产品加工与农业物流等农业后续产业；（4）农业生产与经营活动过程的生态化建设，等等。

（四）按照理论与实践、实证与规范、个别与一般、局部与全体、解析与综合和历史与现实相结合的视角和方法，对城市农业发展进行全面、系统的分析，在此基础上，提出环城农业分区域、分行业（部门）及其总体发展的设想建议，为环城农业建设发展的实践活动提供参考依据。

本书是拙作《回归农业——中国经济超越工业化发展模式的现实选择》（中国编译出版社，2005）一书观点及内容的延伸与拓展补充。拙作《回归农业》曾明确提出，中国经济发展不应该也不能够跟着西方发达国家的发展之路亦步亦趋，而是需要另辟蹊径，按照实现“绿色现代化”的要求，在“现世”的经济增长与未来的可持续发展之间寻找到自己的“支点”，中国必须高度重视农业的发展，将农业置于整个经济发展及其产业配置的重心地位，并从现在起就开始着手适当地遏制农业份额不断下降的强劲势头，按照全新的“重农”思想，即“以农为本”，重农业、农村，利工商和城市，建立起一种全新的工商业等非农产业与农业、城市与乡村经济互为条件和支持、互为促进的互动经济与产业结构体系。

三年前，在拙作《回归农业》出版之时，我们曾向读者说过，《回归农业》一书不是一本体系化的学术著述，更为深入、成体系的论述只能等待将来去努力完成。本书视角与拙作《回归农业》有所不同，内容的系统性虽有所加强，但仍然很难说是一部严格意义上的学术著述。这样的任务——还是那句话——有待将来去努力完成，我们有信心和决心在学界前辈、同仁的鞭策、鼓励、关心、指导之下，争取早日完成。

本书第5章《环城农业个案研究：大连环城农业发展设计》由大连开发区社会事业管理局崔爱民撰写，特此感谢。

本书的不当之处，还望读者斧正并谅解。

目 录（上卷）

第2章 城乡结合与农业配置理论和环城农业发展实践

第3章 新农村建设和环城农业发展管理

第1章 环城农业：再造城市生活新基础

第1章 环城农业：再造城市生活新基础

一、在问题面前，人们该作出怎样的抉择

（一）《生存之路》的问题依然没有令人满意的答案

1949年，美国学者威廉·福格特（William Vogt）出版其具有划时代意义的代表作《生存之路》（*Road to Survival*）一书。该书以下一段既优美又促人发省的文字作为开头：

“在塔斯曼海上，一艘轮船在行驶。一排排灰色的细浪犹如长长的钟摆，节奏缓慢地赶过行进中的轮船，消失在一望无际的天边。船长马丁斯同往常一样，起身很早。随后便来到了操舵室查看行驶的方向，然后走上了驾驶台。此时太阳低垂，发出黄铜般奇异色彩，要是在北方，这将预示着有一场台风来临。马丁斯极目远望天边，神色焦虑，心里估摸着从西面刮来的风大概有五级左右。看天色，不像是有暴风雨的样子，可他还是再次来到了操舵室查看气压表。气压很高，没有暴风雨来临的迹象”。

“他再次走上驾驶台察看天色。这时觉察到一些不大被人注意的角落有一层薄薄的褐色尘土。他一时恼怒的喃喃自语，骂船员们太懒了。他又望望天空，只见一片几乎像是薄雾的尘土正从空中降落下来。六小时后就要到达奥克兰了，后面一千多英里内没有陆地。他以不能置信的心情再次核对风向。风的确是从西面刮来的，因而这些尘土一定是从离得很远的澳大利亚吹来的”。

“他对着天空足足望了半小时之久，才去喝早上的咖啡。在悉尼时，他曾听人说内地的情况很糟，几百口井已经干枯，风车只能从中抽出空气，千百万只绵羊被渴死，或被杀掉。他正运往

英国的小麦，据说也供应不足”。

“细细的尘土仍在降落，逐渐发红的太阳映照出浮云正在集合。马丁斯摇了摇头，不禁心想，‘这整个倒霉的大陆一定会给吹个精光的。’”

接着，福格特在《生存之路》中对形成前述环境现象的原因及其出路等问题进行了精辟、详尽的分析和论述。福格特的结论是：现代经济和世界人口的增长已超过土地和自然资源的负载力，“人类由于生育过度和滥用土地已陷入了生态陷阱。由于偏重实用科学，人类一直是在靠借债度日，现在，整个世界的借款即将到期。偿还势难久延。……采取严厉的措施是不可避免的。最最要紧的是，我们必须改变我们的思想。……必须同样放弃任何‘只顾今天——’的哲学。”生存之路，“一是控制人口，一是恢复资源。”“如果我们不采取这些步骤，不立即坚决果断地加以贯彻执行——简单说来，如果人类不根据有限的资源数量来全面重新调整生产方式，那我们就应该放弃过文明生活的一切希望，准备着以不可遏制的速度陷入战争的深渊，回复到野蛮时代。”

应当说，福格特《生存之路》一书提出的问题是深刻的。然而历史发展到今天，人类面临的环境问题，比之福格特所在的那个年代，已不知要严重多少倍！人类的生存之路至今依然没有令人满意的答案，仍有进一步探讨的必要。“恢复资源”，怎么恢复？“根据有限的资源数量重新调整生活方式”，具体如何调整？所有这些都需要有更加深入、具体、明确、系统的研究与解答。

那么，问题何在，出路何在？

（二）忽视农业是对科学和自然的嘲弄

出路在农业，在于农业的有效发展。

在人类发展史上，无论是过去、现在，或是在一个可以预见的未来，农业的重要性，它在经济与社会进步中的重要地位和作用，都是其他任何产业所无法与之相提并论的。不但如此，农业还曾有过其极为辉煌的历史和非凡的成就。

中国是世界史上农耕文明和农事技巧非常早熟的一个国家，

4000多年前中国农民即已唱出："日出而作，日入而息，凿井而饮，耕田而食，帝力于我何有哉？"而且自古还有"王事唯农是务"，即国家政务应以农业为中心（《国语·周语·虢文公谏宣王不籍千亩》）和"上农除末"，以农业为上，其余皆为末节等以"重农"为德政、为根本的文化传统。中国文化是以"天地之大德曰生"为中心，以生生不息、和谐发展为主旋律，不对大自然进行破坏，高度文明的农业文化。

但是，进入近代以来，始于西方工业革命时期并为世界其他后发展国家所普遍推崇并效仿、采用的近现代工业化经济发展及其产业配置的基本模式，却完全忽视了农业在整个经济发展与社会进步中的应有地位和重要作用，忽视了农业作为一个重要产业所固有的巨大活力及其发展的远大前景。

在经济学中，在近代以来社会所普遍存在的思想认识及其价值判断中，农业一直被定义为一个落后的产业部门；农业的重要性、农业所以能够存在并需要有一定的发展，仅仅是为了解决人们的"吃饭"问题，所以农业被普遍看作是一个维持人类生计的产业部门，所以就有了"农业是基础，工业是主导"之说法。

将农业定义为"落后产业"、"生计产业"的经济学价值理论判断，其科学的合理成分究竟有多大？

另外，由于受到源自西方"重工轻农"工业化经济发展模式和"重城市轻乡村"社会发展战略的引导以及经济学将农业视为"落后产业"、"生计产业"、"投资大、低回报产业"等理论判断的误导，农业、农村和农民问题一直被视为是一国或地区经济发展的一大难题，而不是一种可资利用的发展资源与动力。于是，在中国就有了"三农"问题的解决必须跳出"三农"，大力发展非农产业、加速城市发展以便实现农业、农村人口大规模转向非农产业和城市的政策提议。如此判断和建议，是否可行、是否经济、是否合理？农业，农村经济的发展潜力究竟有多大？当前的问题究竟是什么？应该怎样着手解决？

对上述问题的解答，不但是重要的，而且是必需的。

（三）日本“儿童农山渔村交流计划”说明了什么

日本正计划让所有儿童到农村体验生活。据日本《每日新闻》2007年9月1日报道，8月31日，日本农林水产省、文部科学省和总务省联合发表声明，将在日本全国开展旨在让所有儿童到农村去体验农村生活的“儿童农山渔村交流计划”。

按照该计划，2008年将率先在每个都道府县分别设立10所试点学校，全日本共计达到470所学校，先设立40个试点接待地区，之后在5年内逐步增加到500个接待地区。5年后，全日本2.3万所公立小学全部纳入这一计划，参加人数每年达到120万。

计划安排，学生每次体验活动的时间大致为1周。高年级学生将住在家庭旅店或农民家中，时间原则上安排在插秧或收割时节，以便让学生能够真正参加农业劳动。而那些农村学校的学生，则将前往渔村或山村，以体验不同种类的劳动形式。

按照农林水产省、文部科学省和总务省设定的目标，全日本所有小学生在校期间至少要参加1次这样的体验活动。文部科学省认为，通过这种活动，可以使孩子们亲近大自然，激发求知欲，培养同情心。农林水产省则希望通过让农村孩子与城市孩子交流，激发农村地区的活力。

中国多少年来，一直享有“重农之国”的称誉。过去的中、小学也曾经有一种“农忙假”，每到春、秋农忙季节，农村地区包括县城的中、小学都要停学7～10天，以便让孩子们帮助家里“春种、秋收”。在20世纪60、70年代以前，农村孩子帮助家里忙些农活被认为是理所当然的事情。但是，后来，由于多方面原因，包括孩子们因为受到升学考试的巨大压力而变得格外的紧张，农民的孩子帮助家里做些力所能及的农活现象逐渐消失。与此同时，他们游戏的兴趣也由野外转向室内的电视和电子游戏机。不只是城市的孩子，连农村的孩子也逐渐丧失了与自然和农业接触的机会。与此相关，城市和农村的不少孩子出现过度肥胖、体力下降、皮肤过敏、过早成人等一系列健康问题，进而引起不愿上学、厌食症、拒绝聚会、恃强凌弱以及“班级崩溃”（指因许多学生捣乱不守纪律导致整个班级无法正常上课的现象）等令人担忧的问题。这一切虽然不能全部归咎于自然和农业体验的缺乏，但却是其中的重要原因之一。

应当看到，农业中蕴含了不少人类生活不可或缺的真谛，尤其会对孩子们的情操培养产生积极的影响。历史上，欧美的许多思想家和教育家如卢梭、裴斯泰洛齐（J.H.Pesta-lozzi）、歌德、费希特、欧文、杜威和斯坦纳（R.Steiner）等都是非常重视农业和农村生活的教育作用的。

在中国目前条件下，无论从哪个角度看，都有必要在孩子之中加强农业和农村生活方面的体验学习与教育。

（四）发展中的中国最需要什么

中国正处于发展之中，是世界史上第一个既新且旧的国家，也是世界史上第一个既贫又富的国家。今天的中国，在城市，哪怕是偏远地区的中小城市，到处都充斥着昂贵的轿车、奢侈的消费品、暴发户的豪宅和挥金如土、令人咋舌的娱乐消费场所等，在这里，20年前的建筑即已陈旧，看起来就像是数百甚至千年前的古董，所有这些，都使你似乎有理由认定中国已是一个比美国还要新、都要富的国家。

但是，与此同时，中国却仍然有近2亿人口生活在衣食不保、生活无源的贫困状态之中。在过去的20多年中，中国虽然已有人类史上从未有过的众多人口从贫穷中走了出来，然而，2005年，陷入贫困的人数又在近20年中首次超过了脱贫的人数。如何使目前地球上规模最大仍未脱离赤贫状态的一群人得以脱贫，怎样才能保证已经脱贫的一些人不再重新陷入贫穷之中，这确实是我们必须面对的一个重大课题，是必须接受的一项无法逾越的巨大挑战。

解决这样一个问题，应对这样一项挑战，绝不是依靠某些主流经济学家所力主的所谓城市化和大量农民进城所能够解决的。尽管近20多年来，大量农民进城在增加农民收入从而使其脱贫方面发挥了极其重要的作用。但是，到目前为止，进入城市的农民，其在城市的工作绝大部分都是没有多少安全保障的，农民工只是一个随着城市经济迅速发展而产生的临时性团体，这种情况在未来时期也不可能从根本上得到改变。把巨量的农村人口转入城市，高度集中地生活在一个狭小的土地上，无论从哪个角度分析都是不可能实现的，也不具现实的可行性。

中国问题，包括日益扩大的贫富差距问题，农业、农村和农民问题的根本解决，出路何在？在城市？在农村?答案在农业，包括城市及其周边地区的农业。

发展中的中国更需要农业，不只是需要作为一个产业的经济上的农业，尤其需要作为一种文化的农业。旅居美国的印度华人学者谭中先生在论及西方工业科学文化和以中国为主体的东方农业科学文化时写道：“西方工业科学文化和东方农业科学文化有三大不同。第一，前者着眼于‘突破’、‘征服’、‘压倒’，后者着眼于‘新生’‘共荣’‘和谐’。第二，前者把‘物’和‘器’看得高‘人’一等，后者以‘人’为本。第三，前者专制、歧视、推翻，后者提倡平等、包容。”中国目前和未来最需要的还是着眼于“共荣”、“和谐”，以人为本，提倡平等、包容的农业文化。这也是世界所需要的一种文化。

二、社会生活与农业

（一）农业是什么？农业是一种生活方式

中国是世界上农业起源最早、农耕文明绵延历史最长、最为久远、传统农业最为发达、影响最为深远的一个国家。关于农业，中国最为古老的文字——甲骨文即已有“農”的记载。《汉书·食货志》对“農”的诠释是：“辟土植谷曰農”，即凡开垦土地种植谷物的活动就称之为农业。

在世界其他国家或地区，对于农业的理解和定义在开始时也与古代中国大致相近。如：

英文Agriculture，系由拉丁文Agricultura转变而来，其中的agri为田地，culture含有耕种、教化之意。

德文Landwirtschft，其中land即是土地，而wirtschft则是经营管理的意思。

俄文“农业”一词，前半部分也是土地，后半部分为耕种、运作的意思。

之后，随着社会的进步和发展，“农业”的概念有所拓广。现代经济学对“农业”的通常定义是：

“培育动植物以取得产品的社会生产部门。一般包括植物栽培业和动物饲养业”（《经济大辞典》，1983）。

“以动物、植物和微生物为劳动对象，以土地为基本生产资料，通过人工培育和饲养，以取得满足人们需要的产品的物质生产部门”（《中国大百科全书》，1988）。

“利用土地生产农畜产品以满足人类需要的经营活动”（Andreae）。

上述有关于“农业”的几种定义虽然有所不同，而且比较而言，后者似乎是更为明晰、准确一些，但基本上还是相一致的。其涵义为：农业是人类的一种社会活动（不是自然活动）；这种活动以土地为基础（与工业不同）；活动的主体内容是生产农畜产品（不是其他产品）；活动的根本目的是满足人类的相关需要。

实际上，农业活动具有经济的和非经济的两重涵义及属性。从社会学的角度来看，农业乃是一种有关于“生”的活动，用日本学者坂本庆一教授的话来说，就是“通过地球生物圈中构成生命系统的特定生物的利用和培育，为获得实现人类的‘生’所必需的物质和信息而进行的人类的主体性和有计划的营生”。“这里的‘生’是指生命、生活、人生，或者说性命、过日子、活法的全部。”因此，“农的原理即是生的原理”（《农业之于人类的意义》，1989）。

由此可见，农业最为重要、最为本质的功能和作用，并不在于它生产了什么和怎样生产，而是在于它所提供、展示的那种生活哲学与生活方式。可以说，弥漫于当代社会生活中的一系列重大问题，包括：（1）犯罪问题——包括恐怖主义和暴力主义、法律秩序难以为继问题等；（2）贫富问题——贫者愈贫、富者愈富的两极分化问题；（3）歧视问题——包括种族歧视、性别歧视和阶层歧视、职业歧视（如看不起体力劳动者、农民、妇女等）问题等；

（4）失业问题——包括引起失业的经济不景气、通货膨胀、资源耗竭等；（5）污染与生态环境问题——包括生态失衡、气候变化问题等；（6）价值失落问题——包括社会冷酷（Social Apathy）、个人疏离感、心灵空虚、孤独、人性丧失（Dehumanization）等问题；（7）家庭破碎问题——离婚率趋于增高、个人自由流于放任等问题；（8）生活机械化、单调化和由此引起的无聊与生活目的失落等问题；（9）商业主义、金钱主义和由此导致的自私主义、道德颓废等问题；（10）过度城市化和由此引起的乡村衰落问题等；（11）公权主要是政府权力及消费扩大导致对私权、人权的侵害问题，等等，都可以在相当程度上通过农业和农业倡导的生活方式的复兴和发展来加以有效的缓解，直至根本解决。

（二）生活的主体性和其客体性与农业

人们的生活是一元的，但生活的层次与方面却是多元的。多元的生活层次与方面构成生活的一元与全体，内含“生活的性质取向”和“生活的价值取向”等应有之义，涉及“为何生活”和“怎样生活”等现实问题，具体包括生活的主体性与客体性、群己关系、社会生活结构及其变迁、经济成长与生活素质和生活境界的文化基础等内容与问题。

在现实的社会生活中，我们可以常常看到，有的人物质生活很是满足，所需物品应有尽有，极其丰富，具备高品质的各种享受，但他并不快乐，甚至觉得生活乏味，毫无意义；或者对自己所享受的物质生活，沾沾自喜，自以为是，但在旁人看来，他的生活却空洞无聊，一无是处。同这种情况相反，一些人的生活环境及境遇或许不佳，物质生活也不尽人意，但由于他心胸豁朗，心地光明，性格刚毅而又能自道德、文学、哲学、艺术与宗教的修养中开拓其精神的生活境界，因而怡然自得，生活过得自在、安详、和谐。

审察、比较前述两类人的生活之差异，可以看到，一个人的生活质量如何至少有一半决定于个人的主体性（Subjetivity autonomy）——也就是个人充实自己、修养自己以开拓生活境界的能力，包括整合个人人格、适应和改进、完善环境，从而造成自我统一和谐、人我与物我融洽协调的能力。这种能力也就是生命之为生命，能创造、能主动、能实现和完成自我的能力。这就是“生活的主体性”。由生活主体性产生的生活可称之为“人的精神生活”或“生活的精神方面”。

与人的精神生活相对应的是“人的物质生活”，或称其为“生活的物质方面”。生活的物质方面是为生活主体所面临并遭受的物质环境与条件，包括满足经济需要的人为条件等。此等条件对一个人的生活质量如何也有相当的影响。这种影响往往以提升或抑制生活的精神质量的方式出现。生活所承受物质条件影响的能力和事实即为“生活的客体性”。前述第一类人的事例所显示的即是物质因素对精神的压抑，使生活堕落，所谓饱暖思淫欲。现代工商社会就不乏纸醉金迷之徒。而且事实上，现代人在现代生活中也极易受到“空虚”、“绝望”、“失落”等情绪的袭击，造成存在主义、虚无主义对现代人生活质量低调与悲观的看法。为什么会是这样？我们留待后面分析。前述第二类人的事例所显示的则是物质条件激励精神生活、提升其价值的作用。通常，优良的物质条件自然能够成为发展和丰富精神生活的基础，有时不佳的物质条件也常能产生促进精神生活的效用。世人都知道“人穷志短”现象的基本原理，但历史的经验也告诉人们“多难”可以兴邦，“殷忧”可以“启圣”。

总起来说，人们生活的物质条件如财富等因素，对人的精神生活提供安定和保障的重要作用是不容置疑的，物质条件更是改善生活环境、生活方式设计和实现未来生活的更佳物质条件所必需的。然而，虽然物质生活必然影响精神生活，“生活的客体性”不能不影响到“生活的主体性”，但必须看到的是，物质生活与精神生活、生活的客体性与其主体性都是生活整体不可割裂的两个方面，作为生活的整体质量如何，乃决定于物质生活对精神生活、亦即“生活的客体性”对其“主体性”影响的好坏及其程度的深与浅。要点如下：

（1）物质生活条件即“生活的客体性”，有影响生活整体质量及“生活的主体性”之效能，是为提升和发展人们生活整体价值的重要基础。

（2）物质生活条件之价值在于其能够增进人们精神生活的质量。因此，能否增进生活的精神内涵，也就成为衡量生活物质条件是否具有价值及其价值大小的重要尺度。凡能增进生活精神内涵的便具有价值，增进越多，价值越大，反之则不具价值或只有低价值，切不可撇开生活的精神内涵即“生活的主体性”去度量、判断生活物质条件的价值。

（3）精神生活即“生活的主体性”，具有开发和改善物质生活的功能，但这一开发与改善也是为了精神生活的进一步增进与提高，因此，生活的主体性乃是生活的目标，而生活的客体性则是生活的手段。

社会生活整体质量的高或低，是由生活的主体性与其客体性的综合与结合所决定的。如果生活的主、客两方面均具高品质，生活质量或价值则为上乘；如果主、客两个方面同属低的品质，即意味着生活方式及其质量是不足取的；如果主体方面品质高，而客体方面品质低，则表示生活仍处于某种理想的状态，应充分利用主体的创造力以求提高生活的客体之品质；如果客体生活具有高品质，而主体生活却品质低，则是生活趋向减绝的征象。提升和改善生活的整体质量，必须在生活的主体性和其客体性两个方面上同时努力。生活主体的培护，意味着生活质量的内在改善，而生活客体的完美化和健全化，则是生活质量的外在改进。

农业活动的顺利展开与进步，对于生活主体的培护和生活客体的完善化、健全化具有决定性的作用及意义。前者通过生活主体的自发与自修提高其价值心态；后者则通过对生活客体的研究与设计，以求同生活的主体要求相适应。

（三）完美的人性塑造与农业

农业不仅具有生产农畜产品，为城乡居民生活提供粮食、蔬菜水果、肉奶蛋鱼等食品保障和为工业提供部分原料的供给功能，除此之外，还具有人性教育、生态优化、资源保护、观光休闲、文化传承等多方面功能。

农业活动充满对人性的综合，促使所有参与这种活动特别是一线劳动的人成为一个完整的人。农业的这种功能和作用，源于农业生产活动的循环性、多样性、与自然的互动性和自我创造性。

农业生产同以无生命素材为对象进行无机物加工的工业活动不同，农业的对象是有生命的动植物体，可以在复杂的生态环境条件下延续、发展和升华。农业同时处于天体的自然的循环和受其影响的生命的循环之中，以及农业对象（即客体）和农业主体（农民）的世代循环之中。因此，农业社会是一种“生命循环的世界”，是对自然的循环、生命的循环和代际循环的综合反映。通过这种种循环性，人们可以深切地感受到自然的生命力和永恒，体会到生命的韵律和余裕，进而怀着对自然的敬畏，养成谦虚的精神，而在这一过程中，还将培养出对祖先的感谢和对子孙后代的期望。这些都是人们积累精神财富和物质财富的过程，是所有非农经济活动所不能及的。

农业生产是在具体的季节过程中，持续进行的“耕地——整地——育苗——栽培——观察天气、管理水和养分——除草——收获——加工——处理——出售”等多种异质的和多样性的生产活动。农业生产的作物种类极其丰富，生产过程各不相同，同时，受到千变万化的气候条件的制约和影响，台风的有无和气温的冷暖等等都会左右年景的丰歉及其收成的好坏。从五谷杂粮、瓜果菜蔬，到猪牛马羊、鸡鸭鹅兔，作物和畜禽种类的多样性，使得不同年龄和性别的人们能够精心选择适宜自己的农活，从而为男女老少提供参加农事活动的机会。工业活动虽然也有着众多的产品种类及工种，但却不受季节和生命特性的制约。工业制品是零件的生产和组装的过程，是由人通过机械化和单纯化完成的，而且可以在瞬间同时进行，属于高度分工的专业化的简单作业。农业活动与此不同，丰富多彩、具有高度的前后关联性和连续性的农业生产及其复杂的生态环境和对生命体的培育过程，使在单纯化、统一化模式中生活与劳作的人们得以感受、体悟到生命的活力、节奏和跃动。生命世界的安定和永恒是在多样性中实现的，人们的身心健康和生活安定也只有在生活内容的多样性中才得以形成。

农业生产具有与充满生命力的自然相互作用的属性及特点。在农业生产过程中，人与作物、畜禽之间能够建立起某种感情的交流。一个农民所以能够一个人在山野里坚持长时间如整天的劳作却不会有孤独感，就是因为他可以在劳作的同时同山川草木鸟虫等“说话”。人在这种相互交流中，是能够从自然中感悟到许许多多的东西的，可以学会协调和互助，品味生存的快乐和愉悦，培养起感谢、祈福的情操等等。

人类通过造物而创造自我。这一点在农业活动中尤为突出。农业生产过程实际上也是一种自我创造和自我形成的过程，对培养人的情操，使之成为完整的人这一点上具有十分重要的意义。

（四）生态环境良化与农业

人类是在一定的自然生态环境中生存和生活的。生态环境问题，被认为是21世纪人类生存与发展的最大课题。生态环境与农业的关系，一是体现为生态环境对农业活动及其发展的制约和农业生产对自然生态环境及其要素包括气候、土质、光照、降水、地形地貌和动植物系统的有效利用；二是农业生产活动对自然生态环境的保护和良化培育，使原始、生态服务滞后、功能不够健全完善的自然生态系统得到有效的改进和完善并提升其价值。

人类当前面临的环境问题包括众多方面，主要有地球整体变暖即温室效应问题、气候变化、沙漠化、物种减少、资源耗竭、臭氧层被破坏、酸雨、有害废弃物对水体、土壤和大气的污染，等等。这些问题的存在，既对人类的生存和生活环境条件形成有害的影响，同时还直接威胁和危害到人们的生命安全。

农业是对动植物本身加以利用的生物生产，在利用各种自然要素从而给自然增加负荷的同时，对于解决和消除人类当前面临的系统环境问题也具有十分重要的作用，包括气候调节，防止水土流失，净化大气，保持生物多样性，保护国土，增加资源储备，为国民的保健休养创造良好的条件，等等。有关这方面的问题，我们将留在后面进行专门的论述。

三、城市发展与农业

（一）城市发展以农业为前提

城市的出现是人类文明、社会进步的一个里程碑。城市化，即一个国家或地区的人口和其经济活动的重心逐渐由农村向城市集聚、转移的社会演化过程，被认为是人类社会发展的必然，历史进步的体现，是不以人的意志为转移的一种客观存在。

城市需要农业为它提供食品等生活必需品。实际上，除食品及其他生活用品外，城市经济活动所需要的其他种种要素，包括劳动力、工业用原材料乃至资本的原始积累等等，以及城市生产与生活所赖以存在的良好的自然生态环境条件等，也都有赖于农业的有效提供。

城市的兴起必然以农业为基础。城市的发展，必须以农业的发展为其基石和前提。

农业作为人类社会所从事的一项产业经济活动，应当说凡是有人群居住、生活的地方，就有农业，反之亦然。因此，从地域空间角度看，农业的活动空间是一个广袤的面，以辽阔的土地为依托。而城市则是广袤面上一个集中的点，生活在城市里的人们集中在一块不大的地域空间中从事其特定的各种经济、社会、生产与生活活动。由此，农业生产活动的面和城市生产与生活的点如何结合便成为一个国家和（或）一个地区必须面对并予以有效解决的基本经济问题之一。

无论是从城市的需要或是从农业的供给角度看，农业的“面”和城市的“点”的结合，首先都发生在城市及其周边地区。这就意味着，对于城市的存在与发展来说，对其影响最大、最为直接的农业，是其周边地区的农业。

（二）城郊农业、都市农业与环城农业

关于城市周边地区农业，目前使用较为普遍的经济学概念是城郊农业和都市农业。

1. **城郊农业**

城郊农业，又称“郊区农业”（Suburban Agriculture,Surburb Farming），一般是指城市周围地区以生产经营直接供应城市居民及加工工业所需副食品（蔬菜、瓜果、肉蛋禽奶类等）为主的一种特殊的农业地域类型。

在国外，列宁是较早使用“城郊农业”这一概念的先驱之一。列宁在《俄国资本主义的发展》一书中认为，俄国农业的最大特点之一，是不同农业地区的特殊性，包括谷物区、亚麻区、畜牧区、甜菜区等，而城市近郊农业则具有不同于商业性谷物区的特点。列宁在这里，已明确地将城市近郊视为“区域”，并据此讨论其农业问题。

在中国，“城郊农业”概念始于20世纪80年代中期，与当时国务院明确提出并实施的“菜蓝子工程”建设密切相关。因为“菜蓝子工程”使得城市郊区的农业发展在其结构、功能、效益等方面都明显不同于一般乡村地区的农业，而所有各大城市的城郊农业都具有相对的共同性。正是这种差异性和共同性，决定了在理论上将城市郊区农业视为一种相对独立的农业形态的科学性、合理性，因而就有了“城郊农业”这一重要概念，并成为许多大中城市农业发展规划的指南。

2. **都市农业**

“都市农业”（Agriculture in City Countryside），其英文的本义是指都市圈内的农地作业。因为，在欧美国家的一些大城市中，往往保有一些可以耕种的农地，由城里人去耕种，这一活动形态即是最早被称之为“都市农业”或“城市农业”的农业类型。后来，由城市社会化生产的变化，城市内的少量农场已不能满足城市居民新的消费偏好的需要，而发展了的城市交通则又有力地缩短了城市市内与郊区的时间距离，市内农地的特定功能逐渐向市郊农场延伸、拓展，于是，都市农业的地域范围逐渐变化，成为同时包含城郊农业和城内农业的一种农业地域类型。

“都市农业”一词，最早见于日本1930年出版的《大阻府农会报》杂志，而作为一个学术名词，则始于日本学者青鹿四郎于1935年发表 的《农业经济地理》一书。“城市”在日语中称之为“都市”，城市农业在日文中用汉字书写即为“都市农业”。中国“都市农业”一词与日本的这一概念直接相关，是从日文中直接引用过来的。

欧美国家的经济学者对于都市农业（即城市农业）的研究始于20世纪50年代末60年代初，最初的表述是“都市农业生产区域”和“都市农业生产方式”等。1977年，美国农业经济学者艾伦·尼斯明确使用“都市型农业”这一重要概念。随之，不少国家的农业经济学家和城市地理学者对都市农业展开了一场比较深入而广泛的研究，都市农业的内涵不断被完善，都市农业概念逐渐在世界范围内被广泛传播并接受。

在中国，“都市型农业”是20世纪末由上海学者首先提出来的，其依据是,上海作为国际性大都市,其农业必然要成为都市型农业。同样地,在全国范围内,最早提出要发展都市型农业的也是上海。1995-1996年，中共上海市委和市人民代表大会即明确地将上海市郊区农业的发展目标和方向确定为由“城郊型农业向都市型农业转变”（张强，2001）。之后，天津市在1999年提出“从现在起到2010年，是天津农业由城郊型迈向都市型的重要发展时期”；北京则于2003年在北京市郊区工作会议上首次使用“都市型现代农业”概念，提出未来5年在郊区形成包括“以绿色生态为标志的都市型现代农业产业带”在内的四大产业带（陈孟平，2003）。

关于都市农业的理论涵义，日本学者青鹿四郎的定义是，分布在都市工商业区、住宅区等区域内，或者是分布在都市外围的一种特殊形态的农业。在这些区域内的农业，其组织依附于都市经济，直接受都市经济势力的影响，主要经营奶、鸡、鱼、温室、观赏植物、鲜菜、果树等生产，是一种专业化程度较高，同时包括粮食作物、动物饲养、水产等经营的复合体。

中国学术界对于都市农业，目前无统一的认识，主要有以下几种表述：

（1）都市农业是生产力发展到较高水平时，农业同工业进一步结合，城乡之间差别逐步消灭过程中的一种发达的农业形态（胡宝贵，2003）。

（2）都市农业是在城市市区间隙地带和（或）周边地区利用城市中的生产要素，由市民经营，服务于城市，为城市提供其所必要的农产品及服务，同时又必须依托于城市，需要城市其他产业资金和物质投入的一种特殊的农业形态（李玉红，2005）。

（3）都市农业是特殊形态的现代农业，也是高级形态的城郊型农业，实质是建立在现代农业科学技术基础之上，融城市与郊区农村于一体，瞄准城市及国外市场而引入现代化生产手段，实行集约化（或工厂化）经营的现代大农业。其内涵具有集约化、产业化、外向化、企业化四个最为基本的特征（刘明，1997）。

（4）都市农业是具有以下方面内涵特征的一种新兴农业形态：一是特定的空间布局。分布于城市建成区内部和附近的周边地区。其布局具有圈层性和放射状相互交织的网络特征。二是功能的多样性，具有生产功能、生态功能、文化功能。三是高度智能化和信息化。四是高度产业化和市场化。五是发展的可持续性(韩士元,2002)。

（5）都市型农业是城市化地区及其未来延伸区嵌入城市、服务城市的农业。作为都市型农业应具备三项基本功能，即社会功能、生态功能和经济功能。社会功能，主要是通过为城市提供充足、丰富的副食品，达到稳定物价、稳定居民生活、安定社会的目的；生态功能，主要是为城市提供更多的绿地，改善城市生态环境和生物环境；经济功能，主要是农业作为第一产业，在整个城市的经济运行系统中将长期存在，并提供一定比重的经济产值和经济效益（刘妙龙，唐民，1998）。

3. 城郊农业与都市农业比较

城郊农业和都市农业，是近年来城市地区农业发展的两个最为热门的概念及话题。但在认识和看法上仍存在较大的差异。从提出的时间看，城郊农业的提法早于都市农业。1986年，国家“七五”计划社会科学重点规划课题《中国城郊发展研究》中，即已明确提出了“城郊农业”的概念。至今，仍有不少学者坚持城郊农业的提法。另外一些学者则认为，由于现在城郊的界线越来越模糊，城郊农业的概念很难适应实际的工作需要，并且未必确切，因此主张使用“都市农业”概念（张占耕，1998）。

但是，理论上，都市农业的内涵确定却存在不少的难点。“我国近年议论中的‘都市型’农业缺乏严谨的理论内涵及翔实的实践支撑，所述的概念与境外、国外对都市型农业描述并不类同，其空间在城郊”。从中国国内城市地区农业的发展实际性情况看，（1）与国际性大都市匹配的都市型农业，至今尚未在中国内地形成；（2）依据倡导者和拥护者、肯定者对都市型农业的期望值看，中国都市农业的概念内涵（如果能够成立的话），无法与境外和外国的都市型农业形成同一的、通用的内涵；（3）依据中国国情，都市型农业的发展空间，仍应为大城市的周边即城郊地区，而非城市市区；（4）不可能在现有城郊地区农业之外再重新打造一个并行不悖的都市型农业，未来的都市型农业若能成立，则只能在城郊现有农业即城郊型农业基础上提升、充实而成（包永江，于静涛，2005）。

4. 环城农业

中国目前使用的“城郊农业”和“都市农业”概念，应当说，不但有其特定的涵义，而且也是具有实际指导意义的重要概念。但除此之外，有关于城市地区的农业发展问题，还可以直接使用“环城农业”即“环城市地区农业”概念以区别于一般乡村地区的农业。

“环城农业”作为一种系统要素与结构深受城市特性影响的农业地域类型，在体制上包括城市行政管辖范围内所有地域空间包括城市建成区及其周边地区（近郊）和城市下辖各县（市）域的农业经济活动；产业结构涉及农（即农作物种植业）、林、牧、渔业各个方面，但其投入、产出的技术特性和经营方式等均明显不同于一般乡村地区的农业，具有农业产业结构的高度市场化、多样化，生产方式集约化、经营形式产业化，生产手段高科技化，产出功能综合化等方面的突出特点。

“环城农业”同“城郊农业”、“都市农业”相比较，概念清晰、内涵确定，以行政区域划界，同时也在不同程度上反映出了区域内农业经济活动的均质性和联系性，既充分体现中国经济发展的宏观管理的现实，便于农业发展的管理主体对辖属农业经济活动进行有效的规划、指导、调控、评价等等，又在内涵上将不同技术形态、类型上的农业囊括其中，包括城市郊区农业、生态农业、休闲农业、观光农业、体验农业、工厂化农业、设施农业、现代农业、传统农业等等，为贯彻农业因地、因事制宜的发展原则奠定理论上的条件及基础，因此，较之“城郊农业”、“都市农业”等概念，更具实际操作的意义。

（三）环城农业特征

环城农业具有一般农业活动的各种特点，但又不同于一般农区农业。环城农业由于其系统要素及结构受到城市特性广泛而深入的影响，因此整个系统结构和发展表现出以下方面的特殊性：

1. 农业产业结构的多样化

决定农业产业结构最为基本的因素，一是农业生产要素的属性及其供给状况，特别是由天然资源、生命系统和生态系统所构成的自然资本要素的状况与属性；二是农业生产的社会需求及其结构。城市地区包括城市建成区及其周边近郊、中远郊区和下辖各县（市）、乡（镇）域地区，不同地域的天然资源、生命系统及生态系统的状态是各不相同的，因此，不同地域的农业发展方向及其产业选择必然会有所不同。

其次，城市地区的农业生产不只是应该适应和满足社会对于各种物质产品的需求，而且应该适应和满足人们其他方面的需求，包括生态的、文化的需求等等。因此，环城农业除物质产品生产部门外，还应该包括环境绿化、美化和农业休闲服务等众多的非物质产品生产部门在内。

2. 农业生产投入及其方式的集约化

城市地区人口高度密集，按人口平均的土地及其他天然资源相对稀缺，土地尤为珍贵，要求必须高效地利用每一寸土地和每一份天然资源。另一方面，城市地区的经济相对发达，货币资本、人工物品资本和人力资源资本等较为丰富，从而又为高效利用土地及其他天然资源提供了可能。由此便决定了环城农业的生产投入及其方式必然是高度集约化的。农业的基础设施建设完备，生产投入大，科技、资本的集约化程度高。

3. 农业生产经营的专业化、园区化

城市地区的社会化分工、分业发达，农产品可以随时方便、快捷地进入市场实现销售，而且农民、农业经营者的城市化生活方式倾向明显，加上农业集约化经营的客观要求，环城农业经营的专业化、园区化特征明显。

4. 农业生产手段的高科技化

城市是地区经济、科技发展的策源地，文化教育和科技研发事业的发展中心，先进生产方式的试验场。城市地区农业受“天时、地利、人和”之便，其生产手段、生产设施的先进性及其科学技术化程度必然远远高于一般乡村地区的农业。

（四）环城农业功能与价值

农业的基本功能及价值包括：（1）生产社会所需产品及服务的功能与经济价值；（2）保护生物多样性和生态环境的功能与生态环境价值；（3）为社会提供劳动就业机会、为人类创造悠适的生活、生态空间，担负延续和发展社会文明重任的功能与生活价值。环城农业同样具备以上三个方面的功能及价值，但其具体的内容与表现方式又有所不同。

1. 生产特色产品的功能

一是就地生产外地区无以替代的鲜活、高档蔬菜瓜果和特种畜禽水产等农产副食品及功能保健食品，以适应城市居民生活和宾馆业的特殊消费需要。

二是适应城市居民生活日益提高的精神、文化、休闲方面的需要，积极开发旅游观光农业、休闲农业、观赏农业、体验农业、教育及示范农业等，生产非物质的服务农产品。

三是利用城市地区农业生产技术先进、交通便利等有利条件，积极发展出口创汇农业，包括农产品出口和开发涉外宾馆农业、旅游农业以吸引境外游客来华旅游和创汇。

2. 净化、美化环境的生态保护功能

现代城市，特别是大型、超大型城市，人口密集度高，交通拥挤，废气多、噪声大、污水、垃圾等公害严重，生态环境日趋恶化。农业具有绿化、净化和美化环境，恢复和保护生态平衡的重要作用。环城农业发展所生产、提供的不只是人们日常生活所需要的物质及服务性产品，还应该包括新鲜的空气、洁净的水质和优美的自然风光，坚持绿化环境、保护生态和生产物质及服务产品相结合，使农业成为城市的“绿肺”、绿洲。

3. 生活、就业和发展社会文明的功能

农业除为人类生产、提供其生活与发展所需要的有用物品及服务以及调节地球自然生态系统的平衡外，还具有为社会提供就业机会，为人类提供悠适的生活空间和担负延续与发展社会文明重任的功能。城市特别是大型城市人口多、密度高、流动性人口数量大，就业压力大。农业作为增加就业岗位的一个重要方面，往往被忽视，实际上是对农业的一种误解和就业资源的莫大浪费。城市地区农业特别是城市建成区和近郊区农业完全有条件和能力提供更多的就业岗位。问题在于思路，在于对这一问题的重视程度，如生态建筑的发展和养护、按农业方式经营的城区绿化工程就需要一个庞大的劳动队伍来加以运营和维系。

在创造悠适的生活、生态空间和担负延续与发展社会文明的重任方面，城市地区农业的重要作用也是无庸置疑的。在城市中，有农业的小区和没有农业的小区，人们的生活感受肯定是截然不同的。长时期在工商业中劳作，在拥挤的街区生活的人们，尤其需要农业的教育功能、福利功能来复原被工商业和拥挤的街区所扭曲的人性，恢复被剥夺的生活福利等。

4. 示范、辐射功能

城市地区农业凭借其所在城市的经济实力和科研力量雄厚，科技成果丰富，对外交流方便、频繁，社会服务体系健全、完善，人才多、素质高等诸多优势，必然在农业设施建设、农业先进技术装备的开发与应用，以及农业的综合生产力水平等方面走在一般农村地区的前面，成为推进全国农业现代化建设与发展的策源地、示范地和向全国各地辐射先进农艺和综合农业技术组合的科技输出中心。

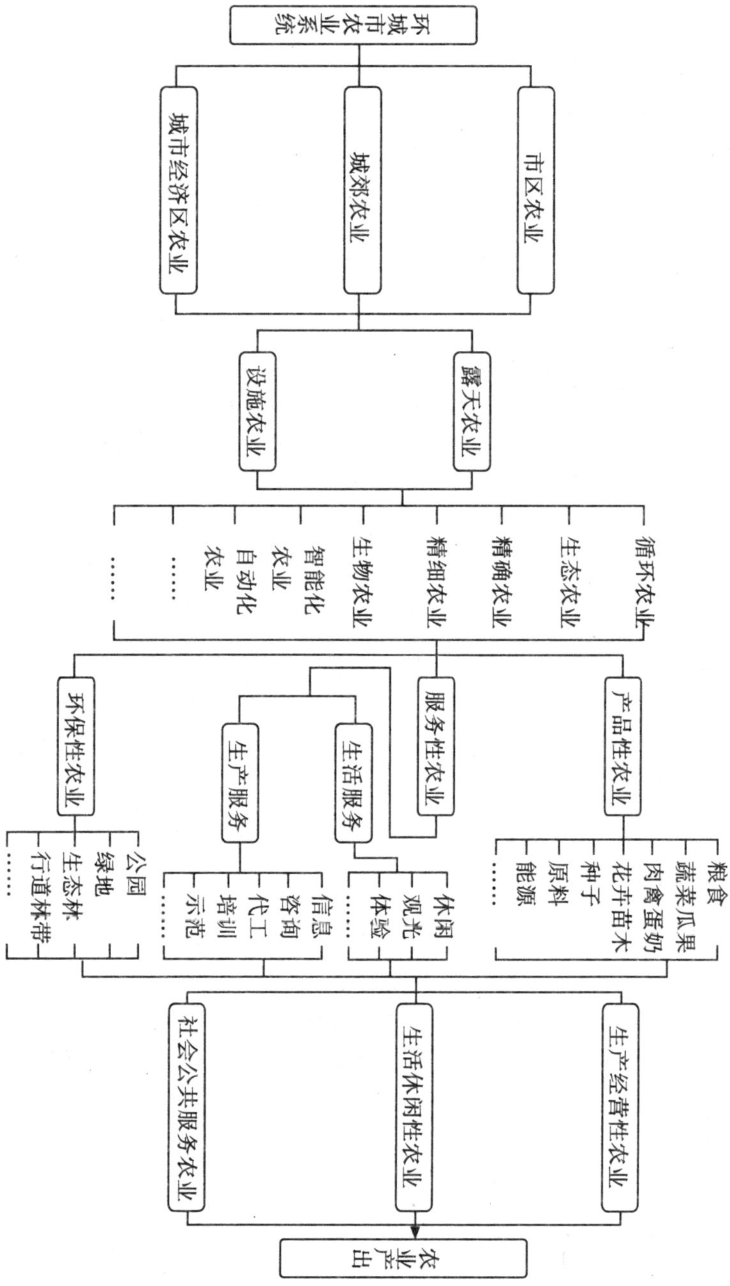

图1-1 环城农业结构系统

（五）环城农业内涵与结构

环城农业是一个综合性和复合性程度高，涉及范围较大、领域宽，以城市为中心，以农业为中轴，第一产业向第二、三产业延伸、渗透、拓展，三次产业有效融合于一体的地域性农业复合产业系统。

首先，从地域空间角度看，环城农业包括城市建成区农业、城市郊区农业和城市周边地区农业等不同圈层的地带或地域性农业。其中，城市建成区农业是指利用城市建成区的绿化用地、街道路旁闲地、庭院土地、建筑物间隙地等非农业用地资源而建立的非农用土地农业和不依靠土地资源而发展起来的无土农业，包括工厂化的无土栽培农业和房顶、阳台农业等等。城市郊区农业是指分布在城市建成区周围，以专门安排、规划的农用土地为基础而建立起来的农业，其中同城市建成区直接相连的外围地带为近郊，远离建成区的为远郊。城市周边地区农业，是指分布在城市郊区以及环城市经济圈以内地区的农业。

其次，从其产出形态看，环城农业则既包括以物质产品生产为其根本目的或标志的产品生产型农业，如生产蔬菜瓜果、肉禽蛋奶鱼等多种食品的农业、花卉苗木农业、籽粒农业、生产工业用原料的农业、能源农业等等，也包括不以生产某种物质产品而是提供某些或某种服务为目的或标志的农业，如为人们提供休闲、观光、观赏、体验、保健、娱乐等生活文化服务和为农业生产提供市场信息、交易中介、管理咨询、技术引进、技术辅导、人力资源培训、生产代工、示范、农资供应等生产服务的服务性农业，以及为城市生活与生产提供生态屏障、环境保护与治理服务，净化、美化、绿化城市环境的生态绿化农业，等等。

再从其实现形式看，环城农业除传统的露天农业、近自然农业外，大量的则是利用先进农业技术装备而建立起来的各种类型的工程设施农业，包括温棚农业、日光温室农业、温室模拟农业、工厂化农业等；利用先进农耕技术而发展起来的循环农业、生态农业、精确农业、精细农业、生物农业、自动化农业、智能化农业等等。

最后，从其功能形态看，环城农业则包括以生产某种商品性产品或服务为其主要目的的生产经营性农业，以劳动者自娱自乐、休闲、体验为主要目的生活休闲性农业和以绿化、美化、生态净化为主要目的的环保服务性农业，等等。

环城农业系统组成如上图1～1所示。

（六）环城农业功能与结构配置的有效实现

促进和保证城市及其周边地区农业功能、结构的有效转换，需要采取以下方面的对策及措施：

1. 转变观念、更新认识，从城市发展的整体审视城市地区农业的发展

以城市地区为依托的环城农业有别于城郊农业、都市农业等已有涉城农业概念及其形态，也同一般农村地区的农业相区别。环城农业的有效发展，需要用全新的观念及思维方式，从全新的角度加以筹划和设计。一是在地域空间范围上，由城郊农业转向包括城市建成区农业、城市近郊农业和城市中、远郊农业及其周边地区农业在内的整个城市地区农业；二是在产业范围上，由只关注、强调农业的自身发展转向注重城市、农业、非农产业有机结合、相互融合的综合、协调发展；三是在与城市的关系上，由强调农业为城市配套服务，被动适应城市的发展，转向农业向城市渗透、融合，主动满足和适应城市发展的需要；四是在功能的确立上，由突出单一的经济（即生产）功能为主，转向经济（生产）、生态保护、社会生活、示范服务、文化传承等多种功能的综合与结合。

2. 结合城市空间布局，科学合理地规划整个城市地区农业的发展战略

从功能、高标准、新格局、有特色的城市总体规划及其区域定位和目标定位出发，确立城市建成区与郊区的关系和发展界限，完善郊区（包括近郊、中郊和远郊）发展规划，强化城市生态用地、农业用地和农业基地设施的保护与管理，保证已建成的农田保护区、市区及市郊绿地、蔬菜基地、果园、畜禽饲养场、水产养殖基地、休闲农业用地的正常维持和运行，防止和避免盲目征用城市农用土地现象的出现，以减少因土地不合理开发征用所造成的农业资源浪费，确保城市地区农业建设的顺利进行。

3. 以市场为导向，以效益为中心，健全、完善农业产业化经营机制

一是以现有的特色农产品为基础，优选农业的主导产业和产品，进行区域化布局，实行专业化生产、系列化加工、企业化管理、社会化服务，实现生产要素的合理组合和优化配置。二是通过引进国内外先进的农业生产设施、装备和技术，运用高新技术、智能化手段，走高投入、高产出、高效益的资金、技术、知识、信息密集型农业发展的道路，建设发展与国际水平同步的现代化农业；三是重视各类农业园区的建设与发展，走园区化农业发展的道路。

4. 合理开发、充分利用当地自然资源，实施城市可持续发展的农业战略

一是结合旅游景点开发，建设功能完备、设施先进的农业公园、综合园艺场、体验农场、休闲农庄，以及具有教育和文化功能的农业博物园等，为市民提供休闲观光、体验田园乐趣的场所，促进休闲农业、观光农业的崛起与发展。二是发展绿化农业，通过大范围的城乡植树、种草绿化、环带绿化、风景经济林带、四旁植树绿化和农田林网化，净化、美化、绿化城市环境，提高城市地区农业的生态保护能力。三是通过适当减少农用化学肥料、化学药剂用量，直至不使用农用化学物品，开发和发展安全、营养、无污染的绿色食品生产，增强、提高农业可持续发展的能力。

5. 建立和完善农业发展的制度保障体系

一是构造城乡一体化的规划、建设与发展管理体系，将农业发展和郊区乡村建设纳入城市总体规划范畴，强化农业作为城市不同功能之间绿色隔离带的重要作用，对郊区及农业区的管理体制和方式逐步从过去的农村型向城市型方向转变，缩小城区与郊区、农业区与非农业区之间在发展、管理方面存在的种种不合理的差异。二是构造经营一体化和管理一体化的农业产业体系，以制度创新为支撑和动力，强化各类农业产业化龙头企业建设、专业合作组织建设和农业生产基地建设三个主要环节，构建和形成区域化布局、专业化生产、一体化经营、社会化服务、企业化管理的城市地区农业发展格局。三是构造完善的城市地区农业发展的政策支持体系，强化对农业发展的政策支持。

四、环城农业发展条件与演进过程

（一）城市地区农业发展比较优势

城市及其周边地区同一般农村地区相比较，农业发展的比较优势突出地表现在以下几个方面：

1. 地理区位

地球上的某个“点”或“区间”、“区域”，所以会成为某个城市的所在地，是多方面因素综合作用的结果。具有悠久历史的北京，所以成为六朝古都，并在进入近、现代后一直作为中国经济、政治、文化的中心而存在，就与北京北倚雄伟险峻的燕山山脉、南望富饶辽阔的华北平原的地理区位条件密切相关。大连成为中国北方的重要城市之一，也是同其位于国际东北亚中心地带区位因素密不可分的。一个城市之所以能够成为城市的有利的区位条件，对于该城市地区的农业发展来说，同样也是有利的，足以成为其优势之一，即“区位优势”。

2. 紧靠市场

在市场经济条件下，市场需求是任何产业活动得以维持和发展的首要因素。城市不但聚集的人口多，而且收入较高，对农产品的需求数量大。这种需求再加上城市的便捷交通体系、发达的信息网络和农产品对外销售的能力及条件，使之成为推动和促进城市及其周边地区农业发展具有决定性意义的最重要因素。

3. 获取技术及时

城市是科技进步的中心，是农业科技创新的策源地，拥有门类较全的学科、较多的农业科技研发机构和比较健全的农业科技研发、教学及其成果推广体系，成为国家或地区农业科学技术成果的重要来源地之一。城市及其周边地区农业可以比较方便、及时地得到其发展所需要的科技创新成果。对北京的统计表明，北京农业科技攻关点和示范点对农业的贡献率已达54.7%，高出全国平均水平13个百分点。在北京已完成的1000多项农业科技攻关项目中，就有国家攻关“863”、“973”计划等200多项，有400多项先进适用科技成果率先在北京郊区得到推广应用，使京郊农业生产技术升级明显快于其他地区。

4. 人才充裕

城市是人才的集聚地，全国各行各业包括农业在内的优秀科技人才、经营管理人才等大多生活、工作在城市之中。城市越大，集聚的人才通常也越多，素质越高。北京、上海是中国规模最大的两个城市，也是中国人才资源包括农业科技人员及涉农行业各人才最为丰富的两个城市。城市及其周边地区的农业发展具有人才资源上的明显优势，所需知识或人才易于得到满足。

5. 信息畅通

城市是信息的中心。城市的对外经济、科技、教育、文化及政治联系广泛，信息网络及其服务体系完善，信息交换频繁。因此，包括农业在内的产业发展活动所涉及的市场信息、科技信息、人才信息等，往往都是由城市及其周边地区首先得到，之后再向农村地区扩散传播。

6. 融资方便

城市是金融的中心。大量的社会财富流向城市，在城市中聚集，自从有了城市之后便一直如此，这一点在商品、货币化经济中的表现尤为突出。中国目前金融服务体系和社会资金流向极其突出的城市偏好，就足以证明。这就意味着，同一般的农村地区相比较，城市及其周边地区的农业发展能够相对容易地筹措到其发展所需要的资金。

城市及其周边地区的农业发展因为具有以上这样一些比较优势，所以一些新兴农业生产方式、农业形态等往往都首先在这里形成和出现，然后再向一般农村地区延伸、拓展。

（二）城市地区农业发展的限制性因素

同农村地区相比较，城市及其周边地区的农业发展也存在一些不利的因素或条件，即比较劣势，主要是：

1. 土地资源稀缺

土地是农业特有的生产工具，在农业中具有特殊重要的意义。

农业和工业生产不同，农业生产要求在广阔的田野上进行，土地面积的多少，对农业发展规模的大小在其他条件大致相同的条件下，具有决定性的作用和意义。城市及其周边地区不但人多地少，土地资源高度稀缺现象明显，而且工业和其他非农产业与农业的争地矛盾和农业在这一争地矛盾中的不利地位十分突出，因此，必然在相当程度上影响和制约城市及其周边地区农业的有效发展和其规模的不断扩张。

2. 农业生态环境脆弱

农业生产的对象是有生命的生物有机体，生物的生产过程总是在一定的生态系统中进行的，生态环境状况如何对农业生产的影响和制约是决定性的。城市及其周边地区由于受到城市工业生产和城市居民生活以及农业生产本身的影响，工业“三废”和城市生活废弃物的大规模排放，加上城市及其周边地区高度集约化农业所形成的非点源污染，农业生态环境往往处于极其脆弱的状态，从而对该区域内农业发展造成某些不利的影响。

3. 农产品生产成本高

城市及其周边地区的生活水平较高，人力资源费用明显高于一般农村地区，再加上其他要素费用的影响，城市地区农产品综合生产成本明显高于农村地区。对北京地区的调查表明，京郊农产品生产的综合平均成本大致高于周邻地区的20%左右。

（三）城市地区农业发展演进模型

城市地区的农业形成，最初并不是因为城市的需要而存在并有效发展起来的，而是由于城市扩张，农业受到侵害后在城市内的一种残留。其机制为，在城市的扩张过程中，当城市扩张越过城区边缘开始侵占农业用地，而这种扩张又缺乏周密的规划，或者城市当局因为种种原因无力或无法对失地农民的生活与就业予以妥善的安排时，新建城区就会保留部分未被消灭的零星农业用地和农业活动本身。这就是城市农业的最初来源或雏形。在这里，需要农业的主要并不是城市和市民，而是那些残留土地的主人（农民），他们仍然需要依赖这些土地来解决其衣食之源问题。这种情形既与古代城市农业的形成过程相吻合，也同现代发展中国家城市农业存在的一般特征相适应。因此，城市中的农业古来有之，中国古代的部分城镇，即使在城墙内也有大量的农用土地被留存下来，所以有“关住城门吃三年”的说法（张强，2001）。而当代一些发展中国家的城市之所以仍留有城市农业，主要还是出于对食物安全和为维持城市贫民生计方面的考虑。

从发展角度看，城市地区农业的形成之初是一种供给，之后才逐步演变成为一种需求。其原理及其作用机制是，城市的兴起与扩张形成对农业的侵害，随之，农业劳动者作为一个弱势群体在城市丛林的夹缝中谋求生存，与此同时，扩大发展了的城市因为人口的增加、经济发展水平提高和随之而来的城市环境问题，农业的价值包括生产、生活和生态的价值逐渐被发现，从而形成城市对农业的需求；之后，城市进一步扩张，城市的各种弊端不断凸现，于是，农业及其产品和服务成为城市持续发展的一种内在需求。这种需求与各地区形式多样的农业经营传统相结合，便形成了当前世界上多种多样的城市地区的农业形态，如市民农园、农业公园、观光农园、度假农场、示范农园等等。

上述两种作用机制下形成的城市农业，前一种可称之为原生型城市农业，后一种则是诱致型城市农业。

原生型城市农业是直接受到城市化发展的影响而发生变形的农业。在落后城市是城市贫民借以谋生的自发农业，在现代化城市则是为了维系城市生态功能、保护城市生态环境的自觉农业。

诱致型城市农业，首先是半企业行为的现代企业，如城市近郊的农业园区；随后是扩散型城市农业，即大城市郊区的现代都市型农业。

两种形态的城市农业在发达和落后城市的区分比较明显。快速发展的新兴城市这两种形态的城市农业往往同时存在。落后城市普遍存在的主要是原生型城市农业。而随着城市及其经济发展水平的提高，则逐渐向诱致型城市农业方向转变。

（四）环城农业发展基本问题

对前述讨论与分析作一小结，对城市及其周边地区农业发展问题大致可以做出如下的基本判断：

1. 城市田园化、乡村城市化的不断推进是城市地区农业发展的必要条件

“城市田园化”，增加城市绿化用地，扩大绿带面积，改善城市的生态环境；“乡村城市化”，城市郊区及其周边地区农村按城市生活方式及要求进行建设，努力缩小乡村与城市之间的发展差异，促进城市与乡村的有机结合与融合，是当代城市与乡村发展的重要方向之一。二者的同时并存与发展，势必带来城市与乡村在生态、经济、社会等方面全方位、多角度的融合，使城市与乡村界限趋向消失，进而推动和促进整个城市地区农业的快速发展。

2. 城市综合优势是城市农业地区发展的重要基础

由劳动和智力、文化和组织形式等要素构成的人力资本，由现金、投资和货币资本构成的金融资本，由基础设施、机器设备、生产工具和工场（厂）等组成的人工物品资本和由资源、生命系统及生态系统等构成的自然资本，是任何一种经济得以运转和发展的必备条件。城市低成本运行的资本要素市场和产品市场，必然使农业领域的人力资本、金融资本、人工物品资本等首先在城市及其周边地区聚集，并综合成为一种明显、突出的比较综合优势。因此，城市及其周边地区的农业拥有比其他地区更多实现集约化、工厂化、规模化经营与发展的有利条件。

3. 科技进步是城市地区农业发展的重要支撑和动力

农业发展有赖于农业科技技术的不断进步与创新。从农业活动的全过程看，无论是农作物种植，从育苗、播种、浇水、用药、收获到产后的加工、贮藏、运输、销售全过程，或是家畜家禽动物饲养、水产养殖的全过程，都离不开科学技术成果的有效运用。城市地区农业具有高起点、高投入和科学化管理的性质和特点，对技术的要求也较之一般农区高出许多。因此，城市地区的农业发展必须高度重视农业科学技术不断创新与进步。

另一方面，城市又是科技发展的中心，城市最为突出的优势之一，即是科技进步与创新能力强。一方面，城市拥有农业科技研发的坚实基础，研发机构多、人才多、成果多；另一方面，城市强大的工业技术和基础科学技术也十分容易向农业渗透，由此，也必然有力地推动农业的进步与发展，成为城市地区农业发展最为重要的动因及力量支撑。

4. 因地制宜是城市地区农业发展无可置疑的基本法则

农业生产的对象是有生命的生物有机体。生物的生长过程受到气温、光照、降水、地貌、土壤等自然生态环境条件的影响和限定，因此，因地制宜成为农业发展最为基本的一个原则。城市地区农业发展同样需要遵循这一原则。从各地的发展实践及其结果看，北京利用其地缘和旅游资源优势，将农业发展重点置于观光旅游农业方面获得成功；上海利用其国际大都市所特有的人才、技术、市场、资金和地处长江三角洲出海口等方面的资源及环境优势，在培育一系列具有上海特色的独创性农业生产体系方面成效斐然，走出了具有上海特色的城市农业发展道路。大连利用 其发展海水养殖、优势水果、蔬菜、畜禽饲养方面的比较优势，积极推进农业现代化建设，2006年全市农林牧渔业总产值达到390.5亿元人民币，近6年（2000～2006）的年均增长速度达到12.5%。所有这些都充分证明，城市地区的农业发展也必须遵循“因地制宜”的发展原则。

5. 政府的政策支持和规范管理是城市地区农业发展的重要保证

农业由于其特有的技术与经营上的系列特性及其突出的外部经济性，决定了农业具有较难适应市场原理的特点，要求政府加强对农业的保护，通过政策的力量来确保并规范农业的有效发展。城市地区的农业发展尤其如此。城市地区农业的发展方式、形态等有别于一般农区的农业，它所面临的不少问题如变对口管理为综合管理，在产业布局、生产布局上突出城乡统一规划，高额资金投入的筹措与分配，先进技术的引进、消化与传播等等，都需要通过政府政策的强力支持和规范化管理来加以解决，发挥政策对农业发展的指导、推动、协调和服务的作用。

第2章 城乡结合与农业配置理论和环城农业发展实践

第2章 城乡结合与农业配置理论和环城农业发展实践

一、以城市为中心的城乡结合与农业配置理论源流

（一）城乡结合的理论思路及其发展阶段

城市与乡村的相互关系及其有机结合和以此为基础的农业配置问题，是一个既古老而又常新的话题。城市与乡村的结合，理论上可以按照以下基本思路展开：

（1）城乡二分法。将城市和乡村视为异质性的两个经济社会体，二者间联系在于农村是城市的边缘，农村为城市供应其所需要的土地、劳动、资本和农产品，而城市则为农村提供农产品市场和信息、文化、科学技术等生产力要素。

（2）城乡连续体。以沃思（L.Wirth）等人的学说为代表，将农村和城市视为一个连续体，认为由农村这一极到城市这一极是一个连续变化的过程，各种社区形态均可以在这一连续的轴线上确立其位置。

（3）城乡共同体。以加尔平（C. J. Galpin）的城乡共同体理论为代表，将城市和乡村看成一个完整而不可侵害的共同体，二者各有其存在的价值和功能，可以互为补充和完善。

涉及城乡关系的实践活动，到目前为止，大致经历了以下几个发展阶段：

【城市引进“田园要素”阶段】为解决大型城市拥挤问题，将“田园要素”引入城市，通过城市与乡村的结合，形成作为新的人

类居住空间的田园城市。以霍华德（E.Howard）和佛立丘（Th.Fritsch）等的田园城市设计为代表。

【城市间的结合和城市配置理论形成阶段】着眼于城市间的有机结合，提出城市与城市结合的城市大区域圈概念，城市与乡村的结合和在此基础上的农业配置在城市大区域圈内展开。以克里斯塔勒的网状城市（中心地）配置理论为起点和代表。

【城市与乡村的平等结合阶段】着眼于城乡结合的地域构造改善，先是将农村放到与城市对等的地位，进而又将农村置于优先的地位，实现城市与乡村的有机结合并在此基础上进行农业的有效配置。以巴纳（J. Barner）的城乡关系理论和德国的空间整备政策为代表。

【消除农村内部差距阶段】通过对条件不利地区，即农业撤退可能性较高的地区所实施的直接支付政策等强力措施，缩小农村内部的地域差距，进而实现城市与乡村、农业与非农业间的均衡发展。

（二）城市问题优先的“田园城市”理论

“田园城市理论”被认为是20世纪初与“飞机”齐名的人类两大发明中的一项发明（Lewis Mumford）。飞机使人类可以自由地翱翔于天空，而田园城市则能够在人类降落到地面上时向其提供前所未有的符合人性的居住空间。

田园城市理论是由霍华德和佛立丘等人作为解决大城市和工业化城市因为无序扩张而引发的严重污染及城市贫民窟大量出现等问题的一种对策而提出来的。在这里，城市问题的解决被视为优先的任务，而农村空间和农业景观只是一种必要的手段，对农村、农业问题的关注只是附属或附带性质的。

1. 霍华德的“田园城市”

1898年，英国人霍华德发表《明天——通向真正改革的和平之路》一书（后改名为《明天的田园城市》），提出“田园城市”概念。

所谓“田园城市”，按照霍华德的定义，就是“为了健康的生活和产业而设计的城市。其规模不超过实现社会生活的需要，周边为农村地带所环绕，土地完全实行公共所有或委托给社区”。市民生活在“高度繁忙和充满活力的城市生活的所有优点与农村的所有美和快乐达到完全融合”这样一种理想的境界之中。

霍华德设计和建议的“田园城市”，总面积为2400公顷，其中市区面积400公顷，外围农业生产用永久性绿地2000公顷；城市总人口32000人，其中市区人口30000人，外围乡村区域人口2000人。城市部分由一系列同心圆组成，6条大道由圆心放射出去。市区中心设一中央公园，占地20公顷。中央公园周围建设市政府、音乐厅兼会堂、剧院、图书馆、博物馆、美术馆、医院、休闲设施和商店等公共建筑设施，其外一圈为每户平均占地237.6平方米的住宅街区，共5500个单元，以及学校、教会、林荫道和公园等。再往外是各种工厂和环状铁道。环绕市区的是广阔的农田，上面有新的森林、牧场、果园、规模化农场、小块出租地、自留地、自流井、儿童夏令营、实业学校、砖瓦场，以及疗养院、盲聋等残疾人收容所等福利设施，等等。

霍华德强调，城市是发展的，一个城市发展到规定的人口时，就应该在它不远的地方另建一个相同的城市。城市建设的基本原则是必须在其周围保留一定的绿带。

霍华德的“田园城市”理论，作为解决城市问题的一种模式，曾受到广泛的注意，至今仍有很大的影响。在英国就曾出现过两种以“田园城市”命名的建设试验：一种为房地产公司经营、位于市郊的大型住宅区——“睡觉的城市”；另一种为政府资助的“田园城市”，如始建于1902年的莱奇沃斯（Letchworth），位于伦敦东北，距伦敦64公里处。

2. 佛立丘的“未来城市”

受霍华德“田园城市”理论的影响，德国从20世纪初开始了一场田园城市运动。实际上，在德国，由其本国人设计的类似“田园城市”的城市方案早在《明天的田园城市》一书出版之前即已出现。这就是1896年由佛立丘在其出版的著作《未来城市》中提出的“未来城市”概念。

同霍华德一样，佛立丘也注意到了随产业革命而来的人口向城市蜂拥及由此带来的系列城市问题。佛立丘认为，城市是供应文化生活所需商品的生产和流通中心，是行政服务中心，同时也是高等教育和艺术的中心。没有城市，现代生活是不可想象的。但是，大城市的不健康扩张，缺乏规划和目标的城市建设，是应该加以斥责的，因为它往往散布着各种各样的邪恶和流弊，是使人变成白痴的“文化的猪圈”。符合人性、能够保持优美市街和健全生活的城市，必须是能够同农村有机结合的新一代城市，因而唯有农村才是全体国民活力与健康的源泉。

佛立丘设想的“未来城市”，同样呈圆形，不过其一半为公园，在其外围是绵延的农村和森林地带。城市由铁路、公路和运河同外部相连，城市内部由呈圆形和放射状的道路及外环铁路相连接。市区中心设有作为城市象征的公共设施区，向外呈半圆形展开，依次为纪念性建筑物区、高级住宅区、一般住宅区和商业区、工人居住区和小型工厂、工厂和仓库区域、园艺和市民家园、农业区等等。

（三）“产业—生活城市”理论

“产业—生活城市”理论由R.施密特（R.Schmidt）提出。在霍华德的继承者昂维因着手设计“田园城市”莱奇沃斯5年之后，R.施密特参观了昂维因的杰作，并从埃森开始，在鲁尔地区着手进行新型城市建设。基于这一背景，M.法施密特（M.Phannschmidt）认为，R.施密特的“产业—生活城市”应该确切地称之为“产业—生活田园城市”。姑且不说这一称呼本身是否贴切，但从实质上说，R.施密特的城市理论无疑是吸收了田园城市理论的内容。由于R.施密特的城市理论阐述的是大区域规划、地域规划中的城市，因此，它与莱奇沃斯这一孤立的城市建设的根本差异还是十分突出和明显的。

R.施密特城市理论的出发点，立足于“让人取代工厂”这一基本理念。在他看来，人在一天24小时中的欲求包括“工作、生活和游玩”，但在鲁尔地区，工业的发展是无秩序的，从而破坏了融工作、生活和游玩于一体的完整的生活环境。空气变得肮脏，阳光受到遮挡，绿色也被破坏了。工厂的设置不应该仅仅出于经济上的便利和需要，而是必须考虑到与住宅区之间的联系。因此，应该注意建设具有良好环境条件的纯住宅区，并将其与工业生产空间严加区别。城市区域的1/4左右应该是绿地和休闲区，进而应该重视小城镇和乡村的道路建设，并对住宅区的道路加以整备。

在城市的空间结构配置方面，由于R.施密特比较重视德国市民偏好“菜园劳动”这一传统习惯，加上流入鲁尔地区的劳动者，过去大多都在农村生活，对农业有着较为深厚、亲切的感情，因此，他认为，在城市的建设规划中应该留有足够的空间和土地，以便为农民提供得以亲近菜园从事带有休闲性质的农业劳动的基本条件。R.施密特的这一主张后来被鲁尔煤矿地区开发协会（SVR）的实践活动所吸纳采用。

总的看来，R.施密特的城市理论超越了产业革命后的“工业城市”模式，体现出以下3个方面的突出特点：（1）继承、综合了有效解决城市问题的已有各种理论观点，并加以发展和体系化；（2）提出了城市与城市结合的大区域圈概念；（3）确立了产业、生活和自然 3 方面要素在城市规划中的重要位置，力图实现三者的统一，使城市成为适合人类居住的完整的生活空间。

R.施密特的城市理论被实际应用到了鲁尔地区的城市规划与建设中，后来进而成为德国的国土空间整备政策及地域规划政策的理论基础。

（四）城市配置理论

田园城市理论发展到R.施密特那里时，开始出现论述城市与城市间关系的理论萌芽。但真正对这一问题从理论上首先加以明确的则是克里斯塔勒（W.Christaller）提出的网状城市（中心地）配置理论。

1. 克里斯塔勒的“中心地理论”

中心地理论的源流可以追溯到米勒、屠能、考鲁、修留塔、古拉特图曼等人，最终由克里斯塔勒加以完成。

反映克里斯塔勒“中心地理论”的代表作《南部德国的中心地》（Christaller,W.,Die zentrallen Orte und Suddeutschland）于1933年首先

发表后，最初在德国并没有受到应有的足够重视，倒是在美国得到了高度的评价。

第二次世界大战后，关于联邦德国的空间整备政策的有效施行，克里斯塔勒的中心地理论的价值被重新发现并认识。促进这一过程的是库劳纳和伊斯巴理，特别是伊斯巴理。由于其于1965年发表的论文《中心地与服务领域》（Isbary,G.,Zentrale Orte und Versorgungsbereiche,1965），作为中小城市分散配置的理论，中心地理论终于成为德国空间整备政策的重要指导思想，在指导德国城市与乡村的有机结合方面发挥了重要的作用。

2. 勒普克的“真正分散”理论

勒普克（W. Röpke）在1944年出版的《人道主义经济学》一书中提出的“虚假分散”和“真正分散”等理论概念，不仅在将战后的德国经济导向社会市场经济方面发挥了重要的影响作用，而且在努力形成分散均衡的国土构造的格局下引导经济实现高速增长方面，同样功不可没。

勒普克所说的“虚假分散”，系指大城市的“飘带状的展开”（向郊外的分散）这样一种现象，是一种睡觉场所的分散；而“真正的分散”，概况起来说就是“牺牲大城市，建设几个新的小规模的中心地”，“只有这样，才能创造出新的真正的共同体，才能创造出人类实现其自然的生活所需要的条件”，才有可能阻止权力和财富的集中以及过度的组织化、专业化和分工所带来的弊端。勒普克认为，“必须压缩所有巨大的规模，压缩所有巨大的关系，以合乎人的尺度，”必须用合乎“人体”的东西和“人性的要素”对经济进行重建。“社会的重点必须从上向下移动。社会必须按照这样一种循序渐进的层次进行建构，即从家庭到地方自治体或州直到国家，也就是遵循一种自然的、由邻人结成的各种共同体那样的方式进行有机的排列”，目的在于防止集中和巨大化，向中小城市和中小型经营分散，自下而上地进行重新建构和统一。

勒普克将社会市场经济理论和充满地域主义色彩的地域规划理论加以结合，从理念上对由比劳和迪特里奇确立的战后地域规划给予了很大的影响。他的地域规划理论拒绝大城市，而立足于中小城市与周围农村相结合。他认为，只有这样，让市民拥有土地和房屋以及菜园这样一种理想才能实现，而只有实现了这样一种理想，使市民拥有与该理想相匹配的财产，才能够享受到符合自然节奏的富于人性的生活。

3. 迪特里奇的“多中心分散型空间”理论

迪特里奇（E.Dittrich）在前述勒普克和比劳的地域性空间整备政策理念基础上，撰写了大量论文，1961年成为联邦德国政府地域政策专业委员会SARO的主要成员，执笔撰写了著名的SARO报告，对1965年联邦德国空间整备法的制定做出了重要贡献，并奠定了后来具体实施这一法案的基础。

迪特里奇确立的空间整备政策中的三项原则包括：（1）自由的原则，即保证“关于地点选择、居住、消费、职业选择、生产工作场所选择等的自由”；（2）社会均衡的原则，在承认“人口集中区域——农业区域”的各种相对特征和个性的基础上，消除其质的差距，使全体居民的生活水平能够得到“充分平等”的提高；（3）保全的原则，一是避免地区产业结构失衡导致的各种困难和就业问题，二是解决自由选择生产地点所招致的烟尘、废气、噪音、水污染及其他公害问题，保障居民身体健康。

一般认为，联邦德国实行的空间整备政策的指导理念，是自迪特里奇开始确立的，而且几乎是由他独自加以模式化的。联邦德国的这一地域主义性质的空间整备政策，既高度关注如何发展分散着的中小城市，并使其紧密结合，又特别重视中小城市与农村的结合和农业与工业的结合，立足于一种“多中心分散型空间”格局。

（五）城乡结合理论和欧盟空间整备政策

如果说20世纪60年代以前的城乡地域构造主要还是一种以城市为中心的政策取向，那么进入60年代之后，先是将农村置于与城市对等的地位，进而又将农村放到了优先的地位，重视整个国土空间的均衡发展成为主流，城乡结合发展思想得以确立。

以振兴农村与农业为重心的城乡结合理论，将农业构造政策和地域构造改善政策的结合视为空间整备上的一项最基本措施加以实施。具体措施包括：

（1）通过调整和改善农业结构，扩大农业经营规模并提高其效率，从而促进和实现农业和工业、乡村和城市之间的均衡发展。

（2）通过中小城市的建设和发展，增加农村地区的非农就业机会，为农民创造和提高“离土不离乡”的安定的就业环境，从而确保农村人口的维持与稳定。

（3）通过大力发展“通勤便利”的“城市区域”，并在城市区域内保留和发展以兼业农家为主体的农业，实现城市与乡村在城市区域内的有效结合。

（4）通过对条件不利地区即农业撤退可能性较高的地区实行直接支付政策等，缩小农村内部的地域差距，进而实现城市与乡村、农业与非农产业间的均衡发展。

在城乡结合理论及其思想的指导下，进入20世纪90年代后，欧盟开始制定并实施其共同的空间整合政策，主要内容是德国城乡地域构造政策的应用和发展。德国式的地域主义多中心分散型空间及中小城市与农村结合的理念及其政策，经过不断的探索、调整，逐渐发展成了一个严密而完整的体系，继而通过欧盟组织在欧洲的大部分国家和地区付诸实施，成为欧盟共同政策的重要内容之一。

二、为利润，更为生活的乐趣：国外城市农业

（一）农业成为城市的有机构成部分

在国外，以城市为背景及依托的农业，具有极其悠远的发展历史。20世纪70年代之后，由于世界范围的城市化速度空前加快，随着城市和城市人口的快速增加，在全球性食品供应不足和环保问题日益突出的情势下，城市农业更是以空前的速度蓬勃发展，并迅速成为一种极富竞争力的经济活动和城市企业家的首选行业。据估计，目前全世界有约9～10亿人在城市和城市郊区从事农业生产活动，各国的城市家庭中有多达1/4～3/4的比率利用空闲时间种植粮食、蔬菜瓜果或（和）饲养畜禽，这样的家庭在坦桑尼亚的达累斯萨拉姆占68%，在莫桑比克的马普托占37%，在斐济的苏瓦占40%，在

俄罗斯的莫斯科占65%。在美国，全国出售的农畜产品中1/3以上就是由城市近郊地区的农场生产并提供的。

从总体看，目前国外城市地区的农业发展主要有以下几个方面的突出特征：

1. 市场化和国际化

除满足自身消费外，按市场要求进行生产，积极参与市场竞争，农业生产的商品化、市场化、国际化水平及其程度不断提高。

2. 多样化与综合化

一是品种多样化，各种各样的农林牧渔产品，从种类到花色，应有尽有；二是农业形态多样化、综合化；三是生产与经营的方式多样化、综合化；四是资源的开发与利用多样化、综合化，等等。

3. 优质化和高效化

强调和突出品质优良、特色明显、经济效益显著的农林牧渔产品生产与经营，重视高品质、高效益、无公害农林体系的建立与发展。

4. 高技术化

农业高新技术包括农业生物技术、生态技术、遗传工程技术和农业装备技术等被广泛应用，以当代高新技术为支撑的精准农业、精确农业、基因农业、工厂化农业、智能化农业等新兴高科技农业不断涌现并快速发展。

5. 多功能化

农业的各种功能包括食品保障功能、原料供给功能、生态保护功能、休闲功能、教育功能、文化传承功能等等得到综合、有效的开发和利用。

（二）“欧洲花园”——荷兰

荷兰国土面积4.15万平方千米，其中土地面积3.39万平方千米，人口1615万（2003），陆地面积平均每平方千米476人，不但人口密度大，而且97%以上的人口生活在城市，是世界上为数不多的城市型国家之一。

荷兰农业紧靠大中城市，既是世界上城市农业高度发达的国家，也是整体农业高度发达、农产品净出口最多的国家。20世纪最后4年（1996～1999），包括园艺类产品和渔业产品在内的年农产品净出口平均数额达到了近180亿美元，居世界首位；美国次之，仅126亿美元。2000年，荷兰的农业净出口额超过146亿美元，而美国同年还不足32亿美元，足见荷兰农业之发展。

荷兰城市农业以园艺业和奶牛业为主导。荷兰的“园艺业”包括花卉、蔬菜、蘑菇、水果和名目繁多的观叶植物、园林苗木等。荷兰是世界花卉生产大国，花卉业是荷兰最为重要的农业部门之一，现有花卉农场数量超过6000个，约占荷兰园艺业农场总量的50%；露地花卉种植面积约22600多公顷，玻璃温室花卉种植面积11000多公顷，花卉面积总计3.36万公顷，相当于荷兰耕地总面积的3.69%；一年四季的鲜切花供应品种达5500多种，不同的盆栽植物2000多种，庭院植物2200多种，每天可向世界出口鲜切花1700万枝、盆花170万盆，年花卉、观赏植物出口额近40亿美元，占世界出口总额的48%。

荷兰还是世界上重要的乳制品生产与出口大国之一。1983年，荷兰牛奶产量达到1323万吨，人均923千克。从1984年开始，受欧盟农畜产品配额的限制，牛奶产量有所减少，2005年为1053万吨，人均650千克。荷兰生产的牛奶及其制品50%以上销往国外，年出口额可达25亿欧元以上。

荷兰城市农业的另一重要特点是设施农业比重大、发展水平高。在园艺业中，温室花卉及蔬菜农场数量高出露地花卉及蔬菜农场数量的1.2倍以上，温室农场的平均面积已达9500平方米，即接近1公顷（合15中国亩），大的超过3公顷。

荷兰“西三省”（即乌得勒支省、北荷兰省和南荷兰省）的城市农业最为发达。“西三省”面积约7000平方千米，占荷兰陆地面积的1/5左右，人口712万，占荷兰全国总人口的44%，农用土地总面积34.7万公顷，其中蔬菜及其他农作物用地面积12.6万公顷，仅占全国耕地面积的13.85%，但却是荷兰花卉、畜禽等重要产品最为集中的一个产区。仅北荷兰一省的花卉种植面积即占荷兰全国的19.5%；“三省”合计的玻璃温室面积占荷兰全国总量的2/3以上，其中南荷兰省占荷兰全国玻璃温室面积的比重即达56%，成为举世闻名的“玻璃城”。荷兰“西三省”农业的高度发达，同该地区通过密如蛛网的铁路、公路，将“乌得勒支——阿姆斯特丹——海牙——鹿特丹——多德雷赫特”等大中城市有机地连接在一起所构成的城市连绵带是密切相关的。

荷兰城市农业的发展表明，尽管城市地区的农业用地高度稀缺，只要农业发展的结构选择合理，措施得当、有力，农业依然可以成为一个大有前途的重要产业，包括成为出口创汇的重要基地。

（三）美国农产品的1/3来自城市农业

美国农业是目前世界上最为先进、发达的现代农业范例。美国的都市农业为都市区域内的农业，占美国国土总面积的10%，所产农产品价值占美国农产品总价值的1/3以上。美国都市农业的运行模式及方式以科技进步为动力及支撑，以社会消费需求的变化为导向，以农场经营为主体，以完善的市场体系为依托，在完全的自由竞争过程中，形成其系统、完善的农业产业化经营体系。

美国都市农业的主要方式是耕种社区，也称市民农园，采用农场与社区互助的组织形式，参与市民农园的居民与农园的农民共同分担成本、风险和赢利。农园尽最大努力为市民提供安全、新鲜、高品质且低于市场零售价格的农产品，市民为农园提供固定的销售渠道，双方互利共赢，在农产品生产与消费之间架起一座联通的桥梁。这种市场农园在北美发展很快，至20世纪90年代中期即已有600多个。美国学者认为，这种市民农园是一种创新和变革，极大地加强了农民和消费者的关系，增加了区域食品的有效供给，能够有效促进当地农业的顺利发展。

（四）多姿多彩的日本都市圈农业

日本城市地区农业以大阪、东京、中京三大都市圈农业为代表，其特点为：（1）农业呈点状和片状分布。日本因为人多地少，政府为保护耕地采取了一些较为有力的政策、制度措施，在城市市区内保留了不少面积在5公顷以下的点状分布耕地和面积在5公顷以上的片状分布耕地。（2）农业生产结构以蔬菜、花卉、瓜果生产为主导，目的在于为市民提供新鲜的优质农产食品和绿化、美化的生活环境。（3）园艺生产设施完备、先进，小型化、自动化、智能化程度高，蔬菜生产从播种到成品包装基本上采用机械化操作。（4）农业产业的多样化程度高，观光、休闲、体验农业等都是城市地区农业的重要组成部分。仅大阪就有70多个观光农园，其中柑桔类10个，葡萄类17个，垂钓类和草莓类6个。另外还有市民农园、科学教育园、文化资源利用型的文化馆、文化传习所、民间艺术展览厅、供游客住宿、休闲体验的农业资源利用型的“故乡之家”、“农家别墅”等等。

日本城市地区农业发展管理方面的做法和特点是：（1）因地制宜，合理布局，综合发展。根据城市的特点，做好长远的总体安排，发展形式多样的农业，发挥都市农业的经济功能和公益功能。（2）对农业发展予以支持和保护。据1996年日本全国农业委员会都市农业对策协议会统计，日本全国都、道、府、县和市、町、村各级制定的振兴都市农业的举措，如低息融资、资助等，不下250项。（3）重视科教，关注农业劳动力素质的不断提升，除加强正规学校培养农业劳动者外，对初次从事都市农业的从业人员提供无息贷款、资助学习相关农业技术和经营方法等。（4）重视农业结构的逐步调整，鼓励发展和增加绿色、保健食品生产，限制和淘汰效益低、成本高的农产品生产。（5）为农业发展创造良好的内外部环境条件，充分利用城市资金、物资、科技优势，鼓励和支持发展现代化的设施农业，建立和完善农产品流通体系，推动和促进农业生产经营管理向网络化方向发展，如用电脑开展全国范围内的时鲜蔬菜配送，建立农产品价格品种、经营计划等网站与数据库，等等。

（五）德国市民农园传统与城市林业

德国城市地区农业以市民农园为代表。市民农园起源于中世纪德国的Kline Gorden。当时德国人多在自家的大庭院里划出一小部分土地作为园艺用地，享受亲手栽培作物的生活情趣与乐趣。德国都市农业的真正发端一般认为是始于19世纪。19世纪初德国政府为每户市民提供一小块荒丘，市民用作自家的“小菜园”，实现蔬菜生产的自给自足。到19世纪后半叶，德国正式建立“市民农园”体制，主旨是从建立健康社会的理念出发，让住在狭窄公寓里的都市居民能够得到充足的营养。20世纪后半期，建立市民农园的宗旨出现重大变化，转向为市民提供体验农家生活的机会，使久居都市的市民享受田园之乐。

德国的市民家园土地来源，一部分为镇、县政府提供的公有土地；另一部分是居民提供的私有土地。每个市民家园的规模约有2公顷土地，由大约50户市民组成一个集团，共同承租市民农园，每个承租人租地100平方米，租赁者与政府签订为期25～30年的使用合同，自行决定如何经营，种花、植草、种菜或是栽树、养鱼，政府概不干涉，但其产品不能出售。如果承租人不想继续经营，可以中途退出或转让，市民农园管委会选出新的承租人继续租赁，新承租人承担原承租人的合理已投入费用。

德国的市民农园深受市民青睐，正呈兴旺之势，承租人已超过80万人，其产品总产值占到全德农业总产值的1/3。

德国城市地区农业，林业占有相当地位。德国的许多城市都建立在森林之中，号称“森林城市”。这既与城市的环保因素有关，也同德国的森林文化相关。德国的一些工业城市，发达的工业导致严重的环境污染，为改善生态环境，需要进行大面积的植树造林，因此，德国城市地区农业中的林业占有十分重要的地位，从文化源角度看，德国文化不属于海洋文化，也不是草原或高原文化，而是森林文化。德国的文学家、音乐家、哲学家和科学家在森林中思考、追求、创造，普通的德国人常年经森林的耳濡目染，潜移默化，于是便有了德国的森林文化。这种文化自然也就影响到了农业的构成与发展。

（六）新加坡在城市里发展农业

新加坡是一个典型的城市型国家。国土总面积647.5平方千米，总人口410多万,农业自然资源贫乏,几乎没有农村,农产品依靠进口解决,本地只能生产少量的蔬菜、花卉、禽蛋、水产品和牛奶。自20世纪60年代以来，新加坡在调整发展城市工商业的同时，也开始关注和重视城市农业的有效发展。

新加坡城市农业的主要形态与内容包括：

1. 现代农业科技园

现有6个高度集约化的现代农业科技园。农业科技园的基本建设由政府投资，建成后通过招标方式租赁给公司或商人单位经营，租期10年，现有耕地约1500公顷，供500多个不同规模农场经营。

2. 农业生物科技园

占地10公顷，拥有现代先进设备，主要从事新农业技术研究与试验发展工作，如动植物基因研究、新品种选育等，为农业提供科技进步服务。

3. 海水养殖场

拥有45公顷海域面积，利用海水可养面积发展水产养殖。

新加坡城市农业以蔬菜、花卉、鱼、禽、蛋和牛奶等鲜活产品生产为主，经过多年的发展努力，目前除粮食等大宗农产品外，鲜活农产品总量基本上已可自给，特别是新加坡的观赏用热带鱼和胡姬花（兰花的一种，品种繁多，妖艳美丽，耐久不谢）生产，目前的年出口值可达6000万～7000万美元。

（七）马来西亚以观光农业为主体的城市农业

马来西亚国土总面积32.97万平方千米，现有人口2440多万，城市人口占总人口的85%。马来西亚光热资源丰富，热带雨林广阔，近20多年来，在利用这些有利的条件和资源开发以观光农业为主体的城市农业方面成效显著。

马来西亚城市农业发展的主要内容及模式包括：（1）建立农业公园。1986年，马来西亚农业部通过投资，在原始森林里创办起了第一个国家级农业公园。该公园占地1295公顷，公园内建有农业企业公司设立的永久性展览中心，用以展示农业生产的方式与形式等。（2）建立和发展旅游观光景地。主要是建立和发展与农业、农村风俗相关的旅游胜地，如在槟城建有蝴蝶公园。（3）开展相关活动。如每年国庆节举办园艺比赛，鼓励人们多种花草、保护环境。（4）观光农业与花卉产业、旅游业等相关行业相结合，通过培育、引进花卉新品种、新技术，更新传统品种与传统种植技术，促进花卉产业发展，进而带动观光农业的发展。

三、中国环城农业发展理论与实践探索

（一）发展历程：从城郊农业到都市型环城农业

1980年，天津社会科学院院刊《文稿与资料》第六期发表《运用农业生态经济学调整天津郊县农业经济结构》一文，首次提出大城市郊县应充分利用其有利的地理区位大力发展鲜活副食品生产的农业生产方针，成为中国国内论述城市地区农业发展的开山之作。文章发表后，旋即得到时任中共天津市委书记的陈伟达的首肯，并对文章的主要观点在1980年11月召开的天津市委农村工作会议的总结报告中进行了大量的引用。

1981年5月，在武汉举行的全国农业结构调整研讨会上，天津代表提出的大城市郊县农业经济结构调整的意见引起与会代表重视。会后，由中国社会科学院牵头组织大城市郊县农业结构调整协作研究。1983年7月，参与协作调研的12个城市和北京农业大学（现已改称“中国农业大学”）共13个课题协作小组在广州召开首次城郊农业问题研讨会，会后形成的会议综合报告和《大城市郊区、县农村生产方针的若干问题》一并上报到国家有关部门，其中的综合报告，由国务院农村发展研究中心以中农研〔1984〕第5号文件发至12市市委、市人民政府，生产方针一文转送农业部后，被农业部于1984年召开的80城市郊区农业工作会议所采用，同时为后来农业部实施的菜篮子工程奠定了理论基础。

1984年，农业部、商业部、国家计划委员会、国家经济委员会通过在12个城市通力协作下形成的改革蔬菜统派购制度研究成果的鉴定答辩，之后以国农研〔1984〕第26号文上报国务院得到采纳。1984年底举行的中央农村工作会议，万里副总理在会议报告中正式提出：“大城市郊区要发展‘郊区型’农业，可以少种粮食甚至不种

粮食。”①至此，中国以城郊型农业为标志的城市地区农业即已从理论研究进入到了具体的决策和实践阶段。

如此，发展到20世纪90年代初，上海学者首先提出，上海作为国际性大都市，其农业必须成为“都市型农业”的重要概念。据此，上海市明确提出应加快城市农业向都市农业的转变，致力建设一批一流水准的现代都市农业型企业，并将此纳入“九五”至2010年上海市国民经济和社会发展计划范畴。在北京，1994年，朝阳区在制定该区《经济与社会发展“九五”规划》时，率先把发展都市农业列入其经济发展六大工程范畴；之后，市级政府也明确提出要以现代农业作为都市经济的新的增长点，强化其食品供应、生态屏障、休闲观光和科技示范功能。2003年，北京市郊区工作会议在谈及郊区未来5年的发展目标时，更是明确提出要形成包括“以绿色生态为标志的都市型现代农业产业带”在内的四大产业带。在天津，1999年开始实施的《天津市率先基本实现农业现代化实施规划》，其中提及“从现在起到2010年，是天津农业由城郊型迈向都市型的重要发展时期。”其他大中城市如深圳，也明确提出要适应建设国际大都市的需要，以发展现代都市农业作为特区再创辉煌的重要战略选择，等等。

总起来看，到目前为止，以都市农业为标志的环城市地区农业在中国东部、中部的省会城市和沿海大中城市呈现强劲、良好的发展势头，其中地处环渤海、长江三角洲、珠江三角洲的各大中城市的发展成效尤为显著、突出。农业已成为中国整个城市发展的有机组成部分，成为城市经济、社会，生态协调发展的和谐音符。

（二）上海：中国第一大城市的环城农业

上海是中国经济最为发达、经济总量最大的一个城市。2006年，上海市国内生产总值达到10297亿元人民币，占同年中国国内生产总值4.9%，人均GDP57310元，为全国人均GDP15973元的3.59倍，分别比北京、天津人均GDP高15.8%、39.9%。上海的进一步发展，农业仍然是一个无法逾越过去的“坎”。这是因为，目前,上海市仍有多达330多万的乡村人口(2005年为338.2万人),占全市人口的

①《中共中央办公厅、国务院办公厅1985年第1号文件》。

19%,农村居民的经济收入与生活来源仍在相当程度上有赖于农业的增长和发展。

其次，任何一个城市的食品特别是部分鲜活农产品的供应都不应该完全寄希望于来自城市以外地区的供应保障，而是有必要在城市周围地区建立自己的产品生产基地，就近生产并提供城市居民生活所必需的优质、价廉产品。

另外，现代城市的生态保护，优美、良好生活环境的有效建立和保持城市旅游观光业的可持续发展等等，都同与农业直接相关的城市绿地和城郊农业的发展状态密切相关。

最后，上海作为中国最为重要的经济中心地区，建立在科技上国内领先、在地域和时空上高度开放的现代农业，以便为邻近相同农业生态地区的农业发展提供良好的服务和较强的示范辐射作用，也是上海经济发展的应有之义。

据此，上海市早在1995～1996年间即明确指出，上海市的农业发展方向及目标是从“郊区型农业向都市型农业转变”，全市农业用地按照3个“三分之一”进行规划布局，即：1/3用于建设以经济林木为主的林果、花卉基地，1/3用于发展以创汇农业为主的园艺蔬菜、瓜果基地，1/3用于发展以优质水稻为主的粮油生产；重点发展“四大产业”即种源农业、创汇农业、设施农业、生态农业；实现农业发展的“六大转变”，即：从一般性商品生产向种源性产品生产转变，从满足本地市场为主转向以国际市场出口为主，以数量型直接效益向质量型间接效益转变，从单纯农产品生产向兼顾发展涉农装备转变，从利用当地资源向利用国内外资源转变；从立足本地产品批发市场向建设国际农产品集散中心转变。

到目前为止，上海城市农业发展的具体措施包括：

1. 优化农业产业结构

压缩、减少直至取消低质、低效传统作物品种的种植面积，用于扩大种植适销对路、质优、高效的新兴作物品种，通过调整，在各区县、乡（镇）形成具有当地特色、上规模、出效益、出品牌的作物品种结构，形成以蔬菜、瓜果、花卉、林木、绿地等多样化园艺作物种植为主体，辅之以优质粮食、油料作物种植的作物种植结构，配套发展旅游观光农业和以优质特色畜禽鱼品种为主的动物饲养业，建成以城市为背景及依托的绿色、安全、无污染优质农产品生产基地。

2. 加快科技兴农进程

以种子工程、温室工程、生物工程、绿色工程为重点，实施科技兴农战略。一是充分发挥上海的信息和综合科技优势，抓好国内外种苗、种畜等优良品种的引进、筛选、试验、示范和推广工作；二是在引进消化、吸收基础上，加快温室生产的国产化步伐，重点推广连栋大棚，提高园艺生产的设施化水平；三是利用生物技术，改良农作物品种，研制生物肥料、生物农药和生物疫苗，对秸杆和畜禽粪便等农业废弃物进行综合开发利用；四是加快发展无污染、安全、绿色、卫生食品生产；五是围绕种子工程，温室工程、生物工程和绿色工程，在全国范围内组织力量研制、开发先进的农机具和先进的农业耕作技术，以及农业的成套生产技术；六是提高农业信息服务能力，特别是国内外农业科技信息、农产品市场信息、农业经济综合信息的开发利用能力，完善连接农业产供销、贸工农、经科教和城乡（镇）与农业生产单位之间的信息网络，等等。

3. 突出现代农业园区的建设与发展

园区化是现代农业建设特别是城市地区农业发展的一个重要方向。建设现代农业园区，让农业园区发挥资金、技术、信息、人才的集聚作用和现代农业生产、管理、经营的示范作用与服务农民的服务作用，被认为是上海率先基本实现农业现代化的重要途径和展示上海现代化农业的窗口，是建成农业科技创新及实验基地的一个重要方面。为此，市政府要求郊区各区（县）必须建成自己“个性”特色明显、规模在万亩（666.67万平方米）以上的现代农业示范园区，培育自己的品牌农业产品，形成具有区域特色的农业产业。

4. 提高农业产业化经营水平

依据上海农业发展的具体情况，打破部门、区域和所有制等限制，加速培育一批年销售额在10亿元、30亿元人民币以上，分布在蔬菜、粮饲、畜禽、水产、花卉、林果等领域的集团型“龙头企业”，通过龙头企业的带动作用，提高农业产业化经营水平。

5. 推进并完善农产品市场化建设

充分利用上海交通便捷、农产品加工技术较为先进、农产品产供销体系比较完善、农产品出口贸易易于展开等有利条件，进一步改革、完善上海农产品流通体制，促使上海农产品流通向着大流通、大贸易、大市场方向发展，把上海建成中国最大的世界区域性农产品集散中心。一是进一步发展农产品批发市场，改进其基础设施，完善其运作规范，确保市场交易活动的顺利展开和运营；二是培育、建设一批具有一定规模、素质良好的农产品营销集团，形成通畅的上海农产品营销网络，提高上海市农产品市场的集散、辐射和带动功能及能力。

6. 提高农业的对内、对外开放程度

一是强化农业科技交流，积极引进国内外的先进农业技术、农业设施和农业经营管理技术及其成功经验，同时加强上海先进农业技术和优势农产品的对外输出，将上海农业纳入国际大循环范畴，通过国际竞争，提高上海农业发展的水平及能力。

二是加大招商引资力度，吸引国外优质资金进入上海投资农业开发，参与上海农业园区和农村基础设施建设，同时扩大同国内其他省、市、区的农业合作，按照扬长避短、优势互补、互惠互利原则，进行“飞地农业”建设，加快“异地农业”的发展步伐，积极参与外省、市、区的农业科技园区、农产品生产基地建设。

7. 加快郊区建设步伐

一是强化郊区的生态环境建设，在“造林、保洁、清河、治污”八字指导下，对工业、农业和生活废弃物造成的污染开展生态综合治理，达到环境净化、绿化和美化的“三化”目标，城市的森林覆盖率提高到20%以上。

二是推进郊区的城市化建设，外环线外的区（县）、乡（镇）按照城市生活的标准及要求进行建设，通过建设完善其功能、风貌及其个性化特色。

8. 构筑农业人才高地

一是加强培养、积极引进上海农业发展所需要的各种、各类专业人才，包括农业科技研发人才、农业经营管理人才、农业教育人才和农业科技服务人才等等。

二是加大农村基础教育和职业教育的投资力度，增加农村人力资本存量，为提高农业劳动者的科技文化素质奠定良好的基础。

三是组织农民进行技术培训，通过农业技术讲座、培训、函授、夜校以及现代化通讯教育手段等多种途径与方式，提高农民的科学文化素质和农业科技水平，以改变郊区新技术、新成果难以推广应用的落后状态。

（三）北京：特色独具的环城农业建构

北京土地总面积16808平方千米，截止2005年末乡村人口381.8万人，占全市总人口的24.8%，人口城市化比率介于上海和天津两大直辖市之间，比上海低近6个百分点，比天津高13.3个百分点。2006年，北京市地区生产总值7720.3亿元人民币，其中第一产业占1.27%，全市人均GDP49505元，为全国人均GDP的3.1倍，在全国各省、市、区人均GDP排序中，仅次于上海，居全国第二。

北京市农业发展正处于传统农业向现代农业转型的重要时期。1999年，北京市政府提出鼓励发展以“六种农业”即设施农业、创汇农业、加工农业、精品农业、籽粒农业和观光农业为重心的都市型农业。之后，进一步提出“突出五大优势区域”、“发展七大优势产业”、“实施九项重点工程”的城市地区农业发展构想。

“五大优势区域”，即：

（1）以大兴、顺义、通州、房山平原地带为重心的品牌农业加工配送产业区。以农产品加工、配送龙头企业为依托，延伸品牌农产品生产、加工和配送产业链，成为供应北京市区蔬菜、肉类、乳制品等品牌农产品加工配送基地，在农业形态方面，主要发展园艺农业、设施农业、观光农业和工厂化蔬菜生产。

（2）以近郊朝阳、海淀、丰台和昌平南部平原为重心的现代农业孵化区。依托科技园区，以中关村农业高新技术园为龙头，建立现代农业科技示范中心，成为国际农业先进产品、技术、品种博览园，依托科技型企业，建成提供管理、技术咨询和适用新产品、新技术、新品种，从事农业高新技术孵化、供给和服务活动的农业科技服务中心。

（3）平谷、密云、怀柔、延庆农产品加工出口产业区。利用当地的农业生态条件，发展优质水果、特色干果、绿色蔬菜、保健蔬菜和其他特种农产品生产，以出口创汇为目标，对农产品实施精、深加工，确保农产品的就地增值和对外出口。

（4）怀柔、密云、平谷自然景观休闲体验区。利用当地的自然景观，发展旅游休闲、观光、体验农业。

（5）房山、门头沟、昌平、延庆人文景观农业旅游观光区。利用当地丰富的文化内涵和众多的文化古迹，结合自然景观的开发利用，发展在人文景观带动下的旅游观光农业和生态经济型农业。

“七大优势产业”包括：生态经济产业、鲜活农产品配送产业；农产品加工产业；优良种子产业；观光农业；农业信息产业；农业科技产品及服务业。

“九项重点工程”包括：生态农业工程；农牧联动工程；标准化基地建设工程；农业产业链拓展工程；农业节水工程；外向扩展、梯度转移工程；农业数字化工程；科技产品与服务工程；农商对接工程。

北京以都市农业为重心的城市地区农业发展的主要经验及措施是：

（1）明确农业发展的目标及功能定位，促使农业由传统的产品生产功能向经济、社会、生态等多种功能结构延伸，发展多功能的农业形态。

（2）突出包括现代农业科技园区、观光农业园区等在内的农业园区建设与发展。

（3）强化政府对农业发展的支持力度，包括给予资金上的资助、政策上的优惠、人力及技术上的扶持等等。

（4）科学规划、合理布局，避免重复建设。

（5）积极拓展农业投资、融资渠道，策动社会各个方面增加对农业的投入。

（6）实施科技兴农战略，推进农业科技化进程。

（四）杭州：环城农业从城市到平原到山区

杭州作为中国地区经济发达省份之一浙江的省会城市，是长江三角洲地区的重要区域性中心城市，境内地貌类型多样，自然资源丰富，适宜发展多种形态及类型的农业。在杭州，发展农业被认为是“构筑大都市、建设新天堂”①的有机组成部分，其目标为“建成与大都市建设相协调，人与自然和谐发展，有明显江南地域特点的都市农业系统”。根据规划，杭州农业按“城市、平原、山区”三个圈层进行空间布局，重点发展茶叶、花卉苗木等特色农业和生态、休闲、设施农业等新兴农业。

城市农业圈：以城市建成区为中心，以改善城市生态环境为重点目标，以花卉、林木、园艺为主体，积极发展农产品加工、流通和服务业，有序推进观光休闲农业的发展。

平原农业圈：由萧山、余杭两区的部分以及富阳、临安两市平原部分所组成。重点接受城市圈的产业转移，以蔬菜、瓜果、花卉、苗木和畜禽、水产等优质高效农业基地建设为重心，大力发展创汇农业和农产品加工业，配套发展休闲农业。

山区农业圈：包括富阳、临安两市的山区部分和桐庐、建德、淳安三县（市）全部。重点发展茶、桑、果、竹、菜、药等具有山区特色的名特优稀新农产品，积极促进生态农业的发展，因地制宜配套发展观光休闲农业。

杭州以都市农业为重心的城市周边地区农业经过多年发展，已初步形成重点突出、区域特色明显的专业化农业生产格局。如萧山的花卉苗木，余杭的水产和水生蔬菜，淳安的水果、茶叶，近郊的蔬菜、花卉和高档水产品生产，以及西湖区的观光休闲农业等，都富有特色。在现代农业示范园区建设方面，杭州也颇具特色，成效卓著。目前已建成的各类农业示范园区，包括适合城市生活、集住宅、餐饮、娱乐等于一体的休闲观光农业园区、特色农产品生产园区和现代农业示范园区等，已达130多个，其中包括国家级园区4个、省级园区11个。

---

① 在中国，民间素有“上有天堂，下有苏杭”（即苏州、杭州）之称。

（五）广州：环城农业的“三个圈层”和“三元结构”

广州是中国珠江三角区最为重要的区域性中心城市。广州城市周边地区农业发展的突出特点集中体现在以下的“三个三”上，即：

区域布局的三个圈层：第一个圈层是城市的近郊，以蔬菜、花卉、林果、草坪等绿色园艺为主，发展休闲、保健、体验型农业，限制畜禽饲养业的发展。第二个圈层为城市中郊，实行种养加多种经营，因地制宜发展优质蔬菜、林果、畜禽饲养、水产养殖、花卉园艺、种子种苗、观光休闲等7个主导产业，以及农产品加工、流通业。第三个圈层为城市远郊地带，重点建成名优珍稀土特产品、反季节农产品、特色农业、生态农业、生态林业、休闲农业的重要基地。

农业功能的“三生性”转变：即由过去保障城市供应的产品生产单一功能向同时兼顾生产性、生活性和生态性的“三生”农业转变，重点推动发展一批以农事活动为基础，以农业生产经营为特色，将农业与旅游业融为一体，第一产业向第三产业延伸、结合的新兴农业，包括森林公园、旅游农庄、设施农业示范农场、花卉博览园等观光、休闲农业，努力发掘农业的生态屏障功能、文化传承功能、示范教育功能、旅游休闲功能，等等。

农产品形态的“三元”结构转变：即农产品生产从偏重于为城市居民提供鲜活农产品的一元结构，向既为城市内外包括国外市场提供食品，又为工业提供原料，同时还为城乡居民提供精神产品的三元结构转变，加强农产品市场体系的建设和完善，使广州成为“农产品产地市场——中心批发市场——零售市场”三级体系的区域农产品集散贸易中心。

（六）大连：以适水农业为主体的环城农业

大连系典型的半岛城市，三面环水，山多、水阔，耕地少。适应这一情况，近几十年来大连农业结构出现重大变化。1987年，大连渔业产值仅相当于农业（种植业）产值的57.97%，占农林牧渔业总产值的25.15%；到2005年，大连渔业产值已是农业（种植业）产值的1.8倍，占农林牧渔业总产值的41.04%，渔业发展速度明显快于其他农业部门，整个城市地区农业以适水农业为主体的基本格局得以形成。不仅如此，大连农业中的其他部门乃至而整个农业，近年来的发展绩效也都是过去从未有过的，从而反映出大连经济发展思路的某种变化和对环城农业发展的高度重视。

2001年，中共大连市委、大连市人民政府提出率先实现农业现代化的战略任务，出台《大连市农业现代化发展纲要》，明确规定大连市实现农业现代化的目标、任务和措施。发展到2006年，全市农林牧渔业总产值达到390.5亿元人民币，为2000年的2倍多，年均增长12.5%；涉农区市县生产总值达到1199亿元，同2000年相比较，增长2.24倍，平均每年递增21.7%；农民人均纯收入实现6984元，高出同年全国农民人均纯收入3587元的94.7%，提前3年完成《大连市农业现代化发展纲要》规定的目标、任务。

大连地区农业发展的主要做法及经验是：

1. “多予少取”：6年投入支农资金70多亿元

中共大连市委、大连市人民政府高度重视农业现代化建设与发展，坚持从统筹城乡发展、建设和谐社会的目标出发，将强力助推农业、城市支持乡村、工业反哺农业作为全市经济工作的重心，每年针对现有实际问题出台2～3个方向性、操作性极强的支农惠农政策，有计划、有目标、分步骤地健全、完善支农政策体系，积极调整财政资金运用的分配结构，加大对农业、农村和农民的倾斜力度，增加对农业建设与发展的资金投入。从2001年到2006年，6年间市地方财政投入的支农资金总量累计达到70.4亿元，财政支农资金的年均增长速度远远高于同期的财政收入增长速度。在财政投入持续、快速增加的带动下，社会资金对农业的投入也快速增加。

2. “科技兴农”：2500多项（个）新技术助推农业高效发展

为推进优势产业发展，大连市财政每年安排4000多万元专项资金，用于支持农业企业从国内国外引进农业新技术，新品种。截止到2006年末，全市已先后累计引进国内外优良品种、先进农业技术2,500多项（个），农业科技进步贡献率由六年前的48%提高到2006年的65%，平均每年增加2.8个百分点，有力地推进了农业科技水平的不断提高。

3. “产业化经营”：70万农户走出自产自销的单干困境

大连市多年来一直重视以农业生产、加工销售一体化为内容、以“公司+农户”为模式的农业产业化经营的建设与发展。截止到2006年末，全市规模以上的农业产业化龙头企业达到494家，其中固定资产超过1000万元的龙头企业183家，占辽宁省同类企业的一半以上；国家级龙头企业10家，省级龙头企业48家，占辽宁省的1/4。农民经济合作组织377家，其中4家被列为国家农民合作组织示范单位。以此为基础，通过“公司+农民合作经济组织（或经纪大户）+基地+农户”模式，带动70万农户进入农业产业化经营范畴，占全市乡村总户数的3/4强，农民人均纯收入中来自农业产业化经营收入的比重已超过1/3。

4. “国际化发展”：走出国门的农产品快速增加

目前大连市对外出口超千万美元的农产品有鱼类、贝类、肉类、罐头、水果、饲料、油脂等十几个大类，农产品出口的产品种类、目标市场范围不断拓宽和扩大。与此同时，农业的对外经济合作也快速发展，截止2006年底，全市农业外商投资企业已达到1600多家，实际利用外资已超过10亿美元。

5. “品牌战略”：努力创中国驰名商标

截止到2006年末，大连全市经认定的无公害农产品产地已达到298个、绿色食品生产基地48个；经认证的无公害农产品205个，绿色食品品牌208个、有机食品43个。已列为国家、省、市名牌产品的农产品（品牌）57个。2006年，国家农业部公布的首批96个全国名牌农产品中，大连5家企业产品榜上有名。大连韩伟集团的“咯咯哒”商标和大连獐子岛渔业集团的“獐子岛”商标已被列为中国驰名商标。

第3章 新农村建设和环城农业发展管理

第3章 新农村建设和环城农业发展管理

一、中国环城农业发展的挑战和机遇

（一）中国进入新农村建设的重要阶段

中国经济经过近20多年来的快速增长与发展，国家的综合国力及其在世界经济中的地位均已发生引人瞩目的重大改变。但与此同时，中国经济与社会发展过程中也出现了一些值得注意的问题。一是农村经济发展和农民的收入及生活水平同城市的差距急遽扩大，农村和农民从经济发展中分享到的好处明显低于城市，一度缩小了的农村居民家庭人均纯收入与城市居民人均可支配收入比例从1985年的1:1.72重新扩大到2006年的1:3.28，考虑到农村居民所享有的公共福利更是远远低于城市居民，因此，农村居民的人均实际收入与城市居民的差距比例至少已达1:6甚至1:7以上，城乡经济社会发展的二元结构加速深化；二是农村人口大规模、快速度地流向城市，非但未能从根本上解决农村和农民的充分就业问题，而且在给城市造成空前压力的同时也给农村带来了农业副业化、农业劳动力老年化、低能化和离农人口“两栖化”等新的问题，使农村经济和农业发展的落后矛盾进一步加剧，“农村病”和“城市病”发展并行不悖，同时推进；三是城乡间资源供给和生态环境压力迅速扩大，部分资源特别是一些至关重要的原材料及能源供应全面告罄快速形成，城乡自然环境的生态平衡能力急剧下降，生态服务和自然资本供应的严峻态势不断恶化。为解决中国经济与社会发展进程中存在的这些问题，中国共产党第十六届五中全会于2005年10月11日通过的《中共中央关于制定国民经济和社会发展第十一个五年规划的建议》明确指出，“建设社会主义新农村是我国现代化进程中的重大历史任务。要按照生产发展、生活宽裕、乡风文明、村容整洁、管理民主的要求，……扎实稳步推进新农村建设。”“明显改善广大农村的生产生活条件和整体面貌。”①

根据《中共中央关于制定国民经济和社会发展第十一个五年规划的建议》的指示精神，2005年12月31日，中共中央、国务院公开发表《中共中央国务院关于推进社会主义新农村建设的若干意见》，要求各级党组织和人民政府必须“加强对社会主义新农村建设工作的领导”，“科学制定社会主义新农村建设规划”，“动员全社会力量关心、扶持和参与社会主义新农村建设”，并就推进社会主义新农村建设的总体要求和与此相关的重大方针政策问题作出了具体的部署和安排。

接着，第十届全国人民代表大会第四次会议于2006年3月14日批准通过的《中华人民共和国国民经济和社会发展第十一个五年规划纲要》，在中国经济发展规（计）划史上，首次将建设社会主义新农村纳入国家经济与社会发展规划（十一五规划）任务序列，并就新农村建设中的具体任务包括发展现代农业、增加农民收入、改善农村面貌、培养新型农民和增加农业和农村投入、深化农村改革，以及新农村建设的重点工程等进行了具体的部署。

2007年1月29日，中共中央、国务院发表《中共中央国务院关于积极发展现代农业扎实推进社会主义新农村建设的若干意见》，要求当前及今后一个时期，为扎实推进社会主义新农村建设，必须高度重视建设具有中国特色的现代农业，为此，应特别注意做好以下方面的工作：（1）加大对“三农”的投入力度，建立促进现代农业建设的投入保障机制；（2）加快农业基础建设，提高现代农业的设施装备水平；（3）推进农业科技创新，强化建设现代农业的科技支撑；（4）开发农业多种功能，健全发展现代农业的产业

①引自《中国共产党第十六届中央委员会第五次全体会议文件汇编》，人民出版社2005年10月第1版，第8～9页。

体系；（5）健全农村市场体系，发展适应现代农业要求的物流产业；（6）培养新型农民，造就建设现代农业的人才队伍，等等。2007年12月15日，中国共产党第十七次全国代表大会报告《高举中国特色社会主义伟大旗帜 为夺取全面建设小康社会新胜利而奋斗》再次强调，“统筹城乡发展，推进社会主义新农村建设。解决好农业、农村、农民问题，事关全面建设小康社会大局，必须始终作为全党工作的重中之重”；并将“社会主义新农村建设取得重大进展”列为实现全面建设小康社会奋斗目标的新的更高要求之一。

新农村建设涉及经济、政治、文化和社会发展的各个方面，事关中国农业与农村的长远发展和国家改革开放及现代化建设的大局，既是国家经济建设与社会进步中的一件大事，也是一项十分复杂的系统工程。新农村建设的正式启动及其深入发展，标志着中国农村发展和城乡融合已经或正在进入一个崭新的历史阶段。城市地区是经济发展、社会进步最为活跃、水平较高的一个区域，发展现代农业，推进新农村建设，城市地区有条件、有能力先行一步，以便为一般乡村地区的农业发展和新农村建设积累经验，提供示范。这也是城市地区农业发展的一种责任。

农村建设包括农村生产环境、生活环境及生态环境三个方面和经济、社会及自然三大领域的有效整治及建设改造。社会主义新农村建设的目的在于将农村建设成为“高效的生产空间”、“美丽的生活空间”和“良好的生态空间”综合体，使农村成为农民安居乐业、就业与收入稳定、生活宽裕、社会文明的生活及生产活动的良好场所，使农村所内含的经济、生活与生态环境价值得到充分有效的发挥和实现。

实现上述目的，经济是基础。因此，社会主义新农村建设的重点及重心在经济，在于构建和发展一个以市场为导向，以经济、社会及生态效益为中心，以资源的合理开发和有效利用为基础，经济活动结构及其经营组织方式科学、合理，具有开放性、规模性、效益性、自组织性和发展的可持续性等突出特点、充满活力、蓬勃向上的村乡经济地域产业综合体。

推进社会主义新农村建设与发展，需要以农村产业的充分发育及其经济活动的可持续展开为基点，必须致力于村乡产业的有效开发和快速发展。为此，国家迅速出台了一系列旨在推动和促进农村产业开发特别是进一步加快农业现代化发展步伐的重大措施，包括在资金和政策上对涉及农村产业与农业发展的以下方面给予大力的支持和资助：

（1）大力提高农业科技创新和转化能力，发展农业科技创新风险投资，把农业科研投入放在公共财政支持的优先位置，提高农业科技在国家科技投入中的比重，扩大重大农业技术推广项目专项补贴的规模，鼓励社会力量参与多元化的农业科技研发及其成果推广服务；（2）加强农村现代流通体系建设，支持建立新型农产品营销体系，完善全国鲜活农产品“绿色通道”网络；（3）推进农业结构调整和优化，加快建设优势农产品产业带，积极发展特色农业、绿色食品和生态农业，培育和壮大主导产业；（4）发展农业产业化经营，增加农业产业化发展的财政扶持资金，加大对农业龙头企业的支持力度；（5）鼓励循环农业、生物质产业、节约型农业等新兴农业的培育和加快发展；（6）着眼兴县富民，着力产业培育，拓宽农民、农村增收渠道，稳定、完善、加强对农业和农民的直接补贴政策；（7）加强和加大对落后地区、贫困地区农村产业发展的财政、金融支持力度；（8）增加农田水利、耕地质量和生态建设投资力度，逐步扩大中央和省级财政补助专项资金规模；（9）大规模开发农村劳动力技能培训，建立政府扶助、面向市场、多元办学的农民培训机制，农村劳动力培训经费纳入财政预算范畴；（10）深化包括农村税费改革、金融改革及其他改革在内的农村综合改革，为农村产业开发与发展提供有利的社会保障条件，等等。

正在进行和不断推进的社会主义新农村建设、有利的宏观政策环境条件，为包括城市地区在内的村乡产业特别是农业的开发与发展创造出了从未有过的空前机遇和无与伦比的强大动因及推力。城市地区抓住这种机遇积极促进农业现代化建设与发展，也是一种社会的责任和义务，必须积极而为之。

（二）中国向“生态文明”社会迈进

中国共产党第十七次全国代表大会向全党、全国人民发出“建设生态文明”的号召，要求中国经济社会建设应“坚持生产发展、生活富裕、生态良好的文明发展道路，建设资源节约型、环境友好型社会，实现速度和结构质量效益相统一、经济发展与人口资源环境相协调，使人民在良好生态环境中生产生活，实现经济社会永续发展。”①

生态文明，被认为是与物质文明、精神文明、政治文明和社会文明并列的第五大文明，也是物质文明、社会文明和建成资源节约型、环境友好型社会的实现手段与标志。生态文明建设，不仅具有十分重要的经济社会意义，是促进和实现经济与人口资源环境相协调、速度和结构质量效益相统一、治理和保护与良化自然生态环境的必由之路，而且还是弘扬中国科学文化，从而摆脱“西方工业科学文化”干扰与束缚，真正实现中西结合，使中国经济社会发展走上健康坦途的一个重要方面，具有十分重要的科学文化意义。

中国科学文化着眼于“天人合一”、“万物旋律”，强调经济与科技的开发和发展以不对大自然造成破坏为前提，突出人与自然、万物之间的“和谐”、“共荣”、以人为本，人与人之间的平等、包容等等，而在方法论上，则高度重视从事物间的联系着手，通过整体综合找到解决问题的最佳方案。

西方工业科学文化则以“征服”、“推翻”、“压倒”、“专制”、“歧视”等为特征，把“物”和“器”看作是高“人”一等的东西，潜藏着某种心理上的暴力心态或精神；而在方法论上，则是只见树木，不见森林，只从个别细节上穷级分析，而对这些细节之间的联系却缺乏宏观上的综合与概括，认为一切事都一清如水。近代以来，以西方工业科学文化为指导的世界经济社会发展之所以出现环境污染与破坏、殖民统治、压迫与战争等严重问题，就是因为受了西方工业科学文化的影响。

西方工业科学文化，从19世纪开始就在中国“耀武扬威”，近

① 胡锦涛：《高举中国特色社会主义伟大旗帜 为夺取全面建设小康社会新胜利而奋斗——在中国共产党第十七次全国代表大会上的报告》，“人民日报”2007.10.25。

代以来的中国现代化，在相当大的程度上在与西方工业科学文化的“指导”下进行的，现代中国的科学文化框架基本上也是在这样一个基础上构建的。这种独尊西方科学文化而无视中国民族科学文化的做法，实在不是一种可取的科学行为。正确的做法应该是在明确、承认东、西方科学文化属于两条不同路线的基础上，汲取西方科学文化的精华而纠正其偏颇。提倡和建设生态文明，使全社会牢固树立生态文明观念，即是纠正西方工业科学文化之偏颇的具体内容及其表现。

生态文明建设的基本问题及要求，是运用生态学和生态经济学原理及方法指导经济发展的具体实践，通过产业结构、增长方式、消费模式的有效调整和改变，确保生产发展、生活富裕和生态修复、环境良化的协调统一。农业是对动植物本身加以利用的生物生产，既受到自然生态环境的限定和制约，又对自然生态环境的保护、治理和良化培育，进而完善、健全自然生态系统功能，提升其价值具有十分重要的作用。因此，农业特别是城市地区农业的有效发展也是生态文明建设的一个重要方面及实现手段。中国共产党第十七次代表大会提出的建设生态文明所涉及的相关任务、目标、内容及措施，包括“建设资源节约型、环境友好型社会”，“基本形成节约能源资源和保护生态环境的产业结构、增长方式、消费模式”；“循环经济形成较大规模，可再生能源比重显著提升”；“主要污染物排放得到有效控制，生态质量明显改善”；“加强水利、林业、草原建设，加强荒漠化石漠化治理，促进生态修复”，等等，都在相当程度上有赖于农业的高效发展。

另外，值得注意是，中国传统农业具有相当浓重的生态学色彩，中国农业遗产中内含 的一些生态学知识、原理及其指导下的农业生产实践，即使在今天也仍然具有发扬光大的重大价值，既有助于农业本身的现代化建设，也有利于生态文明的建设和发展。

总之，生态文明建设与农业发展，是一个问题的两个方面，二者互为条件和因果。建设生态文明，要求促进农业发展，同时也为农业发展创造良好的环境条件。反之亦然。

（三）发展农业是当今世界的头等大事

21世纪是农业复兴与超常态发展的世纪，因为工业化而被人们一度遗忘了的农业，正重新为人们所认识，进而成为社会高度关注的一个发展课题。

世界经济与产业发展的地域构造及其政策配置，自欧洲工业革命以来，就一直以城市和工业为中心，农村和农业成了一个被人们遗忘的角落。经济与产业发展以城市为中心的地域构造，在强力推动和促进经济不断高涨的同时，高度城市化也带来了不少极其深刻而严峻的问题。为解决或缓解这些问题，自20世纪60年代开始，已经高度城市化的部分经济发达国家即已着手考虑对以城市为中心的传统经济发达模式进行某种程度上的修正和调整，重新关注和重视农村地区的发展与繁荣。先是提出将农村发展放到与城市相对等的重要地位，进而又把农村建设置于优先发展的突出位置，希望通过经济与产业发展地域构造模式的有效转变，促进农业和农村经济的加快发展，使生活基础很不稳定的农村居民安心在当地就业及生活，以便防止农村人口的过量流出，确保农村人口及其产业发展的相对稳定，从而实现整个国土空间经济与产业发展在城乡间的均衡推进。

尽管到目前为止，从整体上看，西方发达国家对农村发展的重视，有关农村建设的基本思路及其做法，无论是美、日、英、法等国家所推崇的“单一中心集中型空间”，或是以德国为代表的“多中心分散型空间”的经济与产业发展地域构造模式都远未改变以城市为中心的本质特征，二者的不同之处，仅仅在于前者强调通过大型和特大型中心城市的功能下乡来推动农村经济与产业的发展及其结构调整，后者则主张在重视中小城市发展的同时关注中小城市与农村的有效结合。然而，同样不可否认的是，将农村发展提到议事日程，使其成为经济发展的重要议题本身，即已与传统的经济与产业发展思路及模式截然相异，或者说已经开始寻找到了未来经济与产业发展的入口处。已有的种种迹象表明，21世纪经济与产业发展的地域构造重心将在农村、在农业，农业和以农业为轴心的农村产业将成为21世纪经济与产业发展至关重要的角色之一。

从世界经济与产业发展的技术基础情况看，进入近代以来，科学技术发展一直以工业为轴心，而农业和农村则始终处于科学技术进步及其成果应用的落后状态。这种情况也已经发生或正在发生根本性的变化。21世纪的科学研究与技术的不断进步，与农业和农村密切相关的生物学的长期落后局面将得到根本的改善，生物学将成为21世纪科学研究与技术进步的学科主角。由此引起的整个农业科学技术的超常发展和日新月异的快速进步，必然为农业的重新崛起和以农业为轴心的农村产业的广泛开发与发展奠定坚实的技术基础。

再从世界经济与产业发展的资源基础情况看，近代以来以矿物能源、矿物原材料等非再生资源为主轴、为重心的资源开发利用结构，由于受到资源耗竭、生态环境恶化的严重制约，必然转向以可再生资源为基础、为重心和主轴的资源开发利用结构，要求更加充分、高效地开发利用长期以来一直未能得到有效开发与充分利用的农业及农村其他产业资源，使经济发展建立在可持续的资源供给基础之上。21世纪的资源供给，由再生资源唱主角的格局已初露端倪。而再生资源有效供给及其开发利用，则有赖于农业和其他农村产业的发展与进步。

最后，从世界经济与产业发展的潜在能力及其效益性情况看，无论从哪个角度分析，农业和农村经济活动的投入产出效益高于城市经济及其产业都是显而易见的和可以证实的。现实生活中农业和农村经济部门目前普遍存在的低收益回报率现象，实际上是由于极不科学和非合理的农业生产结构和经济核算体系及其计量方法所造成的。由于农业和农村经济活动具有极高的效益性，为了有力地推动和促进整个国民经济及其产业的更快发展，提高全社会的投入产出经济效益水平，就必然要求高度重视和突出农业和农村经济的优先发展，并在此基础上有效构建与之相适应的经济发展新模式。

从目前世界农业发展所面临的现实状况看，有两个问题是很值得注意和重视的，一是近几年来农产品价格狂涨，粮食库存不断下降；二是世界范围的农村衰落走势强劲。

据法国《解放报》2007年7月23日报道，进入2007年以来，世界谷物及其他一些农产品的价格持续上涨，屡创新高。在法国，小麦价格一年内上涨了50%，从每吨121欧元上升到180欧元。从世界范围看，农产品价格涨幅也是过去十几年来从未有过的，大豆价格上涨了40%，玉米上涨52%，奶粉上涨85%。

据德国《世界报》2007年10月17日报道，“黄油涨了43.1%、牛奶涨了13.5%、汽油涨了39%、电缆涨了7.4%——调查显示，2007年9月是德国两年来物价最高的一个月。而分析认为，价格上涨趋势还将延续。”

据俄罗斯《新闻时报》报道，自2007年初以来至9月底止，俄罗斯各地食品价格平均上涨了16%，其中高加索地区8、9两个月各种食品价格就上涨了48.5%。在吉尔吉斯斯坦，2007年6月后的3个多月，面粉价格即上涨了1倍多。

在日本，据《朝日新闻》2007年10月16日报道，敷岛面包公司于当天宣布，从12月起其生产的520种面包价格将上调5～15%；富士面包公司也将从12月起将其产品在原有价格基础上调高7%。此外，以面粉为材料的面条生产企业也准备在11月以及来年的1、2月分阶段涨价6～25%。

“美国之音”称，进入2007年下半年的几个月来，世界各地抗议食品飞涨的声音此起彼伏：墨西哥人抗议玉米饼价格翻了一番；意大利人抗议面条和其他面粉制品价格扶摇直上；埃及人对于基本食品价格上升50%而怨声载道。

2007年，世界食品价格狂飙不已，实质上是农业发展持续滞后而带来的必然结果。在过去的8年中，即有7年全世界粮食产量低于消费。结果导致世界粮食库存持续走低，达到34年来的最低水平。这种状况若不从根本上加以改变，世界粮价涨势终将难以改变和有效遏制。

同农业发展长期滞后相对应的另一严峻问题，是农村的衰落。农村人口减少、白发老人增多、男子汉难以娶到媳妇、基础设施老化、耕地荒芜、产出减少等系列问题，正困扰着越来越多的国家。

在日本，第二次世界大战后，农村的富裕程度并不比城市低，甚至曾超过城市，但随着日本工业化程度的加深与发展，农业人口比例逐年下降，农村的青年男女多半转入城市工作。到20世纪80年代，日本农村即在老龄化阴影下开始面临后继无人的生存与发展危机。据日本国土交通省调查显示，在日本，农村中65岁以上老年人超过半数而被称之为“临界村落”的老人村落，目前已达7900个。由于面临生存危机的老人村落不断增加，因此，村落问题现已成为日本国土、农业政策及地方制度的焦点。

在韩国，由于农村发展速度缓慢，农村男子难以娶上本国女子现象十分突出，并呈强化态势。据韩国统计厅公布的数据，2006年韩国有8,596名从事农林牧渔业职业的男性公民结婚，其中41%娶的是外国媳妇，比2005年多了5%。

在俄罗斯，有超过半数以上的农村居民生活在贫困状态之中，全俄15万多个村庄中，已废弃的村庄多达1万多个，近4万个村庄的居民人数不足10人。在远东哈巴罗夫斯克境内有一个名为季特维克的小村庄，在前苏联时期曾是该地区最为富裕的村庄之一，全村过去200多户人家，可如今仅剩下20多户。就是这20多户人家，平时劳动的也只是些老人和妇女，年轻人都到城里工作去了。尽管村子里有大片肥沃的黑土地，但不少耕地处于荒芜状态，杂草丛生，无人打理。

印度是一个以农业为主的大国。印度独立后，农业“绿色革命”曾一度使严重缺粮的印度彻底走出饥饿困境，并有余粮出口，但自20世纪90年代初实行经济自由化改革以来，印度农业随即出现严重的衰退之势，农民的日子很不好过，农村衰落的强劲势头迅速形成，村庄的破败景象随处可见，有的村庄甚至打出“拍卖村庄”的广告。

农业与农村发展，互为条件和因果。农村衰落，由农业的不发展而引发，同时又加剧农业的不发展。农业的不发展，无论是过去、现在或是将来，都必然对整个经济发展的速度和质量造成至关重要的影响。这一点，对于任何一个国家来说都概莫能外。重视农业发展正日益成为世界的共识。正如印度总理辛格在印度独立60周年纪念日演讲中所说的那样，“没有农业的繁荣，就没有印度的繁荣，没有农村的崛起，就没有印度的崛起”。

中国是世界农业大国，现有农业人口高居世界农业人口总量的35%以上。世界农业发展走势，在日益开放的全球经济一体化条件下，既要求中国必须高度重视农业发展，积极参与农业的国际竞争并不断提高农业的国际竞争能力，同时又会为其竞争能力的提高提供前所未有的机遇和有利的外部环境条件。

二、从战略上改进和完善中国环城农业发展管理

（一）中国环城农业发展存在的主要问题

中国城市地区的农业发展，经过近几十年来的努力，总的看来，已有长足的进步，但也仍然存在不少的问题，主要是：

1. 农业投资主体单一，缺乏社会资本的广泛支持

尽管中国城市及其周边地区农业发展拥有比较良好的资源与市场条件，比较优势明显，生产经营的收入与效益水平也处于较高的位置，但却未能成为社会资本关注的兴奋点。由于多种因素的综合作用，资本拥有人大多采取裹足不前的观望策略，与一般农区的情况毫无二致。众多高度分散、规模狭小的农户反而成了投资的主体，独立承担投资与经营的风险。加上高度垄断、僵化的农村信贷体系及其歧视性的信贷制度对农业资本供应的严重限制，单一的投资主体，使得城市地区农业发展的资本供给与投资始终处于严重短缺与不足的落后状态。

2. 缺乏有效、有序的土地流转机制

农业经营规模扩大及其规模效益的实现和获取，在相当程度上有赖于经营土地面积的增加和扩大。在中国目前农业实行家庭土地承包经营的制度安排下，受现行土地产权制度、城乡户籍制度的约束，有效、有序的土地使用权流转难以进行，同土地使用权流转相关的运行机制尚未建立或仍处于很不健全、很不完善的滞后状态，结果导致具有规模效益的农业难以在实际的现实生活中形成，小规模的分散经营格局难以从根本上得到改进和改善。

3. 缺乏科学严谨的整体农业发展规划

城市地区的农业发展涉及城市发展的方方面面，其整体性与综合性程度高，必须建立在城市政府对城乡之间、农业与非农产业和农业内部各部门、各行业之间的统一规划、严密部署的基础之上。从目前中国城市地区农业发展的实际情况看，除个别城市外，大多都未能制订切实可行、科学、严谨、周密、详尽的农业发展战略规划，或者虽有所谓的规划，但多属“官样文章”，农业发展并未引

起城市政府决策高层的足够注意和重视。大多城市领导人所关注的还只是工商业等非农产业，因此，侵害农业发展的现象比比皆是，农业发展实际上处于可有可无的盲目境地。

4. 相关的社会化服务体系建设严重滞后

区域化布局、专业化生产、系列化加工、产业化经营、企业化管理、社会化服务，是城市地区农业发展的基本方向之一。为此，要求必须重视建立健全完善的农业社会化服务体系和发育完全、成熟的社会化服务机制，以便为农业经营者提供其所需要的高水平的各种服务。目前，中国在这一方面也依然处于落后状态，农业社会服务体系还很不健全，农业经营者所需要的相关服务往往得不到及时、有效的满足，结果导致城市地区农业发展过程中的种种问题，如“一窝蜂”地投资同类项目、发展同类产品，盲目追求洋技术、高投入，结果导致引进技术运用的低效益、低投资回报率等等。

5. 农业发展管理和农业经营管理水平低

城市地区农业发展管理和农业经营管理水平低，是中国各城市普遍存在的一个突出问题。以现代农业科技园的建设发展和经营管理为例，近十几年来，全国各城市地区纷纷投资建立各种类型的现代农业科技园区，除有限的几个可谓之成功外，大多效益不佳，由于运营成本太高，不少园区建成后不久就陷入难以为继的困难境地，有的则犹如鸡肋，成了“食之无味，弃之可惜”之物。导致如此结果的直接原因便是低水平的项目发展管理和低水平的项目经营管理。

6. 政府规范和扶持的力度不够

国外城市地区农业发展的实践经验表明，城市政府强有力的政策支持和科学的规范化管理是城市地区农业顺利发展的必要保证。但中国到目前为止，除少数城市，一般城市政府都不大重视对农业发展的政策扶持及其规范化管理，缺乏相应的政策法规措施及手段，使得其农业发展难以有效展开。

（二）中国环城农业发展应当坚持的基本方向

中国城市地区的农业发展，必须坚持以市场为导向，以效益为中心，城乡融合，人与自然和谐，农业与城市和工业协同发展的指导思想，走功能多元化、经营产业化、技术高新化、竞争国际化、发展文化化的发展道路。

1. 功能多元化

坚持多功能的发展方向，突出农业发展的生态保护与自然环境治理功能、食品保障和工业用原料及出口产品供给功能、丰富社会生活功能、示范教育与新技术传播功能和文化传承功能，一是全面开发功能不同的多种农业，向农业的广度和深度进军；二是注重开发同一项目的农业多种功能，促进不同功能的有效综合与结合。

2. 经营产业化

建立农产品生产、工业加工和市场营销相结合的农业经营体系，农产品生产经营由单一化、分散化方式向系列化、综合化、一体化方式转变。

3. 布局区域化

按照城市地区农业生产布局的客观区位规律性和区位的相对性，确定农业生产的空间分布与地域布局，确保农业高效益目标的有效获取。

4. 生产专业化

包括地区专业化和生产单位的专业化，通过地区及生产单位的专业化分工，提高农产品生产经营的经济效益和规模效益。

5. 技术高新化

率先应用农业科技进步与创新的最新成果，利用最新的农业高新技术改造、武装农业，全力发展高新技术农业、设施农业、工厂化农业，以高新技术优势弥补城市地区相对短缺的自然资源劣势。

6. 竞争国际化

积极参与国际竞争，以国际市场为目标，建立以农产品直接出口和通过开发涉外旅游农业增加间接出口相结合的农业外向化经营体系，延伸农产品生产、加工、贸易的产业链，走外向型经济之路，提高城市地区农业发展的外向化程度。

7. 发展文化化

一是利用现有农业文化遗产，设计开发与之相适应的涉文农业经营项目，如观光旅游农业项目、农业教育项目等等；二是发展、开发农业、农村文化活动，丰富、增加农业活动的文化内涵和影响力，使农业活动更具活力及发展前景。

8. 服务社会化

构建健全、完善的农业社会化服务体系，扩大、提高农业经营的社会化服务范围及水平，为农业经营者集中在某一专业领域施展其才能创造良好的外部环境条件。

（三）全方位建设农产品生产基地

农产品生产基地是农业发展的基础和依托，对主导产业的确立、特色农业发展和农业的合理布局、规模化经营，以及农业市场竞争能力的提高等，均具有十分重要的作用和意义。

农产品生产基地建设，基地的培育与发展，应坚持以下基本原则：

1. 以农业园区为依托

近几十年来，中国城市地区农业发展建设的突出特点之一，是先后建成了一大批具有较高水平和一定规模的现代农业园区。农产品生产基地建设应当而且可以考虑最大限度地发挥这些园区的积极作用。以大连为例。目前大连地区市、县（市、区）、乡（镇）三级农业园区建设面积已达4.67万公顷（合70万中国亩），占全市现有耕地总资源面积的1/6多，遍布全市农村的各乡（镇），完全有能力、有条件成为所在地区农产品生产基地建设的依托或“发展极”，在带动周邻地域农产品的专业化、特色化发展方面具有重要的作用。

2. 充分发挥农业龙头企业的积极作用

培育、扶持农业发展的带头企业，调动农业龙头企业通过定向投入、定向服务、定向收购和租赁、承包合作等方式与农户联合建设农产品生产基地的积极性。从大连情况看，目前全市规模以上农产品加工龙头企业已达420多家，其中固定资产投资在1000万元人民币以上的农产品加工龙头企业180多家，通过这些企业，可以建设发展一批专业村、专业乡（镇），形成稳固的农产品生产基地。

3. 发展农民专业合作组织

农产品生产基地和农民专业合作组织的建设与发展互为条件和

动因。从农产品生产基地建设方面看，可以利用现有或新建农民专业合作组织的作用，引导、帮助成员农户和其他农民进行生产方向、品种结构的有效调整，适当扩大经营规模，推动、促进特色农业、生态农业、有机农业商品基地的建立与发展。

4. 财政支农与农产品生产基地建设相结合

财政对农业、农村经济发展投入的不断增加，是近年来中国农业及农村产业发展的突出特点之一。城市地区财政对农业的支持力度更大。如大连，2005年的财政支农资金即已达到16.6亿元人民币，相当于同年大连全市农林牧渔业增加值（即第一产业增加值）的9.06%，按农村户籍人口计算，人均受益577元/年，高于全国财政支农支出占农林牧渔业8%和乡村人口人均受益220元/年的平均水平。现在，大连每年都要出台1～2项新的支农惠农政策，如能进一步改进、完善财政支农资金的使用方向、方式和方法，无疑足以成为农产品生产基地建设的重要推进力量。

（四）创新农业经营方式

1. 促进农业龙头企业发展及其作用机制的有效完善

农业龙头企业是推动农业及农村产业开发建设与发展的重要载体。近十几年来，中国农业、农村经济的快速发展，农业龙头企业在其中起到了十分重要的作用。截止到2006年，全国已形成以580多家国家重点龙头企业为核心，2000多家省级重点龙头企业为骨干，4万多家中小型龙头企业为基础的农业产业化发展的基本格局。加上其他类型农业产业化组织的带动作用，目前全国进入农业产业化体系的农户已达8,454万户，占全国乡村总户数的33.5%。城市地区进入农业产业化体系的农户比例远在一般乡村地区之上，如天津市已达75%，大连也在70%以上。但是从整体上看，现有农业龙头企业规模普遍偏小、带动能力有限，在目前全国6.12万家龙头企业中，销售收入在500万元人民币以下的占42.23%，销售收入在1亿元以上的仅占6.55%；全国11.4万个农业产业化经营组织平均拥有固定资产仅710万元人民币。另外，龙头企业同农业、农民的联系也较为松散、间接，多为简单的商品交易关系，缺乏直接从事农产品生产组织、同农民结成命运共同体、带动能力强的农业龙头企业。因此，进一步促进农业龙头企业的发展、壮大，完善其作用机制，仍是当前农业及农村非农产业开发建设与发展亟待解决的一个关键性问题。

农业龙头企业发展、壮大及其运营与作用机制的有效完善，有赖于企业自身的努力，同时也需要政府和社会各界的强力引导。从企业方面看，农业龙头企业需要进一步努力做好以下方面的工作：

（1）完善以市场为导向的企业经营机制。一是建立和完善企业发展规划/计划工作体系及其机制，明确企业的发展方向、经营方针，加强企业的发展策划与高效的经营运行。二是运用现代信息技术手段，建立和发展企业的市场预测系统，及时掌握市场供求信息，按市场需求组织、引导农民生产。三是加快电子商务、物流配送、客户网络管理系统的建设发展步伐，提高产品营销的组织化程度。四是在适应市场需求的同时，积极、主动、有计划、有目的地创造需求，引导消费者的产品消费，建立企业的产品消费引导机制。

（2）创建以科技为支撑的企业发展机制，提高企业科技创新能力。一是增加企业的科技投入，提高企业科技研发经费支出与企业销售收入的比例系数水平。二是健全、完善企业科技进步组织机构和科技开发对外协作网络，提高企业职工队伍中的科技人员比例。三是加强技术引进、科技攻关，为企业发展及其产品质量的不断提高提供强有力的科技支撑。

（3）发展以效益为中心的企业运作机制。一是提高企业经营管理决策和决策实施的组织水平。二是抓好标准化生产，树立“质量第一”的观念，按照国家标准组织生产。三是健全、完善质量安全监督检测控制体系，确保生产绿色、环保、无污染的安全农产品及其加工品。四是加强品牌建设，提高产品的市场竞争能力及其附加值，等等。

从政府与社会角度看，促进农业龙头企业发展及其作用机制的改进和完善，则需要做好以下方面的工作：

（1）加强对农业龙头企业发展的引导和规划。依据农业龙头企业发展的现有格局，重点发展一批规模大、带动力强、同农户、农业联系紧密、直接、以一定规模的特色农业为依托的行业农业龙头企业，包括直接从事农产品生产活动的龙头企业，使农业龙头企业的行业/产业分布、规模结构、经营方向结构趋于合理，消除目前以农产品加工、销售为主体的单一结构。

（2）为农业龙头企业提供强有力的发展支持，包括资金、政策、信息和行政服务等多角度、全方位的支持。围绕主导产业、特色农业的发展，规划建设一批固定资产投资超亿元、产值过十亿元的骨干农业龙头企业，集中必要的财力、物力，突出扶大扶强，建成一批具有标志性意义的重大农业工程项目和企业。

（3）推动和促进农业龙头企业与基地农户建立公平、公正、合理的利益联系机制。运用制度安排、道义规劝、政策鼓励等各种手段，使农业龙头企业树立立足农业求发展的价值取向，克服短期利益诱惑，建立经营上同农民一体化、经济上同农民结成利益共同体的农企结合机制。

（4）建立和健全农业产业化重点龙头企业发展与运行的评价系统，强化对农业龙头企业的发展管理和运行监控。修改、调整农业产业化重点龙头企业的现有认定标准及其运行监测管理办法，注重企业的农户带动能力和与农户的利益联结机制及方式、办法。

2. 培育、发展农村农民合作经济组织

农民合作经济组织是农民自己组建、自己控制、管理和运营的服务组织。由于其服务的对象具体、形式可以灵活多样、内容与农业生产和农民生活息息相关、具有其他经济组织形式无以比拟和替代的诸多优势和作用，因此，农民合作经济组织被认为是促进农业及农村经济发展的一种重要组织形式，在组织生产、开拓市场和为农民生产及生活提供良好服务方面具有十分重要的作用。

在农民合作经济组织发达的国家，农业生产进程中的农资供应、农业信贷、技术信息服务等，都是通过农民合作经济组织来提供并完成的。在法国，全国90%的农民加入了农业合作社，农民生产的75%的粮油、60%的餐用葡萄酒、50%的鲜奶由农业合作社收购，农民取得的各种贷款有90%来源于合作社，全国羊奶奶酪的61%、牛肉的38%、猪肉的89%、羊肉的49%是由合作社生产的，谷物的45%、鲜果的80%、家禽的40%是通过合作社组织出口的。

在美国，有超过80%的农民根据自己的实际需要自发组织和自愿参加了五花八门的各种农业协会。建于1893年由加州100个果农组成的新奇士橙种植者协会，发展到现在已成为拥有6500个果农家族、61家包装公司的果业协同组合，全方位地为果农提供产前、产中、产后服务，它统一商标、统一价格、统一在全球销售，对美国柑桔进入各国市场发挥了重要作用。

中国农业、农村合作经济组织发展明显落后于中国农业及农村经济发展的客观需要。截止2006年底，全国农民专业合作组织有15万余个，平均4.27个行政村才拥有1个农民专业合作组织；农民专业合作组织共有成员2363万户，占全国农户总数的9.37%；带动非农成员农户3245万户，占全国农户总数的12.87%；两类农户合计22.24%。城市地区的情况也大致如此。就大连地区看，2006年，全市农民专业合作组织有215家，平均4.67个行政村拥有1个农民合作组织，不但数量少，而且实力弱，服务范围窄，功能和作用十分有限。加快农村农民合作经济组织的培育和发展，是城市地区农业及农村产业发展进程中亟待解决的另一重大课题。

为此，需要采取以下重要措施及步骤：

（1）确立和规范农民合作经济组织的形式、类别及其在社会经济发展中的地位和作用。根据中国的具体情况，农民合作经济组织的形式、类别及其作用，按照其成员可分为：

——自然人型合作经济组织。组织成员为农民个人或农户家庭。

——经营组织单位型合作经济组织。其成员为企业或其他特定的经营组织单位如农民协作小组、农民专业协会等。

——混合型合作经济组织。其成员既有农民个人或农户家庭，也有企业或其他形式的经营组织单位。

按照合作经济组织的业务内容及范围划分，可区分为：

——专业型合作经济组织。如生产合作组织、农产品销售合作组织、农村信用合作组织，等等。

——综合性合作经济组织。为农民、农业生产提供多元化、综合性服务的合作经济组织。

按照合作经济组织在经济活动流程中所处的位置可分为：

——市场型合作经济组织。即合作经济组织的业务活动直接面对分散的市场行为主体。

——中介性合作经济组织。即合作经济组织的业务活动以集中的市场主体主要是农业产业化龙头企业、农产品加工或流通企业为其目标对象，成为联结农户与龙头企业或农产品加工、流通企业的桥梁。

最后，按照合作经济组织的业务性质又可分为：

——经营性合作组织。按照企业原则运行，开展经营性的业务活动。

——事业性合作经济组织。其业务活动不以盈利为目标和目的。

（2）由国家立法机构或政府主管部门制订和出台农民合作经济组织示范章程、条例，规范农民合作经济组织的宗旨、任务、业务活动范围及内容、组成办法、管理体制及其运行机制等，用于指导和规范农民合作经济组织的发展与运行。

（3）通过财政资助、补贴和税收、信贷方面的优惠，以及周到的信息、资讯、行政服务等经济、技术、行政手段，支持农民合作经济组织的发展和运行，为农民合作经济组织发展、运营创造良好的政策环境条件。

（4）培养农民合作经济组织经营与管理所需要的各类专业人才，加强对农民合作经济组织经营与管理的指导和引导，帮助农民合作经济组织不断完善其组织机制与管理办法，丰富其服务的内容，提高其服务水平，使之成为名符其实、农民可以信赖和依靠的组织。

3. 鼓励建立农业经营公司，推动农业公司化经营

中国农业发展到今天，在维持现有农业经营制度安排基本不变的前提下，积极引导、鼓励农民因事、因人制宜地创立和发展形式各异的企业化经营实体，包括家庭农庄、家庭农园或农场和家庭农业有限责任公司，以及以农民为主体、城市居民个人或企业事业法人参与投资的农业经营公司，使以家庭为单位的一级生产组织转化、演变成为一级农业企业（公司）组织，农民不再以个人或家庭而是以企业身份投入农业生产与经营的发展活动，已成为中国农业进一步发展至关重要的因素之一。

同农业企业化经营实体大量存在相适应的农业经营制度，是农业的公司化经营。农业公司化经营，是一种能够有效适应当代农业市场化、经营产业化、发展现代化要求的农业制度安排。这一制度安排的突出特点是：

（1）农民职业化、股东化；

（2）农用生产资料、资金等农用投入品企业资产化；

（3）农业经营者承担的风险责任有限化。

值得指出的是，在农业经营领域中，虽然以农民家庭活动及其财产为基础的农业家庭经营作为一种历史悠久、影响深远的农业经营制度，现阶段仍不乏其存在、绵延的必要性，但在市场经济条件下，随着农业市场化、产业化和现代化的迅速推进与发展，其内在局限性的加快凸现却也是一个不争的事实，而以职业活动、公司法人财产为基础的农业公司化经营制度则能够较好地从根本上克服和消除农民家庭经营所存在的某些缺陷与不足，因此，极具发展、推广的必要和前景。

农业公司化经营的突出优点，具体表现在以下几个方面：

（1）有利于农户对外合作与交往的扩大和密切化。既可以为吸引有意投资经营农业的投资者和进入农业领域的各类人才进行合作创造条件，同时也能够为农户推销其产品提供方便。

（2）化解、降低农户经营农业的风险。在农业经营一旦失效的情况下，不需要如同农户家庭经营条件下那样必须以其全部家庭财产来承担相关债务的清偿责任，而是只需要承担以其出资额为限的有限责任。

（3）便于增加和扩大农业经营的融资来源，提高农业经营的融资能力。农业经营公司在自有资金不足的情况下，可以很方便地通过股权融资、银行借贷等方式来解决其资金融通问题。

（4）提高农业经营的效率及效益。可以能够通过扩大投资规模、提高农业集约化经营水平、增加技术投入等各种方式，获取较高、较大的经济效益。

农业公司化经营已成为当代世界农业发展的一种潮流和趋势，发达国家普遍重视农业公司化经营的推广与发展。

为鼓励、支持农业企业化经营实体的建立与发展，推动农业公司化经营，应积极采取以下方面的重要步骤及措施：

(1) 探索与农业经营相适应的企业制度形态与组织方式

中国现行有关公司制企业的组织形态、方式、治理结构及其运行办法等各种法律规定，基本上以工商业的发展要求为其依据及标准，而对农业领域的诸多特点及要求则考虑不多。因此，其适应范围也主要限于工商业中的公司制企业，而在农业中的运用则必然受到诸多方面的限制。推动和促进农业经营公司的建立与发展，要求对农业经营公司的制度形态、组织方式及其运行办法等作出积极的探索与创新，给予相对灵活的政策规定。

关于公司的设立规范，以农民为主体的农业经营公司，在出资的方式上应该允许采用合资、合作和独资的方式，以合资、合作为主：在合作的形态上，可以使用“人合”的方式，也可以采用“资合”的办法，以“资合”方式为主；在参与出资或合作的人员身份方面，既可以是农民与农民之间的“资合”或“人合”，也可以是农民与非农民之间的“资合”，鼓励和支持城市居民个人或企业法人与农民之间的“资合”；在农民的出资方式或合作条件方面，鼓励和支持农民以其承包土地入股的方式进行，通过适当、有效的措施，使农民承包经营的土地成为农业公司法人财产的重要组成部分。

(2) 积极创新和完善农业经营公司发展的外部环境条件

一是放宽农业领域公司制企业设立的条件限制，通过专门立法对各种形式及形态的农业经营公司包括个人或家庭独资农业经营有限责任单位的设立办法及运营制度作出明确、具体的规定；二是制订和出台鼓励城市居民和企业下乡投资农业的具体办法及政策规定，为农民的对外融资和非农民进入农业领域提供政策依据；三是改革和完善农民承包土地的流转办法及制度，为农民承包土地进入公司化经营渠道提供必备条件；四是通过必要的措施，对农业经营公司的经营者资格加以规定，凡未通过并获得资格认定的人员原则上不得经营农业公司。

（3）加大政府对农业经营公司发展的政策引导及支持的强度与力度

一是加快农村及农民社会保障体系的建设与完善步伐，为农民和农业经营者提供一道有效的社会福利保护屏障；二是调整和改变国家农业财政资助及支持的方式与方法，将目前以资助农业关联行业及其企业为主，进而带动农业发展的农业间接资助方式，转向对从事农业生产与经营活动的农业经营公司的资助，从而实现对农业的直接资助；三是农村信用合作社和农村金融体制的改革、发展与农业经营公司的发展要求相适应，使其成为农业经营公司发展的重要融资渠道；四是重视并加强农村经济及农业经营发展人才的国家培训，建立国家及地方有效结合的农业经营人才培训体系。

（五）推动农地流转，促进农业规模化经营

按照依法、自愿、规范、有序原则，推动农地使用权的合理、有效流转，促使农用土地日益流向农业经营大户、家庭农场（庄、园）、农业企业和农业园区，使农业经营规模得以扩大，为农业增效、农民增收目标的实现创造必要条件。

1. 制订、完善农地流转管理办法

城市地区可以考虑依据国家《农村土地承包法》等相关法律规定，结合本地区的具体情况，制订适合当地农业和农村经济发展特点及要求的农地使用权流转管理办法，以地方法规或政府规章形式规定农地使用权流转的条件、程序和规则，明确农地使用权流转的交易主体、交易程序和交易各方的义务及法律责任，对农地使用权流转的活动行为进行全面规范。

2. 加强农地使用权流转技术支撑体系建设

一是建立农地使用权的地价评估制度，拟订对不同地域、地点和不同用途及土壤质地的农地使用权实施估价的规则及方法，为农地使用权的流转估价提供方法依据；二是建立农地使用权的地籍管理制度，对农地进行登记确权，对农地使用权的变更进行监督，同时兼对农地数量、质量的动态变化实施监察；三是进行农地分等定

级和价格评估的基础工作，培育农地使用权价格评估机构，为农地使用权流转的有效运行提供技术基础；四是培育为农地使用权流转提供良好服务的各种专业中介机构，为农地使用权流转交易合约的有效执行和降低农地使用权流转信息搜寻、谈判及合约执行等方面的成本费用提供有利的条件保证。

3. 改善农地使用权流转的外部环境条件

一是促进农村地区的村镇建设和非农产业发展，为农民劳动就业创造更多的机会选择，引导部分农民离土务工经商，为农民放弃农地经营创造必备的前提条件；二是建立农村社会保障制度体系，弱化土地对农民的保障功能，消除农民对于放弃其承包土地使用权的后顾之忧；三是完善农业产业发展的政策环境，鼓励农业规模化、产业化经营，对大规模的农用土地经营提供有力的政策扶持，降低土地经营风险，刺激农业经营大户对农用土地的有效需求，为农地使用权流转的市场运行提供需求保证。

（六）强力推进农业标准化生产和农产品的有效营销

1. 实施农业标准化生产

按照“统一、简化、协调、选优”原则，通过制定切实可行的实施标准，规范农业生产全过程中的产前要素供应、产中生产作业、产后产品处理的活动行为，确保农业“良种良法”的推广应用和农产品的内在品质及其安全质量的不断提高。

（1）健全农业标准体系

对已有国家标准或行业标准的生产部门，地方可以考虑结合本地区的实际情况，制订执行国家标准或行业标准的技术操作规程及实施办法；对尚无国家或行业标准的生产部门，应抓紧制订，或由地方制订与本地区特点相适应的地方标准，形成包括产前要素供应、产中生产作业、产后产品处理全过程在内的农林牧渔及服务业技术标准体系，用以指导和规范农业的各种活动。

（2）加强农业标准化生产示范基地建设

以市场为导向，以相关技术为支撑，以标准为依据，按行业、分区域建立融技术，经营、管理于一体的标准化生产示范基地，通过示范基地的辐射带动作用，以点带面，将全国村、乡（镇）、县（市、区）级农业所有行业、部门全部纳入标准化生产范畴，相关要求落实到各具体的农业生产单位。

（3）健全农业标准化生产跟踪监督制度体系

市、县（市、区）、乡（镇）三级设立农业标准化生产监测机构，全面推行农产品标准化生产记录与产品质量认证及追溯制度，完善以生产基地和批发市场为监测点的产品质量认定工作。

2. 积极开拓市场，加大农产品营销力度

构建国内外市场相融合的市场体系，扩大出口贸易，拓展国内市场，加强流通企业建设，建立国内外经（代）销商网络，实现生产与流通的有机对接，以生产促流通，以流通带生产，实现生产与流通的不断升级。

（1）加强营销队伍及组织建设

培养市场意识强、思维敏捷、视野开阔、善于经营和管理的农民市场营销人员、经纪人，成立民间农产品销售队伍和农产品行业产销协会，充分发挥农民和行业协会组织在农产品流通中的特有作用。

（2）完善市场体系

一是加强农产品产地批发市场建设，配备现代化市场设施，形成功能齐全、设施先进、服务到位的产地专业批发交易市场网络；二是建立农产品交易信息服务平台，加强市场信息的综合分析，实时发布有关农产品供求数量及流向变化信息，全国及各地区的农业信息网络联网运行；三是建立农产品物流配送中心，形成农业生产单位+电子商务+物流配送的新型产销网络。

（3）发展出口贸易

一是建立国外销售基地，开通面向国际市场的农产品外销通道。二是加大农业对外开放力度，通过引进新品种、新技术，使农产品结构与国际市场需求接轨；通过农业领域的招商引资，利用外商的资金、技术、信息和销售渠道拓展国外市场。

（4）实施品牌战略

分行业或产品建立地区品牌，加大对品牌塑造的扶持力度和宣传强度，提高农产品知名度，为产品营销创造良好条件。

第4章 中国环城农业发展形态与经营模式

第4章　中国环城农业发展形态与经营模式

一、中国环城农业的技术形态选择

（一）指导原则："没有人能复制什么"

城市及其周边地区农业发展，应该以何种技术形态的农业为主体，必须充分考虑中国国情和所在城市的具体情况，切不可好高骛远，一味追求当今发达国家的发展方式与水平，热捧洋技术、高投入，相信"外国的月亮比中国圆"，毕竟外国的情况与中国不同，而且中国国内各城市间的具体情况也千差万别，更何况在我们生活的这个时代里，历史几乎没有什么指示的作用，用托夫勒的话来说："没有人能复制什么"。经验的适用性往往是稍纵即逝。

中国城市及其周边地区的农业发展形态选择总体上应以市场为导向，以比较优势为依据，坚持高就业、低成本的技术路线，实行农业发展与城乡一体化兼容统筹，农业发展的硬件、软件现代化并重。

1. 以市场为导向

以市场需求作为出发点和归宿，充分考虑并适应市场环境的变化与其竞争的动态形势。用开放的思路，以全国统一市场和农业国际化的视野以及城乡一体化的眼光，进行农业的发展定位及其形态的选择与确立。

2. 以比较优势为依据

充分考虑城市地区的优势和劣势，按照比较优势原则对农业发展及其形态选择进行“扬长避短”的整体安排。

3. 高就业、低成本技术路线

中国农村的突出特点是资金缺乏，劳动力丰富，就业成为农村经济与社会发展的一大课题。因此，农业发展及其形态选择必须有助于农民就业的稳定，坚持高就业、低成本方针，适宜发展劳动密集型类产品，不能盲目地去追求用短缺的资金去替代丰富的劳动力。

4. 农业发展与城乡一体化兼容统筹

城市地区的农业发展，涉及城市与乡村的关系问题，在思路上应该坚持“城市向乡村开放，乡村向城市开放”，努力消除长期存在的城乡二元结构，加快城乡一体化的发展进程，促进城市与乡村的有效融合。

5. 农业发展的硬件和软件现代化并重

城市地区的农业发展，硬件和软件的现代化同等重要。硬件，如技术装备、生物技术、生产工具等，无疑是农业发展的极重要因素，但同时也必须要有与之相适应的软件如制度、组织、劳动力素质等的配合。任何科学技术和物质要素都是在一定的制度环境下通过人的运用而发挥其作用与效应的，没有恰当的制度环境，缺乏与之相匹配的人力资源的运转，任何技术及物质手段都不可能发挥其应有的作用和效益。城市地区农业发展及其形态的选择与确立，必须坚持硬件与软件的互为适应和并重，充分考虑农业技术手段的先进性、产业关联程度、经营方式对市场的适应程度、农民和行业的组织化程度，以及农民和农业经营者的素质水平及其提高的状态等基本问题。

综合上述分析，中国城市地区农业发展及其形态的选择与确立，整体而言，应该注意突出集约化生产、科技主导、生态、精细、精品、外向型等基本特质，走生产优质、绿色、安全、清洁、营养高档农产食品及其加工品，物质产品生产与附带提供社会生活与生态服务相结合，进入高端消费市场，瞄准所在城市地区和国内其他大中城市的中、高收入阶层，积极拓展国外市场的发展道路。具体到各不同地区、地域的具体城市，则要按照因地、因时制宜的原则进行适当、适合的有效抉择，以形成同当地资源、环境等具体条件相适应，具有当地个性化特色的地域性农业发展形态模式与方式。

（二）资源综合利用型农业模式

资源综合利用型农业，以强调和突出农业资源特别是农业自然资源的综合、充分利用为特点，以高效集约型农业、循环型农业为代表。

1. 高效集约型农业

高效集约型农业以现代科学技术应用为支撑，以提高农业生产力水平，实现农业生产的优质、高产、高效、低耗为目标，充分利用传统农业的精髓，不断提高土壤肥力，持续协调农业生态环境，有效利用和保护农业自然资源，通过建立现代农业科学技术、现代农业装备和现代农业经营管理方式相结合的农业综合体系，使传统农业向着资源节约型、投入集约化、生产商品化的现代农业方向迈进，实现农业持续稳定发展。

高效集约型农业的具体内容包括：（1）实行立体种植。通过农作物的间作套种、轮作等种植方式，提高农业生产的经济效率与效益；（2）采用新品种、新技术。通过采用农膜育苗、地膜覆盖、温棚生产、节水灌溉等适用技术，改善土壤的理化性能，减少不利自然条件对作物的影响，缩短作物的生长周期，保证其产出和效益的实现。（3）发展庭院经济。利用庭院空间和劳动的剩余时间或家庭的剩余劳动力、半劳动力、辅助劳动力等，从事以商品生产为目的的高层次生产经营，如利用庭院发展食用菌、花卉、果树种植或发展动物饲养等。（4）实行综合开发。一是利用光、热、水、气等资源，对土地、林地、水面实行精耕细作；二是推广有机肥料，培肥地力，降低生产成本；三是开发改造中低产农田、林地或水面，提高土地产出，等等。

高效集约型农业模式对实现资源的最优化配置，打破封闭、孤立的传统农业生产方式，促进产业优势互补和资源的循环利用，推动农业大规模、全方位发展，增强农业抗御自然灾害和市场风险的能力等具有重要意义。

2. 循环型农业

循环型农业是遵循生态学系统运行和经济活动的基本规律，按照“投入品减量化”（reduce）、“废弃物再使用”（reuse）、“整体物质再循环”（recycle）原则，即“3R”原则，通过优化农业产品生产至消费整个产业链的结合，以实现物质的多级循环使用和产业活动对环境的有害因子零（最小）排放或零（最小）干扰的一种农业生产的形态方式与经营模式。

循环农业的实质，是以环境友好的方式利用自然资源和环境容量，通过科学、有效的设计与组织，将农业关联产业经济活动变成“自然资源→产品或产成品→废弃物→再生资源”的闭环式流程，使所有的投入品和能源均能够在这一不断进行的循环过程中得到最为充分、合理的利用，从而在使农业产业链活动对自然环境的有害影响减少到最小程度的同时，实现农业产业链产品产出最大的经济目的。

循环农业是充分有效地利用和保护农业资源，促进人口、资源、环境协调发展的一种新兴农业形态。循环农业与生态农业、绿色农业等重要农业概念既有共性又相区别。生态农业主要侧重于生产环节，而绿色农业和循环型农业则不仅重视生产环节，也关注消费环节；其次，对于效益的关注，生态农业在生态效益方面，绿色农业则在重视消费者安全的社会效益方面，循环农业通过“3R”原则不仅明确了如何获得生态效益和社会效益，而且明确了如何获得经济效益，方向明确具体，特色也鲜明、突出，更具指导性和操作性。

中国循环农业发展问题是近几年才明确提出来的，虽然起步较晚，但发展很快，从全国情势看，由南向北异彩纷呈，硕果累累。

（三）技术与装备主导型农业模式

技术与装备主导型农业模式，以突出现代农业科学技术及其工程装备的应用为标志，主要包括高新技术农业、生态农业、设施农业、精准农业等具体农业形态。

1. 高新技术农业

高新技术农业是以现代农业科学技术包括现代农艺技术、现代农业装备技术、生物工程技术、信息技术等为支撑，不断改进和完善农业生产经营活动方式及其方法、手段，从而促进农业高效增长与发展的一种全新的农业发展形态。

高新技术农业的具体形式、种类繁多，如：（1）白色农业。应用高新技术手段开发利用微生物资源，依靠人工能源，突破季节、气候条件限制，在工厂内进行农产品的常年规模化生产。（2）彩色农业。利用不同颜色地膜覆盖技术的促生增产效果，种植与之相对的农作物从而达增产增效的目的。（3）阳光农业。打破传统意义上的季节及光照利用期限制，通过高新技术手段的应用，充分发挥阳光的作用。（4）精确、精准农业。运用电子计算机、全球定位系统和遥感遥测等高新技术手段，对农业生产进行精准播种、精准平衡施肥、精准灌溉，以实现农业资源的合理利用，降低生产成本，提高作物产量。（5）智能化农业。利用智能化农业信息技术指导农业生产，为农业生产全过程提供解决其各类问题的实施方案。（6）无土农业。利用无机营养液或有机栽培基质培育绿色作物，生产符合需要的农产品。

促进高新技术农业发展的具体措施包括：（1）加强农业生物工程技术研究与试验发展及其成果应用。研究、试验发展和应用新型农作物、畜禽、鱼虾、贝类、藻类的育种技术、繁殖技术和生物资源、废弃物资源、饲料资源的开发利用技术，开展名特优新型作物、珍稀林木、果品、花卉、名贵药材等的培育快繁和工厂化生产。（2）大范围进行农业基础设施建设。重点建设和发展一批植物环境工程、畜禽水产环境工程、农业生态环境工程、贮运保鲜环境工程项目，扩大蔬菜、高档瓜果地保护面积，发展养殖工程等。（3）优化、升级农业技术结构。对农业科技力量的配置和主攻方向进行适当的调整，将过分集中在粮、猪、鸡、水产品等大宗农产品上的科技力量，优化配置到其他一些名、优、特、高价、高效农产品上；把过分集中在栽培、养殖方面的科技力量，优化配置到加工、储藏、保鲜等产前、产后诸环节上，通过调配，使农业产前、产中、产后的技术力量配置趋于合理，充分发挥科技力量的整体功能和效益，促使所在地域或项目的农业生产活动进入先进技术行列，为农业的可持续发展奠定扎实的科技基础。（4）完善政府农业科技投资方式及其机制，建立以政府资金为诱导、以民间投资为主体的多渠道、多层次、多元化农业科技投入机制，组建县（市、区）、乡（镇）两级农业技术研发和农业技术推广中心，设立高新技术农业示范基地和高新技术园区。

2. 生态农业

依据植物生产——动物转化——微生物还原的生物内部规律，通过生物手段和工程手段的有效采用，改变常规农业依靠资源扩张的高投入传统农业生产方式，实现有限资源的再生增值和多级利用。

生态农业的具体形式及其内容，需要依据实施地区农业生产所面临的具体条件包括自然地理、社会经济条件和农业资源、农业活动的具体内容等加以具体选择和确定。可供选择的具体形式包括：

（1）生物物种共生模式。将两种或两种以上相互促进的物种组合在一个系统内，使生物种群之间形成互利共生关系，加强物质内循环作用，以达到共同增产增收、改善作物的生态环境、实现良性循环的目的。

（2）种养配套互补循环模式。将两个或两个以上的子系统有机地联系在一起，使一个子系统的部分输出成为另一个子系统的有效输入，从而达到取长补短、配套互补、发挥系统的整体效益、实现增产增收的目的。

（3）生物能多层次再生利用模式。利用生态学上的食物链原理及物质循环再生原理，将相关的子系统有效地组合在一起，形成一个高效的农业生产系统。

（4）农田合理间套作结构模式。利用生态学上的种群演替原理，通过农作物的多熟间套作种形成对农业自然资源充分持续利用并有效保持土壤肥力的农业生产系统。

（5）用养结合集约型规模经营模式。通过人对农业生态系统的合理干预，改进和完善农业生态系统的环境条件及生产条件，以便最大限度地提高对太阳能的利用效率和土地的产出率。

（6）农林间作模式。运用生态学的地域性原理和生态性原理，在较大范围的地域上依据其水、温、土、地貌等条件确定其适栽树种及其密度，而在具体的小地块上则按种群生态和生态位要求加以合理配置，使林木与农作物之间相居而安、协调发展。具体模式包括果—粮间作、林—草间作、林—药间套、林—菌（食用菌）间作、林—牧（畜、禽饲养）套作等等。

（7）小流域综合治理立体农业模式。利用生态系统中的环境组分差异和不同生物种群的自身特点，结合小流域综合治理，在空间的立体结构上进行合理布局，发挥小流域的整合效应，从而使生态效益、经济效益和社会效益得到有机的结合和统一。

生态农业的主要措施包括：

（1）合理施用农用化学合成剂，主要是化学肥料、化学农药和生物助长剂。一是调整肥料使用结构，控制化学肥料特别是肥效低、流失率高的碳酸氢铵等氮肥的使用范围及其数量，增施有机肥，推广生物肥、新型生态肥料，化学肥料的施用以高效、高浓度的复合肥为主；二是控制高毒、高残留化学农药和有机磷农药的使用，推广使用生物农药、无公害农药；三是禁止或控制使用生物生长剂。

（2）综合、有效地利用畜禽粪便、作物秸秆等农业废弃物资源。将畜禽饲养业的废弃物和农田生产的废弃物作为一种重要的农业生产资源，通过制作沼气、动物饲料、有机肥等进行综合利用，变废为宝，变无用为有用，同时减少污染物的排放。在畜禽粪便的利用方面，一是进行容量化控制，根据种植业和营林业的用肥容量确定饲养规模，保证畜禽饲养产生的废弃物有足够的土地消纳，消除由畜禽饲养带来的环境污染；二是实施减量化处置，在畜禽饲养过程中，通过原料控制、干湿分离、雨污分离、饮污分离等技术手段，减少污染物产生，使治理的工程量及其费用支出降低到最小程度；三是进行无害化处理，即将由畜禽饲养形成的废弃物进行无害化处理，消除其对环境、人及畜禽健康的威胁和危害；四是实现生态化发展，将畜禽粪便等废弃物的综合利用同农业的生态化发展结合起来，积极发展无公害食品、绿色食品和有机食品的生产。

（3）提高生态农业建设与发展的调控能力及技术，包括农业自然资源立体利用技术、农业物质能量多层次利用技术、用地养地技术、有害生物的生态防治技术、农用再生能源的开发利用技术、主要环境问题的生态治理技术等等。

3. 设施农业

设施农业，也称“工程农业”，即利用新型材料、环控技术、专用机械、专用品种等生产要素，通过有效的整合与综合，将自然因素对农业生产的制约作用降低到最小程度的一种高效农业形态。设施农业的具体形式包括：

（1）塑料温棚农业。设施农业中最早出现、投资最小的一种新型农业形态。

（2）温室农业，包括节能日光温室和大型现代化温室等多种形式。温室农业与塑料温棚农业的不同点在于，能够对温室内的温度、湿度等作物生长发育的水、热条件进行人工调节与控制。

（3）温室模拟农业。综合利用多种高新技术成果的农业发展模式，温室及其内部设施采用新型材料制成，作物种子采用生物技术培育，光照、温度、湿度、施肥、用药等均使用计算机进行控制和操作。温室模拟农业在温室里模拟太阳从东到西的动态过程，使温室中的农作物能够像在天然环境中一样进行光合作用。

（4）工厂化农业。农产品生产工厂化，采用“工厂”形式生产目标农产品，作物的各种栽培条件完全由电脑控制，光照采用人工光，肥料由无机培养液或有机栽培基质供应，产品生产不受季节限制。

自20世纪80年代以来，经过20多年的努力，中国设施农业发展神迅，成绩斐然，以塑料大棚和日光温室为代表的保护地农业已成为城市地区农业发展最为突出的一道风景线，极大地丰富了城市的鲜活商品市场，成为中国城市地区农业发展的重要模式之一。

在欧洲，以荷兰、英国为代表，设施农业发展已达到了相当的水平，高度集约的设施农业已实现对温、光、水、气、肥的全部计算机化控制，而且发展成熟了从品种选择、栽培管理到采收、收后加工、包装的一整套完整规范的技术，很有借鉴意义。

由此，可以大致判定，中国设施农业的近期发展重点，是在更大范围推广塑料温棚的同时，在经济条件较好的地方建设一些高层次、高集约的温室农业示范工程，包括大型现代化温室、大型智能化农业工厂等。

4. 精确、精准农业

精确、精准农业（Precision Agriculture），是建立在全球卫星定位系统(GPS)、地理信息系统(GIS)、农业应用电子技术和作物栽培有关模拟模型以及生产管理决策支持系统(DDS)等高新技术基础之上的一种现代高精尖技术农业系统工程。精确、精准农业发源于美国，近些年来在英国、德国、法国、荷兰、西班牙、澳大利亚、加拿大等发达国家迅速发展，不少发展中国家也在酝酿实施这一项目，因此，被认为是一项改变21世纪农业面貌的关键技术，是现代知识农业的重要生产形式。

精确、精准农业的特点是“精确”，利用卫星全球定位系统、遥测遥感技术和电子计算机系统，进行精确作业、精确施肥和精确估产。

精确、精准农业，大致由10个系统组成，即全球定位系统、农田信息采集系统、农田遥感监测系统、农田地理信息系统、农业专家系统、智能化农机具系统、环境监测系统、系统集成、网络化管理系统和培训系统。其核心是建立一个完善的农田地理信息系统。因此，可以认为，精确、精准农业是一种信息技术与农业生产全面结合的新兴农业。

精确、精准农业利用“3S”技术（即遥感技术、地理信息系统和全球定位系统）、计算机技术、自动化技术、网络技术等现代高新技术，进行精确的调查，尽可能多地获取作物和农田的有用信息，然后因地、因时、因事制宜地作出决策，精细准确地调整土壤与作物的各项管理措施，最大限度地优化各项投入，并准确地付诸实施，以节约投入，增加产出，提高投入物的利用效率，同时减少污染，保护农业生态环境、土地等农业自然资源，以获取最大的经济效益。

精确、精准农业的“精确”主要体现在三个方面，即：（1）“定位的精确”，精确地确定灌溉、施肥、杀虫的地点；（2）“定量的准确”，精确地确定水、肥、杀虫剂的施用量；（3）“定时的准确”，精确地确定农作物灌溉、施肥、用药的时间限定。

精确、精准农业不过分强调高产，而是侧重于对其效益的关注。国外已有实践表明，精确、精准农业具有重要、明显的经济效益，而且由此而获取的详细的耕作信息对于推演和解决农业中的一些未知问题，也颇有裨益。

精确、精准农业是一项极具发展前途和推广价值的农业先进技术。

（四）服务主导型农业模式

服务主导型农业是从充分利用现有农业资源出发，以提供观光、休闲、游娱、教育示范和环境绿化、美化及净化等多种生活、生产与生态服务为目标的农业形态，包括观光休闲农业、市民农业、示范农业、绿化农业等等。

1. 观光、休闲农业

利用农业资源，为满足和适应人们精神和物质享受需要而开辟的，可有效吸引人们前往观、尝、品、游、娱、住的一种参与性、趣味性相适合、文化性很强的新兴农业形态。观光休闲人通过观赏农业景观、农村的田园风光，参与农田劳作，体验乡村生活，可以达到丰富生活、调解紧张、休闲娱乐的预期效果。

观光休闲农业包括：（1）以农业景点、景观的观赏、游览为主导的观光、休闲农业；（2）乡村旅游、采摘、品尝、娱乐、住宿相结合的观光、休闲农业；（3）以休验农业劳动和乡村生活为主导的观光、休闲农业等等。

观光休闲农业通过满足人们的休闲需求，在经济上具有以下方面的明显作用：（1）提高乡村农地的经济利用效率及其效益；（2）满足城市居民对休闲游娱服务场所的需求；（3）市民通过接触、体验农业和农村生活，加深对农业的理解，为支持农业发展奠定有利的认知基础；（4）农民通过提供休闲游娱服务增加收入，可以为农业的进一步发展筹集资金。

2. 示范农业

利用城市对外所具有的“吸引”与“辐射”功能及作用，在城市郊区或（和）其建成区内建立各种形式的农业高新技术产业（或示范）园、农业新技术应用试验（或推广）园、农业科学教育园、新农业产业（示范）园、农业博览园等等，率先成为各种高新技术农业、新兴农业的生产基地及直观展台，向农区展示、传播新兴的高新技术成果（新品种、新工艺、新装备）及其产品，以及新的农业组织方式、经营理念及其方法、手段等等，引导和推动一般农区的新兴农业、高新技术农业发展进程。

3. 绿化农业

以选育和扩繁城乡绿化、美化用树木、花卉、草坪和其他特定用途的植物生产为起点，参与城市绿化工程建设设计、施工和城市绿地管理与抚育全过程的一种农业性生产经营活动。绿化农业的开发领域及内容包括：（1）建立绿化农业产业园，用于生产城市绿化、美化用各种苗木、花卉、草坪和室内盆栽植物幼苗等。（2）城市绿地建设与管理及其树木、草坪、花卉的日常抚育，植物产品的采集与加工。（3）城市生态屏障及生态建筑的植物种植与抚育、管理，等等。绿化农业为城市提供其所需要的生态服务，在有效治理和消除城市环境污染、净化和美化城市环境方面发挥重要作用。

4. 市民农业

包括（1）以市民为主体、以休闲和体验农业活动乐趣为目的，利用城市建筑物间地隙和企事业单位及居民家庭院落的空闲地等而建立的庭园农业；（2）利用城市建成区周围和建成区内或（和）近郊地带可用于农业开发的零星或成片土地而建立的以小块土地出租、市民承租为其特点的市民农园；（3）农业园区与城市社区通过互助合作方式而建立的由农民生产、由社区居民提供稳定的产品消费市场，农民与市民共同分担成本、风险和赢利的耕作社区等具体形式。市民农业是当代城市生活发展的重要方向及方式之一，目前世界城市发达国家都普遍重视市民农业的有效发展。市民农业已经或正在加速成为都市农业的重要组成部分之一。

（五）以特有资源为基础的农业模式

1. 海洋农业

在沿海农村，利用水陆过渡带，在大力发展近海及滩涂水产养殖业的同时，利用海水灌溉农作物，进行开发沿海岸带盐碱地、沙砾和荒漠地的试验发展，建立以海水的直接利用为核心的海洋农业。

海洋农业的核心或实质，并不是利用滩涂和近海发展海水养殖业，而是要利用海水发展种植业，用国家海洋863计划首席科学家周百成先生的话来说，也就是要使陆生植物下海，重返海洋，通过遗传育种，将耐海水和耐盐碱的陆生植物改造成人类需要的品种，或是用基因工程和细胞工程技术，将不耐海水的陆生植物培育成耐海水的植物。

利用海水种植农作物，发展盐土农业的研究和试验发展，始于20世纪60、70年代，进入90年代后，已获得了突破性的进展。用海水种植庄稼已不再是天方夜谭，也不是梦。科学家们预言，在未来50年内，海洋中的可耕面积将发展到陆地可耕地面积的5～10倍，那里将成为人类未来获取粮食、药物和能源的重要基地，许多科幻作家笔下的奇景，都将在海洋农业这一前无古人的伟大创举中变成现实。

沿海城市具有进行海洋农业试验发展的良好条件，应该在这方面有所为，可以考虑建立若干个海洋农业试验开发示范基地（园），为大面积发展海洋农业积累必要的经验。

2. 山地农业

山地农业，是直接利用山地及山区、丘陵地带的其他荒地和与之相适应的优势生物资源从事农产品生产或服务性农业经营的一种特定形态的农业活动体系。山地农业以山区、丘陵地带的非耕地资源主要是山坡地的近自然利用为目标，以目标林木种植、抚育为基础，将木材或其他特定林产品生产同涵养水源、保持水土、维系生物多样性等生态保护、美化绿化环境、风景游憩及其他社会公益等多种功能有机地结合在一起，旨在促进并实现经济活动过程中的林产品价值与其生态防护和社会公益价值的协调统一。同耕地农业相比较，山地农业具有以下方面的主要特点：

（1）产品种类的多样性及其结构的复杂性。山地农业产品包括以林木为载体的木竹用材、木本粮油、木本纤维、水果坚果、生物质材料、生物能源等林产品和以林地为依托的各种产品如林地食用菌、森林畜禽产品、林地景观等，共同构成一个多行业、多产品、多层次，具有多种功能，能够发挥多种效益的超大农业系统。

（2）产品生产的替代性与开拓性。山地农业的不少产品可以有效替代耕地农业所生产的同类或相近产品，如木本粮油、木本纤维、干鲜水果等，而更多、更大量的产品则是耕地农业所不能或不宜大规模发展的，如竹木用材和由树木提供的特殊工业原料、生物燃料产品，等等。

（3）资源利用的广泛适应性和近自然性。山地农业对自然环境具有比耕地农业更高、更为广泛的适应性，能够有效利用耕地农业无法利用的土地及生物资源，并且无需将自然土地垦为耕地，而是最大限度地利用自然土地生态系统的自然发展规律及生产力，选择与其环境条件相适应的树种和其他相关动植物加以培育，从而达到生产量多、质优产品的目标预期，因此，能够较好地保持自然资源及其环境利用与保护间的平衡。

（4）产业经营效益的突出性与综合性。山地农业由于高度重视土地及目标生物资源的自然生产力的有效利用，辅之于适当的经营措施，因此，具有比耕地农业更高、更好的经济效益，而且能够确保经济、生态、社会三大效益的协调统一。

（六）其他形态的农业模式

1. 精细、精品农业

通过信息高新技术与农业、工程技术集成，利用现代农业生产的精细农业技术，在农田小区对农作物生产、环境、时空的差异性变量投入管理技术，生产以精、优、小、巧、特、新、稀为突出特征的、品质好、营养全、无污染、档次高、科技含量大的农产品。

发展精细、精品农业，是发达地区特别是城郊地区经济的内在要求和必然选择。城市特别是大城市郊区不能再走广种薄收、扩大外延的农业发展道路，而是应该选择精细、精品农业的发展之路。北京海淀区提出发展“精细、精品农业”概念后，率先在农业生产实践中付诸实施取得良好效果，北京市已把它作为发展现代农业的一种模式加以推广。湖北省蕲春县积极引导农民发展精细、精品农业，成效也颇为显著。

发展精细、精品农业的具体途径包括：（1）通过引进、选育市场稀缺的名、特、优、小、巧、稀新品种，发展精细产品；（2）利用精良的栽培、饲养技术，生产优质产品；（3）通过筛选、分级、包装，使普通产品变成精品；（4）通过加工、储存，改变产品上市的时间和口味，使之变成精品；（5）通过反季节种植，淡季上市，由大路货变成精品，等等。

2. 加工农业

将农产品生产与产品的收后加工连成一体，形成以出售经加工农产品为主的农业。加工农业具有以下方面的特点：（1）加工农业的产品是为满足他人消费需求而生产的商品；（2）加工农业的最终产品均为经过加工的农产品；（3）经过分类、加工、包装、品牌化等多个环节的加工农产品，是社会最终消费品；（4）发展加工农业的目的是提高农产品的附加值，以获取更多的利润。传统常规农业只提供初级产品，而加工农业则向社会提供经加工的农产品。城市地区农业可通过加工农业的有效发展将农业的产业链延伸至更为广阔的领域，农业与农产品加工业同步发展，借以提高农产品生产的比较利益。因此，加工农业的兴起与发展必然从根本上打破常规农业生产要素组合方式，彻底突破资源与技术的制约和限制，使农业向着高产、高效、优质方向发展。

3. 后现代农业

后现代农业相对于现代农业而言，是在反思现代农业即以机械化、化学化、设施化和经营专业化、单作化、连续化为主线的农业的基础上而提出的一个全新概念。

后现代农业的突出特征是：（1）农业发展道路，强调农业开发与生产的低投入、有机化、环保型、可持续；（2）结构配置，高度重视农业行业、部门及其产品的多样化、复合化；（3）同其他产业的关系，特别重视和强调农业与工业、城市与农村的有机融合与协调，突出农业在整个国民经济与社会发展中的主轴地位；（4）价值目标，确保农业经济价值、生态环境价值和生活价值的有机结合与统一，融农业的生产性、生态性和生活性于一体，集经济、社会和自然生态等多种功能于一身，实现农业生产总福利的最大化。

4. 外向型农业

产品以出口外销为主、农业生产以国际市场为导向的一种农业经济活动模式，是农业利用当地自然资源和社会资源，积极参与国际商品交换和市场竞争的重要方式。

城市地区发展外向型农业具有一般农区无可与之相比拟的诸多有利条件和机遇，应该有所作为。一是要建成一批出口农产品生产基地；二是加强市场研究和信息的搜集与分析，为外向型农业发展提供决策依据；三是运用先进技术，加快农业科技成果推广应用步伐，提高农业创新能力；四是加大农业利用外资的力度和强度。

5. 异地农业

即利用本地农业发展的要素（资金、技术、人才、市场等）优势，在外地区利用当地土地进行农业生产与经营的一种农业活动方式。发展异地农业，是提高本地农业对外开放程度及市场竞争能力的一个重要方面。近十几年来，发展异地农业已成为中国各地区农业发展的一个重要趋势。上海一些大型农业企业已先后在东北、内蒙古、云南以及江苏、浙江、安徽、江西、湖南等地建立起了自己的农业生产基地。浙江、江苏、内蒙古、河北等省、自治区的一些农业企业也先后在国内其他地区或国外建立起了自己的农产品生产基地。

二、中国环城农业产业化经营模式创新

（一）农业产业化经营模式取向

农业产业化经营组织模式，是对农业产业化经营与发展活动进行筹划、计划、组织与控制、领导与管理，从而实现农业产业化发展目标的方式、方法和途径的集合。农业产业化经营，选择怎样的一种模式十分重要。在国外，农业产业化经营通常是通过农工商联合体、合同制经济联合体、农业合作社、农业协同组合等方式进行的。而在中国则因为农业发展的极不平衡，不同地区、不同产业之间和同一地区或产业的不同发展阶段，由于农业发展所面对的环境、资源、条件、产业基础及其特点等各不相同，因此，农业产业化经营的组织模式也各不相同，模式多样。

根据国外和国内现有农业产业化经营的成功经验，结合城市地区农业产业化经营与发展的具体条件及其特点，各城市地区可根据当地的实际情况，在下述基本模式中作出选择或创新。这些模式包括：

1. 龙头企业带动型："公司+基地+农户"或"公司+农户"

中国目前采用最为广泛的一种农业产业化经营组织模式，适用范围为：规模较大、基础较好、小农户与大市场之间矛盾突出的种养业，特别是以精深加工和出口为主导的创汇农业，如成规模的水果、畜禽饲养、水产养殖、原料型农产品生产，等等。

龙头企业带动型模式中的龙头企业（公司），既可以是农产品加工企业，也可以是农产品经销公司，或是农产品储运公司和农产品加工、储运及经销兼有的复合式企业。

2. 市场带动型："市场+基地+农户"或"市场+农户"

中国目前仅次于龙头企业带动型而位居第二的农业产业化经营组织模式，适用于符合以下条件或特点的农产品生产部门：

（1）买方市场明显的粮食和小额农产品生产部门；

（2）季节性、时效性较强，产品不需要进行深加工，只需进行简单分类、整理即可出售的农产品生产行业，如瓜果、蔬菜、花

卉、水产品等；

（3）交通发达、产品量大、标准化生产程度较高的农业生产部门。

市场带动型中的市场，系指由一个专业市场为主与几个同类产品生产基地收购市场组成的市场群体。

3. 合作经济组织带动型：“专业合作社+农户”

国外如欧洲、日本、韩国等广泛采用的一种农业产业化经营组织模式，比较适合于小规模、经营分散且技术要求较高的种养业项目，如特种水产养殖、水果生产、家禽饲养业等。

合作经济组织带动型的专业合作社，既可以是农业生产合作社、生产协会，也可以是其他形式的专业合作经济组织，如农村信用合作组织等。

4. 中介组织带动型：“中介服务组织+农户”

中介组织带动型模式适合于目标市场较远和产前、产中、产后各环节专业性较强的农产品生产部门，特别是农产品精深加工、出口等特色明显的农业生产活动。

中介组织带动型模式中的中介组织主要是经纪人、技术推广服务站，等等。

5. 科技团体带动型：“研发组织+公司+农户”

科技团体带动型模式包括：（1）以农业科研院所为依托的农业产业化经营组织模式；（2）以农业科技协会（或研究会）为载体的农业产业化经营组织模式；（3）以农业科技开发公司为主导的农业产业化经营组织模式，等等。

科技团体带动型模式适用于技术含量高的高新技术农业行业和新兴农产品生产项目。

6. 项目（工程）带动型：“项目（工程）+公司+农户”

以某一大型项目如农产品生产基地建设、农产品加工业建设项目、农业园区建设项目等为依托的农业产业化经营组织模式，适用于新兴农业开发或传统种养业亟需进行产业升级的农业行业部门或领域。

7. 资源经营带动型：“资源（资产、自然资本）+项目+公司”

以资源（资产、自然资本、优势农产品等）为依托，通过资源的经济利用（如出租、合作、入股等），推动和促进农业产业化经营的一种组织模式。

资源经营带动型模式适用于农业自然资源丰富、优势明显、能够连片开发但缺乏经营资金的农业生产领域或行业（地区），如荒山荒坡、滩涂开发与经营等。

8. 农业园区带动型："专业园区+农户"

以专业园区为依托的农业产业化经营组织模式，适用于当地资源优势明显，通过合理规划，便于连片开发和形成一乡（或数乡）一业、一村（或数村）一品的区域性和专业化农业行业部门。农业园区是实现农业要素集聚和农业专业化生产的一个重要方法、手段及途径，农业园区化是现代农业发展的重要方向之一。通过农业园区建设与发展，带动农业的产业化经营与发展，具有十分重要的意义。

9. 事业组织促进型："事业（行政）单位+农户"

以公益事业单位或村、乡（镇）、县（市、区）行政组织单位为主导的农业产业化发展组织模式。

事业组织促进型模式存在的必要性及其作用的必然性，是由以下原因促成的：

（1）农业是当代社会的一个弱势产业，农业的有效发展，需要全社会的鼎力援助和扶持；

（2）农业不同于工业和商业，农业由于其产品使用价值的特殊重要性，与其说是一个产业，倒不如说是一项最为重要的事业；

（3）由中国特有的文化价值观念及其传统所决定，县（市、区）特别是乡（镇）、村一级行政组织在组织和管理农村经济与农业发展方面具有极其重要的作用和意义。这种作用和意义，即使在将来也不可能消除。

（二）环城农业产业化经营模式创新要点

农业产业化经营模式创新，是指在不改变以农民家庭承包经营为基础的农业经营制度安排的大前提下，鼓励、引导农民建立和发展完全新型的农业生产组织，包括家庭农庄、农园或农场，农业生产有限责任公司和以农民为主体、城镇居民个人或企事业法人参与投资与经营的农业经营公司等，重新建构农业经营的微观组织，积极发展农民专业合作组织、行业协会、农业企业联合会等中介组织，以此为基础，因地、因事（农事活动）、因业（行业、生产领域、部门等）制宜地选择或重建农业产业化经营的发展模式及其组织结构。具体内容和方法：

一是改进龙头企业带动型模式，完善农业龙头企业与农户经营的利益联结方式，在农业龙头企业和农户之间增加一个能够代表农民利益、反映农民意愿，有效协调双方关系及利益的中间层组织，变成“公司+中间组织+农户”模式以提高和增强农民对龙头企业的谈判能力，从根本上改变农民在原有龙头企业带动型模式中的弱势地位。或者将原有“公司+农户”模式转变成为“公司+农民公司（企业）或家庭农庄”模式。

二是改进和完善农业园区带动型模式，由“农业园区（或生产基地）+农户”转变成为“村或乡（镇）行政单位+农业园区（或生产基地）+家庭农庄（农户）”。在这里，村、乡（镇）行政组织的作用只是协调、服务，并不从事营利性的经营业务活动。

三是充分发挥政府的积极作用。政府在提高农民的组织化程度，从而促进农业产业化经营方面的作用特别重要。在这一过程中，除为农民、农业提供适当的基础设施这种传统的职能外，政府还可以帮助农民建立各种专业协会，特别是农产品销售合作体系。这一做法的效果已在日本和韩国得到了证实。中国的农民专业协会目前仍处于初级水平，调查表明，只有3～5%的中国农民参加了某种形式的农民专业协会。尽管专业协会必须由农民采取主动来建立，但政府可以通过制定相应的法律法规及政策来促进农民专业协会的发展。与此相类似，中国还缺乏独立的销售合作体系。在法国和荷兰等国，这种合作体系在帮助农民与市场相联结方面发挥了重要作用。这也是政府可以有所作为的一个重要方面。

三、家庭农庄：新兴农户农业家庭经营模式

（一）从农户家庭经营到家庭农庄

家庭农庄，是与中国现有农户经营相区别的，以农民家庭为单位从事商业性农业生产经营活动的一种经营组织形式。家庭农庄与中国现有农户家庭经营的本质区别，具体表现在以下几个方面：

（1）经济活动指向。中国目前的农户经营除极少数的专业大户外，生产活动的目的即其指向是为自己消费，满足自身消费后的剩余部分才作为商品进入市场参与交易，而家庭农庄生产活动的目的则相当明了——为出售而生产。

（2）生产经营规模。农户经营的突出特点是“小而全”，因为“全”，生产经营活动的规模也就难以做大、做强，而家庭农庄则突出“专”，因为“专一”而“专业”，因此，一方面要求其生产经营活动应该具有一定的规模，另一方面也必然可以或比较容易将规模做大、实力做强。

（3）经营机制。农户经营因为以自给型为主，因此，经济活动决策及其运行的规范、方式等均围绕满足自身消费需要进行选择和确立，而家庭农庄的经济活动决策、经营方式及其运行规范等则以市场为导向，必然选择和确立以市场为导向的商品型生产经营机制。

（4）经营思想。农户经营因为是自给型的生产，加上与外界的接触较少，因此往往缺乏商品生产的价值观念、效益观念、用户观念、质量观念、服务观念、竞争观念、创新观念、资源开发观念、时间观念和发展战略观念等等。而家庭农庄的商品生产则必须对其活动的价值、效益、质量、客户、服务、竞争、创新、资源开发、时间和发展战略等问题加以考虑，树立全新的经营思想。

中国的农户经营作为特定条件下选择的一种农业经营组织方式，在推动和促进中国农业及农村经济的快速发展方面发挥了无可替代的重要作用，但发展到今天，现有农户经营形式的固有缺陷与不足，同中国农业及农村经济进一步发展的客观要求之间的不相适应正日益凸现并不断加大，亟需新的农业经营组织形式取而代之。家庭农庄即是有效替代现有农户经营形式的一种可行选择。家庭农庄

既保留了农户经营以家庭为单位组织生产经营活动的突出优点，又从根本上克服、消除了农户经营存在的某些缺陷与不足，可以认为是对现有农户经营形式的一种优化和升级。促进家庭农庄的建立与发展，对于国情与世界各国截然不同的中国的农业发展来说，具有特别重要的作用和意义。

（二）家庭农庄：在试验示范中求发展

家庭农庄在具体的实践中如何发展、怎样推广，需要摸索经验，在摸索中前进。为此，一个城市可以考虑在2～3个乡（镇）进行家庭农庄建设的发展试验，建立家庭农庄示范区，让它们享受某些特有的政策优惠。

家庭农庄及其示范区的规模确定，从市场方面的情况分析，按城市居民平均每人每天消费瓜果蔬菜（不包括水果）0.75千克，每年消费猪牛羊肉30千克、家禽（鸡、鸭、鹅）6标准只（每标准只折活鸡2.0千克）计算，每个农民家庭生产单位所产瓜菜、肉禽蛋的平均量应以满足城市居民100人的消费需求为目标，平均每户农民需年产瓜菜27.0吨、猪牛羊肉3000千克、家禽600标准只。依据目前大连地区农业种养技术及产出水平，平均每户农民需种植瓜菜7～8亩（平均亩产4125～4750千克，复种指数按200%计算，需占用耕地3.5～4.0亩），年出栏猪40头（平均每头产肉75千克），出栏家禽600标准只。瓜菜、肉、禽年平均售价按瓜菜2.5元/千克、猪牛羊肉14元/千克、家禽10元/千克计算，生产者与经销商之间的价格分配二八开，即生产者占8成，经销商2成，由此，农户的年产品销售收入可达9.72万元人民币。加上承包土地种植其他作物和畜禽副产品收入等，农户的年种养总收入可达12万元以上，年纯收入可超过7万元/户。

如果一个家庭农庄示范区种养业服务的城市目标消费者人数由起始年的0.5万人逐步增加到目标年（第5年）的4万人，则全区耕地种养业的年总销售收入将由起始年的607.5万元人民币增加到目标年的4860万元，其中农户总收入由486万元增加到3888万元。如下表4～1所示。

表4-1　家庭农庄示范区种养业目标生产与收入预计表

项目		单位	第1年	第2年	第3年	第4年	第5年
目标顾客人数		人	5000	10000	20000	30000	40000
农户生产单位		户	50	100	200	300	400
瓜菜种植	面积	亩	300	600	1200	1800	2400
	总产量	吨	1350	2700	5400	8100	10800
肉、禽产量	猪牛羊肉	吨	150	300	600	900	1200
	出栏禽	万标准只	3.0	6.0	12.0	18.0	24.0
销售总收入		万元	607.5	1215.0	2430.0	3645.0	4860.0
农户总收入		万元	486.0	972.0	1944.0	2916.0	3888.0

（三）家庭农庄经营发展方向

以具体城市大连为例。大连耕地总资源27.1万公顷（2005），在2005年32.31万公顷农作物总播种面积中，粮食及豆类和油料作物即占87.24%，但全市农作物产值的一半以上却来自仅占农作物播种总面积12%不到的蔬菜、花卉、果用瓜等农作物（如下表4～2所示）。根据大连地区的自然气候、地理区位和现有经济、技术等方面的条件，从纯经济学角度考量，在市场经济主导的条件下，现有用于种植玉米、豆类和油料等低产值率作物的土地中，在条件具备的情况下，必然会日益增多地转向种植蔬菜、瓜果等高土地产值率的作物。

大连目前种植的高产值率作物蔬菜等主要集中在城市边缘及交通干道两侧地带，而实际上，大连最适合发展蔬菜、瓜果种植的理想地带却是远离城市和主要交通干道的北三市的偏远地带特别是山区。这里虽然离城市远些，但其得天独厚的良好生态环境条件却是城市中近郊和交通要道两侧地区所不具有和无以替代的，而这恰恰又是生产消费者日益青睐、追求的有机食品、绿色及无公害食品所不可或缺的最为基本的重要条件。

表4-2　大连农作物种植结构及其收入比较（2005）

类别	种植面积		总产值		单位面积产值（元/公顷）
	数量（公顷）	占总量的（%）	金额（万元）	占总量的（%）	
农作物合计	323066	100.0	574702	100.00	17790
粮食及豆类作物	277266	85.82	205877	35.82	9048
（一）谷物	212314	65.72	183167	31.87	8267
其中：水稻	24979	7.73	29516	5.13	118163
玉米	180613	55.91	148847	25.90	8241
（二）豆类	37846	11.72	28059	4.88	7414
（三）薯类	27106	8.39	39651	6.70	14628
油料作物	4576	1.42	5193	0.90	11348
蔬菜	363756	11.26	289876	50.43	79691
瓜类（果用瓜）	1816	0.56	-	-	-
花卉及其园艺作物	-	-	15201	2.65	-

从生产过程的经济、技术条件方面看，大面积种植蔬菜、瓜果等园艺作物的生产投入，的确要比种植玉米、豆类、花生等大田作物高出许多，栽培技术及对农民其他方面的素质要求也截趣相异，但这些问题对于目前大连境内任何地域的农民来说，都已不是问题，都能够解决，而且比较容易解决。关键的问题是市场销路，生产出来的产品如何进入市场，怎样销售出去。这恰恰又是农民单纯依靠自身力量所难以解决的。

上述分析的基本判断是：大连地区大面积地压缩、减少低土地产值率的玉米、豆类、花生等作物的种植面积，转而扩大蔬菜、瓜果等高价值作物的栽培面积，有其必然性，也是合理的。新增加的蔬菜、瓜果种植的生产指向并不在城市的中近郊和主要交通要道的两侧地带，而是北三市的偏远乡村。为使偏远农村所生产的鲜活农产品得以顺利地进入市场，必须要有与之相适应的经营组织来加以保证。

以上，既是提出创建家庭农庄示范区创意的依据，同时也在一定程度上规定了家庭农庄示范区的农业发展方向。

（四）家庭农庄建设运营模式

1. 建设模式

示范区生产以满足城市居民日常生活所必需的瓜果蔬菜、肉禽蛋类食品需求为导向，以经济、社会效益为中心，以扩大农村就业、增加农民收入、改善城市供应为出发点和目的，以建设特色独具的无公害优质瓜果蔬菜、肉禽蛋类产品生产基地和推进农业的崛起与发展为主要内容，按照宏观产品种类多样化、规模化，微观生产专业化、小型化，经营集合化、一体化的基本规则及思路，形成种养业紧密结合、互为条件、互进互动的高效生态农业体系。

这一高效生态农业体系的基本特点是：

（1）根据目标市场需求的可控销量和当地资源的产能条件，种植适量面积的瓜果蔬菜和饲养适量的家畜家禽；

（2）生产无公害、高品质、高价值的食用农产品；

（3）构建并有效形成瓜菜种植与畜禽饲养互利共生、相居而安、协调发展的营养关系和有机物质生产与能量转化的循环关系；

（4）禁止或（和）限制使用各种有害的农业投入品，主要是农用化学药品和农用化学合成肥料；

（5）生产主要以农户即家庭农庄为单位进行，经营与管理由行业/项目主管公司负责；

（6）目标市场的消费群体以城市高收入家庭、幼儿园食堂、高档饭店、机关团体食堂和退离休人员等为主；

（7）区域流向实行当地与外地城市相结合，除满足当地的消费需求外，利用当地产蔬菜的特有品质，积极开拓外地区的消费市场；

（8）产品包装以精包装为主，数量规格依据目标消费者的要求及其结构确定。

2、生产运行模式及流程

示范区种养业按订单生产型方式组织生产和供货，其生产运作模式及流程如下图4~1、图4~2所示。

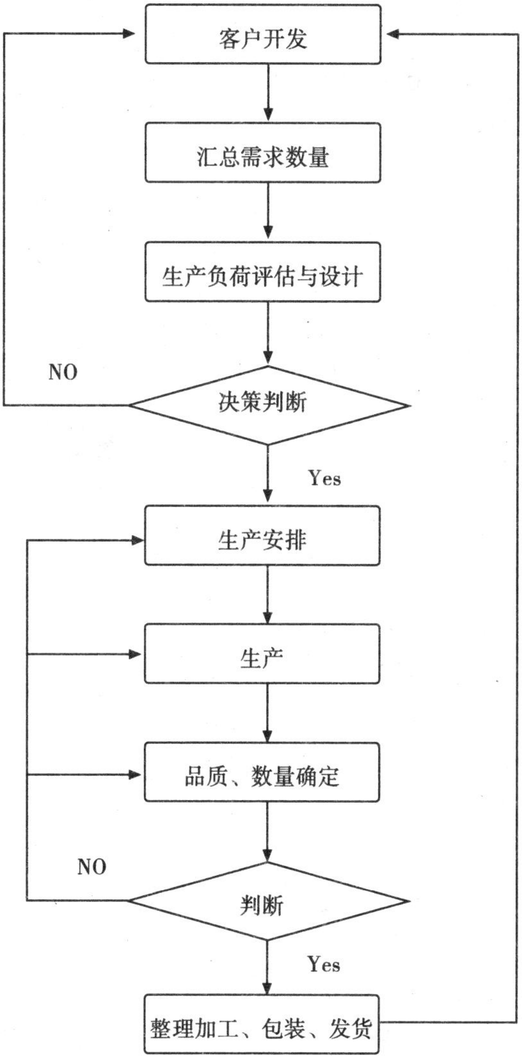

图4-1 家庭农庄示范区生产运作模式及流程（一）

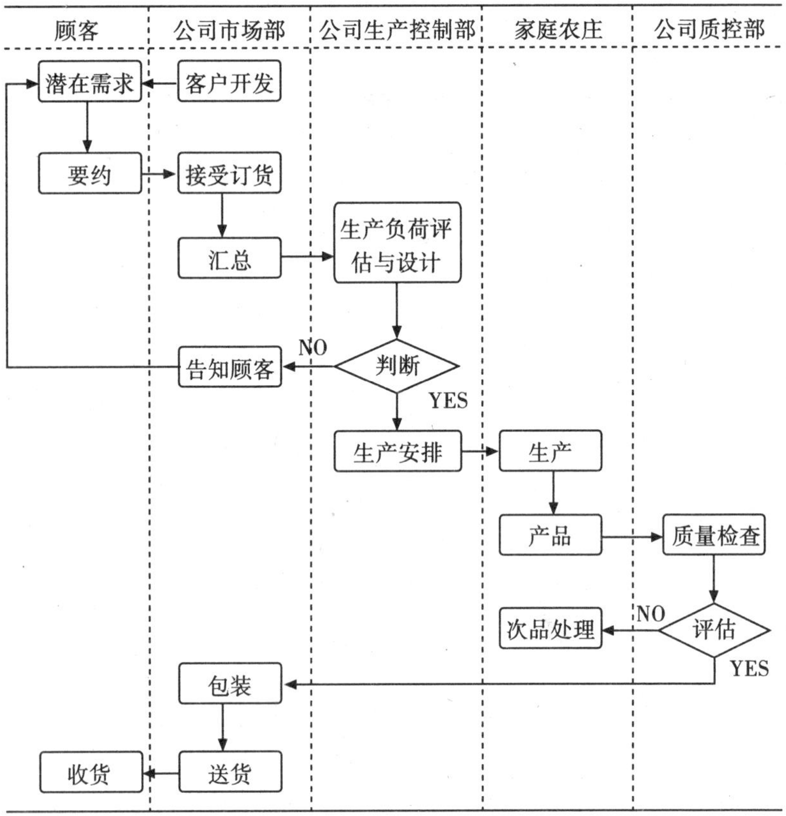

图4-2　家庭农庄示范区生产运作模式及流程（二）

3、生产结构模式

示范区的生产结构模式如下图4～3所示。

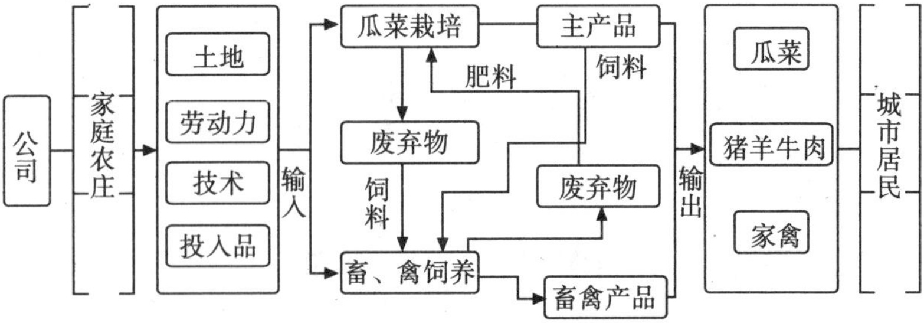

图4-3 家庭农庄示范区种养业生产结构

4. 无公害生产控制

示范区种养业实行无公害生产，产品生产环境（包括空气、土壤和灌溉用水等）和生产过程符合相关标准，所产经济产品的有害物质残留控制在农产食品质量安全标准允许的范围之内。

农作物无公害栽培和动物无公害饲养，从而生产出无污染、安全、优质、卫生的营养类食用农产品，是国际社会高度关注、共同倡导的一个重大课题，直接关系到人类的健康和农业与整个国民经济的可持续发展，早已成为世界农产品生产与消费的时代潮流，也是中国农业发展的必由之路。

中国将农业无公害生产的食用农产品分为AA级和A级两个档次。AA级食用农产品系指产地环境质量符合《中华人民共和国农业行业标准（NY/T 391-2000）绿色食品 产地环境条件》的标准要求，生产过程中不使用化肥、农药和其他有害于环境及人体健康的物质，按有机方式生产，产品质量符合绿色食品标准，经专门机构认定，允许使用AA级绿色食品标志的食用农产品。A级食用农产品系指产地环境质量符合NY/T 391-2000规定的标准要求，生产过程严格按照绿色食品生产资料使用准则和生产操作规程的要求，限量使用限定的化学合成生产资料，产品符合绿色食品标准，经专门机构认定，允许使用A级绿色食品标志的食用农产品。

试验区特色种养业所生产的瓜菜、畜禽类产品，可以考虑第一步达到A级食用农产品标准，即在清洁的空气、水质和无污染的土壤环境条件下，科学、合理地使用限量使用的限定化学合成生产资料。在此基础上，再进一步达到AA级食用农产品标准。

示范区内无公害生产的关键点及其技术是：

（1）改善和强化农村生态环境质量，提高林草覆盖率，防治水土流失和各种污染物对目标区域的侵害与污染。

（2）建立相对封闭的动植物营养体系，形成循环再生的农业生产体系，强调和突出以提高第一性生产力作为活化整个农业生态系统的前提，培育充满生命活力的土壤，通过物质循环、能量多层次结合利用和系列化深加工，实现经济增值和废弃物资源化利用，提高资源利用的效率与效益。

（3）重视发挥农业生态系统的整体功能，通过生态规划和生态技术的有效运用，实现扬长避短和系统优化，将系统内的土壤、植物、动物和人类有机地联结在一起而构成一个整体，保护农业自然资源。

（4）采用土地与生态环境可以承受的方法进行耕作和动物饲养，按照自然规律从事农业生产活动，根据自然产能安排作物种植面积与动物饲养。

（5）在作物生产过程中限量使用或不使用化学肥料、化学植保药剂和其他化学药剂，尽可能多地使用有机肥和利用生物源农药及物理的和生物的方法防治病虫害。

（6）在畜禽饲养生产过程中禁止使用人工激素和其他增产剂，等等。

农作物无公害栽培的基本原理与方法结构如下图4～4所示。

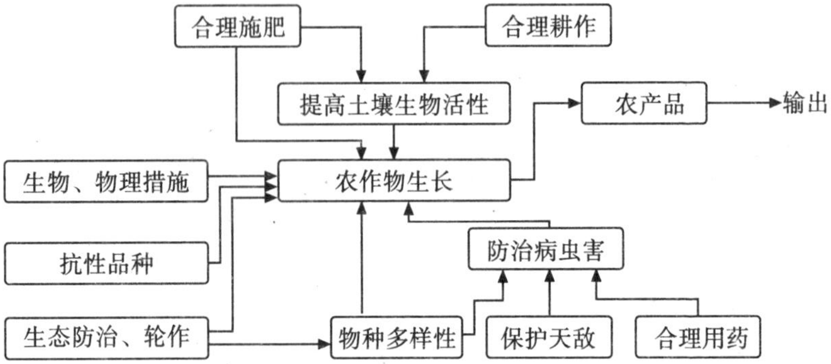

图4-4　农作物无公害种植原理与方法

（五）家庭农庄产品销售模式

1. 产品包装与价格

进入市场的产品包装，一是使用环境友好的包装材料；二是根据流通渠道和消费对象的具体特点采用不同的包装规格，进入家庭消费和零售市场的以250～500/包克规格为主，进入饭店和团体消费单位的以大包装为主。

在价格的确定上，基于无公害生产的产品具有高品质、安全、卫生、无污染、更具营养、味道美、有益于人体健康等突出特点，其价格在国际、国内市场上一般都要高于常规食品30%～50%，有些（或有时）可高达2～3倍，如德国常规小麦价格20马克/100克，而有机小麦则为60马克/100克，后者比前者高出2倍；常规鸡蛋一个10分，而有机鸡蛋则达48分/个，有机畜禽食品价格一般都高于常规畜禽食品价格的1倍以上。在大连市场上，无公害瓜菜价格一般也要高于常规瓜菜价格的1～2倍。据此，示范区由家庭农庄种养业提供的无公害产品可采用优惠的高价策略，即明显高于同类产品的常规产品价格，但又适当低于其他地区生产的同类无公害产品的价格。产品高于同类常规产品的价格比例稳定，可稳定在20%～30%之间。

2. 产品营销

家庭农庄生产的产品可以通过以下途径和渠道进行销售：

（1）进入大型超市，如沃尔马、家乐福、好又多等知名超市，在超市中设立专门的柜台销售；

（2）在相关城市设立专卖店、连锁店；

（3）建立配送中心，采用替代营销方式，将产品直接配送到顾客手中；

（4）通过观光农业形式销售；

（5）通过团体、单位、社区物业管理公司或服务中心、老年

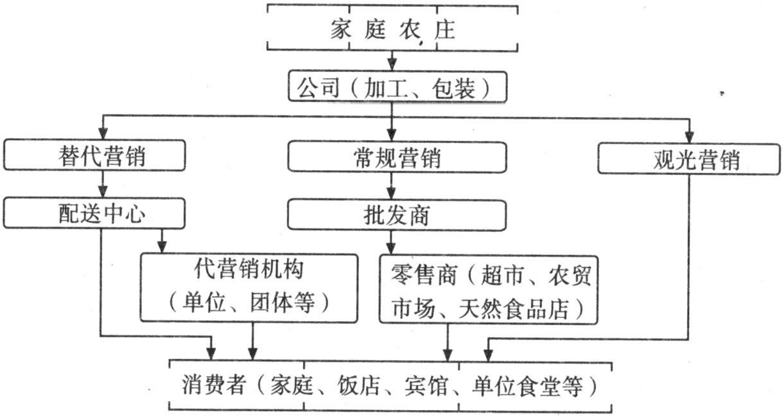

图4-5 家庭农庄示范区产品销售渠道及其结构

人活动中心、街道服务中心等进行销售；

（6）建立礼品服务。

产品销售渠道及其结构如上图4～5所示。

第5章　环城农业个案研究：大连农业发展设计

第5章　环城农业个案研究：大连农业发展设计

一、大连环城农业发展比较优势

（一）自然地理和气候条件

大连市地区介于北纬38°43′至40°10′，东经12°58′至123°31′之间，地处辽东半岛南端，三面环海，背靠辽阔的中国东北大陆，西面濒临渤海，东、南侧面向黄海，隔海与山东半岛相望。全市陆地总面积12573.85平方公里，占辽宁省总面积的8.4%，其中市内4区面积550.27平方公里（中山区40.10平方公里，西岗区23.94平方公里，沙河口区34.71平方公里，甘井子区451.52平方公里），旅顺口区512.15平方公里，金州及经济技术开发区1352.54平方公里，普兰店市2769.90平方公里，瓦房店市3576.40平方公里，庄河市3655.70平方公里，长海县156.89平方公里。丰富多样、配合良好的自然要素及其资源，为大连市地区农村经济与农业发展创造了不可多得的良好条件与基础，具体表现在以下几个方面：

1. 海岸线长，滩涂多，近海可养殖、增殖的水域面积大

大连市地区海岸线长1906公里，占辽宁全省海岸线总长的73%。海域空间包括渤海的辽东湾和黄海北部，从海岸线向外水深40米以内的浅海水域面积5240多平方公里。全市可供筏式养殖、港养鱼虾、滩涂及海底养殖、增殖的浅海水面、滩涂、浅海海底面积合计达7540平方公里（75.4万公顷，合1330.4万中国亩），发展滩涂及近海海水养殖业的自然资源极其丰富和优越。

2. 气候温暖，水、热条件配合良好

大连市地区位于北半球中纬度暖温带气候区内，一年四季太阳辐射变化较大，气候条件的突出特点是：

（1）冬无严寒，夏不酷暑。年平均气温10℃左右，年极端最高气温35℃左右，年极端最低气温，南部地区-21℃，北部地区-24℃左右；一年中最热月份7月下旬到8月中旬，旬平均气温为24℃～26℃，最冷月12月下旬至次年2月上旬，旬平均气温南部-4℃～-6℃，北部-7℃～-11℃，是中国东北地区最为温暖的地方。

（2）无霜期较长，日照充沛。全年无霜期180～200天，年日照时数2500～2900小时；日照时数最多的5月份，270～300小时，次多的9月份，230～260小时。日较差（气温日变化强度）全年平均最小的地区——长海县约6℃左右，最大的庄河市北部山区，达12℃左右，其他地区大多在8℃～10℃之间。全地区日较差，夏季最小，7月份南部在5℃左右，北部7℃～8℃，从8月份逐月加大，10月份达到最大，南部7℃～8℃，北部14℃～15℃，极有利于各种农作物的生长发育和其营养物质的形成与积累。

（3）降水适量、集中，空气湿润，水、热条件配合良好。年降水量平均在550～950毫米之间，夏季最多，平均350～700毫米，春、秋季分别为70～110毫米。年平均相对湿度为64%～72%，4月最小，为53%～58%；7月份最大，为83%～90%。

大连市地区自然气候条件的上述特点，不但适宜众多农作物的种植和动物的饲养及食用微生物（菇菌）的养殖，并极有利于农作物、动物和微生物人工养殖产量及质量的提高，而且还为迅速兴起并快速发展的乡村及农业旅游业提供了极其优越的条件。

3. 土地类型多样，农业动植物资源丰富

大连市地区陆地属于辽东半岛低山丘陵的一部分，山地丘陵多，可开发利用的农林牧土地资源比较丰富。全地区现有耕地总资源27.1万公顷，其中常用耕地26.81万公顷（2005年末），林业用地（不包括果园）面积约50万公顷，可养淡水水面近1万公顷，另外还有大量的城市绿化用地、乡村四旁土地等可供新兴农业的开发利用。

在动植物资源方面，大连市地区可供农业开发利用的植物资源极其丰富，包括：

（1）海洋浮游植物。全地区沿海叶绿素A的含量平均达1.23毫克/立方米，其中庄河沿海高达2.77毫米/立方米。据此推算，全地区沿海有机碳生产能力平均为1.395吨/公顷·年（合140克/平方米·年）其中东部海区为1.635吨/公顷·年（164克/平方米·年），高出山东青岛地区沿海60克/平方米·年生产能力的1.3倍以上。将有机碳生产能力推算成水域初级生产能力，大连市地区每年每公顷水面的浮游植物繁殖量全地区平均为48.3吨/公顷·年（合3.22吨/亩·年），其中东部海区超过60吨/公顷·年，南部海区约45吨/公顷·年。

（2）海藻类植物。全地区有150多种藻类作物，其中具有经济开发价值的有50多种，除海带、裙带菜外，产量及用途大的还有紫菜类、石花菜、江蓠、鸡毛菜、孔石莼、长浒苔等几十种。

（3）维管束植物。全地区常见的维管束植物共152科、666属、1749种，包括纤维类植物77种；油脂类植物110多种；淀粉、酿酒原料类植物50多种；含有单宁成分可用作栲胶原料的鞣料类植物60多种；用作提取香料、香精主要原料的芳香类植物60多种；药用类植物650多种；农药类植物50多种，另外还有数量大、种类繁多的野菜类植物、蜜源类植物和提取染料用的植物、含有橡胶的植物，等等。

在动物资源方面，大连市地区内有无脊椎动物4850多种，其中具有经济开发价值的132种，包括陆生无脊椎动物14种、深水无脊椎动物7种，海洋无脊椎动物44种，昆虫类动物67种；野生脊椎动物765种，其中具有经济开发价值的442种，包括淡水鱼类8种，海产鱼类64种，两栖类9种，爬行类12种，鸟类307种，哺乳类42种。

4. 地理区位适中

大连市地区位于东北亚的中心地带，辽阔的腹地、方便的出海及陆域位置，既为大连市地区的农业发展提供了可靠的产品销售空间市场和农产品加工、贸易及区内市场供应的产品来源保证，以及农业技术引进与推广应用的方便条件，还能够为大连农业产业的异地延伸与扩张创造巨大的地域空间范围，成为大连农业建设与发展最具意义和潜力的另外一种重要来源。

（二）经济和社会条件

大连市农村地区截止到2005年底，有乡村居民92.45万户，乡村总人口287.5万人，占全市人口总数的51%；乡村劳动力资源149.28万人，其中劳动年龄内的劳动资源138.59万人，占乡村总人口的48.21%；乡村从业人员总量134.07万人，占乡村劳动力总资源的89.8%，其中劳动年龄内的乡村从业人员124.59万人，占劳动年龄内乡村劳动力资源的89.9%，乡村外出人员15.6万人，占乡村劳动力资源的10.7%。大连市是目前中国东北地区经济相对发达、运行状况最好的一个地区，农村经济与农业发展具有自然资源和经济、社会条件方面的综合优势，主要表现是：

1. 经济、社会环境条件较好

一是经济发展的整体水平较高，增长较快。2005年，大连市地区按户籍人口计算的人均国内生产总值达到38,196元人民币（约4630美元），按当年价格计算，比上年增长16.3%，区内的农产品市场购买力较强。

二是第二、三产业比较发达，对农业发展的促进效应比较明显。2005年，大连市全地区第一、二、三次产业增加值比重为8.5:46.3:45.2，农业增加值比重及其下降速度均明显低于全国的平均水平，第二、三产业的较快发展能够比较有力地带动农业以明显高于全国农业平均增长速度的速度发展。

三是城镇体系比较完善、发达。已形成以中山、西岗、沙河口、甘井子四个行政区和经济技术开发区为中心，以旅顺口、金州两区和普兰店、瓦房店、庄河四市及长海一县为依托，以一大批建制镇为基础的城镇化体系，城镇非农业人口已达276万人，能够较好地为农业发展提供市场产品需求和要素供给的保证与动力。

四是对外交通发达。进出口及国内贸易比较活跃，可以为农产品的出口及国内贸易以及农业生产要素的有效购进提供运输、信息等方面的方便条件。

2、农村经济与农业产业基础扎实

一是农村经济全面发展。2005年，大连市农村社会总产值达到3,086.74亿元人民币，其中农林牧渔业总产值342.82亿元，非农产业总产值2,743.92亿元人民币，非农产业产值高出农林牧渔业产值的7倍多（如下表5～1所示）；农村地区市县国内生产总值达到1,044亿元人民币，比上年增长22.5%，占全市经济总量的45.6%，经济增长速度明显快于城市。全市已有36个乡镇（街道办事处）跻身辽宁省综合实力百强乡镇（街道办事处）行列。全市农民人均纯收入2005年达到5,903元人民币，连续7年位居辽宁省第一。

二是农业结构不断优化，优势特色产业发展成效明显。全市五大优势产业（即水果、花卉、蔬菜、畜牧、水产业）产值占农林牧渔业总产值比重已达80%以上（如下表5～2所示）。

表5-1　2005年大连市农村总产值构成

部门	总产值（亿元）	占总数的（%）
合计	3086.74	100.00
一、农林牧渔业	342.82	11.11
二、非农行业	2743.92	88.89
1、农村工业	2147.32	69.57
2、农村建筑业	180.05	5.83
3、农村运输业	179.46	5.81
4、农村商、饮业	237.10	7.68

表5-2　2005年大连农业产业构成表

部门	总产值（现价）（万元）	占总数的（%）
农林牧渔业总产值	3428211	100.0
1、蔬菜（含果用瓜）	289876	8.46
2、花卉	4981	1.45
3、水果（含果用瓜）	213176	6.22
4、畜牧业	885294	25.82
5、水产业	1407004	41.04
其中养殖	877157	25.59
五大优势产业合计	2800331	81.68

三是农业基础设施、装备水平及生态环境明显改善，抗御自然灾害的能力不断增强。以水源工程、节水灌溉和水土流失综合治理为主要内容的农田水利建设成效显著，“十五”期间，全市新建各类水源工程4000多项，建成重点集雨示范工程133处，小型集雨工程1530项，连续17年获辽宁省农田基本建设奖“大禹杯”；农村累计植树4.04亿株,比"九五"期间增加1.5倍,利用荒山补植造林、退耕还林、封山育林，建设绿色通道，有力地改善了农业和农村生活的生态环境,已先后荣获全国农业生态示范市、全国水土保持示范城市、全国造林绿化先进城市、全国森林网络示范市等荣誉称号。

四是农业产业化水平迅速提高。截止到2005年底，市级规模的农产品加工龙头企业即已达420家，其中固定资产投资在1000万元人民币以上的农产品加工龙头企业183家，占辽宁全省的50%；国家级龙头企业10家，列全国计划单列市首位；省级龙头企业43家，占辽宁省总数的1/4；农民专业合作组织已发展到215家，农民经纪人大户600多家，60多万农户进入农业产业化链条，进入农业产业化链条的农户已占到全市乡村居民总户数的2/3。

3. 农业科技进步及其成果推广应用能力较强

“十五”期间，全市先后引进国内外优良品种1,740个，推广农业新品种、新技术近百项，效果显著。现在，每年培训的农民已达40万人次，农业优良品种率已提高到了90%以上，农业科技成果推广率达到60%以上。现代农业园区建设已成规模，市、县（市、区）、乡（镇）三级农业园区建成面积已达4.67万公顷，建成省级现代农业园区（示范基地）38个，占辽宁省总量的1/3。畜牧业动物疫病控制、动物防疫监督、动物疫情检测、动物防疫屏障、兽药残留监控、畜禽良种繁育6大体系基本形成，已建成畜禽饲养小区406个，规模饲养场（户）1万多个，畜牧业生产开始进入规模化、集约化、标准化轨道。

4. 农业国际化发展格局开始形成

截止到2005年底，大连市地区农业外商投资企业已累计达到1400多家，利用外资10多亿美元。“十五”期间，全市农产品出口年均增长23.8%，总额达到41.1亿美元，占全市自营出口创汇总额的10.1%。全市拥有直接进出口权的农产口生产、加工企业460多家，其中出口额在100万美元以上的企业181家，出口额超过1000万美元的企业16家、产品12种。全市在境外投资设立的农产品经销实体已超过10个，年输出农村劳动力4500多人次。

（三）大连农业存在的主要问题

近十几年来，虽然大连农业快速发展，农业结构调整、科技进步、对外开放和农业基础设施与生产环境建设、农产品质量安全水平以及农业产业化经营等各个方面也都出现了历史性的重大突破，但从整体上看，大连农业发展的弱势地位依然未变，农业发展进程中存在的一些矛盾和问题仍待解决。这些矛盾和问题主要包括：

1. 农业资源的利用效率低下

发展到2005年，大连全市平均按现价计算的耕地产值率还仅为29076元/公顷·年（合1938元/亩·年），国内农业发达地区的耕地产值率早在2002年，福建省平均即已达到30962元/公顷·年，上海其次，为30847元/公顷·年。

在山地资源的利用方面，按林业用地面积计算的单位面积林地林业产值率，大连全市平均目前仍不到800元/公顷·年（2005年为798元/公顷·年）。

在可养殖水面的利用方面，发展到2005年，全市海底的底播增殖和港池养殖、滩涂贝类增养殖、虾、扇羽贝底播增殖和魁蚶底播增殖面积合计达到17.4万公顷（261万亩），也只占全市海域可养滩涂、浅海海底总面积的1/4不到。

2. 传统优势产品的优势不再

水果特别是苹果一直是大连的拳头优势产品之一。大连素有“中国苹果之乡”的称誉，但近几十年来，大连水果生产的优势地位不断下降。1986年，大连水果总产量仍占全国水果总产量的2.88%，其中苹果的这一比重则为10.58%，发展到2001年，大连水果和苹果总产量占全国总量的比重即已下降到0.97%和2.53%，分别比1986年减少1.91和8.05个百分点。2005年，虽然大连全市的水果总产量和苹果总产量分别达到98.1万吨和61.1万吨，但占全国总量的比重则进一步降至0.61%和2.1%，分别比2001年减少0.36和0.43 个百分点。1997年，大连全市按户籍人口平均的水果占有量为167公斤/人·年，扣除当年全市居民水果消费量后，理论上，可供对外销售的水果总量大致为48.73万吨。但发展到2005年，全市按户籍人口的人均水果占有量也仅有174公斤/人·年，仅比1997年的人均占有量增加7公斤/人·年，考虑到境内居民对水果消费随其收入增加而增加，加上进入大连工作、旅游人口的大量增加而使当地增加的水果消费，大连全市近年来可供对外销售的水果产量非但没有增加，反而趋于减少。这就意味着，大连水果生产作为大连的一种传统优势产业，发展到今天已是优势不再。大连农林牧渔业生产有朝着大而全、小而全方向发展的势头，在新品种不断增加的同时，并未形成具有优势的新的农产品区域专业化发展趋势。

3. 与农业直接相关联的农业产前、产后产业发展严重滞后

大连地区虽然拥有比较发达的工业制造业，但与农业直接相关联的农用生产资料制造业和农产品加工工业的发展却始终处于落后状态，并呈萎缩发展的基本态势。在国外，工业发达国家的农林牧渔业总产值同以农产品为原料的工业制造业产值之间的比例关系一般都在1:2以上，即每元农产品产值至少形成2元以上的农产品加工品产值，高的可达1:3，甚至更大一些的比例。而大连的这一比例，1981年为1:1.29，之后有所增加，但在1985年达到1:2.08之后又开始下降，1994年为1:1.24，进入2001年后，这一比例则下降到1:0.85以下。并且值得指出的是，大连农产品加工工业所使用的原料农产品也多以外地农产品为主，如粮油食品制造业，真正以本市产农产品为原料的农产品加工业所占比重至今依然不多。尽管大连拥有比较大量、品种丰富的水产品和水果，但与之相对应的水产食品和水果食品加工业，规模却始终十分有限，技术及产品严重落后，根本无法同江浙沪及福建、广东等地区相比较。

为农业提供生产要素的工业制造业的发展也存在与农产品加工

业发展相类似的问题及情况。

4. 农业建设项目发挥的作用有限

“十五”期间，大连市地区财政“支农”资金投入累计达到46亿元人民币，其中2005年即投入16.6亿元。在此期间，为加大对“北三市”（瓦房店、普兰店、庄河市）的开发建设与发展，市财政投入23.8亿元资金，建设项目达2603个，其中基础设施项目885个，工业项目432个，农业项目906个，第三产业项目380个。但是，大量的“支农”资金的投入和建设项目的兴建，从整体上看，对于推动和促进农村经济与农业发展的作用却未能得到应有的发挥。先后建设的一大批现代农业园区，大多处于半死不活的状态，个别运营较好的农业园区，也大多局限于园区本身的收支平衡，而在带动周邻区域及其农户发展生产方面，其作用却十分有限，或者根本就不起作用。在培育农业品牌和农业产业化龙头企业方面，大连至今也缺乏像内蒙古蒙牛、伊利、草原兴发，北京三元，河北三鹿，上海光明一类的知名企业及产品品牌。

（四）制约大连农业发展的主要因素

1. 农业的弱势地位

在大连，农业仍然是一个弱势产业。这种弱势集中体现为：

（1）种养业质量不高，结构不优

种植业（包括果树栽培业）以粮食生产为主，粮食作物种植面积占农作物及果树种植总面积的70%以上，其次是果树栽培业，果园面积占农作物及果树种植总面积的17.67%。粮食作物种植又以玉米和水稻为主，分别占粮食作物种植面积的65.14%和9%，这两种作物的土地产值率都较低，仅相当于薯类作物土地产值率的60%不到（为58.98%）。果园的土地产值率为27000元/公顷左右，比粮食作物的土地产值率高出 2 倍多，但其种植面积仅相当于谷物播种面积的1/3不到（为32.65%，如下表5～3所示）。

在饲养业方面，以生猪和家禽饲养为主，2005年，两项合计的产值占当年牧业产值的79.35%；牛和羊的饲养量较小，其合计的产值只占牧业产值的9.5%。

表5-3 种植业（包括水果）结构及其收入比较（2005）

类别	种植面积		单位面积产值（元/公顷）
	数量（公顷）	占总量（%）	
一、粮食及豆类作物	277266	70.66	9048
（一）谷物	212314	54.11	8627
其中：水稻	24979	6.37	11816
玉米	180613	46.03	8241
（二）豆类	37846	9.65	7414
（三）薯类	27106	6.91	14628
二、油料作物	4576	1.17	11348
三、蔬菜	36375	9.27	79691
四、水果	69314	17.67	29970
其中：苹果	39892	10.17	26735

（2）农业产业链条不长，前、后环节联系不紧

农产品加工水平低，进入消费环节的基本上是初级产品，农业生产基本上仍停留在只管初级产品生产，不问加工和销售的传统生产经营方式上。近年来虽相继建成了一些农产品加工企业，但规模普遍不大，技术也比较落后，加工和销售能力有限，制约了农产品的转化增值，使农业的产品优势无法转化成为商品优势和经济优势。

（3）知名品牌少，产品竞争能力低

近年来形成的“础明”猪肉、“咯咯哒”鸡蛋、“三环”牛奶等虽然在当地已有一定的知名度和影响力，但走出大连即无任何影响力或影响力十分有限，并未成为真正意义上的名牌。大连农产品在提高品牌知名度和美誉度方面，还有很长的路要走。

2. 低水平的组织化程度

大连市地区虽然拥有数量不少的农业产业化龙头企业，但这些企业普遍规模偏小，带动能力偏弱，作用有限，同农户的联系不够紧密，大多没有与农民建立起稳定的利益联系机制，只是一种简单的买卖关系，导致农民的利益缺乏有效的保证。因此，大多数农民事实上仍处于分散的小规模家庭经营状态，独自承担生产和市场的风险，使农业发展受到制约。

与此同时，农村的农民专业合作组织发展缓慢，集体经济组织对农民缺乏足够的吸引力和凝聚力，供销社和农村信用合作社等服务组织也难以发挥组织农民的作用。已有的一些农村专业合作组织不但数量少、规模小、势力弱、稳定性差、影响力有限，而且往往大多具有企业、政府或大户背景，由农民自发自愿组织的极少，因此，农民往往缺乏自己的“利益集团”代言人，在市场竞争及谈判过程中处于劣势地位。

现有各种类型的农业产业化经营组织模式均不足以有效承担组织农业发展的重任。

3. 农业劳动力素质不高

目前，乡村从业人员中，从事农业生产的初中以下文化程度者占多数，有一技之长或文化素质较高的，大多不是外出，就是在当地务工、经商。务农的农民年龄普遍相对较大，文化素质又偏低，吸收新技术、获取新信息的能力不强，这不仅在一定程度上制约了新技术、新品种在农业生产中的应用与推广，同时也使他们难以把握农产品产销的大致趋势，往往因市场误导而盲目扩大生产规模，导致农产品生产的结构性、季节性过剩时有发生，不仅影响生产的经济收入，还造成生产资金和劳动力资源上的巨大浪费。

4. 趋于涣散的农业科技进步体系

农业发展需要强有力的科技支撑。在我国现行的农业制度安排条件下，农业科技进步已成为一个十分严峻的问题。一是农业科技投入不足，由于农业科技投入一直以政府财政拨款方式进行，民间对农业的科技投入缺乏动力和热情，在政府财政拨款有限的情况下，导致农业科技经费上的入不敷出，结果科研水平下降，科技储备减少，无法形成技术上的重大突破和进展。二是农业科技体制变革滞后，以事业单位为主的农业科技体制，在国家的经济体制由计划走向市场后，缺乏进行科学研究和技术发展的积极性和动力。三是现行的农业经营制度安排，以家庭为主的农业经营体制限制了农业技术应用的可能和效益，提高了技术应用的成本，导致农业技术应用的趋缓现象越来越突出。

二、大连环城农业发展路径与结构配置模式

（一）发展方略与路径

农业及农村产业发展由于受到当地自然资源及其经济、社会和自然生态环境条件的强力约束，有着不同于城市工商业发展的突出特点和要求。农业及农村产业发展，从产业选择及其结构配置角度看，除坚持以市场为导向、以效益为中心、以科技为支撑外，还必须特别注意以下基本问题：

1. 确保资源的充分利用

立足当地的资源禀赋，在充分利用当地优势资源的同时，也对非优势资源即一般性资源的有效利用予以关注，在优势资源和一般性资源的利用方面保持平衡。这一方面是因为优势资源和非优势资源的划分与界定并不是绝对的，永不改变的，随着时间的变化，非优势成为优势、优势变成劣势的现象并不是不可能和不会出现的；另一方面是因为，任何一种资源都是一笔宝贵的财富，都应该加以利用，使其作用发挥到极致。资源的浪费是最大的浪费。

2. 重视关联带动

一是充分利用产业相互推进的效应原理，根据当地自然资本、人力资本、金融资本和人工产品资本等方面的特点，有效构建能够有力促进不同产业生产力相互转化、相互融合的区域经济整体结构，以确保当地经济和谐增长目的的有效实现。

二是依据当地的经济、技术、社会及自然资源条件等，选择和确立比较优势明显的主导产业和特色产业，通过主导产业和特色产业的发展，有效带动其他产业的强劲发展。

3. 以农业为中心

非农产业配置特别是非农重点产业、主导产业的选择和确立，必须以农业为轴心，同农业相关联，有助于农业的更快增长与发展，突出农产品加工、销售等农业后续产业、环节的优先发展。

4. 农民利益优先

优先保证农民利益的有效获取。一是适当考虑当地生产、生活的传统习惯和农民的适应能力等，为确保农民的充分就业创造更为有利的条件和提供更多的机会，而不是相反。

二是农民除能够从农业生产中得到更多、更大的经济收入外，还可以通过一定的方式分享到农产品加工、销售等环节的经济利益，有助于农民收入最大化目标的有效实现。

5. 互动协调推进

一是农业及农村非农产业之间和农业及农村非农村非农产业内部各行业、部门之间相互适应、协调发展，其中任何一个产业/行业的发展变化，均有助于其他产业/行业的正向发展，至少是不妨碍不损害其他产业/行业的发展。

二是农业及农村非农产业发展同其资源之间互为适合与适应，农业和农村非农产业赖以存在的各种资源包括人力资本、人工产品资本、金融资本和自然资本之间的相互关系互为适合和适应。

三是农业及农村非农产业发展作为一种经济活动，与其同时作为一种社会活动、生态活动的性质及效益互为适应和协调，“三位一体”，和谐并进。

（二）产业结构配置

依据农业及农村产业发展的前述基本原则，立足大连现已形成以“五大优势产业”为主导，以“四区七带布局”为依托的农业及农村非农产业发展的基本格局，通过优中选优，在突出重点优势产业或行业发展的同时，拓宽农业活动领域，开发全新的农业产业形态，改进农业产业门类及其活动内容的结合方式，有效延长农业产业链，努力构建以适水农业和水果种植业为主导、以农产品精深加工、对外（包括对国外和对国内其他地区）贸易为支撑，以一大批新兴农业、精品农业为重点，以异地农业、农村非农产业（包括工业、建筑业、服务业等）和农业废弃物资源化产业发展为补充，结构更加复杂、联结更为紧密、系统更为稳定的多行业、多形态的农业及农村非农产业综合体。

大连农业发展，根据大连农业现有产业基础、资源条件、区位环境、社会人文蕴涵以及未来的发展趋势和导向，应该在加快生产发展的同时，分层次、分阶段地对农业产业、产品品牌进行有效的定位和塑造，逐步推进农业产品品牌向产业、城市品牌方向发展、提升。

“大连——中国苹果之乡”，这一具有较高知名度、美誉度的传统农业产品品牌，近几十年来的衰微之势特别明显。近期（2～3年）应以苹果、樱桃为核心，努力将大连打造成为“中国温带水果供应基地”，然后，用3～5年时间，使大连种植业成为国内外知名的“精品、特色、生态水果蔬菜供应基地”，为国内外市场提供高档、优质、品种多样的精品、特色、生态鲜食水果、新鲜蔬菜及其加工食品。

在水产业方面，借助近年来初露端倪的已有一定区域知名度、美誉度的“辽鲍（鱼）”、“辽参（海参）”、“棒棰岛海参”、“三山岛海参”等产品品牌，利用大连水产养殖业的丰富资源及其优势，将大连建设成为“精品、特色、生态优质高档海产品生产基地”。以此为基础，努力开拓以水及其产出物为资源的新的生产项目（领域），使大连成为新兴适水农业发展的策源地。

大连农业的其他领域包括畜禽饲养业、山地农业（林业）、旅游观光农业（服务农业）等，虽然已有“咯咯哒鸡蛋”、“庄河大骨鸡”、“础明猪肉”、“棒棰岛猪肉”、“三寰牛奶”等若干产品品牌，但总体看在市场竞争中仍处于弱势地位。未来时期畜禽饲养业在扩大现有品牌产品生产规模的同时，还应该在育肥牛、羊饲养方面加快发展步伐，利用腹地生产架子牛、羊的优势，建成东北地区出口牛、羊快速育肥中心，同腹地一起共同打造东北牛、羊肉品牌。在山地农业，服务型农业开发方面，重点推出以林菌、林药、林下家禽饲养为中心的“中国山地农业开发示范区”、“中国东北食用菌自然状态下栽培推广中心”和以海、以山、以乡村和特色农业为依托，凸显大连特色的“中国北方沿海、山区乡村游目的地”等全国性区域品牌建设。

（三）发展的重点行业部门

1. 适水农业

适水农业除传统或现有水产养殖业外，还包括以水为基本资源的其他许多产业。大连地区最丰富的资源是水，最具开发潜力的也是水。必须做好、做活“水”的文章。大连的水，除海水外，也包括池塘、沟渠、蓄水池和水库的水。目前，这两方面“水”的潜力都远未达到其应有的开发水平与利用程度。2005年，大连市平均每公顷水产养殖面积的产值，海水养殖为35960元/公顷（合2397元/中国亩）、淡水养殖为3330元/公顷（合222元/中国亩）。而高产的海水养殖平均每公顷的产值已超过75000元（合5000元/中国亩），淡水养殖也在15000元/公顷（合1000元/中国亩）以上。

大连适水农业发展的内容与措施主要包括：

（1）启动海洋农业开发与发展工程，在进一步发展现有水产养殖项目，扩大其养殖面积、提高单产水平的同时，不断开发除水产养殖以外的其他生产项目，全面开发利用海洋生物资源。

（2）强化以“两个体系、一个目标”为重点的水产养殖基地的建设和发展。“两个体系”，即原良种繁育体系和健康水产养殖保障体系；“一个目标”，即增加产量、提高效益目标。

（3）扶持水产养殖和收储销售及精深加工龙头企业，通过企业建基地，基地带农户的方式，推动和促进水产养殖业的加速发展。

（4）加大财政对适水农业发展的资金支持力度及强度，增加适水产业基础设施建设及科技研发及其成果推广应用的资金投入，提升适水产业的生产发展与市场竞争能力。

2、水果种植业

大连具有大力发展水果种植业包括苹果、梨、桃、李、杏、葡萄、樱桃等的丰富资源。水果特别是苹果一直是大连的拳头优势产品。但近十几年来，大连水果生产的优势地位不断下降，2005年，大连水果总产量98.12万吨，其中苹果61.10万吨、桃23.71万吨，虽然总量逐年增加，但在全国水果生产中的地位却不断下降，已由历史上占全国水果总产量的3%以上下降到目前的0.6%，其中苹果则由过去的10%以上下降到现在的2.5%。

以苹果为主体的水果不仅是大连最具资源优势和市场潜力的一类产品，也是国家农业部确定在全国优先发展的11种优势产品中的一种。而且国家《优势农产品区域布局规划》还明确地将大连列为全国苹果优势产区之一。大连全力发展以苹果为主体的水果种植业，使其成为大连农业最为重要的组成部分之一，其意义远在水产养殖、畜禽饲养等产业部门之上。因为，到目前为止，大连农业品牌创设和推广相对容易、市场易于进入、营销易于进行、农产品精深加工易于展开，并且附加增值大、产业易于做大、做强的，唯有以苹果、樱桃、蜜桃和特色梨为主体的水果业。

促进大连水果种植业的迅速复兴与发展的主要措施包括：

（1）调整产业政策，将水果产业发展置于优先发展的重要地位。

（2）加大对水果产业发展的投资力度，重点支持水果特别是苹果生产基地的建设与发展。

（3）改革发展管理体制，健全县（市、区）、乡（镇）、村三级果树技术推广服务体系。

（4）培育水果业龙头企业，发挥龙头企业和果业生产协会等中间组织的积极作用，推进水果生产的产业化经营。

（5）推动和促进水果加工产业的崛起与发展。

3. 新兴农业和特色农业

新兴农业，包括为适应和满足当代社会生活特殊需求而开辟的旅游观光农业、休闲农业、体验农业等农业向服务业延伸、渗透的新兴产业，还有以不断涌现的农业高新技术成果应用为基础的工厂化农业、智能化农业、精准农业、白色农业、彩色农业等全新形态的高新技术农业，等等。

特色农业，即利用当地特有资源生产具有明显地方特色产品的农业。具有大连地方特色的农产品，除海产品、水果等大宗产品外，还有不少其他产品，比如大连生产的蔬菜、食用菌等就有其明显的特色，其口味、口感等内在品质及商品性都明显优于其他地区生产的同类农产品。

4. 农业后续产业

农业后续产业主要包括农产品加工、物流与贸易等。大连发展农产品加工业的条件得天独厚，不但原料农产品来源丰富，而且市场区位优越。大连丰富的农产品加工资源至今未能得到有效利用。以水果为例，如果将大连现有苹果和蜜桃年产量的20%用于生产继油炸、真空油炸水果脆片之后的第三代产品——膨化水果脆片，其年制成品的产量可达1.3万吨左右，目前国际市场上的膨化水果食品平均每吨出口离岸价已超过15000美元，而且还供不应求，国内市场上苹果脆片（非油炸）的零售价高达240元/公斤（24万元人民币/吨），膨化水果食品出厂销价平均按10万元/吨计算，仅此一项，即可为大连农业增加10多亿元人民币的经济收入，相当于大连现有全部水果年产值收入的近60%。

三、大连环城农业与农村产业建设发展目标

（一）目标确立原则

有意识进行的任何一项经济活动，事前都要求明确其目标。农业及农村产业的开发建设与发展，作为一项复杂的经济活动系统工程，要求明确的目标，绝非是单一式或比较单一的，而是由众多单个目标构成的目标集。这一目标集既是农业及农村非农产业开发建设与发展的出发点，也是其活动指向的终点、要求达到的结果。因此，构建这样一个目标集（或者说体系），必须遵循以下基本原则：

1. 反映经济活动的客观实际及要求

从实际出发，充分考虑当地经济与社会发展的具体情况及特点，既充分反映农业及农村产业发展的共性问题及要求，也切实体现当地的特性，具有比较鲜明的地域特色。

2. 各目标间存在内在联系，相互配合

目标集中的具体目标是从不同侧面或角度提出来的，因此，必

须高度重视各具体目标之间的配合、协调，避免出现互不衔接甚至相互矛盾和冲突的尴尬局面。

3. 切实可行，具有可操作性

一是目标的提出和确定具应有科学的理论依据，以现代经济学理论为基础；二是目标应能量化，具有确定的标准，易于目标实践过程中的监测、检查；三是目标通过努力是可以确保实现的，不能实现的目标是毫无意义的目标。

依据上述原则，涉及农业及农村产业发展的目标可分为两大组成部分，即显示性目标系统和解释性目标系统。显示性目标是综合性最强、最能反映和体现农业及农村产业活动目的的目标，而解释性目标则是体现和反映农业及农村产业活动某个方面情况要求的目标，但又与显示性目标存在必然的联系，是显示性目标实现的重要手段，能够从不同侧面对显示性目标做出某种程度的解释。

（二）目标构成与目标值

根据大连城市的具体情况和经济发展的内外条件，可将环城农业和农村产业开发建设与发展的目标设定如下：

1. 资源利用目标

促进并实现境内资源包括耕地、山地、水域、庭院土地资源、生态环境资源和人力资源等原生资源和以土地初级产品为主体的产品资源的充分、有效利用。具体由以下主要指标加以规定：

（1）耕地产值率。全市耕地的单位面积产值收入率不断提高，达到高于周边县、市耕地产值率50%到80%以上水平。2005年，大连全市平均的耕地总资源产值率为21209元/公顷（合1414元/亩），低于北京2002年即已达到的26200元/公顷、上海30847元/公顷、福建30962元/公顷、浙江25042元/公顷和广东25726元/公顷以及江苏23026元/公顷的耕地产值率水平。由大连目前耕地种植业的自然气候及技术条件所决定，平均每公顷达到28000～30000元，应该是可以实现的。2005年，大连全市蔬菜种植按播种面积计算的土地产值率即已达到79691元/公顷（合5313元/亩）。

（2）山地利用率。一是山地面积的人工开发比率，二是山地经济产出潜力利用率。要求加快境内荒山荒坡、砍伐迹地的人工造林和疏林、灌木林以及未成林造林地的改造速度，同时加强对有林地林木的管理、抚育，有林地（包括经济林）占山地总面积比率及其人工抚育、管理的比率5年后达到100%。与此同时，全部林用土地的年均干物质净产量达到15吨/公顷（含1.0吨/亩）以上，林用土地的单位面积产值率不低于同期耕地产值率的25%，力争达到同期耕地产值率40～50%的经济产出水平。

（3）水域利用率。可养殖水面的经济产出水平快速、稳定提高，成为国内最为重要的出口水产品生产基地之一。具体目标，一是提高可养殖水面的经济利用率，淡水可养殖水面的养殖率达到95%以上，海水可养殖水面的养殖率由目前的32.35%(2005)，5年后提高到50%以上，每年提高4～5个百分点；二是提高养殖水面的产值率，单位养殖水面产值率海水养殖由目前的35960元/公顷（合2397元/中国亩，2005），5年后增加到45000元/公顷以上，平均每年递增4.6%以上，同期 淡水养殖产值率由3330元/公顷（222元/中国亩，2005）增加到5250元/公顷，平均每年增长9.5%；三是提高整个水域的产出能力利用率，大力发展除水产养殖外的其他适水农业，四是水产养殖的品种结构、养殖设施的现代化水平明显改善，高价值优质水产品比重超过30%，健康养殖模式和低风险养殖面积占养殖总面积的比重分别达到80%和50%以上，按可养水域面积计算的产品销售收入单产水平高于周邻沿海地区30%以上。

（4）庭院利用率。区内农民房前屋后的零星土地、间隙地等得到充分、有效的利用，庭院经济、庭院农业成为境内村、乡经济与产业发展的一大特色和观光农业的一大景观。

（5）初级产品增值率。以土地等自然资源为依托（或基础）生产的初级产品能够通过整理加工、包装和精深加工，从而实现其价值的有效增加。5年后，全市土地初级产品的总附加增值超过30%，经过精深加工和初加工、包装的初级产品占全部初级产品的比重达到60%以上。

2. 充分就业和农民创业目标

促进并确保村、乡劳动力充分就业的有效实现。农民以谋生为出发点和目标的外出打工现象从根本上得到扭转。作为解决就业和谋生问题唯一手段的外出打工的农民占农村劳动力总人数的比重由目前的10.5%（2005）降低到5%以下。农村劳动力在农村就业的充分保障率超过95%。创业农民（农户）即建有自己的企业或某种生产基地（农庄、农园、农场或厂）的农民（农户）占农民（农户）总量的比重10年后超过40%。

3. 农业产业化经营目标

推动农业产业化经营水平的快速提高，农业产业化经营的覆盖范围不断扩大、组织模式不断创新、农产品生产同关联产业的一体化程度不断加深等等。具体要求如下：

（1）主导产业选择。村、乡（镇）、县（市、区）三级的农业主导产业和非主导产业界定明确，农业主导产业规模稳步扩大，在当地农业中的所占比重不断提高。

（2）龙头企业发展。大力支持和扶持农业产业化龙头企业发展，推动和促进农业产业化龙头企业结构的合理调整。一是行业分布结构，生产相对集中、规模较大、特色明显的农产品部门，如蔬菜、花卉、食用菌、水果、牛羊饲养等，都应该逐步形成自己的专业化企业组织作为本行业发展的龙头；二是经营方式结构，除农产品加工、储运、收购与销售外，积极发展一批直接参与农产品生产过程，从事农业生产组织的龙头企业；三是企业规模结构，建成和发展一批投资过亿、经销额在5亿以上的大型农业产业化龙头企业；四是企业形态结构，除公司制企业外，因地、因事制宜地促进其他形态的龙头企业组织形式的创立与发展，如各种农民合作经济组织。

（3）农产品商品生产基地建设。以已成规模的“121”现代农业科技园为支撑或依托，广泛吸引、发动当地农户积极参与，有效形成多元化、多层次覆盖大连全市和农业各主要产品主要部门的农产品商品生产基地体系。纳入农产品商品生产基地体系的耕地面积（种植业）或饲养农户（畜牧业、水产业）占全市总量的比重达到60%以上，商品生产出售的农产品数量占全市农产品商品的比重超过70%。

（4）基地农户的培育。促进、引导广大农户由小规模的自给、半自给性生产向着商品型专业化生产方向转变，改变农户经营的传统组合，提高其经营的素质与水平，利用经济、技术、政策规劝等各种手段，将农民导入农业产业化经营的轨道，全市进入农业产业化链条的农户比重由目前的64.86%（2005）逐步增加到90%以上。

（5）产业化经营模式创新。核心问题是提高农民（农户）在农业产业化经营链条中的地位和对外谈判的能力，从根本上改变农民（农户）在整个产业化经营活动中的弱势地位。一是推动、引导广大农民创建和发展能够代表和维护其利益的经济组织，包括农民经济合作组织、农业生产协会和由农民投资设立的农业有限责任公司等，二是对现有农业产业化经营模式的组织结构进行适当的调整和改变，提高农民（农户）在其中的谈判能力，例如在“公司+农户”或“公司+基地+农户”模式中，增加一个由单个农户变成农户集体对公司的环节，等等。

（6）农业产业一体化。一是提高种养加、农工贸一体化程度，鼓励和支持由农产品生产、加工和销售等各环节行为主体组成的经济联合体的建立和发展；二是突出农科教一体化的快速发展，农业生产与经营同科技进步及其成果推广应用及农民教育紧密结合，从根本上改变和扭转农民教育、农村农业科技成果推广应用乏力的落后局面。

4. 可持续发展目标

由以天然资源、生命系统和生态系统构成的自然资本，以劳动力和智力、文化组织形式表现的人力资本，以货币手段、投资构成的金融资本，以及以基础设施、机器、工具、工场（厂）在内的人工货品资本的数量增加及其质量的不断提高加以体现。其中最为重要的是自然资源储量的增加及其结构、质量的改善和自然生态环境及人力资源质量的提高。具体要求如下：

（1）自然资本增值。促进农业自然资本数量及其价值的不断增加，为农业及农村非农产业发展创造良好的自然资源及生态环境条件。一是通过荒山植树、栽草、耕地复垦、果园恢复等，增加自然资源的数量；二是通过控制化肥、化学农药的不合理使用，加强小流域治理等途径，改进和改善农村及农业生态环境。

（2）提高农村劳动力素质。一是加强对农民的职业培训，特别是农业职业培训。对农民的培训由目前的年40万人次（2005），增加到100万人次/年以上，农村从事农林牧渔业的劳动力，每人每年应至少培训1次。二是增加农村及农业的各类人才数量，提高农村及农业人才占农村劳动力的比重。

（3）促进农村及农业科技进步及其成果的推广应用。一是鼓励农林牧渔业科技人员和农林院校毕业生下乡工作，扎根农村，在农村第一线从事与农业生产经营相结合的项目科研或成果推广应用的研究与服务工作。二是及时引进、推广农业的最新品种和技术，农业科技成果推广率由目前的60%（2005）提高到70%以上，村、乡（镇）、县（市、区）三级各自每年至少引进2～3项农业新技术、新品种。

（4）农村金融建设。一是大力发展以农民为主体的村镇银行和农村社区性信用合作组织，村镇银行和（或）农村社区信用合作组织服务网点按村计算覆盖率达到80%以上。二是提高农村金融资源保有率，有效控制农村资金的城市流向，切实解决农民和农业“贷款难”的难题。

（5）农业公共设施及基础结构建设。一是加强以水源工程、节水灌溉和水土流失综合治理为主要内容的农田水利设施建设，节水灌溉、旱涝保收农田比重达到80%以上。二是加强村屯道路、桥梁建设，建成农产品运输、农民进出方便的农村、农田交通网络系统，提高农村及农业的交通能力。三是健全和完善农业“七大体系”，即农业科技创新与应用体系、种养业良种繁育体系、动植物保护体系、农产品质量安全体系、农产品市场信息体系、农业资源与生态保护体系、农业社会化服务与管理体系，“七大体系”作用、服务的覆盖范围按村屯、农户计算分别达到95%和80%以上。四是农村及农业信息工程建设，农户的电话普及率和互联网通信普及率分别达到90%、40%以上。

（6）农村居民点建设。重点解决村庄的现代化建设水平和农村污染源的控制与治理问题。以“五清”、“五改”、“五建”、“五上”为主要内容的村屯整治覆盖全市所有村屯。

“五清”：清垃圾、清粪堆、清路障、清柴垛、清院落。

“五改”：改水、改路、改厕、改灶、改圈。

“五建”：建集中供水网、建村屯油路、建沼气太阳能利用工程 、建综合活动室、建村民娱乐广场。

“五上”上无线广播、上有线电视、上电话、电脑、电视“三电合一”的信息服务平台、上村屯绿化、上连锁超市。

5. 出口创汇、对外拓展目标

提高农业出口创汇和发展异地农业的能力，农业出口创汇和异地农业收入的年增长率至少应快于本市农业增长率4～5个百分点。具体要求如下：

（1）健全、完善农业标准体系。全市特色农业、优势农业产品生产全部纳入标准化生产范畴，国家有标准的按国家标准执行，尚无国家标准的制定地方标准 。

（2）加强农产品出口基地建设。以农产品商品基地建设为依托，形成覆盖所有农业区乡（镇）、所有特色农业、优势农业的出口农产品生产基地网络体系，每个农区乡（镇）、每个县有明显地方特色及优势的农产品至少建成1个出口产品生产基地。

（3）推动、促进以农产品或其加工品出口为主要业务的农业产业化龙头企业的建设和发展。重点扶持一批农产品或其加工品创汇超过1000万美元的龙头企业。

（4）发展异地农业。鼓励、支持和引导当地企业利用其技术、资金、人才、智力及市场营销等优势，在外地区包括国外通过购买、承包、租赁或合资、合作方式取得所需土地进行农业生产的投资与经营，或者以“订单农业”方式，与外地区的农业生产单位（企业、农户）订立购销合同，获取企业对外出口或国内销售所需要的农产品。

6. 农业及农村非农产业发展目标

（1）社会总产品。通过农业总产值、工业总产值和主要农产品及主要工业品产量来反映。主要农产品产量和农业总产值的实现额同当地拥有的农业资源生产能力相适应，不断提高农业自然资源的经济利用效率。

（2）国内生产总值。包括农林牧渔业（即第一产业）增加值、农村第二产业及农村工业增加值、农村第三产业增加值和农村国内生产总值。农村国内生产总值规模符合当地农村经济发展的实际情况及要求，内部结构合理，农村非农产业与农业发展互为条件和结果，密切配合，互进互动，农林牧渔业的中间消耗比重趋于减少。

（3）经济增长率。农林牧渔业总产值及其增加值和以农产品为原料的农村工业增加值的增长速度呈加快趋势，适当控制同农业不相关的非农产业发展速度。

（4）人均收入水平。农村家庭年人均纯收入增长速度快于城镇居民家庭的人均可支配收入增长速度，城乡居民收入比例缩小到1:1.3以下。

（5）产业经济结构。从整个地区、社会角度考量，农业在国民经济中的份额下降趋势，同以往时期和其他地区或全国的平均水平比较，应有所减缓，使农业在不断细分的国民经济结构中重新回到其主体的或主导的地位。从农村经济与产业角度考量，农业和以农产品为原料的工业制造业及其他涉农产业的增长速度应明显快于非涉农产业，其在农村经济中所占份额不断下降的态势应得到有效的扼制，使其成为农村经济的绝对主体或主导组成部分。

（6）农产品出口。农产品出口的数量规模及其品种范围、地域范围不断扩大，农产品创汇增长率快于同期的农业生产增长率。前述6个方面的发展目标，其中最后一个目标，即农业及农村非农产业发展目标，是整个农业及农村非农产业发展的总量目标指标、或显示性的目标指标，是发展农业及农村非农产业的出发点和归宿。其他五个方面的发展目标，即资源利用目标、农村充分就业和农民创业目标、农业产业化经营目标、可持续发展目标、出口创汇和对外拓展目标，是实现农业及农村非农产业发展目标的方法、手段，属解释性目标指标范畴。这些目标指标的实现程度如何，可以在相当程度上解释或影响农业及农村非农产业发展总量目标实现的可能性及其程度水平。

大连农业及农村非农产业发展目标构成如下表5～4所示。

表5-4　大连农业及农村非农产业发展目标构成

系统	一级子系统	二级子系统	三级子系统	四级子系统
总量目标指标系统	农业及农村非农产业发展目标	1.社会总产品	①农业总产值 ②工业总产值 ③主要农产品总产量 ④主要工业品产量	
		2.国内生产总值	①农村国内生产总值 ②农林牧渔业增加值 ③第二产业增加值 其中：工业增加值 ④第三产业增加值	
		3.经济增长率	①农村国内生产总值增长率 ②农林牧渔业增加值增长率 ③农林牧渔业总产值增长率 ④涉农工业增长率	
		4.人均收入水平	①农民家庭人均纯收入额 ②农民家庭人均纯收入增长速度	
		5.产业经济结构	（1）地区产业经济结构	①农林牧渔业增加值占地区国内生产总值的比重 ②农产品加工业增加值占地区国内生产总值的比重
			（2）农村产业经济结构	①农林牧渔业增加值占农村国内生产总值的比重 ②农产品加工业占农村国内生产总值的比重 ③农村三次产业构成及其变化
		6.农产品出口	①农产品出口创汇额 ②农产品出口创汇增长率 ③农产品出口增长率与农业生产增长率比较	

系统	一级子系统	二级子系统	三级子系统	四级子系统
解释性目标系统	一、资源利用目标	1.耕地产值率		
		2.山地利用率	①山地人工开发比率 ②山地产值率 ③山地经济产出潜力利用率	
		3.水域利用率	①可养水域的已养面积比率 ②已养殖水面产值率 ③可养殖水面产值率 ④水域产出能力利用率	
		4.庭院利用率	①庭院产出总量 ②庭院产出商品总量	
		5.初级产品增值率	①经加工农产品占农产品总量比重 ②农产品经加工后的增值额占农林牧渔业总产值比重	
	二、农村充分就业和农民创业目标	1.农村就业	①农村就业保障率 ②外出打工农民占农村劳动力的比重	
		2.农民创业	①创业农民占农村农户总量的比重 ②创业农民数量	
	三、农业产业化经营目标	1.农业主导产业	（1）主导产业	①农业主导产业产值 ②农业主导产业产值占农业总产值比重
			（2）最大主导产业	①最大主导产业产值 ②最大主导产业占主导产业产值比重
		2.龙头企业发展	（1）龙头企业数量及规模	①龙头企业个数 ②龙头企业经销额占当地农业商品额比重
			（2）龙头企业结构	①行业分布结构 ②经营方式结构 ③企业规模结构 ④企业形态结构

系统	一级子系统	二级子系统	三级子系统	四级子系统
			（3）最大龙头企业	①最大龙头企业经销额 ②最大龙头企业经销额占龙头企业经销额的比重
		3.农产品商品基地建设	（1）农产品商品生产基地面积	①农产品商品基地面积 ②农产品商品基地面积增长率 ③农产品商品基地面积占耕地总面积比重
			（2）农产品商品生产基地产出量	①农产品商品基地产品产量 ②农产品商品基地总产量增长率 ③农产品商品基地产品量占农业总产品量比重
			（3）农产品商品基地分布	①商品基地个数 ②商品基地地域分布 ③商品基地行业分布
		4.基地农户	①基地农户数量 ②基地农户占农村总户数比重	
		5.经营模式创新	①农民组织化 ②新型农业生产与经营组织	
		6.农业产业一体化	①农工贸一体化 ②农科教一体化	
	四、可持续发展目标	1.自然资本	（1）促进自然资本的数量增加	①荒山植树、栽草面积及其增长率 ②耕地、果园复垦面积
			（2）改善农业及农村生态环境	①化肥、化学农药使用控制 ②小流域综合治理
		2.农村劳动力素质提高	（1）农民职业培训	①年培训人次数量 ②农民培训覆盖率
			（2）农村及农业人才	①农村及农业人才增加量 ②农村及农业人才占农村劳动力比重

系统	一级子系统	二级子系统	三级子系统	四级子系统
		3.农业科技进步	（1）农业科技投入强度	①农业科技投入占农林牧渔业增加值比重
			（2）农业科技人员	①农业科技人员数量及其占农业劳动力比重 ②农业科技人员下乡
			（3）科技成果推广	①科技成果推广项数 ②农业科技成果推广率
		4.农村金融建设	①农村金融机构网点覆盖率 ②农村金融资源保有率	
		5.农业公用设施建设	（1）农田水利设施建设	①农田水利设施建设工程数量 ②旱涝保收农田比率 ③节水灌溉农田比率
			（2）村屯道路建设	
			（3）农业“七大体系建设”	
			（4）农村信息工程建设	①农户电话普及率 ②农户互联网通信普及率 ③“三电合一”信息服务平台推广率
		6.农村居民点建设		
	五、出口创汇对外拓展目标	1.出口农业能力建设	（1）农业标准体系建设	①农产品标准化生产比率 ②农产品标准和操作规范建设
			（2）出口农产品生产基地建设	①出口农产品生产基地数量 ②出口农产品生产基地地域、行业分布
			（3）出口龙头企业建设	①出口龙头企业数量 ②出口龙头企业出口额占地区农产品出口额比重
		2.异地农业	①异地农业规模 ②异地农业比重	

第6章　城市建成区农业：在城市里种田同样大有可为

第6章 城市建成区农业：在城市里种田同样大有可为

一、一个并非神话的故事

城市是从事工商业活动的地方。如果有人试图在城市里务农、种地而且希望能够有所作为，似乎是异想天开，不着边际的痴人梦想。然而，就是这样的一种梦想，有时或许也能成真。难道不是？

2004年9月《西江月》就讲述了一个“在城市里种田照样做百万富翁”的真实故事。现照录如下：

廖得标是湖南蓝县人，今年38岁。20岁那年，看着同村在外打工的小青年们都纷纷寄钱回来帮家里盖上了小洋楼，廖得标便也萌生了外出打工的念头。但是他没什么技术，年龄也大了点，奔波了很长时间，廖得标仍一无所获。

珠三角是一个新兴的工业城市，富起来的当地农民要么是开工厂赚钱，要么是靠出租房屋赚钱，他们的身份虽然还属于农民，但生活却再也跟田地无关了。那些城市周边原本属于他们的农田，也全部被荒废了，然而，有一天他发现在一块空地上有人在田地里干活，这种熟悉的场景让廖得标激动不已，他们是在干什么呢？

后来一打听，他才知道原来是这块空地被一个福建人从当地人手中承包下来种草莓的。在2000年的时候，草莓在市面上还是一种比较稀有的水果，价钱也贵得离谱，有的超市卖到20多元钱一斤。而在当地，据他所知：种草莓投资并不多，几千元钱就可以了，只要有土地，肯出力干活，有技术，肯定是有赚无赔。

2000年7月，征得老板的同意进了草莓园以后，廖得标一心钻进了种草莓的技术当中，包括选土、育苗、移植、培育、施肥、杀虫、除草等等，不怕苦不怕累不怕脏，起早摸黑，深得老板喜欢，手把手地教他。当三个月试用期结束的时候，廖得标的技术也学得差不多了。看着自己亲手培育出的一颗颗又红又大的草莓挂在园子里的时候，廖得标憨憨地笑了，心里别提多高兴！老板也是个精明人，他看廖得标种出的草莓的确不同凡响，为留住人才，他给廖得标开出了包吃包住每月2000元的天价工资。

但廖得标想自己单干的梦却一直没有熄灭。2000年11月，廖得标在当地村委会以每亩500元的价格承包了一块土地，为了慎重起见，他先找了一分田地做试验。一般来说，一分地只需要投资几百元钱就可以了，毕竟是第一次做，廖得标在这一分地上就投资了上千元钱，这也是他手里唯一的一点钱了。当时已是年末，别人高高兴兴地开始采购年货，廖得标却只能守着还不能上市的草莓干着急。离草莓上市还需要十几天时间，这段日子可怎么熬呢？这时，廖得标看到广东过年有摆花市的习惯，于是廖得标决定用还没有成熟的草莓到花市去碰碰运气。

2001年大年三十那天，廖得标把自己种的草莓盆景拿到了东莞市常平镇的花市去卖。别人的草莓是当水果卖，廖得标的草莓却当作盆景卖，廖得标自己也没有想到无意之中竟发明了一项创举。在当天的花市上，他的草莓树一颗一颗种在盆子里，红红黄黄的，煞是好看！因为人们谁也没有买过这种盆景，都感到很稀奇，结果那天的生意出奇地好。那些过年原本要买金 桔树的人们，纷纷买起了他的草莓盆景。到下午一点多的时候，廖得标的草莓盆景全部卖出。他数了数袋子里的钱，居然有6,000多元。

淘了第一桶金，廖得标信心大增。他将自己的全部土地种上草莓后，又一鼓作气在深圳公明镇东坑承包了两亩地。由于他的技术过关，选种好，再加上精心护理，果子既好看，也好吃，顾客都喜欢买他的草莓，一年下来，他纯赚了两万多元。他种草莓的技术也小有名气了。

2002年，深圳光明农科中心有意发展草莓种植，正好廖得标的一个朋友在农科中心管荔枝园，经过引荐，农科中心的所长到廖得标的草莓园考察，看到园子里硕果累累，当即邀请廖得标到光明农场协助管理。

有一次，廖得标进行市场调查，跟园里的人到市场卖草莓，明明刚摘的草莓，但有个顾客硬说草莓不新鲜，廖得标就说："不信你可以到我们的园子里去摘。"本来是随口一句话，但顾客动了真，后来还真到他的草莓园去摘。那个顾客是一个公司的老板，平时整天在公司忙上忙下，到了草莓园，简直是"大开了眼界"，在充满乡村趣味的园子里，老板高兴得"哇哇"大叫，一个人在园子里整整忙乎了一个下午，摘了十几斤草莓全部买下，临走时连说"有意思，有意思"，并表示以后还要常来。

过后不久，那顾客真的来了，还带了一帮人，这些人一进草莓园，就乐得笑开了花，那个上午，那批客人共摘走了100多斤草莓，挣了500多元，这比廖得标平时到镇上卖一天挣的钱还多！客人一走，廖得标马上有了新思路，城里人生活节奏快，需要放松，我何不把草莓园做成休闲、娱乐型的呢？加上光明农场、光明牛奶等项目开发逐渐成为旅游热，肯定能给草莓园带来商机。

2003年5月，廖得标经过认真考虑，认为时机已经成熟，跟农科中心协商后，廖得标租了5亩地，在光明农场边成立了春天草莓园。草莓园主要以一种农庄的形式，除供客人享受自摘自采的乐趣外，还配备了特制的草莓酒、酿酒、餐饮等，供客人休闲、娱乐。一时间，春天草莓园顾客络绎不绝。来草莓园的人有一家大小的、有成双成对的，也有单位组织的，他最多一天的收入达到9000多元。看到形势大好，2004年3月，廖得标又租了40亩地，成立了"凤凰草莓园"作为草莓生产中心。由于他一个人忙不过来，又带了两个徒弟，现在，这两个徒弟基本已出师，廖得标也只需要稍作指点就可以了。

现在，可以说廖得标已是当之无愧的百万富翁了，但他依然保持着最初来深圳的诚恳、勤快和憨实。每天戴着草帽认真在草莓园里剪草、施肥、驱虫。当问起他以后的打算时，他说："由于草莓具有一定的季节性，我打算把项目丰富起来，在其他季节种其他有特色的瓜果啊、或者做池塘钓虾啊等等，做成以四季采摘为主题的休闲娱乐式农庄，争取做成深圳最有特色的草莓园。”

故事就讲到这里，现在的问题是：廖得标现象究竟是一种偶然、例外，还是一种必然，具有某种意义上的普遍性，在城市建成区内，能否有农业发展的一席之地？如果说有，方向和潜力何在，怎样发展？

二、城市建成区农业特性和潜力

（一）城市建成区及其农业的形成与发展

城市化地区一般分为市区和郊区。市区为已建设地区，也称建成区。郊区中紧邻市区的外围地带为近郊区，远离市区的地区为中、远郊区（如图6～1所示）。最初的城市建成区农业（也称“市区农业”）是城市扩张过程中的部分农民仍需以农业谋生而利用建设区的残留或空隙土地从事作物栽培或畜禽饲养保留下来的一种变形农业，属于被保护的夕阳产业范畴。之后，随着城市及其经济社会的不断发展，市区农业逐渐由原来作为城市弱势群体谋生手段的残留农业转变成为城市及农业自身发展的一种内在需要；并逐步发展成为具有特定内涵、完全新型的农业实现形式。

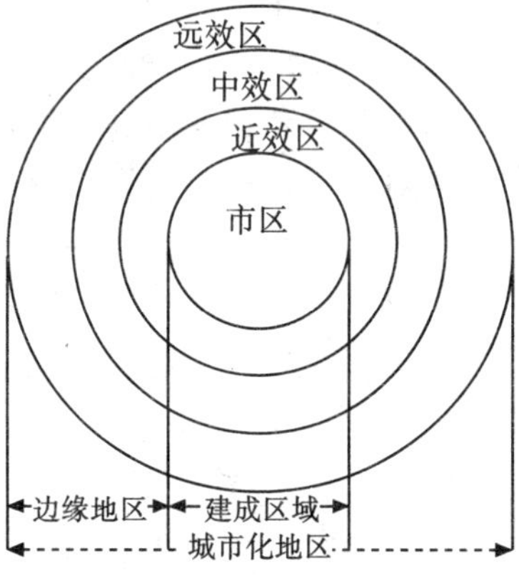

图6-1 城市的空间构成

现代市区农业属新兴产业范畴，是在城市建成区绿化用地、建筑物间隙地、街道路旁两侧土地和等待施工的闲置土地,以及庭院屋顶及居室阳台等非农地资源和空间基础上，利用城市中的生产要素，以市民为主体而建立发展起来的一种集生产、观赏、休闲、体验、展示、教育、游娱、文化、传承、绿化、美化、生态净化等活动方式及内容于一体，融生产、生活和生态功能于一身，嵌入城市和服务于城市经济、社会、生态、文化需要的优质、高效的现代农业系统。

现代市区农业的形成与发展，除城市自身发展的需要外，还与农业发展的以下情况密切相关：

（1）农业内涵及其社会功能的重大改变与完善。现代农业已从过去单纯或比较单纯地为人类生存与发展提供食品、衣物原料等生活及生产必需品的生计产业转变成为从事产品生产和资源及环境、生命及生活等生产的统一体，并且在保护和治理自然环境，调节生态平衡，确保自然资本储备的不断增加与扩大和改进人们的物质及精神文化生活方式及其质量方面发挥着日趋重要的功能与作用。农业所具有的生态环境价值和生活价值甚至已经或正在超过其经济价值而成为农业最具价值的重要组成部分，农业进入城市成为城市重要产业已成必要。

（2）农业科学技术的空前进步与加速发展。进入近代以来，农业科技研发及其成果应用的后进局面自20世纪60、70年代开始出现重大变化。由于农业科学技术的空前进步，农业发展要素及其约束性的条件和因素也出现重大改变，土地作为农业最为基本的必备要素，其面积大小及地理位置等对农业发展的重要性程度已大为降低，过去依靠大面积土地生产的产品现在只需要用很少的土地即可完成，农业规模的大小及其发展水平的高低已在越来越大的程度上取决于技术、智力、资金等非土地要素。这就为市区农业发展提供了极为有利的基本条件与可能。

（3）经济与社会发展对农业日益加强的高度依赖。人类社会对于发生在耕地、草场和森林里的光合作用在任何时候都是高度依赖的。但不同历史时期的这种高度依赖在广度与深度上却有着很大的差异和不同。由于工业化、城市化的纵深推进，面对非再生资源的加速减少与耗竭和自然环境污染与破坏的加剧态势，以及人们对于高质态、多角化生活方式及其质量水平的普遍追求，要求必须从根本上改变现有经济发展的基本模式，高度关注和重视农业的更快发展，包括调整和改变农业的空间分布及其地域构造特征，使农业进入城市，并成为城市中足以同工商及服务业等量齐观、同样重要的产业。农业不再是农村的专利，农业成为城乡共有产业、平行推进与发展的条件已经或正在具备。

（二）城市建成区农业功能及产业特性

城市建成区农业的功能和作用集中体现在以下几个方面：（1）绿化、美化市容环境，净化、治理、保护城市生态，为城市生活创造优雅、美好、洁净的自然生态环境；（2）示范、教育，为城市中小学生及市民进行农业体验活动和接受农业科普及环保、生态教育等提供场所;（3）休闲、观光，为城市观光旅游业增添内容及景点；（4）食品供给，为城市居民生活提供部分的食品，主要是蔬菜、瓜果等副食品；（5）城市经济的必要补充，一是提高城市资源的利用效率，为城市提供新的就业岗位，二是通过商品化生产活动，拓宽城市居民的收入渠道或（和）通过居民的自产自用活动降低市民的食品消费支出。

城市建成区农业因为地处城市建成区内，因此具有以下方面的突出特点：

1. 产业的边缘性

城市建成区农业是处于农业边缘区的一种产业活动，其突出表现，一是以非耕地和非农用土地为基础；二是以绿化、美化、净化环境为目的的公益性农业和以劳动者自娱自乐、休闲、体验为目的的非商业性生活农业为主体；三是不以物质农产品生产为主要目标。

2. 经济的城市性

城市建成区农业所使用的土地、空间等自然资源分布在城市建成区内，农业活动的行为主体为市民，因此，城市建成区农业属于城市经济范畴，具有城市经济的典型特征。

3、行为主体的兼业性

城市建成区农业的行为主体，大多属于“亦农非农”和“非农亦农”的“兼业”市民，业余时间务农，或者业务时间务工或经商或从事其他职业活动，是其突出的特征。

（三）城市建成区农业方向与潜力

城市建成区农业作为一种特殊形态的农业生产活动，主要集中在以下几个方面：一是以城市园林绿化、市容美化为目的的绿化农业和以绿化农业为基点的城市生物质产业；二是以提供休闲、观光景点及场所和服务为目的的城市观光旅游农业；三是以提供示范、教育、展示、展览服务及其场所为目的的教育农业；四是以市民劳动休闲、认知、体验、改善食品供给等非商业目的为主体的休闲农业。相关资料表明，在世界各国城市中，大致有1/4～3/4的市民家庭利用闲暇时间种植蔬菜瓜果，供自己消费或作为商品进入市场成为收入的一个来源。在日本，城市建成区内的插花型农业，包括各种各样的设施农业、观光农业、休闲农业、体验农业、假日农业等等，更是得到充分、广泛的发展，成为不少投资商的首选行业。

从中国城区农业发展可资利用的资源条件及其潜力看，截止到2003年末，中国城市数量已增加到661个，其中城区非农业人口在50万人以上的城市达到86个，分别比1981年的233个和28个增加428个和58个，比1949年的101个和16个增加560个和70个。到2004年末，中国城市建成区面积达到3.03万平方公里，比1990年的1.3万平方公里增加1.33倍，其中城市道路长度22.2万公里、建成区绿化覆盖面积95.98万公顷，城市公共绿地面积25.17万公顷，分别比1990年的9.5万公里、24.7万公顷和5.8万公顷增加1.34倍、2.89倍和3.34倍。如果利用城区间隙地、绿化用地、街道路旁种植适宜的经济花草、树木、果树及用材树木，根据相关的试验数据，（1）城市行道两旁植树，10年生三倍体毛白杨等速生优良绿化树种的材积量可达0.35立方米/棵，株距5米，1千米行道树可产木材705立方米，木材价格平均按500元/立方米计算，价值3.5万元人民币，平均每年增值3500元;（2）城市草地、林地在悉心管理、抚育到位的条件下，其生物产量可分别达到10～15吨/公顷·年（草地）、15～25吨/公顷·年（常绿阔叶林），绿化用地的生物产量平均按15吨/公顷·年计算，生物质价格平均500元/吨，平均每公顷的年产值收入 可达7500元人民币。由此，中国目前城市建成区道路、绿化用地两项的年植物产值潜力即在80亿元人民币以上。再加上其他可以利用的空间资源，如果城市居民家庭中有1/4～1/3利用其可以利用的空间从事休闲式的农业活动，年收入价值平均按300～500元/户计算，那么，中国目前城市的城区农业总产值潜力便可达350亿～450亿元人民币，相当于目前中国农林业（不包括畜牧业和渔业）总产值的2.0～2.5%。

中国城市正处于快速扩张的重要阶段，当城市人口占全国总人口的比重由目前的26.2%上升到45%左右，全国总人口达到15亿（2020年）时，按照城市人口平均每人90～125平方米的合理占地水平，全国城市建成区总面积将达到6.075万～8.45万平方公里，其中城市道路长度67.5万～94.5万公里，建成区绿化用地202.5万～303.75万公顷，按照行道树平均每公里每年增值3500元人民币，绿化用地平均每公顷每年植物产值收入7500元人民币计算，城市道路、绿化用地的年产值潜力可达175.50亿～260.89亿元人民币。将这一部分初级产品用作工业原料，投入工业生产过程，工业增加值与初级产品产值比例按3:1计算，最终产品产值将达700亿～1043.5亿元人民币，可容纳280万～417.5万人就业，相当于目前中国中等水平的一个省（自治区）的农业总产值规模。

三、城市建成区农业实现形态与经营模式

（一）绿化农业

绿化农业是极具活力和前景的新兴农业活动形态和方式之一。城市建成区的绿化农业，以城市环境绿化、市容美化为其主要活动内容。重视城市园林建设，关注城市环境绿化和市容美化，是城市发展的必然走向，发达国家都普遍重视这一问题。在新加坡，整个城市绿地多、花草多、树木多、公园多，犹如一个大都市建在美丽

的花园及树木花草的海洋之中。德国的城市更是具有“森林城市”之誉，许多城市都建在森林之中，走进城市，即是进入了林海，城市林业在德国城市中占有十分重要的地位。

当今世界，由于城市规模的不断扩大，因城市化进程而引发的城市环境问题、就业问题也日趋严峻。城市建成区内绿化农业的有效发展，可以在一定程度上缓解乃至消除当代城市发展所带来的某些经济、社会与生态环境问题。一是有效遏制城市自然生态环境的恶化趋向，通过绿化、美化城市的环境与市容，净化、改善和保护城市生态环境，为城市生产与生活提供一个优美、洁净的良好环境；二是提高城区绿化用地使用的经济效率及价值，增加其经济产出；三是推动和促进城市生态建筑、居室阳台农业发展；四是增加就业。

城市建成区绿化农业的活动范围及内容包括：（1）城市园林绿化、市容美化用苗木、花卉、草坪和室内、阳台盆栽瓜果、蔬菜等作物的育苗与扩繁；（2）城市绿化、美化工程、园林建设施工；（3）城区绿地管理与抚育；（4）城区生态建筑的植物种植、抚育与养护管理；（5）城市绿地植物产品的采集与加工，等等。

城市建成区绿化农业的实现方式及其形态包括：

（1）城市绿化工程服务农园

从事城市绿化、美化用植物（包括树木、花卉、草坪等）的引进、驯化、苗木培育、扩繁和城市绿化工程设计、施工，以及城市绿地的养护、管理和绿地植物产品的采集与加工等方面的生产经营活动，为城区环境绿化、市容美化提供全方位、多角度的全面服务。

（2）农业公园

按照城市公园的建设经营思路，将农业的不同行业、不同模式、不同品种或技术等组合在一起，使之满足游览、观赏、认知、休憩等方面的需求，为城市旅游观光、居民休闲、科普、认知等涉农科教文化活动的有效展开与进行提供场所及服务。

（3）生态建筑服务农园

从事城市生态建筑用植物的引进、驯化、培育和生态建筑的植物种植方案及其种植、养护技术研发、施工，以及生态建筑植物的日常养护管理等生产经营活动，为城市生态建筑的发展推广提供良好的服务。

（4）城市盆栽农作物服务农园

从事室内、庭院盆栽农作物包括盆栽蔬菜、盆栽果树、盆栽葡萄、草莓、果用瓜类等的品种选育、育苗和种植技术的研发、推广服务等生产经营活动，为城市居民家庭、单位利用居室阳台、庭院等空间发展休闲种植提供全面服务。

城市建成区绿化农业活动内容及其实现的方式与形态如下图6～2所示。

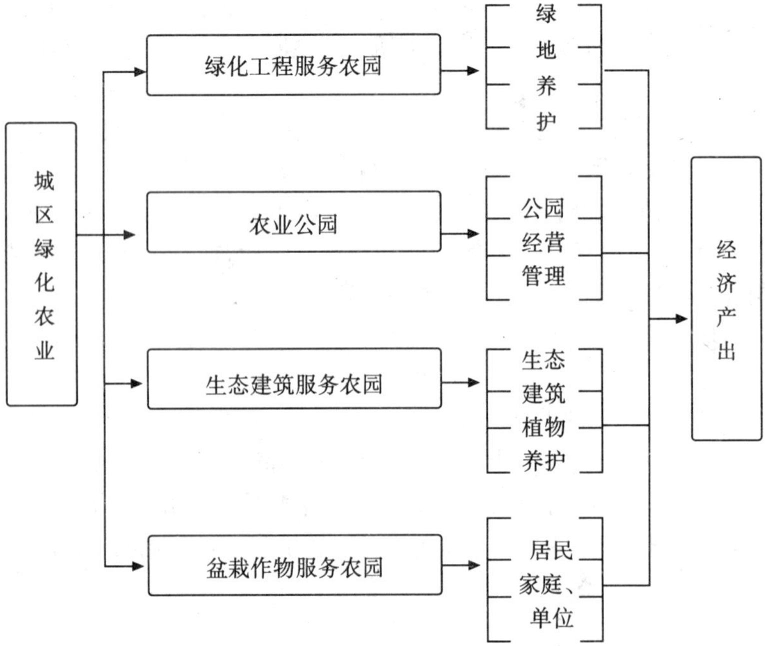

图6-2　城市建成区绿化农业活动内容及其实现的方式与形态

（二）社区农业

社区农业，是指以城市社区为疆域，利用社区内的建筑物间隙地、绿化用地、生态建筑种植空间、企事业单位及居民住宅庭院土地和社区建成区边缘地带的空闲地或规划内的农用土地等，通过适当方式而建立发展起来的专业从事农业生产或服务活动的经营系统。社区农业所从事的农业生产及服务经营活动，一般可包括林木、花卉、农作物等植物种植和畜禽饲养等，具体内容包括：

（1）社区绿地绿化、美化植物的种植与养护、管理；

（2）社区生态建筑、生态庭院植物栽培工程施工与日常养护服务和管理；

（3）高价值、高产出、用地少、产出大农业项目开发与经营，如珍稀食用菌栽培、特种动物饲养、花卉种植等等；

（4）市民异地农园。以社区为单位同社区外的农业生产单位通过合资、合作或协约方式，共同建立为社区居民提供食品供应保障的农产品生产基地。基地为社区居民提供安全、新鲜、优质、清洁且低于市场零售价的农产品，社区居民为基地农民提供稳定的农产品销售市场，社区居民和基地农民共同分担生产成本、风险和赢利。这样一种社区农业（美国称之为“耕种社区”），在美国近几十年来发展很快。美国学者认为，“耕种社区”是农业经营方式上的一种创新和变革，有助于加强农民和城市消费者的关系，增加区域食品供给，从而促进农业经济的发展。

（三）生物质产业

以城市绿化农业为依托，开发以绿化植物产出及其枯枝落叶等废弃物为原料的生物质产业，是城市建成区农业发展极具前景与潜力的重要方向之一。例如，在城市建成区内的绿化用地、街道路旁两侧及建筑物之间的间隙地带大量种植油桐、乌桕一类树木，即可在达到绿化目的的同时实现能源生产。

广泛分布于中国长江流域及其以南地区的油桐、乌桕，作为中国的特有树种，已有1000多年的人工栽培历史。油桐、乌桕同属阔叶树种，树形美观，树冠大，遮荫效果好，对土质和立地条件的适应性能力极强，气候适宜区城市和乡村房前宅后、行道路旁、沟堤河岸及其他间隙地、荒山荒坡等均可种植，而且易栽植、易管理、受益期长。经人工培育的油桐、乌桕优良树种，定植后2～3年即可开始结果，6～7年进入盛果期，盛果期25～30年，长的可达50～60

年。零星种植的油桐、乌柏树，盛产期的单株籽粒产量一般都在20千克～25千克以上，高的可达40千克～50千克/株，出油率油桐籽仁为30%～36%，乌柏籽粒可达36%～41%，所产油脂均可用作生物燃油，直接替代普通柴油。除此之外，还是极为重要的化工原料，可广泛用于生产各种化工产品。籽粒榨油后的残渣（枯饼）可直接用作农田肥料或化工原料。油桐、乌柏树干材质洁白、结构细密、质轻软，刨面光滑，是制作家具、装饰板、细木工板的优质用材，也是制造胶合板和造纸的优质原料。

如果在适宜区城市部分行道路旁两侧种植油桐、乌柏树种，株距5米，1千米植树400株，单株籽粒产量进入盛产期后平均25千克/株·年，出油率35%，可年产桐油（或乌柏油）3500千克；用作生物燃油，出售价平均按4.5元/千克计算，油脂的年销售收入可达15750元人民币。籽粒榨油后的残渣（枯饼）平均出售价按0.5元/千克，木材蓄积平均按每株每年0.0165立方米、产值500元/立方米计算，1千米行道油桐或乌柏的年枯饼及木材蓄积收入合计可达4350元人民币。城市行道两侧种植油桐或乌柏树种每千米每年可形成的经济收入可达20100元人民币。

据此，一个城区50万人口的中型城市，假定其街道路旁、绿化用地和建筑物之间的间隙地等的1/5用于种植能源树木，则整个城市由此而形成的年总经济收入可达1250万元人民币以上。

四、推动城区农业的崛起与发展

城区农业作为一个有待发展的新兴产业，虽然在国外已有百多年的历史，但不同国家或地区对于城区农业的理解与认识和由此所决定的发展模式、发展目标及其功能定位却有着很大的不同，而且总体规模都不很大。对于中国来说，应该如何借鉴国外城区农业发展的有益经验或教训，同时结合本国的具体情况，走出一条具有中国特色的发展之路，更是有着不少的问题需要研究。谈到中国都市农业的发展促进，需要特别重视以下问题的有效解决：

1. 提高对发展城区农业重要性及其经济与社会意义的基本认识，将促进城区农业发展列入城市经济与产业发展的重要议程

中国的现实状况是，从城市管理当局到产业界都缺乏对城区农业发展意义及其潜力的必要认识，以至完全忽视了它。城市中有着建筑物占地外可以利用的广阔的土地空间，包括建筑物间隙地、绿化用地、行道两侧土地、单位及住宅庭院和等待工程施工的土地等等。这些土地实际上是可以用来种植树木、经济花草或瓜果、蔬菜和粮食作物的，但有不少却未加利用，即使是一些已经被植树栽草的绿化用地、庭院及行道旁土地等，所植树、草也只是满足于生态净化、环境美化的绿化功能，而对其经济价值则很少考虑，甚至完全忽视。事实上，城市中除建筑占地外的土地用于植树栽草或栽种其他植物，在满足生态净化、环境美化的绿化功能的同时，完全可以考虑其经济上的价值，争取形成经济上的更大收益。根据我们的调研和测算，在中国，一个50万人的中型城市，城市建成区内的绿化用地、行道及庭院的空闲土地，栽树植草所能够形成的年初级产品产值收入，在科学的经营管理条件下，按照现有价格水平可以达到3000多万元人民币，提供1000多个就业岗位。

2. 加强对城区农业发展的有效协调，选择兼顾经济、社会、生产、生活与生态效益的发展模式，统筹解决城区农业发展进程中的各种问题

城区农业的有效发展，如同其他新兴产业的发展一样，需要其他行业的密切配合和自身各组成部分的协调一致，因此，必须以科学的发展规划为前提，加强发展进程中的内、外协调，明确城区农业的产业内涵，以便选择适当的发展模式，制定科学的发展目标，科学地进行功能定位，确定发展的重点、方法及路径等等，使城区农业发展足以成为开创中国农业及城市经济发展新局面的一项重要举措，在推动和促进中国农业结构调整从而向着高级化方向有序演进以及与其他产业的有机结合与融合方面发挥重要作用。

3. 加强对城区农业发展的政策支持，采取适当的政策扶持措施，推动和促进城区农业的顺利发展

一是重视并加强对城区农业发展的规划与设计工作，将其纳入国家及城市经济社会发展规划范畴，编制城区农业发展专项规划；二是完善城区农业发展宏观管理，形成科学、合理、有效的城区农业发展管理体系及其运行机制，将目前由不同部门承担的城区农业发展管理职能统一归口由城市主管农业的职能部门承担，纳入农业管理范畴；三是构建城区农业的微观经营组织，完成对现有城市绿化、园林等企事业单位的农业企业化改造或重建;四是增加对城区农业发展的财政投入，将目前城市财政用于城市绿化、城市土地整治方面的财政投入资金通过适当的方式转化成为对城区农业的发展投入，并改变、完善该项财政资金投入及使用的原则、范围及其方式与方法等;五是鼓励民间产业资金、金融机构的借贷资金、风险投资机构的风险投资资金等积极投向城区农业；六是加强对城区农业发展的技术支持，鼓励科研人员积极开发适宜城区农业发展需要的新的植物品种及其栽植技术，包括兼顾生态净化、环境美化与产品生产效益的树木、花草品种，适合于房顶、阳台、庭院及工厂化栽植的作物品种及其种植技术等等。

4. 建立城区农业园区，促进“都市村庄”的建设与发展

城区农业园区作为都市农业经济活动相对集中的一个生产区域，其作用和意义有如城市的工业园区、高新技术园区、经济开发区：一是将城区农业作为一项重要的产业加以开发和试验发展，使其成为城区农业发展进程中最为重要的一个组成部分;二是为园区外的城区农业活动提供支持，如提供作物幼苗、种子、生产手段、技术等，从而成为推动和促进城区农业顺利拓展的一种手段;三是作为新型农业和城市新兴产业试验开发的一个重要方面，使其成为开创农业及城市经济发展新局面的一个重要举措。

城区农业园区应该具备以下方面的一些基本特质或特性：（1）将符合城区农业产业内涵的众多新兴农业形态如体验农业、休闲农业、绿化农业、观赏农业、房顶农业、阳台农业等等纳入其试验开发与发展的范围;（2）园区内农业经济活动具有明显的城市化和农业非传统化特色及倾向，园区的农业不是传统意义上的农业，而是一种或一些向第三产业延伸、渗透的农业;（3）园区内的农业经济活动行为主体不是传统意义上的农民，而是一些是“农”非

“农”、非“农”是“农”的完全新型的“农民”或完全新型的“市民”；（4）园区的空间形态是一种“亦城亦农”的非农社区，或者更确切地说，是一种介于城市和乡村之间的新型社区单位，即“都市村庄”；（4）园区或“都市村庄”的建筑设施独具特色，农业生产设施与生活设施有机融合，便于农业生产与居民生活、休闲的有效结合，以便为园区外的城区农业发展提供经验及技术支持，等等。

第7章　城市郊区农业：让市场供应更加丰富多彩

第7章 城市郊区农业：让市场供应更加丰富多彩

一、城市郊区农业发展特点与方向

（一）城郊农业特性

城市郊区农业，通称“城郊农业”，或“郊区农业”（Suburban Agriculture ,Suburb Farming），是在城市建成区的周围地带形成与发展起来的一种系统要素与结构深受城市特性影响的地域性农业形态类型，具有一般农业地区农业活动（即一般农业）的特点，但又不同于一般农业地区的农业。城郊农业因为在地理上和经济上与城市紧密地联系在一起，是整个城市及其经济的重要组成部分，因此，其形态结构与发展取向具有明显的特殊性。

1. 市场性

城郊农业以人口高度密集的城市建成区为近邻，以服务城市市民生活需求为已任，产品对外出售比重大，商品率程度高，受市场信息和市场需求变化动态影响深刻，因此，表现出浓厚的市场性色彩。

2. 过渡性

城郊农业地处城市和一般农区之间的中介地带，既受到城市及其经济发展和城市经济与文化生活方式的影响，也受到来自一般农村地区经济、社会文化传统、生活方式及习俗的制约，因此，其发展呈现出某种过渡性质的色彩及特点：一是随着城市建设区的向外延伸与扩展，城郊农业向一般农业区退却；二是经济活动方式由传统向现代，由农村向城市化方向推进。

3. 集约性与高效性

城郊农业的集约化水平和经济、社会效益等明显高于一般农业地区的农业。这既是郊区农业发展的一种结果，也是其发展的一种要求。

4. 变化的渐进性与突变性

在城市及其经济按照其原有轨迹发展变化的情况下，城郊农业一般也以渐变的方式长时期、经常性地向前发展、演进。当城市及其经济出现突发式的发展变化时，如大规模的建设扩张，城市建制调整时，城郊农业也将随之出现突变性的变化。

（二）城郊农业发展方向

城郊农业是城市周围以生产经营直接供应城市居民生活及食品加工业所需农产品为主的农业类型，因此，其发展原则上应注意以下方面的问题：

1. 以鲜活农产品为主

主要生产高价值、不耐贮藏、不便长距离运输的蔬菜、瓜果、畜、禽、蛋、奶、鱼、花卉等鲜活农产品。这一方面是因为此类农产品的生产布局具有明显的市场指向性特征，另一方面还因为城市郊区土地高度稀缺，需要大力发展价值大、效益高的一类农产品。

2. 小规模、多样化

即根据城市居民生活的实际需要，尽可能多、尽量全地生产各种花色品种的鲜活农产品，而不必过分强调和突出单一品种的规模化、专业化生产。

3. 科技化、集约化

强化农业发展的科技投入，大力发展科技含量高的高新技术农业、设施农业，提高农业生产的集约化经营水平。这既是城郊农业自身发展的必由之路，而且具有科技化、集约化发展的条件与可能，也是城郊农业引导并服务于一般农区农业发展的实际需要。城郊农业负有向一般农区农业传播、示范先进农业技术及生产方式的责任和义务。

4. 生产基地化

城郊农业地处城市建设区的周围地带，所用土地极易受到城市扩张的侵占，处于极不稳定的状态。中国近十几年来的建设占地每年都高达几十万公顷，2006年为25.85万公顷，基本上都集中在城市特别是大中城市郊区。因此，应高度重视城郊农业生产基地建设与稳定，确保城郊农业用地的相对稳定。

（三）城郊农业生产布局

城郊农业生产布局受到城市规模、职能、工业生产和居民生活、产品运输距离与消费方式等多方面的影响和制约。城郊农业生产布局及其结构选择，在相当程度上与距离城市中心地带的远近直接相关。德国经济学家屠能认为，在只有一个中心城市的情况下，不同地域距离中心城市远近所形成的农产品运输费用上的差异，决定了不同地域农产品收益的大小，纯收益是市场路距的函数。按照经济学原则，一个地方所生产的农产品应当是能够获取最高纯收益的那种农产品。同一种农产品生产，随着距离其市场路程的增大，运输费用增加，其纯收益必然下降，当达到一定距离后，即将让位于纯收益比它高的另一种农产品，即一种土地利用类型将被另一种类型所取代。据此，将形成以城市为中心由内向外呈向心圆状态分布的6个城市地区农业带，即：第一圈层为“自由城市农业带”，生产蔬菜和鲜奶；第二圈层为林业带；第三圈层是集约化谷物轮作带；第四圈层是休耕谷物谷草带；第五圈层是每年1/3的农田休闲和三圃带；第六圈层是畜牧带，再外侧为未耕的荒野。这就是所谓的“屠能环”城市农业区位理论。

屠能所设定的城郊农业带，当然未必适宜于现实生活中城郊农业生产布局土地利用类型及其方式的实际情况，但它所阐明的市场距离对于城郊农业土地利用类型的影响的理论，却是实在的、客观的，至今仍不乏其意义。据此，依据不同农产品运输、贮藏等特点及其经济、技术条件，城郊农业发展及其空间布局，原则上近郊应以蔬菜、花卉、鲜奶生产为主，中郊以畜禽蛋鱼等活产品生产为主，远郊则以粮油、草食畜产品（牛、羊等）生产为主，辅以水产、季节性蔬菜生产等等。

二、城郊农业发展的实现形式与经营模式

（一）园区化农业

园区化农业，即以农业产业园区为主体和核心实现区域性农业有效发展的一种农业发展类型，是城郊农业发展的方向和必由之路。

城郊农业园区化发展的必要性集中体现在以下几个方面：

1. 提高农业生产组织化程度的重要选择

农业园区化建设既能够使农民的科技意识、市场经营意识及能力和合作精神得到有效的培育，还有助于提高农民的自我组织、自我服务、自我管理、自我学习与教育的能力，同时引导和协助农民开辟市场，扩大经营规模，在降低农民小生产与商业大市场间的矛盾方面具有无可替代的重要作用。

2. 促进农业区域化经营与发展的重要手段

农业园区从利用和发挥当地农业的比较优势出发，以培育农业的“创新点”和新的增长点为目标，一方面积极引导农业生产要素向园区集聚，另一方面是积极发挥其在所在地区农业发展中的组织与带头作用，以园区为依托和支撑，有效优化所在地区的农业产业与组织结构，促进并实现区域农业发展的有效创新及其一体化进程。

3. 维系农业家庭经营制的重要保障

家庭经营制是中国农业生产制度安排无可回避的一种长期、有效的必然选择。农业园区化的建设与发展，农业产业园区的要素集聚及其引领与技术的辐射、示范作用，非但不会形成与农业家庭经营之间彼长此消的矛盾格局，相反，倒是能够较好地消解当前农业家庭经营所存在的规模狭小、投资能力不足、

生产技术落后、经营管理薄弱和市场竞争能力低下等种种问题，从而为农业家庭经营制的存在和发展创造更为坚实、有利的条件及基础。

4. 增强农业可持续发展能力的重要方面

农业园区化可以充分发挥土地、资金、科技、人才、信息等农业生产要素的集聚与规模效应，高效、集约地利用农业的各种资源特别是土地和人才资源，突破有限资源对城郊农业发展的制约作用，同时通过农业生产活动的集中和联片，提高其规模竞争能力，促进农业的可持续增长和发展。

园区化农业或农业的园区化，通过农业产业园区的建设与发展加以实现。农业产业园区包括以科技为主导的农业园区和高新技术农业示范园、科技农业园，以特色农业为标志的农业园区如生态农业产业园、有机农业生产基地，以农业对外延伸为标志的农业园区如观光农业园、度假农庄等众多的类型和形式。

（二）庭院农业

庭院农业是居民以其住房周围的小块土地和间隙地为依托，以精种、精养、精加工为特色的一种优质、丰产、高效的田园式农事活动形态。在国外，庭院农业也称“家庭园艺”（Home Gardening），一般系指城乡居民利用闲暇时间在其房前屋后零星土地上从事的园艺生产活动。家庭园艺的园地面积大小因家庭和地区条件等方面情况的不同而异，面积大的乡村市镇住户高达1英亩（合0.4公顷或6中国亩）以上，小的城市居民仅有1小畦地块或在凉台屋顶上堆土种植，甚至只用几个容器。国外的庭院农业或称“家庭园艺”，也有租地经营的，如“市民农园”就是庭院农业的一种表现形式。

一般的农村家庭住宅，多为独家独院式，即使是众多家庭高密度地居住在一起的，在共同居住的房屋周围也仍有一定数量归各家各户拥有的小块土地，因此，高效率地使用这些土地发展庭院经济，往往成为农民脱贫致富的有效途径或补充之一。山东枣庄市在调整农村产业结构过程中，将开发庭院农业作为农村经济发展的一项重要内容，全市38万农户（占其农户总量的56%）从事庭院种养业，仅此一项全市平均即人均年增收110多元，涌现出一大批“千元不出门，万元不出院”的农户，庭院农业成为农民增收的一个重要亮点。目前国内许多地区特别是城市郊区地带都已将庭院农业作为促进农村经济发展的一个新的重要增长点，它不只是可以解决农民自身消费的部分需求，而且有条件和能力生产可供出售的部分农产品，成为农民增收的途径及渠道之一。此外，庭院农业在美化、绿化居住环境，改善农村生产和农民生活的生态条件方面，同样具有十分重要的意义。

城市郊区的庭院农业开发与经营，应紧紧围绕观光农业、生态农业和体验农业有序、有效地展开与发展，使其成为发展中的观光农业、生态农业及体验农业的重要组成部分及补充。具体地说，就是通过庭院种养业的发展和庭院生态经济的建立及生态家园建设的试验与示范，在增加农民收入和改善农民生活环境、提高其生活福利水平与质量的同时，努力达到和实现以下重要目标：

（1）成为观光游客观览和体验农事活动的重要场所，激发和增强游客在农民家中吃、住，感受农家生活之乐和体会乡村生活韵味的浓厚兴趣与强烈愿望。

（2）为城乡庭院绿化、生态建筑及生态家园建设，以及城乡居民室内农业发展提供有效的范式。

（3）生产可供出售的相关产品，等等。

庭院农业模式的具体类型主要包括：

（1）集约种植型。因地制宜，多种经营，利用家庭院落、宅前屋后可资利用的空闲地种植优特新果树、精细蔬菜、名贵药材、时令花卉等。

（2）种养立体型。巧用空间，多层经营，在有限的庭院内集果树、蔬菜种植和畜禽饲养于一体，空间上合理搭配、时间上巧妙安排，构建一个结构完整、功能齐全、运转有序、高效率、高效益的农业生产综合体。

（3）生态循环型。巧用生物链，多次增值，利用生态经济学原理、系统工程方法等，建成以高新技术为支撑的庭院农业生产系统。

（三）市民农业

市民农业是以城市市民为其活动的行为主体，以休闲、体验性劳动为其主要内容的一种农业类型。市民农业的具体形式，一是城区居民利用其居室阳台和窗台等有效空间所从事的足不出户即能享受到耕作乐趣，既丰富业余文化生活、又美化居住环境的室内农作物（如蔬菜、瓜果等作物）栽培业，（即室内农业）；二是在城市郊区建立的由市民以租赁方式承租从事特定农事活动的市民农园。

市民农园，是城郊农业的重要形式之一。目前，世界上有不少发达国家的城市都高度重视市民家园的建设与发展，美国、日本、德国等就建有大量的市民农园，并受到所在城市居民的普遍青睐和欢迎，经常是供不应求。

在城市特别是大中城市的郊区建设和发展市民农园，具有无可置疑、不容低估的重要经济、社会意义。主要是：（1）丰富城市居民的业余文化生活，为市民认知自然、体验和享受农业劳动与田园风光乐趣提供机会、场所与服务；（2）增加、扩大社会就业选择空间，为部分失业人员提供新的就业机会；（3）开辟新的农业发展方法及途径；（4）增加城市优势农产品供应，让更多的市民吃上安全、放心的农产食品；（5）改进城郊农业发展活动的主体结构，使更多的人参与农业发展社会实践，提升社会对于农业重要性的认识。

市民农园的行业类型即生产方向，可以农作物（蔬菜、花卉、瓜果等）种植业市民农园为主，辅之于果业市民农园和畜禽饲养业市民农园。

单个市民农园的占地面积，原则上宜控制在2～30公顷（30～450亩）之间，入驻（即承租）人数最少不低于50（户）。

市民农园可采取以下方式及办法经营：

（1）园区土地划块出租，地块面积宜小不宜大，例如控制在

100或200平方米以内。

（2）土地租赁，同一承租人在同一农园承租的地块最多不超过预先确定的数量限定，如3～5块。

（3）生产方式：承租人可以自租自种，也可以雇工代种，由承租人自主决定。

（4）生产目的：承租人承租市民农园土地所生产的农产品，既可以用于满足自身的生活消费需要，也可以进入市场出售，或二者兼而有之。

（5）市民农园的投资，既可以由政府投资，也可以由民间投资，或者由政府和民间合作投资（视具体情况而定）。民间投资主体可以是个人，也可以是企业，可以独资，也可以合作投资。原则上以民间投资为主，政府给予适当的资助。

市民农园的建设与发展，应采取以下几项措施：

（1）政府通过制定专门的政策规定，给予扶持；

（2）建立市民农园管理组织，理顺相关关系；

（3）建立市民农园服务组织，为承租人提供相关服务，包括生产代工、生产资料供应，产品代销等等。

三、城郊农业发展范例：大连甘井子区农业发展纪实

（一）生产条件

大连甘井子区位于大连城区北侧，是大连市城区四区之一，也是大连市城区向外延伸、扩展的唯一一个区域。甘井子农业资源丰富，全区土地总面积451.52平方千米，海岸线总长152.6千米，滩涂养殖面积1200公顷，现有耕地面积1912公顷、果园5198公顷、有林地约15800公顷，森林覆盖率超过35%（2005）。全区47个行政村，现有乡村人口14.1万人，占全区总人口的25%（2005年末）。

甘井子农业发展条件的比较优势主要体现在以下几个方面：

（1）紧靠大连市区，区位优势明显；（2）大连是中国国内经济较为发达的大型城市之一，市民的收入水平较高，对高层次、高价值农业产品及服务消费的需求量大，购买力强，市场优势突出；

（3）城乡融合交错，城乡一体化发展格局已初步形成，农产品流通体系发育健全、完善，已形成30余处各类农产品批发和农贸市场的销售网络；（4）经济发展规模大，工业和基础科学技术对农业发展的带动及渗透能力强；（5）农业基础设施比较完备、齐全，农业素质较高，农业发展经验丰富，现有规模化、集约化发展已达相当水平。

（二）发展思路及其实现形态

甘井子区确定的农业发展总体思路是，以满足城市经济建设与居民生活对农产食品和服务农业的需求为目标，突出农业发展的精品化、多功能、高层级、生态型、集约型、规模型特色，建成生产与示范和经济、社会及生态三大功能及效益协调统一的现代农业经营系统。

甘井子区农业发展的主要形态包括：

1. 设施型农业

运用先进的农业工程技术及其装备和农艺技术，建设高水平、高标准的农业基础设施，发展优质、特色、安全、卫生、精品和营养、保健农产品及其加工品，突破农业发展的季节、时令限制，使农业生产成为四季皆宜的产业。

2. 观光休闲农业

农业及花卉生产过程及其景观与旅游观光、休闲娱乐、体验、民俗、购物等生活、文化活动有机结合，融成一体。

3. 生态农业

以强化“大连城市外环绿化”建设、改善区域环境质量为目标，建设和发展各种形式、个性化特色明显的生态型农业。

4. 有机农业

以工厂化无土栽培作为发展的重要方向，同时通过减少农用化学肥料、化学药剂施用量和大量使用有机肥料及生物防治技术等手段，对传统常规农业进行有效改造，为最终实现农产品的有机化生产创造必备的前提条件。

5. 其他特色型农业

主要包括生物农业、特种动物饲养业、水产养殖业、食用菌栽培业、良种培育与扩繁业，等等。

（三）发展方向及重点

1. 水产养殖业

按照现代都市型水产养殖业标准及要求进行建设和发展。重点领域为：观赏鱼类养殖业、休闲游钓业、高档次高价值水产品养殖业、种苗繁育业、水产品加工及信息服务业等。

2. 作物栽培业

以服务城市居民生活需求和农业增效、农民增收为目标，构建生产与观光休闲有机融合，精品型、集约型、生态型、多功能的农业生产体系。

蔬菜生产以设施农业为其主体形式，实现花色品种多样、优质、洁净、时令、新鲜、营养、无公害蔬菜的长年生产。

水果生产逐渐向观光休闲型农业过渡，重点发展保护无有害物残留的果品生产，延长上市周期，发展名特优稀水果新品种，实现四季有花、长年有果的目标预期。

花卉生产发展重点为：扩大规模、增加花色品种，提高产品品质，生产设施化、基地化、专业化，大力引进先进的花卉商业化生产与经营技术，开发和扩大花卉出口，形成鲜切花、盆栽花卉、盆景协调发展的花卉生产结构。

3. 畜禽饲养业

以提高畜禽饲养业的发展质量与经济效益为核心，扩大规模，调整结构，提高产品质量，建设花园式的畜禽饲养场。

4. 林业

以为新型城区建设营造绿色主体的生态环境为中心，以建设大连城市绿色外环、全面提高园林式村庄工作为重点，高标准、高档次构建具有国际现代化绿化水平的新城区。将全区森林覆盖率达到50%，实现镇镇村村园林化，沿海防护林带效益化，交通沿线两翼林荫化、厂区、学校花园化，形成绿化、美化、净化、香化为一体的城乡绿色生态屏障。

（四）组织模式与区域布局

甘井子区农业区域形式以农业示范园为核心，通过示范园的集聚、引领及组织作用，形成农业发展的区域化布局、专业化生产、产业化经营、企业化管理、社会化服务的基本格局。甘井子区农业示范园包括：

1. 营城子农业综合示范园

地处营城子镇东小磨、西小磨、营城子、沙岗子和后牧村地带，面积4千平方米，为营城子镇农业综合示范区的核心区，甘井子区内的最大农业生产基地。示范园建设的宗旨和目标为：建成集设施农业、有机农业、生态农业和农产品加工于一体，国内一流的现代农业、城郊农业发展样板，达到21世纪农业发展先进水平的农业综合示范园区。

2. 凌水旅游农业示范园

地处甘井子区凌水镇境内，建成融水果精品生产、水产养殖示范、林业生态保护和多功能娱乐休闲服务于一体，集观光、休闲、品尝、垂钓等体验型游乐活动于一身的旅游休闲农业园区，建设项目包括凌水（刘家）农庄、王家天伦山庄和“一湾五岛”渔业基地。

3. 辛寨子设施型农业示范园

地处甘井子区境内辛寨子镇大辛村至前革一线，为甘井子区第二大基本农田保护区域，现有蔬菜生产地100公顷，以发展设施、无公害蔬菜生产为主，兼顾观光休闲和体验农业的发展，为城区居民回归农业、亲近自然提供场所和服务。

4. 红旗花卉生产示范园

位于甘井子区张家村境内，按照家园、花园、乐园的发展定位，建成以盛大花卉精品园、花卉交易市场为核心的花卉生产基地和展示交易中心，据此带动周邻村组花卉产业的建设与发展。

5. 革镇堡观光休闲农业示范园

地处甘井子区鞍子山、夏家河子和中革村地带，面积2.2平方千米，北临渤海，南为鞍子山，境内自然、社会环境优越，已建有夏丽国际高尔夫球场、夏家河子海滨度假村和疗养院等专业旅游设施，建成以优质苹果、大樱桃和葡萄等精品水果生产与旅游休闲相结合的观光休闲农业园区。

6. 大连湾工厂化水产养殖示范区（园）

以大连湾和北大车行工厂化养鱼厂为核心，形成工厂水产养殖和观光、垂钓等休闲活动相结合的示范养殖与观光休闲水产业基地，强化大连湾在大连水产业中的地位和作用。

（五）发展措施

甘井子区城郊农业发展的主要措施包括：

1. 强化政策支持

一是建立强有力的组织领导机构，加强对郊区农业发展的组织领导与规划工作，对农业发展进行专门化的统一管理；二是制定促进郊区农业发展的产业扶持政策，对农业发展项目的土地使用、技术及人才引进、产权重组、信贷、资金投入等方面给予政策上的支持和鼓励；三是利用国家、地方已经出台的法律、法规和农业政策等，对农业发展加以保护。

2. 深化农业经营体制改革

一是创新农地使用及其产权流转制度，促进农地使用权的合理流转，从股权改造与创新入手，鼓励农用土地使用权的有偿转让、转包、租赁，推动和促进农地资源向农业经营大户和企业转移，为农业的规模化、集约化经营发展创造有利条件；二是建立组织、利益、风险和约束机制相统一的农业经营与发展机制，即以资产关系为纽带的农业产业化、一体化组织机制，以共同利益最大化及分配合理化为目的的利益分配机制，以及相关风险的回避、防范机制和规范各经济主体行为，提高产业整合能力的约束机制。

3. 加大资金的投入与管理

在资金投入上，一是坚持国家、集体、个人共同投入的原则，区、镇两级财政坚持以政策性补贴为主，村集体作为农业投入的主体；二是广泛吸收各方资金，实现投资主体多元化，通过入股租赁等形式，加大农业吸收外资和民间资金的力度，积极引导房地产企业投资农业。

在资金管理上，实行农业资金专款专用制度，镇、村两级建立农业发展资金账户，由主管农业的副镇长和村农业副经理负责审批。

在资金利用上，以农业基本建设投资为重点，优先安排农业精品项目，对发展生态、旅游和利用的外资农业项目，区政府给予重点扶持。

4. 关注市场体系建设

一是坚持把市场体系建设与农业生产的集约化和专业化有机结合，市场发育因势利导，不求数量要质量，追求城市农业的农产品市场占有率。二是对有社会公益事业作用的农副产品批发市场，区、镇两级在资金上给予一定的扶持 。三是市场建设打破区域界限，突出区域经济的合理化，按区域功能进行市场布局。四是发展一批服务功能强的产销服务公司。农业产销体系建设以村级农业公司为基础，广泛吸引社会经营组织从事农副产品生产的供应与销售。采取签订产销合作协议等办法，实现生产者与销售服务组织的紧密结合。

5. 严格农业资源的保护与管理

一是按照《农业法》等法律、法规要求，加大对基本农田的保护工作，严禁任何单位、个人非法占用保护区内耕地。二是提高农业规划的严肃性，积极鼓励各类生产要素，按规划的要求，向农业示范区（园）集聚，以最小的资源耗费获取最大的产出效益。

6. 促进农业科技进步与教育的发展

一是增强科技意识，增加对农业科技经费的投入，确保农业科技投入的费用水平达到农业总产值的4%。二是加强区、镇两级的科技推广网络建设，确保科技推广项目的更新速度每年占项目总规模10%，科技进步在农业经济增长中的贡献份额达到60%以上，形成以区农业技术机构为依托，以镇级科技推广机构为纽带，以试验示范基地为基础的科技运行体系。三是大力推进农科教一体化，提高农民的科技文化素质，重点抓好镇村两级农业技术培训工作，建立一支能掌握运用现代科技知识和管理模式的高素质的农业人才队伍和劳动队伍。

四、城郊农业发展推进方略

（一）加强市场对接

城市是农产品特别是鲜活农产品消费的主市场。根据国家统计局城镇和农村居民家庭抽样调查资料提供的城镇及农村居民家庭人均鲜菜、猪牛羊肉、鲜蛋、水产品年消费量数据和城乡人口数运算，2006年，全国城镇居民（城市市区和县城关镇区常住人口）合计消费的鲜菜总量同全国农村的鲜菜消费量相接近，而全国城镇居民家庭的猪牛羊肉、鲜蛋、水产品消费总量则分别高于全国农村居民家庭消费总量的9.6%、62.8%和103.5%。全国主要鲜活农产品生活消费需求的一半以上分布在城市。

城郊农业是在地理上距城市农产品消费市场距离最近的一个区域性农业类型，根据城市居民生活对农产品特别是鲜活农产品的消费需求组织农产品生产，是城郊农业的一大优势，也是其发展的内在需要，但是，城郊农业的生产活动如何实现同城市市场需求的有效对接，却是一个至今尚未得到圆满解决的问题。为此，城郊农业发展应当特别注意解决以下两个方面的问题：

一是加强市场供求信息的收集、整理和传递，建立城市农产品供求信息收集、发布系统，及时传递城市农产品市场的供求信息，引导农民依据市场需求组织农产品生产，尽可能避免生产的盲目性。

二是建立、发展农产品配送中心，通过农产品配送企业的纽带作用，把城郊农产品生产基地、养殖基地与市区各级销售市场、消费量集中的社区或单位联结在一起，形成通畅的农产品供销链条，使农民生产的农产品能够顺利、及时地到达消费者手中。

（二）结构配置高层次与多样性、规模化和个性化相协调

城市市区对郊区农业的需求是高层次的。这种高层次的需求，

不但表现在追求高品位的优质、营养、安全、洁净的物质农产品方面，同时也体现在精神、文化、发展等方面对高水平的服务性农业所提供的服务的需求方面，而且每一种需求都具有多花色、多品种的要求。

城市农产品需求市场的这一特点，要求郊区农业生产的结构配置，作为一个整体，一是必须坚持以高层次、高品位、高质量、高价值的农产品和（或）服务的生产为主体，从而同一般农区的农产品层级相区别；二是坚持农产品及服务性农业产出的多样性，只要市场有需求，生产条件具备，就可以组织生产，不追求单一性和盲目或过分专业化的区域农业结构配置。

这就意味着，从农业经营的各单个主体（企业或农户）来说，农业生产的可行选择，重要的不是从众，而是创先，从多样化的市场需求中作出选择，从事个性化和唯一性的农产品或服务的生产与经营。

由于农产品的个性化和唯一性，有些是与其特定的立地条件相关联的。比如浙江杭州的龙井茶、福建的大红袍茶、江西庐山的云雾茶等等，其品质都是由原产地的特定立地条件所决定的，离开了其原产地的特定立地条件，其品质必然截然不同。茶叶如此，其他许多名优土特产品也相类似，比如北京密云县的黄土坎鸭梨、石峨的玉皇李子、坟庄的核桃和燕山板栗等等，均与其原产地的特定水土条件、立地条件等密切相关，离开了它特定的水土 条件、立地条件，其品质、味道必然改变。因此，在城郊农业结构配置中，切不可不问条件地去盲目搞什么名优土特产品的大规模生产基地。离开特定条件、鱼龙混杂的规模化名特产品生产，将会使已经创立的个性化和唯一性产品声誉毁于一旦。

结论是：城郊农业的结构配置应该重视高层次与多样性、规模化和个性化等方面的平衡和协调，注意同一般农区农业结构配置的差异性及互补性。

（三）重视同农区农业的分工与协作

城市郊区农业和一般农区农业，作为一国农业系统中独立存在的两种不同类型的地域性农业形态，相互间的分工及其协作的必要性，是由于各自在农业生产中所拥有的条件及比较优势和劣势具有明显的互补性质所决定的。这些条件和比较优势或劣势，具体体现在距离中心市场的地理位置和农业自然资本、人力资本、金融资本、人工物品资本的拥有数量及其质量等方方面面。

城郊农业与一般农区农业的分工协作，一是水平方向的分工与协作，即按最终产品进行的分工协作，城郊农业与农区农业依据各自拥有的资源及比较优势，分工生产不同的产品；二是垂直方向的分工与协作，即按产业链进行的分工协作，城郊农业与农区农业分别负责同一最终产品生产过程中不同环节上的某种生产活动。城郊农业与农区农业两种类型的分工与协作同时存在、并行推进和发展。在水平方向的分工协作方面，城郊农业以从事市场指向性明显的鲜活农产品生产和休闲、体验、观光等服务性农业经营为主，而农区农业则以粮油、肉类等大宗农产品生产为主。在垂直方向的分工协作方面，城郊农业应以发展农业“上游产业”包括农业科技研发、技术引进与推广、技术服务与示范等和农业“后续产业”主要是农产品加工、销售等行业为主，据此，引领和带动农区农业的顺利发展。

（四）发展异地农业

异地农业，又称“非本地农业”、“飞地农业”，是一地区或其农业经营商利用自己的优势农业技术、资金、人才、市场等农业资源，通过合资、合作或独资等方式，利用外地区（包括国外）的农用土地（耕地、草地、林地、水域等）和农业劳动力从事农业开发与发展经营的一种农业实现形式。

异地农业，是当代农业特别是城市地区农业发展的一个重要方向。近十几年来，中国的异地农业蓬勃发展，规模和范围不断扩大。大型农业企业到外地建立属于自己的农业基地，已成为国内农业企业界的一种时尚和一些实力雄厚的大型农业集团的首选。

发展异地农业的实际经济效果，从企业角度看，以“中绿集团”为例。国内总部设在厦门、国外总部设于香港的“中绿集团”，从一个小公司开始起步，逐步发展成为集绿色农产品种植、保鲜、商业加工和工业深加工、销售及绿色食品研究与试验开发于一体的规模化经营和实行工厂化生产与管理的大型农业集团公司，异地农业的重要作用就功不可没。

中绿集团的主体企业为“中国绿色食品（控股）有限公司”，已于2004年1月在香港主板上市。到目前为止，中绿集团已分别在福建省内的泉州、漳浦、惠安和江西的奉新、河北万全、湖北长阳等地建立了自己的分（子）公司和20多个农产品自有及合作生产栽培基地，以及近20条农产品工业加工生产线，致力于粮油、蔬菜、水果种植和食用菌栽培、农产品流通及精深加工、农产品贸易与物流等产业化经营，生产粮油制品、罐头、水煮、鲜果、腌渍、速冻、饮料、保鲜瓜果蔬菜八大系列100多种农产品，同时为国内外市场提供不同地区、不同自然生态条件下生产的各种初级及工业加工农产品，已成功打造出了“中国全程绿色快速消费食品的第一品牌”，成为“中国最具标准的绿色农产品种植典范”，建有“中国最具规模的绿色食品生产加工平台”和“中国最为完善的全程绿色生鲜物流冷藏食品供应链”。中绿集团已陆续被认定为“全国食品工业优秀龙头食品企业”、“全国食品安全示范单位”、“国家星火计划龙头企业技术创新中心”、“农业产业化国家重点龙头企业”，等等。中绿集团的这些成就，事实上都是在异地农业基础上获取的。

从城市角度看，发展异地农业，至少具有以下方面的重要经济、社会意义及效应：

（1）扩大资源开发利用的规模及范围，将城市的“郊区”边界延伸至外地区，使城市实际“拥有”和“管辖”的经济活动地域无限扩大；

（2）增加农产品可控总量，为城市农产品消费、农产品加工、农产品对外及国内贸易等提供新的货源；

（3）拓宽城市服务性农业的服务范围，为城市服务性农业发展包括农用生产资料供应与销售、农业科技成果推广与服务、农业新品种推广与服务等等提供市场；

（4）为城市与异地农业所在地区开展多角度、全方位的地区经济合作创造有利条件，等等。

异地农业的产业形态包括：

（1）生产型。以生产进而获取某种或某类农产品如粮油、蔬菜、肉、蛋、奶、土特产品等为目标。

（2）农产品加工型。利用当地农产品为原料，以生产并获取某种或某类农产品加工品为目标。

（3）农产品销售型。以收购当地生产的农产品进行市场推广为目标。

〔附：城郊农业开发设计〕

九江郊区湖口新农村产业开发试验区建设方案

一、试验区实施地点和项目建设指导思想与发展目标

（一）试验区实施地点

本城郊新农村产业开发试验设想的实施地点为九江市湖口县舜德乡境内。

舜德乡地处九江市湖口县西南部的鄱阳湖畔，距县城双钟镇26公里，东为本县流芳乡，南与都昌县相接，西濒鄱阳湖，与星子县、九江市隔湖相望，北同本县城山乡相连。全乡现有国土面积108平方公里，其中陆地面积59平方公里（5900公顷），下辖11个行政村、170个自然村，总人口17000多人。截止到2005年底，全乡现有耕地面积1001.5公顷（15022亩）、沿海低洼田333.5公顷（5000余亩），山林总面积1965公顷（29500亩），可养殖水面403.5公顷（6052亩），农用土地总资源合计3703.5公顷（55552.5亩），占全乡陆地总面积的62.8%。

目前该乡域经济仍以传统的种植业和畜禽饲养业为主，2005年全乡人均纯收入2158元，仅相当于同年全国平均农村人口人均纯收入3255元的66.3%。外出务工是乡内农民收入的一个重要来源，全年长年外出务工人员高达4400人，占全乡总人口的25.9%。近年来，水产养殖业和农林牧业的多种经营及以服装业

为主体的乡村工业得到一定程度的发展。目前，全乡水产养殖总面积已达5600亩（373.3公顷），占全乡可养水域总面积的92.5%，其中珍珠养殖600余亩，鱼类养殖5000亩；饲养生猪1万多头、山羊1千余只，经济林、竹林2800多亩。茶叶、黄花菜等1200余亩。

舜德乡新农村建设过程中进行农村产业的综合开发与试验发展，建成新农村建设农业与农村产业综合开发示范基地，具有地理区位、自然资源、生态环境和经济、社会会各种等多方面的优势及有利条件：

1. 优越的地理区位

舜德乡位于江西北部城市九江市区东侧的湖口县境内，距湖口县城双钟镇乘车30分钟路程不到，通过九景高速公路由县城双钟镇至九江市区乘车20分钟即可抵达，再从九江乘汽车或火车或江轮或飞机南下南昌、广州、深圳、福州、厦门等国内大中城市及港澳台地区，西进武汉，北上北京、天津等北方重镇，东下南京、上海、杭州等东部城市，都十分便利。这种距城市居民集聚区“既近又偏，偏而不远，又偏又近”的地理区位，加上九江城市作为中国文化古城、重要商埠和避暑游览胜地以及历史上全国四大米市和三大茶市之一所享有的盛誉，对发展观光旅游、休闲体验农业、生态农业、绿化农业等新兴农业形态和有效构建以新兴农业为轴心的新型农村产业综合体，条件十分有利。

2. 丰富多样的自然资源

舜德乡山多水阔，动植物资源丰富多样，境内树种380多种，其中可推广栽培的就有40、50多种，中草药资源80多科210余种，经济水生动物100多种，其中具有规模化养殖意义及条件的也多达20余种，再加上良好的气温条件，年平均气温17.5℃，常年无霜期约260天，稳定在10℃以上的持续天数230～245天，0℃以下的低温日多年平均不到25天，其中低于零下5℃低温的平均2天左右，光照充足、热量丰富，降水丰沛，极有利于发展水产养殖业、山地农业和特色种植业及特色畜禽饲养业等新兴农业。

3. 一流的生态环境

舜德乡山水秀宜，山地植被长势良好，植被覆盖率高，空气清新，农用水源水质优良，相当安全，发展无公害农业生产的相关环境条件包括空气、水质及土壤环境条件优越，保证程度高，可能的大气污染、水源污染和土壤污染可控条件良好，是城市边缘地带发展无公害食用农产品生产不可多得的地方。

4. 良好的经济、社会条件

一是舜德乡经济与产业发展目前仍处于落后状态，而且不是一般的落后，而是远远的落后。落后，是经济与产业发展的一种劣势，因为落后，底子薄，积累少，再发展所需资金缺乏，难以筹措；因为落后，规模不经济、集聚不经济现象突出，资源配置难度大，先生产还是先生活往往陷于"两难"境地，而且经济活动结果也总是"嫌贫爱富"，形成所谓的"马太效应"，因此经济、产业发展及其经营的难度大。但是，落后，有时也是一种优势，一笔财富，甚至是一地区的最大优势及财富。落后，即意味着潜力。因为落后，所以要发展，"穷则思变"，经济、产业发展动因充足、有力；因为落后，报酬递减规律作用小，投入同样多的资源往往可以得到更多、更大量的产出，投入产出效益高；因为落后，企业的活动空间、发展空间大，资源相对丰富，进入障碍小，"一张白纸可以画出最好的图画"；因为落后，自然生态环境好，经济投入的产出效益大，对区外资金的吸引力大，容易实现后来居上、后发制人的发展理念及目标。所以落后，有时又有利于经济与产业的开发与发展，并不全是一种劣势。

二是舜德乡民风纯朴，农民整体的综合素质较好，发展生产的积极性高，生产经营与技能培训的可塑性强，脱贫致富的愿望强烈，社会安定，实施新农村建设农村产业综合开发试验与示范发展的群众基础良好。

三是舜德乡从乡到村各级党、政领导及其他干部素质良好，具有较强的工作能力，实施新农村建设的产业综合开发试验与示范发展的决心大、信心足，有能力和信心动员全乡方方面面的力量关心、支持和参与新农村建设的产业综合开发与示范发展的各种活动，形成全社会积极参与并发挥其作用的生动局面。

5. 建设实施单位易于组建

舜德乡政府下属的两个尚存建制集体所有制企业——舜德乡第一林场和舜德乡第二林场，通过适当的资产重组、整合改造后，可以承担舜德乡新农村建设农村产业综合开发试验与示范发展组织者和建设者的历史重任，从而解决试验区建设的“政企分立”问题。

舜德乡第一林场始建于1975年，由原高桥人民公社租用原高桥大队周围农民的1080亩（72公顷）荒山，按照“借山造林，队出劳力，一、三、六分成”的协议建设而成，后于1988年再建500亩人工杉木林，1989年新造湿地松200亩，合计造林1780亩（合118.7公顷）。截止到2006年初，林场尚有未砍伐杉树林370亩、松树林200亩、茶园20亩，砍伐迹地1400亩，现有职工4人，负责对林场所拥有的林地资源及林木进行管理。

舜德乡第二林场始建于1976年，由当时的高桥人民公社按照与第一林场相同的办法租用原屏峰大队周围农民的荒山建设而成。先是于1976年建造温柑林1000亩，后因效果欠佳于1980年改造成为杉木林，1978年再造油茶杉木混交林800亩，1989年又新造杉木林500亩，累计造林占地2300亩（153.3公顷）。至2006年初，全林场现存未砍伐杉树林500亩、混交林800亩，杉树林砍伐迹地1000亩，职工4人，担负全林场林地资源及其林木的日常管理。

尽管目前两集体林场的经济与经营状况已陷于困难境地，林场职工已从建场之初的143人（其中一林场62人，二林场81人）减少到现在的8人（各4人），所需经费完全依靠砍伐有限的林木来勉强维持，但两林场的建制仍在，可用资源仍在，两林场合计的林地资源4290亩，其中砍伐迹地2400亩，有林地1,870亩、茶园20亩。可以资产重组、增资扩股的办法引入新的投入商，对两林场实施公司化重组改造，创建舜德农村产业发展有限公司，承担全乡农村产业综合开发试验与示范发展的建设经营业务。

（二）试验区建设指导思想

湖口新农村建设产业开发试验与示范发展坚持以科学发展观统领试验区建设全局，以《中共中央关于制定国民经济和社会发展第十一个五年规划的建议》和《中共中央、国务院关于推进社会主义新农村建设的若干意见》以及《中华人民共和国经济和社会发展第十一个五年规划纲要》中关于“建设社会主义新农村”的任务规定及其政策安排为指导，按照夯实新农村建设与发展的经济与产业基础的基本要求，切实推进以市场为导向，以经济、社会和生态效益为中心，以当地资源的充分、高效利用为基点，以村、乡经济的可持续发展和实现农民增收为目标的农村产业开发与发展，经过3～5年的努力，将舜德乡建成社会主义新农村建设产业开发试验与示范发展的重要基地，为中国村、乡域经济及产业的有效发展积累和提供可资借鉴的有益经验及方法模式。

1. 以新农村建设的奋斗目标及行动纲领为依据

全面贯彻执行、落实《中共中央关于制定国民经济和社会发展第十一个五年规划的建议》、《中共中央 国务院关于推进社会主义新农村建设的若干意见》和《国民经济和社会发展第十一个五年规划纲要》等重要文件中关于“建设社会主义新农村”有关生产发展的各项任务规定及其政策安排，具体包括：（1）发展现代农业，提高农业综合生产能力，挖掘农业增收潜力；（2）推进农业结构调整，优化农业产业和农业产品结构，积极发展特色农业、绿色食品和生态农业，加快发展畜牧及水产养殖业；（3）大力提高农业科技创新和转化能力，深入实施农业科技入户工程；（4）发展农业产业化经营，推广龙头企业、合作组织与农户有机结合的组织形式，让农民从产业化经营中得到更多的实惠；（5）加快发展循环农业，组织实施节地、节水、节肥、节药、节种技术工程和生物质工程，培育生物质产业和节约型农业；（6）注重发展就业容量大的非农劳动密集型产业和服务业，增加非农产业收入；（7）加强农业服务体系和农村流通体系建设，完善鲜活农产品“绿色通道网络”，发展连锁化的“农家店”，规范农产品流通和农业生产资料供应市场秩序；（8）培养新型农民，大规模开展农村劳动力技能培训，提高农民的整体素质，等等。

2. 以市场为导向

一是产业发展和所生产的产品符合消费者的消费需要，有可靠的市场需求和产品销售通路及渠道，按市场需求组织和发展生产；二是产业及其产品生产的开发与经营组织方式的选择与确立按市场原则及方法进行，行政与经营、政府与企业相分离。

3. 以经济、社会和生态效益为中心

试验区的产业开发与经营能够确保其经济价值、社会价值和生态环境价值的最大发挥和充分体现，一是节约，投入同样多的资源足以生产出更多、更大量的产品或服务；二是有助于解决农村充分就业和农民增收问题；三是有助于生态环境质量的改善和不断提高，至少是不会造成新的生态环境破坏与失衡。

4. 以资源的合理开发和充分利用为基点

试验区产业发展方向及其结构模式的选择与确立，符合当地资源包括自然资源、人力资源、技术资源和货币资源等各种资源条件的具体潜力及优势，有效拓宽产业发展的活动范围及领域，又密切注意产业发展的多样化和专业化的有机结合与平衡，所建立起来的产业部门及其结构体系应该有助于其资源储备的增加扩大和永续使用及其质量的改进、提高，能够形成和促进当地经济、社会及自然生态系统的良性循环，进而在这种良性循环中找到和确定维系当地经济与产业高效、快速、可持续发展的支撑点。

5. 以经济和产业的可持续增长、农民增收为目标

经济和产业的可持续增长，一是增长的速度得以维系和趋于加快；二是增长的质量包括其开发性、效益性、自组织性、独特性、对市场的适应性和各产业之间及产业活动与自然运动之间的和谐性等等不断提高。

农民增收，一是体现为同样多的劳动付出能够得到更多、更大的收入回报；二是就业及工作的相对稳定；三是收入渠道的增多和扩大；四是生活福利的增加和提高，等等。

（三）试验区发展定位

湖口新农村建设产业开发试验与示范发展，力争经过3～5年的努力，建成国内乡域经济与产业综合开发、新兴农业发展、高价值优质农产品生产和经济与产业模式创新的典范。

1. 新农村建设农业升级和新兴农业开发试验区

农业是一个最为古老的产业，同时又是一个不断创新和发展的产业。农业从最简单的刀耕火种发展到今天早已成为一个包括众多行业部门和表现形态各异的复杂产业结构体系。农业的发展远未终止，也不可能终止，仍将继续时变时新，不断激励和要求人们对它实施创新和发展。湖口新农村建设产业开发试验和示范发展，将根据当地的实际情况努力促进处于萌芽状态、已经出现和（或）尚未出现的相关新兴农业形态的发展壮大，使舜德乡成为农业产业升级和新兴农业开发的典范试验区。

2. 农民创新与创业的推进区

当代社会是一个创新和创业的社会。创新和创业是实现充分就业和有效利用一切可利用资源，强力推动和促进经济与产业快速增长和发展的重要保证。因此，受到国内外社会的普遍重视。中国也已经或正在进入一个创新创业的新时代。新农村建设，农业和农村产业的开发与发展，同样需要进行不懈的、大规模的创新和创业。农村的创新、创业，与城市有所不同，要求要有农民的积极参加和广泛参与。湖口新农村建设产业开发试验和示范发展，将努力促进和有效引导广大农民进行经济与产业发展的创新和创业，帮助和指导农民投资创建同农村具体情况和农民经营能力相结合的各种形态、形式的农业及农村企业组织，使舜德乡成为推进农民创新与创业的示范区。

3. 农村产业开发建设与经营管理的模式创新区

湖口新农村建设产业开发试验与示范发展，在政府的支持下，按照市场化、企业化原则与方式进行运作。先以舜德乡政府下属的舜德乡第一林场和舜德乡第二林场合二为一，通过资产重组、扩股引资改造成公司制企业为前提，由该公司负责全乡产业开发与发展的规划制订、项目管理、招商引资、组团开发、产品营销等方面的职能工作，探索灵活多样的农村产业开发建设与经营管理的全新模式，使舜德乡成为新农村建设产业开发建设与经营管理的模式创新区。

4. 农村科技创新和农业高新技术推广的播扩区

大力提高农业和农村的科技创新及其转化能力，是社会主义新农村建设进程中农业与农村产业开发和发展的重要课题及任务之一。湖口新农村建设产业开发试验与示范发展，在建成一批具有游览性、参与性、展示性和教育性的科技产业项目（主要是农业项目）的同时，将积极探索不断完善农业和农村科技推广、深入实施农业科技入户工程和提高农业及农村科技推广社会化服务水平与质量的具体办法及途径，使舜德乡成为农业和农村科技推广与科技产业发展的传播示范区。

5. 农村产业开发配套服务完善、功能齐全的新型农业社区

农业和农村产业的开发与发展，需要有相应的配套服务设施及办法。湖口新农村建设的产业开发试验与示范发展，将在试验区辖属区域内建设农业和农村生产资料采购供应中心、农产品销售中心、农民培训中心、农民创业园、高级人才公寓和农村休闲娱乐中心等功能齐全的配套服务设施，建成功能配套最全、环境最优、服务最好的新型农村社区。

（四）试验区创新目标及内容

湖口新农村建设产业开发试验和示范发展，以创新为己任，创新既是试验区产业开发与经营发展的重要手段，也是其重要的目标与归宿点之一。

试验区进行产业发展、经营组织、经营方式、市场营销等方面的创新。

1. 农业与农村经济的产业创新

以市场为导向，以资源为依托，以效益为中心，不断开发、积极发展具有全新意义的新兴产业。

2. 农业经营组织制度创新

适应新农村建设及其经济与产业发展的要求和特点，实施农村经济与产业宏观管理和微观经营体制及其运行机制的有效变革，在保留和延续现有农业经营制度基本框架的前提下，探讨并建立以农户家庭及农民为主体的农业公司化经营制度形态。

3. 农业生产形态及内涵创新

推进并实现农产品生产全过程的无害化、天然化、原生态化，所有食用农产品全部达到国家规定的AA级或（和）A级绿色食品标准，建立全方位、全过程使用无公害、无污染农用投入品的生态农业生产体系。

4. 农业产业化经营方式创新

推进农业产业化经营的加速发展，主要农产品生产纳入产业化经营范畴，以产业化经营的龙头企业为纽带，进行农业生产行业、部门间的经营整合与综合、复合，从而形成新的农业产业化经营方式形态结构。

5. 农业结构方法思路创新

改变农业活动的定义内涵，构建以农产品生产活动为轴心承前联后的新兴农业概念体系，将与农产品生产直接相关的产前、产后及其有关的旁侧经营活动纳入农业经营的统一范畴，用全新的概念规范、策划和管理农业的经营与发展。

6. 农产品市场营销方式及通路创新

建立“分散生产、统一营销”，生产者与消费者合作互助、城乡互动的农产品营销体系及其运行机制。

（五）试验区建设规划组成与工作流程

湖口新农村产业开发试验与示范发展的规划内容包括产业组织与企业建设、产业开发目标设定、产业配置、开发项目规划和产业开发与发展保障体系建设五个方面。

1. 产业组织与企业建设

通过对现有企业的重组改造和投资新建、从外地引入等办法及途径，创建适宜不同层面、领域和行业产业开发与发展要求的产业经营公司及企业组织。

一是设立舜德农村产业开发发展有限公司，作为规划、设计和组织管理全乡新产业开发及其相关活动协调和提供公共性服务的经营组织。

二是按行业、分领域依据发展的实际需要因时、因事、因行业（领域）制宜地组建相应的行业基地或村域性公司或其他形式的企业组织。

三是推动和促进以农户或农民为主体的各类公司或企业的建立与发展，使农业生产经营方式由目前的以农户为主体转变成为以公司或企业为主体。

2. 产业开发目标预期

包括资源利用目标、充分就业与农民创业目标、农业增效、农民增收目标、可持续发展目标和对外拓展目标，等等。

3. 产业配置

根据舜德境内的资源禀赋和产业开发目标设定、发展约束条件及其因素，精心选择和确定产业开发与发展的行业方向、内容及其结构体系。

4. 开发项目设计

根据精心选择和确定的产业发展方向、内容，设计便于操作、实施的具体项目，包括产业基地、产业园、企业项目等等，以支持和落实拟开发产业的开发与经营。

5. 产业开发与发展保障体系建设

包括发展政策、管理体制、发展模式的安排与确立和相关配套服务设施及其组织的建设与发展，等等。

湖口新农村产业开发试验与示范发展的规划内容及其工作程序如下图1～1所示。

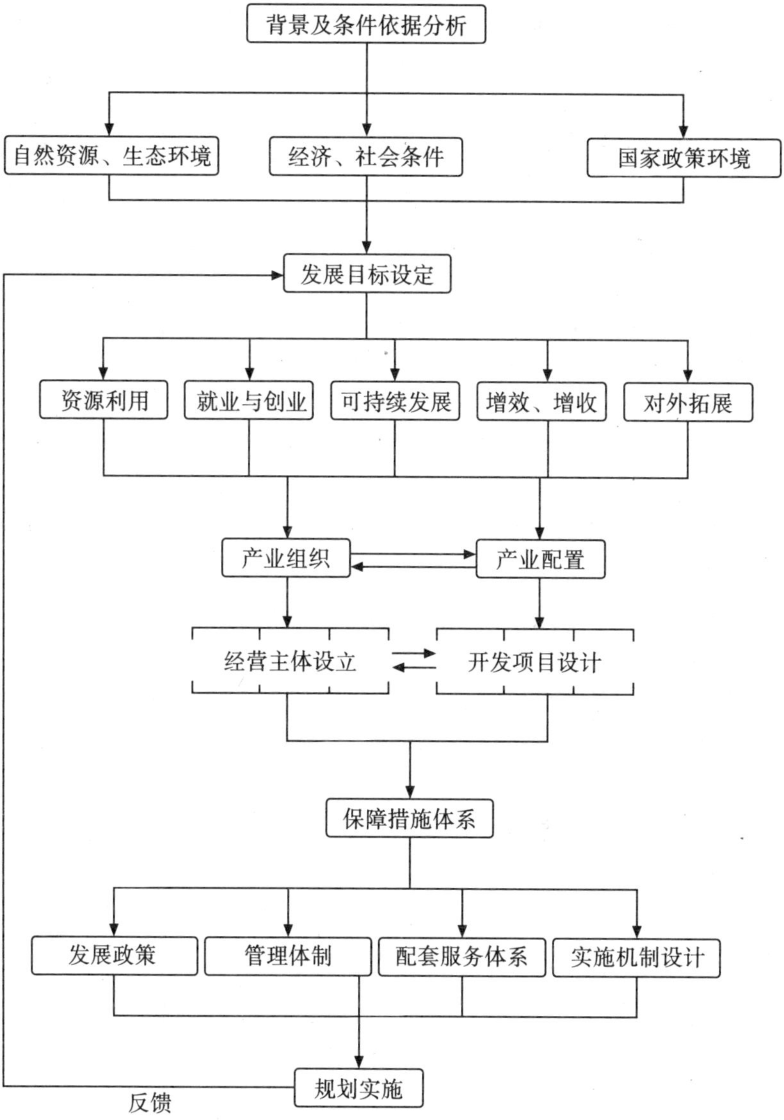

图1-1　湖口新农村产业开发试验区建设规划组成及其工作流程

（六）试验区发展目标设定及其预期

1. 资源利用目标

促进并实现试验区境内资源包括耕地、山地、水域、庭院土地资源、生态环境资源和人力资源等原生资源和以土地初级产品为主体的产品资源的充分、有效利用。具体由以下主要指标来加以规定和反映：

（1）耕地产值率。区内耕地的单位面积产值收入率不断提高，并明显高出周边乡、县耕地产值率平均水平的1倍以上。

（2）山地利用率。一是山地面积的人工开发比率，二是山地经济产出潜力利用率。要求加快境内荒山荒坡、砍伐迹地的人工造林和疏林、灌木林以及未成林造林地的改造速度，同时加强对有林地林木的管理、抚育，有林地（包括经济林、茶园等）占山地总面积比率及其人工抚育、管理的比率5年后达到100%。与此同时，全部林用土地的年均干物质净产量达到20吨/公顷（合1.33吨/亩）以上，林用土地的单位面积产值率不低于同期耕地产值率的60%，力争实现与耕地产值率等值的经济产出水平。

（3）水域利用率。可养殖水面的经济产出水平快速、稳定提高，养殖品种结构、养殖设施的现代化水平明显改善。按可养水域面积计算的产品销售收入单产水平高于周邻乡、县先进水平的20%以上，高价值优质水产品比重超过30%。

（4）庭院经济产出商品率。区内农民房前屋后的零星土地、间隙地等得到充分、有效的利用，庭院经济、庭院农业成为境内村、乡经济与产业发展的一大特色和观光农业的一大景观。

（5）初级产品增值率。以土地等自然资源为依托（或基础）生产的初级产品能够通过整理加工、包装和精深加工，从而实现其价值的有效增加。5年后，区内土地初级产品的总附加值超过30%，经过精深加工和初加工、包装的初级产品占全部初级产品的比重达到70%以上。

2. 充分就业和农民创业目标

促进并确保村、乡劳动力充分就业的有效实现。农民以谋生为出发点和目标的外出打工现象从根本上得到扭转。作为解决就业和谋生问题唯一手段的外出打工的农民占农村劳动力总人数的比重低于5%。农村劳动力在农村就业的充分保障率超过95%。创业农民（农户）即建有自己的企业或某种生产基地（场或厂）的农民（农户）占农民（农户）总量的比重5年后超过40%。

3. 农业增效、农民增收目标

不断增强和提升农业生产经营的盈利能力及其效益水平，试验区境内按人口计算的人均纯收入明显快于国内经济发达地区城镇居民人均可支配收入的增长速度。10年后，城内农民的人均纯收入数量与全国城镇居民人均可支配收入基本持平。

4. 可持续发展目标

通过以天然资源、生命系统和生态系统构成的自然资本，以劳动力和智力、文化和组织形式表现的人力资本，以货币手段、投资构成的金融资本，以及以基础设施、机器、工具、工场（厂）在内的人工货品资本的数量增加及其质量的不断提高来加以体现。其中最为重要的是自然资源储量的增加及其结构、质量的改善和自然生态环境及人力资源质量的提高幅度每年不低于10%。

5. 对外拓展目标

充分发挥作为产业开发示范试验区的示范与带头作用，有效拉动或（和）推动周邻乡、县及其他相关地区的产业开发及其经济的增长与发展。具体可通过试验区异地农业和试验区对其他地区实施的订单农业的辐射区域、发展规模、速度及其质量来加以体现和反映。

前述“异地农业”，系指由试验区企业利用其技术、资金、人才和智力等优势，在外地区通过购买或租赁或借用或合资、合作方式得到所需土地后进行的一种农业生产经营活动。而这里所说的“订单农业”则是指试验区企业利用其产品销售优势，与外地区的农业生产单位（农民、企业）签订购销合同，包销外地区农业生产单位所生产的符合合同要求质量的农产品。

湖口新农村产业开发试验与示范发展目标体系如下图1～2所示。

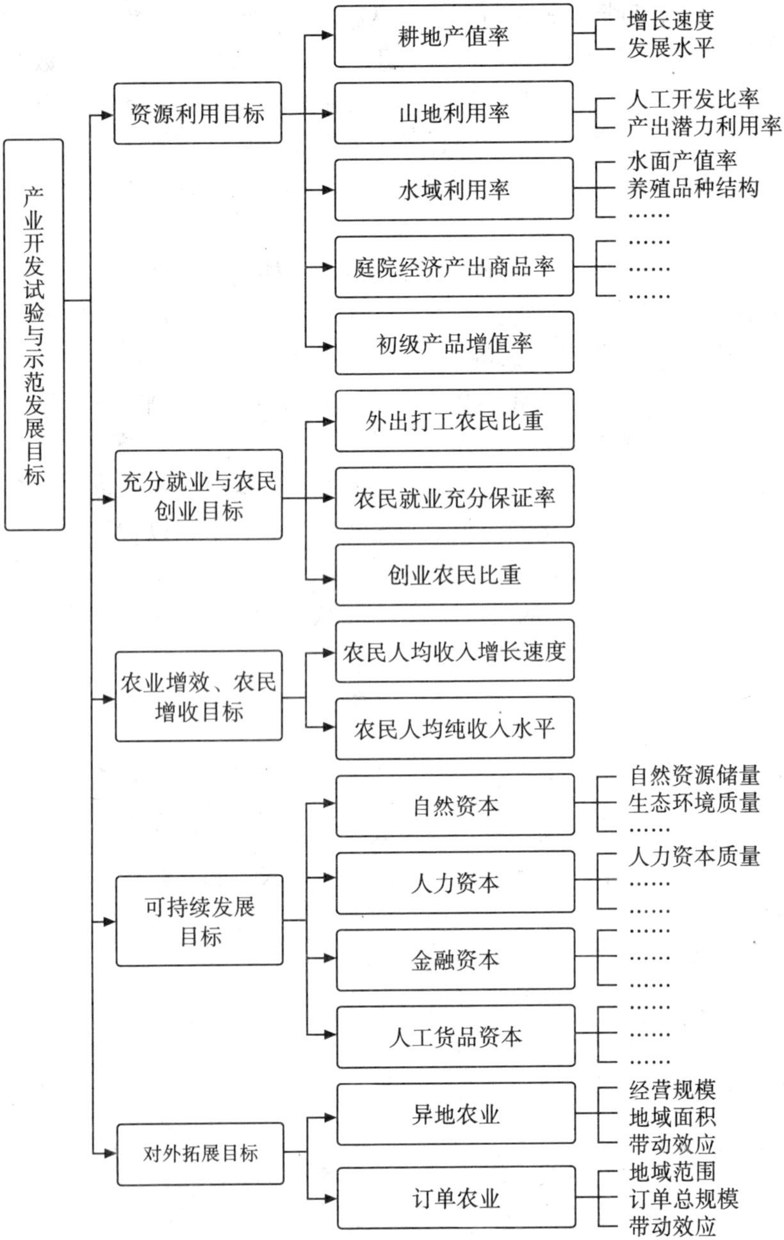

图1-2　湖口新农村产业开发试验与示范发展目标体系

二、试验区产业开发方向及其结构配置

（一）产业开发及其结构配置原则与模式

湖口新农村建设产业开发试验区的产业开发及其结构配置，按照以下基本原则及规则进行：

（1）以市场为导向，以资源为依托，先市场，后资源

首先考虑市场需求及其未来发展的趋势、动向和产品营销的难易程度、通路的可操作性、实践过程的可观、可控性，在此基础上全面权衡、评估生产所需资源的可利用、可满足程度。资源的利用与否，由市场对该资源产品的需求状态加以决定。

（2）以农业为轴心，上、下游及傍侧产业联动发展

突出产业链长、上下游关联部门多、关联度高、傍侧效应大、生产难度小、附加值大、市场前景看好，投入产出效益显著的农业产业部门的优先与快速发展，并以此为轴心，相关配置和开发其上、下游及傍侧生产项目或行业，确保产业链上各环节产业的协调发展，促使产业发展关联效应的扩大和提高。

（3）以观光农业为基点，以新兴农业为重心

拟开发和发展的农业项目，原则上应属于新兴农业的范畴，同时充分考虑到作为旅游观光项目的可能性或要求的满足与适应程度。

湖口新农村建设产业开发试验区产业配置内容如下图2~1所示。

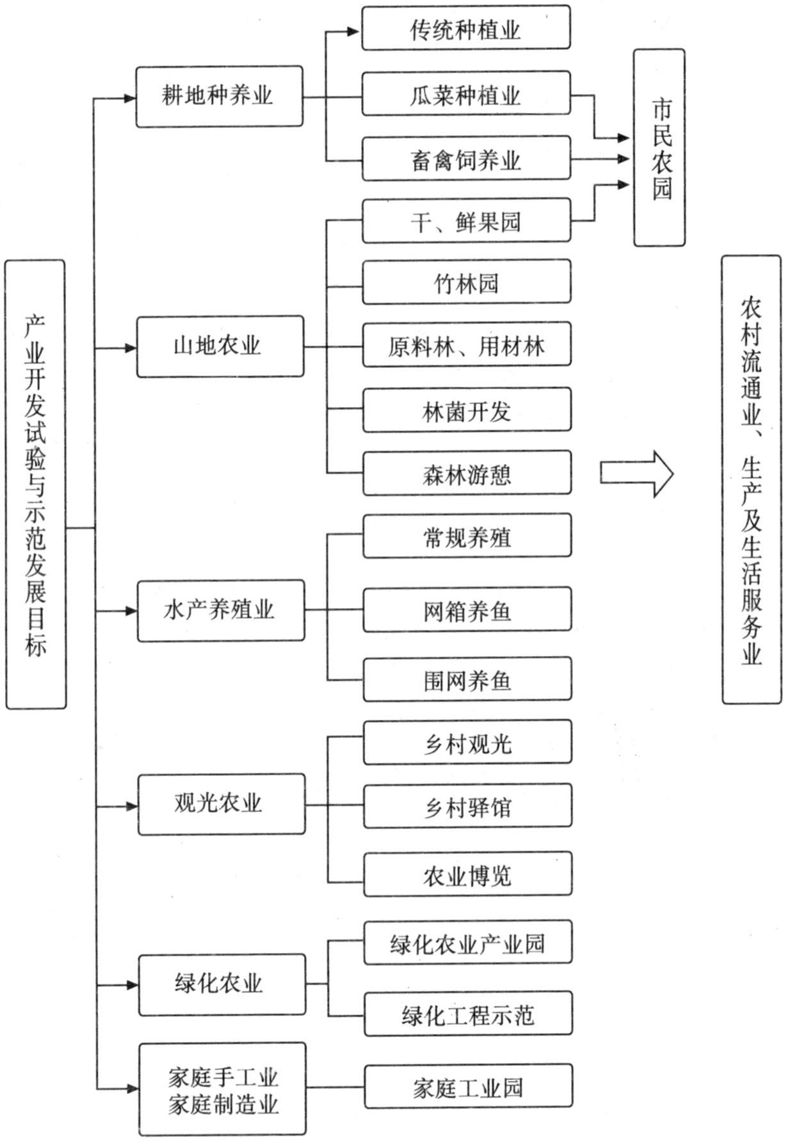

图2-1　湖口新农村产业开发试验区产业配置示意图

（二）特色耕地种养业

1. 发展模式

耕地种养业，包括耕地种植业（即农作物栽培业）和以耕地初级产品和（或）其废弃物为饲料的畜禽饲养业。

试验区特色耕地种养业以生产、供应城市居民日常生活所必需的瓜果蔬菜、肉禽蛋类食品的市场需求为导向，以经济、社会效益为中心，以扩大农村就业、增加农民收入、改善城市供应为出发点和目的，以建设国内知名、特色独具的无公害优质瓜果蔬菜、肉禽蛋类产品生产基地和推进体验农业纵深发展为主要内容，按照宏观产品种类多样化、规模化，微观生产专业化、小型化，经营集合化、一体化的基本规则及思路，形成种养业紧密结合、互为条件、互进互动的高效生态农业体系。

这一高效生态农业体系的基本特点是：

（1）根据目标市场需求的可控销量和当地资源的产能条件，种植适量面积的瓜果蔬菜和饲养适量的家畜家禽；

（2）生产无公害、高品质、高价值的食用农产品；

（3）构建并有效形成瓜菜种植与畜禽饲养互利共生、相居而安、协调发展的营养关系和有机物质生产与能量转化的循环关系；

（4）禁止或（和）限制使用各种有害的农业投入品，主要是农用化学药品和农用化学合成肥料；

（5）生产主要以农户为单位进行，经营与管理由行业/项目主管公司负责；

（6）目标市场的消费群体以城市高收入家庭、幼儿园食堂、高档饭店、机关团体食堂和退离休人员等为主；

（7）区域流向实行当地与外地城市相结合，以北京、天津、沈阳、大连等北方大型城市为主；

（8）产品包装以精包装为主，数量规格依据目标消费者的要求及其结构确定。

2. 生产运作流程

试验区特色耕地种养业按订单生产型方式组织生产和供货，其生产运作流程如下图2～2、图2～3所示。

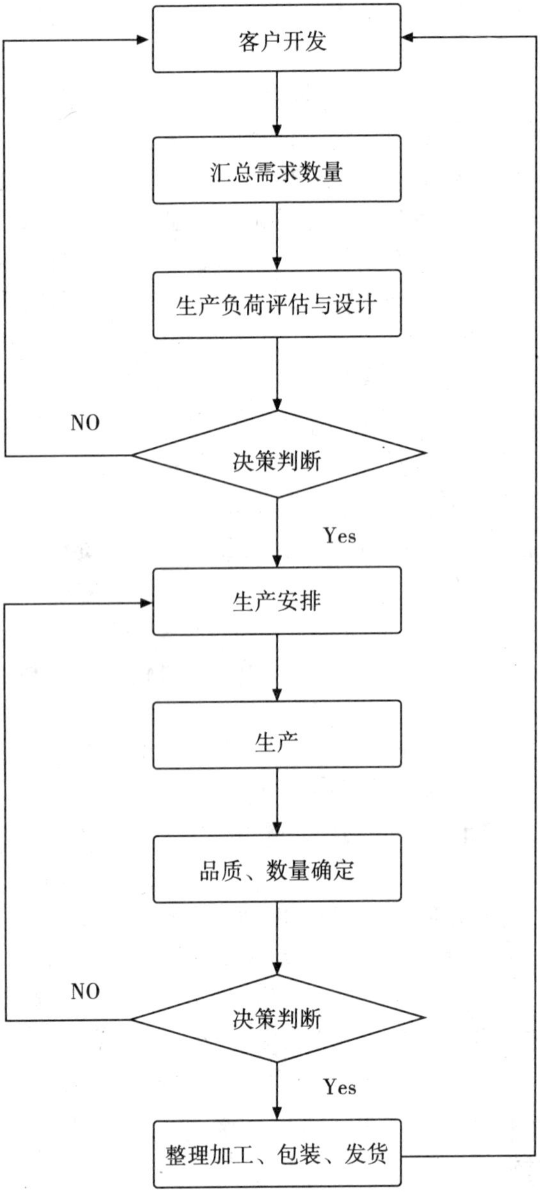

图2-2　种养业生产运作流程（一）

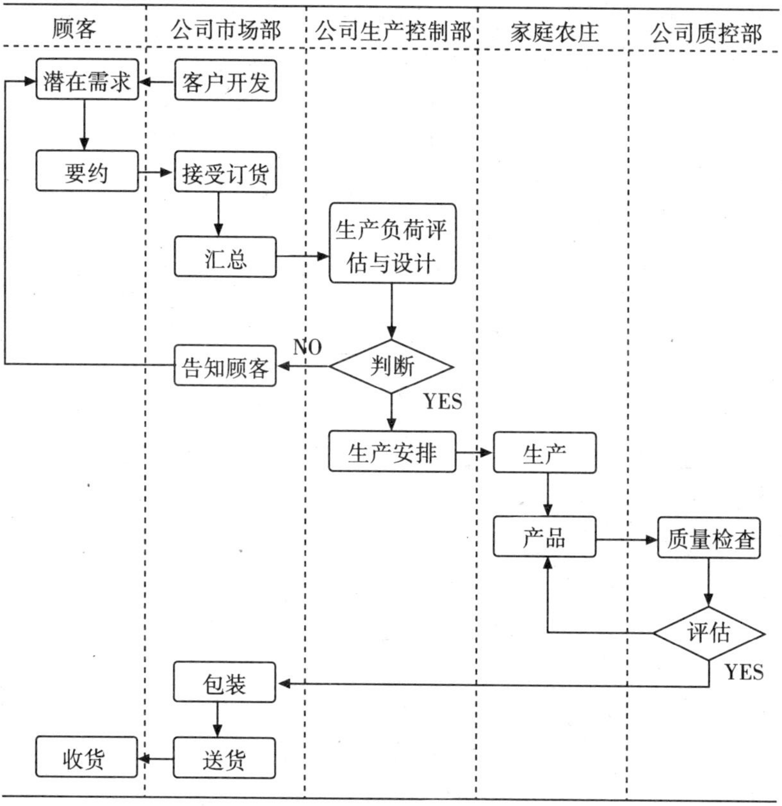

图2-3　种养业生产运作流程（二）

3. 发展目标

城市居民平均每人按每天消费瓜果蔬菜（不包括水果）0.75千克，每年消费猪牛羊肉30千克、家禽（鸡、鸭、鹅）6标准只（每标准只折活鸡1.5千克）计算。农民家庭生产单位所产瓜菜、肉禽蛋平均每户以满足城市居民50人的消费需求为目标，平均每户农民需年产瓜菜13.5吨、猪牛羊肉1500千克、家禽300标准只。依据目前九江地区农业种养技术及产出水平，平均每户农民需种植瓜菜4～5亩（平均亩产2700～3500千克，复种指数按200%计算，需占用耕地2～2.5亩），年出栏猪20头（平均每头产肉75千克）,出栏家禽300标准只。瓜菜、肉、禽年平均售价按瓜菜1.5元

/千克、猪牛羊肉12元/千克、家禽10元/千克计算，生产者与经销商之间的价格分配二、八开，即生产者占8成，经销商2成，由此，农户的年产品销售收入可达3.42万元人民币。

如果试验区特色种养业服务的城市目标消费者人员数由起始年的0.5万人5年后逐步增加到4万人，则全乡特色耕地种养业的年总销售收入将由起始年的427.5万元人民币增加到5年后的3420万元，其中农户总收入由342万元增加到2736万元。如下表2～1所示。

表2-1　　耕地种养业目标生产与收入预计表

项目		单位	第1年	第2年	第3年	第4年	第5年
目标顾客人数		人	5000	10000	20000	30000	40000
农户生产单位		户	100	200	400	600	800
瓜菜种植	面积	亩	450	900	1800	2700	3600
	总产量	吨	1350	2700	5400	8100	10800
肉、禽产量	猪牛羊肉	吨	150	300	600	900	1200
	出栏禽	万标准只	3.0	6.0	12.0	18.0	24.0
销售总收入		万元	427.5	855.0	1710.0	2565.0	3420
农户总收入		万元	342.0	684.0	1368.0	2052.0	2736

4. 生产结构模式

示范区耕地种养业生产结构模式如下图2～4所示。

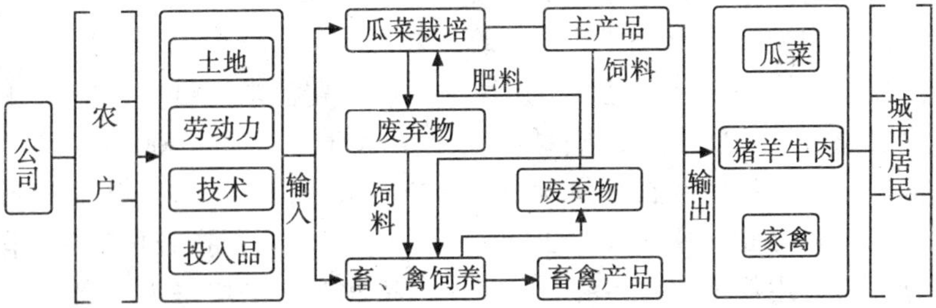

图2-4 耕地种养业生产结构

5. 无公害生产控制

试验区特色种养业实行无公害生产。试验区特色种养业所生产的瓜菜、畜禽类产品，第一步达到A级食用农产品标准，即在清洁的空气、水质和无污染的土壤环境条件下，科学、合理地使用限量使用的限定化学合成生产资料。在此基础上，再进一步达到AA级食用农产品标准。

农业无公害生产的关键点及其技术是：

（1）改善和强化农村生态环境质量，提高林草覆盖率，防治水土流失和各种污染物对目标区域的侵害与污染。

（2）建立相对封闭的动植物营养体系，形成循环再生的农业生产体系，强调和突出以提高第一性生产力作为活化整个农业生态系统的前提，培育充满生命活力的土壤，通过物质循环、能量多层次结合利用和系列化深加工实现经济增值，实现废弃物资源化利用，提高资源利用的效率与效益。

（3）重视发挥农业生态系统的整体功能，通过生态规划和生态技术的有效运用，实现扬长避短和系统优化，将系统内的土壤、植物、动物和人类有机地联结起来构成一个整体，保护农业自然资源。

（4）采用土地与生态环境可以承受的方法进行耕作和动物饲养，按照自然规律从事农业生产活动，根据自然产能安排作物种植面积与动物饲养。

（5）在作物生产中限量使用或不使用化学肥料、化学植保药剂和其他化学药剂，尽可能多地使用有机肥和利用生物源农药及物理的和生物的方法防治病虫害。

（6）在畜禽饲养生产中禁止使用人工激素和其他增产剂，等等。

农作物无公害栽培的基本原理与方法结构如下图2～5所示。

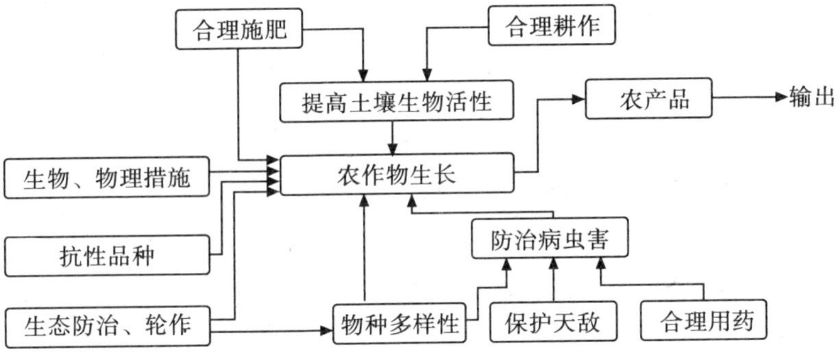

图2-5　农作物无公害种植原理与方法

6. 产品营销

试验区种养业产品销售渠道及其结构。如图2～6所示。

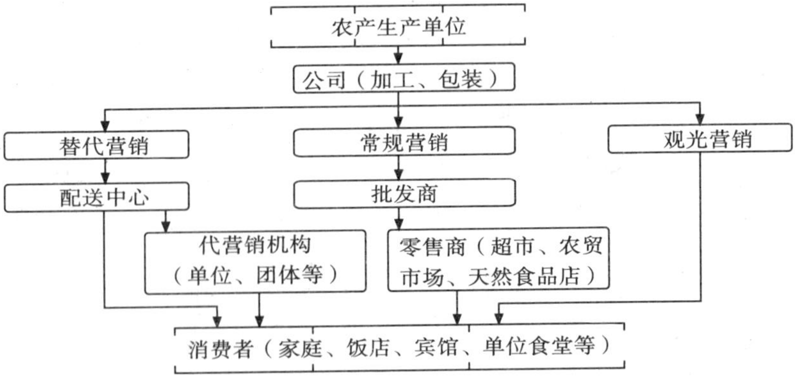

图2-6 试验区特色种养业产品销售渠道及其结构

图2～6中的替代营销，是指产品不通过产品常规营销体系的销售渠道及办法进行销售，而是利用生产者与消费者之间的合作，通过直销、集体购买（消费合作社）、家庭配送、小规模零售等形式将产品转移到客户手中。

替代营销的方式多种多样，但其基本特点和规则如下：

（1）产品生产者和消费者建立一种友好、创造性的关系，而非单纯、简单的买卖伙伴关系；

（2）生产者和消费者在达成共识的基础上制定计划，再根据计划进行生产；

（3）生产者确保所承诺的产品及其质量，按承诺实施生产，为消费者提供符合安全、卫生及其他质量标准的优质产品；

（4）消费者接受生产者提供的所有产品；

（5）生产者和消费者在互惠互利基础上制定价格；

（6）保持经常性的信息沟通与交流；

（7）生产者对其产品生产过程进行详细的记录，并定期对消费者公开；

（8）由生产者配送或消费者亲自到产地领取产品。

替代营销方式的优点是：

（1）产品生产者参与价格决定，从而保护生产者的利益，也能保证产品的质量；

（2）减少产品销售的中间环节；

（3）生产者与消费者能够直接见面，建立亲密、友好的信任关系。

（三）山地农业

1. 舜德发展山地农业的比较优势

舜德乡具有山多、水面阔的突出特点。全乡现有林用山地总面积1965公顷（29500亩），占全乡国土总面积的18.2%、陆地面积的33.3%。其中林地825公顷、竹林47公顷、经济林140公顷，分别占林用山地面积的41.98%、2.39%、7.12%；疏林、灌木林及未成林造林地345公顷、无林地789公顷，分别占林用山地面积的17.56%、40.15%。

舜德乡以丰富的林用山地资源为基础发展山地农业具有以下的比较优势：

（1）山低、坡缓，林木及其他山地作物种植立地条件良好；

（2）土层深厚，一般都在1米以上，土壤肥沃，山地自然土壤有机质含量达32%以上，已有植被长势良好，适宜人工造林和发展山地种植业及养殖业；

（3）山地植物资源丰富多样，现存树种380余种，不少的当地优良树种具有大规模开发、大面积种植的经济价值；

（4）日照充足，热量丰富，水热条件配合良好，适宜各种常绿树种和其他山地植物的生长发育、高产丰产；

（5）山地开发利用的可塑性、可控性强，不但适宜种植不同的林木、竹类植物，而且林地立体开发的条件优越，潜力可观；

（6）近邻中心城市，山水相依，自然环境优美，原生态景观典雅，交通便利，适宜山地农业的对外延伸与拓展，如森林游憩的发展，等等。

2. 山地农业开发方向

在对现有有林地包括用材林、竹林，经济林进行有效的低改、强化抚育与管理基础上，有计划地突出以下重点项目/行业的开发和发展：

【无公害干、鲜果园】从当地现有柑桔类、核果类和仁果类水果及坚果类干果中筛选和（或）从外地区引进与当地自然气候、土壤土质、水热条件相适应的丰产、早熟、高效、优质品种，按照“分散栽种、统一经营”，“公司+农户”方式加以发展。建成3～5个集中连片、各具特色、面积在10公顷（150亩）以上的山地无公害干、鲜果生产基地（园区、村域等），全部实行无公害种植与生产，以生产干、鲜果品和提供观光景观、游憩场所为目的。所生产的干、鲜品以干、鲜果或罐头、蜜饯等制成品供应市场，产品以供应大城市高消费市场及出口外销为主。

【竹林园】以生产鲜笋、原料笋和用材竹为目的，以分散种植为主，按照“公司+农户”方式运营。建成后，全乡竹林总面积达到100公顷左右，以生产原料笋为目标的竹园，单位面积鲜笋产量达到500千克/亩；以生产用材竹为目标的竹园，单位面积年产竹材30标准根（以中等大小的毛竹为标准），鲜竹笋100千克以上。

【工业原料林、用材林】以生产生物质能、天然纤维、塑料类产品原料、结构材料产品原料和建筑、木制品加工与制造用特种用材为目标。林地建成后，原料林年干物质生产量平均达到20吨/公顷（1.33吨/亩），用材林10年龄木材产量平均达到150立方米/公顷（10立方米/亩）左右，年平均木材产量达到15立方米/公顷（1立方米/亩）。

【林地立体项目】利用已成林林地和新造未成林林地开发、建设以林地间作套种形式为其特征的林药、林菌、林间畜禽饲养业等种养生产项目和以森林为手段的森林游憩、观光体验经营项目等。以林菌项目和森林游憩项目为主体，建成4～5处集中连片，具有一定产出规模的林下种植食用菇菌生产区（或村域）、2～3处森林游憩、观光休闲或疗养观光山地农业园区。林地立体开发总面积占有林地（包括竹林、经济林、用材林、工业原料林等）总面积比重达到25%左右。

山地农业的组成结构如下图2～7所示。

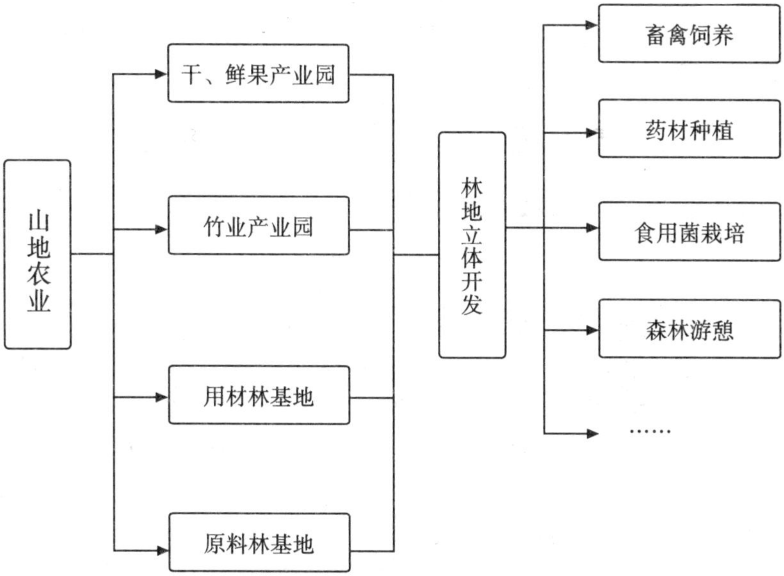

图2-7 湖口新农村产业开发试验山地农业生产/项目结构

3. 山地农业开发原则及步骤

山地农业开发按照以下原则、方法及步骤进行：

（1）组织模式。以“公司+农户”方式为主，在项目/行业公司的组织、安排下，具体的产品生产活动主要以农户为单位负责进行，产品由公司统一经营。

（2）发展方法与步骤。立足现有产业、产品资源，在做好已有产业、产品的生产改造、市场开发之后，着眼未来、规划未来；

发展规模由小到大；生产布局由点及面，逐步拓展。

（3）产业选择。物质产品生产与观光服务并举，所有开发项目原则上都要考虑旅游观光、体验休闲的需要及要求，尽可能地与观光农业发展相配合。

（4）投资模式。农户投资与项目/行业公司投资相结合。生产投资以农户为主，园区公共项目投资包括市场开发投资、技术引进投资、产品加工、包装投资等等以项目/行业公司投资为主。政府对农户生产投入和项目/行业公司的公共项目投资依照国家政策给予适当的资助或补贴。项目/行业公司的选择与确立，通过招商引资的办法及途径予以解决，也可以由农户合资组建或由当地公司改建而成。

（四）水产养殖业

1. 发展水产养殖业的意义及潜力

舜德乡拥有发展水产养殖的丰富资源及良好的自然生态环境条件。全乡可养殖的池塘、水库、堰港和湖泊总面积达403.5公顷。2004年，全国淡水已养殖水面的水产品产量平均每公顷为4.05吨（平均每亩270千克）。舜德乡可养殖水面的单位面积产量只要达到2004年的全国平均水平，全乡的水产养殖总产量即可达1634吨，水产品产地批发价格平均按6.5元/千克斤计算，年产值可达1062万元人民币，仅此一项全乡人均收入即可达625元。

目前舜德水产养殖仍处于落后状态，现有产量水平与资源潜力极不相称。比较突出的问题是：

（1）经营粗放，资金及技术投入不足，基本处于半天然状态，单产水平低；

（2）水产养殖的基础设施建设严重滞后，水产养殖先进国家及地区早已进入工厂化养殖阶段，而舜德的水产养殖仍停留在传统的养殖方式之上；

（3）养殖品种仍局限于传统的“四大”家鱼，新、优品种的推广采用乏力，所产水产品的价值小、收益低；

（4）缺乏应有的技术保障体系。

2. 水产养殖业开发原则与发展定位

以效益为中心、以资源为依托、以市场为导向，有效构建个性化特色鲜明、突出的乡域水产养殖业体系。这一体系的个性化特色主要体现为以下几个方面：

（1）因地点、因市场、因资源制宜，适应市场需要，资源利用充分。精心选择与当地水产养殖业自然资源与环境条件、社会市场条件相适应的养殖方式及发展结构，既充分利用和发挥当地各种资源的潜力及优势，又密切关注社会市场需求的动向变化，在资源与市场的有效对接中确立水产养殖快速、高效可持续增长与发展的支撑点。

（2）鱼类养殖宏观品种多样化、规模化、微观生产专业化、小型化，通过专业化、小型化的多种经营、集群养殖，降低风险，实现整个乡域及各生产农户的最大效益。

（3）突出名优、珍稀、高价值鱼类品种的养殖与发展，在传统品种与新兴品种的有机结合、互动发展中，逐步降低传统“四大”家鱼的养殖比重，迅速提升和扩大名贵、珍稀、高价值鱼类如鲟鱼、鳜鱼、虹鳟鱼、鳊鱼等品种养殖，建成国内知名的淡水名优、珍贵、高价值鱼类养殖基地。

（4）经营组合生产微型化、营销集合化。养殖、生产一家一户为一个生产单位，整个乡域有机结合构成一个统一的对外实体，所产产品统一对外销售。

（5）目标市场选择以外地、以高档饭店和城市高收入高消费家庭为主，与耕地特色种植业产品一起集中销往北京、天津、石家庄、沈阳、大连等北方地区各大中城市。

3. 养殖品种选择

舜德乡境内的水产动物资源丰富多样。现已查明的鱼类有鳙鱼、鲢鱼、青鱼、草鱼、鲤鱼、鳊鱼、鲫鱼、乌鱼、鳜鱼、鲶鱼、翘嘴红鱼、蒙古红白鱼、密鲴鱼、三角鲂、团头鲂、餐条、徨鱼、鲥鱼、中华鲟、银鱼、鲚鱼、黄鱼、鳑鱼、比目鱼、梭头鱼、翘嘴黄鱼等28种；贝类包括三角帆蚌、褶纹冠蚌、河蚌、田螺、蚬贝、蛤蜊、钉螺7种；虾类有青虾、长臂虾、米虾3种；蟹类有中华绒螯蟹、田蟹2种；其他有龟、鳖、泥鳅、白鳝、黄鳝等5种，共计45种以上。丰富多样的水产动物资源，可供人工养殖的部分除草鱼、青鱼、鳙鱼、鲢鱼、鲤鱼、鲫鱼等品种外，还有大量已经开发人工养殖但远未成规模和有待开发人工养殖、市场前景看好、潜力巨大或较大的重要品种，如鲟鱼、鳊鱼、鳜鱼、团头鲂、白鳝、中华绒螯蟹、餐条等当地产品种，以及国内从国外引进适合当地养殖发展的罗非鱼、虹鳟鱼、南美白对虾、鳄龟等品种。

【南美白对虾】

南美白对虾原产于南美洲太平洋沿岸至墨西哥湾中部，为中南美洲对虾养殖的主要品种。中国从1988年引进养殖，并于1994年人工育苗和批量养殖获得成功。

南美白对虾具有生长快、抗病能力强，离水存活时间长，肉味鲜美，加工出口率高，适于采用各种养殖模式进行集约化养殖等突出特点及优点，虾苗淡化后可在内陆池塘或工厂化网箱内养殖，已在中国沿海及内陆地区获得良好的养殖效益，是一种颇具推广价值的水产养殖品种。

南美白对虾能在水温9～40℃的水域中存活，生长水温为17～36℃。淡化后的虾苗能在一般的淡水池塘中很好地生长发育。人工饲养的饵料易于解决，可因地制宜地采用自配饲料或使用其他虾类人工颗粒饲料喂养。

【鲟鱼】

鲟鱼是世界上的一种传统高档鱼，全部分布在北半球。鲟鱼的人工养殖已有100多年的历史，到目前为止适合人工养殖的鲟鱼主要有史氏鲟、俄罗斯鲟等人工孵化和养殖良好的鲟鱼种类。前述两种鲟鱼的最适生长水温，史氏鲟为18～22℃，俄罗斯鲟为18～25℃，水温低于14℃和高于25℃时，生长趋于缓慢。

人工养殖鲟鱼，具有以下方面的优点：

（1）生长快，饲养周期短。目前饲养的主要鲟鱼品种，当年鱼苗，在18～22℃水温条件下，经过6个月的饲养，即能平均达到0.5千克/尾以上，池塘养殖2年，尾重可达1.5～2.0千克，网箱养殖2年，尾重可达2～3千克。

（2）对环境的适应性强，适于多种方式养殖。既可在室内水泥池中进行工厂化养殖，也可在池塘中养殖和在大水面、水库中以网箱、网围、网栏方式进行放养或养殖。

（3）饵料容易解决，经驯化后可饲喂人工配合饵料。

（4）抗病力强。一般不易受伤、患病，易于养成成鱼。

（5）经济价值高。鲟鱼属于低脂肪、高蛋白鱼类，富有大量的不饱和脂肪酸，味道鲜美，为消费者所喜爱。鲟鱼卵加工而成的鱼子酱，一直是国际市场上的畅销紧俏商品。

【罗非鱼】

罗非鱼原产于非洲，分布在非洲的湖泊、河流、水库等水域之中，后被移植到世界各地。罗非鱼于1955年从越南进入中国广东，之后推广到全国各省、市、自治区。

罗非鱼的养殖特点是：

（1）食性杂、饲料易于解决，并且利用率高。可食用米糠、麦麸、食用藻类、草类、配合饲料，等等。

（2）养殖方式多样。池塘、网箱、流水、稻田均可养殖，既可单养，也可与其他鱼类混养。

（3）养殖技术简单，养殖过程易于管理，病害较少，是池塘养鱼的高产品种之一。

（4）产量高。池塘单养或（和）主养罗非鱼，平均亩产量一般都在500千克以上，高的可达1500千克，甚至更多，与其他鱼类混养，平均亩产一般为100～200千克。

【虹鳟鱼】

虹鳟鱼原产地为北美洲太平洋沿岸的溪流中，终年生活在低温流水中，1874年开始移植驯化，目前已成为世界性广泛养殖的淡水鱼种。

虹鳟鱼肉味鲜嫩，营养丰富，在国际上，一向被列为高档商品鱼。虹鳟鱼不但适合池塘高密度流水精养，也适合网箱、工厂化养殖、单产量可达1000千克/亩以上。

【鳜鱼】

鳜鱼又称桂鱼、石桂鱼、鳌花鱼、季花鱼等。生长于长江、珠江、钱塘江、黄河、海河等各大水系。鳜鱼肉质丰厚结实、细嫩少刺，味道醇鲜美，极具营养价值，并具有补气健脾、养血行瘀、补疲劳等药效功能，是人们喜爱的淡水名贵鱼类补益食疗品，经济价值高。

鳜鱼的养殖饲养方法和模式多种多样，在池塘、湖泊中可以单养，也可以混养，生长速度较快，池塘混养，年初每亩放养100～200克/尾的20～50尾鳜鱼，年末即可长成500克/尾左右。

【鳊鱼】

鳊鱼为淡水中型草食性鱼类，幼鱼阶段主要摄食浮游动物、藻类、水生昆虫及少量有机碎屑，成鱼以食水性维管束植物为主，也食陆生嫩草。

鳊鱼肉味鲜美、细嫩，是重要的淡水养殖鱼类之一。

【团头鲂】

又称武昌鱼，属中型鱼类，适合在池塘、水库、湖泊中养殖，最大个体1.0～1.5千克/尾。种苗来源方便，对饵料要求不严，在自然条件下，体长3～3.5厘米的幼鱼以食浮游生物为主，包括轮虫、枝角类和其他小型甲壳动物，成鱼阶段改食水草和底栖藻类为主。人工饲养条件下，也食商品饵料。

团头鲂抗病力强，饲养成活率高，是网箱养鱼的重要鱼类之一。

团头鲂其他习性与鳊鱼近似，肉嫩肥美，是淡水鱼类中的上品。

【鳄龟】

鳄龟原产于北美洲和中美洲，中国于1997年引进养殖，目前，华东、华南地区已有部分养殖户的饲养获得成功，为进一步的推广发展奠定了良好的基础及经验积累。

鳄龟是龟类中含肉量最高的龟种，具有出肉率高、肉味鲜美细嫩、营养价值高、抗病能力强，生长速度快、经济价值大等突出特点，并且集食用、观赏、药用价值于一身，是颇具前景的新兴特种水产养殖品种之一。

鳄龟对温度变化的适应能力强，不怕寒冷，不惧火热，能在

3～45℃的水温中存活，养殖中的适宜生长温度为20～33℃，在28～31℃中生长最快。

鳄龟人工饲养对饲养场地的要求不高，庭院内水体、池塘、温室、网箱均可养殖，主养、混养方式均可，而且养殖投资少、风险低、市场好、效益高。

鳄龟食性较杂，人工饲养时的饲料易于解决，小杂鱼虾、贝类、蚯蚓、蚕蛹、昆虫及动物内脏等废弃物、黄豆饼、植物茎叶、菜叶等等，均可用作鳄龟养殖的饲料来源。

【鲮鱼、赤眼鳟鱼、鳙鱼、鲌鱼及其他】

鲮鱼生活在水的下层，以靠近塘底的细小植物或是泥沙中的其他动植物性的腐屑残渣为主要食物。与其他鱼类混养时，不需要特别照顾，所以养殖成本低。

赤眼鳟鱼生活在水的中上层，主要食用水草和其他植物，有时也吃小型的水生动物，属草食鱼类之一。

鳙鱼以浮游生物和其他水生小动物为主要食料，能吃掉浮在水面上的浮膜等，可以起到清洁池塘的作用，因此，常把它同其他鱼类混养在一起。

鲌鱼的种类很多，常见的有红鳍（翘嘴白鱼）和蒙古鲌（“红梢”）等，主要吃小鱼、小虾和较大的浮游动物及其他水生昆虫等。

鲌鱼肉细嫩肥美，是上等的淡水鱼品种。

除上述介绍的一些主要水产养殖品种外，还有其他一些颇具价值和前景的水产养殖品种，如蟹类、贝类、鳝鱼等等。

4. 水产养殖开发与经营方式

试验区设立水产养殖开发项目/行业公司，负责水产养殖技术研究与试验发展，新技术、新品种引进与推广，水产养殖的经营与管理，等等。

水产养殖的经营模式包括：（1）项目/行业公司自建生产基地养殖；（2）“公司+农户”，公司统一经营与管理，农户分散养殖。

养殖方式包括：（1）网箱养鱼；（2）围栏养鱼；（3）池塘湖泊、水库放养；（4）庭院养殖，等等。

水产养殖开发与经营的模式与方式如下图2～8所示。

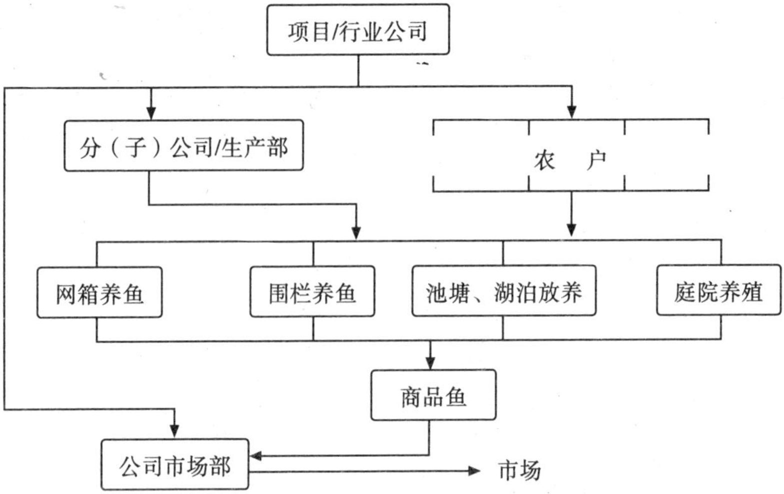

图2-8　湖口新农村产业开发试验水产养殖业模式及方式

5. 网箱养鱼

网箱养鱼最早始于柬埔寨，自19世纪50年代初开始至今，已有150多年的历史。当时的柬埔寨渔民在湄公河一带以捕鱼为生，常将活鱼暂养在曳拖于船尾的竹木箱内，然后将活鱼运到金边一带高价出售。后来，这种养殖方法从20世纪20、30年代由印度和爪哇传播到东南亚各国。只是由于当时合成纤维类产品尚未问题，所以网箱养鱼技术在该地区也就未能迅速开展起来。

1930年前后，日本福冈县渔民因鲫鱼夏天售价低，常用网箱暂养到秋天后再高价出售。20世纪50年代后，日本由于其工业的迅速发展，水域环境污染趋于严重，与此同时，合成纤维大量问世，由此，作为亚洲偏好于食用鱼类产品的日本率先发展起了网箱养鱼，商品化的定型网箱在市场上可以很方便地购买到。日本淡水网箱养鱼的主要品种是鲤鱼，海水网箱养殖鲥鱼，产量一般为每平方米20～30千克。南北美国家也在第二次世界大战后开始从事网箱养鱼。美国网箱养鱼的主要鱼种为虹鳟鱼、斑点叉尾 和 科鱼类等，产量一般为每平方米30～50千克，高的可达100千克以上。前苏联及东欧国家从20世纪50年代起也开始发展网箱养鱼，但养鱼技术普遍落后，产量较低，一般每平方米只有10～20千克。

中国网箱养鱼若从网箱暂养鱼苗、种鱼算起，可谓历史悠远，基本与“出江”采苗同龄。唐宋时期中国淡水养鱼开始由鲤鱼转为青、草、鲢、鳙四大家鱼。当时的鱼苗采集必须先将天然鱼苗从一张捕鱼的网尾部的小网箱中（毛仔箱）取出，然后集中到江边的网箱中暂养，待积累到一定数量后再集中外运出售。

中国现代给食式网箱养鱼最先由上海市水产研究所引自日本诹访湖的网箱技术。之后这种网箱养鱼方式迅速发展，遍及全国，尤以北京的网箱养鲤鱼、上海淀山湖的网箱养草鱼、鲂鱼、罗非鱼等规模最大，成绩最优。北京市密云水库的网箱养鲤鱼，单位面积产量已达每平方米100千克，上海水产研究所的网箱养罗非鱼试验，每平方米也已达94千克高产水平。

中国网箱养鱼的养殖方式上分为：

（1）滤食性网箱养鱼。这种网养方式的突出特点是不投饵料，主要利用水域中的天然饵料（浮游动植物），通过水流不断交换水体补给饵料。这一养殖方式始于1974年，由中国科学院水生生物研究所和山东省淡水研究所研发成功，为中国独创。这种网养方式的突出优点是投资少、见效快，适宜湖泊、水库高产养鱼的大规模开发。只要湖泊、水库浮游生物的自然生产力尚未用尽，网箱设置区又有一定的微流水，网箱的箱体保护定型、网目畅通，即可获得相当高的产量。一般湖泊、水库网养滤食性花白鲢，每平方米产量为5～10千克，高的可达30～50千克。

（2）给食性网箱养鱼。这种网养方式由于饲养过程中不断投饵，因此可获得较高的产量，而且养殖的鱼类广泛，除我国的四大家鱼及鲤鱼外，还包括许多的名优鱼类，如鳊鱼、团头鲂、鲮鱼、罗非鱼、虹鳟鱼、鲟鱼、鳜鱼等等。给食性网箱养鱼的饵料系数为1.7～2.2，每平方米产量一般可达30～50千克，高的超过100千克。

网箱给食式养鱼的产出情况，一般夏花养到鱼种时，放养规格为1～2克/尾，放养密度为250～500尾/平方米，经120～150天饲养，起捕时可达到50～100克/尾水平，生长倍数为40～60倍。

仔口鱼种养成商品鱼，放养密度100～300尾/平方米，放养鱼种规格为10～50克/尾时，经过150～180天饲养，起捕时可长到250～500克/尾，增长倍数为10～30倍。

老口鱼种养成商品鱼，放养规格为250 ～500克/尾，放养密度为20～40尾/平方米，经过150～180天饲养，起捕时可达1500 ～2500克/尾，增长速度为4～6倍。

滤食性网箱养鱼，根据中国各地利用水库、湖泊的天然饵料饲养鲢、鳙商品鱼的大面积实践结果看，平均每平方米的商品鱼大多为7～10千克，高的可达20～40千克/平方米。如河南鲶鱼山水库1979年养殖面积为728平方米，平均每平方米产鱼量为20.5千克（合13650千克/亩），1978年湖北白莲河水库养殖面积为1750平方米，平均每平方米产量更是达40.55千克（合27000千克/亩）。

中国目前网箱养鱼的产量水平，一般滤食性网养鱼类的毛产量为5000～10000千克/亩。网养给食式鱼类的产量草、青鱼为1万～2万千克/亩，鲤、鲂、罗非鱼为3万～5万千克/亩。

6. 围栏养鱼

中国的围栏养鱼起步较早，早在唐代陆龟蒙著《蟹志》中即已有河蟹洄游和用簖捕蟹方法的详细记载，间接地证实了当时已有外荡栏养的养鱼方式。

明代嘉靖年间，浙江绍兴一带开发出湖荡、灌道养鱼，放养的主要鱼类为鲢、鳙鱼，其次是青鱼、草鱼。

自20世纪70年代起，中国的围栏养鱼由单纯的箔栏转向网栏，使围栏养鱼进入一个新的发展阶段。到80年代初，中国在开展网养和外荡栏养过程中，发现网养虽然收益丰富，但经济成本高，逃鱼风险大，而传统的外荡栏养则产量过低，水域资源浪费明显，从而发展出湖泊围养这一新的养鱼方式，并特别适合于大水面湖荡、河道养鱼。于是80年代后期，中国兴起了一个湖泊围养的高潮。湖泊围养以安徽花园湖的绩效最为显著，成为全国湖泊养殖业发展的典范。

网围养鱼同网箱养鱼相比较，具有成本低、投资少、风险小、产量较大的特点及优点。安徽花园湖正常水位时，水域面积

3400公顷（5.1万亩），平均水深1.2～1.5米，年水位差1～4米。进行网围养鱼前，全湖的常年鱼产量约100万千克，平均每亩20千克不到。1987年开始围网养鱼，网围（无底网围）面积394亩，产量6.5万千克，平均亩产165千克。1988年后改为有底网，1989年的围养面积缩小到162亩，总产量增加到21.6万千克，平均亩产1334千克（1988年平均亩产1164千克）。平均每亩的产值由1987年无底网围的793.1元上升到1988年有底网围的3618元、1989年的7853.3元，3年的投入产出比分别为1:2.5，1:3.2，1:2.7。物化成本中，因以投喂天然饲料为主，饵料费用仅占总成本的10%～18%。表明网围养鱼在开发湖泊养殖业方面效益显著，前景广阔。

（五）观光农业

1. 观光农业开发原则

舜德乡观光农业发展依据以下基本原则及规则展开：

（1）坚持以农业生产活动为基础及主线，以农业景观、农村文化习俗和农事活动为主要内容，所涉项目坚持在农业生产基础上，以农业为中轴进行开发和经营，不脱离农业另搞一套。

（2）着眼未来，立足现在，以现有农业项目为基础，对现有农业项目进行筛选，择优发展、完善和提高，使之成为具有一定规模的观光农业项目。

（3）突出个性，充分体现项目主题创意上的地方性、生态性特色，求新、求异、不求全。

（4）因地、因时制宜，先易后难，循序梯度推进，优先推动并促进观光游览和短期采摘型以及休闲度假型项目的开发与发展。

（5）突出并丰富乡土文化内涵，注重和提高观光农业的文化品味，将教育、体验、健身和科考等寓于观光旅游活动之中，建成农业文明和农业科学知识教育以及先进农业技术推广应用的示范基地。

（6）以对传统农业的有效改造和促进农业资源综合利用水平

的全面提高为切入点，充分利用一切可资利用的农业景观、自然资源，促进耕地农业与非耕地农业，农作物栽培业与人工造林、森林管抚以及动物饲养业、微生物养殖业，资源开发与生态环境保护的协调发展。

（7）坚持“公司+农户”的经营组织基本模式，观光农业最为基本的生产/服务活动在项目/行业公司的统一组织与管理下，由下辖农户独立完成。农户是观光农业最为基本的经营活动单位。

2. 观光农业项目开发

按照上述开发原则及规则，舜德观光农业发展结合不同地域、村落的发展基础、资源特点及优点，将有序地开发以下基本项目：

（1）以景观游览为主线的乡村观光项目。起步阶段的景观游览以舜德境内及其周邻乡镇的天然景观和野生景观为主，让游客享受贴近自然、感受自然的美感及乐趣。之后，逐步增加人工农业景观。

（2）以观光采摘、农事活动体验、农业科学技术知识教育与培训、农业科普、农业展示、新技术示范等活动为主线的农业观光项目，包括特色果园、菜园、花圃、茶园、市民农园、休闲农庄等等，逐步开辟和建成一批分布在全乡各地域、村落颇具观赏价值、功能各异的特色农业生产活动基地。

（3）以水面垂钓、林间狩猎活动为主线的农业娱乐项目。利用可养殖水域和山地森林资源，发展水产养殖和林间动物饲养，开辟并建成3～5个水面垂钓和林间狩猎场所，让有兴趣的游客体验垂钓、狩猎的乐趣。

（4）以提供农家特色的食、宿服务为主线的农业及农村旅游民俗采风、农家生活体验项目。选择环境优雅、条件具备的村落，建成3～5个以农户为单位、统一管理，能同时接纳10～50名游客食、宿的旅游度假村。度假村的食、宿服务由农户提供并完成，客源的组织与分配和农户食、宿服务标准包括农宿客舍的整修、装饰标准、卫生条件、饭菜质量及食、宿费标准的制订与核定等，均由公司负责进行。通过在乡村农家的吃、住和交流活动，让游客充分体验和享受乡村夜宿的浓郁情趣和农家饭菜的特有风味。

（5）以满足游客购物需求为主线的乡村土特产品市场项目。建成的土特产品市场以销售具有当地显著特色的农副产品及旅游产品为主。

3. 观光农业经营组织体系

设立观光农业开发有限公司，作为负责规划、管理、指导、协调和监控全乡观光农业发展及其日常经营的主管机构。观光农业开发有限公司在母公司的领导下开展工作，具体负责以下的职能工作：

（1）制订并组织执行全乡观光农业发展规划；

（2）制订并监督、指导执行全乡观光农业经营服务标准与行业规范；

（3）协调公司与经营农户和各经营农户之间的相互关系，解决观光农业发展及其日常经营过程中可能遇到的各种问题；

（4）组织和分配客源；

（5）指导农宿客舍的整修与装饰；

（6）农民培训和服务指导、监控；

（7）公共关系建设和广告、宣传，等等。

4. 观光农业开发建设应注意的几个问题

（1）经营标准拟订和确立

包括项目开发建设标准、经营行为准则、服务标准、收费标准等等，用以规范、评价、监控和纠正经营及服务人员的经营及服务行为，维护经营及服务人员和消费者的利益。

（2）创业培训

对公司及经营农户人员进行全面的创业及经营培训。培训内容包括观光农业的经营知识、岗位技能、行为规范，等等。

（3）信息平台建设

利用互联网络建立观光农业信息管理平台，实时发布相关信息，同时为消费者提供了解查询的窗口，搭建服务提供者与消费者之间的实时沟通桥梁。

（4）启动观光农业项目建设

有计划、有步骤地启动乡村观光项目、农业观光园项目、农业娱乐项目、旅游度假村项目和土特产品市场建设等系列项目的建设与经营。

（六）庭院农业与家庭（工场）手工业和家庭制造业

1. 庭院农业开发思路及目标

舜德乡的庭院农业开发与经营，紧紧围绕观光农业、绿化农业和体验农业的发展有序、有效进行，使其成为发展中的观光农业、绿化农业及体验农业的重要组成部分及补充之一。具体地说就是，通过庭院种养业的发展和庭院生态经济的建立及生态家园建设的试验与示范，在增加农民收入和改善农民生活环境、提高其生活福利水平与质量的同时，努力达到和实现以下重要目标：

（1）成为观光游客观览和体验农事活动的重要场所，激发和增强游客在农民家中吃、住，感觉农家生活之乐和体会乡村生活韵味的浓厚兴趣与强烈愿望。

（2）为城乡庭院绿化、生态建筑及生态家园建设，以及城乡居民室内农业提供有效的范式。

（3）生产可供出售的相关产品，等等。

2. 家庭（工场）手工业和家庭制造业

试验区拟发展的家庭（工场）手工业以家庭或工场为单位，按照“小生产、大规模”、“分散生产、集中营销”的基本思路及原则，利用当地资源，生产经营某些手工业制品，如各种手工编织、手工工艺品、玩具等等。同时发展以家庭为单位从事工业制造活动的经营单位。

为此，在舜德乡政府所在村，设立家庭手工业及家庭制造业工业园，建成集中连片的家庭手工业和家庭制造业生产基地。

园区组织的基本模式为：“公司+业户”或“公司+工场区+业户”。即按照“分则小生产、合则大规模”、“分散生产、集中营销”的基本思路及模式，由项目/行业公司负责生产的组织、计划、市场开发、技术指导、质量控制和产品营销，业户在公司的组织、指导下开展产品生产。业户可以入驻专门设立的家庭手工业和家庭制造业工业园，也可以分散在全乡的各个自然村落。

园区的生产发展方向，以“农村”、“农业”资源的有效开发与利用为基点或中轴，以农产品精深加工为重点，兼及观光农业的旅游产品开发与发展。

（七）试验区重点建设项目

湖口新农村建设产业开发示范试验建设项目，是拟发展的各产业部门为改善生产条件、增加生产手段、提高生产能力及其效益水平，从而扩大其长久性的生产规模，能够在预定的时间和空间范围内形成新的固定资产的一种经济活动。

湖口新农村建设产业开发示范试验建设项目，按固定资产形成的特点划分，包括新建、改建、扩建、更新改造等项目。试验区初创阶段以对现有生产项目的改扩建和更新改造为重心，达到一定水平与程度后转向以新建项目为主，即“先改扩建，后新建”。

按领域划分，包括生产性项目和生产公益服务性项目以及生产与生活基础性项目。项目建设原则上以“先生产、后生活”的顺序进行。

按产业部门划分，包括耕地种养业、山地农业、水产养殖业、观光农业、绿化农业、庭院农业、家庭（工场）手工业及家庭制造业项目等等。项目建设顺序依据市场开发的具体情况加以确定。

按项目建设的资金来源划分，包括民办公助、招商引资和当地民间（企业和农户）投资的项目，以招商引资项目和由当地民间投资的项目为重心。

湖口新农村建设产业开发示范试验区近中期的重点建设项目主要包括：

（1）无公害瓜果蔬菜种植和畜禽饲养生产基地建设；

（2）网箱养鱼生产基地建设；

（3）林地食用菌人工栽培生产基地建设；

（4）绿化农业产业园；

（5）农家客舍山庄；

（6）庭院农业示范村；
（7）农民技术培训中心；
（8）农民创业园；
（9）农产品购销服务中心；
（10）有林地更新改造、抚育管理示范基地。
近中期拟建项目包括：
（1）山地水果、干果生产基地；
（2）竹林、鲜笋生产基地；
（3）农业科技园；
（4）度假山庄；
（5）家庭手工业和家庭制造业工业园（村）；
（6）市民农园，等等。

三、试验区经营管理组织及其运行机制

（一）宏观管理组织

湖口新农村建设产业开发示范试验区通过管理体制及其运行机制的有效创新，理顺管理机构、市场企业和农民之间的关系与联系，构建行政管理、经营管理和村乡社区管理适应和符合市场经济规律并与国际惯例接轨的村乡区域经济与产业发展的新模式，推动和促进试验区产业开发与经营的健康、快速发展。

1. 试验区领导小组

试验区设领导小组。领导小组由试验区所在地区舜德乡上级政府主管领导或其授权代表和舜德乡党、政、人大常委会一把手及其他相关部门领导组成，行使对试验区的行政管理及运营监控与服务职能，落实、执行中央和地方各级政府有关“三农”及新农村建设问题的各项政策规定，为试验区企业、农户提供良好的服务，为试验区的健康发展与有效运营创造良好的政策、社会环境。

2. 专家委员会

试验区设专家委员会。专家委员会由社会名流、经济学及其他相关学科的知名专家、学者、教授以及各界专业人士组成。专家委

员会担负的具体职能包括：

（1）试验区发展规划与决策的理论指导和咨询；

（2）知识与技术传授，技术咨询；

（3）管理咨询；

（4）高级管理人员培训；

（5）其他。

3. 发展公司

试验区按《公司法》规定原则及办法设立下属于舜德乡人民政府的舜德农村产业开发发展有限公司（以下简称“发展公司”）。

发展公司作为舜德乡人民政府的授权机构，在乡政府授权范围内对试验区的经济、经营活动进行统一管理，行使产业开发与发展的经济、经营管理权和部分的行政职能，为入区企业及投资者的产业开发与经营提供项目设计、推介与审批、土地租用、规划建设、融资担保、人才代理、产品营销、技术引进与交易代理、计划申报、中介事务、公共关系建设和社会事务处理等方面的服务。

发展公司作为试验区建设的承办者与组织者和试验区发展的管理者与经营者的具体使命与任务包括：

（1）提出和拟订试验区建设与发展的长远设想及规划，对长期投资进行组织和协调；

（2）开展公共关系建设，协调试验区建设与发展进程中所涉及的各种社会经济关系，争取政府政策和社会各方面力量的强力支持，并按照资源共享原则指导试验区各项目经营实体利用试验区所拥有的各种资源；

（3）推动和促进试验区内各项目经营实体之间经济技术合作的有效进行与发展，形成一种互为条件和支持、互进互动的项目联动发展机制；

（4）保证试验区各项目经营单位经济利益及其效益的最大获取与实现；

（5）组织试验区各项目经营实体进行有效率的建设投资、产品生产与经营及其他有关的经营活动；

（6）建立试验区各项目经营实体共有的业务组织，推动和促进各项目实体共同投资兴办共同事业和新的经济实体；

（7）组织经营研究和情况信息交流，以及企业员工培训等方面的工作与活动，为试验区各项目经营实体创造和提供高效、便捷的项目经营与发展所必需的各种基本条件及服务，等等。

发展公司的组建办法及其与舜德政府的关系和联系，由公司章程及乡政府授权书予以规定。

发展公司董事会由股东委派的代表和外部董事组成。外部董事包括由公司股东、政府协商外聘的专家、学者和由入驻试验区的企业及农户推举的代表。

董事会以下设公司总经理。总经理以下设立若干个职能工作机构。公司初创阶段创立以下职能机构：

（1）项目企划部。负责试验区产业开发项目策划、项目招商引资、建设规划和项目建设及其建成投产后的经营指导、管理咨询、信息服务等方面的职能工作。

（2）对外经济联络部。负责试验区的对外经济联系、公共关系建设等，协助区内企业做好其对外经济联系、计划申报方面的工作。

（3）市场部。负责市场开发与产品营销工作，为区内企业、生产农户提供产品销售及营销代理方面的服务。

（4）行政管理部。负责公司内部的行政事务处理、财务管理、劳动人员管理、文秘等方面的工作。

发展公司的组织结构如下图3～1所示。

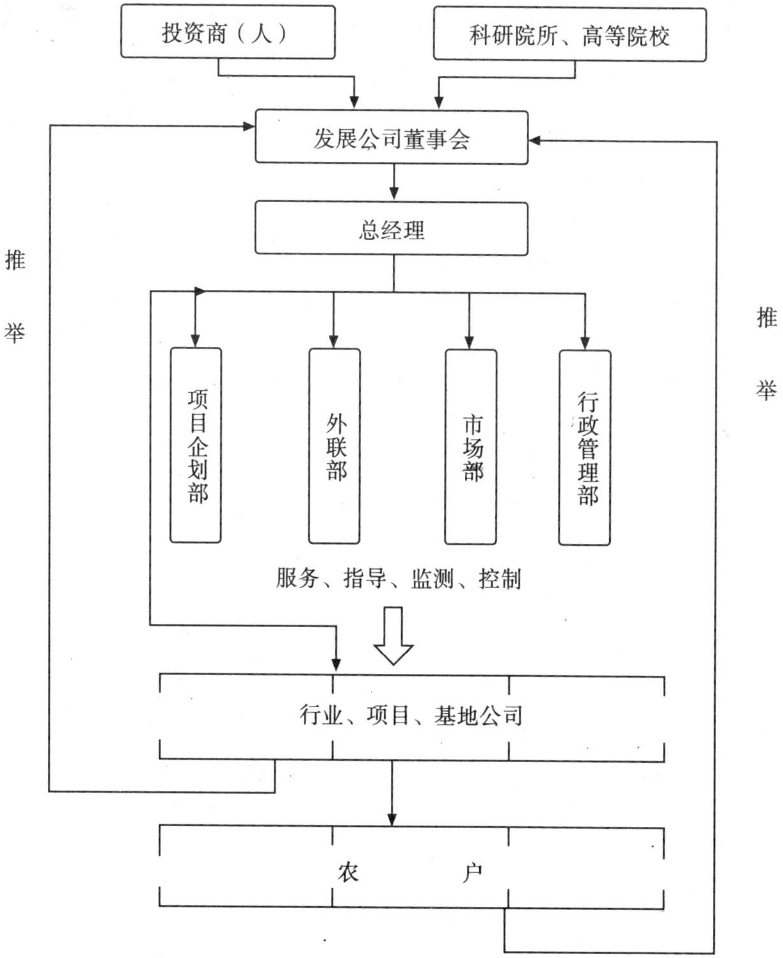

图3-1　发展公司组织结构系统

（二）微观经营实体

湖口新农村建设产业开发示范试验区分行业或分项目产品生产层面的经济、经营活动由项目或行业公司、农户生产单位具体负责。

1. 项目/行业公司

湖口新农村建设产业开发试验区根据各行业、项目的具体情况及其生产与经营的实际需要分行业或分项目组建、设立具有独立法人资格的项目或行业经营实体，即项目/行业公司。

试验区项目/行业公司的设立办法，可以按照基地（村）采取“一园/村一公司”的办法设立，也可以按行业设立公司同时兼营几个产业园/生产基地（村）。

试验区项目/行业公司的责任和义务是：

（1）按照入驻试验区时与发展公司所订协议的规定，对所承诺的开发项目按计划进行投资，保证计划投资的如期完成和项目建成投产后的有效经营；

（2）成为试验区企业协会的会员单位，接受企业协会章程的约束和发展公司的管理与引导；

（3）自觉维护试验区的声誉、形象及其整体利益的有效获取与实现。

试验区项目/行业公司的权利包括：

（1）根据入驻协议的规定，对拟开发项目按照经济、合理、效益原则进行自主投资与经营，并获取相应的经济利益；

（2）参与试验区经营与发展决策的制定，并发表本企业的意见和看法，享有试验区企业所享有的各种政策优惠及权利；

（3）要求发展公司协助争取国家产业政策所给予的优惠及资金上的资助等等。

2. 农户生产单位

农民是农业生产发展的主力军，农户是农业和农村经济活动最为重要的基层组织资源。试验区引导并要求入驻区内的所有企业都必须积极动员广大农户有效参与新农村产业开发与经营活动并发挥其重要作用，带动农民致富。

农户参与试验区产业开发与经营活动，作为试验区产业开发与经营最为基层的生产经营单位的介入方式，一是继续保留和延续原有农户家庭经营的组织属性及其经营方式特征；二是将农户家庭经营转化、演变成为一个企业化的经营实体，以企业身份参与试验区产业的开发与经营活动。

试验区积极引导、鼓励和有效支持区内农户家庭及农民积极创建和设立属于自己的农业经营公司，使以家庭为单位的一级农业生产组织逐步转化、演变成为一级农业企业（公司）组织。

（三）农业公司化经营

湖口新农村建设产业开发试验区对区内农业进行全面、彻底的公司化经营改造。

农业公司化经营，是一种适应当代农业市场化、经营产业化、发展现代化要求，能够从根本上有效克服和消除农民家庭经营局限性的农业制度安排。

农业公司化经营的标志及特点是：

（1）以农业经营公司的大量存在及快速发展为前提；

（2）农民职业化、股东化；

（3）农用生产资料、资金等农用投入品企业资产化；

（4）农业经营应承担的风险责任有限化。

农业公司化经营的必要性在于，在农业经营领域中，虽然以农民家庭活动及其财产为基础的农业家庭经营作为一种历史悠久、影响深远的农业经营制度，现阶段仍不乏其存在、绵延的必要性，但在市场经济条件下，随着农业市场化、产业化和现代化的迅速推进与发展，其内在局限性的加快凸现却也是一个不争的事实，而以职业活动、公司法人财产为基础的农业公司化经营制度则能够较好地从根本上克服和消除农民家庭经营存在的某些缺陷与不足。农业公司现经营的优越性具体表现在以下方面：

（1）有利于农户对外合作与交往的扩大和密切化，既为吸引有意投资经营农业的投资者和进入农业领域的各类人才进行合作创造了条件，同时也为农户推销其产品提供了方便。

（2）化解、降低农户经营农业的风险。在农业经营一旦失效的情况下，不需要像在农户家庭经营条件下那样必须以其全部家庭财产来承担相关债务的清偿责任，而是只需要承担以其出资额为限的有限责任。

（3）便于增加和扩大农业经营的融资来源，提高农业经营的融资能力。农业经营公司在自有资金不足的情况下，可以很方便地通过股权融资、银行借贷等方式来解决其资金融通问题。

（4）能够通过扩大投资规模、提高农业集约化经营水平、增加技术投入等各种方式，获取较高、较大的经济效益。

农业公司化经营已成为当代世界农业发展的一种潮流和趋势，发达国家普遍重视农业公司化经营的推广与发展。

（四）发展运行机制

湖口新农村建设产业开发示范试验区的发展架构及其运行机制如下图3～2所示。

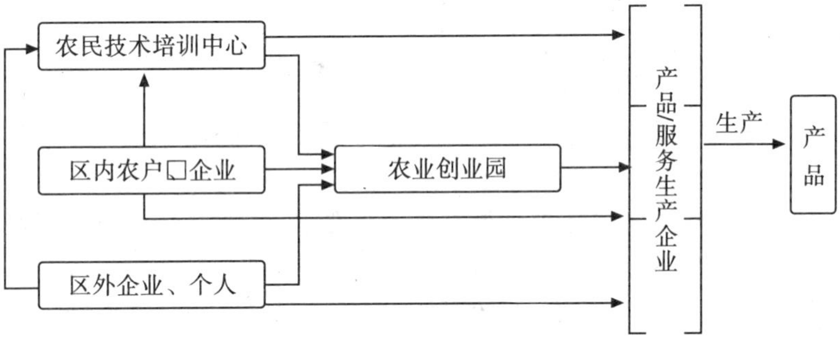

图3-2 试验区的发展架构及其运行机制

其发展过程如下：

农民技术培训中心培训试验区产业开发与经营所必需的各类人才，经培训后的农民或企业员工进行创业，建立新创企业，之后进入农业创业园，接受创业园的创业辅导，毕业后从事产品/服务生产经营活动，或者直接从事产品/服务生产经营活动。

试验区农民、企业和通过招商引资进入试验区的区外企业、投资商根据其具体情况，或者进入农民技术培训中心接受培训，或者进入农业创业园开展其创业活动，或者在区内直接开始从事产品/服务生产经营活动。

试验区内通过各种方式建立、发展起来的产品/服务生产企业，担负试验区经济与产业发展的重任，所生产的产品/服务用于满足市场的需要。

试验区发展的三个关键性因素为：农民技术培训、招商引资、产品营销。农民技术培训解决人力资源的有效供应问题，招商引资解决发展资金及技术问题，而产品营销则是解决生产价值的最终实现问题。

四、试验区配套保障措施

（一）农业、农村、农民创业服务体系

为确保试验区产业开发试验示范的有效展开与顺利运行，试验区建立功能齐全、设施手段及措施配套的农业、农村和农民创业服务体系，为进入试验区进行产业开发的企业和个人以及当地企业和农民的投资创业活动提供良好、周到的服务。具体措施包括：（1）设立农业、农村、农民创业服务中心，为农民、农村创业提供与其特点相适应的专门服务；（2）构建农业、农村、农民创业社会化服务网络，推动和促进“三农”创业服务体系向着社会化、专业化方向发展。

1. 农业、农村、农民创业服务中心

农业、农村、农民创业服务中心（企业孵化器），以孵化培育以农民投资为主体的新兴农业和农村中小科技企业、家庭手工业、制造业企业为目标，通过为入孵企业提供全方位、多角度的综合服务，增强新创中小企业的资源配置能力、市场开发能力和抗风险能力，有效降低新创企业的创业成本，进而促使新创中小企业的成长、壮大。

农业、农村、农民创业服务中心为入孵企业提供的服务主要包括：

（1）生产经营场及其设施；

（2）种子资金；

（3）技术中介、技术咨询与服务；

（4）管理咨询；

（5）国家产业扶持计划项目申报；

（6）创业培训；

（7）融资担保与服务；

（8）市场开拓，等等。

农业、农村、农民创业服务中心争取办成在国内拥有一定知名度的“三农”创业服务中心和农村科技企业孵化器，通过省和国家有关部门的认定。

2. 农业、农村和农民创业服务协作网络

同国内外农业、农村经济、社会及自然科学研究院所、高等院校、试验与发展基地建立广泛的联系，为农民和农村科技创业寻求理论指导、技术来源、管理咨询、融资策划等方面的支持和服务。

3. 投融资服务中心

投融资服务中心为新创企业提供以下方面的服务：

（1）融资策划与融资协助；

（2）疏通农村企业融资渠道；

（3）帮助申请国家、各部委、省市等各类计划资助，争取各级政府的资金扶持；

（4）寻找国外各种农业、农村建设基金的支持；

（5）企业财务管理代理。

（二）农民培训与人才引进

农村产业的成功开发与有效经营，需要以高素质的农民和各类专业人才为其基础和支点。为此，试验区设立农民培训与人才服务中心。

农民培训与人才服务中心的服务范围包括：

（1）进行农民科技培训，提高农民的务农技能和农业生产经营综合素质，以及农民转产转岗就业所必备的技术及能力；

（2）引进试验区建设与发展、产业开发与经营所需要的各类专业人才、能工巧匠，为企业提供高端人才推荐、招聘与交流方面的服务；

（3）企业培训，为驻区企业提供劳动、管理等方面的培训服务；

（4）企业劳动人事管理代理。

对农民的科技培训紧紧围绕试验区产业开发与经营的实际需要展开。培训的技能方向以涉农技能为主，务工技能为辅；培训时间以短期集中培训与长期跟踪指导相结合；培训地点以集中与分散相结合，将教学点分散到各行政村，以村为单位的分散培训为主；培训师资以外聘高校教师、科研院所技术人员和当地县、乡农业科技人员、能工巧匠相结合，以当地县、乡农民科技人员、能工巧匠为主。

对农民的科技培训争取列入政府的农民培训计划，培训经费纳入各级财政预算，按照“民办公助”，“政府扶助、面向市场、多元办学”模式运行。

人才引进的专业范围，包括农村产业开发与经营所需经济、管理、技术领域的各种高端人才、能工巧匠；地域来源范围包括国内外，争取引进一批学有所成的海外留学人员入区工作或创业，建成具有一定规模的海外学子农业农村创业园。

人才引进争取纳入九江市政府人才引进计划序列，享受相关的政策优惠。

（三）农村、农产品现代流通服务体系建设

按照《中共中央 国务院关于推进社会主义新农村建设的若干意见》中“加强农村现代流通体系建设”和《国民经济和社会发展第十一个五年规划纲要》中“完善农村流通体系”的发展安排，切实做好以下方面的工作：

（1）设立农产品营销服务公司负责试验区农产品汇集、质量检测、等级鉴定、加工、包装和销售工作；

（2）疏通农产品市场流通与出口贸易通道，加强对目标地区及城市的市场开发，建立健全、稳定、发育充分的农产品销售网点及网络和农产品出口代理点；

（3）实行和强化品牌经营，建立具有自主知识产权的产品品牌，并完成品牌的注册登记，加大对产品品牌的宣传、塑造与保护；

（4）完善农用生产资料的采购与流通，建立“集中采购、统一

配送”的新型农资供销体系，规范区内农资市场秩序，确保区内农资供应的低价、质优；

（5）建立区内大宗农产品以市场为导向的生产与销售协同机制，促进消费者、流通商和生产农户间“三赢”格局的形成和实现。以市场为导向的农产品产销协同机制的运行过程，如下图4～1所示。

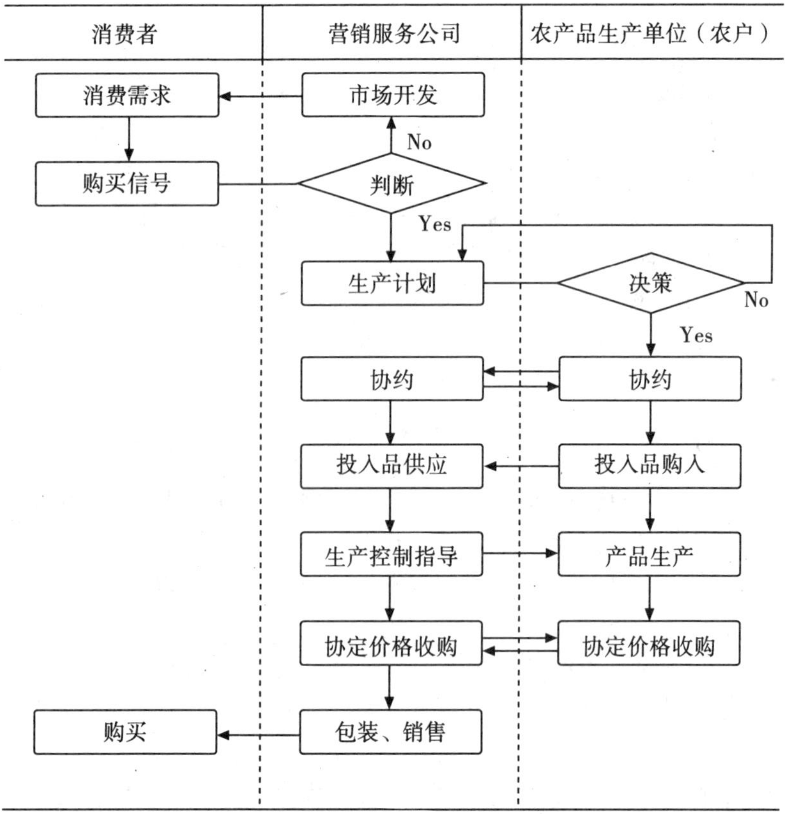

图4-1　试验区以市场为导向的农产品产销协同运行过程

（四）发展政策

试验区为激励和促进区内经济与产业的快速发展，拟制订和出台以下基本政策：

（1）鼓励创业政策。支持和推动区内农民或农户和企业以及区外企业或个人通过多种方式、途径在区内积极建场（厂）兴企，从事创业经营活动。

（2）促进产业与企业发展政策。为区内产业开发、企业的顺利成长与发展创造良好的外部环境条件，同时提供相关方面的具体支持。

（3）土地流转和企业转移、转让政策。协助和支持经营不善或（和）自愿停业、转业的农户、企业，通过合法、有效的途径及方法转让、转移其所使用的土地及资产，包括企业本身的转让、转移、业主更换。

（4）企业治理政策。引导、规范区内农户、企业进行有效的经营与企业治理，包括外部治理和企业内部治理的不断改进和完善。

试验区激励和促进区内经济与产业发展的政策手段及方法包括：

（1）行政支持。简化、简便和规范政府的行政办事程序，提高行政办事的速度和效率，为区内农户、企业办理涉政事宜提供方便、简捷、节约、效率的条件保证及良好的行政服务。

（2）财政措施。支持和协助区内企业积极争取中央、省、市、县财政支农资金、科技三项费用资金的扶持和资助。

（3）融资服务。协助区内农户、企业疏通融资渠道，为解决其融资难问题提供良好的服务和支持。

（4）提供公共产品。为区内农户企业提供培训、信息、咨询等方面的公共产品/服务，帮助农户、企业解决其难以依靠自身力量加以解决的各种问题。

试验区经济与产业政策架构如下图4～2所示。

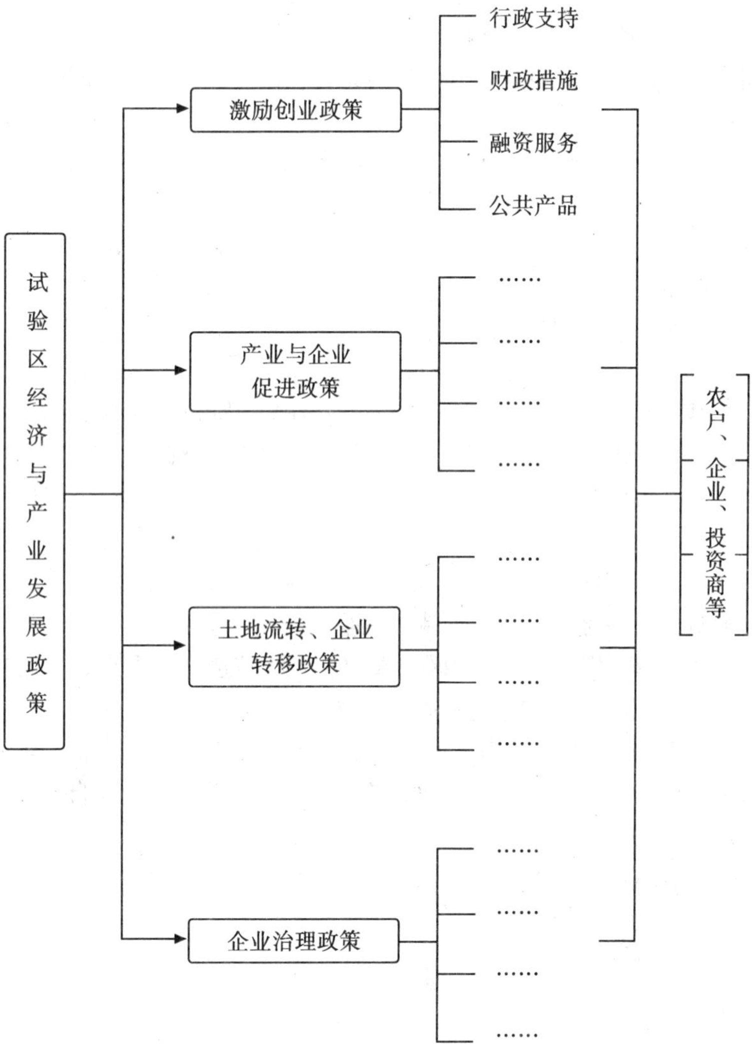

图4-2　试验区产业与企业发展政策体系

五、试验区的筹建与运行启动

（一）运行启动

试验区经县、市政府批准立项后，即正式启动进入试营运阶段。试营运阶段的主要任务及工作包括：

（1）修订、完善试验区建设发展规划，完成向省政府报批立项的全部工作，同时对相关开发项目进行具体的建设论证，提供详尽的建设计划报告，为项目招商引资创造必备的基本条件。

（2）成立试验区筹建协调办公室，通过招聘，配备专职工作人员开始对外办公。筹建协调办公室起步阶段设主任1人，负责试验区建设的日常组织与管理工作，工作人员6人，其中农业技术人员（农艺师）1人，农业技术员1人，市场营销人员2人，文员兼出纳1人，会计兼总务1人。之后，根据工作及业务进展的实际需要逐步增加人员。

（3）公共关系建设。构建对外协作网络、公共关系网络。

（4）组织对外宣传、报道工作，有计划、有目标地对外披露试验区建设计划、目标及其工作进展情况。

（5）完成对现有舜德乡政府下属第一、二林场的合并、重组及其公司制改造与注册登记等项工作。公司设立工作完成后，正式接手试验区筹建协调办公室的工作。

（6）确定招商引资的目标项目，编制招商引资项目目录及计划书，多角度、全方位地开展对外招商引资活动。

（7）启动对农民的培训计划。启动当年底完成对500标准人次的培训目标任务。

（8）农民生产辅导。对具有市场前景的现有产品生产，安排专门的农业科技人员指导、辅导农民进行生产，以提高产品的质量和等级，同时增加产量，为进入高端市场创造必备的产品条件。

（9）组织产品销售，进行市场开发试运行。对目前区内和江西境内其他地区农民生产的优质土特产品经整理加工、包装，提高其质量、等级及其附加值后，使用统一的品牌投放市场，进行产品销售、市场开发的试运行，为未来时期农产品的大规模市场开发与销售积累经验，同时部分地解决试验区初建阶段所必需的运营经费。

（10）生产基地建设。启动并完成第一批目标产业项目/基地（村、产业园）的确立与基础条件建设，形成3～4个集中连片、具有一定规模的种养业产品生产村区。

（二）建设资金筹措

试验区建设投资所需资金由建设承办单位自行筹措，提请县、市政府在已有政策及财政预算架构内给予适当的扶持和资助。承办单位（企业）建设资金来源及其筹措渠道包括：

（1）承办单位（企业）自有资金；

（2）承办单位（企业）建设试验区过程中所形成的经营性收入，包括组织产品销售所形成的销售净收入、组织农民培训所形成的政府财政补助收入、为区内企业提供中介服务所形成的收入、在区内举办公益事业按规定由政府给予的财政补贴而形成的收入和其他经营、服务收入；

（3）通过合资或合作方式参与试验区建设与经营的企事业单位按合资或合作协议而投入的资金；

（4）进入试验区创业及经营的企业或个人投入的创业或经营项目建设资金；

（5）区内农民、业户的创业投资和扩大再生产的生产性资金投入；

（6）积极争取省、中央财政支农资金、科技三项费用资金的扶持和（或）项目资助；

（7）争取国外政府、社团、联合国粮农组织、教科文组织等有关农业发展、农村建设基金资助而形成的收入；

（8）争取国内外风险投资公司的风险投资而形成的收入；

（9）以融资贷款等方式而得到的债务收入，等等。

试验区试运营正式启动后，由建设承办单位根据项目建设发展规划及其进度对资金的实际需要，提出资金筹措的具体方案与计划，规定筹措的渠道、途径及办法，然后一一加以落实，确保建设资金需求的有效满足。

中　国　学　术　思　想　库

Library of Chinese Academic Thought

学术顾问：纪宝成　程天权

环城农业

中国城市农业问题发展研究

㊥

朱乐尧　周淑景　著

中央编译出版社
Central Compilation & Translation Press

目 录（中卷）

第10章 生态农业：保持生物界的完美和稳定

第12章 环城农业与农村产业发展评价

第13章 城市园艺业：农业三分天下有其一

第 15 章 花卉农业：最具魅力的事业

第8章 山地农业：亟待发展的新兴农业产业

第8章 山地农业：亟待发展的新型农业产业

一、山地农业：农业发展的下一个浪潮

（一）江西说："希望在山"

2005年2月，中共江西省委员会书记孟建柱在江西省农村工作会议上明确提出"希望在山，潜力在水，重点在田……"的兴农方向。中共江西省委，省人民政府确立的"山上办绿色银行，山下建优质粮仓，水面兴特种养殖"的江西农业发展战略，同样也将"山"置于头等重要的位置，居于"田"和"水"之前。

就江西而言，农业发展"希望在山"的判断是能够证实的。

对江西山地资源开发利用潜力的定量分析表明，如果从现在起，对全省山地通过多种方式及途径加以充分、全面的利用，山地利用率达到90%，用于生产木本粮油、干鲜水果和用于生产竹木用材、生物能源、生物质原料等产品的林地面积按1:3配置，那么，十几年后，江西省山地农业有技术保证的年经济收入（包括森林游憩业收入）即可望实现950亿元人民币以上（其中油茶、油桐和乌桕、竹类三项收入合计325亿元），相当于2006年江西全省农林牧渔业总产值1228.3亿元的77.3%或同年农业（即种植业）产值556.9亿元的1.7倍、林业产值104.6亿元的9.1倍！

（二）环城农业的重要课题

事实上，利用山地资源发展山地农业的希望所在，并不是山乡农村所独占的，这种希望也分布在不少城市及其周边地区。如

大连就是这样的一个典例。

从本书第5章的相关情况介绍及分析中即可清楚地看到，地处辽东半岛南端的大连城市地区，发展山地农业的资源就特别的丰富。从植物资源看，境内属中国华北与东北植物交汇区，单是树木种类即达54科、130属、327种，既有长白植物区系的树木，也有华北植物区系的树木，还有亚热带地区的树木，大面积生长的树木以槐、松、柞、杨为主。大连地区丰富多样的山地野生植物中，既有可作为纺织用和造纸原料用的纤维类植物和榨油用的油脂类植物，以及用于提取淀粉或用作酿酒原料的淀粉（粮食）类植物，还包括含有单宁成分可用作栲胶原料的鞣料类植物，用作提取香料、香精的芳香类植物，用作灭菌杀虫的农药类植物和用于提取染料的工业原料类植物，另外还有大量可食用的野菜类植物、药用类植物，等等。

在土地资源方面，大连地区山峦面积占境内陆地面积的60%，其中林业用地（不包括果园用地）在50万公顷以上。2005年，全市林业用地平均每公顷的土地产值率仅相当于同年耕地总资源和果园用地合计的土地产值率的3.5%不到。人类社会发展到今天，最为宝贵的资源即是土地。如能采取有效措施，经营林地也如同经营耕地那样精耕细作，林地的土地产值率只要达到现有耕地、果园土地产值率的25%，大连目前处于半荒芜、半自然演替状态的林业用地每年即可形成不低于近30亿元的林业产值或17.5亿元的林业增加值。而要做到这一点也是完全可能的，并不是一种不切实际的空想。

从整体上看，大连以丰富的林用山地资源为基础发展山地农业具有以下方面的有利条件：

（1）大部分山地具有山低、坡缓的地形特点，林木及其他山地作物种植的立地条件良好；

（2）不少山地土层深厚，一般都在1米以上，土壤肥沃，山地自然土壤有机质含量高或较高，已有植被长势良好，适宜人工造林和发展山地种植业及养殖业；

（3）山地植物资源丰富多样，现存树种320多种，现有的刺槐、杨树、白榆、柞树以及核桃、板栗等优良树种均具有大规模开发、大面积种植的经济价值；

（4）日照充足，热量丰富，水热条件配合良好，山地开发利用的可塑性、可控性强，不但适宜种植不同的树木，而且林地立体开发的条件优越，潜力可观；适宜发展林下栽种药材、食用菌和饲养家禽及其他特种经济动物等；

（5）近邻中心城市，山水相依，自然环境优美，原生态景观典雅，交通便利，适宜山地农业的对外延伸与拓展，如发展森林游憩业，等等。

中国常态地貌类型以山地、高原和丘陵为主，三者合计占国土总面积的69.29%，而平原和盆地只占30.71%。全国目前895个山区县（市、旗）和529个丘陵县（市、旗），合计占全国县级区划（不包括市辖区）总数的71%。在中国目前市辖县体制情况下，国内大中城市辖属区域内不具大面积山地、丘陵的，只是极少数，因此，绝大多数城市都面临一个应当如何对辖区范围的山地资源加以充分有效的全面开发与利用的重大课题，就如同大连那样。

（三）山地农业经济与生态效益并不逊色于耕地农业

山地农业，是直接利用山区、丘陵地带的山坡地和与之相适应的优势生物资源从事农产品生产或服务经营的一种特定形态的农业活动体系。山地农业以山坡地的近自然利用为依托，以目标林木种植、抚育为基础，将木材或其他特定林产品生产同涵养水源、保持水土、维系生物多样性等生态保护、美化绿化环境、风景游憩及其他社会公益等多种功能有机地结合在一起，旨在促进并实现经济活动过程中的林产品价值与其生态防护和社会公益价值的协调统一。同耕地农业相比较，山地农业具有以下方面的突出特点：

1. 产品种类的多样性及其结构的复杂性

山地农业产品包括以林木为载体的竹木用材、木本粮油、木本纤维、水果坚果、生物质材料、生物能源等林产品和以林地为依托的各种产品如林地食用菌、森林畜禽产品、林地景观等，共同构成一个多行业、多产品、多层次，具有多种功能，能够发挥多种效益的超大农业系统。

（2）产品生产的替代性与开拓性

山地农业的不少产品可以有效替代耕地农业所生产的同类或相近产品，而更多、更大量的产品则是耕地农业所不能或不宜大规模发展的，如竹木用材和由树木提供的特殊工业原料、生物燃料产品等等。

3. 资源利用的广泛适应性和近自然性

山地农业对自然环境具有比耕地农业更高、更为广泛的适应性，能够有效利用耕地农业无法利用的土地及生物资源，并且无需将自然土地垦为耕地，而是最大限度地利用自然土地生态系统的自然发展规律及生产力，选择与其环境条件相适应的树种和其他相关动植物加以培育，从而达到生产量多、质优产品的目标预期，因此，能够较好地保持自然资源及其环境利用与保护间的平衡，不会产生如同耕地农业那样的结果，即“农耕的过程也是毁坏土地的过程”。

4. 产业经营效益的突出性与综合性

山地农业由于高度重视土地及目标生物资源的自然生产力的有效利用，辅之于适当的经营措施，因此，具有比耕地农业更高、更好的经济效益，而且能够确保经济、生态、社会三大效益的协调统一。

（四）山地农业是城乡均衡发展的一个支点

城乡间的和谐共进、均衡发展，关键在于农业增效、农民增收，涉及农业资源的效率利用、农民就业与收入保障、农业和农村生态环境保护等问题。发展山地农业，对于这些问题的有效解决具有十分重要的作用和意义。具体表现是：

1. 拓宽农业活动领域，缓解耕地所承受的巨大压力

土地资源中除去沙漠、戈壁、高寒荒漠、冰川、石山和城乡居民点及工矿、交通、水利设施等建设用地之外，其余大部分都可分别用于农林牧渔业生产，形成农业产出。中国目前的农地资源利用基本集中在极为有限的耕地这一狭小的范围内。中国的山地不仅数量多、面积大，分布广，而且还具有利用条件较好，易开发、效益高，经济与社会效应大等突出特点。发展山地农业，是提高农业资源利用效率，通过拓宽农业活动领域缓解耕地压力，发掘农业增产潜力的重要途径及方法。

2. 促进农民就业，开辟增收渠道

解决农民隐性失业，促进农民增收的可能办法，一是让农民耕种更多的土地，包括农业活动的纵向深化和横向拓展；二是推动农民转业，包括进入城市就业和在当地转向非农产业就业。在山区县的具体条件下，最为有效的办法是通过对山地资源的有效利用，开辟新的农业活动领域。这一办法的好处是既可以避免农民因大量转向城市或在当地非农产业就业而受到的诸多限制和由此引发的各种问题，又足以使农村人力资源和农民的优势得到最为合理、有效的利用，同时确保农民收入的稳定增加。对江西山地资源开发利用潜力的定量分析表明，如果从现在起对全省山地通过多方式、多途径加以充分利用，十几年后，全省农村人口按3829.56万人计算（为2005年的1.16倍），山地农业发展有技术保证的年人均收入可增加2480元；从业人员年均产值收入按2.16万元计，可长年安排439.8万人就业，相当于江西现有农村从业人员的26.8%。

3. 均衡地域发展，缩小城乡差别

中国城市与乡村、发达地区与落后地区间经济社会发展极不平衡的一个重要表现，是山区和丘陵区经济与农业的不发展。根据2005年的统计资料，全国895个山区县和529个丘陵县合计的乡村人口人均第一产业增加值为2218元（其中山区县人均1990.9元，丘陵县2467元），646个平原县为2776元，前者比后者低20.1%，（其中山区县低28.3%，丘陵县低11.4%）。这种情况与山区县丰富的山地资源未能得到充分利用呈突出的正相关。中国目前全国平均的山地林业土地产出率（林地产出 = 林业产值+木材及竹材采运业增加值）平均每公顷805元人民币，仅相当于现有耕地种养业土地产值率的3.2%。加强山地资源的开发和利用，山地产值率只要能够达到目前耕地种养业产值率水平的1/3，仅此一项即可使山区及丘陵县乡村人口人均纯收入在现有基础上每年增收2750

元人民币，足以为促进当地经济的迅速崛起与发展从而改变区域经济社会发展的不平衡奠定一定的基础。

4. 扩大农产品的生产与供应，提高农产品质量

丘陵、山地的土壤及环境条件宜于种植木本粮油、木本纤维、木本药材和其他木本植物，山地农业的崛起与发展，即意味着农产品可供品类（种）及其数量的增加。与此同时，山地生长的木本植物，具有适生能力强、抗逆、抗病虫害、产出相对稳定等突出特点，生产过程中，无需使用或只需要使用极少量的农用化学物质，所生产的产品无污染、质量优，大多为纯天然产品，能够提供质量及安全上的良好保证，从而满足消费者不断增长的需要。

5. 促进新兴农业产业发展

当代农业的一项重要任务是为社会生产、提供日益增多的生物燃料和生物质原料产品。目前国外的生物燃料作物基本上依靠耕地进行种植。中国是一个耕地资源高度稀缺的国家，全国人均占有的耕地仅0.0927公顷（1.39亩），不可能将大量的耕地用于发展生物能源和生物质原料生产。在中国，此类生产只能以使用山地资源为主。中国拥有大量适合山地种植的能源植物资源，仅已发现籽粒含油率在20%以上可用以生产生物燃油（生物柴油或生物汽油）的木本油料树种即达300多种，其中不少还是中国特有的品种，如早在唐代（公元618～907年）或其之前即已开始人工栽培的油桐和乌桕，平均每公顷林地的生物燃油年产量可达23～28桶，高产林地可达31～37桶，不但产量高于耕地能源作物的代用燃料单产水平，而且单位燃料的生产成本也明显低于耕地能源作物的费用水平。

6. 改进农业发展的技术特性，优化农业和农村生态环境

生态环境问题是当代农业和农村发展面临的一个严峻问题，山地农业能够通过以下方法及途径有力地改善趋于恶化的农业及农村生态环境：一是减轻农业发展对于耕地所形成的巨大压力，为科学、合理、可持续使用有限的耕地创造宽松的环境条件；二是增强农业发展的生物多样性基础，为农业不断选择、培育优势动植物品种和提高农业的抗逆能力及产出能力创造良好的条件；三是优化农业发展的外部环境条件及其内部技术特性，包括改进农业发展的地域小气候条件，消除农业病虫害的生存、传播条件，改变农业生产的生态脆弱性质，减少农用化学物质使用量，避免由此引起的农业非点源污染，等等。

二、山地农业的资源基础与开发方向

（一）丰富多样、得天独厚的生物资源

中国山地农业发展所赖以存在的生物资源，包括种类繁多的森林树种、森林动物和森林微生物（主要是食用菌）资源，可谓得天独厚，丰富多样。中国木本植物资源多达5000多种，其中乔木和常见灌木2000多种，已发现具有开发价值的经济林木1000多种，包括能够有效替代耕地粮油棉作物的高产、高效、优质木本粮油、木本纤维类树木，能够用于生产代用燃料的生物能源树木和生产塑料类产品、结构材料和化工原料等生物质原料的特种树木，以及上百种高营养价值的干鲜果和野生浆果、大量的木本药材、木本香料等林木树种。

1. 木本粮食作物

在中国，果实（种子）或根基淀粉含量在20%以上，可代替谷物用于生活消费的木本粮食植物有90多种，最为普遍、国内各地均有分布的包括板栗、枣、银杏、葛、山扁豆、蕨根、栓皮栎、蒙古栎、白栎、石栎、若槠、甜槠等等。

【板栗】中国特有的一种优良木本粮食树种。板栗的营养价值较高，每100克鲜栗仁中，含有淀粉28.1克，可溶性糖6.72克，蛋白质4.8克，脂肪1.5克，维生素C41毫克，胡萝卜素0.24毫克，氨基酸约4克，还含有钙、磷、铁等多种矿物元素。板栗树皮、栗花、果实、果壳、树叶、树根均可入药，栗房可提炼栲胶，树皮含有色素，可做染料，栗树木质坚硬，纹理致密，抗湿耐腐，是建筑和制作家具的优质木材。中国板栗主产区利用山坡地大面积栽种的优良品种板栗，进入盛果期后，平均每亩（667平方米）林

地的年板栗产量目前已达400千克以上，高产林已有超过700千克/亩·年的记录。按每亩年产量400千克、每千克售价7.2元人民币计算，每亩林地仅板栗一项的年经济收入即为2880元，加上副产品及木材年生长量形成的收入，每亩林地的年产值收入可达3200多元，远远高于农田大宗作物种植的年经营收入。

【银杏】中国特有具有多种价值及用途的孑遗植物，国内北至沈阳，南到广州，东自舟山普陀岛，西达昌都，东南至台湾省的南段，在北纬21°30′至41°46′、东经97°至125°之间均有分布，多集中在海拔3000米以下的平缓山区、丘陵和广大平原上。银杏具有极高的食用、药用和工业用原料价值，还是高品位的观光绿化用树种，银杏果实的外种皮，可用于生产生物农药和提取人畜用的外用药物；种仁含有丰富的营养成分，包括53.2%的淀粉、10.6%～14.7%的蛋白质、7.7%～11.8%的脂肪、0.18%～0.94%的还原糖、4.6%～8.8%的蔗糖、1.2%的粗纤维、3%的矿物质和每100克中含有320微克的胡萝卜素以及多种氨基酸、丰富的微量元素等，其中钙0.04～0.1%、铁0.013%～0.022%，此外还含有银杏酸、氢化白果酸、银杏醇、白果酚、白果二酚、漆树酸等等，可用于制作多种食品。银杏花粉含有多种氨基酸、谷胺酰、天门冬素、蛋白质、柠檬酸、蔗糖，银杏叶可分离出多种特殊活性成分物质，包括黄酮类、二萜内脂类、长链酚类、多糖、生物碱、甾体化合物、微量元素、有机酸、挥发油等，可以用于生产医治人类某些疾病的药品和用于生产化妆品、食品等。银杏树材质纹理致密、不翘不裂、富有韧性、抗虫耐腐，是豪华建筑和室内装饰的优质木材，价格高昂，往往以千克论价。自20世纪80年代起，由于银杏叶的开发利用中国不少地区开始大面积种植银杏，全国银杏干叶产量已达2万多吨，银杏果（白果）1万吨，并相继开发出系列食疗与保健食品系列，成为一个产业，但作为真正意义的食品仍是一个欠缺，进一步开发仍大有潜力。

2. 木本油料植物

中国现已发现籽粒含油率在20%以上的木本油料树种有300多种，可用于生产食用油脂和（或）生物燃油（包括生物柴油和生物汽油）。其中栽培历史悠久的食用油料树种有油茶、核桃、椰子、文冠果等，还有自20世纪50年代从地中海沿岸国家引进的油橄榄。

【油茶】中国特有的主要油料树种之一，不但品种多，所产茶油质量好，易消化，耐贮藏，而且易栽培、易管理、产量高、耐旱、耐瘠薄、抗逆性强，分布广，长江中下游及其以南地区的丘陵、山地均可种植。新种植的油茶林，新培育的优良品种定植后3～4年开始挂果，5～6年即进入盛果期，管理良好、抚育精心的油茶林地，平均每公顷的茶油产量可达450～750千克，高产林地可超过1350千克/公顷。油茶果壳和籽粒榨油后剩余物即枯饼是优质化工原料，可用于生产多种化工产品和肥料、生物农药等。良种油茶林地的主、副产品年经济收入平均每公顷可达8650～14500元人民币。现有油茶林垦复、改造后，第二年产量即可增加1倍以上。第二、四年可达225～300千克/公顷。

【核桃】原产于中国新疆，目前全国南北方、东西部地区均有分布。核桃仁出油率高达50%～60%，油的脂肪酸成分主要为不饱和酸，是上等的高级食用油，亚油酸含量达47.5%，比花生油高出50%。

核桃不仅可以榨油，而且本身还是一种富有营养的干果，每千克核桃仁的营养价值相当于5千克鸡蛋或4千克牛肉或9.5千克牛奶。新培育的核桃树种定植后4～5年开始挂果，7～8年进入盛果期，10年生以上的树，每株可收10～20千克核果，15年生以上的大树，每株可收40千克以上。盛果期的核桃林地，平均每公顷核果产量在400千克以上。核桃树的材质细而坚硬，不易折裂，是优质的木工用材，核壳可用以烧制活性炭，核桃树皮和外果皮可提炼单宁，根皮可用以制作染料。核桃林地单位面积的主、副产品收入平均每公顷每年在67500元人民币以上。中国目前的核桃产量，2005年已达49.91万吨，同1978年相比较增加3.2倍，是全国主要林产品中增长较快的一种。

【文冠果】中国北方的重要油料树种，种子含油率为30%～36%，种仁含油率55%～66%。文冠果油气味芳香，也是一种优质的食用油，亚油酸含量36.9%，亚油酸是益寿宁的主要成分之一，益寿宁可治高血压病，因此，常食文冠果可防治高血压症。

【椰子】中国热带的主要木本油料树种之一，椰油营养丰富，易为人体所吸收，其消化吸收率达95%～98%，是热带地区主要植物性食用油。

中国从国外引进栽培并已取得较好成就的油料树种，如油橄榄、油棕等。油棕原产热带西非，中国于1926年引种于海南岛、广西及雷州半岛等地，每公顷产油量750～1500千克，高的可达3150千克，是高产木本油料树种之一。

3. 生物质原料与能源资源

山地中生长、生产的树木既可用作生产建设用材料，不少还是特殊工业用原料及能源的重要来源，如用于生产代用能源（石油）、化工制品、香料制品等等。

【油桐、乌桕】是中国特有的两种重要工业用木本油料树种，所产桐油、桕油是一种可直接替代普通柴油的优质高效生物燃油。经人工培育的优良油桐、乌桕树种，定植后3～4年即可开始结果，6～7年后进入盛产期。盛产期20～25年，长的可超过50年。处于盛果阶段的油桐、乌桕，零星种植的单株油桐、乌桕籽粒年产量一般都在20～25千克以上，高的可达50～100千克/株，出油率油桐30%～36%、乌桕36%～41%。大面积成片种植的油桐、乌桕纯林，单株籽粒年产量平均按15千克计算，每公顷林地的年籽粒产量可达7500千克，年产桐油或桕油2500千克，枯饼3500千克，桐果壳2250千克。桐油或桕油售价平均每千克按5元人民币计算，桐果壳和枯饼售价分别为400元/吨、600元/吨，三项合计平均每公顷油桐、乌桕林地的年经济收入为15250元人民币。加上木林蓄积形成的经济收入，木材价格按600元/立方米、年木材蓄积按7.5/立方米·公顷计算，平均每公顷油桐、乌桕的年总产值收入可达19750元。在适宜发展油桐、乌桕种植的地区，如果利用山地、农村“四旁”隙地和城市绿化用地，大面积发展油桐、乌桕的种植，那么，进入盛果期后，即可生产出数量可观的桐油、桕油作为石油的替代物，以缓解能源的供求矛盾。

【竹】森林王国的重要成员，竹林是森林资源的重要组成部分。中国是世界竹类资源最为丰富的国家，是世界竹类植物的起源地和现代分布中心之一，竹林种类、面积、蓄积量和竹材与竹制品产量均居世界首位，有“世界竹类之乡”、“竹类王国”的称誉。中国常见的竹种包括：毛竹、慈竹、金竹、方竹、黄竹、龙竹、香糯竹、玉山竹、大节竹、粉单竹、淡竹、苦竹、青皮竹、箭竹等。中国竹主要分布在长江流域及以南地区。竹的用途非常广泛。竹子枝叶茂盛，鞭根发达，竹林具有良好的涵养水源、调节气候、净化空气的功能，是众多野生动物栖息场所和获取食物的重要来源地。竹子四季常青，姿态幽雅，具有很高的旅游、观赏价值，竹林景观可以成为当代旅游业的重要支点之一。

竹生长快、成材早、产量高，一年一荐新竹，2～3年成材，更新速度快，是最为重要、最具特色的再生资源。竹材的用途包括：制作日常生活用器物、建筑用材料、造纸原料、竹材胶合板、复合板，以及纺织用纤维原料等等。近年来，中国竹材工业迅速兴起，用竹材制成的各种板材，已成为建筑业、车辆制造业广泛应用的新兴板材来源之一。用竹纤维制成的纺织品，具备棉、麻、毛等天然纤维纺织品所具有的全部优点。可以预见，随着竹材工业及科技进步的发展，竹的经济用途必将越来越广。

此外，部分竹种的竹笋，色、香、味俱佳，鲜爽可口，是营养丰富同时具有保健功能的食用佳品。在中国，历来就有“无笋不成席”之说，可见竹笋作为食用品的重要性。

中国目前由于疏于管理和抚育，竹林产出量极低，平均每公顷毛竹林的年商品竹产量不到60根。低改后抚育精心、管理到位的毛竹林，平均每公顷的年商品竹产量可达1500根以上，加上竹笋和竹枝产品收入，每公顷竹林的年经济收入可达9750元人民币以上。山区农民每户种植5公顷竹林，仅竹林收入一项即可达48750元人民币。

4. 药材资源

《本草问答》开卷即问：“药者，昆虫木石、草根树皮等物，与人异类，而能治人之病者，何也？答曰，天地只此阴阳二气流行，而成五运（金、木、水、火、土为五运），对待而为六气（风、寒、湿、燥、火、热是也）。人生本天亲地，即秉天地之五运六气，以生五脏六腑。凡物虽与人异，然莫不本天地之一气，以生特物得一气之偏，人得天地之全耳。设人身之气偏胜、偏衰，则生疾病，又借药物一气之偏，以调吾身之盛衰，而使归于和平，则无病矣。盖假物之阴阳，以变化人身之阴阳也，故神农以药治病。”山地生态系统，是迄今为止陆地生态系中生物多样性保存最好、最为完整的一个自然系统，陆生动植物种群的科、属、种类应有尽有，因此，山地系统乃是目前世界上最为宝贵的一个天然的药材库。

现已发现并应用极广的中药系中，不少种类已为人们移出其原生地而引种到其他土地类型或地域进行大量的栽培。全国普查结果表明，目前已被鉴定可供药用的植物有9000多种，其中常有的500多种，主要依靠人工栽培的约有250种。越来越多的中药材由原来的野生态变为家栽，从原生地引种到其他地区栽培，虽然在数量上满足了社会对于中药材日益扩大的需求，但药材的药性质量能否继续保持下来却并非是毫无疑义的。

按照中药学经典之作的解释，如《本草问答》所述，“物各有性，而其所以成此者，”乃“原其所由生而成此性也。秉阳之气而生者，其性属阳；秉阴之气而生者，其性阴；或秉阴中之阳，或秉阳中之阴，总视其生成以为区别，盖必原一物以终始，与乎形色气味之差分，而后能定其性矣。有如人参，或谓其补气属阳，或谓其生津属阴，”乃“夫生于阴湿，秉水阴润泽之气也，故味甘苦而有汁液；发之为三桠五叶，阳数也；此苗从阴湿中发出，是由阴生阳，故于甘苦阴味之中，饶有一番生阳之气，此气可尝而得之也。人身之元气，由肾水之中，以上达于肺、生于阴，而出于阳，与人参由阴生阳同一理也，所以人参，大能化气，气而上，出于口鼻，即是津液，人参生津之理如此。”有关人参药理问题，《本草问答》进一步分析说：“人参不生于东南，而生于北方，……此正人参所由生之理……盖北方属水，於卦为坎，坎卦外阴而内阳，人参生于北方，正是阴之阳也。坎卦为水，天阳之气皆发于水中，……人身肾与膀胱属水，水中含阳，化气上行出于口鼻则为呼吸，充于皮毛则为卫气。……故内经曰，膀胱者，洲之官，气化则能出矣。此与天地水中含阳化而为气以周万物本属一理。水在五行属北方，人参生于北方，秉水中阳气，故与人之气化相合，所以大能补气，不独人参为然，凡一切药，皆当原其所生，而后其性可得知矣。夫生于北方，有阴中之阳药，则知生于南方，有阳中之阴药，如朱砂是。……人参秉水中之阳而补气，朱砂秉火中之阴而养血。一生北方，一生南方。就此二物便知南北水火阴阳血气之理矣。夫南北水火，虽非截然，究之各有所属。故北方属水，多生气分之药，如黄芪是也；南方属火，多生血分之药，又如肉桂是也。”

按照当代生物生态学理论，药用植物原本都是在特定的气候、地理及其生物群落中生长发育的，如果改变其生态环境，当与原产地生态环境差异悬殊时，即会使其药用品质发生重大变化。例如金银花，在不同产地其有效成分绿原酸的含量差异就极其显著。山东平邑产为5.66%，河北新密市为5.18%，山西太谷为3.88%，重庆为2.2%，云南大理为1.81%。又如不同产地的芍药，不但化学成分种类不同，而且有效成分含量也有差异，宝鸡、兰州、四川垫江产含芍药甙“C”，而山东曹县、安徽亳县、浙江东阳产则不含芍药甙“C”，各地所产芍药其有效成分均随纬度的降低而下降。再如人参，“生于辽东，树林阴湿之地；有人种者，亦须在阴林内植之”，故“本草纲目载人参歌曰：三椏五加，背阳向阴，若来求我，椴树相寻”（本草问答）。人工栽培的人参，特别是在非林地上栽种的人参（如农田），其药用价值即大为降低。

由此可见，药用品质最好的中药材一定是来自其原生态产地环境条件下的“昆虫土石、草根树皮等物”，其中的植物类部分，若须人工栽培，也必须保持其与原生态产地相近似的生态环境，进行近自然的人工种植。显然，对于大量原产于山地系统的中药材来说，无论是维持其野生或半野生状态或是完全的人工培育，其最佳的土地类型仍是山地。

此外，山地生态系保有的生物群体中，可供药用的部分除现已发现的外，肯定还有不少是目前尚不清楚的。按照中医中药学理论，“神农尝药，以天地五运六气，配人身五脏六腑，审别性味，以治百病”。人生疾病，乃“人身之气偏胜偏衰”，若能“借药物一气之偏”，以调理、调节人体之盛衰，使之“归于和平”，则疾病必祛之。人是自然之子，人之任何疾病，均为一种自然现象，在自然之中肯定有一自然之物可以克之。癌症是当代人类面对的一大顽症。对此，西洋医法寄希望于能够“一刀了之”，但终因无法如愿而束手无策。

自20世纪80年代以来，人们开始发现有多种中药可以对癌症起到减轻、缓解其症状的作用，并有一定的疗效。其中首推从分布于中国东北林区的紫杉（又名东北红豆杉）和南方广泛分布的南方红豆杉的枝、叶、皮中提取的“紫杉醇”，从三尖杉的枝、叶、果中提炼出来的“三尖杉酯碱”，以及从中国特有树种——喜树的树皮、果实、树根及树叶中提取的“喜树碱”。中药治癌新药的发现证明，人类社会中目前存在的某些病病，之所以成为不治之症，并非是真实的不治之症，而只是尚未寻找到在自然界中必然存在的那种与之相克、可供药用的自然之物。

西洋医法与中医中药是两种完全不同的医法，祛病的哲理不同，方法不同，结果也往往不同。西洋医法，“只知层析，而不知经脉；只知形迹，而不知气化，与中国近医互有优劣。若与古圣内经、本经较之，则西洋远不及矣。”从西洋医法视之，山地生态系中的自然之物，可能意义不大；而在中医中药看来，则实为一大药库、宝库矣。

（二）山地农业发展方向及其实现形式

城市及其周边地区山地资源的开发利用，可以在对现有林地包括用材林、经济林、生态林实施有效的低产改造、强化抚育与管理的基础上，有计划地突出以下重点项目/行业的开发建设与发展：

1. 无公害山地干、鲜果产业园

适宜人工栽培核桃、板栗等坚果类干果的城市地区，可以考虑从当地现有核桃、板栗等坚果类干果中筛选和（或）从外地区引进与本地区自然气候、土壤土质、水热条件相适应，适宜利用山地发展的丰产、早果、高效、优质的品种，按照“分散栽种、统一经营”，“公司+农户”方式加以发展，建成若干集中连片、各具特色、面积在100公顷（1500亩）以上的无公害山地干鲜果生产基地（园区、村域等），全部实行无公害种植与生产，以生产干果和提供观光景观、游憩场所为目标。所生产的产品以干果或罐头、蜜饯等制成品的形式供应市场，产品以出口外销和供应国内大城市高端消费市场为主。

自20世纪80年代中期以来，中国国内核桃、板栗等干果类产品的市场销量及产量快速增加，价格也一路上扬。1978年，中国的核桃产量还只是11.87万吨不到，板栗6.2万吨；1985年分别增加到12.19万吨、8.3万吨，2000年达到30.99万吨、59.8万吨，到2005年更是进一步增加到49.91万吨、103.2万吨，分别比1985年净增3.1倍、11.4倍，平均每年递增7.3%、13.4%。从干果类生产的经济效益看，人工种植的板栗，高产林地平均每公顷10500千克（合700千克/中国亩）以上，一般林地也可稳定在6000千克/公顷（合400千克/中国亩）水平左右，按7.0元/千克出售价计算，每公顷板栗的销售收入可达42000元（2800元/中国亩）。

2. 工业原料林、用材林场

生产生物燃料、生物质原料等产品，是山地农业的重要组成部分及发展方向。不断增长的能源及原材料需求与其供应的相对匮乏，将是未来时期中国经济发展的一种常态。2006年，中国全年实际的能源消费与国内一次性能源生产总量相比较，缺口高达2.5亿吨标煤，其中石油缺口1.36亿吨。预计到2020年前后，中国的石油缺口将达到2.0～2.5亿吨。巨量、稳定的市场需求将为以山地为依托的代用原、燃料产业的崛起与发展提供强有力的市场动因与保证条件。

工业原料林、用材林场以生产生物质能、天然纤维、塑料类产品原料、结构材料产品原料和建筑、木制品加工与制造业用特种用材为目标。林地建成后，原料林年干物质生产量平均达到15吨/公顷（1.0吨/亩），用材林10年龄木材产量平均达到150立方米

/公顷（10立方米/亩）左右，年平均木材产量达到15立方米/公顷（1立方米/亩），平均每公顷原料林、用材林的年经济收入即不会低于7500元人民币（合500元/亩）。

3. 林地立体项目

利用已成林林地和新造未成林林地，开发、建设以林地间作套种形式为其特征的林药、林菌、林间畜禽饲养业等种养生产项目和以森林为手段的森林游憩、观光体验经营项目等。以林菌、林药项目和森林游憩项目为主体，建成若干集中连片、具有一定产出规模的林下种植食用菇菌生产区（或村域），若干处集中连片、面积在100公顷以上的林下种植药材的生产区（或村域），以及若干处森林游憩、观光休闲或疗养观光山地农业园区。林地立体开发总面积占有林地（包括竹林、经济林、用材林、工业原料林等）总面积比重可达到25%左右。

山地农业的组成结构如下图8～1所示。

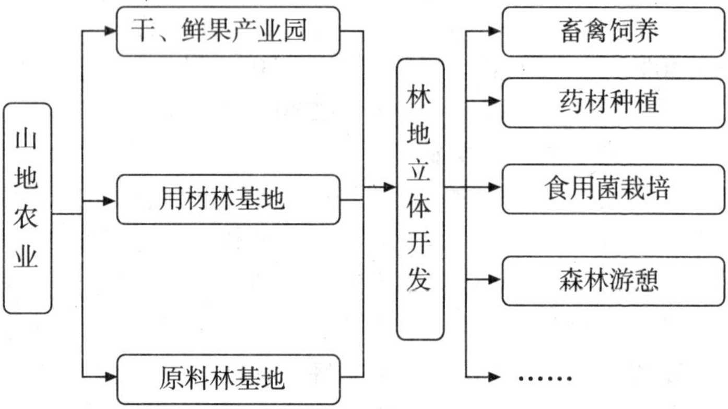

图8-1　山地农业生产/项目结构

（三）山地农业开发原则及步骤

城市及其周边地区的山地农业开发，可以考虑按照以下原则、方法及步骤进行：

1. 组织模式

以“公司+农户”方式为主，在项目/行业公司的组织、安排下，具体的产品生产活动主要以农户为单位负责进行，产品由公司统一经营。

2. 发展方法与步骤

立足现有产业、产品资源，在做好已有产业、产品的生产改造、市场开发之后，着眼未来、规划现在；发展规模由小到大；生产布局由点及面，逐步拓展。

3. 产业选择

物质产品生产与观光、休闲服务并举，所有开发项目原则上都要考虑旅游观光、体验休闲的需要及要求，尽可能地与观光、休闲农业发展相配合。

4. 投资模式

农户投资与项目/行业公司投资相结合。生产投资以农户为主，园区公共项目投资包括市场开发投资、技术引进投资、产品加工、包装投资等等以项目/行业公司投资为主。政府对农户生产投入和项目/行业公司的公共项目投资依照国家政策给予适当的资助或补贴。项目/行业公司的选择与确立，通过招商引资的办法及途径予以解决，也可以由农户合资组建或由当地公司改建而成。

三、中国山地农业发展的政策取向

（一）山地农业发展存在的问题

利用丰富的山地和与之相匹配的生物资源，促进山地农业发展，是中国农业发展的一大课题。中国山地农业发展当前存在的主要问题是：

1. 对山地农业发展缺乏应有的认识

中国广义农业包括农（种植）林牧渔业，以山地为依托的林业虽然被视为是农业的一个重要组成部分，但却始终未能引起应有的重视。在全国农林牧渔业总产值中，林业占有的比重一直很低，1978年为3.44%，1989年为4.36%，1995年降为3.49%，2005年为3.61%。从农村居民家庭的土地经营结构看，2006年全国农村居民家庭人均经营的全部土地中，山地仅占5.12%。人们对于林业的认识及其价值判断，比较普遍的看法是，农业主要是种植业和畜牧业，而林业只是一个辅助部门，其主要作用就是保护生态。所以近几年来在环保概念日益深入人心的情况下，不少人认为林业的发展就是种树，不砍伐树木，不破坏森林的现有状态。这种忽视林木经营的片面观念如不改变，以林木资源培育及利用为核心的山地农业是不可能发展壮大起来的。

2. 缺乏推动和促进山地开发的资源配置机制

对山地的开发经营不但需要有一定的资金实力，同时需要有与目标经营活动相对应的山地农业科学与技术知识及技能和取得所必备的山地。目前，山区农民由于多种因素综合作用的结果，往往是一缺资金，山地开发所需资金严重不足；二缺技术，农民已有的营农知识和生产技术及技能往往难以满足山地农业开发的实际需要；三缺山地，山地产权及其经营权的确立和流转困难，有能力的农户往往难以得到其所需要的山地。整体看，适应山地农业发展特点及要求的要素配置机制远未形成，农民进行山地开发所需要的资金、技术、山地等基本要素还难以通过市场化的办法得到解决。

3. 产业化经营的组织水平低

农业产业化经营是以市场需求为导向，以资源培育为基础，通过龙头企业或中介组织的带动和连接，将目标经济活动的产前、产中、产后诸环节连接成一个完整的产业链条，以实现产供销、贸工农、经科教紧密结合、互为推动的一种经营机制。从这一定义出发，中国山地农业产业经营目前存在的突出问题，一是山地农业的市场需求传导乏力，大量为消费者所青睐的产品需求信息往往难以有效地传递到生产者那里，成为引导生产的动力；二是山地农产品市场进入不力，不少具有市场需求及竞争能力的产品一直处于自产自销的原始自然经济状态，如目前农民生产的茶油，全国平均70%以上为农民自己食用，进入市场的不足30%；三是山地农业以资源培育为主导，根据区位优势、资源基础和市场需求形成具有一定规模的生产集群仍处于落后状态；四是龙头企业和各种中介组织的培育与发展速度缓慢，以龙头企业或中介组织带动山地农业发展的局面尚未显现；五是山地农业产供销、农工贸、经科教一体化的启动与发展进程缓慢。

4. 资源管理方式与山地农业发展的要求不相适应

山地农业开发与发展，涉及国家对森林资源的管理问题。中国森林资源管理体制改革一直处于落后状态，至今仍在相当程度上沿袭传统的行政管理模式及方法，因此，现行的山地资源管理方式与山地农业发展要求的不相适应现象极为突出。主要表现，一是山地权属不明，山地流转受到政策上的诸多限制而难于进行或处于混乱状态；二是对山地及森林的管理缺乏必要的分类和区别对待，公益林与商品林、天然林与人工林往往采取同一种方法进行管理；三是森林资源管理管得过多过死，往往是该管的并未能管住管好，不该管的也未能放开放活。

（二）促进山地农业发展的措施

1. 转变观念、调整战略，建立科学的山地农业发展管理体系

一是改变农业必然以耕地种养业为主，林业就是种树、保护生态，在整个农业体系中必然处于从属或次要地位的片面观念，建立以山地资源开发为重心的山区农业发展战略，山区农地资源利用由以耕地为主逐步过渡到以山地为主导，推动山地农业的迅速崛起。

二是改变极不适应山地资源开发与利用，对森林资源管得过多过死的传统管理模式，按照该管的管住管好、不该管的放开放活原则，构建“政、企权利明晰，公益林和商品林、天然林与人工林相区分，放活商品林、人工林经营”的森林资源管理模式，使森林资源管理方式适应山地资源开发和山地农业发展的客观要求。

三是改变重“管”轻“理”的落后管理思维，树立以引导和服务为主导的现代行政管理理念，制定有利于山地资源开发和山地农业发展的扶持政策，增加政府财政对山地资源开发及山地农业发展的资金投入，健全山地农业发展服务体系，包括山地农业的科学研究与试验发展及其成果推广应用体系，资金供应及融资服务体系，农民职业教育与技能培训体系等等，强化政府及社会对山地农业发展的有效支持。

2. 重视生产基地建设，促进大宗产品和优势特色产业的优先发展

山地农业生产特别是以工业用途为目标的产品生产，不同于以生活消费品生产为主要目的的耕地的种养业。山地农业的有效发展，建立规模化的产品生产基地十分重要，是有效化解和防范山地农业发展过程中可能遭遇的市场风险、经营风险，解决产品入市和科技与资金投入不足等难题的必由之路，是按照合理配置、适当集中、形成规模的基本思路，进行产业链纵向开发，有效构建从目标植物种植、初级产品生产到终端制成品产出的一体化经营结构体系，实现集约化、加工规模化和系列化，促进地方特色产业经济有效形成的重要方法。因此，应该高度重视山地农业生产基地的建设，着力加快比较优势明显、市场容量和发展潜力巨大、市场竞争力强、地域特色突出的大宗产品及产业的优先发展，形成“点、线、面”有机结合、布局合理的产业带。

3. 创新经营组织体系，加快山地农业的产业化发展进程

山地资源的有效开发与利用，并使其成为一项可持续的产业发展活动，需要有与之相适应的经营组织来加以维系。从山地农业产业化经营的客观要求角度看，应当特别重视以下问题的有效解决：

一是积极引导、支持建立和发展以农民为主体的农业经营公司等新型农业微观经营组织，以规范山地农业微观主体的生产经营行为，并增强其市场谈判与进入能力，为山地农业发展奠定坚实的微观基础 。

二是创设介于农业微观经营组织与政府宏观管理之间的区域或行业农业经营管理公司，作为山地农业产业化经营的宏观经营组织，为在不同主体间合理分配和分散产品生产的成本、收入、利润和风险等提供组织条件，实现微观经营与宏观管理的有效对接。

三是发展、完善山地资源开发与山地农业发展的各种中介服务组织，创新农业微观经营的社会环境，为山地农业产业化经营发展与运行提供良好的外部环境保证和生产力要素优化配置的条件及机制。

4. 构建合理、有效的山地农业经营运作体系

一是产品生产实行替代性生产与开拓性生产相结合，以开发和生产新产品为重心和目标。“替代性生产”以生产耕地农业已有农产品的替代品为目标，如粮食、油脂、纤维类产品、畜牧产品替代品等，目的在于减轻农业发展对于耕地造成的巨大压力，增加已有同类农产品的供应总量及其花色品种，使社会对本类产品日益增长的需求得到充分、有效的满足。“开拓性生产”以开发和生产目前农业中尚不存在的农产品为目标，如代用燃料、新型生物质原料产品等，这一类产品不但具有良好的市场前景和发展潜力，是未来农业的重要希望之所在，而且不少产品的生产技术目前也已完全成熟，生产的经济效益好。

二是资源的使用与保护相结合，建立以近自然农业为主导的农业形态统结构模式。对山地资源的开发利用，必须以不破坏山地系统的生态结构及其平衡态、不引发环境问题为前提。近自然农业以生态、经济、社会三大效益的协调统一为目标，是充分利用农业生态系内自然发展规律及生产力，突出生产过程的自组织调整，通过采用符合目标农作物或饲养畜禽生长发育要求的经营措施，以生产量多、质优农产品的一种农业形态及其经营体系，是目前推行可持续农业最为现实、有效的一种途径及模式。

三是坚持以市场需求为导向，以资源（主要是林木）培育为基础，将目标林木种植、林地管抚、初级产品生产到产品加工诸环节有效地链接成为一个完整的产业链条，促进直接利用山地的生产经营活动（即第一产业）、以山地农产品为原料的加工业（即第二产业）和以山地农产品、山地农业景观为依托的服务业，包括运输、营销、园林绿化、花卉市场、旅游观光业等（即第三产业）的有机结合，实现农业形态多样化及其资源利用的多级化、综合化。

【附：山地农业项目设计】

生物燃油（桐油）生产基地建设方案

【设计项目说明】由于石油资源的快速耗竭，全球已经进入或正在进入高油价时代，寻找和开发代用燃料以替代石油，成为全球亟待解决的一个重大课题。中国长江流域及其以南地区广泛分布的油桐，即是发展高能效代用燃料——生物柴油不可多得的一种重要资源。2005年冬，笔者在南方农村调研过程中，提到油桐生产前景问题，当地农民无不表现出一种异常的激情和兴奋，认为是一种很有潜力的经济林木，只是近几十年来，由于种种原因无人问津，才陷于荒芜状态，要是有企业或政府出面组织农民生产，很快即可达到规模化程度。于是，有了本项目开发设计的最初设想，后经过系列的调研和资料收集，便有了收录在此的“生物燃油（桐油）生产基地建设方案”设想报告。

本设计项目的预设建设地点为江西赣州市中、西部低山丘陵地区，设计项目的建设目标是：建成国内高能效代用燃料——生物柴油（桐油）规模化生产基地，开创中国能源农业、非耕地山地农业、多功能农业发展的全新局面，为中国稳步发展石油替代产业、加速推进农业及农村经济与产业结构调整提供和积累新的有益经验。

一、项目概述

（一）项目名称、建设单位与实施地点

1. 项目名称和项目内涵

【项目全称】“生物燃油（桐油）生产基地建设与山地农业

开发项目示范工程”

【项目开发的目标对象植物】：“油桐”

【项目开发的主要内容】：

（1）油桐优良树种的选育与扩繁示范；

（2）油桐林建植与抚育管理示范；

（3）能源林地综合、立体开发试验与发展示范；

（4）代用燃料生产与销售示范；

（5）后现代农业、山地农业、异地农业、能源农业和多功能农业开发试验与发展示范。

2. 项目建设实施地点

本项目建设实施地点为：江西赣州市中、西部低山丘陵地区。

【核心区】 南康市赤土乡小岭村及其毗邻乡村，以小岭村为中心；

【拓展区（Ⅰ）】 南康市赤土、横寨、朱坊、西华、浮石和邻近的崇义县龙勾、扬眉及大余县新城、下垅等9个乡（镇）辖属地区，以赤土乡为中心；

【拓展区（Ⅱ）】 南康、大余、崇义、上犹、信丰、赣县及章贡区6个县（市、区）全境，以南康为中心。

（二）项目建设依据、指导思想、宗旨与目的

1. 项目设计依据

【背景依据】

（1）由于石油资源的快速耗竭，全球正进入高油价时代，寻找和开发代用燃料以替代石油，已成为全球亟待解决的一个重大课题。国外的做法之一，是利用耕地种植能源作物，用于生产乙醇（酒精）或植物油，以替代目前使用的汽油和柴油燃料。

（2）中国自1992年首次出现能源供应缺口以来，能源供求关系迅速趋紧。2004年缺口达到12400万吨标煤，石油进口超过1.2亿吨。中国经济的快速增长需要有更多的能源特别是新兴能源来加以推动。预计到2020年能源缺口将达到4.5亿～6.0亿吨标煤，其

中石油缺口2.0～2.5亿吨。中国能源缺口的有效解决从长远看不应该也不可能寄希望于进口，而是必须立足于自给的发展道路。

（3）中国耕地资源高度稀缺，不可能如同国外那样用大量的耕地生产代用燃料。中国必须另辟蹊径。大力发展非耕地农业、能源农业是中国农业和能源产业发展的必由之路。

【政策依据】

鼓励发展石油替代产品是国家的一项重要政策。

2005年7月，国务院下发《关于做好建设节约型社会近期重点工作的通知》，提出要在全国范围内积极“组织生物质能资源调查及生物质能技术示范和推广，大力推进能源基地建设和开发利用”。紧接着，中国共产党第十六届五中全会通过的《中共中央关于制定国民经济和社会发展第十一个五年规划的建议》再次强调要稳步发展石油替代产品，加快生物质能等可再生资源的开发利用和发展。

【经济、技术依据】

大规模种植油桐，用于生产生物燃油，以替代石油制品，具有经济、技术上的可行性，是节约石油消耗和有效调整、优化中国农业及农村经济结构的一个重要方面。

（1）桐油的热值含量仅比从石油中提炼的普通柴油低6%不到，分别高出甲、乙烷类碳氢化合物发热量的51.6%和8.1%以上，是一种可直接用于替代普通柴油的高能效生物燃油。

（2）油桐树栽种不占用耕地，中国秦岭、淮河以南地区的山坡地、房前屋后、农用地边、沟渠河岸等间闲土地和道路两侧及城镇绿化用地皆可栽种，可利用的土地资源丰富。

（3）油桐的土地生产率高，每公顷林地生产的桐油可替代23～28桶柴油，高产林地的柴油替代数量超过30桶，高于巴西、美国每公顷耕地生产20桶替代石油的产出量。

（4）油桐为阔叶树种，树木及林地具有良好的环保效应，所产桐油燃烧充分，不产生有害气体，是优质、高效的绿色燃料。

（5）油桐种植投入成本低、产值大，收入高，效益期长。经营管理良好的油桐林地平均每公顷主、副产品产值可达22500元（合每亩1500元）以上，远远高于种植一般农作物所能够形成的经济收入。

（6）发展油桐种植，是增加农村就业岗位和农民收入的重要渠道。农村居民利用房前屋后、行道路旁、农田地边、沟渠河岸等间隙闲地和山坡荒地，每户种植50～60棵油桐树，进入盛果期后的年主产品销售收入即可达2000元～3000元人民币。

2. 项目设计指导思想、宗旨与目的

本项目设计以科学的发展观为指导，以代用燃料——生物燃油（桐油）的规模化生产为目标，旨在建成具有示范意义的能源植物种植及生物燃油生产基地，并为中国新兴能源产业、非耕地山地农业发展积累和提供具有推广意义的有益经验。

（三）项目设计规划目标

1. 项目林地建植面积

【规划总面积】 5.65万公顷（84.75万中国亩）

其中：

【核心区林地面积】 1500公顷（2.25万中国亩）

【拓展区（Ⅰ）林地面积】 10000公顷（15.0万中国亩）

【拓展区（Ⅱ）林地面积】 45000公顷（67.5万中国亩）

2. 项目设计建设投资

【投资总额】

林地建设（不包括相关工业投资）总投资78535万元人民币，其中：

核心区林地建设投资2087万元人民币；

拓展区（Ⅰ）林地建设投资13900万元人民币；

拓展区（Ⅱ）林地建设投资62548万元人民币。

【资金来源】

建设单位自筹。通过多种方式融资，包括争取政府的适当补贴。

3. 项目产出预期

【生物燃油（桐油）总产量】

进入盛果期后，年桐油总产量19.07万～22.88万吨（合140.2万～168.2万桶），可替代135万～158万桶柴油。
其中核心区林地的年桐油总产量为5062.5吨～6075.0吨（合3.72万～4.47万桶），可替代3.5万～4.2万桶柴油。

【经济产出】

进入盛果期后，本项目的年农业收入可达85810万元人民币（不包括木材的增值收入），生物燃油加工的年工业增加值29940万元人民币。

如果考虑油桐果壳、油桐籽榨油后的残渣（即桐枯饼）作为工业原料的加工增加值和木材蓄积增值所形成的价值收入，工业增加值与其原料价值的比例按0.5:1计算，则进入盛果期后，本项目的年经济产出可达15.5亿元人民币。

（四）项目启动期工作安排

（1）搭建工作班底，提出近期工作目标，制订近期工作计划。

（2）依据本设计报告，在深入调查研究的基础上，拟订中、长期发展规划。

（3）完成从基层到国家各级政府的立项工作，争取国家及地方政府的政策支持。

（4）构建协作网络，落实经济、技术支持单位。

（5）完成树种品类选择和引进的办法、渠道。

（6）建成苗木繁育基地，进行种苗扩繁。

（7）小规模、大范围的栽种试验（利用零星土地，进行分散的种植），为大规模的集中造林准备条件。

（8）利用目标区域内现有的油桐树存量资源，进行桐油生产与使用推广试验，鼓励和支持农户加强对现有油桐树的抚育管理、老树更新及嫁接改造。

二、项目建设背景及其依据

（一）项目建设的背景依据

1. 全球进入高油价时代

自2004年下半年开始，国际油价急剧攀升，在不到一年的时间里原油期货合同价格就翻了一番还多。2005年8月，“卡特里娜”飓风袭击墨西哥湾之后，油价更是达到了创纪录的70.85美元/桶。影响油价变动的因素极其复杂，因此涨落现象经常发生。但从长远看，石油价格的不断上升将是一个无可回避的必然趋势，全球已经开始进入一个高油价时代。

2. 寻找和开发代用燃料是全球亟待解决的一个重大课题

人类社会目前使用的矿物燃料，主要是石油，是人类通过历史继承下来的一种自然资本储备。按照现有储量及其利用和减少的速度计算，这种储备到本世纪中后期即将消耗殆尽。石油耗竭是一个无可回避的必然现象，实际上，短缺已经开始出现，所以油价不断攀升。如果没有了石油，人们将使用什么来加以替代，煤炭、核电，还是其它？设法寻找和开发代用燃料已成为全球亟待解决的一个重大课题，是21世纪人类社会所面临的最大挑战之一。

3. 巴西经验应用与推广的局限性

在开发和生产代用燃料方面，巴西确已找到了一种既有效又经济的办法，那就是用甘蔗作原料生产乙醇（酒精）燃料。巴西是目前世界上最大的乙醇生产者。2004年，乙醇产量达到40亿加仑（约合150亿公升、1095万吨），可满足巴西液体燃料（汽油、柴油等）需求总量的40%，从而解决了巴西的石油资源不足问题。生产乙醇虽然可以从除甘蔗外的其他多种农作物原料中提取，但必须以耕地为基础。在耕地资源不足的条件下，这种方法的应用就必然受到严格的限制。

4. 中国快速增长的能源需求及其激烈的供求矛盾

中国经济正处于快速增长的历史阶段。快速增长的中国经济需要更多的能源来加以推动。由于中国矿物能源特别是石油资源的相对贫乏，有限的资源供应与快速增长的能源需求之间已形成趋于尖锐的矛盾态势。2004年，中国能源生产总量18.46亿吨标煤，消费总量却已达到19.7亿吨标煤，缺口1.24亿吨标煤。其中石油生产1.75亿吨，消费2.9亿吨，缺口1.15亿吨。随着国内经济的进一步快速发展，对能源的需求也将进一步大幅增加，在资源供应不足、能源生产增长有限的条件下，能源的供应缺口将进一步加大，为此，需要进口更多的能源。问题在于，大量的能源进口必然带来系列的经济、社会与政治问题，包括能源供应是否有可靠的保障问题，价格是否合理的问题，等等。只要有可能，中国就应该尽量不走进口的道路，应当立足于自给自足的发展之路。

【基本结论】 国际油价的不断提高，石油资源的耗竭态势，中国快速增长的能源需求及其供给的相对不足，国外生产代用燃料经验的有限性等等，所有这些，对于某一具体国家或地区的经济与企业来说，不只是一种挑战，更是一种机遇。油价走高，石油供应短缺，经济发展需要日益增多的大量能源供给，等等，所有这些，都为设法开发与生产代用燃料创造了千载难逢、不可多得的良好契机。

（二）项目建设的环境依据

1. 优越的自然地理区位环境

本项目建设的预设地域范围——南康市及其邻县的相关乡、村，位于江西南部，地处赣江支流章水的中下游、赣中南剥蚀红岩丘陵盆地。全市总面积1845平方公里，丘陵占59%，山地占27%，平原占14%；按土地利用状态分，耕地占16.5%，林业用地占63.2%，其他用地占20.3%。

境内河流总长746公里，2条干流，支流包括外县入境的大小河溪60余条，河网密度为0.4公里/平方公里，水源丰富、供应充沛。

境内土壤类型分为3个垂直地带：（1）海拔800米以上的山区，土壤以厚层、多有机质山地黄壤为主；（2）海拔500～800

米的低山区，土壤多为厚、中层、多有机质山地黄、红壤；（3）海拔200～500米的中、高丘陵地区，土壤为中、厚层的红壤土和薄层的紫色土。

境内属中亚热带季风湿润气候区，年平均气温为19.2℃，1月平均气温7.9℃，极端最低气温-7℃；7月平均气温29.4℃，极端最高气温40.1℃。无霜期286天左右，年降水量1443.2毫米，水、热条件配合良好。

2. 有利的社会、经济地理区位环境

南康市居江西南部赣州地区的中部地区，东邻赣州市区和赣县，南连信丰、大余两县，西接崇义、上犹，北界吉安地区的遂川、万安县。境内交通便利、发达，京九铁路、昌（南昌）穗（广州）高速公路南北纵贯境内，105国道和303国道从境内纵横穿过。全市乡镇、村均已通公路，自古通航的章水、上犹江水运航道仍可通航。

境内工商业发育比较充分，工业加工和商业贸易发展具有一定的基础，先后形成的几大专业市场具有相当的辐射及吸引能力。

3. 悠久的经济植物种植传统及其习惯

南康市农村及其农民具有发展各种经济植物（作物）种植的历史传统及其习惯、意识，是赣州地区工业用途农作物种植的重要基地这一，各种经济作物应有尽有，油料类（花生、芝麻）、糖料类（甘蔗）、纤维类（黄、红麻、苧麻等）、烟叶、木本粮油（油茶、油桐等）和水果（柚子、柑桔、脐橙、柿子、李子等等）等作（植）物在赣州地区均占有重要地位，其中甘蔗、花生产量一度居全地区第1位，麻类位居第三。

4. 浓郁的创业文化氛围

南康市居民从城市到农村均具有较高的商业文化素质及其经营意识和较强的创业意识与创业能力，比较重视创业、立业。以专业化商品生产为特色的家庭经济、家庭企业发育、发展比较充分，位于国内中、西部地区前列。

【基本结论】 南康市优越的自然地理区位环境，有利的社会、经济地理区位环境和悠久的经济作物（植物）种植传统及其习惯，浓郁的创业文化及其价值观念，对创业的追求和想往等等，为本设计项目的建设与经营发展提供了诸多必备的良好条件。

（三）项目建设的政策依据

1. 鼓励发展石油替代品政策

发展代用燃料生产，采取有效措施节约石油消耗，是中国的重要国策之一。中国《国民经济和社会发展第十个五年计划纲要》即已将“开发燃料酒精等石油替代品”作为国家经济工作的一项重要内容。为此，还建立了以国家发改委（其前身为国家计委）为组长单位，国家经贸委（现为商务部）、中石油、中石化为副组长单位、国务院有关部委及相关单位参加的推广使用车用乙醇汽油工作领导小组。为鼓励开发生产和发展石油替代用品、节约石油消耗，国家还相继制定并出台了一系列的政策措施规定。

2005年7月国务院发出《关于做好建设节约型社会近期重点工作的通知》，该通知进一步明确指出并规定：

（1）国家开始启动7项重点节能工程，包括节约和替代石油工程；

（2）组织生物质能资源调查，大力推进能源林基地建设和开发利用。

2005年10月11日中国共产党十六届五中全会通过的《中共中央关于制定国民经济与社会发展第十一个五年规划的建议》再次强调要稳步发展石油替代产品，加快生物质能等可再生资源的发展步伐，大力发展包括新能源、新材料在内的新兴产业，培育更多新的增长点。

2. 推进农业和农村经济发展及其结构调整的政策

中国历来重视农业和农村经济与产业的有效发展，全方位、多角度地相继制定了一系列鼓励和支持农业发展的政策，包括优化农业生产结构、促进全面发展政策，发展特色农业政策，建设农业示范基地政策，农业产业化经营政策，农业增效、农民增收政策，农村扶贫开发政策，等等。

2005年10月8日至11日举行的中国共产党第十六届中央委员会第五次全体会议提出，建设社会主义新农村是我国现代化进程中的重大历史任务，要按照生产发展、生活宽裕、乡风文明、村容整洁、管理民主的要求，扎实稳步地加以推进。按照十六届五中全会的总体部署，中共中央、国务院决定“十一五”期间将加快对农业和农村经济发展及其结构调整的支持力度和强度，中央财政支出的大部分将用于支持农业和农村经济发展及其结构的有效调整，为农业和农村经济发展及其新兴产业开发创造并提供一个良好的外部环境条件。

3. 林业发展与经营政策

林业在一国或地区的经济与社会发展中具有特殊重要的作用和意义。林业问题包含了环境与发展的一切问题。1995年国家制定的《中国21世纪议程——林业行动计划》，即已明确地提出并规定了中国21世纪林业发展的各阶段目标，并指出到2050年建成中国比较完备的林业生态体系和比较发达的林业产业体系，基本实现“再造山川秀美”的宏伟目标。鉴于林业在环境与发展中所具有的重要作用，针对中国林业发展存在的矛盾与问题，国家提出并已开始组织实施一系列影响全局的重大工程行动。为保证我国林业的顺利发展及其高效运营，国家还制订和完善了中国的林业经营产权政策、支持特色林产品基地建设政策、扶持林业龙头企业发展政策、林业发展与经营补偿政策，等等。

【基本结论】 本设计项目符合国家相关政策包括能源政策、农业和农村经济发展及其结构调整政策、林业政策以及环境保护政策的有关规定，因此，设计项目的建设与发展有可能从这些政策中得到相应的支持和优惠待遇。

（四）项目建设的技术依据

1. 油桐的生物学特性

油桐是中国的特有树种，大戟科，落叶乔木或小乔木，是长江流域及其以南地区包括贵州、云南、四川、重庆、陕西、河南、安徽、江苏、浙江、湖北、湖南、江西、福建、广东、广西等省、市（直辖市）、区（自治区）广为栽植的工业用木本油料植物。

油桐分为两大类，一类称之为“桐油树”，又称“三年桐”或“五年桐”，包括柿饼桐、步步桐、柴桐、米桐和球桐等品种，特点是抗旱、耐寒、生长快、结果早，定植后3～4年即有收获，结果期一般为20～30年，盛产期15～25年，其中早熟品种的盛产期4～5年。另一类叫做“木油树”，又称“千年桐”，特点为树形高大、寿命长、结果迟，一般栽种6～7年后开始结果，结果期30～40年，长的可达50年，盛产期25～35年。

油桐对土壤无特别严格的要求，房前屋后、行道路旁、农田地边、沟堤河岸不渍水的空隙地，向阳的荒山山腰以下地带，城市建成区行道两侧及绿化用地均可种植。

油桐属中等速生树种，易种植、易管理，定植成活率高，病虫害少，生长快，年木材蓄积在0.01立方米/株以上，是经济、绿化两用的重要树种之一。

2. 油桐的生产特性

进入盛产期的油桐树，零星栽种的单株年油桐籽产量一般可达20～25千克，大树超过50千克/株，出油率30%～36%。集中连片种植的油桐林，大面积单产水平平均每公顷年油桐籽产量可达11250千克以上（单株平均15千克，每公顷750株），年产桐油3375～4050千克，油桐子榨油后的残渣即桐饼5625～6185千克，桐果外壳（简称“桐果壳”）3750～5625千克，年木材蓄积＞7.5立方米/公顷。

3. 油桐产品的经济用途

油桐所产桐油是一种良好 的干性油，干燥快、有光泽、不传电、不怕热、耐酸、碱、盐腐蚀，是一种用途广泛的工业用油，以它作原料或有关的工业产品多达1000种以上。主要用作生物燃油和制造高品位的涂料（油漆）、各种胶质物、塑料类、绝缘材料类产品原料。

桐果壳可以烧灰制碱和制成活性炭，或用作制造密度板的原料。

桐饼可直接用作农田肥料或化学工业原料。用桐饼肥田，可形成良好的土壤改良作用，并且每100千克桐饼当季即可增产稻谷35～40千克。

油桐树材质洁白、结构细密、质轻软，刨面光滑，是制造家俱、装饰板、细木工板的优质用材，也是制造胶合板及其他工业用材和造纸的优质原料。

4. 桐油的燃料特性

桐油是一种品质优良的高能效生物燃油，可直接替代普通柴油在动力装置中使用。桐油的热值含量≥9400大卡/千克，仅比普通柴油低6%不到，高于甲烷类碳氢化合物热值含量的51.6%和乙烷类碳氢化合物热值含量的8.1%以上。

5. 油桐种植的发展史与分布现状

中国人工栽培油桐的历史，从有文字记载看至少可追溯到唐朝（公元618～907年）年间。

中国的年油桐籽总产量1952、1953年分别为43.5万吨、40.9万吨，1959年达到59.1万吨后，趋于减少，1965年已降至13万吨，仅相当于1959年的22%不到。整个20世纪60年代10年平均的年产量为28.89万吨，70年代33.51万吨、80年代34.93万吨、90年代41.23万吨。2000年达到45.3万吨后再次趋于下降，到2004年已减至38.3万吨，2005年36.9万吨，分别比2000年减少15.7%、18.54%。2002～2005年均总产量比1958～1959年平均减少31.83%。

中国目前的油桐生产主要集中在贵州、广西、四川、河南和湖南5个省、区。5省区合计的油桐籽产量占全国总产量的3/4～4/5。其中贵州一省即占全国总产量的1/4，广西、四川分别占全国总产量的14～15%。

【结论】大规模种植油桐树，用于生产生物燃油，以替代石油制品即柴油，具有经济、技术上的可行性，是节约石油消耗和有效调整、优化中国农业及农村经济结构的一个极重要方面。

三、项目示范与核心区建设的实施地点与建设单位

（一）项目示范的必要性

任何生产活动的大规模展开，通常都需要以小规模的试验试点活动为其起点，以便摸索和积累规模化生产所必需的经济技术发展及其组织管理方面的各种经验。能源林建设与生物燃油开发也不例外。原因或理由如下：

（1）以生产和利用生物质能为目标的替代能源开发，从植物品种（油桐）的选择、育种、扩繁、种植、定植后的抚育、管理到采收，再到燃油生产及其副产品的开发、加工等全过程，是一个复杂的技术系统工程，涉及众多学科、领域的知识与技术，需要通过必要的试点试验将各种可能遇到问题包括可以预见和不可预见的问题一一暴露出来，然后加以解决，以寻找到最佳的求解方案。

（2）规模化、大范围、广地域的油桐种植及其产品的加工、销售等产业经营活动，必然涉及数以千计、万计乃至几十万计、百万计的行为主体，而绝非依靠某个或某几个行为主体即能完成和实现的，是一个庞大而复杂的社会组织系统工程。面对众多的行为主体，如何进行有效的组织，怎样协调不同行为主体的行动及其利益，也需要进行预先的试验试点，以便获取所需要的经验。

（3）开发替代能源、发展新兴产业离不开政策的鼓励和支持，但应该实施怎样的政策，也需要研究和探索，离不开具体的实践，也就是需要通过试点试验活动来获取所需要的政策、经验。

（二）项目示范实施地点范围界定

本项目设计的示范实施地点预设在南康市赤土乡小岭村及其周邻区域，所涉区间根据项目发展的时间进程予以规划和确定，分别为：

（1）示范项目起步阶段：小岭村境内。

（2）示范项目建设拓展阶段：以小岭村为核心的周邻乡村，包括赤土乡杏花村、南康市横寨乡和崇义县龙勾乡与小岭村相邻的村或村民小组。

（3）示范项目建成阶段：以小岭村所在赤土乡地区为中心的周邻乡（镇）地区，包括横寨、朱坊、西华、浮石和邻县崇义龙勾乡、杨眉镇以及大余下垄、新城等9个乡（镇）的整个区域。

（三）示范中心区小岭村概况

南康市赤土乡小岭村（以下简称“小岭村”）地处江西省南部低山丘陵地区南康市赤土乡西北侧与邻县崇义龙勾乡接壤处，东与赤土邻乡横寨乡横寨水库相邻，南同本乡杏花村隔山相通，西为连绵的山地，北与龙勾乡越山相接。全村群山环绕，距离最近的邻村居民点约10华里（5公里）。全村现有人口1020人，散居在一个“西北——东南”走向约6华里（3公里）、两山之间最宽处不过百米的山沟两侧，分为8个村民小组，耕地总资源560余亩（约37.33公顷），全村人均耕地0.55亩；山地（林业用地）总面积12000多亩（800公顷），人均山地面积11.8亩。

小岭村海拔500～700米左右，山高低于100米，属典型的低山地形，山地坡缓、土层深厚、质地肥沃，有机质含量高，水热条件配合良好，自然生态和开发利用的立地条件优越。现已开发利用的山地，包括脐橙林地1200多亩（80公顷），占山地总面积的10%；山油茶林500亩左右，占山地总面积的4.2%不到，大多处于半荒芜状态；还有少量的毛竹林（不足100亩）。其他未被人工开发利用的山地植被基本处于“野生——人工砍伐——野生”的半自然演替状态，土地的现有经济产出率极低，但开发潜力巨大。

（四）小岭村及其周邻乡村油桐生产情况

小岭村及其周邻村和（或）村民小组具有人工栽植油桐的历史传统。人工种植的油桐散布于房前屋后、沟河岸边、农田地旁和油茶林间，迄今还未有过成片的人工油桐纯林。

在石油制品未曾出现的时代，油桐所产桐油一直是本区域居民夜间照明的燃油来源和各种木制家俱、农具及其他器皿的涂料来源。这种情况一直延续到20世纪50、60年代。那时，作为乡村照明用油的煤油，虽然早已进入本区域，但供应并不充分，作为化工产品的油漆在本区域的应用也还比较有限，因此，不少家庭仍然使用桐油点灯照明和用桐油漆制家具、农具等。在本区域内的不少农民家庭中至今还能找到使用桐油照明的灯具和由桐油漆制的家具等。

由于昔日桐油是本区域农民生活的必备用品之一，因此，几乎家家户户都种植有一定数量的油桐树，桐油产量少的农民家庭一般也在5～6千克/年以上，大多可达8～10千克/户·年，有的超过20千克/年·户。

进入20世纪70年代后，本区域油桐生产日趋萎缩，油桐籽产量逐步下降，昔日遍布房前屋后、沟河岸边、农田地旁及油茶林地婆娑多姿、随处可见的油桐树几乎已成罕见之物，所产桐籽也鲜有人采摘，任其自生自落。资源的衰竭、财富的浪费，实在令人惋惜。

（五）项目示范实施地点选择的基本考虑

本项目示范实施地点所以选择在小岭村及其周邻区域，是基于以下的基本考虑或理由：

（1）自然环境

境内山多，但山低、坡缓，土层深厚、质地肥沃，光照充足、水源充沛，且水热条件配合良好，人工造林的自然生态及开发利用的立地条件优越，有利于林木栽种及其日后的生长、发育，从而提高人工林的经济效率与效益。

（2）地理区位

境内包括两县（市）三乡地域，便于进行农林业开发与发展的跨行政区区域合作试验和进行异地农林业的试验与发展，有助于摸索和积累农林业跨区合作及异地开发的实践经验，使本项目的示范、带动功能作用发挥到一个极致的程度，对不同行政区的农民形成示范效应。

（3）资源供给

本项目所涉主要资源包括土地资源、人力资源及其他资源等。目标区域境内可开发利用的山地资源面积大，农村剩余劳动力较多，而且素质较高，是赣州地区低山丘陵地带人口密度较大、人均耕地稀缺的典型区域之一，能够为本项目的建设与发展提供丰裕的土地和劳动力等资源条件。

（4）生产传统

境内栽种油桐具有历史悠久的突出特点，昔日的家家户户栽种油桐已成为一种普遍的传统。本项目启动后，易于按照“公司+农户”的基本模式顺利展开与发展。

（5）行为“传递”与“播布”条件

境内居民间的日常来往极为频繁，相互走动成为一种传统习惯。一种新的行动方式出现后极容易在其他群体中间产生影响、学习的作用及效果，因此，有助于本项目经济行为在目标区域内的传递、播布，从而实现预期的目标或目的。

（六）项目示范核心区建设实施主体

本项目示范核心区林地建设由南康市赤土乡小岭村云峰山农业开发有限公司负责组织实施。

小岭村云峰山农业开发有限公司，是由小岭村部分农民家庭共同出资而设立的一家有别于一般城乡工商企业专司农业开发业务的公司制企业。小岭村云峰山农业开发有限公司的突出特点为：

（1）以真正意义的农民为主体，公司股东均为专职务农的农民；

（2）以农业开发业务为主业；

（3）以带动农民务农致富为己任。

小岭村云峰山农业开发有限公司成立后，在引导当地农民利用当地资源进行农业开发方面做了不少的工作，并已初见成效。在公司的引导、组织和支持下，截止到2005年12月，全村已建成的山地脐橙果园总面积1200多亩，其中2003～2005年间新种植的幼林占60%以上。现有脐橙林地全部进入盛果期后（2010年左右），全村年脐橙总产量可达180万～220万公斤，脐橙的平均售价按2004年已实现价格的80%计算，全村年脐橙销售总收入可望实现450万～530万元，加上利用脐橙林地套种套养所形成的其他收益，年经济总收入有望突破600万～700万元，仅此一项全村的人均年经济收入即可达到5000～5800元。

四、项目核心区建设指导思想、目标与开发模式

（一）项目核心区建设指导思想、宗旨与目的

1. 指导思想

本项目核心区建设以科学的发展观为指导，以工业用木本油料植物——油桐的选育与种植为起点，以生物燃油——桐油的规模化生产为直接目标，按照“一业为主，多种经营”的基本原则及业务经营模式，经过5～7年的努力，建成一个以非耕地资源开发为主线、以山地农业开发与发展为主轴或重心，能够实现农业增效、农民增收，在中国南方低山丘陵地区具有示范、推广意义的工业用原材料植物种植的产业化生产基地，为中国农业发展的结构调整与方向转型（由传统的生计农业转向多元价值和多功能农业）积累并提供有益的经验。

2. 宗旨与目的

本项目核心区建设的宗旨与目的是：

（1）建成具有推广价值及意义的油桐种植及生物燃油生产示范基地，使其成为全国能源林建设的典范；

（2）探索和积累专用能源植物种植和开发、生产石油替代产品的发展经验；

（3）进行农业创新的试验与发展活动，包括农业制度安排创

新、农业产业化经营方式创新、农业活动内涵创新、农业经营的地域空间和区域经济模式创新，等等；

3. 核心区示范内容

本项目核心区建设拟进行以下的具体示范：

（1）技术示范

包括油桐选育种技术、扩繁技术、人工造林及种植技术、林地抚育管理技术、油桐林地立体开发技术、油桐主、副产品开发技术、生物燃油生产技术，等等。

（2）产业开发示范

将油桐种植和生物燃油（桐油）生产作为一个独立、完整的产业加以开发与发展，探索和积累新产业开发的途径、办法及经验。包括油桐选育种、扩繁、人工造林、林地建设与管理示范、生物燃油生产与加工示范，等等。

（3）产业组织示范

包括产业开发与经营组织模式示范、产业发展制度安排示范、产业经营方式示范、产业地域空间组织示范等等。

（二）项目核心区建设经营模式

1. 项目建设与经营的组织模式

按照“公司+农户+生产基地”的思路及模式组织项目的建设与经营发展，由公司指导农民的相关生产经营活动，农民在公司的组织、指导下从事油桐及其他相关产品的生产与经营。

2. 项目建设与经营的营林模式

按照“林地建造+零星栽种”、“新树栽植+老树抚育”的模式进行开发与发展。一是利用山地建植人工油桐林，与此同时引导农户家庭利用房前屋后、农田地旁、沟河岸边等间隙闲地分散栽种油桐树；二是在新植油桐树的同时，加强对现有油桐树的管理抚育，改变其低产、老残现象。

3. 项目建设与经营的开发模式

一是进行林地立体开发，包括开发以林地间作套种形式为特征的林药、林菌、林间畜牧饲养、林草、林下种菜、瓜果等种养项目和以森林为手段的森林游憩经营项目等。

二是实施关联开发，包括以产业链为主体积极开发和发展油桐种植的前向、后向关联项目以及旁侧关联项目和以生产基地为轴心、将周邻区域零星分布的油桐资源有效地整合在一起，集聚成一个统一的产业发展体。

4. 项目建设与经营发展的投融资模式

通过多种渠道、多种形式筹措项目建设与发展所必需的资金投入。基本模式是，“公司、农民自有资金投入+外筹资金投入”，外筹资金包括政府资助资金和各种形式的市场融资资金。

（三）本项目核心区建设与经营组织机构

1. 管理组织

本项目核心区建设与经营的管理组织结构如下图4～1所示。

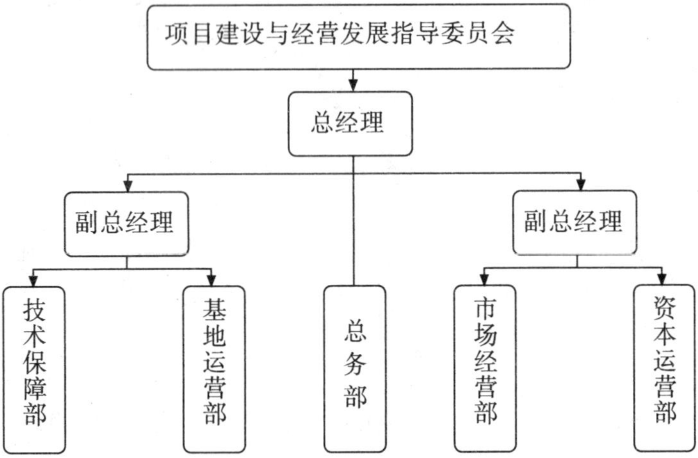

图4-1 项目建设与经营管理组织结构

项目建设与经营发展指导委员会由项目所在地区各级政府代表、项目建设与经营主持单位授权代表、项目建设与经营实施主体即小岭村云峰山农业开发有限责任公司代表和外聘专家组成。

项目建设与经营发展指导委员会是本示范项目建设与经营的最高权力机构，负责本项目建设与经营的一切重大决策及其决策执行的组织协调、管理指导与监督控制等等。

项目建设与经营发展指导委员会设成员9人，其中市（县）、乡、村代表各1人，项目建设单位代表2人，云峰山农业开发有限责任公司代表2人，外聘专家2人。其中设主任委员1人，由建设单位代表出任；副主任委员2人，分别由政府代表1人和外聘专家1人出任。

本项目建设与经营发展指导委员会下设总经理1人，副总经理2人，由发展指导委员会协商委任。总经理原则上由本项目建设与经营实施主体小岭村云峰山农业开发有限责任公司总经理或其授权人出任，副总经理由总经理提名，经发展指导委员会审议、执行发展指导委员会的决策，对发展指导委员会负责。副总经理协助总经理工作。

总经理以下设立以下5个职能工作部门：

（1）总务部。负责本项目建设与经营过程中的行政、财务、文秘、公共关系建设等方面的管理事务，在总经理的直接领导下开展工作。

（2）技术保障部。负责项目建设与经营发展过程中所涉技术的选择、引入、应用推广和人员培训等方面的工作。

（3）基地运营部。负责本项目生产基地建设及其日常经营的管理工作。

（4）资本运营部。负责本项目建设与经营过程中的资金筹措及融资活动，为项目建设与经营的顺利展开提供可靠的资金保证。

（5）市场经营部。负责本项目初级产品收购、加工和终端产品市场营销等方面的经营活动。

2. 运行组织

本项目建设与经营的运行组织结构如下图4～2所示。

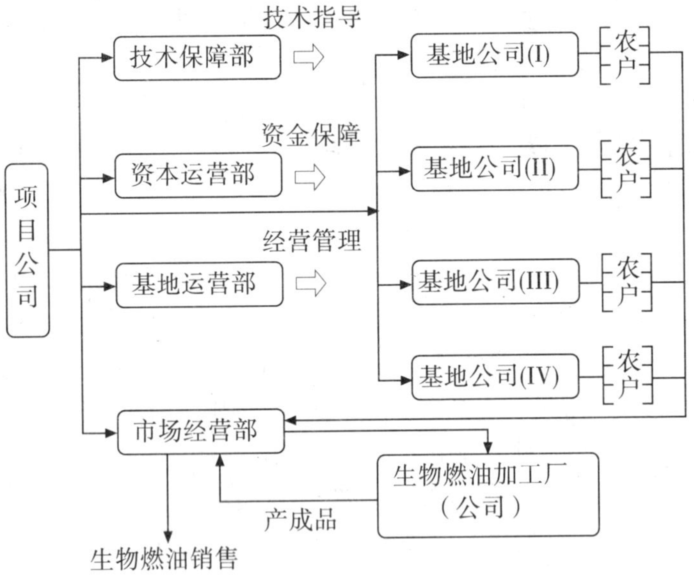

图4-2 项目建设与经营运行组织结构

五、项目建设与经营计划方案

（一）种植基地建设

1. 核心区建设

本项目的油桐种植基地核心区以南康市赤土乡小岭村为中心，包括本乡邻近各村和邻乡横寨、邻县崇义县龙勾乡的毗邻各村。从小岭村开始起步，用5年时间建成面积为1500公顷（合22500中国亩）分块连片的优质、高产油桐纯林，形成油桐林地的块状特色。分年度的人工造林计划如表5～1所示。

表5-1 项目种植基地核心区人工造林计划表

年 度	第1年	第2年	第3年	第4年	第5年	累 计
造林面积（公顷）	100	200	300	400	500	1500

2. 拓展区建设

本项目油桐林基地拓展区（Ⅰ）包括南康市赤土乡、横寨、朱坊、西华、浮石和毗邻的崇义县龙勾、扬眉及大余县新城、下垅9个乡（镇），以赤土乡为中心；拓展区（Ⅱ）为南康、大余、上犹、赣县、章贡区和信丰6个县（市、区）的整个区域，以南康市为中心。

拓展区（Ⅰ）的规划造林总面积为1万公顷左右，拓展区（Ⅱ）的规划造林总面积为4.5万公顷，包括核心区和拓展区（Ⅰ）及拓展区（Ⅱ）的造林总面积5.65万公顷，约占6县（市、区）总面积的5%多一点。分年度的人工造林计划如表5～2所示。

表5-2 项目种植基地拓展区人工造林计划表

年 度		第3年	第4年	第5年	第6年	第7年	第8年	第9年	第10年	累 计
造林面积（公顷）	拓展区（Ⅰ）	500	1000	2000	3000	3500	–	–	–	10000
	拓展区（Ⅱ）	–	1500	2500	3500	4500	10000	11000	12000	45000
	合计	500	2500	4500	6500	8000	10000	11000	12000	55000

3. 土地利用计划

油桐树种植用地以集中连片的丘陵山地为主，同时充分利用农村房前屋后、河流沟岸、农田地边空隙闲地和道路两侧及城镇绿化用地。农村房前屋后、河流沟岸、农田地边空隙闲地和道路两侧、城镇绿化用地中用于栽植油桐的土地比率达到20%～30%。或者在新种植的油桐树总株数中有不低于10%的比率即425万株是利用零星分布的空闲土地和城镇及道路两侧绿化用地种植的，从而在示范区域内形成一道独特的风景线。

（二）生产计划

1. 产品生产量

油桐树定植后，3～5年即可开始挂果，7～8年后进入盛产期。

设定从定值后的第4年开始产出，当年单株油桐籽产量平均按2千克计算（每公顷750株），第5年达到5千克/株，第6年8千克/株，第7年12千克/株，第8年15千克/株；油桐果壳与油桐籽产量比例按0.3:1，油桐籽出油率为30%～36%，平均按33%，油桐籽榨油的残渣为45%～50%，平均按47.5%计算，则本示范项目油桐林预计总产量如下表5～3所示。

表5-3　项目主、副产品产量预计表

单位：吨

项　目		第4年	第5年	第6年	第7年	第8年	第9年	第10年	第17年
初级产品	油桐籽	150	675	2550	9450	26100	56475	104850	635625
	桐果壳	45	203	765	2835	7830	16943	31455	190688
产成品	桐油	49.5	222.75	841.50	3118.5	8613.0	18636.75	34600.5	209756.25
	枯饼	71.5	320.63	1211.25	4488.75	12397.5	26825.63	49803.7	301921.87

2. 经济产出量

本项目经济产出包括农业产出和工业产出两大类别。其中农业产出由油桐籽、油桐果壳和油桐木材出售形成的经济收入所构成。设油桐籽销售价格为1.2元/千克，油桐果壳按500元/吨计算，在不计算油桐木材收入的条件下，其经济收入如下表5～4所示。

表5-4　项目农业收入预计表

项　目		单位	第4年	第5年	第6年	第7年	第8年	第9年	第10年	第17年
油桐籽	产量	吨	150	675	2550	9450	26100	56475	104850	635625
	收入	万元	18.0	81.0	306.0	1134.0	3132.0	6777.0	12582.0	76275.0
油桐果壳	产量	吨	45	203	765	2835	7830	16943	31455	190688
	收入	万元	2.25	10.15	38.25	141.75	391.5	847.15	1572.75	9534.4
收入总计		万元	20.25	91.15	344.25	1275.75	3523.50	7624.15	14154.75	85809.4

桐油销售价格按4.2元/千克（合3.59元/公升）、枯饼按600元/吨计算，本项目的工业产出收入如下表5～5所示。

表5-5　项目工业销售收入预计表

项　目		单位	第4年	第5年	第6年	第7年	第8年	第9年	第10年	第17年
油桐	产量	吨	49.5	222.75	841.50	3118.50	8613.0	18636.75	34600.5	209756.25
	销售收入	万元	20.79	93.56	353.43	1309.77	3617.46	7827.44	14532.21	88097.63
枯饼	产量	吨	71.25	320.63	1211.25	4488.75	12397.5	26825.63	49803.75	301921.87
	销售收入	万元	4.28	19.24	72.68	269.33	743.85	1609.54	2988.23	18115.31
销售收入总计		万元	25.07	112.80	426.11	1579.10	4361.31	9436.98	17520.44	106212.94
减:油桐籽进价		万元	18.0	81.0	306.0	1134.0	3132.0	6777.0	12582.0	76275.0
工业增加值		万元	7.07	31.80	120.11	445.10	1229.31	2659.98	4938.44	29937.94

六、项目投、融资方案设计

（一）核心区林地建设费用

1. 前期费用

包括项目调研、立项申报、项目论证规划等方面必须支出的费用，按10万元人民币预算。

2. 公共设施投资

（1）办公用房建设投资。项目办公、生活用房总建筑面积400平方米，房屋工程造价包括相应的基础设施按660元/平方米控制，办公用房总投资为26.4万元。

（2）苗木繁育基地建设投资。苗木繁育用地总面积1.5公顷（22.5中国亩，每亩育苗2.5～3.0万株），每亩投资5000元，用于土地整治、设施建设、设备购置等方面的费用支出，投资额为11.25万元。

（3）设备购置费用。用于购置项目经营所必需的各种设备，包括办公及员工生活用设施、家具、交通工具等。投资额为30万元。

（4）护林设施建设投资。用于建造护林设施、购置护林用具等等。投资5万元。

以上4项投资合计82.65万元。

3. 土地整治费用

土地整治包括植被处理、修建水平带、挖坑、作埂等。每公顷120个工作日（8个工作日/中国亩），每个工作日的工资标准为15元人民币，每公顷土地整治人工费用1800元（120元/中国亩）。

4. 树苗费用

树苗购入费用平均每株0.6元，单位面积植树“五年桐”750株/公顷，“千年桐”300株/公顷，按750株/公顷计算，每公顷树苗费用450元。

5. 植树费用

包括植树人工费用和肥料费用。平均每栽植25棵树为一个工作日，每个工作日的工资标准为15元；每棵树施基肥2千克，肥料价格为0.5元/千克。每公顷植树750株，每公顷人工植树费用450元，肥料费用750元，两项合计1200元/公顷。

6. 育林费用

从定植后第二年起，一直到进入盛产期前的林业抚育费用计入林地建设投资范畴。盛产期时限从定值后第7年开始算起，在此之前的6年（不包括定植当年）为育林期。

育林费用包括肥料、农药费用和人工费用。

肥料费用按每株每年施用2千克肥料，肥料价格0.8元/千克，每公顷每年1200元；农药费用平均每公顷每年300元。

施肥包括松土、除草等工作，每个工作日定额100株树，每公顷7.5个工作日；喷药每个工作日定额0.67公顷（10中国亩），每公顷1.5个工作日。工作日工资标准15元/日，每公顷林地每年的育林人工费用为135元。

育林费用预计如下表6～1所示。

表6–1　示范项目核心区育林费用预计表

项目	单位	第1年	第2年	第3年	第4年	第5年	第6年	第7年	第8年	第9年	第10年	累　计
育林面积	公顷	–	100	300	600	1000	1500	1400	1200	900	500	7500
育林费用合计	万元	–	16.35	49.05	98.10	163.50	245.25	228.90	196.20	147.15	81.75	1226.25
其中：人工费用	万元	–	1.35	4.05	8.10	13.50	20.25	18.90	16.20	12.15	6.75	101.25
肥料、农药费用	万元	–	15.0	45.0	90.0	150.0	225.0	210.0	180.0	135.0	75.0	1125.0

7. 管理费用

（1）人员工资费用。包括：

项目经理，1人，工资标准：3000元/月；

林业工程师，2人，工资标准：2600元/月·人；

财务人员，2人，工资标准人均：1400元/月·人；

管理人员，2人，工资标准人均：1200元/月·人；

年工资总额：16.08万元。

（2）福利费用。按工资总额的30%提取，年福利费用总额为4.824万元。

（3）办公费用。按每人每月500元支出，年办公费用总额为：4.2万元。

管理费用合计：25.104万元/年。

8. 建设总费用

示范项目核心区林地建设总费用如表6～2所示。

表6–2　示范项目核心区林地建设总费用预计表

单位：万元

项目	第1年	第2年	第3年	第4年	第5年	第6年	第7年	第8年	第9年	第10年	累计
前期费用	10.0	–									10.0
公共设施投资	82.65	–									82.65
造林费用	34.50	69.0	103.5	138.0	172.50	–					517.5
其中：土地整治	18.0	36.0	54.0	72.0	90.0	–					270.0
植树	12.0	24.0	36.0	48.0	60.0	–					180.0
树苗	4.50	9.0	13.50	18.0	22.50	–			147.15		67.50
育林费用	–	16.35	49.05	98.10	163.50	245.25	228.90	196.20	25.104	81.75	1,226.25
管理费用	25.104	25.104	25.104	25.104	25.104	25.104	25.104	25.104	172.254	25.104	251.04
合计	152.254	110.454	177.654	261.204	361.104	270.354	254.004	221.304	33.054	106.85	2,087.44
其中：人工费用	136.054	7.254	92.454	119.004	146.904	41.154	39.804	37.104	139.2	27.65	740.44
物资费用	16.2	43.2	85.2	142.2	214.20	229.2	214.2	184.2		79.2	1,347.0

（二）核心区林地经营收入

1. 主产品销售收入

按照定植后3～4年开始结果、7～8年进入盛果期，油桐籽出售价1.2元/千克、油桐果壳500元/吨计算，项目核心区林地的经济收入如下表6～3所示。

表6–3　项目核心区林地销售收入预计表

项目	单位	第4年	第5年	第6年	第7年	第8年	第9年	第10年
油桐籽量	吨	150	675	1800	6075	8050	10425	13500
销售收入	万元	18.0	81.0	216.0	729.0	966.0	1251.0	1620.0
油桐果壳	吨	45	203	540	1823	2415	3128	4050
销售收入	万元	2.25	1015	27.0	91.15	120.75	156.40	202.5
销售收入合计	万元	20.25	91.15	243.0	820.15	1086.75	1407.40	1822.50

2. 林地综合开发收入

油桐林地套种套作比率达到70%，套种套作林地年净收入平均每公顷按300元（合200元/亩）计算，项目核心区林地的综合开发收入预计如下表6～4所示。

表6-4　项目核心区林地综合开发收入预计表

项目	单位	第1年	第2年	第3年	第4年	第5年
综合开发林地面积	公顷	70	210	420	700	1050
净收入	万元	21.0	63.0	126.0	210.0	315.0

（三）核心区林地建设筹资方案

1. 建设资金需求

假定油桐林地经营收入的30%用于再投资，根据前述表6～3、表6～4和表6～2所显示的数据，示范项目核心区林地建设的资金投入需求如表6～5所示。

表6-5　示范项目核心区林地建设资金投入需求预计

单位：万元

项目	第1年	第2年	第3年	第4年	第5年	累　计
建设总费用	152.25	110.45	177.65	261.20	361.20	1,062.75
减：收入再投资	6.30	18.90	37.80	69.10	121.85	253.95
资金缺口	145.95	91.55	139.85	192.10	239.35	808.80

2. 筹资方案

核心区林地建设资金通过以下渠道进行筹措：

（1）建设单位自有资金

项目建设实施单位、农户每年投入40万元人民币，5年累计投入200万元，占项目建设外源资金总额的24.7%。

（2）林权融资

依据“谁投资谁拥有林权”、日常经营由项目建设单位代为进行（“托管”）的方式进行。林权融资的目标对象（即“投资人”）包括：项目建设实施区域内的农民、城乡居民个人和企、事业法人单位。

核心区林地林权融资的林地面积以不超过300公顷为限，占规划林地建设总面积的20%，从项目启动后的第3年开始实施，每年100公顷，林地售价平均每公顷1万元人民币，筹资300万元，占项目建设外源资金总额的38.3%。

（3）申请政府补贴或资助

依据国家的有关政策规定，向中央或（和）地方政府申请相关补贴或资助。

申请补贴或资助的总金额为：

申请金额=项目外源资金需求额–项目建设单位自有资金投入额–林权融资金额

=810–200–310

=300（万元）

表6–6　示范项目核心区林地建设资金平衡表

单位：万元

项　　目	第1年	第2年	第3年	第4年	第5年	累　计	
						金额	占比重（%）
建设总费用	152.25	110.45	177.65	261.20	361.20	1062.75	100.00
资金来源合计	146.3	258.9	177.8	214.10	266.85	1063.95	100.11
其中：1、项目内源资金	6.3	18.90	37.80	69.10	121.85	253.95	23.90
2、项目外源资金	140.0	240.0	140.0	145.0	145.0	810.0	76.22
2.1 自有资金	40	40	40	40	40	200.0	18.82
2.2 林权融资	–	–	100.0	105.0	105.0	310.0	29.16
2.3 政府补贴	100.0	200.0	–	–	–	300.0	28.23

七、项目建设经济、社会效益分析

（一）能源替代效益

本项目规划建设林地总面积（包括分散的零星种植树木）5.65万公顷，全部建成进入盛产期后，年产油桐籽平均每公顷按11250千克测算，平均出油率30%～36%，可年产桐油19.07万～22.89万吨，可有效替代140.16万～168.24万桶/年石油（柴油）。其中核心区建设1500公顷林地，进入盛产期后可年产油桐5062.5吨～6075.0吨，年石油（柴油）替代量也可达3.72万～4.47万桶。

（二）经济产出

本项目油桐林地建设成后，从第4年开始形成生产量，当年平均每公顷可产油桐1500千克，第5年3750千克/公顷，第6年6000千克/公顷，第7年9000千克/公顷，从第8年开始≥11250千克/公顷，按11250千克/公顷计算，盛产期20～25年，按20年确定，每公顷林地累计的油桐籽总产量为245.25吨。油桐果壳与油桐籽比例为0.3:1，平均出油率30%～36%，油桐籽榨油后的残渣（即桐饼）率45%～50%；油桐树木材年蓄积量平均每株＞0.01立方米，按0.01立方米/株·年计算，每公顷林地累计可生产：

油桐果壳：73.58吨；

桐油：73.58～88.29吨；

桐饼：122.63～110.36吨

木材：210立方米

产品价格按油桐果壳500元/吨、桐油4.2元/千克、桐饼600元/吨、木材600元/立方米计算，油桐果壳、木材和桐饼的工业增加值与其原料价值比平均按0.5:1计算，则每公顷林地累计的经济收入为66.49万～71.56万元。其中农业收入45.8万元，工业增加值20.69万～25.76万元。

本项目规划面积全部实现后的累计总产出可达375.67亿～404.31亿元。其中农业累计产出258.77亿元，工业增加值116.9亿～145.54亿元。

（三）投资回报率

从项目核心区林地建设的投入——产出情况看，项目开始投资到所建林地进入盛产期前所需的要全部投资为2087.5万元人民币，平均每公顷投资1.39万元。进入盛产期（从第8年开始）林地抚育、管理、收获和油桐果加工处理等每年每公顷所需生产费用为：肥料、农药费用等1500元，育林人工费用135元，果实采摘和简单的加工处理费用6300元，管理费用314元，合计8249元/公顷·年。20年盛产期生产费用支出累计16.50万元。

预计林地总收入累计抵扣林地建设费用投入和盛产期间的生产费用额后：

不包括工业增加值林地净收入=45.8–1.39–16.50

=27.91（万元/公顷）

本项目每投入1元资金可形成20.08元的林地净收入回报。

（四）代用油生产成本

根据核心区林地建设与林地抚育、管理的费用预计资料，油桐林进入盛产期之前的全部投资平均每公顷1.39万元人民币，进入盛产期后的林地抚育、管理、收获和油桐简单加工处理等费用支出，平均每公顷每年8250元，20年盛产期支出累计16.5万元人民币，将前述费用全部计为代用油生产成本，同时假定油桐籽加工成生物燃油的加工费用为平均每吨50元人民币，由于每公顷油桐林地累计可生产桐油73.58～88.29吨，可替代510～610桶柴油，因此，本项目代用油的平均生产成本为：

（林地建设投资+林地管抚费用+油料加工费用）/替代量

=（1.39万元+16.5万元+245.25吨×50元/吨）/510～610桶

=313～375元/桶

≈1.96～2.34元/公升

仅相当于目前国内柴油零售销价的45～55%。

由于油桐林地在生产生物燃油的同时，还生产大量的油桐果壳，桐枯饼和木材等副产品，副产品的累计收入平均每公顷可达23.0～23.7万元人民币，高于林地建设投资及林地管抚和油料加工的19.12万元/公顷总费用支出，因此，在考虑油桐林地副产品收入情况时，油桐林地的代用油生产成本为零。

（五）扩大就业版图

本项目规划林地面积全部建成后，每年林地管理、抚育、收获及初级产品加工处理即可安排8万～10万个农民长年就业，带动4万～5万户农民进入该领域从事农业生产活动。另外，还可以创造10万个以上的工业就业岗位。

【结论】在不考虑副产品所带来的收入情况下，本项目代用燃油平均每桶的生产成本为313～375元人民币（约1.96～2.34元/公升）；若考虑到副产品所带来的收入，生产总费用减去副产品收入后的代用燃油生产成本为零。

八、项目风险及其控制

（一）项目风险判断

本项目可能遭遇的风险包括：

1. 主要风险

（1）技术风险

由于品种选择、树苗鉴别、栽培技术等方面问题而引起的风险。当所选择的油桐品种为低产量、低出油率、抗逆抗病虫害能力低下的品类时，当定植油桐中不结果的雄性树比重大，或者栽培技术、管理方法、植保技术不当时，油桐种植的预期目标会难以实现。

（2）市场风险

由于市场变动、价格与需求出现不利的急剧变化而引起的风险，包括产品销售不畅、价格过低而导致的产品积压、经营亏损等问题。

（3）经营管理风险

由于经营管理不善，对生产经营过程的各个环节、各种要求控制不力，特别是对人的管理与控制失效而引起的风险。

（4）自然灾害风险

由于遭遇不可抗力的自然灾害包括气候变化、病虫等侵袭、水火等因素而引起的产量下降或林相破坏等等。

2．风险判断

从总体上看，上述风险均有可能出现，但概率均不大或甚小，而且通过有效的措施，大部分都是可控的。目前，基本上可能肯定的是：

技术风险可以防范，相关技术容易解决、控制。

市场风险出现的可能性不大，产品销路包括主产品及其副产品的销路都不会出现特别严峻的问题。

项目建设实施区域是农事活动旱涝保收的一个地带，很少出现各种自然灾害。当地栽种的油桐，历史上还未出现过因自然因素变化而导致产出受损的情况（大、小年现象除外）。

风险性较大的是项目的经营管理问题。

（二）项目风险控制

本设计项目将采取以下措施对可能面临的风险加以防范、控制和（或）在风险出现后将其损失降低到最小程度。

（1）同有关科研院所、高等院校建立稳定、密切的合作关系，同时公司内部配备专职的技术人才；

（2）加强市场营销工作，将作为生物燃油的桐油纳入石油销售渠道；

（3）健全、完善项目的经营管理体系，全方位、多角度地加强企业的经营管理工作。

第9章 循环农业：以全新方法获取更多更好的产品

第9章 循环农业：以全新方法获取更多更好的产品

一、再造农业发展的技术路线

（一）从“天降怪雨”说起

2007年8月14日晚22时，深圳市南山区飘起了细雨。一个全身像被油墨淋遍了的男青年，躲进了前海路与东滨路交叉的报亭。

他向报亭老板小凤买了3瓶矿泉水，从头到脚地冲起来，身上的黑水随之被冲淡。“这把伞质量太差了，伞上的颜料都掉我身上了！”男青年愤怒地指着手上的黑色雨伞说。但就在他准备扔伞时，一位路过的女孩在报亭的灯光下尖叫：“天哪，这雨是黑色的！”

人们顺着灯光看过去，雨果然是黑的。在这个夜幕中，它带来了惊诧和恐惧。

根据《南方周末》报记者的实地走访证实，小凤描述的这场黑雨，袭击了报亭附近几乎所有小区：碧榕湾小区、山海翠庐、太子山庄、山水情家园……殃及面积超过2万平方公里，持续了将近90分钟。

落在地上的黑雨斑点，有的针管大小，也有的小指印大小。最大的，有1分硬币大小。

在这一带值勤的冯警官称：那夜，他开着摩托车巡逻，发现人和车都被淋黑了。黑雨像墨又像油，他用被“玷污”的手擦了下眼睛，立即感到灼痛，而皮肤有轻微刺痛。

汽车也被“黑”了。鼎太风华小区业主翁宁浩的白色小车，在黑雨中成了“斑点狗”。“后来黑斑洗掉了，但漆也被腐蚀掉了”，翁宁浩指着车上芝麻般大小的掉漆小点说。据他估计，遭殃的汽车不下千辆。“中档小车重新上次漆，要花近万元。”一位洗车行老板称。

黑雨也杀伤了草木。附近的月亮湾山庄尽管未遭黑雨，但业主钟战宇称，小区的小叶榕树在黑雨发生后，掉了许多绿叶。那天早上，他还闻到了空气中古怪的臭味。

在黑雨集中区，这种臭味更甚。目击黑雨的报亭老板小凤回忆：“黑乎乎的街道上，飘着像死老鼠一样的臭味。”

月亮湾片区环境整治联络小组副组长敖建南，从南山区环境监测站了解到了这场黑雨的化学特性：PH值3.53！按学术惯例，PH值小于5.6的雨即为酸雨。他还了解到，黑雨中含有大量硫化物，因此会腐蚀车漆，灼痛皮肤，发出刺鼻的气味。

类似的黑雨并非深圳特产。它曾在1990年3月出现于江苏省盱眙、仪征、靖江等地部分乡村，黑雨带南北长160公里。1994年，重庆也下了数场黑雨，有强酸性。2005年6月26日上午，重庆市九龙发电厂锅炉排尘不当，又致黄桷坪下起了持续90分钟的黑雨。同年，嘉陵热电厂因事故大量排尘，致使黑雨飘向了成都市城东。

消除“天降怪雨”现象的根本办法有二：一是按照“节能减排”思路，通过“头痛医头脚痛治脚”的对症下药方法，对导致“怪雨”的生产过程（项目）进行“限排”改造，以消除其污染物的对外排放；二是按照整体着眼，从事物之间的联系着眼，“医头痛从脚上下手”的思路，对形成“怪雨”的污染物（废弃物）在生产环节通过循环经济的办法加以利用。第二种办法，即循环经济的办法，应该是最为可行和有效的一种办法。这种办法不但适合工业，也广泛适用于农业领域。

（二）循环农业：资源利用最为充分的农业模式

循环农业是依据生态系统运行与经济活动基本规律，按照“3R”原则,即投入品减量化（reduce）、资源再利用（reuse）、废弃物资源化，也就是整体物质再循环（recycle）原则，以经济效益为动力，通过优化农产品生产至消费整个产业链结构，实现物质的多级循环使用和产业活动对环境的有害因子零（最小）排放或零（最小）干扰的一种农业生产活动模式。循环农业的实质是以环境友好的方式利用自然资源和环境容量，实现农业活动的生态化转向，使农业产业活动的资源利用提高到最为充分的程度，对环境的有害影响减少到最低程度。

循环农业是促进并实现人口、资源、环境互为适应、协调发展的农业经济增长新方式，核心是运用可持续发展思想、循环经济理论和产业链延伸理念，通过农业技术创新及其组织方式变革，调整和优化农业生态系统内部结构及产业结构，延长产业链条，实现农业系统物质与能量的多级循环利用，最大限度地利用农业生产物质能资源，利用生产中的每一个物质环节，倡导清洁生产和节约消费，严格控制外部有害物质的投入和农业废弃物的产生，最大限度地减轻环境污染和生态破坏，同时实现农业生产各环节的价值增值并建构优美的生活环境，使农业生产和生活真正纳入到农业生态系统循环之中，确保农业生态的良性循环与农业、农村经济的和谐发展。

循环农业最为本质的特征，是农业产业链的延伸与资源节约。循环农业的产业链条是在种植业、林业、畜牧业和渔业（即通常所称的“农林牧渔业”）及其延伸的农产品加工业、农产品贸易与服务业、农产品消费领域之间通过废弃物交换、循环利用、要素耦合和产业连接方式，形成相互依存、密切联系、协同作用、各产业通过中间产品和废弃物的相互交换而互为衔接的闭合系统，使其资源得到最佳配置、废弃物得到有效利用、环境影响减少到最低水平的产业网络体系。

（三）生态农业、绿色农业与循环农业比较

循环农业与生态农业、绿色农业是密切相关，既相互联系又互为区别的三个重要概念。

生态农业是依据生态及经济规律，以生态学和生态经济学原理为指导，以生态、经济、社会三大效益的协调统一为目标，运用系统工程方法和现代科学技术建立的具有生态与经济良性循环的多层次、多结构、多功能的综合农业生产体系，侧重点在生产环节和生态效益的有效获取，而较少考虑消费领域和经济效益方面的问题。

绿色农业是以现代科学技术特别是生物技术为基础，充分运用绿色高新技术手段，集节约能源、保护和改善农业生态环境、发展农业经济于一体，并致力于倡导绿色消费方式的可持续农业发展模式。绿色农业的实质或核心问题是通过环境控制，减少生产、储运、加工环节中的污染，使农产品中的有害物质（化学药剂、重金属、有害细菌含量等）残留与污染达到最低程度，并符合卫生、安全标准规定的要求。绿色农业在重视生产环节和生态环境问题的同时，更加重视消费领域和消费者的健康安全问题，但对于能否通过节约资源和废弃物的综合利用等方式以提高经济效益和生态效益问题却没有予以足够的关注。

循环农业能够有效弥补生态农业和绿色农业的不足。循环农业通过“3R”原则不仅明确了如何获取生态效益和社会效益，而且指明了怎样获取经济效益，方向更加明确具体、特色更为鲜明，更具操作性和指导性。

（四）发展循环农业：超越传统的明智选择

循环农业是针对日趋严峻的农业资源与环境问题而提出的一种新型农业活动形态与发展模式。发展循环农业，对于节约资源、保护环境、转变农业经济增长方式和促进人口、资源与环境的协调发展，具有十分重要的作用和意义。

1. 缓和人口与资源的矛盾

地球只有一个，人口却不断增加，现有可用资源和人均占有量不断减少是人类社会发展的必然。中国总人口从1978年的96259万人增加到2006年的131448万人，平均每年增加1256.75万人，与此同时，全国的耕地面积却在不断减少，1996年为13004万公顷，截止到2006年10月31日已减少到12180万公顷，10年间减少824万公顷，平均每年减少82.4公顷。全国人均耕地面积由1996年的1.59亩下降到2006年的1.39亩，人均耕地以年均1.3%的速度递减。资源少，人口多、增长快，一直是中国经济与农业发展进程中存在的一个突出矛盾。这一点在城市地区表现尤为突出。以大连为例，1996年全市人均耕地面积0.79亩，到2005年即已减少到0.72亩。人均耕地明显低于全国平均水平。循环农业的“投入品减量化”、“资源再利用”和“废弃物资源化”发展原则，在减少稀缺资源消耗的同时，还使可利用资源的数量不断增加，因此，可以在一定程度上缓解人口与资源之间的尖锐矛盾。

2. 从根本上解决农业的内源污染问题

农业内源污染，即大量使用化肥、化学药剂、除草剂、农膜等农用化学物品引起的污染和农业生产过程中所形成的巨量废弃物主要是禽畜粪便、作物秸杆等所产生的污染，是造成农业生态环境污染的主要因素之一。循环农业按照“投入品减量化”、“资源再利用”和“废弃物资源化”原则发展，一方面可通过其“投入品减量化”和“资源再利用”原则，最大限度地减少污染物排放及其对环境的破坏，另一方面则通过“废弃物资源化利用”，从根本上解决农业废弃物的污染问题，因此，可以较好地解决农业的内源污染问题，从而维系和促进农业的可持续发展。

3. 提高农产品质量

污染是影响农产品质量的一个重要因素。污染对农产品质量的影响，一是影响农产品的安全性能，使农产品的安全性能下降；二是影响农产品的口感、色泽等内在与外观品质，如大量使用化肥生产的蔬菜、水果等，其口感、味道就明显劣于使用有机肥生产的同类农产食品。循环农业能够较好地解决农业污染问题，因此，其生产的农产品质量也能够相应提高。

4. 增加农民收入

农民收入的多少，一方面取决于农产品产量的多少，另一方面则与农产品价格的高低相关，而农产品价格又与农产品质量直接相关循环农业在占有或使用和消耗同样多的资源条件下，足以生产出更多、更大量、质量更高的农产品，因此，有助于农民收入的增加与提高。

二、按合理原则和恰当的方式做事

（一）循环农业原则

循环农业建设与发展，应当坚持以下基本原则：

1. 贯彻“3R”原则

“3R”原则，即投入品减量化（reduce）、资源再使用（reuse）、整体物质再循环即废弃物资源化（recycle）是循环经济的核心问题。投入品减量化即农业生产过程中尽可能用较少的资源，特别是控制使用有害于环境的物质资料来达到同样的生产目的。资源再使用，即农业生产过程中使用的资源、生产资料能够不断地以初始形式被反复使用。废弃物资源化，也就是将农业生产过程中所形成的废弃物变成可利用的资源。因此，循环农业包括以下两方面的基本内容：（1）运用投入品减量化和资源再使用原则减少废弃物或污染物的产生量；（2）运用资源再使用和废弃物资源化原则对产生的废弃物或污染物进行综合利用。

2. 对农产品生命周期实施全程控制

即对农产品生产与消费的全过程，如从播种、耕耘、收获到产后加工、制成食品，采用循环型技术措施和循环型管理措施进行控制管理，使之符合清洁、安全生产的标准及要求。

3. 经济、社会、生态三大效益协调发展

按照经济效益优先，以经济效益为驱动力，重视经济、社会、生态三大效益的协调发展。

4. 适度超前，循序推进

循环农业代表农业发展的方向，因此，应有适当的超前发展才能对未来农业发展起到应有的指导作用。与此同时，也要在充分考虑农业发展的现有条件、优势、结构状态、区域发展差异、农民素质和全社会对循环农业认知水平等因素的情况下，循序渐进。

5. 坚持“政府引导、市场运作、公众参与”的发展方式

循环农业的建设与发展不只是一种经济活动，更是一项社会事业，需要政府的积极引导，按照现行市场经济体制的要求，以企业和农户为主体，充分调动全社会各方面的力量广泛参与。

6. 建立、完善循环农业发展的支撑体系

循环农业作为一种完全新型的农业经济模式，其建设与发展必须以强有力的支撑体系为前提。一是有雄厚的资金作保证，即资金上的支撑；二是先进技术的支撑，以先进技术包括育种技术、生物农药技术、农业信息技术、污染治理技术、废弃物处理技术、清洁生产技术等的研发及其成果的推广应用为条件；三是法律和政策的支撑，循环农业建设与发展运作有法可依、有政策可循；四是服务的支撑，建有健全、完善的农业服务组织和农业服务体系，服务内容包括农业产前、产中和产后领域及环节的方方面面。

（二）循环农业建设思路

循环农业建设与发展的整体思路，是适应不同地区农业发展的生态环境与市场条件，加快农业产业结构和区域布局的调整步伐，大力发展节水、节地、减少化学肥料及农药使用量的生态农业，利用有机肥料和生物防治病虫害技术替代化学肥料和化学农药，通过无公害产品、有机食品和绿色食品基地建设和重点项目的实施，推动农业增长方式向循环经济方向转变；

努力提高农民的环境意识，有效控制化学肥料和化学农药的使用量，限制生产、使用高毒、高残留农药，在确保农业环境质量的同时，提高农产品质量。具体要求包括：

（1）采用环境友好技术，通过生态农业建设，引导农业生产及其产品结构向无害化方向调整和发展。

（2）围绕投入品的生态化、无害化和高效化目标，通过提高投入品的利用效率和投入品替代，努力实现投入品减量和从源头上节约农业生产资源，并控制污染。

（3）通过对农业废弃物的资源化开发及无害化的高效利用，降低农业的内源污染。

（4）通过推广农业清洁生产模式，突出水、能等农业资源的节约使用，提高农业资源的利用效率。

（5）通过农业产业化经营，加快农业生产经营及其废弃物利用的专业化、规模化发展步伐，促进区域内企业间和区域间的能量及物质循环。

三、循环农业发展模式

（一）能源与资源循环模式

能源与资源循环模式以能源为动力，进行多层次养殖、种植、加工，通过生物转换技术，利用能源与资源之间的循环促进经济发展。

能源与资源循环模式的具体形式包括：

1. 农林复合型模式

在同一土地单元上，进行多年生木本植物（用材林、经济林、生态林等）与农作物（粮食、油料、蔬菜等）间作、套种的合理组合，使之成为物质循环利用、多级生产、稳定高效的农林复合循环生态系统。

2. 农牧渔综合种养型模式

应用生态学、生态经济学和系统科学的基本原理，采用生态工程方法，吸收现代科技成就和传统农业中的精华，将相应的人工养殖动物、微生物和种植植物等生产种群有机地组合在一起，形成一个良性的减耗型食物链生产工艺体系和综合型种养循环生态系统，既合理有效地开发利用多种可饲资源，使低价值的自然资源转化为高价值的畜牧或鱼类产品，又防治农业生产过程可能导致的环境污染，使经济、生态、社会三大效益建立在稳定、高效、持续的发展之中。

3. 以沼气为纽带的资源利用型模式

利用沼气池这一农业接口工程，是把农业生产形成的秸杆、人畜粪便等有机废弃物转变为有用的资源进行综合利用的一种模式，主要形式包括“三结合”模式，如沼气池——猪舍——渔塘，沼气池——牛舍——果园，沼气池——禽舍——日光温室等；“四结合”模式，如沼气池——猪禽舍——厕所——日光温室（或果园、渔塘、农园等）等等，是庭院经济与农业循环结合的典型模式。

4. 农业生态恢复型模式

运用生态学原理和系统科学方法，把现代科学技术与传统方法通过合理的投入组合和巧妙的时空结合，使农业生态系统保持良好的物质、能量循环，从而达到人与自然的协调发展。生态恢复的具体内容包括土壤改造、植被的恢复与重建、土地污染防治、小流域综合整治、土地复垦等等。

（二）资源与废弃物循环模式

资源与废弃物循环模式以农地资源为依托及基础，以生产绿色产品为目标，通过多种方式利用农业资源与农业废弃物之间的循环促进经济发展。

资源与废弃物循环模式的具体形态包括：

1. 畜禽饲养废弃物利用型模式

主要是将饲养畜禽的粪便通过一定的技术处理变成有用的资源，在种植、养殖、农村能源等行业中进行循环利用。

畜禽粪便的资源化途径包括：（1）肥料化，经发酵后作为肥料使用；（2）饲料化，经过适当处理杀死病原体，并提高其蛋白质的消化率和代谢能，作为水产或禽畜养殖饲料使用；

（3）能源化，经厌氧发酵生产沼气，用作生活和生产用能源，沼渣、沼液可作为肥料和配合饲料使用。

2. 农作物秸秆利用型模式

将农业生产过程中产生的作物秸秆，通过加工处理变成有用的资源后加以利用。

农作物秸秆的资源化途径包括：

（1）肥料化。农作物秸秆通过直接还田、堆沤还田、过腹还田等途径，作为肥料使用。

（2）饲料化。通过物理、化学和生物学处理，变成畜禽或水产养殖用饲料，用于饲喂畜禽或鱼类动物。

（3）原料化。一是用作造纸或制作板材的原料，或用于抽取糠醛、纤维素等工业品；二是用于编织；三是用于生产食用菌等。

（4）能源化。一是投入沼气池用于生产沼气；二是经炭化处理变成固体能源；三是经气化后变为可利用的燃气（如甲烷）。

（三）产业链循环模式

产业链循环模式以沼气池为纽带，以产业为链条，将种植、养殖、加工与沼气连接成一个循环链，通过链接技术，利用农业生态系统内部物种共生、物质循环、能量多层次转换利用的生物原理，在同一系统中将自然界的无机物转化成为有机物，提高生物能的利用率和农业有机废弃物的再利用及再循环，从而达到整体能耗少、能量转化快、废弃物利用率高、增收渠道多的目的。这一模式实际上是农林牧渔业及其延伸的农产品加工业、农产品贸易与服务业、农产品消费之间互为依存、协同作用的耦合体，如甜菜或甘蔗种植业——制糖工业——酒精酿造业；果树种植业——果汁加工业——畜禽饲养业，等等。

四、循环农业发展怎样才能从这里到达那里

（一）中国循环农业发展的主要问题

中国循环农业建设与发展仍处在起步阶段，当前存在的突出问题主要有：

1. 资金短缺

循环农业作为一种新兴农业经济模式的建设与发展，特别是其建设与发展的前期阶段，必须要有较多、较大量的资金投入，才能保证其基础设施建设及技术投入等方面资金需求的有效满足。

中国现阶段的实际情况是，循环农业的施行者和受益者往往是资金短缺、信息闭塞、技术落后的农户和小型农业企业，难以满足中长期循环农业发展对大量资金源源不断的需求。从全国各地区情况看，即使是经济较为发展的地区，除少数例外，大多也由于农业的自身积累不足，地方财政收入有限，难以对循环农业的建设和发展给予强有力的资金支持，从而在相当程度上制约着循环农业的建设发展进程。

2. 技术研发及其成果推广滞后

循环农业建设与发展是一项复杂的系统工程，需要包括农学、林学、畜牧学、水产养殖学、生态学、资源科学、环境科学、农业工程技术学、农产品加工技术学和经济学、管理学等众多学科的科学知识及其技术的强力支持。而且，循环链越长，所需要的科学知识与技术还越多、越广、越复杂、越精细。但是，从中国目前的情况看，循环农业建设发展进程中不仅急需的许多技术无法得到有效的满足，相关的技术研发处于落后状态，而且已有技术成果的推广应用也明显不足，存在的问题较多、较为突出。

3. 农民素质不相适应

农民是循环农业建设与发展的主力军，农民素质的高低是影响循环农业发展的重要因素。能够胜任和适应循环农业发展所需要的农民，必须是有文化、懂技术、会经营的新型农民。

中国目前的农民素质尚无法满足这一要求。根据全国农业普查办公室的调查统计，中国纯农业户的劳动力受教育年限平均仅为6.23年，其中文盲、半文盲所占比重高达14.8%。在中国农村劳动力中，接受过短期职业培训的仅有20%，接受过初级职业技术教育培训的为3.4%，接受过中等职业技术教育培训的只有0.13%，而没有受过职业技术培训的则高达76.4%。农民素质的低下状态，可能成为“拖循环农业发展后腿”的一个重要因素。

（二）中国循环农业发展对策

1. 高度重视循环农业发展规划工作，构建农业循环经济发展的国民经济体系

循环农业是一种全新的农业活动形态，必须重视其建设与发展的前期研究，摸清资源底数，提出其建设与发展的技术路线，制定相关政策。在此基础上，根据农业可持续发展的战略要求，研究和制定循环农业建设发展规划，确立循环农业发展的思路、途径、目标模式及其相关的工程措施、政策保障体系、重点支持领域等等，以加强对循环农业建设与发展的有效引导，保障其健康发展与顺利运行。

2. 健全、完善循环农业建设与发展的管理体制及其运行机制

一是建立、健全“政府引导、市场运作、企业带动、农民参与”的管理组织体系及运行机制，形成循环农业建设发展的法律法规及其政策体系，通过立法，明确各行为主体在循环农业建设发展中的责任、义务，通过政策调整让循环利用农业资源和保护农业生态环境的企业和个人有利可图，形成循环农业发展的外部效应内部化机制；

二是建立、完善有利于循环农业建设与发展的激励机制，综合运用财税、投资、信贷、价格等政策手段，对循环农业的结构配置和现有农业结构的有效调整、科技成果转化、农产品深加工、资源节约和生态环境保护等给予必要的扶持，以调节和影响循环农业建设发展投资主体的经营活动行为；

三是完善循环农业建设发展的社会化服务，重点做好循环农业发展咨询、市场信息、农民培训等方面的工作及服务；四是深化农用土地产权制度改革，赋予农民对农用土地的永久经营权，消除农民因土地长期投资收益不确定而引起的疑虑和担心，提高农民建设和发展循环农业的投资与经营的积极性。

3. 加强循环农业发展的基础设施建设

循环农业的有效发展，需要解决目前存在的农村公共产品和基础设施条件的总量短缺及其功能性与结构性短缺问题。为此，必须加强农业和农村的基础设施建设。具体内容包括：一是节水灌溉、河川整治、人畜饮水等农业基础设施建设；二是乡村道路、农村能源、农村用电、改水等农村公用设施建设；三是小流域治理、天然林保护、退耕还林还草、湿地生态保护工程等农业环境建设，等等。

4. 建构科学、合理的区域循环农业体系

农业循环经济是在原料生产专业化、规模化、布局区域化、产品标准化、加工现代化、流通网络化基础上运转的。因此，循环农业的建设与发展应在研究、分析区域农业资源的基础上，对现存农业结构进行有效的调整和优化，用循环经济理论与方法规划区域农业发展，根据各地区资源禀赋和农业结构的特点，合理调整农业生产的区域布局，建构科学的区域循环农业体系。

5. 开发农村人力资源，加强循环农业发展的能力建设

人才、资金和技术是影响和决定循环农业建设发展目标预期能否如期实现的三个最为基本的重要因素。为解决循环农业建设发展的人才与人力资源问题，一是通过适当措施，广泛吸引农业科技人员、农业职业教育人员投身于农业；二是开发农村劳动力资源，认真办好农村职业教育，通过各种培训，提高农民的综合素质。

6. 建立多元化的循环农业建设发展投融资体制

立足于本地、个人、企业、国家相结合，通过多层次、多渠道的资金筹集，增加对循环农业的发展投入。一是增加财政对农业和农村发展的投入，建立健全财政支农资金的稳定增长机制；二是推动和促进农业金融制度创新，拓宽农业发展的融资渠道；三是创造条件，吸引工商企业及个人资本投资发展循环农业。

7. 重视循环农业科学技术研发及其成果的推广应用

一是建立高效运作的循环农业科技研发组织与管理机构，形成三类机构即公益性科研机构、企业型研发机构和中介服务机构并存的循环农业科研体系，构建国家农业科技研究中心、地方农业科技开发和技术传播机构，为循环农业科技研发及其成果的推广应用奠定良好的组织条件。

二是围绕循环农业发展，根据不同区域、不同模式类型开发、集成相关技术，建立循环农业技术支撑体系，确立研究开发和推广应用的重点技术，具体涉及投入品高效利用技术、无害化投入品开发技术、农业生产体系内部物种之间的互惠互利种养技术、农业废弃物资源化利用技术、农产品加工废弃物资源化利用技术、环境污染生物修复技术、节水农业技术等领域。

8. 建立示范工程，抓好重点基地、园区的试验示范工作

以国家投入为引导，集中必要的资金和人力，选择基础较好的农业产业化龙头企业作为项目建设的承担主体，以现有无公害农产品、绿色食品、有机食品基地为依托，在农业资源循环利用、农作物秸秆与畜禽粪便资源化处理、农产品加工过程中的清洁生产与产业链整合、农村社区“清洁化”建设、生物质能的综合开发、微生物资源的循环利用等方面建立必要的示范工程，在此基础上形成循环农业的重点示范园区、循环农业基地县（市），通过试验示范，推动和促进循环农业的广泛发展。

9. 加强对循环农业建设与发展的监测和评估

一是建立循环农业信息网络，实时发布循环农业建设与发展的相关经济、技术信息，介绍国内外循环农业建设发展的成功经验与关键技术；二是建立循环农业发展评估指标体系，根据循环农业指标体系，对循环农业建设发展进行定期和不定期的监测与评估，及时解决循环农业建设发展过程中遇到的各种问题，确保循环农业建设发展的顺利进行。

五、中国循环农业经济模式案例

（一）辽宁“3+1”循环农业经济模式

辽宁省是中国国内较早提出发展循环农业经济的一个地区。2001年，中共辽宁省委、省人民政府即做出关于开展循环经济试点建设的重要决策。2002年5月，国家环保总局正式批复同意辽宁省在全国率先开展循环经济试点工作。2005年，辽宁省被国务院列为全国循环经济第一批试点单位。根据《辽宁省发展循环经济试点方案》，辽宁省循环经济的具体内容包括3个层次的循环，即“小循环”、“中循环”、“大循环”；1项核心任务，即资源再生产，也就是“废弃物资源化”，故被形象地称之为“3+1”循环经济模式。

1. 大循环

即在整个城市及其周边地区或更大社会层面，建立完善的循环经济系统，按照“投入品减量化、资源再利用、整体再循环”的3R原则，达到“节约资源、减少污染，资源重复利用、综合使用，变废为宝、变害为利、再造资源，周而复始、持续循环利用”的基本目的。

2. 中循环

即城市区域内或县（区）、乡（镇）范围内的企业集群和产业园区层面，运用循环经济的理念及原则，转变目标区域的经济增长方式，提高、升华区域经济发展及其运行的质量。

3. 小循环

泛指企业单位或（和）村落、农户由传统、落后的经营方式向节约、高效的循环经济经营方式转变，进而达到节约资源、清洁生产、保护环境、提高效益、增加收入的经济、社会与生态3方面有机结合、协调发展的目的。

4. 资源再生产

主要是废弃物资源化，结合节约资源和综合利用，使工农业生产过程中所形成的各种废弃物，如农业生产过程中形成的作物秸杆、畜禽粪便，工业生产及城市生活中产生的污水、垃圾等废弃物，有效转化成为可以加以利用的新的资源。

辽宁省“3+1”循环经济模式付诸实践后，成效显著。在农业领域，已涌现出了不少发展循环农业经济的成功案例。如盘锦市大洼县的西安生态养殖场，以生产和利用水生植物为核心，牧渔农相结合，实行四级净化，五步利用，资源多层次开发，多级循环利用，已成为中国养殖业的全国典范，并被联合国环境局命名为全球环境500佳之一。

（二）江西赣州地区果业循环经济模式

江西赣州市地区是中国优质脐橙和甜柚的集中产区之一。赣州市地区的果业发展采用“山顶戴帽，山腰种果，果园养猪，山脚养禽，水面养鱼”的“猪——沼——果——多种经营”循环经济综合立体开发模式，提出农村人平一亩果，亩平二头猪，户建一个沼气池的发展要求及目标，在农村推广普及的经济效果显著、突出。

根据赣州市果业局提供的资料，凡采用“猪——沼——果——多种经营”模式的果园，脐橙、甜柚的生产成本可降低15%以上，综合经营效益提高20%～25%，周边林木生长明显好于其他区域。凡达到人平一亩果，亩平二头猪的农户，果园进入盛果期的，按照现行产品销售价格，年人均纯收入仅果业和养猪一项即可达到3000～3500元人民币，高于2006年全国农村居民家庭人均家庭经营纯收入的55%～80%。

第10章　生态农业：保持生物界的完美和稳定

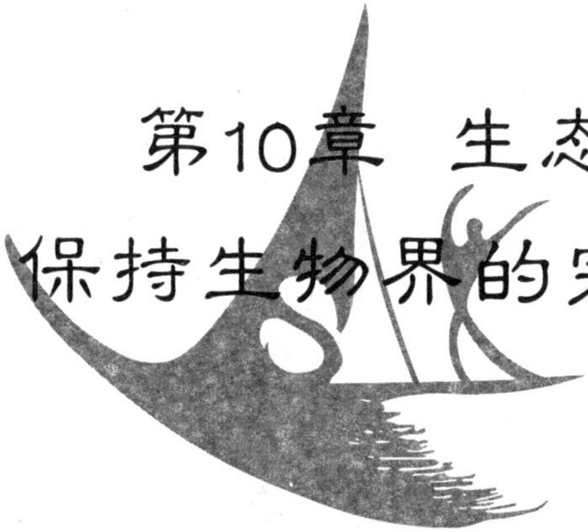

第10章 生态农业：保持生物界的完美和稳定

一、生态农业：新时代的宠儿和使者

（一）福格特《生存之路》和罗马俱乐部的忠告

1949年，美国学者威廉·福格特（William Vogt）发表《生存之路》(*Road to Survival*)，认为，现代世界人口增长已超过土地和自然资源的负载能力，人类正面临覆灭的危险；生存之路，在于控制人口增长，恢复资源，维护和保持自然生态的平衡和人口数量与土地及自然资源之间的平衡。福格特在书中写道：

"由于长期而严重地违反某些自然规律，人类已处于岌岌可危的境地；人类若要摆脱这种处境，就必须使自己的行为接受自然界的限制……"

"……光是保护自然资源并不能挽救世界，光是控制人口也不能挽救世界。经济、政治、教育和其他方面的措施也是不能缺少的，不过如果不控制人口，不保护自然资源，其他方法肯定是要失败的。……如果只寻求经济和政治方式的解决办法，而忽视生态问题，那就会像只有一个翅膀的鸟，不但没有一点用处，反而会使人类陷入更严重的困境。"

"对于整个世界说来，维持生态健康首先需要做以下两件事：（1）要在维持产量的基础上用可恢复的资源生产尽可能多的财富。要很好地利用这些资源来维持尽可能高的生活标准，切不可把它们消耗殆尽，因为没有东西能够代替它们。（2）必须使我们的需求和供给相适应……”

“人类由于生育过度和滥用土地已陷入了生态陷阱。由于偏重实用科学，人类一直是在靠借债度日。现在，整个世界的债款即将到期。”

“偿还势难久延。所幸我们在偿债和全世界惨告破产之间还有抉择的可能。勒紧裤带接受一个长期而艰苦的重建时期，总比等待灾难来临毁灭我们的文明要明智得多。在残酷无情的事实面前，我们没有别的选择。”

“除了我们坚决而勇敢地掌握自己的命运外，其他一切都无济于事。……”

“采取严厉的措施是不可避免的。最要紧的是，我们必须改变我们的思想。……我们必须同样放弃任何‘只顾今天——’的哲学。……必须重新调整我们与环境的关系。必须学会用人类生存的标准来衡量每天的新闻。必须从造成世界现状的水和土壤，草和森林来理解我们的过去，我们的历史。在瞻望将来的时候应该使空间和时间统一在一起，因为只有像安泰那样从大地吸取力量我们才能保持强壮。”

“……如果人类不根据有限的资源数量来全面重新调整生活方式，那我们就应该放弃过文明生活的一切希望，准备着以不可遏制的速度陷入战争的深渊，回复到野蛮时代。”

福格特在《生存之路》中说的这番话，并不是危言耸听，而是对人类的衷告。

1962年，美国的另一位学者，海洋生物学家R.卡森（Rachel Carson）在其《寂静的春天》一书中，也以其生动的描述，预言人类糟蹋自然必然面临无可回避的危机。

紧接着，1972年，为配合联合国在斯德哥尔摩召开的第一次环境与发展大会，以梅多斯（Dennis L. Meadows）为首的罗马俱乐部发表《增长的极限》一书，明确指出经济的发展是绝不能以无限制地消耗有限的自然资源和破坏生态环境为代价的。《增长的极限》告诫人们说：

“经济和生态是一个不可分割的总体。在生态遭到破坏的世界里，是不可能有福利和财富的。旨在普遍改善福利条件的战略，只有围绕着人类固有的财产（即地球）才能实现；而筹集财富的战略，也不应与保护这一财富的战略截然分开。……一面创造财富而另一面又大肆破坏自然财富的事业。只能制造出消极的价格或‘被破坏’的价值。如果没有事先或同时发生的人的发展，就没有经济的发展。”

由于农业无论过去、现在或是将来始终都是人类文明产生与发展的最为重要的源泉，面对资源耗竭、生态恶化的严峻格局，人类若要从根本上摆脱这一困难境地，使减少了的资源储备得以恢复和增加，使被破坏了的生态平衡得以恢复和维系，在一个相当大的程度上有赖于新兴农业也就是生态农业的崛起与发展。

（二）生态农业内涵与特征：传统农业和现代农业的综合

生态农业是运用生态学原理、经济学原理和系统科学方法，将现代科技成果与传统的农业技术有机地结合在一起，旨在通过合理耕作、种养结合调节控制生态系统而建立起来的一种生态合理、结构稳定、功能齐全、循环良性的农业生产发展系统。

“生态农业”（ecological agriculture）一词由美国土壤学家W．Albreche 于1970年最先提出。生态农业强调产品生产与其生产环境的保护和改善相结合，突出经济效益、生态效益与社会效益的协调和统一，在生产无任何化学成分残留的高质量农产食品的同时，促进并实现对自然环境的有效保护。

生态农业，从某种意义上说，实质是运用现代技术这一“硬件”武装的传统农业和以传统农业思想这一“软件”改造的现代农业这样两种农业的综合体，因此，生态农业具有以下方面的基本特征：

（1）在现代食品标准及消费观念的引导下，最大限度地减少化学肥料、药剂、调节剂等农用化学物品使用量，为人们提供没有化学肥料、农药和植物生长调节剂及抗生素残留的清洁、安全农产食品。

（2）承继、光大优秀的传统农业技术和广泛应用先进的现代农业科技成果并重，确立和构建因地、因时、因事制宜，具有鲜明个性化特色的农业生产技术体系。

（3）实行劳动密集、技术密集、资金密集、自然生产力密集相交叉的集约经营，避免片面的集约化，有效形成人力资本、金融资本、人工物品资本和自然资本有机结合的现代农业生产体系。

（4）重视并突出生态系统内部生产潜力的深度开发，最大限度地利用和发挥系统的自然生产能力。

（5）重视对自然资本的投资，强调资源的开发利用与保护和培植相结合，产品生产与生态环境改善相结合，不断提高和保持农业生态环境的质量。

（6）建立和发展多种经营模式、多样生产类型和多层次的农业经济结构，以适应不同地区、不同行业部门的不同条件及特点，引导农业生产经营向着适度集约化和适度规模化方向发展、推进。

（7）推动和促进农林牧渔、种养加、贸工农的有机结合与联动发展，确保农业生产经营产业化、社会化、商品化与生态化目标的如期实现。

（8）关注农民综合素质的不断提高和农业科技成果的普及应用，有效保证农民收入的持续增长。

（三）生态农业的基本类型

生态农业的基本模式多种多样，大致可分为以下三个类型：

1. 时空结构型

时空结构型是根据生物种群的生物学、生态学特征和生物之间的互利关系而科学、合理构建的一种农业生态生产系统。

时空结构型农业生态生产系统使处于不同生态系统位置的生物种群在系统中各得其所，相得益彰，并通过其时间上多序列、空间上多层次的三维结构，使系统内的太阳能、水分和矿物营养元素等得到充分、有效的利用，从而获取最佳的经济效益和生态效益。

时空结构型农业生态生产系统的具体形式包括各种类别、类型的农业立体种养模式，如林地立体间套作结构模式、农田立体间套轮种模式、水域立体养殖模式、山地立体开发结构模式、庭院立体种养结构优化模式等等。

2. 食物链型

食物链型是按照农业生产的能量流动与物质循环规律而设计构建的一种农业生态生产系统。在食物链型农业生态生产系统中，一个生产环节的产出是另一个生产环节的投入，一方面使得系统内的废弃物能够得到充分、有效的利用，另一方面又能够有效避免和防止系统内废弃物可能形成的环境污染，从而提高农业生产的能量转换率及其资源利用率以及农业生产的可持续性及安全性。

食物链型农业生态生产系统的典型模式，是各种类别的生物能够多层次再生利用的模式，如“猪——沼——果”模式、“粮——畜（猪）——沼——肥”模式，等等。

3. 时空食物链综合型

时空结构型农业生态生产系统和食物链型农业生态生产系统的有机组合与结合，构成时空食物链综合型农业生态经济系统。时空食物链结合型农业生态经济系统中的物质能够得到高效、多次利用，是一种结构复杂、多层、适度投入、高产出、少废物、无污染、高效益的生态农业系统类型。农林牧渔立体复合结构模式就属于这一类型的农业生态经济系统。

（四）社会进步、农业发展趋向生态农业

迄今为止，世界农业发展大体可分为三个大的阶段，即以人畜力为主的传统农业阶段，以工业投入为主的工业化农业阶

段和以科技投入为主、追求可持续发展的生态农业阶段。工业化农业是对传统农业的否定，其特点为：直线思维替代天人合一思想，简单的结构替代多样复杂的系统结构，大量的化肥农药等外部投入替代内部循环，规模经营替代农户生产，商品经济替代自给自足，效率替代稳定，经济效益超越生存需要。而建立在人与自然和谐共存基础上的生态农业则是对工业化农业的否定，在这里，利用生物多样性建立的生态系统被日益重视，通过增加内部循环减少对化肥和农药的依赖，减少对资源的压力和对环境的损害，保障食品安全和维护生态环境效益成为重要目标。

若对工业化农业所否定的传统农业与生态农业作一比较，则可以清楚地看到，两种形态的农业虽有不少的相同之处，但其引致的原因却截趣相异。尽管两种形态的农业均受到资源的制约，同样关注人与自然的协调与和谐，但对于传统农业而言，资源约束是因为社会生产力低下，对自然的顺应和服从也是因为生产力水平不高不得已而为之，而生态农业的资源约束则是因为社会生产的过度发达，强调人与自然的协调则是因为滥用发达的生产力受到自然的无情报复而必须为之。传统农业不使用化肥农药是因为当时不能生产化肥农药，生态农业不依赖化肥农药则是因为对化肥农药的副作用已有认识并已深受其害从而逐步减少直到放弃使用。传统农业长期持续采用的有关实践方式及技术是经过长时间的筛选而保留延续下来的，生态农业采用的与之相近或相似的有关实践方式及技术则是在领教了石油农业所带来的问题之后，经过“否定之否定”才确立下来的。

二、西方自然生态农业思潮的兴起与发展

（一）西方自然生态农业“雷声大，雨点小”

西方自然生态农业思潮出现于20世纪70年代，实质上是一种带有复古色彩的近自然农业发展观。早在1911年，美国土壤学家king F. H. 在其著作《四千年的农民们》一书中，认为中

国、朝鲜等通过有机肥的施用保持地力长久不衰，应该成为农业发展的一个方向。1940年，英国农民出身的真菌学家霍华德写了一本书叫《农业圣约》（*An Agricultural Testament*），主张使用堆肥。随后，英国、法国、比利时、德国、瑞士、美国等国家相继开展了这一运动。1972年，“国际有机农业运动联盟”（IEOAM）成立。1980年，美国农业部组织调查美国中西部有机农业状况后发表《美国有机农业的调查与研讨》，作出的结论认为，有机农业有利于改善环境，但不可能有很大的发展。

20世纪在西方兴起的现代农业和集约高产农业因忽视对资源和环境的保护而迅速引发严峻的自然资源与环境问题，西方自然生态农业思潮因此应运而生。这一思潮，与风起云涌的环境保护主义运动相呼应，虽然在学术界、舆论界掀起了轩然大波，但在实际的农业生产行动中却动静甚小。20世纪70年代，欧洲各种各样的自然生态农业加在一起的面积不过占整个农用土地总面积的0.03%～0.06%。之后，有所发展，但直到目前，西欧各种自然生态农业合计的面积占农用土地总面积的比重仍不过2%。美国现有104个完全不使用化学肥料及农药的生态农场，占美国农场总数的1%，但生态农场的86%是小于40.5公顷的小农场，因此，美国自然生态农业面积占其农用土地总面积的比重估计也不过0.3%～0.4%，并且主要集中在东北部沿海、新英格兰等适于牧草生长的温凉湿润地区，大多为小农户，兼业户或扩大家庭菜园的趣味农户。日本自然农业声势甚大，但实际面积却很小，占农地总面积的比例也只有0.3%左右。

由此可见，到目前为止，在西方国家，自然生态农业还是一种有待发展的农业形态。

（二）西方自然生态农业思潮的主要流派

在西方国家，自然生态农业在生产上的应用，至少到目前为止还是有限，但其学术名称与派别却有不少。往往相似的内容，在各国的叫法却不一样。在美国、英国等英语国家叫“生态农业”、“有机农业”、“再生农业”、“替代农业”，德语国家称“生物农业”、“生物动力农业”、“生态有机农业”，而在日本则叫做“自然农法”。由于自然生态农业强调依靠自然生产力而摒弃石油产品，所以也有人将这样一种农业形态称之为“超石油农业”、“跨越农业”、“ 超工业农业，”等等。闻大中在《生态农业的内涵及其他》一文中指出“替代农业，意即有可能替代常规农业的农业。具体叫法还很多，如肥力农业、腐殖质农业、自然农业、有机农业、生物农业、生态农业、综合农业、可持续农业、生物生态农业、科学生态农业等。目前最流行的名称是生物农业和生态农业及有机农业（在美国）”。尽管在叫法和提法上有所不同，但基本概念是相似的。西方自然生态农业思潮的主要派别为：

1. 有机农业或生态农业派

目前西方自然生态农业思潮中的多数派，其突出特点是主张不用化学肥料、化学农药和除草剂。具体又可分为以下小派：

（1）有机农业派（Organic Farming）

美国有机农业小组对强调有机物投入的农作制称为有机农业或生态农业，其定义为：“一种完全不用或基本不用人工合成的化肥、农药、生长调节剂和牲畜饲料添加剂的生产制度”。

（2）生态农业派（Ecological Agriculture）

由美国土壤学家艾布瑞克（W.A.Albrecht）于1971年发起，重点研究动植物与土壤特性的相互依赖关系，其内容与有机农业派相似，主张自给自足经济，养分靠固氮作物和本身再循环，食物靠自己生产，低投入；小农型，多样结构，农田与草田比为1：2；靠草田养畜提供厩肥或作物轮作；着眼于人类的健康生存，重视对环境、土壤的保护。主张不用化肥、农药等化学农用物品。

（3）有机生物农业派（Organic Biological Agriculture）

多在德语国家盛行。理论奠基人为Rusch，由瑞士生物学家Drhans Muller 与Rusch合作提出，主要的主张是为了人类的健康和土壤肥力，排斥施用人工合成的盐类（化肥），主张生物物质的闭合循环。

2. 生物——动力农业派（Bio-dynamic Agriculture）

由奥地利人鲁道夫·斯坦内尔（Rudolph Steiner）发起，主要分布在德国、瑞典、挪威以及法国等国家，美国很少。该学派受古印度神秘主义哲学的影响，带有迷信倾向，主张按黄道吉日播种庄稼，认为在粪堆上插上一个牛角，就可以收集天外的力量，使粪堆增加千百倍的肥效；同时也反对使用人工合成的农用化学品，主张自给自足的生活方式；强调种植多年生牧草与豆科作物，约用1/2、2/3的耕地种植牧草或豆科作物，在草地上养畜以收集厩肥，然后用这些厩肥去作为其他1/2（或1/3）谷物地的肥料，以实现农户内物质的自我循环与自给自足。这些农户在经济上往往有较多的自愿资助者，包括一些慈善团体、宗教团体、个人和政府的补贴等，其产品被认为是健康的农产品，因此，出售时比普通农产品的市场价格一般要高出10～20%。

3. 自然农业派（Natural－Agriculture）

主要存在于果树、蔬菜业中，日本、德国、荷兰、法国、瑞士等国家均有少量的分布。该学派认为，自然就是资本，强调人类应更多地与自然合作而不是对抗，信奉“天人合一、物土不二”的整体生态观，重视产品品质。1971年，日本福冈正信倡导“自然农法”，提倡不耕地、不施肥、不除草、不用农药、所以也称“四不农业”，或叫做“什么也不干农业”。德国的果蔬自然品质派（ANOG）提倡生产高“生物价值”的农产品，主张减少耕作以便不搅乱自然土壤。英国的素食农业派反对施用动物肥料，只用植物堆肥。

（三）西方自然生态农业思潮的技术偏好

西方自然生态农业思潮尽管派别众多，但其信仰与哲理都是共同的，就是一切以自然为中心。具体包括以下内容：

1. 自然神圣论

凡是自然的东西都是最合理的，一切应顺应自然，土壤是自然的母体，施肥不能喂作物而应喂土壤，不能翻动土壤，不能用人工制造的化学合成物去干扰自然。

2. 天人合一论

认为自然界的存在和发展有其内在的动因及规律，是不以人的意志为转移的，也是人类不可能左右的，因此，人们的一切行动都应该顺应自然、服从自然、不触动自然、更不能去“改造自然”，主张无为即有为，以中国古代哲学大家老子、庄子的无为主义为最高准则，审慎看待人类利用自然创造人类文明的想法。

3. 不干涉自然论

因为自然是神圣的，所以是不可侵犯的，因此，应当提倡低投入，实现农场（户）物质的内循环，依靠农业自然生产力达到增产目的，直到不耕地、不施肥、不除草、不用农药。

4. 回归自然、回归古代论

为恢复自然的宁静与纯洁，主张回归自然，返璞归真、回归古代低能量投入时期的生产生活方式，在技术上重视传统技术，强调自然，提倡粗放，重视有机和林草等生物与生态，反对农业的集约化经营和农业工程措施。

在前述价值观念的支配下，西方自然生态农业学派主张和推崇的农作方法与技术是：使用腐熟的有机肥，反对施用化学肥料；实行轮作，高度重视和强调多年生牧草与豆科作物在轮作中占有的重要地位；利用生物（天敌）防治病虫害，反对使用人工合成的化学农药；根据生物共生原理通过农林间作（Agriforestry）或林下养草放牧，充分利用空间与自然资源；提倡粗放式的农田耕作与草地放牧，反对集约性的农业工程措施和动物的工业化饲养，等等。

（四）自然生态农业仍是一种有待发展的农业

自然生态农业在国外试行后的实际结果，基本情况如下：

1. 产量

多数情况下，生态农场是减产的，一般生态农场要比常规农场减产20～30%。德国巴符州生态农场的农作物及牲畜单产比常规农场一般要低25%～55%。

2. 品质

在现代农业中，由于农药的过多使用，导致农畜产品中的农药残留问题，尤其是不易分解的有机氯类，其影响距离长、时间久，容易通过食物链而集中在生物有机体中。而不使用人工合成的化学农药的有机农业产品的安全性得到极大的提高，因而在市场上有更大的吸引力，但由于不使用农药，有机农产品的某些内部和（或）外部品质往往会表现较差。

3. 收入

多数农户收入降低，少数可做到不增不减。美国农业部有机农业考察组报告的基本结论是：有机农场的经济效益要低于一般常规农场的收益水平。英国100个生态农场的调查结果是：生态农场经济收入减少。为摆脱经济上的困境，西方国家一些自然生态农业试点依靠政府或社会团体的补助或捐款。

4. 环境

在国外，自然生态农场的特点之一是草地多（自然草地加人工草地），因此水土流失少，生态环境保护良好。但也有人认为，生态农业减少15%～25%的产量，为维持总产量的稳定，就需要扩大耕地20%～40%，因此可能反而还会引起水土流失，导致生态环境质量的下降。

农用化学药剂使用量的不断增长，必然对环境构成重大威胁，有机农业大大地减少了农药对环境的污染和对人体健康的威胁。关于化肥与环境问题存在着不同看法，《只有一个地球》的作者沃德等认为，“各国经验并没有表明使用化肥有普遍恶化的影响。大量使用化肥的结果，并不一定意味着耕地肥力正在耗竭。养分一旦被作物吸收以后，仍可能找到补救的方法”。在法国举行的国际长期施肥学术会议认为，长期施用化肥对产量与地力均无害，有机肥和化肥对土壤环境的影响机理基本是相同的。这个结论引起了世界的震动。有机生态农业由于过分依靠农场内的养分循环，结果往往是养分平衡失调，产量锐减。

（五）生态农业未来走势：21世纪世界农业的主导模式

尽管自然生态农业发展，目前在西方国家的规模仍小，人们对生态农业的异议也时有出现，但整体看，生态农业已开始得到社会的普遍认可。在欧盟各国，有机农产品价格通常要高出常规农产品价格的20%～30%，但消费者认为，生产有机农产品需要付出较多的人力和财力，售价高于常规农业是很自然的，也是应该的。因此，尽管有机农产品的价格较高，但却受到消费者的普遍青睐，市场销售近年来一直呈明显的加速增长态势。由于生态农产品可以解除消费者对食品安全的担心，这正是生态农业发展的最大动力。因此，从整体判断，世界未来时期的生态农业规模将迅速扩大，速度不断加快，生态农业正在或已经进入了一个新的发展时期，并将成为21世纪世界农业的主导模式。

推动和促进世界生态农业加速发展的主要因素还包括以下几个方面：

1. 政府的强力支持

在欧盟，“共同农业政策”就有鼓励和扶持欧盟范围内农业经营单位积极发展生态农业的相关规定，据此，各成员国大都订有鼓励生态农业发展的专门政策。如奥地利于1995年即实施了支持生态农业发展的特别项目，由政府提供专门资金帮助农场主向生态农业转变。法国也于1997年制定并实施了“有机农业发展中期计划”。2001年，在布鲁塞尔召开的欧盟农业部长会议上，德国农业部长建议欧盟在10年内使生态农业产值占整个农业生产的比重达到20%以上。

2. 生产和贸易的相互促进

20世纪90年代以来，世界各国普遍加强了对食品卫生及其安全质量的有效监控，有关标准也越来越高。不但有关食品生产方式及其对环境的影响受到高度重视，而且要求食品在进入市场前应有权威机构按照通行标准进行认真的认证鉴定。随着世界经济一体化和贸易自由化的向前推进，各国在降低关税的同时，与环境、技术相关的非关税壁垒日趋森严，由此，必将有力地推动和促进生态农业的发展。

3. 科技进步的支撑和推动

生态食品的生产与发展涉及诸多技术问题需要解决，包括生物肥料、生物农药、天然饲料及饲料添加剂、动植物生长调节剂等新型生产资料的研制、开发和推广，生态食品生产工艺流程及技术的研发与推广应用，以及可持续的生态农业体系的建立与发展等等。随着农业科学技术进步及其成果的应用和推广，生态食品生产过程中的各种技术问题必将得以解决，从而为生态农业的顺利发展提供坚实的前提条件。

4. 跨国管理的有效促进

国际生态农业和生态食品的跨国管理，集中体现为各国生态食品标准及认证体系的协调和统一。从目前已有的迹象及趋势看，为指导全球生态农业和生态食品的发展，各国的生态食品标准及认证体系将通过以下途径进行协调和统一：一是由联合国下属单位和国际质量认证组织、WTO等制定有关食品标准，用以指导、规范各国的生态食品生产与贸易行为；二是通过国际非政府组织进行地区和国家之间生态食品标准及认证体系的协调；三是各国政府间对有关生态食品标准及认证体系的相互认可。国家间生态食品标准及认证体系的协调、统一，必然削弱和淡化因标准歧视而导致的技术壁垒和贸易争端，从而推动和促进世界生态农业的快速发展。

有专家断言，生态农业和生态食品绝非是一种时髦，而是在不久的将来必然会成为世界农业主流中最为重要的一个发展方向。这样的判断并未言过其实。从欧洲的情况看，2000年春，英国最大的零售连锁商冰岛公司宣布：该公司将把货架上的所有食品换成生态农产品，而且价格和原来一样。这个举动随即在整个市场引起连锁反应，有力地推动了世界生态食品消费的快速增加。2000年，单是西欧的生态农产品消费总额即已达到95.5亿美元，之后一直保持增长的强劲势头，预计未来十几年欧盟国家生态食品市场的年均增长率将超过10%，有些国家可达20%～30%。

三、与西方自然生态农业相区别的中国生态农业

（一）中国生态农业的基本内涵

20世纪70年代末80年代初，西方自然生态农业思潮进入中国后，不只是引起了学术界的广泛讨论，而且还着手进行世界上范围最广、规模最大的生产实践。先是在各地建立了一批生态农业户和生态农业村（场）、农业乡，在取得了丰富的经验之后，从1994年开始，由国家计委、科委、农业部、财政部、林业部等7部委局共同领导和组织实施“全国生态农业县建设”项目，首批列入国家计划的有分布在全国各省（市、区）的50个县。至此，中国生态农业发展进入以县为单位进行有计划整体建设的重要阶段。

中国主张与推行的生态农业，同西方自然生态农业学派所主张的“生态农业”、“有机农业”、“生物农业”等既有相通之处，但又明显不同。根据《全国生态农业试点县建设实施指南》，中国生态农业的内涵是：“在经济和环境协调发展指导下，总结吸收了各种农业方式的成功经验，按生态学和经济学原理，应用系统工程方法建立和发展起来的农业体系。它要求把粮食生产与多种经济作物生产、发展种植业与林、牧、副、渔业，发展大农业与第二、三产业结合起来，利用传统农业的精华和现代科学技术，通过人工设计的生态工程，协调发展与环境之间、资源利用与保护之间的关系，形成生态上与经济上的两个良性循环。”

中国生态农业的内涵符合联合国环境与发展委员会提出的“可持续发展”和后来又为联合国粮农组织扩展了的“农业可持续发展”的定义：“管理和保护自然资源基础、实行技术变革和体制变革，以保证当代和今后人类的需要不断得到满足。这种可持续的发展（包括农业、渔业和林业部门）应使土地、水和动植物种质资源得到保护，它是一种无环境退化、技术上适宜、经济上可行并能为社会接受的发展途径。”

（二）中国生态农业的历史源流

中国7000多年的农耕历史经验中蕴藏了极其丰富的生态学思想，正确处理农业生产中当前与长远、局部与整体关系的系统思想尤为突出。中国生态农业的内涵及其发展态势从一开始就与西方的自然生态农业不同，在相当程度上就是由中国传统农业中的生态学精髓所推动的。

中国传统农业中的生态学精髓主要表现在以下几个方面：

1. 正确认识和处理人与自然的关系

春秋战国时代，在处理人与自然的关系方面，既有庄子所代表的“顺天”思想，也有以荀子为代表的“制天”思想。《周礼·文言》综合这两种思想提出“先天而大弗违，后天而奉天时”，“天人合一”观点，将天、地、人视为一个统一的整体。这里所说的“先天”，就是顺应自然，在自然变化未发生之前进行预见并加以引导，发挥人的主观能动性。“范围天地之化而不过，曲成万物而不遗”（《周易·系辞上传》）。

2. 根据生态规律，保护自然资源

早在公元前1100多年时的周朝所制定的《四时之禁》即已规定，在规定的时间内，不准上山伐木、不准狩猎、不准打鱼。春秋战国时代的管仲更是明确指出，“山泽虽广，草木为禁（无节制地采伐）；荐草虽多，六畜有征（无节制地增多载畜量）”，最终必然走向“闭货（生产财富）之门”。《荀子·王制》则提出，“草木荣华滋硕之时，则斧斤不入山林，不夭其生，不绝其长也。”

3. 因地制宜，合理安排农业结构

在中国，早在7000多年前即已开始了农业与畜牧业的结合。浙江余姚河姆渡发现的新石器时代文化遗址中的泥制半驯养猪和大量稻谷存留在同一层中，即是证明。春秋时，孟子也曾提到“五亩之宅，树之以桑”，“鸡豚狗彘之畜，无失其时”，达到“无饥”、“衣帛”、“食肉”。《淮南子·齐俗训》提出“水处者鱼，山处者木，谷处者牧，陆处者农”，与当代的“宜林则林、宜农则农”，因地、因事制宜的农业配置原则是很接近的。

4. 强调发展后劲，维护农业的持久性

《齐民要求》中早就有很多关于作物轮作和施用绿肥及粪肥“美田”的记载。北宋陈旉在其《农书》中提出著名的“地力常新壮”说，认为土地只要使用得当，不断培肥，则瘦地可变成肥地。在中国长江流域，农村有“养猪不赚钱，回头望望田”的农谚。据史料记载，早在唐代就有养猪不赚钱，主要取其积肥培肥土壤之好处的记载。说明中国传统农业不仅认识到农、畜相互依赖这一自然规律，而且能够从整体经济效益方面认识、分析问题。

5. 按照生态食物链原理，构建生态上协调的生产模式

按照食物链构建农业生产模式，早在汉代即已初露端倪。当时成书的《家政法》中就提出了“养虫饲鸡”的办法，“二月，先耕一亩作田，秫粥洒之，刈生茅覆上，自生白虫。便买黄雌鸡十只，雄一只，于地上作屋……”。

明代徐光启在《农政全书》中也介绍了一种养虫喂鸡的方法：把一块园地用栅墙隔成两半，一半泼以稀粥，造成一个适于虫和微生物生活的环境，让它“自生白虫”，等白虫 生出后，驱鸡到这半块园地吃虫。同时在另一半再泼粥养虫。如此两半边轮换养虫饲鸡，鸡长得既快又肥。

明李翊在《戒庵老人漫书·谈参传》中有如下一段记述：“谈参者，吴人也，家故起农。参生有心计，居湖乡，田多洼芜，乡之巳民逃农而渔。田之弃勿辟者以万计。”于是，他“凿其最洼者池焉，周为高塍，可备防泄，辟而耕之。岁之入，视平壤三倍。池以百计，皆畜鱼。池之上为梁，为舍，皆畜猪。谓猪凉处，而鱼食猪下，皆易肥。塍之平阜，植果属；其淤泽，植菰属；可畦，植蔬属，皆以千计。鸟凫昆虫之属，悉罗取，法而售之，亦以千计。”表明16世纪太湖流域务农致富者，不仅开创了因地制宜利用土地的圩塘结构，实行了鱼猪共养，而且还分别安排果树、蔬菜、水生植物等，使之各得其所，颇有立体种植的味道与章法。

四、中国生态农业的实践模式

（一）北方“四位一体”生态家园模式

“四位一体”生态家园模式以太阳能为动力，以沼气为纽带，将沼气池、畜（禽）舍、厕所、日光温室有机地组合在一起构成一个能量、物质循环系统（如图10～1所示），其原理为：系统内的人、畜（禽）粪便直接投入沼气池，经过厌氧发酵变成沼气、沼液和沼渣。沼气为系统提供生活、生产用能，分别用以炊用、照明、供暖等用途。沼渣、沼液是优质、高效的有机肥料，用于温室内的果蔬生产用肥。“四位一体”生态模式在同一块土地上种植、养殖和能源生产并举，系统内的能量、物质流良好循环，既节约资源耗费，增加农民收入，又改善农村、农业生态环境，提高农民生活质量及农业经济活动的效率与效益水平，是农业增效、农民增收的一项重要举措。

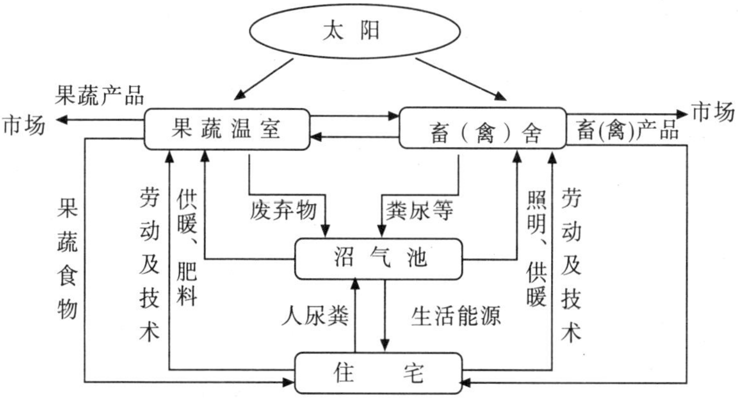

图10-1 “四位一体”生态模式

一处典型的“四位一体”温室生态模式包括350平方米砖土钢架结构日光温室、温室内设20平方米畜（猪）舍，畜（猪）舍地下建筑10立方米沼气池，工程总投资按目前价格水平大致为16000～18000元人民币。可年产沼气500立方米、出栏肉猪12头（日常存栏6头）、收获蔬菜12000千克、提供优质高效沼肥20立方米。人畜粪便进入沼池发酵后，不仅病菌、虫卵可完全被杀死，而且其肥效可提高1.5～2.5倍，沼渣、沼液用作温室蔬菜生产用肥，可节省农药、化肥费用支出约200元人民币；使用沼气做饭、照明和供暖等，可替代薪柴30吨或标煤1.5吨，节省能源费支出600元；蔬菜生产土地生产率提高30%以上，蔬菜品质明显提高，蔬菜生产因产量增加、菜品质量提高可增收9120元；肉猪饲养因提前出栏和其他费用的节省，每头可增加收入80元左右，年出栏12头肉猪，可增加收入960元。综上所述，一处典型的“四位一体”生态模式每年因增收、节支可合计形成10880元人民币的增收额。农户按每户4人计算，人均增收可望达到2720元（其中现金收入2520元/人）。

在社会、生态效益方面，一处典型的“四位一体”生态家园模式，年薪柴替代量可保护0.25公顷林木一年的生长，同时减少3.3吨因薪柴或煤炭燃烧而排放的二氧化碳，在稳定农民就业，实现农产品生产无害化，保护农村及农业生态环境等方面具有十分重要的作用和意义。

北方“四位一体”的生态家园模式以投资少、见效快、促进种养、保护生态、稳定农村、富裕农民等优势而著称，是发展生态农业、生产绿色食品的一个重要方面，是一个值得大力推广的生态农业模式。该模式始创于20世纪80年代末期，发展到现在，仅辽宁省即已达到27.9万户，全省农民年增纯收入达到13.9亿元人民币，无公害蔬菜年产量4.2亿千克，年生猪出栏量279万头，年生产沼气8370万立方米。

（二）南方“猪——沼——果”生态经济模式

南方“猪——沼——果”生态经济模式利用山地、农田等资源，围绕主导产业，将畜（猪）禽饲养和林果或粮食、蔬菜、经济作物和食用菌等种植连接在一起，形成“农户生活——‘三沼’（沼气、沼液、沼渣）利用——生态农业”的良性发展链条，以实现农业增产、增收和提高农产品质量的最终目的。在该模式中，畜禽粪便进入沼气池发酵生产沼气，沼气用于农户的日常生活用燃料和照明；沼液用作添加剂拌入饲料喂养畜禽，或用于浸泡稻种、喷洒果树以增强抗逆性，或直接用作肥料等；沼渣既可作为肥料用于肥田，也可用作饲料饲喂畜禽或鱼类，或用于制作培养基生产食用菌，等等。

一处典型的“猪——沼——果”（或菜、药、花、稻、鱼等）生态经济模式包括新建或改建0.2公顷的标准化果园（或优质无公害菜地、药圃、苗圃、鱼池等），建设20平方米的标准化畜禽舍；新建8立方米的沼气池；改建沼气卫生厕所，工程投资总额按目前价格水平约6000～7500元人民币。项目建成后，每年可提供400立方米的沼气燃料，可替代薪柴2吨或标煤1吨，节约燃料费用支出400元；出栏肥猪8头（日常存栏4头），用沼渣、沼液拌饲料喂猪，增重快，可提高出栏，同时减少约20%的饲料，每出栏1头猪可至少增收100元，合计800元；沼渣、沼液作为肥料，节省的农药、肥料费用支出每年可达350元以上；收获水果或蔬菜6000千克、水果品质提高1～2个等级，增产比率超过20%，因增产和品质提高而增加的经济收入每年可达3000元。由此，每年可使农民增收约4550元人民币。每户农民按4人计，年人均增收1137元以上。

“猪——沼——果”生态经济模式，在南方地区已得到广泛推广，仅在江西赣州地区截止到2006年底即有“猪——沼——果”生态工程示范农户24.5万户，示范村1053个，示范乡107个，成为当地农民增收脱贫的重要途径之一。

（三）西北干旱区“五配套”生态庭园经济模式

西北“五配套”生态庭园经济模式以西北黄土高原干旱区为背景，该模式充分考虑西北地区的干旱特点，以农户的土地资源为依托，以沼气为纽带，形成以农带牧、以牧促沼、以沼养果、果牧结合、配套发展的良性循环体系。该体系包括：一个0.33公顷的果园（或菜园、农园），在果园（或菜园、农园）

或农户住宅的前后配套一口8～10立方米的水窖，一座20平方米的太阳能畜禽舍（饲养4～6头猪，20～40只鸡），一种节水保墒措施（渗灌或秸秆覆盖），一幢10～15平方米的简易看护房。沼气是“五配套”的核心，起着联结种植与养殖、生活与生产的纽带作用；水窖用于蓄水，以满足生产、生活用水的基本需要；畜禽饲养为沼气池提供其所需原料；沼气用于解决生活、生产用燃料需求问题；沼液、沼渣用作畜禽饲料添加和（或菜园、农园）生产用肥料；节水保墒措施用于提高水的使用效率（如下图10～2所示）。

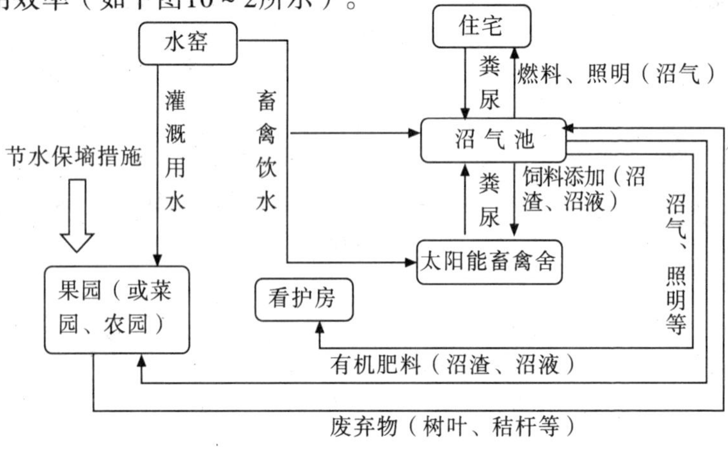

图10-2　西北“五配套”生态庭园经济模式

一处典型的西北“五配套”生态庭园工程投资额大致为7000～8000元人民币，建成投入使用后，每年可增加经济收入4300元人民币，其中：

（1）年产沼气400立方米，替代薪柴2吨，或标煤1吨，节约燃料支出400元；

（2）出栏肥猪10头，鸡100只，因提前出栏、节省饲料增收1200元；

（3）节省肥料、农药费用支出300元；

（4）果园增产、产品质量提高增收2400元，其中产品质量提高每千克增收0.2元，合计增收2000元；产量增加增收400元。

（四）农林牧复合生态经济模式

农林牧复合生态经济模式，借助接口技术或资源利用的时空互补性，形成两个或两个以上的产业或组分复合体。这里所说的“接口技术”，是指连结不同产业或不同组分之间的物质循环与能量转换的连接技术，如种植业为饲养业提供饲料、饲草，饲养业为种植业提供肥料，等等。

农林牧复合生态经济模式的具体方式包括：

1．“农——畜——沼——肥”生态经济模式

该模式的基本原理及其内涵为：（1）种植业由传统的单一粮食生产或粮、经作物二元结构向粮食作物、经济作物、饲料饲草作物三元结构发展，饲料饲草作物种植作为一个独立的产业而存在，从而为农区饲料业和饲养业发展奠定物质基础；（2）通过秸杆青贮、氨化和干堆发酵等技术，将秸杆转化成为饲料，用于畜禽饲养；（3）利用厌氧发酵技术，将规模化养殖场的畜禽粪便转化成为沼气、沼渣、沼液，分别用作生活、生产用燃料（沼气）和作物种植用有机肥及畜禽饲养用饲料添加（沼渣、沼液）等等。

该模式的主要技术包括秸杆养畜、过腹还田、饲料饲草生产技术，秸杆青贮和氨化技术，有机肥生产技术，沼气生产技术，以及种养结构优化配置技术，等等；配套技术包括作物栽培技术、节水技术、平衡施肥技术，等等。

2．“林果——农作物”复合生态种植模式

该模式国际上统称农林业或农林复合系统，主要利用农作物与林果之间在资源利用上的时间及空间差异和互补关系，在林果地中的间隙地带种植粮食、经济作物、蔬菜、药材及至瓜类、食用菌、饲草等作物，形成不同类型的农林复合种植模式，如河南兰考的桐（泡桐树）粮间作，河北与山东平原地区的枣粮间作，北京十三陵地区的柿粮间作，等等。

该模式的主要技术包括林地网络布设技术、立体种植与间作技术等；配套技术包括林果树木及作物栽培技术、节水技术、平衡施肥技术、病虫害综合防治技术，等等。

中国的“农田林网”生态模式，也属于农林复合种植模式中的一种具体类型。

3、“林果——畜禽”复合生态种养模式

该模式实际上是一种林牧业或林牧复合系统，即在林地或果园内放养特定的目标动物，被放养的动物以野生取食为主，辅之以必要的人工饲喂，以生产更为优质、安全的多种畜禽产品。其主要形式有“林——鱼——鸭”、“山林养鸡（兔）”、“林地养牛”、“果园养兔（鸡）”等等，以湖北的“林——鱼——鸭”模式，海南的胶林养鸡和养牛模式最为典型。

该模式的主要技术包括林果种植和动物放养技术，林地及果园种养配比技术等；配套技术包括放养动物饲料配方技术、疫病防治技术，等等。

（五）丘陵山区小流域综合治理立体生态农业模式

利用生态系统中的环境组分差异和不同生物种群的自身特点，结合小流域综合治理，在空间的立体结构上进行合理布局，发挥小流域的整合效应，从而使生态效益、经济效益和社会效益得到有机统一。

1.“围山转”生态农业模式

依据山体高度因地制宜地布置等高环形种植带，例如四川的“山顶松柏戴帽，山间果竹缠腰，山下水稻鱼跃，田埂种桑放蚕”；广东的“山顶种树种草，山腰种茶种药，山下养鱼放牧”；河北的“松槐帽，干果腰，水果脚”等，就是这种生态农业模式的典型范例。

2.生态经济沟模式

从水土治理工程措施入手，突出植被的恢复与建设，依据沟、坡的不同特性，发展多元化、复合型的农业经济，在平缓的沟地建设基本农田，发展农田和园林种植业，在山坡地实施水土保持的植被恢复措施，因地制宜地发展水土保持林、用材林、牧草和经济林及果林种植，综合发展林果、养殖、山区特产和以地产材料为原料的手工业如编织等多元经济。原浙江农业大学农业生态研究所校外基地德清杨坟坞小流域开发便是一个典例，该小流域自山顶到山麓的空间布局结构为：用材林——薪炭林——旱园竹——牧场——牧草——鱼塘，山顶的用材林、薪炭林起保持水土、提供农村能源和木材的作用；中下层的旱园竹具有较高的经济价值，牧场既为旱园竹提供充足的有机肥料，也为鱼塘提供一定的饵料；牧草既是牧场的饲料来源，更是鱼塘的饲草来源。在这里，每一组分在空间位置上的定格，都有其特定的功效，成为整个生态农业经济系统中不可缺少的一个环节，这种有序的结构使系统的物流、能流畅通其道，食物链紧密衔接，避免了中间环节可能造成的“摩擦”浪费，同时各组分间相互促进、协同效应明显，使得经济、社会、生态三大效益得以体现和发挥。

（六）复合生态养殖场生产模式

以畜禽动物饲养为主，辅以相应规模的饲料粮（草）生产基地和畜禽粪便消纳土地，通过清洁生产技术生产优质畜产品。项目及技术组成包括：（1）无公害饲料作物种植基地建设；（2）清洁饲料开发与生产；（3）养殖生态环境建设与疫病控制；（4）畜禽粪便及污水处理设施建设；（5）养殖废弃物资源化利用建设；（6）沼气和沼气肥开发与生产，等等。复合生态养殖场生产模式根据饲养动物的种类可分为以猪为主的生态养殖场生产模式，以反刍动物（牛、羊）为主的生态养殖场生产模式，以家禽（鸡、鸭、鹅等）为主的生态养殖场生产模式和以其他动物（如兔、狐狸、貂等）为主的生态养殖生产模式。

复合生态养殖场生产模式的典型案例有：陕西陇县奶牛奶羊农牧复合生态养殖场，江苏南京市古泉村实验农牧复合型生态养殖场，浙江杭州佛山养鸡场、陕西西安大洼养鸡场，等等。

（七）农田生态立体开发农业模式

利用生物互利共存原理实施生态立体开发与种植，具体方式包括：

1. “间套轮”种植模式

间作，两种以上生育季节相近的作物在同一地块上同时或同季成行间隔种植；套种，生长季节不同的作物，在前茬作物的生长后期于其株行间播种或栽植后茬植物，使田间的光能和空间得到充分、有效的合理利用；轮作，同一地块的一定年限内轮换种植不同的作物或采用不同的复种方式。三种种植方式中，轮作复种，中国早在春秋战国时期即已出现，《管子·治国》中就有“四种五获”的说法，《荀子·富国》中也有“一步再获之”的记载。间作套种萌芽于西汉时期，到明清时期已相当盛行，当时已有“稻豆间作套种”、“麦豆间套和混播”、“棉麦套种”、“粮肥套种”、“粮草混种”、“林、粮、豆、蔬、草间作套种”等众多形式。合理安排农田作物的间作套种和轮作倒茬，能够充分、有效地利用土地的空间及肥力，调剂好用工、用水和用肥的矛盾，增强农业抗击自然灾害的能力，增加产量，提高土地和劳动生产率。

2. “稻田养鱼”生产模式

“稻田养鱼”是一种立体式的“套种”方式，即稻和鱼的套种和套养。中国的“稻田养鱼”历史，可以远溯到汉代，司马迁《史记》中即已有“饭稻羹鱼”记载，浙江永嘉山区农村也有“三国孙权坐天下时，我们的祖先就已开始了稻田养鱼”的传说。稻田养鱼作为一种典型的优秀传统农业生产方式，以中国浙江省青田县的稻鱼共生系统为代表，于2005年被联合国选为“全球重要农业文化遗产（Globally Important Agricultural Heritage Systems ,GIAHS）”首批试点。

稻田养鱼的传统方式，是在稻田里放养田鱼，形成田里种稻为主、养鱼为辅的种养模式。由于传统的稻田养鱼一直处于低产、低质、低效状态，经过不断的推陈出新，创新、发展出了一些全新的种养模式及其配套技术，包括将池塘养鱼技术引入稻田养鱼形成田鱼精养与果蔬种植和畜禽养殖有机结合的立体种养模式。其要点为：在稻田中开挖占稻田面积8～10%的鱼坑或鱼沟，预留一定空间的瓜果、蔬菜种植带，并加高夯实田埂。鱼坑鱼沟建好后，在稻田插秧前1个月放养一定数量的田鱼，稻田插秧后疏通其与鱼沟鱼坑的联系，保证鱼游畅通，并定时、定量投喂人工饲料或畜禽粪便，在鱼坑鱼沟及田坎上搭架种植蔬菜、瓜果，或建厩养畜（猪）、养禽，形成良好的生态循环。

稻田养鱼具有投资少、见效快、风险小、效益高的突出特点。稻田养鱼的生态好处多多，田鱼觅食时，搅动田水，搅糊泥土，为水稻根系生长提供氧气，促进水稻生长；田鱼吃了稻田 的猪毛草、鸭舌草等杂草以及叶蝉等害虫，免去了使用农药和除草剂。田鱼的排泄物等于给稻田施入有机肥料，最终给人们以鱼和稻谷的回报。从其收入及效益情况看，根据浙江青田县仁庄镇稻田养鱼示范农户的试验结果资料，稻田养鱼的单产水平，2004年6户农民平均每亩产田鱼265.4千克。稻谷432.2千克，折成产值6128.1元/亩，净利润3094元/亩，明显高于当地单一水稻种植的土地产值率水平。

3. “稻田养鸭”和“玉米地植菇”模式及其他

同“稻田养鱼”相类似的农田生态立体开发生产模式还有“稻田养鸭”和“玉米地植菇”等多种方式。

“稻田养鸭”是中国南方稻作区将种植技术与养殖技术有机地结合在一起的又一优秀的传统种养模式，同样具有十分悠久的历史。其中的“养鸭治蝗”由明代的陈经纶所发明并推广。陈经纶在他的《治蝗笔记》中详细地记载了自己发明养鸭治蝗的经过。陈经纶是将甘薯从菲律宾的吕宋岛引种到福建试种并积极在各地推广种植的中国第一人。甘薯在中国的广泛种植，并成为普通民众的食粮，在很大程度上要归功于陈经纶和他的一家。“养鸭治蝗”就是陈经伦在推广甘薯种植过程中发明的。有一年，陈经纶在教人种甘薯时，看到天边飞来了一群蝗虫，把薯叶全给吃光了，一会儿又飞来了几十只鹭鸟，把煌虫又给吃掉了。他从中受到启发，认为鸭和鹭的食性相近，于是便养了几只鸭子，放在鹭鸟活动的地方，结果发现，鸭子吃起蝗虫来，比鹭鸟更多更快，于是号召当地农民大量养鸭，每当春夏之间，便 将鸭子赶到稻田里去吃蝗虫。后来，这种方法成为江南地区治蝗的重要办法之一，不少的治蝗专业书籍中也都提到了这种治蝗办法。鸭进入稻田觅食，除蝗虫外，也吃其他害虫和杂草，同时搅动田水，搅糊泥土，有助于水稻的生长。根据黄璜、章家恩等人的研究结果证明，鸭稻系统可以有效地控制稻田害虫、减少病害、增加水稻抗倒性，在促进水稻增产、节支方面具有十分重要的作用和意义。□

“玉米地植菇”是近年来发明、形成的一种新兴菇菌人工栽培方法。“玉米地植菇”，利用玉米生长到一定阶段后所形成的郁闭条件及其地面的间隙空间对食用菌实施近自然的人工栽培，粮食生产与食用菌栽培相结合，既充分利用农地空间，节约土地，增加产出，而且所产菇菌质量也明显优于温室内栽培生产的菇菌，可与野生菇菌相媲美。另外，菇菌生产过程在土壤中形成的各种物质和菇菌生产形成的废弃物等，还是极好的有机肥料，可以在一定程度上满足玉米生长发育的养分需求，也是一种极具价值的农田作物“套种”方式。根据辽宁省新宾县等县（市）、乡（镇）的示范种植结果证明，玉米地套种食用菌，平均每亩年食用菌净收入可达3000元人民币以上。

（八）设施生态农业模式

设施生态农业以设施工程为依托及基础，运用全新的手段及技术构成完全新型的高效生态农业活动形态，典型模式包括：

1. 设施清洁栽培生态农业模式

目前的主要形式包括：（1）无公害温室土壤栽培。以有机肥料全部或部分替代化学肥料，不用或少用化学农药，使作物生长过程中的化肥、农药使用及其在产品中的化学残留等能够得到有效的控制。（2）有机生态型无土栽培。以有机营养液

（有机固态肥）替代全部或部分化学肥料，同时采用作物秸杆、玉米芯、花生壳、废菇渣以及炉渣、粗砂等作为无土栽培的基质，保证农产品生产过程的无害化和其资源的可持续利用。（3）生态环保型设施病虫害综合防治模式。以生物防治和物理防治措施为主进行病虫害防治，最大限度地减少化学农药的使用量，确保农产品的安全、卫生品质符合质量标准的要求。

2. 设施种养相结合生态农业模式

通过温室工程将作物种植、畜禽、鱼类养殖有机地组合在一起，形成质能互补、良性循环型生态系统，目前的具体形式主要有：（1）设施“畜——菜”共生互补模式。蔬菜种植和畜禽饲养同在一个温室内进行，利用畜禽呼吸释放出的CO_2供给作物作为气体肥料，畜禽粪便经过处理后作为蔬菜栽培的有机肥料来源，与此同时，蔬菜在同化过程中产生的O_2等有益气体供给畜禽改善其生长发育的生态环境，以实现其共生互补。（2）温室“鱼——菜”共生互补模式。通过“鱼——菜”共生温室的结构设计与配套技术，利用鱼的营养水体作为蔬菜的部分肥源，同时利用蔬菜的根系净化功能清洁净化鱼池的水体，保证二者的共生互补。

3. 设施立体栽培生态农业模式

目前的主要形式包括：（1）温室“果——菜”立体栽培模式。利用温室果树休眠期、未挂果期的地面空间空闲阶段，选择适宜的蔬菜品种进行间作套种。（2）温室“菇——菜”立体培养模式。在温室过道、行间距空隙地带放置食用菌培养基棒。实施“菇——菜”立体栽培。食用菌产生的CO_2可作为蔬菜的气体肥源，温室的高温高湿环境又有利于食用菌的生长。（3）温室“菜——菜”立体栽培模式。利用藤式蔬菜与叶菜类蔬菜的空间差异，进行立体栽培，夏天还可利用藤式蔬菜为喜阴蔬菜遮阳，互为利用。

五、生态建筑：在房屋上种田

（一）房屋革命：生态建筑的“三个条件”和“两大益处”

生态建筑是利用生态学原理和生态工程技术而设计、建设的一种其能量和物质可以自身循环的绿色环保建设设施。

生态建筑必须具备三个最为基本的条件：一是地下设有以净化为目的的沼气净化池；二是屋顶覆土种植或蓄水养殖，或设立太阳能利用装置；三是墙体垂直绿化，植物上爬、下挂，整个建筑成为一个布满绿色植物的绿体。只有具备这三个条件的建筑物方可称之为生态建筑。

生态建筑的三个必备条件，核心是沼气净化池。沼气净化池，不同于普通的沼气池，更不是普通的化粪池。沼气净化池技术主要用于处理城镇生活污水，由一级或二级以上的厌氧发酵池和生物过滤池组成，对流量大、来源复杂的污水配有预处理池，沼气是其副产品，总池容等于实际使用人数乘以参数0.15～0.2。沼气净化池结构有两种，住宅、办公楼等建筑物用的池型，一般设沉淀池、一级或多级厌氧发酵池、二级或多级生物过滤池；学校、饭店、商场等公共场所的池型则由预处理池、二级或多级厌氧池、多级生物过滤池组成。预处理池和厌氧发酵池为前处理池，生物处理池为后处理池，前处理池和后处理池的比例通常为3:0.5～1。沉淀池池容一般为0.5立方米左右，预处理池则为6立方米以上，相当于吸粪车的容量，前一级的厌氧发酵池池容大于后一级池容，沼气净化池的最高设计气压小于9.3KPa。沼气池顶可以覆土种植植物，沼气液浇灌植物。这种以沼气净化池为核心的生态建筑，可以节水、节能，使生活污水和粪便资源化、无害化，净化空气，美化环境，延长建筑物的使用寿命，是极具推广价值的生态工程项目。

因此，生态建筑具有“节约”、“效益”两大益处。

“节约”，包括：（1）节土。即利用屋顶面积种植、养殖，建筑占地面积在屋顶上得以回收利用，土地回收率一般可达70%，高的超过100%。（2）节水。净水经人食用后变成污水排入沼气净化池厌氧发酵，沼液或净化水可以用泵打回屋顶施于植物或用于清洁，使水资源得到多级利用。（3）节能。屋顶设备太阳能热水器，可供热水，节约燃料；沼气净化池能生产出一定的沼气，用于做饭、烧水等等。

“效益”包括：（1）经济效益。一是节土、节水、节能本身就意味着是一种经济效益；二是节省工程造价，屋顶覆土种植可以取消架空隔热层，降低建筑高度，节省建筑材料，而建筑物使用寿命的延长即意味着单位工程造价的降低；三是运行中种植果蔬、养殖、供热等形成相应的经济收入；四是建成绿地的收益；五是投入产出效果明显。（2）环境效益。一是冬暖夏凉，比普通建筑相差3℃左右；二是空气清新。（3）社会效益。节约社会资源，环境保护效果好。

（二）生态建筑的主要类型

1. 生态庭院

以庭院为基地，对所涉物质、能源通过循环方式进行综合利用的建筑设施。生态庭院型建筑物质、能量流动如图10～3所示。

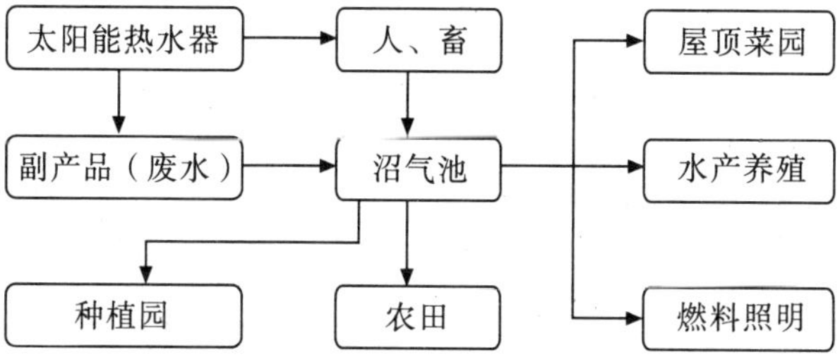

图10-3　生态庭院型生态建筑能流、物流图

2. 生态公厕

一类比较特殊的生态建筑。传统公厕的突出问题是脏、乱、臭，卫生条件差。生态公厕能够有效解决这些问题，而且建筑体结构相对简单，能流、物流比较单一，易于推广。

生态公厕型建筑的物质、能量流动如图10～4所示。

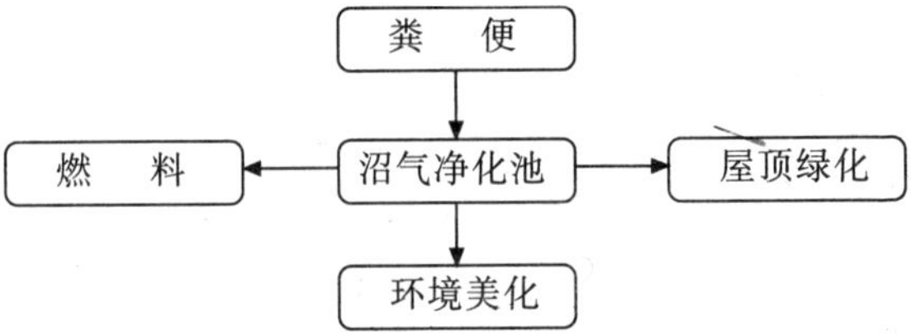

图 10-4　生态公厕型生态建筑能流、物流示意图

3. 生态综合楼

以建筑群为载体，形成独立的供热、供水、供肥及绿化系统，为生活和工作在建筑物内的人们提供良好服务的建筑设施。生态综合楼的物质、能量流动如图10～5所示。

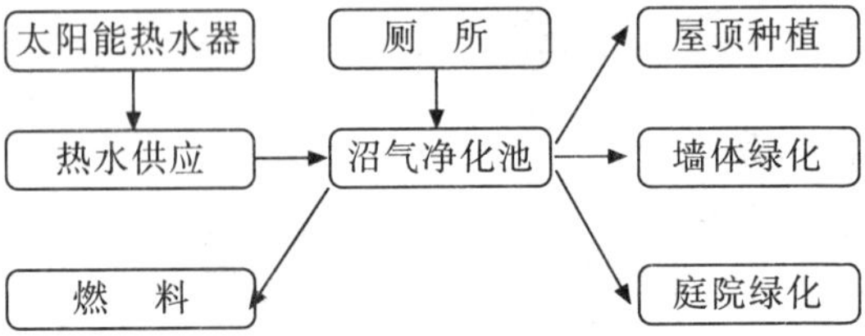

图10-5　生态综合楼型生态建筑能流、物流示意图

4. 生态建筑与生态农业综合体

将生态建筑建设与生态农业建设通过能流、物流有机地结合在一起形成一个整体，进行生产与生活的合理布局和物质、能量的再利用。如图10～6所示。

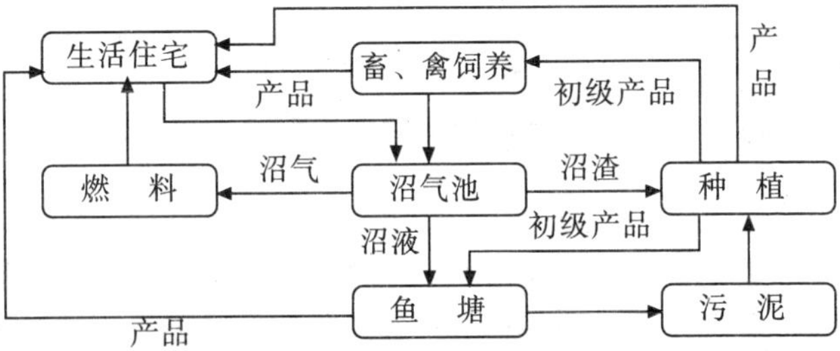

图10-6　生活建筑与生态农业综合能流、物流示意图

（三）浙江金华市生态公厕建设实例分析

中国境内的生态公厕源于20世纪90年代初浙江省金华市政府资助的一个生态建设项目。该项目的基本原理是，对城市的生活粪便等通过建设地下沼气净化池，就地进行无害化、资源化处理，利用沼气发酵液替代城市自来水浇灌植物，以沼气作燃料烧水、做饭，屋顶覆土种植蔬菜、花卉和蓄水养殖，墙体引藤垂直绿化，发展城市生态农业，美化城市生活环境，对城市生态进行有效保护，效果显著。

1. 生态公厕的特点及类型

金华市的生态公厕，包括以下其本类型：

（1）园林式。公厕由树木环抱，进行多层次绿化，依势成形，建筑物形状同环境相协调，园林色彩突出，文化韵味浓郁。

（2）综合实用型。集商业用房、住房、办公用房和公厕于一体，藏拙露优。商业用房和公厕并列，住房、办公用房在上，造型优雅，别具风味。

（3）棚架式。上做大棚架，种葡萄或引藤，形成一道独特的风景线（点）。

2. 生态公厕的技术、经济效益

城市生态公厕作为一种自身循环的建筑物，理论上是能够较好地确保其经济、社会和环境效益的协调和统一的，可以成为利国利民的一种事业。从浙江金华市的实践结果看，城市生态公厕的技术、经济效益突出地表现在以下八个方面：

（1）就地对粪便、污水进行无害化处理

生态公厕以沼气净化取代化粪池，可以就地既方便又经济地对粪便、污水进行无害化处理，而且效果明显。根据金华市卫生防疫站和金华市环境保护监测站对金华市区内两个生态公厕进行的实测结果资料（如下表10～1、表10～2所示），生态公厕排放水的卫生及环保指标均可满足相关标准的基本要求。

表10-1 生态公厕卫生指标

	南新街公厕	将军路公厕
大肠菌值（个/g）	4×10-7	4×10-6
蛔虫卵死亡率（%）	100	100
蛔虫卵数(个/mL)	0.0073	0.0047
寄生虫沿降率（%）	99.65	95.41

注：1992年6月4日金华市卫生防疫站实测资料

表10-2 生态公厕环保排放指标

项目公厕名称	南新街公厕	将军路公厕
COD（mg/L）	269	210
BOD（mg/L）	147	160
SS（mg/L）	74	132

注：1992年7月14日金华环保监测站实测资料

（2）增加绿化美化面积

生态公厕屋顶覆土植草、栽花及灌木，墙体垂直绿化，增加城市的绿化美化面积，成为城市的一个景观，能够产生强烈的立体艺术效果。金华市区8个生态公厕的绿化种植面积如下表10～3所示。

表10-3 金华市生态公厕的屋面绿化情况表

项目	单位	紫岩巷	将军路	南新街	新华路	八一路	火车站	飘萍路	通济桥
占地面积	m²	62.07	71.85	122.58	85.74	122.14	125.25	57.4	110.70
层数	层	1	2	2	2	2	2	2	1
建筑面积	m²	57.08	117.05	190.70	84.89	125.74	134.23	85.14	92.10
绿化面积	m²	47.25	52.36	107.0	108.91	136.85	137.42	73.61	33.0
土地回收率	%	74.11	71.48	88.73	127.02	122.00	109.70	128.10	29.81

（3）改善公厕环境

生态公厕由于屋顶覆土绿化，墙体垂直绿化，使室内温度明显低于一般普遍公厕，能在一定程度上防止臭气散发，加上生态公厕的水封隔臭措施得当，因此厕内无臭味；由于生态公厕使用沼气净化池，池顶、池槽内无蛆蛹，因此，夏季苍蝇减少，环境卫生状况明显优于普通公厕。

（4）优化建筑结构

生态公厕由于屋顶覆土种植、墙体垂直绿化，湿润的泥土终年养护着混凝土，能够减轻干湿变化对混凝土的损害和风、日、雨的侵蚀，因此，可延长建筑的寿命，另外，具有良好的御寒隔热效益，厕内冬暖夏凉，室外绿化还具有吸附尘埃、净化空气、消除噪音等方面的作用。

（5）节约土地

生态公厕的建筑占地面积，可以通过屋顶种植回收土地，一般能回收70%以上，高的可达100%（如表10～3所示），可以大大提高公厕占地的实用价值和经济价值，便于公厕的选址、定位。

（6）节约用水

生态公厕用水可以通过净化进行循环利用，达到节水目的。

（7）生产能源

对金华市4个生态公厕的沼气生产情况统计如下表10～4所示。4个公厕合计的年沼气产量达10693立方米，相当于12.8吨标准煤。

表10-4 金华市生态公厕年沼气产量统计

公厕名称	紫岩巷	将军路	南新街	新华街	合计
沼气产量（m^3/年）	1268	1795	1960	5670	10693

（8）经济收入

生态公厕的经济收入包括来自屋顶种植果蔬的收入、出售沼液肥形成的收入和生产的沼气所产生的收入等等。如前述4个生态公厕年产沼气折标准煤12.8吨，每吨标煤按400元人民币计算，由此而形成的收入即达5120元。如果屋顶面积用于种植蔬菜，土地回收率按70%计算，一年种植二茬蔬菜，一个占地80平方米的生态公厕，年蔬菜产量按照现有生产率水平可达2520千克，蔬菜出售价平均按1.5元/千克计算，年经济收入可达3780元人民币。

六、城市地区生态农业发展设计

（一）生态农业的成功发展一半在规划

科学的规划设计是生态农业建设与发展过程中不可缺少的一个重要环节。因为有了科学的规划设计，才能明确生态农业建设与发展的重点、方向、目标以及在建设与发展进程中可能出现的问题和应该采取的相应对策，等等。

1. 生态农业设计规划的基本原则

生态农业的规划设计必须充分考虑生态学和农业生态学的基本原理、经济效益理论、环境保护和资源的合理配置与可持续发展理论等，使农业生产建立在一个高效、持续、优质、低耗的基础之上。为此，应遵循以下基本原则：

（1）整体协调

充分考虑农业系统内外各组分（子系统）之间的相互联系、相互作用、相互制约和相互协调的关系，具体包括三个方面或层次的内容：一是农业生产结构的各个部门即农、林、牧、渔业和其加工业之间的协调和整合；二是发展生产与资源开发和环境及资源保护之间的协调；三是城市与乡村、工业与农业之间的协调与整合，通过这三个层次的协调、整合，使所规划设计的农业系统成为一个有机整体。

（2）系统有序

一是理顺各组分（子系统）之间的层次关系以及相互间的能量、物质、信息传递关系，然后确定系统的层次结构，分析构成农业生态系统的组分是什么，组分的时间、空间位置如何，环境结构和经济结构的配置状况，以及不同层次之间和同一层次之间物质流、能量流、信息流、价值流的途径和规律，对不同的结构层次采用不同的对策。

二是因地、因时制宜地提出不同阶段的发展目标，使规划设计的目标、内容等符合从初级到高级、由简单到复杂的递进性逻辑发展要求。

（3）以科技为先导

一是在规划设计过程中要充分利用现代分析、模拟、规划、决策的手段和工具，例如动态模拟技术、地理信息系统技术、遥感技术等；

二是在规划实施过程中，要充分体现科技进步对生态农业建设的作用和贡献，中国的生态农业不同于西方发达国家的生态农业，不是自然农业的回归、传统农业的复兴，而是后现代农业的加速发展，必须依靠现代科学技术的大量投入来增强农业的后劲。

（4）效益最大化

规划设计应有助于规划实施过程中得以获取最大的综合效益，为此，在进行规划设计时必须坚持农产品数量增长与质量提高、经济效率与经济效益相结合，近期效益与长期效益和生态效益、经济效益与社会效益相结合，经济发展和环境保护相结合。

（5）空间分异和时间分异

生态农业建设规划设计，应根据不同区域、时间条件下的具体情况，提出不同地区、不同阶段的不同发展模式目标及与之相适应的发展措施，使规划设计的目标、内容等符合各地区和各不同发展阶段的实际情况，从而使规划设计具有切实的可执行性和可操作性。

（6）可持续发展

可持续发展原则要求在进行生态农业建设的规划与设计时，一方面要树立长期的观点，使所制定的规划设计能在较长时期内对生态农业建设起到指导作用；另一方面是在规划设计中充分体现环境有效保护、资源合理利用和经济稳步增长的可持续发展综合理念。

2. 生态农业建设规划设计的主要内容

生态农业建设作为一个复杂的递阶结构系统，其规划设计所涉及的领域及范围，从行政区域角度看，在中国目前主要包括：县（市、区）级生态农业规划设计和乡（镇）、村（场）、户各级生态农业规划设计。县（市、区）级生态农业规划，是以县（市、区）为单位而制订的生态农业建设规划；乡（镇）、村（场）、户各级生态农业规划，是分别以乡（镇）、村（场）、户为单位，在上一级行政单位所确定的发展方向及要求的具体指导下，结合其辖属区域范围内的具体情况而制定的生态农业建设规划。县（市、区）、乡

（镇）、村（场）、户各级生态农业规划的内容包括：辖属区域范围内的生态农业建设与发展目标，产业结构和土地利用的构成与调整，以食物链结构为基础的生态农业经营模式，生态工程，技术措施，等等。具体的项目要求及特点等如下表10～5所示。

表10–5 户、村、县生态农业建设及其规划设计的要求、特点比较

项　目	生态农业户	生态农业村	生态农业县
基本单元	庭院	自然村落	具有一定规模的自然群体及行政功能相对独立的生态经济区域
生态模式	单一生态工程模式为主	耦合生态工程模式（几种单一生态工程模式的叠加并联）	复合生态工程模式或综合发展战略模式
能源、物流的层次与水平	物质循环、能量流动在农田、林地、院落的层次上进行	物质循环、能量流动以户为基础，并在更高的村一级水平上进行	户、村、县各个层次的复合循环及其相应的环节结构
系统运行	单纯农业生产、庭院经营，一个生产单元	农业生产，乡镇企业等多产业部门	不仅涉及各种经济部门，包括生产、交换、分配、消费等各个经济环节，还包括文化、政治、社会等问题
系统的主要制约因素与主导因素	自然环境	自然环境、市场导向	政策法规、市场导向、自然环境等
调控内容	食物链	用地与生产结构，食物链	产业结构，用地构成
环境建设	庭院建设	村镇建设	环境工程建设

生态农业建设规划设计按行业分类包括农田种植业、林果业、养殖业、农村能源、庭院经济生态农业建设规划，若按地理区域划分，则包括流域生态农业建设规划、林地生态工程建

设规划、草地生态工程建设规划和水利生态工程建设规划，等等。

3. 生态农业建设规划设计的步骤

生态农业建设规划设计的一般步骤，主要包括以下几个阶段或方面的工作及内容：

（1）明确问题

即明确规划设计的对象、目的，划清系统边界，明确输入、输出关系，以此为前提，进行系统与环境资料和数据的收集、调查、实验等工作，对生态农业建设的制约因素、有利条件等做出定性和定量的全面分析。

（2）设计系统指标

包括目标设计和指标研究两部分内容。目标设计分为总目标、分目标和具体目标三个层次；指标研究，则要求按照不同的时间阶段分别给出量化的数值。前者为分层次的指标设置，后者为分阶段的计划规定。

（3）系统整合

包括技术上的综合和环境综合。前者将多种学科和技术结合在一起有机地加以运用，完成系统开发方案的设计工作，形成系统概念；后者是生态农业建设尤其是生态农业工程开发与其社会环境的综合，主要任务是进行工程开发价值的评定，以便对其技术的先进与否、社会环境的融合性和经济效益的可行性等问题做出准确、可靠的评价和判定。

（4）系统分析

对系统的目的（指标）、功能、环境、费用、效益等进行充分的调查、研究，对调查、研究过程中所收到的各种数据、资料进行分析、处理。

（5）系统优化

在系统分析的基础上，在各可控因素允许变动的范围内寻找实现预期目标的最优方案。

（6）系统决策

在可供选择的方案中，选取一个确定的计划实施方案，或对规划提出修改、补充意见。

（7）规划实施

一是编制具体的规划实施计划；二是将实施计划付诸实践，对实施过程进行监控、调节，保证系统按预期目标发展。

4. 生态农业建设规划设计分析领域

生态农业建设规划设计过程中需要对以下方面及领域的问题进行有效的分析、研究：

（1）结构分析

结构分析包括农业生物结构、环境结构、技术结构、经济组成结构分析等方面的具体内容，是农业生态系统分析的前提。

（2）依存分析

依存分析是对规划设计的目标、内容等与其自然、经济、社会系统所形成的依存关系进行的一种分析研究，其内容一是分析规划设计对自然环境、社会、经济的影响；二是研究自然环境、社会、经济对规划设计的多重影响。

（3）目标分析

对农业生态建设所要达到或初步拟确定的目标预期进行全方位、多角度的分析、研究，在此基础上做出评价、判断。

（4）功能分析

功能分析的主要任务是对某一目标生态农业系统的整体功能作出分析。具体包括以下方面的分析内容，一是系统的平衡关系分析；二是系统流通分析，包括能量、物质、资金、信息流通分析；三是系统适应能力分析；四是系统的控制措施分析，等等。

（5）过程分析

一是对规划设计的区域或系统的发展演替过程进行分析；二是对规划设计工作过程本身进行分析。

（二）促进生态农业发展的主要措施

促进和加快生态农业发展，应当努力做好以下方面的基本工作：

1. 明确和强化生态农业的基本功能

发展生态农业首先必须正确认识生态农业的应有功能，并确保其应有功能的体现和实现。生态农业的基本功能主要集中在以下4个方面：

（1）经济功能。为社会生产和提供数量更多、质量更优的农产品，确保生产供给与市场需求的有效对接以及生产经营主体经济收入的不断提高与实现。

（2）生态功能。从建设、优化生态环境出发，坚持绿化生态环境与生产绿色食品相结合，注重农业生产经营与生态环境的协调、互动。

（3）生活功能。为人们创造和提供优美、清洁的良好生活环境条件，以清新的田园风光、洁净的天空、清澈的河流和湖泊，重新装扮城市与乡村的自然环境。

（4）文化教育功能。丰富和增强农业的文化内涵，充分体现以人为本、人与自然相和谐的科学发展观，发挥农业的教育作用。

2. 重视并抓好生态农业建设的三大主体措施

一是生物措施，如植树造林、种草、增种绿肥等等；二是工程措施，加快对大江大河的治理，加强和不断完善农业基础设施建设等；三是耕作栽培措施，改进和完善农业耕作方法、作物栽培制度，等等。

3. 加强对生态农业发展的政策支持和投入

充分认识生态农业的公益性，从中央到地方各级政府都应有对生态农业发展的专项扶持政策，如设立专项基金，进行财政补贴，运用产业倾斜政策等，强化对生态农业发展的政策支持力度，及时解决生态农业发展进程中可能遇到的各种问题，以降低生态农业发展、改造过程中的生产成本，提高生态农业发展的经济效益。

4. 抓好、落实生态农业发展规划

确立生态农业在农业发展中的主导战略地位，统筹城乡社会、经济与产业间联动发展，把生态农业纳入各级政府的经济和社会发展规划，围绕辖属地区的具体情况和建设现代农业、发展农村经济、全面建设小康社会的具体任务，提出、制定所在城市及农村地区的生态农业发展规划，研究生态农业发展及其促进、补偿的规则、途径、办法、措施等，为国家制定有关的政策奠定基础，提供依据。

5. 积极研究、推广生态农业新技术和先进的生态农业模式

加强生态农业建设的技术创新与新机制研究，及时提出适合不同地区特点的生态农业工程模式和产业化发展方向及办法，形成一套既适合中国国情、又符合国际市场要求的生态农业核心技术体系及其实施的组织机制，包括农业生产技术体系、农业生产环境和农产品质量控制与监测体系、农业生产宏观调控管理体系，并积极地组织实施、落实、加以广泛的推广和应用。

6. 多角度、全方位地开展生态农业示范试点工作

一是拓宽按行政区划进行的生态农业县（市）、乡（镇）、村（场）和生态户建设示范试点范围，增加示范的试点单位数量，扩充其试验示范的内容等；二是开展按行业确立的生态农业试验与发展示范试点工作，包括耕地种植业、果业、畜禽饲养业、水产养殖业、庭院农业、山地农业、绿化农业等等；三是围绕生态农业项目进行的试验与发展示范试点工作，包括按地理区域、按技术划分确立的生态农业工程项目等。

7. 强化生态农业发展监管体系建设

一是各级农业部门加强对辖属地区生态农业建设与发展的技术指导及技术支持，落实责任，加强监督；二是健全、完善农业生态环境、农业生产过程与农产品质量监测体系，建立省（市、区）地（市）、县（市）监控网络及其预警系统，提高监测预警能力；三是加大全程控制农产品生产过程和实时处理农业污染事故的力度，及时解决生态农业发展进程中所发生的各种问题。

8. 加快生态农业的标准化与国际化建设

农业标准化体系由管理标准、技术标准和产品标准三部分组成。中国在生态农业方面虽已形成不少相关的技术体系，但绝大多数尚未标准化，极大地制约了中国生态农产品的国际化。为此，应根据生态农业发展的需要，参照国际标准制定生态农业标准化体系，使生态农产品与国内外市场拥有一个良好的接口，以促进生态农产品的市场化和国际化步伐，提高生态农业的市场竞争能力。

9. 调动农民发展生态农业的积极性

农民是生态农业建设与发展的主力军。为此，必须高度重视农民工作，充分调动农民自觉参与生态农业建设与发展的积极性，形成全社会关心、支持生态农业建设与发展的良好氛围。

第11章　环城农业支撑体系：自然资本、劳动力资源与资金供给

第11章 环城农业支撑体系：自然资本、劳动力资源与资金供给

一、重视对自然资本的投资

（一）自然资本、经济发展与农业

农业是利用光合作用生产人类所需产品和服务的唯一产业。人类社会发展到今天,面对人口增长、资源耗竭和日益恶化的生态环境，农业的可持续增长和有效发展比之以往任何时候都更加重要，也更具挑战性，当然还意味着更多、更大的机遇。那么，包括城市及其周边地区农业在内的整个农业发展路在何处？在众多可能的路径、模式及方法选择中，最为适当、合宜的一种应该是什么？应当建立怎样的一个政策支持体系？

一种经济、一个产业的适当运转和发展，需要通过4种类型的资本来加以维系和推动。这4种类型的资本是：（1）人力资本，包括人的劳动和智力、文化传统、经济活动的组织方式等。（2）金融资本，也称货币资本，由货币及其他支付手段所组成。（3）人工物品资本，包括生产工具、设备、基础设施、燃料等各种劳动资料和原材料等生产加工对象。（4）自然资本，包括各种天然要素、地球生命系统和生命有机体与其生态环境所构成的自然生态系统，以及由生态系统所提供的各种服务。人类经济与产业发展活动的实质，就是有效地运用人力资本、金融资本和人工物品资本，将自然资本不断地转化成为符合人类生活和生产需要的各种物品或服务的过程。在这一过程

中，4种形式的资本紧密结合、各司其职、各尽可能、彼此配合，共同推动经济与产业活动的运转和发展，从而达到人类社会福利不断改善和提高的最终目的。

前述4种类型的资本，对于工业和农业等物质产品生产部门特别是农业来说，具有决定意义与作用的乃是由大自然历经38亿年不断演化而贮存下来的土地、动植物资源及与之相适应的自然生态环境及由该系统提供的生态服务所构成的自然资本。尽管人在任何条件下的任何经济与产业活动中都始终是一个最为活跃、重要的因素，“各种经济时代的区别，不在于生产什么，而在于怎样生产，用什么劳动资料生产”，而且人们的“劳动过程只要稍有一点发展，就已经需要经过加工的劳动资料”（马克思，1867），由于劳动资料的发明创造和使用是由人掌控的，因此，人的能动作用是任何资本都无法替代的。但是，人在大自然面前的作用和作为却往往显得十分有限。人可以运用自然资本使之转化成为自己所需要的物品或服务，但却无法从根本上创造自然资本。所以威廉·配第（William Patty）简洁而恰当地说，“劳动是财富之父，土地是财富之母”。

资本和经济发展模式的传统定义，是以投资、工厂和设备的形式积累财富，也就是采用前3种形式的资本将自然资本转化成为人们日常生活的要素，而对于自然资本的投资，即通过不断恢复和扩大自然资本存量，使生物圈生产出更加丰富的自然资源，推动生态服务这样一类更具意义、更为重要的活动，却始终未能给予应有的重视。因此，尽管近代以来的工业革命，极大地扩大了人类物质生产发展及其财富增加的可能性，直到今天它的作用也仍在继续，但地球却为此付出了极其高昂的代价。自18世纪中期起，自然界所受到的损害较之整个史前时代造成的损害还要大出许多。在工业和农业体系达到极高的水平，集聚和累积人工物品资本及其财富的成就到达巅峰之时,人类文明赖以创造经济繁荣的自然资本却在急剧地减少,这种损失的速率正好同物质财富及福利的增长速度成正比。

在当代，对经济与产业繁荣的限定和制约,更多地并不是取决于工业的力量,而是自然资本;不是石油或钢材的供应短缺限制了社会生产的发展,而是生命本身；渔业生产的萎缩,并非因为捕鱼的船的数量不足,而是鱼类数量的减少;木材产量下降,不是因为伐木机械,而是在于森林的消失;淡水供应不足,不是因为水利设施和提水设备的落后,而是淡水资源的枯竭。实际上，地球生命系统的重要性并不只是生产食品、纤维等物质产品所必不可少的物质源泉，而是有其更为重要的提供特有服务的功能及作用。这种服务对于人类的生活与生产来说，远比不可再生的资源重要。一片森林提供的不仅仅是木材资源，还可提供水土保持、净化空气的服务。一个健康的环境不仅能自动地提供清洁的空气和水、降雨、海洋生产力、肥沃的土壤和蓄水的复原能力，还能提供许多不易为人们所察觉的功能，如垃圾处理、对极端气候的缓冲作用和大气的更新，等等。

恢复和扩大自然资本存量，充分、有效地利用和发挥自然资本的作用，最大限度地减少废物生产量，使地球生命系统生产出更加丰富的自然资源，推动生态系统服务，可以通过在一定程度上重新设计工业系统来加以实现，但从根本上解决问题却有赖于农业的努力和发展。农业的有效发展和建立在这一基础之上的经济重建系统，即能够有效地保护和服务于它赖以生存的由天然资源、生命系统和生态系统构成的自然资本，不但可以直接改变自然资本利用的组合与效率，减少对生命系统和生态环境系统的破坏，使自然资本的存量得以恢复和扩大，而且还将逐渐形成一种全新的价值观，使工业革命以来所形成的“只要GDP增长，即能提高人们的福利”，“任何的资源短缺，都会引起替代物的发展”，“如要维持一种高水平的生活，对环境的关心必须与经济增长的需要相平衡”等传统主流经济思想得以出现根本性质的变化，从而转变以GDP的多少来衡量作为富裕程度的经济观念，通过合宜的经济增长和提高有意义的就业率来促进社会福利的不断增长和提高。实现这一目标的前提是，必须对工业革命以来的现有农业生产方式及模式进行彻底的变革和改造。城市及其周边地区农业有责任、有义务，并有条件率先进行这样的改造，以便积累经验、提供典范，引领一般农区农业在新的发展之路上全速、顺利推进。

（二）人类应该从历史的教训中警醒

以近代、现代工业和科学技术为基础的近、现代农业，由于其生产技术的科学化、物质和能量投入的工业化、劳动分工与经营组织的专业化和社会化，以及经济产出的商品化和产品流通的市场化，在此基础上所形成的农业结构及经营方式也有其突出特色，其中从资源开发与利用角度考量，最为突出的是土地资源利用和农作品种的单一化。

土地是农业最为基本、重要的生产资料。目前世界农林牧业用地大致为1:2.7:2.3，即林、牧业用地分别比农业（包括耕地和多年生作物用地）高出1.7和1.3倍，但世界农业产出却基本上集中在有限的耕地面积之上。美国、英国、澳大利亚的永久性草场面积分别高出其耕地和多年生态作物用地面积的33.6%、88.4%和7.4倍，但其发达的畜牧业产出中仍有相当大的部分源于耕地提供的饲料，而非来自草地。2002年，美、英、澳三国肉类总产量中，由食草家畜牛、羊生产的牛、羊肉合计仅分别占其肉类总产量的32.06%、42.7%、70.8%。

在中国，根据国家统计局提供的2005年各地区土地利用情况统计数据显示，全国65704.7万公顷农用土地中，耕地、林业用地、牧草地和湿地面积分别占18.5%、43.36%、26.62%、5.86%。同年，全国农林牧渔业总产值中，农业（种植业）占40.72%，林业占3.62%、畜牧业占33.24%、渔业占10.18%。而且，畜牧业产出的绝大部分和渔业产出中的相当部分，事实上也是由耕地提供的饲料生产出来的。2005年，全国牧草地面积最大的内蒙古、西藏、新疆、青海、四川、甘肃、陕西、宁夏8省、自治区合计占全国牧草地总面积的96.7%，但其合计的畜牧生产值却只占全国畜牧业总产值的17.4%，其中直接来自草地的也只占不大的部分，如8省、自治区合计的牛、羊肉产量仅占其合计的肉类总产量的26.74%。同年全国水产品总产量中，人工养殖部分所占的比重已达到66.5%，其中淡水养殖产量占水产品总产量的比重为39.36%，水产养殖所使用饲料的原料也基本上来自耕地的产品。因此，测算结果显示，在中国的农林牧渔业总产出中，至少有高达82%以上的产出来自耕地或与耕地直接相关，而占全国农田土地总面积81.5%的林、牧、渔用地的产出总量占全国农林牧渔业总产出的比重则不到15%。

在农作品种结构方面，目前全球食品的3/4来自于7种农作物——小麦、水稻、玉米、马铃薯、大麦、木薯和高粱。作为食品摄入的热量和蛋白质，又几乎有一半来自这7种农作物的前3种。再在这7种农作物清单上加上一种豆类植物（大豆）、一种薯类植物（白薯）、一种糖源（甘蔗和糖甜菜）和一种水果（香蕉），便构成了占世界农作物总产量80%的几种主要作物。

农业发展不同于工业，全球农业如此高度集中地依赖于有限的耕地和非常狭窄的动植物遗传基础，从好的方面说，土地的集约化经营和优良农作品种的普及，的确是极大地提高了农业生产的单产水平，但从另一方面看，其中也潜藏着巨大的危机，当代农业领域中出现的种种问题，无一不与此直接相关，不但影响和限制了农业本身的进一步发展，而且是造成灾难性后果的根源。其突出表现是：

1. 造成严重的农业环境问题

土地和动植物资源是农业最为基本的生产资料。土地利用与农作品种的单一化，在造成大量土地及动植物资源闲置浪费的同时，还诱使人们拼命地榨取地力以便生产出更多的食品和纤维去满足因人口增加而不断增长的社会需求，造成部分土地的过度使用，结果导致严重的生态危机。世界文明史表明，一种文明在一个地区的持续时间，除少数例外，大多仅能持续几代人，长一些的也不过十几或几十代，之后便迅速衰退、覆灭，平均存在周期大致为40～60代人（1000～1500年）。有史以来已有10～30多种人类文明走上了毁灭之路（弗·卡乐，汤姆·戴尔，1987）。而造成这种情况的根本原因，就是由耕地等自然资源的过度使用所导致的生态环境的严重破坏。

中国高密集地使用耕地，为增加产量，农耕方式从传统的种养结合迅速转向大量使用化肥、农药等农用化学物品，秸杆还田、使用粪肥等传统耕地方式被逐渐舍弃，结果导致土地退化、荒漠化、土壤侵蚀、水土污染和生物多样性破坏等严重问题。对1,400多个县（市）的土壤普查结果显示，目前全国约2/3的农用土地存在土壤侵蚀现象；被农药污染损坏的土地达1,600多万公顷；荒漠化面积近几年每年增加2,460平方公里。由于农业的过度用水，地下水资源遭到破坏，全国受到干旱影响的农业用地已达到2,700万平方公里，占农业土地面积的41%。化肥和农药的密集使用和过度使用，以及城市地区畜牧业生产集约度增加导致的厩肥流失，已成为中国非点源污染和水污染及生物多样性遭到破坏的最主要因素。中国目前每年大约有900万吨的氮肥流入水系之中，对地表水和地下水资源造成污染；年牲畜排泄物高达19亿吨，给生态系统造成巨大压力（OECD，中国农业政策回顾与评价，2005）。在生物多样性的损害方面，过去的50年，中国大约有200种植物已灭绝，4,600种植物和433种动物濒临灭绝。《濒危物种国际贸易公约》列出的物种中，近1/4在中国境内（World Bank，2001）。

2、危及农业发展的多样性生物基础

生物多样性是农业发展的基础。迄今为止的全部农业史，从一定意义上说即是一部人类利用生物品种及其遗传变异的多样性选择和培育优势动植物品种并不断提高其产量和增强其抗逆能力的历史。这种优势动植物品种的选择与培育，是通过众多动植物原种同其邻近亲缘的杂交从而集中所需要的遗传特性来完成的。任何一种优良的动植物品种，都无不集中着众多动植物品种的遗传性状。农业的活力，说到底是由于生物的多样性促成的，没有这种多样性，就不会有今天的农业。专注于耕地和单一化农作品的耕作系统，往往是筛选一些产量最高的品种用于大规模生产，而其他形形色色的品种则被淘汰，这样做的必然结果是，大量品质优良，但产量不高的农作品种因为未加利用而淡出人们的视线并逐渐被遗忘，更是得不到研究，最终走向消失。有资料证明，仅在撒哈拉沙漠以南美洲，就已有1000多种谷物和2000多种农作物被人们逐渐遗忘（Palll Hawken, Amory Lovins，L.Hunter Lovins，1999）。近在20世纪的50、60年代，江西赣州地区仍有当地俗称“猫芽早”、“大禾谷”、“红米”等十几种品质优良的水稻品种，但在当地引入杂交高产水稻品种后，这几种稻谷旋即成了“踏破铁鞋无觅处”的品种。由于大自然绝不会去支撑未充分利用的生物体的资源，如果这些生物体不能行使任何功能，它们就注定走向死亡。大量农作物品种的不断被淘汰，最终将导致土壤生物区系丰富多样性的严重破坏，进而影响到农业生产本身，造成遗传育种的困难。

3. 农业技术特性向着不利方向变化

一是为农业病虫害的生存、传播创造有利的条件。农业的单一作物种植，特别容易遭受病虫害的侵害。大面积种植的同种作物，对于害虫来说，所提供的就恰似一个“想吃什么就吃什么，要吃多少就有多少”的自助餐馆。近年来，一些地区松毛虫的大面积爆发，即与人工种植的连片大面积松树林有关。与此相类似，农田病虫害逐年加剧的发展态势，事实上也与作物的单一化、连作化直接相关。自然界的植物生产之所以错落有致，完全是自然选择的结果。农业生产如果一味追求品种的专一性，一旦出现问题，就特别容易导致大面积病虫害的爆发。目前全球被病害损坏或毁坏的农作物已占到其总量的1/8，害虫导致15%以上的作物受损，因杂草受损的占12%，加起来，全球已有2/5的可收获产量被损失在农田之中（David Pimental, 1998）。

二是加剧了农业生产的生态脆弱性质。人类精心育种和遗传工程技术应用的实践表明，要使农作物很好地适应大自然温度、阳光和水分条件的变化是极其困难甚至是不可能的。相反，在一个健康的生态系统中，遗传上具有多样性的自然种植却有着几百万年应付巨变的设计经验。从一个活力充沛的自然系统变成一个高度专一的人工系统会产生出一种脆弱性，而这种脆弱性会使作物在面临完全不同于育种人员和遗传工程师所设想的稳定状态时遭受被毁灭的命运。

三是加重了农用化学物质的投入和使用。集中的土地使用和单一化的农作种植、对土壤肥力的榨取和日益猖獗的农业病虫害，要求人们使用日益增多的化学肥料来弥补趋于枯竭的地力，需要天然系统中土壤的生物区系提供的免费服务，需要使用大量的化学农药来免除病虫害对作物形成的侵害。大量使用化学肥料及化学农药的结果，不但对农业环境造成严重的污染，还对食用农产品的人类的身体健康带来日趋增大的威胁。

值得指出的是，农业发展过程中所出现的种种潜在危机和由此而造成的现实后果，无论过去还是现在，往往都是首先在人口高度集中的城市地区形成，而后向农区蔓延的。人类有史以来走上毁灭之路的10～30种人类文明，不少就是由乡村到城市、而后因城市及其周边地区的农业盲目开发，滥用自然资本而导致的。中国历史上“统万城”的兴衰史即是一个具有代表性意义的例证。

统万城，位于今毛乌素沙漠南缘、无定河支流红柳河北岸，陕西省靖边县红墩界乡境内，紧靠内蒙古自治区的乌审旗，兴建于西晋末年开始的十六国之乱时期，为当时的夏国（存在于公元407～431年）都城。史称，公元407年，迅速崛起于鄂尔多斯高原自称大夏天王的匈奴右贤王裔赫连勃勃，领兵南掠，来到后来称之为统万城的所在地，登上清澈见底的红柳河边的一座山岗，面对一片绝佳的湖泽波光，林泉草色，竟情不自禁地击节赞叹：“美哉斯阜，临广泽而带清流，吾行地多矣，未有若斯之美”（《太平御览》）。于是，发10万众筑城。公元413年（东晋义熙九年），城成，取名“统万”，意在“君临天下一统万邦”，并以此为都，立国号为“夏”。公元418年，赫连勃勃率军攻入东晋所属的长安城，赫在长安称帝，仍以统万为都。425年，赫连勃勃亡，子赫连昌继位。427年，北魏太武帝压统万，统万被魏降格为“统万镇”。487年（北魏太和十一年），统万升为夏州（后改为化政郡）治所。到唐代，统万的当年美景不再，唐诗中的描述便可证明，如“无定河边数株柳，……风沙满眼堪断魂”（李益《登夏州城观送行人〈赋得六州胡儿歌〉》）；“迢递河边路，苍茫塞上城。沙寒无宿雁，掳近少闲兵”（姚合《送李侍御过夏州》）；“茫茫沙漠广，渐远赫加城”（许裳《夏州道中》），等等。另外，《新唐书·五行老第二十五·五行二》也有记载：“十月夏州大风，飞沙为堆，高及城堞。三年正月丁巳朔，大风，昏霾终日。”唐后，经五代十国到宋初，统万城即已处于沙漠的包围之中，虽为州郡治所，但已岌岌可危。到元朝，统万城终因“飞沙为堆，高及城堞”，再也不能利用了，从而被永远废弃。一个水草肥美、森林茂盛、牛羊塞道的富庶之地，最终成为沙漠，个中原由可能是多方面的，但最为重要的还是由于其农业上的乱垦滥伐，滥用自然资本促成的。这样的典例在中国历史上绝非唯一。

如陕西的关中，在汉代是非常富饶的，号称“陆海”，由于长期为都城所在地，集中了越来越多的人口，森林遭到砍伐，生态环境严重破坏，土壤迅速退化，水资源严重短缺，汉代郑白渠可浇灌农田44000余顷，到唐代高宗时，仅灌田万余顷，至代宗时则已只能供水6200余顷，因地瘠民贫，到唐代后期，关中就再也不适合作为首都之地了（阎守诚，2006）。

以上讨论，也清楚地表明，当代农业中一些带有根本性质的重大问题，往往都是在城市地区首先出现并形成的，因此，这些问题的解决，也必须首先从城市地区入手。

（三）将农业建在“大自然的智慧”之上

为解决现有农业模式所面临的一系列严峻而又现实的问题，使农业承担为人类提供更多、数量更为充足的食品及其用农产品供给的时代重任，理论上可以在人们熟悉的道路上采取全新的方法，或使传统方法适应当代农业生产的需求形成某种质的改变和创新。如果说前一种方法是运用基因工程等现代生物科学技术，培育产量更高、同时具有抗病虫害和杂草、抗逆能力极强的农作和畜禽品种，直接通过提高资源的生产率来获取更多的产品。后一种方法则是依赖有机肥，使用源自生物的物质或害虫的天敌来对付作物的病虫害等等问题，旨在通过改进耕作方法和生态效率的途径来增加作物的产量。两种方法均明显基于农业现有的自然原型。问题在于，农业问题的有效解决办法并非是能够在产生它的思想之内得到的，农业发展所涉及的也绝非是要用不同的方法来重复其原来相同的实践，相反，它要求必须采用一条变革步伐、范围更大，同现有工业化农业模式相距甚远的一条道路。这就必须从零开始设计农业，通过向自然资本投资，不断恢复，持续和扩大自然资本的存量，使生物圈生产出更加丰富的自然资源和更为完善、全面的生态服务，创立形形色色建筑在“大自然的智慧而不是人们的智慧与聪颖”之上的农业。

循着这一基本思路及目标，农业的进一步发展和升级就应当特别重视以下问题的解决：

1. 拓宽农业土地利用范围，由单一的耕地农业向着非耕地农业方向发展

耕地农业包括耕地种植业和以耕地产品为基础的畜禽饲养业，是农业的一个最重要的组成部分，但却不是唯一的部分。非耕地农业包括山地农业、适水农业、草业，也是农业的重要部分，并且极具发展的前景和潜力。就中国的情况而言，发展非耕地农业，不但资源丰富，可利用的土地面积广大，而且经济效益显著。

根据美国科学家的一项研究，每公顷湿地生态系统创造的价值可达4000～14000美元/公顷·年以上，高出农田系统的价值生产能力（周震虹，2006）。从大连水产养殖的产出情况看，2005年大连全市平均单位面积海水养殖产出已达35960元/公顷·年（合2397元/亩·年），高于同年按播种面积计算的农田单产水平（20080元/公顷·年）的79.1%。在山地资源开发利用方面，江西赣州地区利用山地种植以橙、柚为主的亚热带水果，已成为当地经济的一大支柱产业，山地水果的年产值率56250元/公顷·年,高于当地耕地产值率的1倍以上。

2. 调整农作结构，农产品生产向非食品方向拓展和发展，强化农业发展生物的多样性

农业的生物多样性，从发展与管理角度考量，是指人类从利用、采集野生动植物到半野生和半栽培、半饲养动植物，到栽培、饲养动植物，到栽培、饲养动植物使农业具有多品种（种类多样）、多物种（包括栽培种和受到管理的野生种）、多层次（农地景观多样）和多系统（农业生态系统多样）的突出特点；从生态学角度考量，是指在目标地域内的栽培作物、饲养动物和它们的野生近缘种以及与之互相依存的共生者、相互排斥的竞争者和不形成利害冲突、分地而栖的共存者同时存在并具有多样性；从产业系统角度考量，是指农业部门（行业、产业）、农业景观、农田生物、畜禽种群、农业种质资源与基因等方面的多样性；从人类活动对农业系统运行的影响与作用角度考量，则包括农业生产方式的多样性、农区自然和人工生物的多样性（包括栽培及饲养物种的多样性、农业种质资源及其遗传基因的多样性、农业人工生态系统和农地景观的多样性等等），以及与农业发展相关的技术、文化、政策等的多样性。

在中国，恢复、持续和扩大农业的生物多样性，当前需要优先采取以下重大措施：（1）自然状态下的抚育与采集管理（如封山育林，特定时间内的草地禁牧、水域禁渔等），自然状态下的半野生、半栽培，人工状态下的综合种植（饲养）、单一种植（养殖）、混合种植（饲养）、作物——禽畜混合系统、并行发展。（2）不同接续方式（连作、复种、换茬轮作）、不同作物同时种植（单作、间作、套种）和不同形态（产品、服务）的农业相结合，同时发展。（3）农林牧渔业和农林牧渔各业内部实现多种经营。（4）农产品的经济用途多样化。（5）保护农业文化遗产，传统农业生产方式与现代农业生产方式同时并存、并行发展。

3. 促进农户小生产与农业产业化组织大经营的结合和统一

同土地经营规模比较相联系的农业小生产与大生产孰优孰劣，在长达两个世纪的争论中，至今也未能得到公认的结论。2003年8月，在三年一届的第25届国际农业经济学家协会（IAAE）大会上，S. Fan等人对20世纪90年代学术界曾一度加以肯定和欣赏的“小的是美好的”小农效率发起挑战，明确指出，亚洲国家小规模的农户经营虽然具有较高的土地生产率，但在经济上却是贫穷的；为摆脱“有效却贫穷”的小农陷阱，实现农民收入的真正增加，就必须扩大农业生产单位的土地经营规模，提高农业经营的劳动生产率。实际上，农业基础科学化、生产手段现代化和产品商品化的高度发展，已经变更了农业大、小生产的界线，也极大地模糊了三者间的区别，虽然二者在农业生产与经营的形式上各不相同，甚至存在极大的差异，但二者的互为依存、不可分割，甚至在一定条件下形成相互贯通、互进互动的发展也是完全可能的。中国近年来迅速发展起来的农业产业化经营组织带动型（即公司+农户）的农业产业化经营模式，就是农业小生产与大生产（或大经营）有效结合的重要方式、范例之一。截止到2006年底，中国全国农业产业化经营组织总数量达到11.4万个，合计带动8454万农户，占全国乡村总户数的33.5%，平均每个农业产业化经营组织带动740余户农户。从分行业的农业产业化经营带动的范围情况看，种植业和水产养殖业按种、养面积占全国种养总面积的比重已分别达到30%和50%，畜牧业纳入产业化经营的家畜饲养量占全国家畜饲养总量的33.5%。

中国现有“公司+农户”和与之相类的农林间作、农林牧系统、水产养殖、畜禽饲养等有机结合，类似的农户小生产与企业化大经营结合模式目前存在的主要问题是：（1）农业产业化经营组织本身绝大部分规模较小，带动能力弱，覆盖的地域及行业范围仍十分有限；（2）农业产业化经营组织（企业）与农户的联结方式简单、落后，大多只是一种简单的买卖关系，即使是实力较大、较强的产业化经营组织也大多没有与农户建立起一种稳定、长远的利益联结机构；（3）农户在产业化组织的交往中，往往处于明显的弱势地位，其利益的获得与实现缺乏有效的保证。进一步完善和发展农业产业化组织与农户相结合的农业经营模式，重点应在增强农业产业化组织的带动能力、做强做大农业产业化组织的基础上，改进和完善农业产业化组织与农户的联结机制，同时改革农户经营的组织形式及其运行机制，包括创设、发展以农民为主体的农业经营公司和扩大农户经营规模，对现有土地制度和服务于农户生产的公共制度（尤其是信贷、产品销售与技术等方面）进行有效的改革，等等。

必须指出的是，在中国，农民占多数，农民的重要性在今后一个较长时期内不会有根本的改变，农业的农民家庭经营也绝非是一种权宜之计，而是中国农业发展的一种长期趋势和必然选择。中国1980年前后从实行多年的农业集体经营转向家庭经营，并不是因为农业生产及其管理水平不高而做出的一种无奈选择，而是中国农业发展与进步的必由之路。德国著名学者U.Koester教授针对20世纪90年代以来东欧经济转型国家农场结构出现的变化趋势而进行的一项研究结果证明，农场规模的扩大，并不意味着它们在市场经济条件下具有较强的“比较优势”。农场外部的“规则、传统、习惯、规范、信仰”等非正式制度对农业效率、农民增收的影响似乎比农场本身的规模效益和内部交易成本更大、更为深刻，这一点同样适合中国的情况。只要加强对农业基础设施、农村教育、卫生和其他方面的公共投资，同时完善农用土地流转的政策规范，发展农用土地租赁、转包市场，为农户的经营与发展创造有利的外部环境，那么，在政府、非政府组织和私人部门的共同努力下，小规模的农户经营就未必不是中国现实条件下的一种最佳选择。

（四）政策建议：应该引起重视的几大现实问题

上述分析表明，重视对农业自然资本的投资；拓宽农业土地的利用范围，加大非耕地农业的发展步伐；调整农作结构，农产品生产向着非食品方向拓展和推进，强化农业发展的生物多样性；完善农业经营结构模式，促进农户小生产与产业化组织大经营的结合和统一，乃是中国农业当前及今后一个时期发展的基本目标和必然走向。为促进这一目标的顺利实现，应该加强对以下重大问题的政策研究及支持、指导：

1. 强化国家对农业的支持，完善财政支农资金的使用管理机制

财政对农业生产的支持，是工业化国家的一种普遍、通行的政策行动。中国从1994年开始，国家财政对农业生产者的直接支持力度不断增强，支持水平有所提高，特别是进入本世纪后，国家对农业的支持更是快速推进。2006年，国家用于“三农”的预算支出达到3397亿元人民币，是2000年国家财政用于农业支出的2.76倍。中国财政支农目前存在的突出问题，并不只是国家对农业的支持水平明显低于发达国家的已有水平，因此仍待加强，而是已有支农资金的运用与管理不很科学、恰当，主要表现，一是“撒胡椒面”式的分散使用，经济效应差。如粮食补贴资金，全国各省（直辖市、自治区）的补贴标准，按种植面积计补的，平均每亩从5.6元到10元、20元不等，最高的30元/亩（安徽，2005）；按人口计补的，平均每人5～10元不等；落实到每个农户的补贴总额，低的40、50元，高的不过百多元，充其量不过是一种微小的生活补贴，对农民增收、促进生产发展基本不起作用。二是对资金的运用过程及其结果缺乏有效的监管和评价，对资金运用的实际效果如何，预期目标能否实现，缺乏有力的监督和控制。

为此，建议采取以下措施，以提高财政支持资金运用的经济与社会效果：（1）资金投向适当集中，以县（市）、乡（镇）域为单位，每年将财政支农资金相对集中地投向某几个或1个部门/项目，力争投资扶持1个，成功1个，之后再转向另外的部门/项目。（2）资金的扶持对象，以优势农产品生产基地建设为依托，以农业产业化龙头企业为目标，按照“没有龙头企业带动的农产品生产基地不扶持，不带动农产品生产基地的龙头企业不扶持”的原则实施。（3）资金的应用范围，限于优势农产品生产基地建设项目的基础设施建设、投资配套，主持农产品生产基地建设的农业产业化龙头企业的基本建设、技术改造投资补助和为农民提供培训、技术指导与服务、进行技术创新和科技成果推广所发生的费用补贴等等。（4）加强对财政支农资金使用过程及其结果的有效监管，建立严格的资金运用问责制度、资金使用效果的日常检查及绩效考评制度，将相关责任界定明确、落实到人。

2. 高度重视农业发展的产业及区域间的政策衔接与协调管理问题

农业发展的产业分工社会化、区域布局专业化、生产要素集约化、市场经营规模化，是必然趋势。未来10年多内，中国农林牧渔业与其前、后向关联产业的发展融合与链接机制，农林牧渔业的主要大类产品在全国范围的区域布局等将会出现一个较大的变化和调整，新的产业链、专业区的形成将是一个渐进的缓慢过程，不可能一蹴而就，在这一过程中，农林牧渔业与其关联产业的各管理部门之间，农产品生产专业区经济区与现有的行政区之间不可避免地会遭遇到这样或那样的一些矛盾及问题，需要通过协调加以解决。

从农业区域发展方面看，中国目前不少地区的小规模特色农业发展就已初具规模，但却很难迅速融入比较大的、连续的区域之中。为解决这一问题，早在2003年，国家农业部就明确要求各地区充分发挥本地区的比较优势，不断优化农业区域布局，并在优势产品区域布局规划中提出了11种产品的区域布局与发展方向的指导性意见，各省、市、区也先后制定了自己的发展规划，但实际的问题依然很多。由于农业布局的区域调整是一个从小区域到大区域逐渐形成、发展并同行政力量引导相结合的结果，因此，需要就相关问题进行深入的研究，并在政策上加以协调。

从农业产业链的形成与发展看，中国目前与农业直接相关的上、下游产业部门分属于不同的管理部门管理，农业与关联部门的发展政策难免不相协调，直接影响农业产业链的有效形成与协同发展。为使农业的前承、后续部门与农业得以协调发展、互为配合，有必要构建融农业与其前承、后续部门于一体的农业发展管理体系，使农业的产前、产中、产后活动由一个主管部门进行管理，避免因政出多门而形成不必要的矛盾。

3. 加强对农户经营行为的研究、管理和引导

中国以农户经营为主体的农业制度安排，决定了农业及其产业化经营增长与发展的基础在农户，要求国家和社会不仅应该高度重视农户经营的宏观经济问题的有效解决，为农户的生产与经营活动创造一个良好的社会环境条件，同时也需要对农户经营的微观经济问题包括农户的生产经营行为和农户经营的社区环境、农产品销售通路等问题予以足够的重视，加强对农户经营行为的研究、管理和引导。从中国目前情况看，国家对农户经营的宏观经济问题一直很重视，相继出台了一系列的重大政策措施，而对农户经营的微观问题却始终关心不够。为此，建议国家采取以下的重大步骤及措施：（1）支持、鼓励学术界对农户的生产行为、消费行为、社会行为和纯农户的生产与收入、农户经营专业化、农户组织以及农业非耕地资源的开发利用、农村集落的协同性等问题进行深入、广泛、系统、多学科的持久研究，为农户经营发展与管理提供理论上的依据。（2）发展面向农户的农业职业教育，大范围组织实施农业实用人才培训工程，对农民进行的职业培训由转移就业培训转向以农业职业培训为重点，为农户经营培养高素质的职业农民，促进农户经营思想、经营体制的有效转换。（3）支持、鼓励农业科技人员、农林院校毕业生下乡为农户经营提供其所需要的各类服务，并建立为农户服务的长效机制。（4）鼓励农民的孩子积极报考院校的相关专业，上学期间的全部费用由财政支农资金垫付，学成后回家务农，创办现代农业企业。

4. 健全、完善农业技术创新体系，促进农业结构的高位优化

中国在农业科学技术研究及其成果的推广与应用方面目前存在的诸多问题中，有两个问题尤其突出、重要：一是狭隘的农业科技观，在一个非常狭窄的视野里看待、研究农业科技进步及其作用问题；二是过份强调市场的作用，结果使得全国的农业技术推广体系特别是在基层出现人员短少、机构残缺、经费贫乏，有钱养兵、无钱打仗，“线断、网破、人散”的窘迫局面，极不利于农业的增长发展及其结构的升级、优化。

针对前一问题，需要通过各种措施树立包括农业产前、产中、产后在内既有硬技术也有“软”技术的广义农业科技观，重建农业科技进步的范围体系。针对后一问题，在指导思想上应将农业科技成果及其推广应用定位为“公共产品”，由此出发，依据农业发展及其结构调整的实际需要，进行农业科技研发及其成果推广机构的合并重组，建立有公共财政资金投入作保证、按市场化规则运作的农业技术研究及其成果推广应用的新型营运体系。

二、谨防农业劳动力过度转移

（一）快速发展的农民就业转移，是喜还是忧

在中国农村，人多耕地少，是一个客观存在，也是农业发展面临的一大难点问题。发展到2006年末，全国按户籍分类的农村居民仍占全国人口总数的56%，平均每个农村人口拥有的耕地仅为0.165公顷（合2.475亩）。因为农村人均耕地少，所以在中国减少农民数量的呼声日起，学术界的主流观点也普遍认为，中国农业、农民和农村问题的唯一出路，即是减少农民数量，而只要大规模地减少农民数量，中国农业、农民和农村现有的问题即可迎刃而解。在这一观念及思想的主导下，中国社会从学界到政府、从基层到高层，几乎都把解决农村人多耕地少问题的关注点集中在如何发展非农产业以转移农业劳动力和怎样提高城镇化水平以接纳更多的农村劳动力方面，而对于更具意义的农村人力资源综合开发利用和横向拓展、纵向深化

农业发展以吸纳、容留更多的农业劳动力等深层次的问题则始终未能引起足够的重视，有关研究也十分缺乏。

从乡村从业人员的就业变化情况看，根据国家统计部门提供的统计数据，全国乡村农林牧渔业从业人员总量自1991年达到34186.3万人的峰值之后便趋于下降，到2005年末已减少到29975.5万人，降幅为12.32%，年均递减近1%，累计减少4210.8万人，平均每年减少300余万人。由于统计口径、方法的影响，实际的减少应远在统计数据所显示的减少数量及其幅度之上。

农业从业人数的快速减少，日益增多的农民转向农村及城市非农产业就业的直接结果，首先是农民收入的增加及其来源结构的重大改变。全国农村居民家庭收、支抽样调查结果资料显示，1990～2005年间，全国农村居民家庭人均纯收入净增加2568.62元人民币，其中来自农林牧渔业的经营收入增加1013.56元，占人均纯收入总增加额的39.5%；而来自工资及非农产业经营方面的收入则增加1348.14元，占人均纯收入总增加额的52.5%，其中来自工资性收入的增加额占人均纯收入总增加额的40.32%，高于来自农林牧渔业的经营收入增加额。2005年，全国农村居民家庭人均纯收入中，工资性收入、家庭经营中的农林牧渔业纯收入、家庭经营非农产业部分纯收入和财产及转移性收入分别占36.08%、45.15%、11.52%、7.25%，四项收入分别比1990年增加7.46倍、2.22倍、5.0倍和7.15倍，增长最快的是工资性收入。但其家庭经营及其农林牧渔业纯收入作为农村居民家庭纯收入主要来源的地位未变，虽然其所占比重已大幅下降。

其次是实际务农的农民综合素质全面、普遍下降，农业发展后继乏人现象在不少乡村已开始凸现。近十几年，农村劳动力中，凡是年富力强、文化较高、综合素质较好的，已越来越多地外出打工或在当地务工、经商，继续留在农村从事农业生产活动的基本上是年老体弱、文化及综合素质偏低的那一部分人员。尤其值得注意的是，目前农村中的青少年和儿童从懂事的那一天起即一门心思地想离开农业和农村。笔者在部分农村地区的调查结果表明，农村中小学生无论有无机会升学，希望或愿意“子承父业”留在农村经营农业的几近为零，他们的父母也持有同样看法。已有的实际情况也大致如此，已经高中或初中毕业的青年学生，未能继续升学的绝大部分也已相继离开农村外出打工。

第三是在农业劳动力转移、农民收入增加的同时，城乡居民的收入差距非但未能缩小，反而是在继续拉大。1978年，中国城镇居民家庭人均可支配收入与农村居民家庭人均纯收入的比例是1:2.57，1983年已降至1:1.82，之后便开始趋于回升，1990年为1:2.21，到2006年已扩大到1:3.28。中国经济几十年来快速增长所带来的财富并未因大量农民的就业转移而惠及农村和农民，或者说，农村和农民受惠不多。

结论是，中国近十几年来推动和促进农民转移就业的努力在增加农民收入方面的确发挥了一定的作用，但也并不像人们预期的那样明显。在1990 ~ 2005年间农民家庭纯收入的增加量中，来自外出务工的工资性收入增长部分对纯收入总增量的贡献率只是略高于家庭经营中的农林牧渔业纯收入增长贡献率0.86个百分点，仍然低于农民家庭经营全部纯收入增长贡献率11.3个百分点。而在这一过程中出现的从事农业生产经营活动的农民综合素质全面、普遍下降，农业发展后继乏力和城乡居民收入水平差距拉大等现象，其后果则有可能是相当严峻的。由此而引出的问题是，减少农民数量，继续大规模地推动和促进农民转向，继续大规模地推动和促进农民转向非农产业和城镇就业，应不应该继续作为国家涉农政策的重心或重点？

为此，必须研究和回答的问题是：中国非农产业发展的城镇化水平提高能够接纳农业劳动力转移就业的承载能力究竟有多大，中国经济现代化进程中的劳动就业是否应该或有必要重走西方发达国家已经走过的非农化道路。与此相关，中国农业发展应该通过怎样的途径和努力来尽可能多地吸纳和容留农村劳动力。

（二）农民占多数，是中国经济社会发展的常态

中国人口按农业和非农业划分，目前的农业人口比重仍高达70%。在今后一个相当长的时期内，农民（即农业人口）占多数，将是中国不易改变或不一定需要改变的现实。这既与中国的经济发展水平有关，更是由于中国的具体国情和经济发展所面临的外部环境条件所决定的。

中国是世界人口最多的一个国家。人口大国的经济与社会发展的道路绝对地不同于小国是必然的，也是必须的，根本不可能也不应该如同现有经济发达国家那样，将95%的人口集中在城市。事实上，过度的城市化即使是对于一般类型的小国来说也未必是其经济与社会发展模式的最佳选择。对于过度城市化存在的问题及弊端，西方国家已有认识。从20世纪60年代开始，高度城市化的部分经济发达国家即已着手考虑对以城市为中心的经济社会发展模式进行某种程度上的修正和调整，先是提出将农村发展放到与城市相对等的重要地位，进而又把农村建设置于优先发展的突出位置，目标在于通过经济与产业发展地域构造模式的有效转换，促进农业和农村经济的加快发展，使生活基础不很稳定的农村居民安心在当地就业和生活，以防止农村人口的过量流出，确保农村人口及其产业发展的相对稳定，从而实现整个国土空间经济与产业发展在城乡间的均衡推进。从现有西方发达国家经济社会发展的外部环境条件看，所有发达国家都是在世界其他国家和地区普遍处于高度落后的特定环境条件下相继发展起来的。少数国家高度城市化、工业化所必需的稀缺资源可以很方便地在世界范围内得到补充。中国经济社会发展所面临的外部环境条件与现有经济发达国家当年所拥有的条件已截然不同。在世界各国各地区经济普遍发展的今天，中国经济社会发展所需要的资源不可能寄希望于从国外进口来加以满足，而是需要在国内解决，世界现有的稀缺资源可以养活1个或2个高度城市化的美国和为数不多的发达国家，但却难以满足一大批仿效美国及现有经济发达国家

模式的国家和地区为维系其经济社会发展正常运转的资源需要。

就中国未来时期可能的经济发展水平而言，根据2006年4月17日公布的中美联合报告《2006～2020年中国经济前景》预计，到2010年，中国国内生产总值（GDP）有望达到3.6万亿美元，但人均GDP也仅约2670美元，只相当于目前巴西、南非和土耳其的人均GDP水平；到2020年，GDP总量可实现7.5万亿美元，人均GDP约5300美元，也只是相当于2003年美国人均GDP的14%，日本的15.4%、英国的18.7%、德国的21%。仅从这一点考量，中国有限的经济发展水平所决定的城镇化水平及其产业发展所能够实现的接纳农业劳动力转移就业的承载能力也必然是十分有限的。

（三）农业有条件和有能力为农民提供更多的就业机会

中国农村目前存在的农业劳动力严重过剩现象，并不是农业的产业属性及本质所引起的，而是由于现有的农村环境条件限制和非科学、非理性的农业发展模式及其政策配置所造成的。

中国及世界现有农业模式存在的突出问题，是农业发展的战略思路、视野过于狭窄，农业自然资源的开发利用基本上被锁定在有限的耕地这一狭小的范围之内，而对于面积几倍于耕地的林业用地、草地和可养殖水域的开发利用则始终未能给予应有的重视，使农业长期处于不发展的落后状态，从而使农业无力与时俱进地为农村劳动力提供更多的就业岗位，造成农业劳动力随着劳动生产率提高而过剩不断增多的局面。

中国现有农用土地总面积，根据国家国土资源部最近一次公布的调查统计数据，截止到2006年10月31日为98.58亿亩（合65720万公顷），其中耕地总面积18.27 亿亩（12180万公顷），占农用土地总面积的18.5%。2005年，全国农林牧渔业总产值中，按照现有统计口径统计，农业（种植业）占49.7%，林业3.6%，畜牧业33.8%，渔业10.2%，农林牧渔服务业2.7%。由于畜牧业产出的绝大部分和渔业产出中水产养殖的相当部分所用饲料源自由耕地生产的农产品，根据现有资料匡算，中国农林牧渔业总产值中至少有高达85%以上的产出直接和间接地来自耕地，而占全国农用土地总面积81.5%的林、牧、渔业用地的产出总量在全国农林牧渔业总产出中所占的比重不超过12%。

中国现有林地总面积28492.56万公顷，是现有耕地面积的2.34倍，其中森林面积1749.92万公顷，也比现有耕地面积多出43.6%。但年林业产值仅相当于耕地直接产出产值的7.37%不到，按单位面积计算的土地直接产值率，林用土地仅相当于耕地的3.1%（2005）。但这并不代表林业用地实际拥有的经济产出潜力。江西赣州地区农民利用山坡地种植橙柚类水果，中等管理水平的橙柚产量进入盛果期后平均每亩可达1250～1500千克，按目前价格出售，平均每亩销售总收入可达3000～3600元人民币，远远高于当地大宗农田作物的经济收入。在木本粮油生产方面，北方板栗产区利用山地大面积栽种的优良品种板栗，管理精良的盛果期阶段平均每亩高产林可达700千克，一般也在400千克以上。按400公斤/亩、平均售价7.2元/公斤计算，亩经济收入为2880元。种植板栗的纯收入也远远高于农田的经济作物。南方油茶产区，利用山地栽种的优良油菜品种，管理到位的油茶林，大面积单均单产水平盛果期阶段高的可达75千克/亩，中等水平也可达50千克/亩以上，按照现行价格计算，平均每亩的年主、副产品销售收入也在945元人民币以上，而其按面积计算生产成本则仅相当大田作物的1/4不到。从林用土地的非食品生产方面的收益情况看，利用山地种植工业用途的各种树木，用以生产代用燃料（石油）、天然纤维、塑料类产品、结构材料等工业原料，以替代迅速走向枯竭的石化产品，其潜力和前景也是十分可观的。中国长江以南山地广为分布的油桐林，若人工栽培、管理到位，盛果期阶段的单位面积产量，高产林地平均每公顷每年可生产31～37桶生物柴油，中等水平也可达25～28桶生物柴油。柴油价格按65美元/桶计算，考虑到人民币的升值压力，美元与人民币比价按1:6.5测算，平均每公顷油桐林地盛产阶段的主产品收入也在10562.5～

11830元人民币（合705～790元/亩），加上副产品收入，平均每亩也在1000元以上。

中国湿地面积全国合计3848.55公顷，其中可养殖面积（包括内陆水域、海水、浅海滩涂）1,177万倾，已养殖面积665.86万公顷（2005），已养殖面积占可养殖面积的56.57%。按渔业产值计算的单位湿地面积产值率也只有耕地初级产品产值率的64.8%。目前中国水产品总产量中，人工养殖产量所占比重已达66.5%，其中淡水养殖产量占水产品总产量的39.36%（即占全部人工养殖产量的近60%），淡水可养面积占全部可养面积的57.35%，已养面积比率已达69.2%。海水和浅海滩涂可养面积占全部可养面积的42.65%，已养面积比率39.61%，海水和浅海滩涂养殖产量占水产品总产值的27.14%或全部人工养殖产量的40%。根据美国科学家的一项研究，每公顷湿地生态系统制造的价值每年可达4000～14000美元/公顷，高于农田生态系统的价值生产能力。从大连水产养殖的产出效益情况看，2005年，大连平均单位面积海水养殖产出已达35960元/公顷·年（合2397/亩·年）高于同年大连按播种面积计算的农田单产水平20080元/公顷·年的79.1%。

在牧草地的开发利用方面，中国现有牧草地26214.4万公顷（2005），比全国耕地总面积的高出1.15倍，但全国畜牧业总产值中真正源自草地的产出部分实际上不超过20%。2005年，全国牧草地面积最大的内蒙古、西藏、新疆、青海、四川、甘肃、陕西、宁夏8个省、自治区合计占全国牧草地总面积的96.7%，但8省、自然区合计的畜牧业总产值都仅占全国畜牧业总产值的17.4%不到，其中直接来自草地的也只占不大的部分，8省、自治区合计的牛、羊肉产量仅占其合计的肉类总产量的26.74%和全国牛羊肉总产量的29.96%及全国肉类总产量的4.44%，奶类总产量也只占全国奶类总产量的41.84%。就全国情况看，草地资源的开发利用潜力整体上要明显低于林业用地和湿地，开发难度大，但发展潜力还是存在的。

中国如能有效调整农业结构，拓宽农业资源利用和农产品生产发展的领域及范围，大力发展非耕地农业，将农业从传统的狭小耕地农业中解放出来，那么，农业就能够提供更多的就业岗位，为传统农业不断过剩的劳动力在农业内部实现充分就业提供保障。

（四）有效的农业经营具有确定的收益保障

农民从事纯农业经营的收入和收益能否与城乡非农产业从业人员的收入增长保持同步，农村依靠农业可不可以脱贫，已经和正在形成的农业过剩劳动力继续留在农业领域发展是否可能和有前途？对此，主流经济学至少到目前为止并无深入研究。根据笔者多年来从北方到南方、由东部到西部的农村调查，从广泛接触的不同条件、类型的村、乡（镇）和农户情况看，外出打工的确是农民在短期内脱贫的一种办法和捷径，但据此真正致富的农户却只是例外的个案，今后有普遍意义和推而广之价值的范例则是依靠农业致富、脱贫的纯农户及村、乡镇的许多典型。江西赣州地区许多山区县（市）、乡（镇）农村人均耕地不足1亩，近20年来，农民利用山坡地发展水果生产，一家一户种植8～10亩脐橙或甜柚，4～5年进入盛果期后，年纯收入即在2.4万～3.0万元人民币以上，远远高于当地外出打工农民工薪扣除其日常生活支出后能够实际用于家庭的可支配年收入额。尤其重要的是，农民的家庭经营收入一般都是可持续的，而农民外出打工的收入除极少数例外，一般都是难以持续的。农村目前比较普遍存在的营农不赢利、纯农户收入低现象，基本上是由于极不合理的农业经营环境条件和非科学的农业生产结构、落后的经营思路和方法等造成的，而农民纷纷外出打工，日益倾向于逃离农业和农村，虽然有其经济方面的原因，更多的则是一种急功近利心态和社会长久以来即已存在的“营农不赚钱”的偏颇观念的误导所致。

农业既是一个历史最为悠久的古老产业，又是一个最充满活力的新兴产业。从经济与产业的技术发展情况看，进入近代以来，科学技术发展一直以工业为轴心，农业则始终处于科学技术进步及其成果应用的落后状态。这种情况正在发生或已经出现转折性的根本变化。21世纪的科学研究与技术进步，与农业直接相关的生物学的长期落后局面将得到根本的改善，生物学将成为21世纪科学工作者研究与技术进步的学科主角。由此引起的整个农业科学技术的超常发展和日新月异的快速进步，必然为农业的重新崛起和成为社会最为重要的产业奠定坚实的技术基础。

再从农业的功能和作用看，社会发展到今天，农业除继续保持其传统的食品保障和生产天然纤维产品的特有功能之外，还不断增加为工业生产提供品种不断扩大、数量不断增加的各种原材料、替代燃料以及生态保护、环境治理、观光休闲、文化传承、教学等广泛的功能，日益增多的功能已成为当代农业的一大特点与必然趋势。在这样的条件下，只要农业经营坚持以市场为导向，以科技为支撑，适时调整农产品生产结构，以适合社会对农业及其产品不断增长与变化的多样化需求，因地、因时、因能力制宜地发展生产各种物质和非物质产品的新兴农业、特色农业，包括能源农业、新兴工业用原料农业、绿化农业、休闲农业、观赏农业、旅游农业、特种养殖业等等，同时加快农业后续部门、产业的协调与协同发展步伐，农业生产需求不足和产品“卖难”等极易发生的问题即不难解决，从而可以保证农业增效、农民增收。

（五）营造积极支持农业发展的社会文化氛围

稳定和强化农业发展的人力资源基础，防止农业劳动力的过度转移，需要有与之相对应的社会文化氛围的支持和引导。中国农民、农村人口中迅速凸现的离农倾向，农民及整个社会急功近利心态及行为普遍存在，在相当程度上是由于非理性的涉农社会文化氛围所造成的，包括经济学理论和各种媒体相关报道的误导。既然经济学家们都认定农业是一个效益低下、趋向相对萎缩的产业，农民增收和农业经济发展的希望在于非农产业、在于工业，那么社会的选择也就可想而知。升学跳出农门、离开农村被媒体渲染成为一种人生的希望，未能升学意味着没有出路，农民子弟不想“子承父业”也就毫不奇怪。因此，重要的是必须在全社会范围内营造出一种有助于农业发展的文化氛围，包括引导人们树立重视、支持农业发展和经营农业大有可为的价值观念，更多地关注农民而非农民工，更多地宣传、推介农业经营的成功范例和优秀农民务农的先进事迹，而不是宣传和推介如何远离农业和农村的事例。

另外，在提高农民素养，增强其农业经营和就业竞争能力方面，应积极采取以下两个方面的重大措施：

（1）开展面向农民和农业经营人的农业职业教育，组织实施职业农民和职业农业经营人培训工程。国家和社会目前都对城市产业的职业培训和农民转移就业培训予以应有的重视。比较而言，对农民和农业经营者的农业职业教育则是一个薄弱环节。实际上农业生产与经营所需要的技能、知识并不比一般的城市产业低，而是要求更高。对农民和农业经营人的职业培训，不只是要让被培训者掌握现代农业生产与经营的一技之长，同时还要让他们具有较强的市场意识和一定的生产组织与经营管理能力，尤其重要的是培养其职业使命感，将经营农业视为一项事业、一种职业，为其成为一名职业农民或职业农业经营人和职业农业技术实用人才等打下良好的基础。

（2）培养高层次的农业经营带头人，一是支持和鼓励农业科技人员，大中专院校涉农专业毕业和、学有所长的专家、学者下乡创业，创建具有示范意义的农业经营企业；二是支持和鼓励农民子弟、农村高、初中毕业生积极报考农林高等院校和中等职业学校涉农专业，学习期间的费用由财政支农资金予以资助或补贴，学成毕业后回乡经营农业，成为建设现代农业的带头人。

三、加强对农业发展的资金支持

（一）增加财政资金支农支出

财政对农业生产者的支持，是工业化国家的一种普遍、通行的政策行动。从1994年开始，中国财政对农业的支持力度不断增强，支持水平有所提高，特别是进入本世纪以来，国家对农业的支持更是快速推进。但从整体看，中国财政对农业的支持水平目前仍远远低OECD国家的平均水平。因此，继续扩大和增加财政对农业的资金投入，乃是中国今后时期财政支出的一项重要内容。

2007年中央一号文件——《中共中央国务院关于积极发展现代农业扎实推进社会主义新农村建设的若干意见》就明确要求应“大幅度增加对‘三农’的投入”。各级政府要切实把基础设施和社会事业发展的重点转向农村，国家财政新增教育、卫生、文化等事业经费和固定资产投资增量主要用于农村，要建立“三农”投入稳定增长机制，积极调整财政支出结构、固定资产投资结构和信贷投放结构，中央和县级以上地方财政每年对农业总投入的增长幅度应当高于其财政经常性收入的增长速度，尽快形成新农村建设稳定的资金来源”。为使有限的财政支农资金能够更加有效地发挥作用，城市地区有必要对财政支农资金的投向及使用的方式、方法等进行适当的调整和改进。要点如下：

1. 财政支农资金的行业/产业投向适当集中

财政支农资金投向的产业/行业部门，原则上应能满足以下基本标准：（1）具有一定的生命周期，能够在目标期内成为农业和农村经济发展的主导力量；（2）能够通过应用新的品种、新的技术，形成新的生产函数，以支持特定周期的生产发展和繁荣；（3）存在有待开发的市场潜力，社会对其产品的需求量大，发展前景广阔；（4）具有广泛的关联度，其发展能够有效带动相关产业的相应发展，形成特色明显的产业链；（5）同农民的联系密切，有助于“农业增效、农民增收”目标的有效实现。

另外，国家和地方财政支农资金的使用，具体到各个城市地区每年应相对集中地投向有限的几个如2～3个或1～2个行业/产业部门，争取投资扶持1个便成功1个行业/产业，之后再转向另1个行业/产业部门。

2. 财政支农资金的具体运用，以农产品生产基地建设为依托，以农业产业化龙头企业为目标

农产品生产基地是农业及其后续产业发展的基础，是农业基本建设最为重要的组成部分。财政支农资金对特定农业行业/产业部门发展的扶持和支持，具体又应该落实到对其产品生产基地的建设扶持上，而资助的主体对象则应该是从事农产品生产基地建设的农业产业化龙头企业，按照“没有龙头企业带动的农产品生产基地不扶持，不带动农产品生产基地的龙头企业也不扶持”的原则实施。

3. 财政支农资金的应用范围，限于公益性项目投资的资金配套或补助

财政支农资金对农产品生产基地建设和与之相对应的从事农产品生产基地建设的农业产业化龙头企业的扶持，其目的是引导龙头企业和农民共同投资进行以农产品生产基地为依托的农业基本建设，提高龙头企业组织农业经营和对农民的带动能力，落脚点在于通过对农业产业化经营的有效组织，促进“农业增效、农民增收”目标的实现。因此，财政支农资金的应用范围，主要限于：（1）农产品生产基地建设项目中某些公益性基础设施建设的投资配套；（2）农业产业化龙头企业基本建设、技术改造投资补助；（3）农业产业化龙头企业为农户提供培训、技术指导与服务的费用补助；（4）农业产业化龙头企业进行技术创新、科技成果推广所发生的费用支出补贴，等等。

4. 加强对财政支农资金使用过程及其结果的有效监管与评价

一是建立严格的、责任界定明确清晰的财政支农资金使用的经济与行政责任制度，并将相关责任落实到具体的决策与执行单位和个人，对因人为原因造成财政支农资金运用效果欠佳的，根据具体情况追究相关单位和有关个人的经济或行政责任。

二是建立财政支农资金运用信息管理平台，运用计算机网络技术、通信技术，对使用财政支农资金建设的项目和享受的资助数额达到一定规模及其以上的企业进行全方位、多角度、全过程的实时管理与监控，以便及时发现问题、及时处理。财政支农资金运用信息管理平台由各级财政主管部门或其授权单位负责建立和管理。

三是建立财政支农资金使用效果的日常核查及绩效考评制

度，所有使用财政支农资金的企业及项目的运营情况必须随时输入与之相关的支农资金运用信息管理平台，接受主管部门或其授权单位的监督、检查和质询，并由主管部门或其授权单位定期对其绩效作出考核和评价。

（二）引导城市居民及工商业资金投向农业

中国农业投资目前基本集中在经济实力低下、资金不足的农户方面。2005年，全国农村农业固定资产投资1480.9亿元人民币，其中农户投资1004.8亿元，占农村农业固定资产投资总额的67.85%，非农户合计投资仅476.1亿元，其中企业单位252.7亿元，事业单位223.5亿元，分别占农村农业固定资产投资总额的17.06%、15.09%。

中国社会资金的空间分布，绝大部分在城市。从城乡居民个人所握有的富余资金情况看，2006年，全国城镇居民家庭人均可支配收入减去其人均消费支出后的收入余额为3062.8元/人·年，而农村居民家庭人均纯收入减去人均生活消费支出后的余额仅为758元/人·年。同年，全国13.15亿人口，乡村人口约9.5亿人，城镇人口3.65亿人，这就意味在全国居民家庭收入总额剔除其生活消费支出总额后的18380.6亿富余资金总额中，由城镇居民家庭握有的高达11179.6亿元，占城乡居民家庭富余资金总额的60.82%，而由乡村居民家庭掌握的仅7201亿元，占城乡居民家庭富余资金总额的39.18%。从城乡工商企业所拥有的经济实力情况看，2006年，全国第二、三次产业增加值184706.8亿元人民币，其中农村第二、三次产业增加值53500亿元，占全国第二、三次产业增加值的28.96%，而城镇第二、三次产业增加值的这一比重则高达71.04%。

可见，中国扩大社会再生产的投资资金来源，主力在城市。如果采取有效措施，引导城市居民家庭所握有的年富余资金的1/5投向农业领域，全国农业的货币资本投入每年即可在现有基础上增加2236亿元人民币以上，为现有农业年固定资产投资的1.5倍以上。如此，对于中国农业的发展来说，其意义是怎样估计都不为过。

为此，需要采取以下重要步骤及措施：

（1）疏通城市资金流向农业的投资渠道

一是建立适合城市企业及个人将其资金投向农业的投资平台，包括改进农业投资方式、农业企业形式，规范农用土地产权及其流转方式，等等。

二是通过相应的专门立法，使城市企业及个人投资农业的合法权益得到法律上的基本保障。

（2）完善城市资金流向农业的投资管理办法

一是制订、出台投资激励办法，如对城市企业及个人投资于农业的那一部分资金收入免征企业或个人所得税，等等。

二是规范投资服务办法，为城市企业及个人的农业投资活动提供多角度、全方位的良好服务，发现问题，及时解决。

（三）建立城市农业发展基金

设立农业发展资金，用于支持和指导农业发展，是当代农业发展管理的重要手段及方法之一。欧盟早在20世纪60年代即建立了欧洲农业指导与保证基金（以下称“欧盟农业发展基金”），用以支持和指导其成员国家的农业发展，为其共同农业政策实施提供财政上的保证，取得了良好的经济社会效果。

欧盟农业发展基金由“保证部分”和“指导部分”两大部分组成。基金保证部分主要用于农产品的干预收购、出口补贴以及由于货币汇率波动而引起的货币补偿金额等，从1992年起，也用于财政支持延缓生产增长的某些措施方面，如休耕、退耕还林补贴和鼓励年迈的农民提前退休等。基金的指导部分主要用于以下三个方面：

一是改进农业生产设施和农产品销售设施。前者包括土地改造工程、水利灌溉工程、造林工程等；后者包括商场、仓库等工程建设。

二是理事会决定的特别开支。如援助修复自然灾害造成的破坏，资助农场联合经营等。

三是共同措施。主要是指进行农业结构改革而采取的一些措施，如关于农场现代化、减少农业就业人口、提供经济情报和职业训练等方面的措施，等等。

借鉴国外的成功经验，根据中国的具体情况和各城市地区的实际情况，中国城市农业发展基金的资金来源，可以考虑由以下基本部分组成：

（1）地方财政预算安排的拨入资金，将地方财政支农资金的大部分通过立法，以拨款方式纳入农业发展基金范畴，成为农业发展基金的最主要来源；

（2）上级财政部门的专项拨入资金，包括财政补贴及财政支农转移支付部分的相关资金；

（3）以捐款方式筹集的社会及企业捐助资金；

（4）基金利息收入；、

（5）基金经济性运用的报酬性收入；

（6）其他资金来源。

城市农业发展基金主要用于支持城市地区农业开发建设以下方面的发展与经营活动（项目）：

（1）符合现代农业发展方向及要求，并有望成为当地农业的重要新兴产业或行业部门的农业开发项目；

（2）列入地区国民经济和社会发展规划或农业发展规划的农业开发项目；

（3）国家支持发展的农业开发项目，包括列入国家编制的《优势农产品区域布局规划》及其他有关规划所确定的农业发展项目和中央及上一级地方财政资助的农业发展项目；

（4）由农业产业化龙头企业提出经主管部门论证、认定的以下方面的农业开发建设项目：

①农业高新技术成果转化项目；

②新兴农业园区建设项目；

③先进农业装备技术、新兴作物品种、农艺技术引进项目；

④农产品精深加工项目；

⑤农产品市场营销项目；

⑥农产品仓储配送与物流项目；

⑦农业经营人才培训建设项目；

⑧农业社会化服务建设项目；

⑨其他相关项目。

城市农业发展基金使用方式包括：（1）贷款贴息；（2）无偿资助；（3）资本金（股本金）投入。以资本金（股本金）投入方式为主。

城市农业发展基金以资本金（股本金）投入方式对农业开发建设项目进行的支持，属于有偿支持范畴，由此而投入的资金，要求在一定时期内依法收回，并有一定数额的投资利润或能够获得一定比例的资金使用费。其投入及收回的基本方式包括：

（1）以风险投资方式对农业开发的目标项目进行股权投资，项目建成后通过股权转让保证基金投入的资金收回及其收益的有效实现；

（2）以协议投资方式对农业开发目标项目进行资金注入，项目建成进入相对稳定的经营阶段后，目标项目经营企业按照事先订立的协议约定返还基金投入的本金及其资金使用的应付费用；

（3）以合作方式对农业开发目标项目进行合作投资，项目建成后按照合作协议规定，逐渐收回基金合作投入的本金及其应得利润。

四、创建新型农村金融机构

（一）农村金融创新势在必行

农村地区银行业金融机构覆盖率低、金融供给不足，农民、农业企业从事当地发展活动融资难，是中国长期存在的一个突出问题。

为此，中国银监会《关于调整放宽农村地区银行业金融机构准入政策　更好支持社会主义新农村建设的若干意见（银监发〔2006〕90号）》，针对中国农村地区长期存在的银行业金融机构覆盖率低、金融供给不足、竞争不充分等问题，明确提出积极支持境内外银行资本、产业资本和民间资本在农村地区投资设立面向县（市）或县（市）以下的乡（镇）和行政村，为辖区农民、农业和农村经济提供全面服务的各类银行金融机构，并就农村金融机构的组织形式、准入条件与范围、监管措施等相关问题的政策规范及其实施办法、措施等作出了比较详尽、具体的规定，从而为在中国农村地区通过改革、创新，稳步形成投资多元、种类多样、覆盖全面、治理灵活、服务高效的银行业金融服务体系奠定了坚实的政策基础。

城市及其周边地区可以充分利用国家已出台的既有政策，结合本地区农业及农村经济发展的实际情况及要求，加大对本地区农村金融体系改革与发展的力度，率先构建适合当地农业发展需要的新型农村金融服务机构及其组织系统。

（二）农村金融机构建设应以农为本

农村地区银行业金融机构的建设与发展，首先应加以明确的基本问题，是应该树立怎样的目标理念，采取何种方针及策略诉求。基本思路是：以农为本，路径创新，和谐推进，面向未来。

1. 以农为本

即农村银行业金融机构的建设发展，必须以农民和农业发展为本，以优先满足当地农民和当地涉农经营活动主体从事农业生产和农产品加工、储运与经销的资金需求，为农民和农业及农村经济提供高效的全面服务，确保农民和其他涉农经营活动行为主体的有效参与，并以此作为农村金融机构特别是村镇银行建设发展的出发点和目标。其涵义为：（1）农村银行业金融机构的目标服务对象，主要是当地农民和当地从事农业产业化经营活动包括农产品生产、收购、加工和储运与销售的行为主体；（2）农村银行业金融机构组织的发起人及建设者，以当地农民及其他涉农经营活动的行为主体为主，所设机构是真正农民（包括从事涉农经营活动的其他行为主体在内）自己的银行；（3）农村银行业金融机构的业务经营活动紧紧围绕农民和农业发展的金融服务需求展开，农民和农业发展的参与者能够从农村金融机构的建设与发展过程中分享到实实在在的利益和好处。农村金融机构的建设与发展必须以农民和农业发展为本，是因为中国目前最需要银行业予以扶持和帮助的社会群体及产业，即是农民和农业。只有切实解决农民和农业发展问题，中国经济与社会发展进程中所面临的其他问题才有望得到真正有效的消除或缓解。

2. 路径创新

包括农村银行业的进入路径和进入后的经营组织与管理路径创新、业务拓展路径创新，路径创新，要求运用全新的理论思路及方法论，设计一种能够充分体现和适应农村及农民和农业产业化经营具体情况与实际需要的新型农村银行业管理体制及其经营的机制与办法。中国农村银行业发展正在进入一个从农民和农业产业化经营金融需求出发设计其体系，将单纯强调为农民、农业和农村服务的银行推进到建设真正属于农业活动当事人自己的银行的历史时期，要求从根本上改变中国农村地区既有银行金融体系的管理体制及其经营机制和业务操作办法。如果新设立或（和）重组、改造后的农村银行业金融机构仍旧按照既有商业银行或农村信用合作社的经营管理方法及模式运作，那么，新一轮的农村银行业金融服务体系改革与发展的前途依然堪忧，重蹈中国以往农村金融的失败覆辙终将难以避免。

3. 和谐推进

即农村银行业金融机构的建设发展，应当同其环境和其业务活动服务的客体对象即农业、农村生产活动的性质、特征等互为适应、协调发展。其内容包括：（1）农村不同类型的银行业金融机构之间能够相互包容、和衷共济、竞争合作、协同发展；（2）农村银行业金融机构的组织模式及其金融活动方式，与其外部环境条件包括当地的生产方式及其模式、经济技术条件、社会生态、文化背景等互为适应；（3）农村银行业金融机构的发展目标、构成要素及其利益攸关的各方之间保持相互包容、互为适应、相互依存和转化的有机联系，等等。和谐推进，既是农村银行业金融机构建设发展的一种重要方法及手段，也是其运营过程中的重要目标及落脚点之一。

4. 面向未来

农村银行业金融机构的建设发展，必须正确处理好当前与长远的相互关系，依据未来农村地区经济与产业发展的走向和趋势，按照科学发展观，从前瞻性、战略性和全局性角度立足未来、规划现在，设计和确立农村银行业金融机构建设发展的创新方向及目标，确保其可持续发展的有效推进和以农为本理念及目标的长久维持。世界经济与产业发展已经或正在进入一个重要的结构转变时期，人类目前生产与生活中大量使用的矿物燃料和矿物原材料必然在越来越大的程度上有赖于农业提供。未来农业并不只是一个为人类生产食品和衣着原料的产业部门，而是还将担负能源、结构性原材料生产的重要使命，源于欧美经济发达国家以传统工业、以城市为主体的经济与社会发展模式必将出现重大变化。在一个可以预见的未来时期，现已初露端倪的能源农业、新材料农业、绿化农业等系列新兴农业必将不断发展壮大成为农业的重要组成部分。随之，农业完全有条件有能力在一个不断细化的国民经济分类结构体系中恢复其较大份额的重要地位，并在量的界定上再次成为国民经济的主体产业部门，而不是如同现在那样，在一个不断发展、发达的国民经济体系中，农业的所占份额不断下降，直到3～5%，甚至低于2%。农村银行业金融机构的建设与发展必须考虑世界经济与产业发展的这一重要变化趋势，并据此确定其业务活动的特征与空间等。

上述4个方面，以农为本，作为农村银行业金融机构建设发展最为基本的理念和出发点与落脚点，从根本上规定了农村银行业金融机构的组织属性及其业务取向；路径创新与和谐推进，作为农村银行业金融机构建设发展的方法及要求，是有效实现农村银行业金融机构以农为本理念的手段保证；面向未来，作为指导、规范农村银行业金融机构建设发展必须遵循的一种时空基点及视角，能够有力地确保农村银行业金融机构的建设发展及其路径创新、和谐推进，具有前瞻性、战略性和全局性的突出特征。

（三）建立农业龙头企业主导的农村金融机构

中国银监会《关于调整放宽农村地区银行业金融机构准入政

策更好支持社会主义新农村建设的若干意见》鼓励在农村地区积极发展的银行业金融机构主要有：（1）为当地农户提供金融服务的村镇银行；（2）为入股社员服务、实行社员民主管理的社区性信用合作组织；（3）境内商业银行和农村合作银行设立的贷款子公司；（4）重组、改造后的现有农村银行业金融机构；（5）商业银行和农村合作银行增设的乡（镇）、村分支机构。

由此，农村银行业金融机构的建设与发展，即涉及以下方面的内容及问题：（1）在各种可选择的农村银行业金融机构中应以何种类型的组织形式为主导，村镇银行（包括农村社区信用合作组织）居于怎样的一种地位；（2）村镇银行作为农村银行业金融机构重要形式之一，应当选择怎样的一种组织模式及运营机制，由谁发起、拥有和管理。

理论上，能够成为农村地区银行业金融机构主导的金融组织机构形式，应当能够同其主要服务领域的主导生产模式存在某种程度上的直接关联或类似性。由此，根据中国农业发展的具体情况及要求，有条件成为中国农村地区银行业金融机构主导形式的金融组织，当是由农业产业化龙头企业牵头，广泛吸收当地农户积极参与而共同发起建立、拥有和管理的企业型村镇银行或（和）县（市）、乡（镇）域农业龙头企业型农村社区信用合作组织（以下统称“农业龙头企业型村镇银行”）。由于农业龙头企业型村镇银行与中国现阶段广为采用的龙头企业带动型农业产业化经营模式的相互包容、互为适应，因此，对于解决中国农村地区长期存在的金融供给不足和有效满足农业发展资金需求，缓解或消除农村银行业金融机构“为农民和农业服务”与其“盈利需求”之间的矛盾，进而提高农村地区的金融资源保有率等具有十分突出的重要意义。

1. 有效满足农业发展的资金需求

中国农业发展的资金需求，一是农民进行农业基础设施建设和农田基本建设以及因购买种子、肥料、农药、农机具等农用生产资料形成的资金需求；二是农产品购销企业集中收购农产品而产生的资金需求。在中国现有农村金融体制条件下，两方面的资金需求，除个别粮食购储企业外，均缺乏有效满足的基本保证。农户和农产品购销企业“贷款难”一直是中国长期以来普遍存在的一个突出问题。由农业产业化龙头企业牵头，广泛吸收当地农户积极参与共同发起建立、拥有并管理的农业龙头企业型村镇银行即能够较好地解决这一问题。农民进行农田基本建设和农业基础设施建设以及因购买种子、肥料、农药、农机具等农用生产资料而形成的资金需求，可以通过农户间资金余缺的存/贷机制和农业产业化龙头企业的流动及固定存款来加以满足，而农产品购销企业特别是作为农产品购销企业的农业产业化龙头企业因集中收购农产品而产生的资金需求，则可利用农户的已有存款余额和农产品收购过程中的结算吸存及贷放机制，通过村镇银行内部的有效运筹与合理安排来加以解决。

2. 缓解金融机构的金融服务与其盈利之间的矛盾

在缓解或消除农村银行业金融组织“为农民和农业服务”与其“盈利需求”之间的矛盾方面，由于农业龙头企业型村镇银行的行为主体之一——农户，作为从事农产品生产与经营的活动单位，最关心的并不是能否从村镇银行或合作金融组织中分享到多少红利，而是其农产品生产过程能否顺利展开和生产结束后的农产品是否能够如愿以偿地销售出去，通过农产品的生产与销售来确保其目标利益的有效实现；而农业产业化龙头企业的逐利兴奋点则在农产品购销过程中形成的价差收入或是农产品加工所形成的价值增值。在这里，作为具有双重身份即农业经营行为主体和农村金融活动行为主体的农户及农业产业化龙头企业，其获利的目标指向均不在或主要不在金融领域，而是在其农业经营活动方面。这就必然会极大地降低村镇银行和（或）农村社区信用合作组织作为纯商业性金融机构的盈利动机与为农民和农业服务的低回报之间的矛盾与压力。农业龙头企业型村镇银行的有效运作，即能够在确保其自身业务高效、顺利展开的同时，为农户和农业产业化龙头企业经营活动的顺利展开创造极为有利的必备条件。

3. 提高农村金融资源保有率

农村金融资源保有率，即来自农村居民和单位特别是农户的存款能够在一个多大的程度上运用于农户和农业生产过程，是衡量和检验农村金融绩效最为重要的一个基本指标。商业性金融机构在其盈利需求的巨大压力之下，选择高回报的非农产业及非农民作为其贷款发放的主要对象，是一种可以理解、无可厚非的必然选择。也正因为如此，所以在中国，尽管政策的制订者一再强调、鼓励商业金融机构应该面向农民和农业，为农民和农村生产提供尽可能多的服务，但农村地区长期存在的贷款/存款比率持续下降的基本格局却非但未能得到有效的改变和扭转，反而还愈演愈烈。可以肯定地说，在不根本改变中国现有农村金融体制架构的条件下，无论政策的制定者怎样强调和鼓励商业性金融机构应该为农民和农业生产服务，试图从根本上改变农村地区贷款/存款比率不断下降的局面，从而提高农村金融资源保有率的目标期望都必将难以实现。由农业产业化龙头企业牵头，广泛吸收当地农户积极参与共同发起建立、拥有和管理的农业龙头企业型村镇银行则是有效改变和扭转农村金融资源不断流出农村并使农村金融运营效益不断提高的重要出路之一。理由极其简洁、明了，在资金的运用与安排上，没有人比当事人自身更了解自己的金融需求，也没有人会滥用自己的资产。

4. 确保农村金融业务的高效展开与运作

由农业产业化龙头企业牵头，广泛吸收当地农户积极参与共同发起建立、拥有和管理的农业龙头企业型村镇银行，同其他形式的农村银行业金融机构相比较，还具有易组建设立、易经营运作的突出特点。农业产业化龙头企业在其涉农经营的具体实践中，通过合同（契约）关系，与连片农产品商品生产基地中的广大农户结成利益攸关的命运共同体，建立了相对稳定的经济联系，在带动农民发展生产，使农民分享到农业发展的更多利益及好处方面具有十分重要的地位和作用。由此即决定了农业产业化龙头企业在当地农户中享有极高的公信力和号召力，极有利于由其牵头，广泛吸引和发动当地农户积极参与共同发起建立主要为当地农业生产提供金融服务的村镇银行或社区性信用合作组织；与此同时，农业产业化龙头企业和千家万户农民结合而成的农产品商品生产基地，也为农业龙头企业型村镇银行建立后的业务运营提供了坚实的存/贷款的需求及供给基础，从而为农业龙头企业型村镇银行的建立与发展提供不可多得的便利条件。

（四）农村金融创新的政策调整

以上分析表明，中国农村地区银行业金融机构建设应当坚持“以农民和农业为本、路径创新、和谐推进、面向未来”的发展思路，以确保农业的优先发展为其出发点和目标。为此，由农业产业化龙头企业牵头、广泛吸引当地农户积极参与共同发起、拥有和管理的农业龙头企业型村镇银行（包括农村社区信用合作组织），足以成为中国农村地区最为主要并具有主导性质及意义的一类银行业金融组织形式，因而要促进其发展。

从中国目前情况看，大范围催生农业龙头企业型村镇银行将受到以下条件的约束和限制：一是农业龙头企业缺乏经营农村银行金融业务的经验和人才；二是来自国家政策上的限制，中国银监会为解决农村地区银行业金融服务发展滞后问题而出台的现有政策，政策的惠及对象主要限于现有商业性银行金融机构，政策设计的出发点与落脚点在于动员既有银行业金融机构面向农民、农业和农村，为农民、农业和农村经济服务，非银行业资本到农村地区投资、收购、新设各类银行业金融机构的“门槛”依然不低。为保证农业龙头企业型村镇银行的有效建立与发展，从而推动和促进农村银行业金融服务体系的顺利转型，就必须从根本上摆脱在现有银行金融体系存量范围内打转的怪圈，为此，需要在相关政策及其制度的设计上采取以下的重要步骤及措施：

1. 调整投资人的进入条件

即调整有关村镇银行及农村合作金融机构投资人资格和境内投资人持股比例的现有限定，为农业产业化龙头企业牵头发起设立村镇银行或农村社区信用合作组织创造有利的进入条件。中国银监会的现有政策规定，村镇银行应采取发起方式设立，且必须应有1家以上（含1家）境内银行金融机构作为发起人；同时还规定，单一境内银行金融机构的持股比例不得低于20%，而单一自然人的持股比例、单一非银行企业法人及其关联方合计的持股比例不得超过10%。这样的条件限定不利于由农业产业化龙头企业牵头，广泛吸引、发动当地农户积极参与共同发起、拥有和管理农村银行业金融机构的情况是明显的，需要进行适当的调整。

2. 放宽村镇银行和农村合作金融机构的业务准入条件及范围

农村金融的服务领域、客户对象及外部环境条件和由此决定的银行产品与服务的内容及方式等均与城市金融有所不同，在风险可控的前提条件下，应当允许村镇银行和农村社区信用合作组织开办适合当地客户合理需求的银行业创新产品和服务，在政策上放宽对村镇银行和农村社区信用合作组织的业务准入条件及范围限制，赋予村镇银行和农村社区信用合作组织较之一般银行业金融机构较大的业务开办自主权。同时加强对农村金融产品和服务的研究与开发，为村镇银行和农村社区信用合作组织设计各种创新的标准化银行产品及服务供其选择运用。

3. 加大对村镇银行和农村社区信用合作组织的政策支持、引导与服务

各级政府、政策性银行应因事、因时制宜地对村镇银行和农村社区信用合作组织给予政策上的强力支持、业务上的有效指导，为村镇银行和农村社区信用合作组织的日常运营提供良好的服务。如积极发展农业保险，分散和降低农业生产的自然风险及市场风险；加强农村社会信用环境建设，改善农村经济的运作基础和农村金融组织的发展环境，降低农村金融系统的营运风险，为村镇银行和农村社区信用合作组织的运行与发展创造有利的社会环境条件，等等。

4. 建立有效的农村资金回流机制

中国目前农村、农民货币资金的非农产业及城市流向十分突出，是造成农业、农村投资不足、生产经营资金匮乏的重要原因之一。为此，政府和金融管理当局有必要通过制定科学的制度性保障措施，加强对农村货币资金流动的监测和预警，同时运用合理的经济、行政及法律、法规手段，限制商业银行和农村地区其他金融机构贷款过多地流向农村外地区和系统内的上存资金比例，有效抑制农村信贷资金的大量外流，引导农村资金高效率地转化成为对农村、农业生产投资与经营资金需求的有效满足，使包括村镇银行和农村社区信用合作组织在内的农村银行业金融机构得以在一个存量/流量充足的货币资金环境条件下运营与发展。

5. 设计创新的农村金融安全监管机制及办法

建立农村地区银行业金融机构运营绩效考核体系，对村镇银行和农村社区信用合作组织实行与一般银行业金融机构相区别的审慎监管。有关监管的内容、方法、评价指标及其标准等，均应根据农村金融活动的具体情况加以重新界定。

第12章 环城农业与农村产业发展评价

第12章 环城农业与农村产业发展评价

一、建立科学、实用的发展评价系统

（一）评价系统的多重目的和作用

农业和农村产业的开发建设与发展，是一个系统工程，涉及经济工作的方方面面，对其开发建设与发展活动结果及其绩效的评价和判断，需要建立一个能够综合反映其方方面面工作结果，具有纵向和横向上的可比性、既科学又实用的发展评价系统。这一评价系统应该能够用于以下方面的基本目的：

（1）用于评价辖区单个县（市、区）、乡（镇）、村的农业及农村产业开发建设与发展的结果与能力；

（2）用于比较辖区县（市、区）之间、乡（镇）之间、村与村之间农业及农村产业开发建设与发展结果的优劣及其能力的高低与强弱；

（3）用于检视、查明农业及农村产业开发建设与发展进程中存在的问题与不足；

（4）用于规范、引导农业及农村产业开发建设与发展的政策行动，等等。

从管理学角度看，农业及农村产业发展评价系统，应该既是上一级主管部门管理其辖属部门、地区农业及农村产业开发建设与发展的重要工具，也是各级部门、地区进行自我管理的重要手段。

（二）评价系统构建原则

农业及农村产业发展评价系统的构建，应坚持和遵循以下基本原则或规则：

1. 综合性

评价系统涉及的内容及其指标应能够全面、系统、客观、公正地反映农业及农村产业开发建设与发展的方方面面问题，兼顾经济、社会和生态、直接和间接、短期和长期、现状与走势等方面问题的综合评价。

2. 系统性

评价系统的指标设置应有层次、有重点，各指标具有独立的内涵，各有侧重，但相互间又存在内在的联系，互为配合，共同组成一个有机的统一整体。

3. 导向性

评价系统涉及的内容及指标应有助于规范、引导农业及农村产业建设发展行为主体的活动行为，能够准确地反映其成绩和差距，成为目标行为主体进行农业及农村产业开发建设与发展的方向标与指示器，以推动农业及农村产业开发建设与发展的顺利进行。

4. 可比性

运用评价系统进行评价而得到的评价结果，应具有系统自身在不同时间段上的纵向可比性和相同层次不同系统在同一时间上的横向可比性。也就是，自己的现在可以同自己的过去相比较，在同一时间层面上，自己可以同他人相比较。

5. 科学性

评价系统及其指标体系的构建既要因时、因事制宜和因目的而有所不同，真实、客观地反映农业及农村产业开发建设与发展的实际情况，又应以经济学的一般理论及其方法论原理为基础及指导，反映农业及农村非农产业开发建设与发展的共性问题，还要与现行的统计指标相衔接，使构建起来的评价系统既科学、合理又具有特色。

6. 实用性

评价系统的内容及指标设置切合实际，方便操作，有切实的可行性。一是每个指标的涵义明确、概念清晰，界定清楚；二是所涉数据、资料易于收集、处理，同现行的统计制度相对接，容易从现有统计报表中取得所需数据、资料；三是容易为使用单位、部门接受和方便地运用。

7. 动态性

一是所设计、构建的评价指标体系应能够反映农业及农村产业开发建设与发展的动态变化情况；二是评价系统本身的完善也应该是一个发展的动态过程，一些需要但目前条件尚不具备设立、设置的内容及指标，可在条件具备后进行补充。

8. 静态评价与动态评价相结合

评价系统既能够对一定时空条件下的农业及农村产业开发建设与发展的现状水平作出有效评价，与此同时，又便于对农业及农村产业开发建设与发展的动态过程及其结果进行评估，全面反映和评价农业及农村产业开发建设与发展的本质特征及趋势。

（三）评价系统的叠加思路和方法

农业及农村产业发展评价系统采用分析与综合相结合的方法，从农业及农村产业开发建设与发展活动及其结果的不同方面分别设置指标群，然后进行“层级叠加、逐次收敛、规定权重、量化综合”，最终形成和得到一个综合指标值。

根据农业及农村产业开发建设与发展系统的特点，可设立由4个层级即“总体层、系统层、状态层、要素（变量）层”指标构成的评价系统。

总体层指标全面反映农业及农村产业开发建设与发展的总体水平，其指标值由系统层指标综合计算而得到，代表目标区域县（市、区）、乡（镇）或村农业及农村产业开发建设与发展的总体运行状态及其实际的总体结果与效果。

系统层指标反映农业及农村产业开发建设与发展相互关联不同方面的活动状态及水平，其指标值由其下属的状态层指标经综合计算得到。

状态层指标反映农业及农村产业开发建设与发展某个方面内相互关联的不同组成部分的活动水平及态势，其指标值由其下设的要素（变量）指标综合计算而成。

要素（变量）层指标是农业及农村产业发展评价系统中最为基本的度量指标，这些指标对评价系统状态层、进而对系统层的数量表现和强度反映给予直接的度量，所涉数据具有可测、可比和可以很方便地收集、获取和处理等突出特点。

（四）评价系统测评内容构成

农业及农村产业开发建设与发展，涉及农村经济、社会和自然生态环境领域中各个方面的问题，可以从不同角度、按照不同的标识进行分类、聚合，从而形成不尽相同的系统评价测量的内容和着力点。后面所提供的农业及农村产业发展评价系统，其评价测量内容集中在以下6个方面：

（1）经济产出水平。集中测量、评价经济增长、经济发展、土地产出率和劳动生产率4个方面的运行状态及其结果水平。

（2）农业产业化水平。集中测量、评价农业产业集中化和专业化、农业产业商品化及农业产业组织化程度3个方面的状态及水平，涉及主导产业发展、商品生产与商品基地建设、龙头企业和农民组织化发展等方面的问题。

（3）非农产业发展水平。集中测量、评价农村工业、农产品加工业、农村服务业发展及其对农业发展的促进作用4个方面的状态与水平。

（4）产业能级水平。测量、评价农村产业增值能力、农村产业对地区经济发展的贡献能力、产业竞争能力、产业盈利能力和产品出口创汇能力5个方面的状态和水平。

（5）资源利用水平。评价、测量土地资源、农村劳动力资源、科技成果资源3个方面的利用效率状态及水平。

（6）可持续发展能力及水平。集中测量、评价生态建设、科技进步、产业基础设施及其结构部门建设3个方面的发展状态及水平。

农业及农村产业发展评价系统的测评内容构成如图12～1所示。

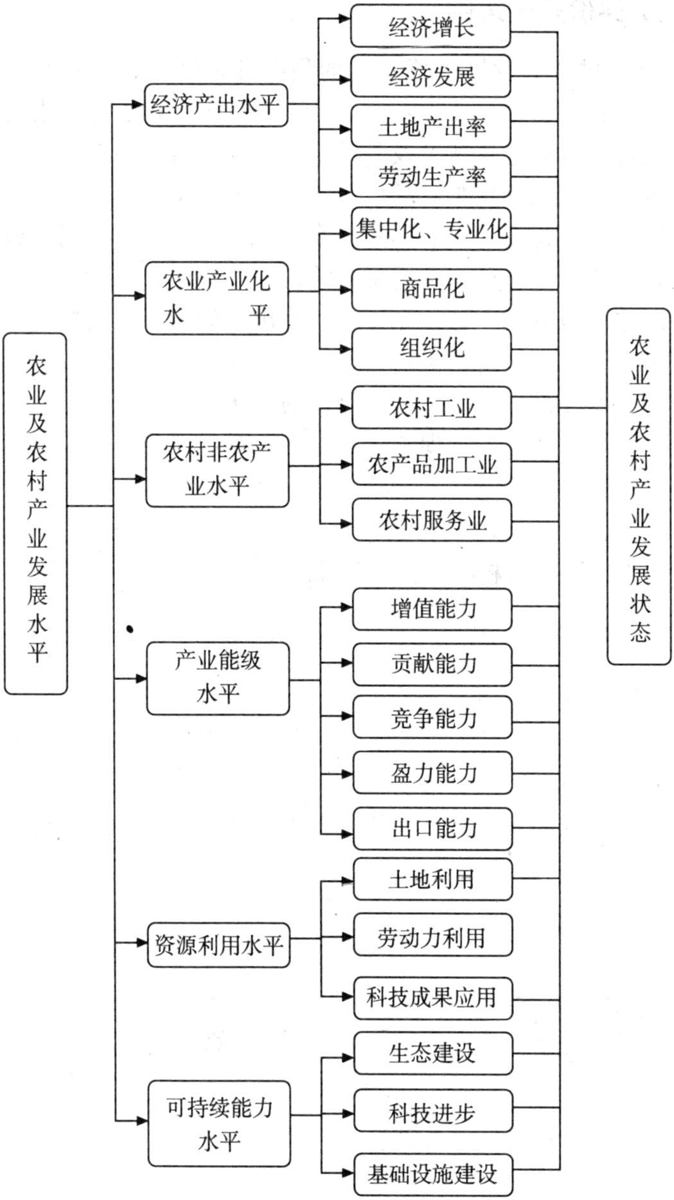

图12-1 农业及农村产业评价系统测评内容构成

（五）评价系统运用

农业及农村产业发展评价系统的最终计量结果，是一个综合、全面反映目标区域县（市、区）、乡（镇）、村农业及农村产业开发建设与发展总体状态及其结果的特定指数。根据该指数的大小，既可判别和评定某一县（市、区）或乡（镇）或村的农业及农村产业开发建设与发展的总体水平，还可以进行不同区域农业及农村产业开发建设与发展实绩的横向比较。

另外，也可以利用本评价系统所计量出来的各系统层指数和状态层指数以及要素（变量）指标值，发现和查清目标区域农业及农村产业开发建设与发展过程中存在的问题与不足，从而为该区域的农业及农村产业发展促进出具处方、对症下药提供明确的依据。

二、评价系统的指标内涵与计量方法

（一）经济产出

1. 经济增长速度

计量范围限于农村地区的第一、二、三次产业经济活动，不包括县城、县级市城区和市辖区城区的产业经济活动。

增长速度按以不变价格计算的国内生产总值进行计量，其公式为：

$$\text{经济增长速度}=\left(\frac{\text{报告期间国内生产总值}}{\text{基期国内生产总值}}-1\right)\times 100\%$$

2. 农村人均国内生产总值

反映辖区农村经济的总体发展水平。其计算公式为：

$$\text{农村人均国内生产总值}=\frac{\text{乡村国内生产总值（当年价）}}{\text{乡村户籍人口年平均数}}$$

3. 土地产出率

包括耕地总资源产值率、林用土地产值率和水域面积产值率。其中耕地产值率按下式确定：

$$耕地产值率=\frac{农业(种植业)产值(元)+畜牧业增加值(元)}{耕地总资源面积(公顷)}$$

公式中畜牧业增加值=畜牧业产值-饲料费用

4. 劳动生产率

反映农村从业人员的经济产出水平，包括农业劳动生产率和非农劳动生产率。计算公式为：

$$农业劳动生产率=\frac{农林牧渔业产值(元)}{农业从业人员数(人)}$$

$$非农劳动生产率=\frac{乡村非农产业增加值(元)}{非农产业从业人数(人)}$$

（二）农业产业化

1. 农业集中化、专业化程度

分别用主导产业数量、主导产业总产值、主导产业平均产值、最大主导产业产值和主导产业总产值占农林牧渔业总产值比重，最大主导产业产值占主导产业总产值比重加以衡量，反映农业主导产业的规模及其在农业发展进程中所处的重要地位。

2. 农业商品化水平

用农副产品商品率和农副产品商品率提高率，以及商品生产基地总面积占耕地面积的比重和最大商品基地面积占商品基地总面积的比重加以衡量，反映农业商品化发展水平及其提高程度，以及商品农产品生产的集中程度和水平。

农副产品商品率和农副产品商品率提高率的计算公式如下：

$$农副产品商品率=\frac{农副产品销售总值}{农村牧渔业产值}\times 100\%$$

$$农产品商品率提高率=\left(\frac{报告期农副产品商品率}{基期农副产品商品率}-1\right)\times 100\%$$

3. 农业产业组织化程度

用龙头企业或农民合作组织农副产品收购总额占农村农副产品销售总额（商品额）比重和最大龙头企业或农民合作组织农产

品收购总额占龙头企业或农民合作组织农产品收购总额的比重，以及农民的组织化程度加以衡量。

其中农民的组织化程度用进入农业产业化链条的农户数（基地农户或农民合作组织成员数）占乡村农户总数量的比重加以衡量。

（三）农村产业结构优化

1. 农村工业发展水平

用农村工业产值占农村社会总产值比重和农村工业产值增长率加以衡量，反映农村工业发展在农村经济发展中的地位及其动态变化情况。

2. 农产品加工业水平

用农产品加工业增加值占农林牧渔业总产值比重和农产品加工业产值占农村工业总产值比重加以衡量，前者反映工业与农业的发展联系及其相关水平与程度，后者反映农产品加工业在整个农村工业中所处的地位情况。两个指标的比重数值越大，越有利于农业和农村经济的健康发展。

3. 农村服务业水平

用农村第三产业和建筑业增加值占农村地区国内生产总值比重及其变化率进行衡量，计算公式为：

$$\text{农村服务业份额}=\frac{\text{农村第三产业增加值}+\text{农村建筑业增加值}}{\text{农村国内生产总值}}\times 100\%$$

$$\text{农村服务业份额变化率}=\left(\frac{\text{报告期服务业份额}}{\text{基期服务份额}}-1\right)\times 100\%$$

农村服务项目的所占份额及其变化率的目标值应以多大为合适，应依据被评价地区县（市、区）、乡（镇）的具体情况加以确定。

4. 结构关联度

分别用农村工业发展和农业服务业发展带动农业发展的程度加以衡量，计算公式如下：

$$\text{农村工业发展对农业的促进作用}=\frac{\text{农林牧渔业总产值增长率}}{\text{农村工业总产值增长率}}-1)\times 100\%$$

$$\text{农村服务业发展对农业的促进作用}=(\frac{\text{农林牧渔业总产值增长率}}{\text{农村第三产业和建筑业增加值增长率}}-1)\times 100\%$$

上述计量值为正值时，表示农村工业或农村服务业发展对农业发展有正向促进作用，量值越大，促进作用越大；为负值时，表示农村工业或农村服务业发展对农业发展无促进作用。

（四）产业能级

农村产业能级是指农村产业对当地经济发展的贡献率及其在市场竞争中所处的地位。产业能级是一个综合概念，包含多方面的内容，具体用以下指标加以衡量：

1. 产业增值能力

用农村国内生产总值（产业增加值）占农村社会总产值的比例进行衡量，反映农村产业创造的附加值或增加值的大小；比例的量值越大，表明农村产业创造附加值或增加值的能力越大。

2. 产业贡献率

用农村产业增加值（即农村国内生产总值）占当地国内生产总值的比重和农村产业发展对当地经济增长的促进作用指标来加以衡量。前一指标反映农村产业在当地经济系统中所处的地位，比重的量值越大，说明农村产业在当地经济中的地位越重要，其计算公式为：

$$\text{农村产业份额}=\frac{\text{农村国内生产总值}}{\text{地区国内生产总值}}\times 100\%$$

后一指标反映农村产业发展对当地经济增长促进作用的性质和程度，用地区经济增长率与农村经济增长率比例关系进行衡量，比例的量值大于1，说明农村经济发展对当地经济增长有正向的促进作用，量值越大，这种促进作用也越大；如果比例的量值小于1，则表明农村经济发展对当地经济增长的促进作用并不明显。其计算公式为：

$$农村产业对经济的促进作用=\frac{地区国内生产总值增长率}{农村国内生产总值增长率}-1）\times100\%$$

3. 产业品牌影响力

用农村品牌销售额与占农村产品销售总额的比例和最大品牌产品销售额占农村品牌产品销售额比重进行衡量。

前一指标反映品牌产品在农村产业中所处的地位，比例的量值越大，品牌产品在农村产业中的地位越重要。

后一指标反映农村品牌产品的集中性程度，比重量值越大，表明品牌的集中程度越高，争创名牌产品、驰名商标的可能性越大。前面所说的品牌产品系指采用注册商标销售的产品。

4. 产业盈利能力

分别用农业纯收益率及其上升率和农村非农产业的平均利税率及其上升率4个指标进行衡量，分别反映农业和农村非农产业的现有盈利水平及其动态变化态势。计算公式如下：

$$农业纯收益率=\frac{农林牧渔业总产值收入-生产成本-期间费用}{农林牧渔业总产值}\times100\%$$

$$农业纯收益率上升率=（\frac{报告期农业纯收益率}{基期农业纯收益率}-1）\times100\%$$

$$非农产业利税率=\frac{农村非农产业利税实现额}{农村非农产业销售总额}\times100\%$$

$$非农产业利税率上升率=\frac{报告期非农产业利税率}{基期非农产业利税率}\times100\%$$

上述农业纯收益率和非农产业利税率的量值越大，说明其盈利能力越大、盈利水平越高；农业纯收益上升率和非农产业利税率上升率的量值大于零时，表明其盈利能力及水平呈提高态势，小于零时，说明其盈利能力及水平呈下降态势。

（五）资源利用

1. 土地资源利用率

用耕地、林业用地、可养殖水面的实际利用面积占其总资源面积比重进行衡量。计算公式如下：

$$耕地资源利用率=\frac{耕地总资源-弃耕土地面积-未开发面积}{耕地总资源}\times 100\%$$

$$林业用地资源利用率=\frac{有林地面积}{林业用地面积}\times 100\%$$

$$水域资源利用率=\frac{已养殖面积}{可养殖面积}\times 100\%$$

2. 人力资源利用率

用就业充分率加以衡量，计算公式为：

$$就业充分率=\frac{充分就业人数}{农村劳动力总资源}\times 100\%$$

公式中的充分就业人口系指有稳定职业、劳动时间能够得到充分利用、收入有保障（不可抗力因素除外）的劳动年龄内人员，外出务工人员不包括在充分就业的人员序列中。

3. 科技水平推广水平

用新品种 、新技术生产的产品量占农业总产量的比重及其上升率加以衡量，计算公式为：

$$新品种、新技术应用成果比率=\frac{运用新品、新技术生产的产品量}{农业总产量}\times 100\%$$

$$新品种、新技术应用成果比率上升率=\left(\frac{报告年度比率}{上年度比率}-1\right)\times 100\%$$

（六）发展环境改进

1. 生态建设

（1）农业废弃物处理与利用

用农村废弃物处理率及其上升率和废弃物资源化率及其上升率进行衡量，前者反映农村废弃物的处理水平现状及其动态变化情况，后者反映废弃物的经济利用水平现状及其动态变化情况，计算公式为：

$$农村废弃物处理率=\frac{废弃物处理量}{废弃物排放总量}\times 100\%$$

$$农村废弃物处理率上升率=\left(\frac{报告年度废弃物处理率}{上年度废弃物处理率}-1\right)\times 100\%$$

$$农村废弃物资源化率=\frac{废弃物经济利用量}{废弃物排放总量}\times 100\%$$

$$农村废弃物资源化率上升率=(\frac{报告年度废弃物资源化率}{上年度废弃物资源化率比率}-1)\times 100\%$$

农村废弃物包括作物秸杆、人畜禽粪便、废弃的蔬菜瓜果、生活污水等。

废弃物的经济利用系指经处理后的废弃物被用于具体的生产过程，能够带来实际的经济价值。

（2）农用有害物质使用控制

用农用有害物质使用比率和农用有害物质使用降低率加以衡量，计算公式为：

$$农用有害物质使用比率=\frac{农用有害物质施用面积}{农作物总播种面积}\times 100\%$$

$$农用有害物质使用降低率=(1-\frac{报告年度单位面积化肥、农药使用量}{上年度单位面积化肥、农药使用量})\times 100\%$$

农用有害物质系指使用后容易产生环境污染和在食用产品中形成对人体和畜禽有害物质残留的农用生产资料，主要是农用化学肥料、化学农药、植物生长剂等。

（3）生态环境保护

分别用生态村或生态乡（镇）、生态户占地区总量比重和农田生态建设面积比率及其变化率指标进行衡量。其计算公式为：

$$生态村或乡（镇）比率=\frac{生态村或乡（镇）数}{地区内村或乡（镇）总量}\times 100\%$$

$$生态户比率=\frac{生态户数量}{地区农村总户数}\times 100\%$$

$$农田生态建设面积比率=\frac{农田生态建设面积}{农田总面积}\times 100\%$$

$$农田生态建设面积比率变化率=(\frac{报告年度农田生态建设面积比率}{上年度农田生态建设面积比率}-1)\times 100\%$$

2. 科技进步

（1）科技投入率

用科技投入包括农林牧渔业技术研究与试验发展、新品种、新技术引进及其推广、科技培训、科技人员工资等方面费用支出占农林牧渔业增加值比重衡量。

（2）农业技术人员比重

分别用农业科技人员比重和农民技术员比重衡量。计算公式为：

$$农业科技人员比重=\frac{农业科技人员数}{农业从业人员总数}\times 100\%$$

$$农民技术员比重=\frac{农民技术员数}{农业从业人员总数}\times 100\%$$

式中的农业科技人员系指具有中专以上学历和农业技术员以上职称以及获得函授大专技术培训合格证书的人员。

农民技术员系指具有初中以上学历经过专门的技术培训，在农村专业从事农业技术推广、应用指导与服务的人员。

（3）农民科技素质提高

分别用农民科技培训率和农民职业证书获取人员比重及其变化率加以衡量。计算公式为：

$$农民科技培训率=\frac{参加各种涉农培训的人/次数量}{农业从业人员总数}\times 100\%$$

$$农民科技培训率变化率=\left(\frac{报告年度农民科技培训率}{上年度农民科技培训率}-1\right)\times 100\%$$

$$农民职业证书比率=\frac{获取职业证书的农民人数}{农业从业人员总数}\times 100\%$$

$$农民职业证书比率变化率=\left(\frac{报告年度职业证书人员比重}{上年度职业证书人员比重}-1\right)\times 100\%$$

（4）科技进步组织机制

分别用农村科技、培训机构覆盖率、农村科普活动覆盖率及其变化率和科技示范村、户占地区总数的比重进行衡量，反映农村科技教育、培训和农业科技普及体系建设与发展的完善水平现状及其动态变化情况。计算公式如下：

$$农村科技、培训机构覆盖率=\frac{建有农业科技、培训机构的村或乡（镇）数}{地区村或乡（镇）总数}\times 100\%$$

$$农村科普活动覆盖率=\frac{参加农业科普活动的户/次数量}{农户总数量\times 科普活动次数}\times 100\%$$

$$农村科普活动覆盖率变化率=\left(\frac{报告年度科普覆盖率}{上年度科普覆盖率}-1\right)\times 100\%$$

$$科技示范村（或户）比重=\frac{科技示范村（或户）数}{地区村（或农户）总数}\times 100\%$$

3. 产业基础设施及结构部门建设

（1）农村经济与农业建设投资比重

分别用农村生产及公共服务性固定资产投资占农村国内生产总值比重及其变化率和农业基本建设投资占农林牧渔业增加值比重及其变化率4个指标加以衡量。

（2）高产、稳产农田、林地、饲养业比重

反映农业基本建设的结果和农林牧渔业可持续发展的基本能力。具体指标及其计算办法如下：

$$高产、稳产农田比重=\frac{高产、稳产农田面积数}{耕地总资源}\times 100\%$$

$$高产、稳产农田比重上升率=\left(\frac{报告年度高产、稳产农田比重}{上年度高产、稳产农田比重}-1\right)\times 100\%$$

$$林地人工抚育比重=\frac{林地人工抚育面积}{林业用地总面积}\times 100\%$$

$$林地抚育比重上升率=\left(\frac{报告年度林地抚育比重}{上年度林地抚育比重}-1\right)\times 100\%$$

$$无规定动物疫病区覆盖率=\frac{无规定动物疫病区畜禽饲养量}{畜禽饲养总量}\times 100\%$$

$$无规定动物疫病区覆盖率上升率=\left(\frac{报告年度无规定动物疫病区覆盖率}{上年度无规定动物疫病区覆盖率}-1\right)\times 100\%$$

（3）农村金融业建设

用农村金融合作覆盖率、农村资金需求满足率和农村金融资源保有率及其上升率指标衡量，计算公式为：

$$农村金融合作覆盖率=\frac{参加农村信用合作组织的农户数}{农村总户数}\times 100\%$$

$$农村金融合作覆盖率上升率=(\frac{报告年度金融合作覆盖率}{上年度金融合作覆盖率}-1)\times 100$$

$$农村资金需求满足率=\frac{农村资金需求满足额}{农村资金需求总额}\times 100\%$$

$$农村金融资源保有率=\frac{农村金融机构对农户、农业的贷款额}{农村金融机构吸存总额}\times 100\%$$

$$农村金融资源保有率上升率=(\frac{报告年度金融资源保有率}{上年度金融资源保有率}-1)\times 100\%$$

（4）农村交通能力

用农民出行方便率和农用生产资料运入及农产品外运需求保证率指标衡量。

（5）农村信息化

用农村电话普及率和农村互联网普及率及其上升率指标进行衡量，计算公式如下：

$$农村电话普及率=\frac{农民家庭电话户数}{农村总户数}\times 100\%$$

$$农村互联网普及率=\frac{农村联网户数}{农村总户数}\times 100\%$$

$$农村互联网普及率上升率=(\frac{报告年度互联网普及率}{上年度互联网普及率}-1)\times 100\%$$

三、评价系统测评结果确定方法

（一）指标权重

农业及农村产业发展评价系统由分类设置的各种指标所组成，由于这些指标的量纲各不相同，因此,在进行指标的综合时,需要通过加权的办法按照统一的量纲和无量纲来处理。由于不同指标在系统中的地位和作用不同,也就是其重要性不同,而且随着评价对象所处时空条件的变化,其重要性也有所不同,因此,如何选择和确定各评价指标的权重,就成为评价系统的评价结果能否比较真实、客观地反映被评价系统实际情况的一个关键，左右着综合评价的实际效果。

为使评价系统的指标权重能够比较贴近、符合评价对象的客观实际，在指标权重的确定过程中，通常按照以下的方法及规则进行：

1. 科学地选择和采用权重的确定方法

确定评价系统中指标权重的具体方法主要包括：（1）经济估算法；（2）统计评估法，包括公式计算法、因子分析法、序列综合法、主成分分析法、回归系数及通径系数法等；（3）调查统计法，包括专家咨询即Delphi法、层次分析法即AHP法等。

在实际应用中，由于经验估算法、专家咨询法受人为因素的影响较大，因此，已在独立应用中被逐渐淡出而淘汰，只是在与其他方法配合、结合时才有运用。统计评估法能够较好地反映被评价对象的历史演替和客观现状，但却无法全面体现行为主体对系统发展的要求和主攻方向。因此，比较而言，目前使用较多、较为普遍的是层次分析法（即AHP法）。层次分析法，是目前将非定量事件实施定量分析的一种比较简便的方法，也是对人的主观判断进行客观描述的一种有效手段。

2. 因时、因地修正指标权重

一是在不同的时间条件下，按照被评价系统发展的实际情况和趋势，对评价系统中的指标权重进行适时、适量的修改和调整。二是不同的地域范围即县（市、区）、乡（镇）、村，由于其所面对的具体问题不同，因此，评价系统中指标权重的配置也应该有所不同，应该使用不同的权重标准，但在同一地域范围内同一层次的各地域空间，则应该使用同一权重标准，以保证综合评价结果的可比性质。

（二）指标评价标准（基准值）

确定评价系统中的指标评价标准，是系统评价过程中面临的另一具体问题。只有给出一定的标准，评价系统各指标及系统综合指数的优势、强弱等才有明确的价值意义和价值解释。系统评价无论采用何种评价方法，评价的最终结果都是依据一定的评价标准来评价和判断其评价对象的，因此，评价标准的确定也如同指标权重的确定一样，是非常重要的，也是进行科学评价的前提和基础。

系统评价的评价标准确定，涉及两个最为基本的问题，即基准值的确定和分数值的确定。由于各指标的具体情况不同，因此确定基准值和分数值的方法也不尽相同。举例来说。

【例一】农村经济增长率

以目标地区“国民经济和社会发展第十一个五年规划”规定的农村经济增长速度为基准，达到计划规定的经济增长速度的计60分，超过计划增长速度的，每超过1个百分点，加计10分；低于计划增长速度的，每降低1个百分点，减少12分。计分上不封顶，下不保底。

【例二】耕地资源利用率

耕地资源利用率达到100%时，计100分，每降低1个百分点，减记4分；每提高1个百分点，减记10分。计分下不保底（原则上，耕地资源的利用率不可能也不应该超过100%，但不应该低于90%。当利用率为90%时，60分；低于90%时，小于60分。在这里，高于基准值时所以实行减分，而且减分幅度比低于基准值时更大，是因为过度开发土地必然造成严重的生态问题）。

【例三】科技投入率

中国目前国家财政的农业科技投入包括农业推广服务、研究与开发、农业教育服务、农产品检测与病虫害控制服务等费用支出占农林牧渔业增加值比重，全国平均为1.75%。城市地区属经济相对发达的地区，以2.0%的农业科技投入率为基准，记60分，以此为基础，每增加0.1个百分点，加记1.5分；每减少0.1个百分点，减记3分，计分上不封顶。

综合上述分析，关于基准值的确定，大致可以使用以下几种数据：（1）计划数据；（2）技术标准数据；（3）经验数据，包括本地或全国平均或外地区的经验数据，等等。在存在计划数据的情况下，原则上应以计划规定的数据为其基准值。

关于计分办法，可根据评价对象的具体情况和对评价对象的要求等加以规定。

（三）指标汇总与综合

本农业及农村产业发展评价系统的评价指标汇总与综合方法及步骤如下：

先计算和确定要素（变量）层指标的各指标值，继而确定各要素指标的权重，计算各指标的加权算术平均值，然后进行汇总，于是得到状态层的各指标值。

对状态层的各指标按照同样的办法进行汇总、综合，得到系统层各指标值，最后得到综合指标值I：

$$I=\sum_{y=i}^{n} PiWi \quad (j=1,2,3,\cdots\cdots,n)$$

式中：Pi为第i个指标规范化处理后的量化数据；

Wi是第i个指标的权重。

【附】环城农业及农村产业发展评价系统指标构成

综合指标：农业及农村产业发展水平

1. 经济产出水平

1.1 经济增长

1.1.1 农村GDP增长率(1)

1.1.2 农村GDP增长率变化率(2)

1.2 经济发展

1.2.1 人均GDP(3)

1.2.2 人均GDP增长率(4)

1.3 土地生产率

1.3.1 耕地产值率(5)
1.3.2 林地产值率(6)
1.3.3 可养水面产值率(7)
1.4 劳动生产率
1.4.1 农业劳动生产率(8)
1.4.2 非农业劳动生产率(9)

2. 农业产业化水平

2.1 农业集中化、专业化
2.1.1 主导产业
2.1.1.1 主导产业产值比例(10)
2.1.1.2 主导产业产值比例变化率(11)
2.1.2 最大主导产业
2.1.2.1 最大主导产业产值比例(12)
2.1.2.2 最大主导产业产值比例变化率(13)
2.2 农业商品化
2.2.1 商品生产
2.2.1.1 商品率(14)
2.2.1.2 商品率上升率(15)
2.2.2 商品基地建设
2.2.2.1 商品基地面积比重(16)
2.2.2.2 最大商品基地面积比重(17)
2.3 农业组织化
2.3.1 龙头企业
2.3.1.1 龙头企业农产品收购额份额(18)
2.3.1.2 最大龙头企业收购额份额(19)

3. 农村产业结构水平

3.1 农村工业
3.1.1 农村工业产值比重(20)
3.1.2 农村工业产值增长率(21)
3.2 农产品加工业
3.2.1 农产品加工业增加值(22)

3.2.2 农产品加工业产值比重(23)
3.3 农村服务业
3.3.1 农村服务业份额(24)
3.3.2 农村服务业份额变化率(25)
3.4 产业结构关联水平
3.4.1 农村工业农业促进关联度(26)
3.4.2 农村服务业农业促进关联度(27)
4. 农村产业能级
4.1 农村产业增值能力
4.1.1 农村GDP/农村社会总产值比例(28)
4.1.2 农村GDP/农村社会总产值比例变化率(29)
4.2 农村产业贡献率
4.2.1 农村GDP份额(30)
4.2.2 农村GDP增长率份额(31)
4.3 农村产业品牌影响力
4.3.1 品牌产品
4.3.1.1 品牌产品份额(32)
4.3.1.2 品牌产品份额上升率(33)
4.3.2 最大品牌产品
4.3.2.1 最大品牌产品份额(34)
4.3.2.2 最大品牌产品份额上升率(35)
4.4 农村产业盈利能力
4.4.1 农业
4.4.1.1 农业纯收益率(36)
4.4.1.2 农业纯收益率变化率(37)
4.4.2 非农产业
4.4.2.1 非农产业利税率(38)
4.4.2.2 非农产业利税率变化率(39)
4.5 农村产业出口创汇能力
4.5.1 农村产业出口创汇比例(40)
4.5.2 农村产业出口创汇比例变化率(41)

5. 产业资源利用水平

5.1 土地资源利用率

5.1.1 耕地资源利用率(42)

5.1.2 林地资源利用率(43)

5.1.3 水域资源利用率(44)

5.2 农村劳动力资源利用率

5.2.1 农村就业充分率(45)

5.2.2 农村劳动力转移比率(46)

5.3 科技推广水平

5.3.1 新品种、新技术应用成果比率(47)

5.3.2 新品种、新技术应用成果比率上升率 (48)

6. 产业可持续发展能力水平

6.1 生态建设

6.1.1 农业废弃物处理与利用

6.1.1.1 农业废弃物处理

6.1.1.1.1 废弃物处理率(49)

6.1.1.1.2 废弃物处理率上升率(50)

6.1.1.2 农业废弃物利用

6.1.1.2.1 废弃物资源化率(51)

6.1.1.2.2 废弃物资源化率上升率(52)

6.1.2 农用有害物质使用控制

6.1.2.1 有害物质使用比率(53)

6.1.2.2 有害物质使用降低率(54)

6.1.3 生态环境保护

6.1.3.1 生态村、乡（镇）建设

6.1.3.1.1 生态村或乡（镇）比例(55)

6.1.3.1.2 生态户比例(56)

6.1.3.2 农田生态建设

6.1.3.2.1 农田生态建设面积比率(57)

6.1.3.2.2 农田生态面积比率变化率(58)

6.2 科技进步

6.2.1 农业科技投入
6.2.1.1 科技投入率(59)
6.2.1.2 科技投入率变化率(60)
6.2.2 农业科技人员密度
6.2.2.1 农业科技人员比重(61)
6.2.2.2 农民技术员比重(62)
6.2.3 农民科学素质
6.2.3.1 农民科技培训
6.2.3.1.1 科技培训率(63)
6.2.3.1.2 科技培训率变化率(64)
6.2.3.2 农民职业教育
6.2.3.2.1 获取证书人员比重(65)
6.2.3.2.2 获取证书人员比重变化率(66)
6.2.4 科技进步组织
6.2.4.1 农村科技、培训机构覆盖率(67)
6.2.4.2 农村科普活动
6.2.4.2.1 科普活动覆盖率(68)
6.2.4.2.2 科普活动覆盖率变化率(69)
6.2.4.3 科技示范村（户）比重(70)
6.3 产业基础设施及结构部门建设
6.3.1 建设投资
6.3.1.1 农村固定资产投资
6.3.1.1.1 农村固定资产投资比率(71)
6.3.1.1.2 投资比率变化率(72)
6.3.1.2 农田基本建设投资
6.3.1.2.1 农田基本建设投资比率(73)
6.3.1.2.2 投资比率变化率(74)
6.3.2 生产基地建设
6.3.2.1 农田建设
6.3.2.1.1 高、稳产农田比重(75)
6.3.2.1.2 高、稳产农田比重上升率(76)

6.3.2.2 林地建设
6.3.2.2.1 林地人工抚育比重(77)
6.3.2.2.2 林地人工抚育比重上升率(78)
6.3.2.3 牧业资源建设
6.3.2.3.1 草场资源利用率 (79)
6.3.2.3.2 饲料作物面积增长率 (80)
6.3.2.4 牧业基地建设
6.3.2.4.1 无规定动物疫病区覆盖率(81)
6.3.2.4.2 无规定动物疫病区覆盖率上升率(82)
6.3.3 农村金融业建设
6.3.3.1 农村金融合作
6.3.3.1.1 合作金融覆盖率(83)
6.3.3.1.2 合作金融覆盖率上升率(84)
6.3.3.2 农村资金需求满足率(85)
6.3.3.3 农村金融资源保有水平
6.3.3.3.1 农村金融资源保有率(86)
6.3.3.3.2 农村金融资源保有率变化率(87)
6.3.4 农村交通能力建设
6.3.4.1 农民出行方便率(88)
6.3.4.2 农村运输需求保证率(89)
6.3.5 农村信息化建设
6.3.5.1 农民电话普及率(90)
6.3.5.2 农村互联网建设
6.3.5.2.1 农村互联网普及率(91)
6.3.5.2.2 农村互联网普及率上升率(92)

第13章 城市园艺业：农业三分天下有其一

第13章 城市园艺业:农业三分天下有其一

一、快速推进的城市园艺业

（一）中国园艺：辉煌的历史，灿烂的未来

有专家断言，未来中国农业，必将形成农作（粮油棉麻糖）业、园艺业、养殖业（主要是畜牧业）三分天下的基本格局。从目前情况看，无论中国还是世界其他国家，园艺业都是极其兴盛和正继续快速高涨与发展的一个行业。园艺业前景令人鼓舞。

园艺，即桑、茶、果、花、菜、药等植物栽培技术、技艺的总称，同时含有精耕细作、抚育管理细腻之意。

园艺作物，泛指除粮、油、棉、麻、糖等大宗农产品作物外的其他农作物，主要是果树、茶树、桑树、蔬菜、观赏植物、药用植物和芳香植物等。

园艺业，即园艺作物的生产种植与经营，包括蔬菜生产、果树生产、桑园经营、花卉及观赏树木生产、芳香与药用植物生产以及茶叶生产等。

园艺业经考古学和古人类科学家们确认，乃是农业中较早兴起的一个行业部门。中国黄河流域，神农氏时期即已开始引种驯化芸薹属植物白菜、芥菜，栽培桃、李、柑桔等果树以及禾谷类粮食作物；新石器时期的遗址西安半坡原始村落中发现的菜籽（芸薹属），距今已7000多年；浙江河姆渡新石器时期遗址中发掘出的7000年前的盆栽陶片，上面有清晰的花卉图案。考古还证明，公元前5000年至公元前3000年以前，中国即已有了种植蔬菜的石制农具。

大约在公元前6世纪中叶编辑成书的中国文学史上第一部诗歌

总集——《诗经》，其中就记载了葫芦、韭菜、山药、枣、桃、橙、枳、李、梅、猕猴桃、菊、杜鹃、竹、芍药、山茶等多种蔬菜、果树和花卉，那时的中国人已经很是讲究园艺作物播种前的选种和播种的株行距等问题了，并且已开始使用役畜。春秋战国时期（公元前770年至公元前221年），园艺业发展很快，已出现大面积的梨、桔、枣、姜、韭菜种植园，所以，《论语》中有“樊迟请学稼，子曰：吾不如老农。请学圃，曰：吾不如老圃”之句。“圃”，即园圃，植木种蔬之所也。古人以果木为园，菜蔬为圃，后来园圃就相混了，一般都称园。“老圃”，即有着丰富经验和高超技艺的植菜能手。

至迟在西汉年间，中国即已开始利用保护地栽培蔬菜。《盐铁论·散不足第二十九》描写当时富人的生活享受已有“冬葵温韭”，温韭即经过加温培育的韭菜。《汉书·循史传》的记载更为明晰、具体：“太官园种冬生葱韭菜菇，覆以屋庑，昼夜燃蕴火，待温气乃生。”形象地描述了当时的宫廷为在冬季培育葱韭菜蔬，盖了屋宇，昼夜不停地加温以生产菜蔬的实况。根据传说，秦始皇时，在骊山即已能够利用温泉在冬季栽培出喜温的瓜类。到了唐代，对利用温泉的热能栽培蔬菜，已有比较确切的记载，这从王建的诗“内园分得温汤水，二月中旬已进瓜”中即可窥知一二。利用温室和地热能栽培反季节蔬菜，中国在世界上是最早的国家。

在果树和经济林木的繁育上，中国至迟在战国后期即已出现了无性繁殖的嫁接技术，并在社会生产的实践中得到广泛的应用，到唐、宋时期，嫁接技术的应用已不再限于果树桑木，而是被广泛地推广应用到花卉培育方面。

乃至唐代（公元618年至公元907年），中国的园艺技术即已达到相当高的水平，许多技术世界领先，而且有造诣很深的理论著作，如《齐民要术》、《本草拾遗》、《平泉草木记》等等。《齐民要术》中有关果树嫁接技术、苗圃育苗等方面的经验、原理及方法的详备记载，至今还为人们所习用。宋、明时期（公元960年至公元1644年）中国的园艺学专著更多，如《荔枝谱》、

《菊录》、《芍药谱》、《葡谱》、《群芳谱》、《花镜》等等。这些园艺学著作，恰如英国著名科学史专家李约瑟多次指出的那样，在世界园艺科学发展史上，具有极其光辉的一页。

从总体上看，历史上，中国园艺业的发展，较之欧美诸国至少要早600～800年，也比印度、埃及、巴比伦王国以及古罗马帝国早出不少。中国和西方国家之间，园艺作物和园艺的交流，早在汉武帝时期（公元前141至公元前87年）即已较大规模地展开。张骞出使西域，即经由丝绸之路给西亚和欧洲带去了中国的桃、梅、杏、茶、芥菜、萝卜、甜瓜、白菜、百合等多种园艺作物，丰富了西亚和欧洲园艺作物的种质资源；同时带回了葡萄、无花果、苹果、石榴、黄瓜、西瓜、芹菜等园艺作物，丰富了中国的园艺作物种类。之后，又经由海路进一步扩大和加强了中国与西方国家之间的园艺作物及园艺的交流。宽皮桔在公元12世纪由中国传至日本，后传遍世界各地；甜橙在公元15至16世纪由中国传入葡萄牙、西班牙，接着传遍欧美诸国。中国的牡丹，先是在公元724年至749年间传入日本，公元1656年传入荷兰，公元1789年传入英国，公元1820年传至美国。

历史上的中国，为世界园艺业的发展做出了极其卓越的贡献，目前世界上一些重要园艺作物的原产地，有不少就在中国（如表13～1所示）。丰富的园艺作物种质资源，宝贵的园艺生产经验及其科学知识、技术、技艺等，是中国现代园艺业崛起与发展的得天独厚的优势。

自20世纪80年代以来，中国园艺业得到前所未有的快速发展，1987～2005年间，中国蔬菜园艺作物、水果坚果植物、香料和药用植物以及饮料植物产值按当年价格计算由588.64亿元人民币增加到8629.4亿元，占农作物种植业产值的比重由20.74%提高到44.0%，增加23.26个百分点，园艺产值在农作物种植业中的份额平均每年提高1.3个百分点。

展望未来，中国园艺业的发展，用前景似锦来加以描述是非常妥帖而恰当的。

表13－1　原产于中国的一些重要园艺作物

种类	中文名	拉丁名（学名,属）	世界种数	原产中国种数
果树类	桃（含扁桃）	Mygdalus	40	12
	杏（含梅）	Armeniaca	8	5
	李	Prunus	30	9
	枣	Zizyphus	50	10
	苹果（含海棠）	Malus	35	23
	梨	Pyrus	30	13
	猕猴桃	Actinidia	40	8
	果桑	Morus	12	8
	银杏	Giinkgo	1	1
	柑橘（含甜橙等）	Citrus	20	14
蔬菜类	芸薹（含白菜、芥菜等）	Bassica	40	16
	萝卜	Raphanus	8	2
	瓜蒌（含蛇瓜）	Trichosanthes	50	40
	冬瓜	Benincasa	2	1
	茄子（含番茄、辣椒）	Solanus	200	39
	莱豆	Phaseolus	200	15
	豇豆	Vigna	60	7
	葱（含韭菜、蒜）	Allium	500	110
	莴苣	Laetuca	100	40
观赏值物	山茶	Camellia	220	195
	报春	Primula	450	390
	菊花	Dendranthema	50	35
	蔷薇（含月季）	Rose	150	100
	中国兰花	Cymbidium	40	25
	飞燕草	Delphinium	250	150
	百合（含萱草）	Lilium	100	60
	龙胆	Gentiana	400	230
	杜鹃	Rhododendron	800	460
	芍药	Paeonia	33	15
	凤仙	Impatiens	500	150
	秋海棠	begomia	500	9

（二）高水平、特色化的城市园艺业

城市园艺业是以城区间隙地带及城市周边地区的农地主要是园地为依托，按照经济、生态、社会效益相统一原则，充分利用城市的先进生产力而进行园艺产品生产的经营活动系统，包括蔬菜生产、果品生产、花卉和观赏树木生产、芳香与药用植物生产以及桑蚕、茶叶生产等等。城市园艺业属于新兴农业产业范畴，是城市地区农业的重要组成部分之一。

城市园艺业具有以下方面的基本特性：

1. 高水平的集约化生产

城市园艺业对要素投入、经营管理水平等方面的要求明显高于一般农业生产，集约化程度远在普通农业部门之上。另一方面，城市园艺业所面对和所拥有的资源条件也明显优越于一般农业，具备进行高度集约化经营的条件和基础。因此，城市园艺业是一种高水平的集约化生产经营活动。

2. 高标准的产业化经营

受城市经济活动条件和工商业经营组织方式的影响，城市园艺业的生产经营除家庭园艺外，大都采用企业化方式进行，是农业领域中产业化经营水平及标准较高的行业部门之一。

3. 以无形产出为主

城市园艺业不只是限于生产某种有形的物质产品，尤其重要的是改善人们的生存环境，通过城市社会生活景观再造和城市生态环境的优化、改进，为城市居民提供观赏、品味自然、休闲、休憩、体验等方面的特殊服务，成为城市居民提高生活质量、改进生活方式的一种手段或方法。

4. 行为主体广泛化

从事城市园艺活动的，不限于农民和以商业为目的的园艺生产者、经营商，城市中的任何人员都可以参与园艺业的有关活动，将它当成生活中不可缺少的部分。

（三）城市园艺业是一种生活方式

城市园艺业伴随城市化水平的不断提高而崛起，是城市经济社会生活进步与发展的一个重要方面。城市园艺业发展的必要性及其意义，并不因为它是城市经济的一个重要产业部门，而是首先在于它是城市生活本身不可或缺的重要组成部分，是城市物质文明建设与精神文明建设和物质生活与文化精神生活良好结合的一种方式。

1. 改进、完善人们的生活环境

一是增加绿色，美化环境。“摊大饼”式的城市规模扩张和城市居民的不断增多，城市绿地、绿色在美化城市环境、市容方面具有举足轻重的作用和意义。城市园艺业广范围培育、种植树木花草而形成的五颜六色、多姿多彩的绿色植被，能够有效打破城市水泥建筑物的僵硬外角，烘托建筑物的美，从而展示城市的人工美和自然美。

二是滞尘纳污、提高城市生态环境质量。环境污染是现代城市发展进程中出现并存在的一个突出问题。城市建成区及其周边地区的花草树木等绿色植物和农作物是活着的“吸尘器”和天然的“消毒员”，在监测有害气体、消除或减轻大气中的气态和固态型污染、净化空气、降低噪音、处理污水等方面具有十分重要的作用。

2. 适应消费观念更新，满足城市时尚生活的基本需求

随着城市经济发展及其居民收入水平的不断提高，人们的生活消费习性和观念也必然出现日新月异的变化。城市居民在紧张的日常专门工作之余非常需要通过新的活动来放松和疏缓已经高度劳累了的身心。城市园艺业可以在这方面发挥极为重要的作用。一是园地、绿地、花草、树木、人造景观等，能够为市民提供消遣、娱乐、观赏、休闲、游憩、认知、写生、摄影等各种活动的场所和条件；二是社区园艺、家庭园艺、微型园艺等，能够为市民提供休闲劳动的条件及机会，使市民通过休闲劳动收获劳动的喜悦和精神上的乐趣与享受。

3. 促进园艺文化发展，丰富人们的生活内涵

园艺文化是内涵广泛、极富特色的一种文化。园艺文化包括园艺学各学科的科学研究、教育，园艺产品的开发设计与生产、流通，园艺作物的应用，以及以文学形式，以雕塑、绘画、插花、盆景、舞蹈、诗词、服饰、装璜等多种艺术形式对园艺及其产品的再表现等等。园艺文化以园艺业为其物质基础和背景。园艺业的发展，能够有力地推动和促进园艺文化的深化与发展。为丰富人们的文化生活提供新的内容和要素。

4. 带动旅游观光农业、休闲农业的崛起和发展

旅游观光农业、休闲农业是城市地区极具发展前景的一种农业形式。城市园艺业可以而且应该成为观光农业、休闲农业发展的基础及依托。果树、花卉、蔬菜等园艺作物的种植与经营，能够有效适应和满足旅游观光与休闲活动的需要及要求。

（四）城市园艺业发展的条件和机遇

城市的不断扩张，既为城市园艺业的发展不断提出新的要求，同时也创造出日益增多的有利条件，使其发展成为可能。城市园艺业发展的有利条件，主要体现在以下几个方面：

1. 广阔的市场空间

城市园艺业发展的市场潜力及其现实保证，一是源于城市规模的快速扩张及其人口的不断增加；二是城市园艺所具有的个性化的特有功能。城市规模扩大和城市园艺业特有功能的有效结合，使得城市园艺业的产品和服务呈现出巨大的发展潜力及市场保证。

2. 丰富的人力资源保障

城市是科学技术研究和科技文化教育的中心，是人才的集聚地。城市园艺业发展所需要的各类人才及人力资源均可得到充分、有效的保证。

3. 优越的特有技术条件

城市拥有发育充分的工商产业，经济活动的技术装备先进或比较先进，基础设施健全、完善，科技力量雄厚，社会化服务条件良好。城市园艺业，可以最大限度地依托和利用这些优越的条件，顺利实现融集约化、工厂化、规模化为一体的产业化经营。

4. 有利的产业资源集聚及其行业流向

当代经济与产业发展，在经济利益机制的作用下，产业资源向城市集中、集聚，城市产业资源日益增多地流向农业领域，是必然趋势。新的创业观念能够为城市园艺业发展提供前所未有的文化及资源上的切实保证。

二、城市园艺业类型与模式

（一）公益型绿化生态园艺

公益型绿化生态园艺是城市园艺业的最重要组成部分，属绿化农业范畴。

公益型绿化生态园艺以利用和发挥农业的绿化、美化功能、生态保护与治理功能为目标，采取多种方式的绿地和绿化小区建设，使城市成为林木花草茂盛、环境优美、空气清新的“绿色都市”。

公益型绿化生态园艺的具体内容包括：

（1）绿地建设，包括城市建成区及其周邻地区的绿化林带、草地、绿岛公园、广场花园等。

（2）绿色小区建设，包括家庭阳台绿化、屋顶绿化、墙面绿化、社区间隙地绿化等。

（3）庭院绿化，包括花园工厂、花园学校、花园机关大院建设等。

（4）行道绿化，包括街道、郊区公路两侧植树绿化和农田林网化建设等。

公益型绿化生态园艺的重点是城市园林建设。城市园林建设，以生态功能为主，同时为市民提供观赏、休闲、游憩、娱乐、健身、文化、科普活动的场地。城市园林一般多利用自然环境，经过规划，按照一定的布局，通过林木种植、铺设草坪、修筑花坛和其他景观设施等构筑而成。

现代城市园林包括天然公园、休闲公园和为减少城市污染而建立的环境林、绿化地带等。

城市园林作为人们理想的休闲、游憩场所，不只是给人们以丰富的自然美、艺术美、意境美，尤其重要的是经常散步、游憩于园林之中，特别有益于人们的情绪调节和增强体质。林木繁茂的园林有益于健康的主要原因包括：（1）许多树木花草在其生长过程中能够分泌出各种植物杀菌物质如天竺葵油、丁香酚、柠檬油、肉桂油等，可杀灭病菌和原生动物。法国专家测定结果表明，在城市百货大楼每立方米空气中的细菌多达400万个，而公园每立方米空气中的细菌只有1000个左右。桦树、柞树、栎树、稠李、椴树、松树、冷杉等所产生的杀菌物质，能够有效杀死白喉、结核、霍乱和痢疾的病原菌。（2）树木丛中的空气含有较多的负离子。一定浓度的负离子能够改善人体神经功能，促进新陈代谢，可使血压和心率下降，并在增强人体的免疫功能方面具有重要作用。（3）树木花草能吸收有害气体、吸附空气中的尘埃和降低噪音，在消除或减轻污染方面作用显著。（4）树木丛林中的空气清新，氧气含量高，等等。

（二）市场型休闲游憩园艺

市场型休闲游憩园艺以利用和发挥农业的生活休闲与文化功能为目标，以园艺作物景观或其部分的活动过程为依托，将园艺业与游客的休闲、游憩、品尝、文化娱乐等有机地结合在一起。市场型休闲游憩园艺具体可分为以农产品生产功能为主和以服务功能为主等不同类型。以生产功能为主，同时提供农业观览与休闲服务的园艺场（农场、林场、果园等），既是目标农产品的生产部门，又是接待游人、让人饱览田园风光的农业景点。人们在这里通过参观、游览、品尝、园艺劳动体验等活动，可以学到许多有关农业生产和农产品加工及食用方面的知识，在旖旎的田园风光中得到乐趣和精神享受。

自采果园（或菜园、花圃等），是市场型休闲游憩园艺颇具发展潜力与前景的一种具体形式。人们在这里可以完全按照自己的偏好自选、自采所喜欢的果品、蔬菜或鲜花，如同到超市购物一样，自得其乐，别有一番情趣。自采果园（或菜园、花圃）建设与发展的主要问题，是品类、品种、熟期结构的合理配置，必须注意为客户提供尽可能多的自采品类、品种农产品，而且熟期要足够长，切忌品种、品类单一、熟期单一。

市场型休闲游憩园艺，是城市园艺业发展的一个重要方面。

（三）宾馆型园艺

专门生产供应宾馆、高档酒店、饭店等团体消费单位所需优质特色农产品包括蔬菜、花卉、果品等，是目标市场明确、服务对象清楚的一种专门化园艺作物栽培业。

宾馆型园艺运用现代农业科技及农艺设施，按照适度的规模化经营、集约化生产、科学化管理、产运销一体化原则组织进行，以生产高档次、无公害的名、特、优、新、稀农产品为主，以满足城市宾馆、高档酒店、饭店的消费需求为目标。

宾馆型园艺既可以在城市周围地区建设产品专供宾馆、具有一定规模的蔬菜、瓜果、花卉生产园艺场（农园），也可以在宾馆屋顶或其他部位装备现代化的设施园艺系统，实行有土与无土栽培相结合，生产本宾馆、酒店、饭店所需要的优质蔬果、花卉等农产品。

（四）服务型社区园艺

在居住小区，利用建筑物之间的间隙地及绿化用地、公共建筑的可利用空间（屋顶、墙面）等，进行观赏树木、花卉、芳香与药用植物、草坪，乃至蔬菜等园艺植物种植。

社区园艺以贴近和服务所在社区居民生活为目标，既可以由专业的园艺生产者专职进行，也可以通过适当的方式由所在社区居民专职或兼职、分散或集中进行。

（五）微小型家庭休闲式园艺

利用庭院、屋顶、阳台、居室空间等，栽培葱蒜、韭菜、辣椒、黄瓜、蕃茄、茄子等微型蔬菜和花卉、微型树木、盆景等观赏植物，以满足居民生活的预期目标需求。

家庭园艺应该而且有条件成为城市园艺业发展的一个重要方面和内容。从已有的实践结果及其经验看，哈尔滨北方现代都市农业示范园推出的“室内农业”、“蔬菜盆景”等项目，即利用居室窗台、阳台等有效空间、发展盆栽蔬菜，使城市居民体验耕耘的乐趣，既丰富业余文化生活，又美化居室环境，还能生产部分自食的洁净、安全蔬菜，受到城市居民的热烈响应。目前中国城市居民的居住条件大多都已达到小康以上水平，发展家庭园艺的居室条件具备，若能采取有效措施，不断推出和改进适合室内栽培的园艺作物种类、品种及其栽培工艺、施肥与植保措施等，即可以家庭园艺替代快速膨胀、不断扩大的城市居民家庭的宠物饲养，使之成为城市居民休闲、获取生活乐趣的重要方式。

（六）城郊型创汇特色园艺

城郊型创汇特色园艺在城市郊区地带，以出口创汇为目标，生产具有当地特色的园艺产品。中国的许多地区都拥有本地特色明显的名、特、优、稀园艺类农产品，如上海地区的嘉定白蒜、崇明金瓜、水仙等不但具有极长的生产历史，而且拥有独特的种植和加工技术，其产品不仅是上海市居民餐桌上的佳品，也是当地出口创汇、走向国外市场的传统特产。

近年来，不少城市依托雄厚的科技力量培育和开发了一大批特色各异的新型农业园艺产品，为发展城市地区的特色创汇园艺农业奠定了坚实的基础条件。以出口创汇为目标，积极开拓发展高档次、高附加值的园艺产品出口，形成具有国际市场竞争能力的出口创汇园艺生产基地，是城市地区农业发展不容忽视的一个方面。

三、城市园艺业发展制约因素分析与政策设计

（一）制约城市园艺业发展的主要因素

国外城市化水平较高的国家，早在20世纪30年代即已开始了城市园艺业的现代化、规模化发展与经营。中国城市园艺业发展起步较晚，目前仍存在不少问题亟待解决，主要是：

1.缺乏必要的配套政策和有效的经营机制

城市园艺业发展，需要有完备的政策体系和切实可行的经营机制的强力支撑。中国目前的实际情况是，针对城市园艺业

发展的政策远未形成，相关的资源配置及其经营机制尤其是土地流转机制很不健全，从而在相当程度上制约了城市园艺业的成长与发展。

2. 科学合理的规划和布局措施乏力

城市园艺业的有序发展有赖于政府的发展引导与管理。但在中国城市园艺业的发展实践过程中，大部分地区对此并未引起足够的重视，没有将其纳入当地经济与社会发展的总体规划之中。城市园艺业的实际发展，由于缺乏科学、合理的整体布局、统筹安排等政府规划措施，过分依靠市场的自组织机制的作用，因此带有较大的盲目性和不可控性，发展结果往往不尽人意。

3. 社会化服务体系不够完善，系统性差

发达国家包括园艺业在内的农业社会化服务体系经过长时间的发展，已高度健全、完善。中国农业社会服务体系建设起步晚，进步也比较缓慢，仍处在其发展建设的初期阶段。由于缺乏系统、完善和健全的社会化农业服务体系，城市园艺业的发展受到较大的制约和影响。

4. 缺乏有竞争力的投资经营主体

就比较利益而言，城市园艺业的投资回报率明显高于农业中的传统种养业部门，甚至高于传统工商业中的某些行业部门，理应成为社会资本关注与投资的热点，但由于缺乏有效的社会引导机制，在“重工商、轻农业”等传统价值观念和与此相关的其他多种因素的综合作用下，城市园艺业的投资者仍主要局限于规模狭小、资金与技术有限、经营能力不高的部分农户范围之内，其他投资者特别是资金实力比较雄厚的企业，进入仍然不多，资本回避农业现象仍然突出地存在，结果导致城市园艺业的投资不足，经营乏力，发展缓慢。

5. 功能发育不全

多功能是农业的重要特征。在中国，包括城市园艺业在内的农业经营观念尚未得到根本的转变，仍以生产有形产品为主，而对于农业生产的文化、生态、社会等非经济功能的培育和发挥始终未能引起应有的足够重视，使得城市园艺业的综合经济效益长期持续偏低，发展缺乏后劲。

（二）促进城市园艺业高涨的政策措施

针对中国城市园艺业发展目前存在的主要问题，应注意采取以下方面 的重大措施：

1. 健全政策体系，完善经营机制

为使城市园艺业的发展具有一个良好的社会环境条件，中央及地方各级政府需要按照“自下而上，上下结合”的方式，尽快制定和出台针对城市园艺业发展的相关产业政策。以此为前提，健全、完善城市园艺业发展的经营机制，包括资源配置机制、土地流转机制、风险防范机制、宏观调控与管理机制等等，为城市园艺业的可持续发展创造良好的条件。

2. 因地、因时制宜，突出特色，加强规划

提高对城市园艺业发展的认识及重视程度，将城市园艺业发展纳入所在城市、地区经济与社会发展的总体规划之中，结合本地区的实际情况，按照因地因时制宜、突出特色、科学布局、循序发展原则，制订城市园艺业的专项发展规划，用于指导、规范园艺业的有序发展。

3. 引导和鼓励城市资本进入，形成多元化投入机制

在充分发挥农户在城市园艺业发展进程中主体作用的前提下，积极鼓励和引导城市工商企业投资城市园艺业，加大政府公益性投资力度，为城市非农资本投资城市园艺业创造良好的环境条件，以形成一种包括个人、企业和国家等投资主体在内的城市园艺业多元化投入渠道及运行机制。

4. 加强农业社会化服务体系建设，促进产业化经营水平不断提高

一是发展和完善城市园艺业经营的中介服务组织，为城市园艺经营主体提供其所需要的各种服务，包括资金融通、技术、产品营销服务等等；二是强化城市园艺产品流通基础设施建设，发展现代流通方式和新型流通业态，培育多元化、多层次的市场流通主体，构建竞争有序的市场体系；三是进行经营方式创新，把企业经营作为城市园艺业产业化经营与发展的主要形式。

5. 开发城市园艺多种功能，优化产业发展空间布局

在城市园艺业的发展进程中，充分考虑其内、外环境条件及目标产品的特点，克服单一的产品生产观念，在追求经济效益最大化的同时，注重开发其观赏休闲、游憩服务、生态保护、文化传承等多种功能。在此基础上，通过规划引导、政策支持、示范等办法，因地制宜地发展特色明显、类型多样、布局合理、产品生产与服务性农业有机结合的专业村、专业乡（镇），促进农业生产向游憩、休闲服务业方向有效延伸，实现其经济、生态与社会“三大效益”的协调和统一。

6. 坚持以科技为先导的发展方针

园艺业不同于以粮油棉麻糖等大宗作物为对象的一般性农作栽培业。这种不同，既体现在所种的物的方面，也反映在“艺”和经营的方式等方面，因此，对技术的要求也完全不同，要求必须加强对园艺科技发展的科学研究与技术研制及其成果的推广应用。尽管在这一方面国外已有不少的成功经验和成熟技术可供借鉴、利用，比如工厂化育苗、无土栽培、无公害生产、植物保护、果树篱壁式栽培、机械式采收等等，但国外的现成经验和技术原封不动地搬入中国却未必合适、有效。中国需要和应该做的，是走自己的路，坚持有所发明、有所创造，只有这样，中国的园艺业才有望得到长足、高效的发展。

第14章　蔬菜产业：为维持生命的生产

第14章 蔬菜产业：为维持生命的生产

一、蔬菜：人类生存必需的主要食品

（一）“布衣暖，菜羹香，诗书滋味长”

蔬菜，是城乡居民生活中必不可少的一类食物。蔬菜生产，关系国计民生，波及千家万户，长期以来，一直是中国政府和城乡普通民众高度关注和重视的一个重大问题。

按照营养学家倡议的人的膳食结构，成年人以年人均消费蔬菜120～180千克（kg）、水果75～80千克（kg）、粮食（谷物）60千克（kg）、肉类45～60千克（kg），保持每天有8.37～11.31兆焦耳（MJ）的热量为宜。人的合理的膳食结构中，由蔬菜、水果提供的热量约占热量需求总量的20%，相当于谷物供应热量的65%左右。由于人体中需要的某些营养及微量元素，必须或只能从蔬菜中获取，因此，蔬菜被认为是人们保证其身体健康所不可缺少的一类食品。

关于蔬菜的这一重要作用及其不可缺乏性，人们自古就已十分清楚，所以历史上农作（粮食作物栽培）业和园艺（主要是蔬菜种植）业几乎是同时起源和并行向前发展推进的。

考古学证明了这一点。中国西安半坡新石器时代遗址在出土谷粒的同时，还发现在一个陶罐里放着芥菜或白菜一类的芸薹属菜籽。另外，《国语·鲁语》中说，烈山之子柱“能植百谷百蔬”，以及《诗经·豳风·七月》中有关“七月食瓜，八月断壶（瓠）”，“九月筑场，十月纳禾嫁”对蔬菜及禾谷类食物生产的描述和《诗经》中所涉132种植物中，属于蔬菜的即有瓜、瓠、韭、葵、葑（蔓菁）、芹、荇等20余种，也是蔬菜和粮食作物种植并行发展的有力证明。到春秋战国时期，“农”（大田作物）“圃”（蔬菜种植）分工已十分明确，园圃种植蔬菜成为专业，因此，便有了樊迟请学稼，又请学圃的记述。而孔子一句“吾不如老圃”，则足见彼时的植菜技术、技艺已达相当水平而非一般人所能及。

古代中国将蔬菜种植与粮食生产并列，高度重视蔬菜生产的发展，至少可以从以下三个事例中加以佐证。一是蔬菜业的蓬勃发展。于公元533～544年间著成的《齐民要术》一书，其中的《杂说》篇有一个说明蔬菜生产的例子：如果靠近城镇，务须多种些瓜、果、茄子等等，这样即可满足家用，多余的还可出卖。假如有十亩地，选出其中最肥的五亩，用二亩半种葱，其余的二亩半种杂菜，分别在二、四、六、七、八月种上瓜、萝卜、葵、莴苣、蔓菁、白豆、小豆、茄子等蔬菜。如此频繁栽种并涉及多个品种，反映出当时的蔬菜种植水平已经相当高了。到宋代，孟元老在《东京梦华录》里对当时开封近郊的蔬菜种植盛况作出了如下的描述：“大抵都城左近，皆是园圃，百里之内，并无闲地”。皇家有专用的菜园，除供应平时，还要在“立冬前五日，西御园进冬菜”，“充一冬食用”。

二是中国的读书人在相当长的一个时期中具有一个特别雅致的别称——采芹人。源自《诗经·鲁颂·泮水》中“思乐泮水，薄采其芹”，“言采其芹”之句。“芹”，菜也。泮水之边有泮宫，泮宫是鲁国的学宫。有读书人在考取秀才后，到孔庙祭拜时，采些芹菜插在帽子上，以示已成为真正的士子和读书人。之后，竟成为一种传统，并在孔庙的大成门边设泮池，种上些芹菜，供读书人到孔庙祭拜时专用。中国社会历来将士子和读书人视为“上等之人”，故有“仕而优则学，学而优则仕”（论语·子张）之说。读书人在考取功名后，为什么选择“采芹”而不是其他？是否意味着或至少在读书人看来，“菜”在生活中具有某种特别重要的意义？

三是中国历朝历代对于食用蔬菜的追求与讲究，不但始终未见有丝毫的减弱之势，相反，倒是与日俱增，越来越甚，尤其是文人墨客，对之兴趣更高、更大。与此相关的记述颇多，如南史中周颙的“绿葵紫蓼，春初早韭，秋末晚菘”；杜甫的“夜雨剪春”；白居易的“行灶朝香饮早饭，小园晴暖掇新蔬”；朱熹的“客来聊煮雪畦蔬”；苏轼的“不知何苦食鸡豚”等等，无一不以食菜蔬为清高。至于《左传》中的“肉食者鄙，未能远谋”之语，以及“布衣暖，菜羹香，读书滋味长”等名句，更是道明了食用蔬菜之重要。在各国文学中，涉及提倡吃菜蔬的文学，以中国为最多，因为文人提倡，社会进化更快，所以在世界各民族中，亦以中华民族吃菜蔬最多。这一点，也绝非是没有缘故的。

（二）蔬菜食品特性：无以替代的产品

从蔬菜作为一种特定食品所具有的内在特性看，蔬菜和粮食同为基础性食物，是人类维持其生命的存在和延续所不可或缺的一类必需品。人体中需要的不少营养元素如多种维生素和矿物元素等只能由蔬菜提供，虽然也存在某些代用品，但替代的范围和效果均十分有限。人的一生，可以不吃肉禽蛋和鱼类等动物产品，可以不吃水果，在有替代品的情况下也可以一生不吃淀粉类粮食食品，但却不能不吃蔬菜。根据中国农村居民家庭的各类食品消费数据计算出来的食品价格弹性也证明了蔬菜的被替代是有其限度的，蔬菜的价格弹性为–0.467，粮食为–0.181，肉禽蛋、水产品、酒类和其他食品分别为–0.779、–0.829、–0.535、–0.807，从绝对值看，蔬菜的价格弹性除大于粮食外，均小于其他任何一类食品，说明蔬菜消费受价格的影响较小，而其根本原因就是蔬菜为其他产品所替代和对其他产品的替代是有限的。

另外，从蔬菜的需求收入弹性看，利用中国城镇居民不同收入层次的家庭食品消费支出数据进行的计算结果表明，蔬菜的收入弹性为0.441，而粮食、肉类、水产品、蛋类的收入弹性分别为0.26、0.722、0.80、0.754，虽然蔬菜的收入弹性低于除粮食外的其他各类食品，但随着收入的增加，其消费支出仍会增加，而且增加的幅度大于粮食，由此，也说明其消费的被替代是有限的。

再从蔬菜种植的劳动复杂程度及其有关技艺、技能要求方面的情况看，种植蔬菜和栽培一般农作物之间的差别也很明显。大致是老圃多可兼为老农，而老农则未必能兼为老圃。换句话说，会种菜的，一般也会种植粮食等其他一般农作物，而会种粮食的却未必会种菜。蔬菜生产需要专门的技能、技艺。

上述分析证明，将蔬菜作为一个相当独立的产业加以发展是完全必要的，也是应该的。

二、中国蔬菜产业发展的历史与现实基础

（一）民族的，才是世界的和最有前途的

中国是世界蔬菜生产历史最为悠久的国家之一。在漫长的蔬菜生产实践中，培育出了大量的优良蔬菜品种，发明创造出了众多的先进蔬菜栽培技术，中国拥有世界上最为丰富的蔬菜种质资源和最为宝贵的蔬菜生产的传统技术和经验。

中国国内目前大约有300多个品种的蔬菜，其中栽培比较普遍的有100多种。在这100多种蔬菜中，中国原产的和引入的各占50%左右。中国原产的许多蔬菜品种，不仅在中国种植，而且已先后传入世界各地。

中国的原产蔬菜，最早的记载见于《诗经》，大约有20余种，但是，究竟哪些是栽种的，哪些是野生的，有些仍难做出确切的判定。到公元6世纪中期，根据北魏贾思勰所著《齐民要求》的记述，当时中国黄河流域各地栽种的蔬菜计有瓜、冬瓜、越瓜、胡瓜、茄子、葵、蔓菁、芦菔、葱、韭、芥子、胡荽乃至苜蓿等31种。其中现在仍在栽种的有21种，余下的已经从菜圃中退出或转做他用。在现存的21种中，经过长期的精心培育，如菘（白菜）、芦菔（萝卜）等早已成为蔬菜中的最主要品种之一。

白菜，古时称之为菘，包括南方栽种的不包心的小白菜和北方栽培的包心的大白菜，以北方包心的大白菜最为有名。由于小白菜和大白菜均原产于中国，所以它们的学名分别叫做Brassica chinesis 和Brassica pekinensis,就是在芸薹属后边加上中国和北京字样。日本从1875年开始从中国引种白菜，中间几经波折，后来

得以迅速推广，现在的种植面积和产量均在其蔬菜中居于第二位。

萝卜，古称葖或芦菔、莱菔。萝卜的最早记载见于《尔雅》。唐代，萝卜种植“江北、河北、秦、晋最多，登莱亦好”（《新修本草》）。宋代则已“南北通有”，“河朔极有大者，而江南安州、洪州、信阳者甚大，重至五六斤，或近一秤，亦一时种时之力也”（《图经本草》）。由于中国萝卜栽培时间长，种植地域广，所以有世界上类型最多的品种。

芥菜，古称芥，中国的特产蔬菜之一。野产芥菜原产中国，最初只用它的种子来调味，后来因为适应多种用途而有了许多的变种。其中叶用的有雪里蕻、大叶芥等；茎用的变种有著名的四川榨菜；根用的变种有浙江的大头菜，等等。

除驯化培育外，中国历史上在引进外来蔬菜的培育改良方面也颇有成就，创造出来了不少新的、比原品种更加优良的类型和品种。如黄瓜，原来瓜小，肉薄，经过改进，不仅瓜型品质有了提高，而且还育成了适应不同季节和气候条件的新品种，从春到秋、从南到北均可种植。原产印度的茄子，原始类型只有鸡蛋大小，传入中国后，很早就育成了长达7寸到1尺（约23～33厘米）的长茄和重达几斤（中国斤）的大圆茄。原产美洲的辣椒，经欧洲传入中国，不过三四百年，但中国有了世界上最为丰富的辣椒品种，除长辣椒外，还育成了许多类型的甜椒，其中北京的柿子椒引种到美国，命名为“中国巨人”，国外的许多甜椒品种，就是在它的基础上选育出来的。

在蔬菜栽培技术方面，中国蔬菜生产除露天栽培外，很早就创造出了保护地栽培、软化栽培、假植栽培等多种形式，象风障、阳畦、暖窖、温床以及温室等，到现在仍在沿用。

利用保护地栽培蔬菜，中国至迟在西汉年间即已开始，在世界上首开利用保护地栽培蔬菜之先河。

元代《王祯农书》中，对利用阳畦生产的韭菜即已有精确的记载。

用软化栽培法生产黄化蔬菜，最早的记载见于宋代林洪《山家清供》中《鹅黄豆生》一节，说的是用黑大豆做豆芽菜。以后扩展到黄豆、绿豆、豌豆等均可用以生芽，做成豆芽菜。

黄化蔬菜，除豆芽菜一类外，韭、葱、蒜以至芹菜的秧苗均可作黄化处理，其中韭黄最受人珍视。宋代苏轼有“青蒿黄韭试春盘”之句，孟元老在《东京梦华录》中也有关于韭黄的记述，可见韭黄至迟在北宋时代即已出现。元代《王祯农书》对温室囤韭黄的技术已有具体的讲述。

民族的，即是世界的，也才是最有前途的。中国蔬菜种植的悠久传统和在此基础上形成的蔬菜种植的优良传统技术和丰富的种质资源，无疑是中国当代蔬菜产业进一步发展最为宝贵的资源和最为坚实的基础。

（二）生产的现实基础：蔬菜产值已接近粮食

中国蔬菜生产曾经长期处于落后状态，为解决蔬菜供应趋于严峻的缺口问题，1988年，经国务院批准，全国各地开始实施“菜蓝子工程”。之后，全国蔬菜种植面积迅速扩大，产量逐年增加，品种日益丰富，蔬菜产业快速成为中国农业领域中最具市场竞争能力的出口创汇的一个重要产业。

近十几年来，中国蔬菜生产发展的突出特点是：

1. 种植面积逐年扩大，人均占有量大幅增加

1980～2006年间，全国蔬菜种植面积由316.18万公顷增加到1818万公顷，平均每年增加57.8万公顷。全国蔬菜总产量由1980年的8062.6万吨，增加到2006年的58325.5万吨，增加6.2倍，平均每年递增7.9%，远远高于同期其他大宗农产品的增长速度。全国人均蔬菜占有量2006年达到445千克，为1980年人均占有量的5.6倍（如表14～1所示），远远高于世界人均102千克的水平，比世界人均占有量第二位的意大利高出250千克，比美国、日本多出300千克左右。中国蔬菜生产已成为种植业中仅次于粮食生产的第二大产业，2005年，全国蔬菜（含菜用瓜）产值按当年价格计算2633.3亿元人民币，占全国种植业产值的28.72%，仅比谷物产值比重低5.19个百分点。

表14-1 中国蔬菜生产发展情况

年份	播种面积（万公顷）	总产量（万吨）	人均占有量（千克）
1980	316.18	8026.6	79.8
1990	661.61	19550.5	173.1
2000	1523.57	42397.9	326.1
2006	1818.0	58325.5	445.0

2. 保护地面积迅速扩大，生产条件明显改善

从20世纪80年代中期开始，中国蔬菜栽培的保护地面积发展极为迅速。1985年，中国蔬菜设施栽种面积4.68万公顷，占全国蔬菜种植面积的比重仅为0.98%。发展到2000年，中国蔬菜的设施栽培面积即已增加到170万公顷，为1985年的36.3倍，年均增长率高达27.1%；设施栽培面积占蔬菜总面积的比重也随之增加到11.2%。在蔬菜保护地栽培面积中，塑料大棚和日光温室的面积比例最大，已占到保护地面积的70%以上。

与此同时，从国外引进的一大批先进蔬菜栽培技术，包括玻璃温室和塑料大棚等设施园艺和地膜覆盖栽培技术、设施栽培计算机综合调控技术、有机蔬菜栽培技术、工厂化育苗技术、微喷滴灌技术、病虫害生物防治技术等科技成果得到广泛应用，蔬菜生产的科技贡献率和适用科技普及率迅速提高。据测算，全国蔬菜科技对蔬菜生产的贡献率已达到52%以上，比农业科技对农业生产的贡献率平均高出10个百分点。在上海，目前的蔬菜科技贡献率已达60%以上，适用科技普及率超过90%。

3. 品种更新、结构优化加快，洁净、优质蔬菜生产量及其比重迅速增加

中国具有极其悠久的蔬菜种植历史，目前已收集的蔬菜种质资源已达3万多份，栽培的蔬菜品种140多种，常见的110多种，其中年产量超过1000万吨的即有20多个品种。近20多年来，中国从国外引进的优良蔬菜品种和利用组织培养等生物工程技术育成的新品种以及利用良种繁育技术繁育的抗病、抗逆优质高产品种等不断增加，并得到有效应用和推广，蔬菜种植的品种更新步伐

不断加速。自20世纪80年代以来，已经育成和普及的新品种达1000多个，主要品种已经更换了3～4次，良种覆盖率已超过80%；已在近30种蔬菜上开展了杂交优势利用研究，主要蔬菜新品种50～90%为一代杂交种，黄瓜、番茄、辣椒、白菜、甘蓝、西葫芦等已基本实现杂优化。目前全国各地大范围流通的蔬菜已有200多种，加以新兴的野菜、海藻类蔬菜品种，一个品种多样化的蔬菜生产供应体系已基本形成。另外，在蔬菜生产总量中，洁净、优质的特菜、绿色蔬菜、净菜种植面积、产量及其比重逐年增加，品种不断扩大。

4. 生产布局出现重大变化

中国蔬菜生产相对集中地分布在中国的中南部地区，20世纪80年代中期以来，蔬菜产地的集中化趋势日益明显，主产地逐步形成。按种植面积计，排在全国前10位的省份合计的蔬菜播种面积占全国蔬菜总面积的比重，1989年为60.6%，其中前3位为24.2%，2005年上升到65.8%，其中前3位为26.15%，分别提高5.2和2.0个百分点（如表14～2所示）。按产量计，2006年，位居前10名的省份其合计的蔬菜产量已占到全国蔬菜总产量的69.5%，其中前3名的这一比重为36.62%（如表14～3所示）。

根据蔬菜生产和流通特点，中国蔬菜生产大致形成了以下三大区域：一是以山东、河北、辽宁为主的北方产区，三省加上北京、天津两市的蔬菜种植面积占全国蔬菜总面积的20%左右，蔬菜产量占全国的比重超过30%（2006年为30.8%）；二是以广东、广西、海南、四川、云南为主的南方及西南产区，五省（区）加上重庆、贵州，蔬菜种植面积约占全国的27%，蔬菜产量占全国的18～20%；三是以河南、江苏、湖北、湖南、安徽、浙江为主的东中部产区，6省加上海市和福建、江西两省，蔬菜种植面积占全国的40%以上（2005年为41.9%），蔬菜产量占全国的38%左右（2006年为38.03%）。

表14-2 中国蔬菜种植面积前10名省份

单位：万公顷

1985年			2005年		
序号	省份	播种面积	序号	省份	播种面积
1	四川	61.79	1	山东	184.77
2	广东	48.69	2	河南	159.59
3	河南	41.75	3	江苏	119.44
4	山东	39.09	4	广东	116.27
5	湖北	36.59	5	河北	110.48
6	湖南	36.51	6	广西	109.44
7	江苏	35.16	7	湖北	100.48
8	河北	31.51	8	湖南	99.71
9	广西	25.17	9	四川	99.15
10	辽宁	24.83	10	浙江	66.67
合计		381.19	合计		1166.00

表14-3 中国蔬菜产量前10名省份

单位：万吨

2000年			2006年		
序号	省份	产量	序号	省份	产量
1	山东	7257	1	山东	8309.3
2	河北	4454	2	河北	6646.8
3	河南	3982	3	河南	6400.0
4	江苏	3311	4	江苏	3657.7
5	湖北	2717	5	四川	2971.2
6	四川	2312	6	湖北	2944.1
7	广东	2215	7	广东	2643.8
8	湖南	1870	8	湖南	2526.8
9	广西	1613	9	广西	2247.8
10	安徽	1449	10	辽宁	2129.8
合计		31090	合计		40477.3

中国蔬菜生产布局的另一突出变化，一是大中城市蔬菜生产由近郊向中远郊地区延伸扩展；二是城市郊区的蔬菜生产向乡村地区延伸扩展。在此基础上，在全国范围内逐步形成了五大全国性的蔬菜生产基地，即：（1）以海南、广东、广西、福建、云南、四川六省为主的“南菜北运”细菜基地。2005年，前述6省蔬菜种植面积为454.51万公顷，占同年全国蔬菜总面积的25.65%；蔬菜总产量10126.61万吨，占同年全国蔬菜总产量的17.94%。年商品菜生产面积超过万公顷。（2）黄淮海经济区春淡蔬菜基地，每年春夏向北方城市提供超过1000万吨的各种蔬菜。（3）河北

张家口经济区秋淡蔬菜基地，每年秋天蔬菜供应淡季向京津地区供量大量鲜菜。（4）甘肃河西走廊“西菜东运”基地，利用季节差为东部地区补充淡季菜源。（5）以山东、河北12个生产县为主的大白菜生产基地，约60万公顷，每年供应北方城乡上千万吨大白菜。

（三）消费：进入质量型多样化阶段

近20多年来，中国城市居民蔬菜消费呈现以下几个特点：

1. 人均蔬菜消费量先减少、后趋于稳定

根据城镇居民家庭抽样调查资料，1981年，全国城镇居民家庭人均蔬菜（鲜菜）消费量为152.34千克，1990年减少到138.70千克，1997年降至最低点113.3千克。之后，有所回升，2003年达到118.3千克，2004年122.3千克，2005和2006年分别重新降至118.6千克、117.6千克。从2001年开始，人均年蔬菜消费量除2004年外，各年基本稳定在116千克～118千克水平上。城市居民年人均蔬菜消费量减少的主要原因是由于肉类、水产品和水果消费的不断增加，替代了部分的蔬菜消费。

2. 城镇居民蔬菜消费总量不断增加

在中国，尽管城镇居民的年人均蔬菜消费量已明显减少，但由于城镇人口的快速增加，城镇的蔬菜消费总量仍呈不断增加的基本态势。依据城镇居民家庭抽样调查资料和城镇人口统计数据推算，1990年全国城镇居民蔬菜消费总量为3431.85万吨，2006年增加到4297.22万吨，比1990年增加25.2%，平均每年递增1.5%。

3. 蔬菜的消费品种相对集中

中国居民家庭消费的蔬菜主要是鲜菜，最常见的鲜菜为以下25种：大白菜、甘蓝、菠菜、油菜、芹菜、韭菜、空心菜、大葱、花椰菜、萝卜、胡萝卜、葱、生姜、莴笋、蒜苔、蒜头、黄瓜、冬瓜、丝瓜、番茄、茄子、青椒、豆角、莲藕、豆芽菜。但在不同城市及地区，居民的蔬菜消费品种结构有所不同。根据对中国12个大城市居民蔬菜年人均消费量的统计，排在前7位的蔬菜依次为：大白菜、黄瓜、甘蓝、番茄、油菜、茄子、芹菜；北方城市在前7位的是：大白菜、黄瓜、番茄、甘蓝、茄子、芹菜、马铃薯；而南方城市排在前7位的则是：油菜、甘蓝、大白菜、黄瓜、茄子、芹菜、番茄。具体到不同城市，如东北的大连、沈阳、哈尔滨等消费马铃薯较多，而广州的蔬菜消费品种结构又明显不同于其他南方城市。

4. 蔬菜消费进入质量型多样化阶段的趋势显著

具体表现，一是季节性消费的大路菜品种趋于减少，而常年消费的精细品种逐年增多，反季节菜、细菜消费量呈稳步增加态势；二是调味菜（葱、姜、蒜、辣椒、香菜等）需求量逐步增加；三是净菜、无公害蔬菜迅速得到城市居民的普遍青睐，消费量快速增加；四是叶菜需求看涨，消费量增加。

（四）出口贸易：发展相对滞后

中国作为目前世界上的蔬菜生产与消费大国，在蔬菜出口方面却仍然处于落后状态，还难以称之为蔬菜贸易大国。近20多年来，中国蔬菜出口的发展变化具有以下方面的突出特点：

1. 出口量迅速扩大

1980年，中国蔬菜出口量还只有34万吨，到2006年增加到732.6万吨，增加20.55倍，平均每年递增12.5%，其中前20年每年递增10.4%，后6年每年递增20.1%。蔬菜出口量占蔬菜总产量的比重，1980年为0.42%，2000年增加到0.74%，2006年进一步提高到1.26%，分别比1980年和2000年增加0.84和0.52个百分点，但仍低于世界蔬菜贸易量占世界蔬菜总产量6%的比重水平。在占世界蔬菜出口总额约47%的新鲜蔬菜中，中国所占金额比重从1995年的8.34%提高到2005年的9%左右。2005年，中国蔬菜出口金额达到33.02亿美元，占同年全国食品及主要供食用的活动物出口总额的14.69%，在全国农副产品出口中仅次于水产品出口额，居第二位。

2. 出口品种相对集中

中国蔬菜出口的品种结构，按出口蔬菜的形态划分，包括：（1）新鲜蔬菜，包括新鲜、冷冻蔬菜和暂时保鲜及加工保鲜蔬菜；（2）加工蔬菜，包括腌渍菜、脱水蔬菜、罐装蔬菜等。中国目前出口的蔬菜以新鲜、冷冻蔬菜为主体，占蔬菜出口总量的50%以上。

从出口蔬菜的具体种类看，中国目前出口的蔬菜品种繁多，但年出口量在万吨以上的品种只有14～15个，这十几个品种的年出口量一般要占到年蔬菜出口总量的40%左右。

3. 出口基地大都集中在东部沿海地区

中国蔬菜出口基地一直比较集中地分布在东部沿海地区，但近年来已开始明显地向中西部地区扩展。2000年，全国蔬菜出口量位居前10名的省份中，8个位于东部沿海地区；按蔬菜出口额计量的前10名省份中，位于东部沿海地区的也占7个。

4. 出口市场有待拓展

中国蔬菜出口市场已覆盖世界150个国家和地区，主要分布在3大贸易圈：一是APEC 贸易圈，以亚洲发达国家和地区为主体，其中的日本尤为突出，目前中国对日本出口的蔬菜额约占中国蔬菜出口总额的1/3；二是欧盟贸易圈，中国对欧盟的蔬菜出口已有一定的规模；三是东欧独联体贸易圈。

从出口蔬菜的品种看，中国目前保鲜蔬菜主要出口到日本、韩国、新加坡、美国、中东等国家和地区，部分特产蔬菜如生姜还出口到英国、澳大利亚、法国等；腌渍蔬菜主要出口到日本、韩国、美国、新加坡，其中出口到日本的数量最大；脱水蔬菜主要销往西欧、日本、美国、澳大利亚、韩国、新加坡等，其中西欧、美国、日本为主要市场；罐头蔬菜主要向美国、西欧、日本和韩国出口；冷藏保鲜蔬菜的主要出口市场是日本、韩国、美国、西欧、新西兰、澳大利亚，等等。

上述情况表明，中国蔬菜出口虽然近几十年来数量大增，但中国蔬菜出口量占世界蔬菜出口的比重仍远远低于中国蔬菜生产量占世界蔬菜产量的比重水平，而且中国蔬菜出口量占中国蔬菜生产量的比重也明显低于世界蔬菜贸易量占其产量的比重，另外，中国蔬菜出口的品种结构、地区结构也仍处于单一、集中的状态，所有这些都意味着，中国蔬菜出口的潜力仍在。

（五）流通格局与市场体系出现重大变化

近20年来，中国蔬菜流通体系变化的突出特点，主要集中在以下几个方面：

一是蔬菜跨地区流通由原来以总量平衡为主要目标的“南菜北运”、“西菜东运”，逐步向品种调剂转变。

二是蔬菜跨地区流通从单一的南菜北运形式，发展成为“南菜北运”、“西菜东运”、“北菜南运”，交互辐射等多种跨区域、全方位的流通格局。

三是蔬菜流通的运输方式，由过去的以铁路运输为主，逐步发展到目前的以公路运输为主，铁路、水路、航空等多种运输方式并存的基本格局。

四是蔬菜流通的主体已由过去的单一国有企业演变成为国有、集体、个体、私营企业及个人等多种经济成份并存、竞争的格局。

五是蔬菜流通方式由过去的调拨流通发展到目前的由批发市场、集贸市场以及多种零售业态共同构成的市场流通体系。这一市场体系以蔬菜集贸市场为基础。蔬菜批发市场为龙头，多样化的商业零售业态为网络，并采用直供、直销、配送、连锁等多种经营方式。

蔬菜流通的物流通道，最先是从公路开始的，由政府采取系列疏导措施，保证蔬菜进入的运送通道畅通无阻。之后，“绿色通道”由公路发展到铁路，相继开通了“湛江至北京”、“湛江至青州”、“寿光、湛江至郑州”、“寿光至哈尔滨”4条铁路“绿色通道”，较好地解决了省际间的蔬菜供应及余缺调剂问题，蔬菜生产的全国一盘棋发展布局开始形成。

最后，从蔬菜到达消费者手中环节看，消费者越来越多地通过商场、超级市场、仓储商店、便民专卖店购买净菜、无公害蔬菜，消费者的蔬菜购买方式开始出现明显的变化。

三、中国城市地区蔬菜生产的比较优势与发展方向

（一）城市地区蔬菜生产比较优势

城市近郊及其周边地区的蔬菜生产同典型的农村地区相比较，具有以下方面的有利条件及优势：

1. 近邻市场，市场进入方便

城市周围地区的蔬菜生产基地近邻城市的蔬菜消费市场，因此，生产者即菜农能够比较及时、方便地掌握市场变化信息，依据市场需求变化适时地对生产作出调整。另外，蔬菜进入市场的运输距离短，运费低，产品保鲜好，能够避免蔬菜因长途运输而引起的各种问题。

2. 资金、技术易于解决

城市是经济、金融活动的中心，更是科技进步、文化教育及人才培养的基地。蔬菜生产同其他农产品生产相比较，不但资金需求的数量大，而且技术要求较高，这些问题在城市近郊及其相邻地区都比较容易解决，蔬菜生产的经济、技术条件易于满足。

3. 对外合作易于进行

城市基础设施完善，公用事业发达，商业活动十分活跃，城市与城市之间、城市与相关地区之间的经济、技术、商品等方面的交流易于进行，有利于蔬菜产品的对外销售和区际间的品种调剂，从而促进蔬菜生产向着专业化、规模化方向发展，提高蔬菜生产的经济效益。

4. 经营创新条件优越

中国农业领域的经营创新，核心问题是如何改进、完善农民“一家一户”的分散经营问题，涉及经营主体、经营规模、经营方式选择和农地流转、农民就业及其收入保障等系列问题。城市近郊及其周邻地区的蔬菜生产经营能够较好地解决这些问题，有助于经营创新的展开与实现。

首先，从农地流转和农民就业及其收入保障方面看，城市近郊及其周邻地区非农产业发育充分或比较充分，农民转移就业的机会较多，只要政策引导有力，方法、措施适当，农民转入非农

产业就业和其收入保障问题还是能够比较容易解决的，由此，农用土地的合理流转也就易于进行。

其次，从经营主体和经营方式的选择看，城市地区的经济、文化发展水平较高，经营观念先进，经济实力和经营能力强的企业和个人较多，经营主体和经营方式的多元化选择空间大，有助于非农民的主体进入和企业化、集约化经营方式的形成和发展。

最后，从经营规模方面看，城市近郊及其周邻县（市）、乡（镇）域蔬菜生产的规模化经营，包括区域集聚规模化、企业经营规模化，既有其必要性，也有其现实的可能性，在这里，互为区别和联系的需要、可能与现实三者之间的高度统一性是极其明显和突出的。

（二）城市地区蔬菜生产发展方向

城市近郊及其周邻县（市）、乡（镇）域蔬菜生产，应当朝着功能全、起点高、有特色的现代农业方向发展。

1. 开发多种功能

全面考虑蔬菜生产的经济功能、环境功能、社会生活与文化功能，促进“三大功能”的协调与统一。

在经济功能方面，一是符合高效率食物生产的要求，适应消费市场的实际需求，确保低价稳定的蔬菜供给；二是提供洁净、安全的优质食品，所产上市的蔬菜品种丰富、新鲜、无污染；三是既满足当地市场的需求，也充分考虑销往外地及国外市场的必要性和可能性，就地销售与外销相结合；四是充分利用当地的劳动力、土地和资本等生产资源；五是成为促进当地经济振兴与发展的重要力量，等等。

在环境功能方面，一是实现无公害生产，防止因非科学、不合理的生产投入而可能引起的各种环境问题和食品安全问题；二是促进并实现资源的循环利用，提高资源的利用效率；三是资源的开发利用和资源保护相结合，建立可持续发展的经济发展模式。

在社会生产与文化功能方面，一是促进农民就业与增收问题的有效解决，使目标地域的社会安定和稳定得以持续；二是充分利用和发挥农业的文化传承、教育、生活福利等方面 的功能；三是推动和促进农村地域的可持续发展，防止和避免农业及农村社会的空壳化与无序发展，等等。

2. 坚持高起点

坚持蔬菜生产的高起点、快发展。一是生产设施条件、生产手段先进，尽可能运用现代化的生产设施和生产手段，从根本上改变“靠天生产”的落后局面；二是广泛应用先进的科技成果，积极引进国际、国内蔬菜种植的最新技术成果及装备，在消化、吸收的基本上加以创新，建立蔬菜种植高新技术和常规适用技术有机结合的科技推广体系；三是品种良种化，引进和采用高产、优质、高效、味美、营养丰富、抗逆抗病虫害能力高的新的蔬菜种类及品种；四是高度重视规模化、集约化经营方式的形成与发展，确保规模经济、集约经济效益的有效获取和实现；五是坚持标准化生产，借鉴国内、外的先进经验，结合本地的实际情况，制定、出台蔬菜生产的标准规范，按标准组织生产，对蔬菜生产的全过程进行标准化的控制和管理，以保证蔬菜产品的质量和安全。

3. 突出特色化

包括产品特色和生产经营方式特色等方面 的具体内容。一是利用本地的自然资源、生态环境和区域地缘等方面的优势，发展具有地方特色的名、特、优、新、稀蔬菜产品；二是形成和发展具有明显特色的蔬菜种植及加工工艺和技术，使所生产的特色蔬菜得以在品种特色基础上加注生产过程的特色，从而使其特色更加鲜明、突出；三是培育特色企业，发展具有特色的生产组织与市场进入方式，等等。

四、中国城市地区蔬菜产业经营模式选择与创新

（一）生产组织方式及模式

城市近郊及其周边县（市）、乡（镇）域蔬菜生产，根据中

国目前的具体情况，可供选择的组织方式及模式大致有以下一些：

1. 企业一农场型

农业公司（或工商企业）与农场直接结合，形成一个独立的经济实体。公司通过租赁农民的土地或购买国有土地使用权兴办农场，聘用专家和农业工人从事蔬菜种植生产与经营。企业一农场型经营模式的特点是，蔬菜从种植、生产到产品销售全过程各环节活动统一由企业完成，被置于一个所有权之下，由一个指挥中心管理和协调。其优点：一是生产易于组织，各环节活动易于协调，能够较好地保证蔬菜产品的质量和安全性；二是减少蔬菜生产过程中各环节之间的交易费用，有助于降低成本、增加效益；三是蔬菜生产各环节利润均归一个企业所拥有，蔬菜生产的产前、产后部门和生产过程本身有机地结合在一个企业之中，省去了许多的中间环节，有助于提高产品生产与投放市场的速度。

企业一农场型经营模式的主要缺点是，企业兴办农场的土地获得在中国目前农民大规模的转移就业未能成为现实的情况下，可能存在一定的难度。为此，作为该经营模式的变形，可以采取“企业一农场与农户连接”的办法来弥补其缺陷和不足。即企业在通过租赁农民土地或购买国有土地使用权兴办农场直接从事蔬菜生产与经营的基础上，按照“农场+农户”的方式将所在区域内农户的蔬菜生产纳入公司的农场生产经营体系，一方面带动农民发展生产，增加收入，另一方确保蔬菜生产基地规模化经营的有效实现。

2. 龙头企业与农户连接型

龙头企业与农户连接型经营模式由一个经销公司为龙头，围绕蔬菜产品的生产、加工、销售，通过合同（契约）关系，同目标地区从事蔬菜生产的农户有机地连结在一起，形成“风险共担，利益共享”的利益共同体。在这里，农户按照合同（契约）的规定，从事蔬菜种植生产，并按时、按质、按量向龙头企业提供产品，而龙头企业则为农户提供必要的物资、技术、培训等方面的服务，并按照合同（契约）约定的价格（保护价或市场价）

和方式及时收购农户生产的蔬菜产品，进行加工和销售。

龙头企业与农户连接型经营模式是中国目前农业领域采用最为广泛的一种农业产业化经营模式，其优点是在解决农民一家一户为一个生产单位的分散经营所带来的农民“买难，卖难”问题，带动农民通过发展农业生产以增加其收入方面 作用显著。其缺点是，企业和农民的利益获取矛盾突出，有时往往难以保证。

3. 市场与农户连接型

市场与农户连接型经营模式的主要方式，是通过专业市场与农户或生产基地沟通，以其提供的市场服务或其他方式如合同、联合体等，将农户纳入市场体系。由于市场既能够为农民的生产决策提供快捷、有效的市场信息，并为其产品出售提供便利条件及全方位的服务，又能够做到公平交易，使市场的交易双方同时受益，对蔬菜的消费者和外来客商也具有相当的吸引力，因此，能够有力地带动周邻地区的农民从事与市场相关的产品生产与经营，形成一个专业化蔬菜、瓜果生产带。

4. 合作社与农户连接型

合作社与农民连接型经营模式由目标区域内从事蔬菜生产的农民在自愿互利的基础上成立自己的合作组织，再通过该组织的经营活动和为农户提供的服务，带动农户蔬菜生产与经营的发展。

合作社为农户提供的服务，主要包括：（1）技术咨询与指导；（2）信息传递；（3）资金融通；（4）销售服务，等等。

5. 园区与农户连接型

建立专业从事蔬菜生产的农业园区，通过农业园的要素集聚和辐射带动等多种效应将从事蔬菜生产经营活动的农户集中在目标空间区域内，形成具有一定规模的蔬菜产业区。在这一产业区内，农户既能够共享一些大型农用生产资料、农业基础设施和信息等方面的服务，采用农业生产的最新科技成果，最大限度地提高农业生产的经济效率和农产品增加值，还可以按照统分结合、互助合作的方式及规则，扩大蔬菜生产的经营规模和拉长其产业链条，从而增加蔬菜生产的竞争能力。

蔬菜产业园是实现蔬菜产业化经营的理想载体，是提高蔬菜生产组织化程度的重要手段，是维系农户家庭经营制的重要保障。

（二）上市组织：上海模式及其经验

以上海市的蔬菜产地上市为例。为解决地产蔬菜上市的矛盾，减少流通的中间环节，增加菜农的经济收入，上海市从1993年起按照“生产向流通延伸、流通向生产拓展”的思路，开始探索组建多种形式的蔬菜产地上市组织。在具体实施中，采用了以下原则、办法和组织形式：

1. 原则

一是不拘形式，凡是有利于搞活流通，促进蔬菜生产，引导生产者把产品变成商品进入市场的，都可以采用；

二是减少中间环节，简化销售程序和手续，尽可能做到产销直接见面，使生产者增收，消费者实惠；

三是体现市场经济原则，符合现代化大城市发展的实际情况和需要，有利于在全市范围内较快地形成一个比较健全的市场体系和网络。

2. 方法

（1）直销

蔬菜生产商（企业和农户）直接进入销区的零售菜场租赁摊位、开设店面进行蔬菜的直接销售。其优点是，生产商易于接触蔬菜的消费者，接触面大，方法灵活；缺点或不足是，只有在蔬菜生产者靠近销区市场，而且摊位租赁价格较低的情况下，才具有切实的可行性。

（2）直挂

蔬菜生产商根据消费者（单位或个人）的预订或预约，将自己生产的蔬菜直接送达消费者手中。直挂方法适用的消费者对象大多为机关、学校、工厂等企事业单位，具体做法是消费单位在一周或几天前列出所需蔬菜种类、数量的订货计划，生产者根据订购单位的订货计划要求按时上门送货。直挂产销方法以事先确定的消费者为前提，蔬菜生产商与消费者直接沟通，中间环节少，流通费用低，于双方均有益，因此是一种有着广泛潜力和发展前景的蔬菜产销方式。

(3)直供

蔬菜生产商将其生产的蔬菜送至需要长期、稳定货源的销货单位如超市、蔬菜批发商、蔬菜零售店（户）等等。直供方法简便易行，可操作性强，但蔬菜到达消费者手中需要经过零售环节，因此蔬菜生产商和消费者双方的利益实现要受到一定的限制。直供方法适合于常年生产、供货稳定、规模较大的蔬菜生产商通过契约形式，同销售商开展长期合作，进而实现随产随销的实时销售目的。

（4）直批

蔬菜生产商直接进入蔬菜批发市场以批发方式销售其蔬菜，或者由蔬菜零售商直接到蔬菜产地批量购进蔬菜后进行销售。

3. 组织方式

依据前述原则、办法，上海市经过多年的努力和实践，逐渐形成了一个以农办批发市场为主体，以上市运销服务组织为重点，以扩大直挂直销为主攻目标，促进产销一体的蔬菜产地上市组织体系。到目前为止，上海全市菜区产地建立的区（县）、乡（镇）、村各类上市运销组织300多个，配有数量充足的蔬菜储藏冷库、加工场地和运输车辆，同几千家宾馆、饭店、超市、工厂、学校等建立了长期、稳定的产销关系，经产地上市组织经销的蔬菜数量已占到上海全市蔬菜日供销总量的1/3以上。

上海菜区产地蔬菜上市的具体组织形式，主要包括：

（1）以园艺场为龙头的蔬菜配送中心

如松江区泗泾园艺场、闵行区虹桥园艺场、浦东新区由由园艺场、南汇县新场园艺场等。

上海以园艺场为龙头的蔬菜配送中心，从蔬菜生产与经营的条件方面看，具有以下三个特点：一是具有比较良好的保护地设施，有条件利用保护地设施栽培各类蔬菜；二是建有无土栽培设施，能够生产洁净、高档蔬菜；三是具有充足的蔬菜运销能力，并且有能力帮助和组织周边地区的蔬菜生产商（企业和农户）生产高档、洁净的优质蔬菜。

以园艺场为龙头的蔬菜配送中心，一头连基地，一头加市场，产供销一体，既有利于提高蔬菜生产单位的蔬菜生产、加工技术及其现代化装备水平，还因为减少了中间环节的利润分流，有利于生产单位的经济效益及其劳动生产率、资金利润率的有效提高。

（2）以乡镇农业公司为龙头的蔬菜运销组织或配送中心

如闵行区浦江农副公司、嘉定区望新农业公司等。以乡镇农业公司为龙头的蔬菜运销组织的最大优势，是其涉及的范围较广，可充分配置乡镇域内的各种综合资源，一般在实行集体规模经营较大的地域内可采用这种蔬菜上市组织形式，其缺点是易回到传统的集体经营老路，造成吃“大锅饭”的落后局面。

（3）以村为单位的蔬菜上市运销组织

以村为单位组建的蔬菜上市运销组织与乡镇级的同类组织相类似，不同之处在于村级的组织一般都不当场作价兑付现金，而是在出售后实价总付给蔬菜生产者，然后按照事前约定收取一定的服务费。

上海市以村为单位组建的蔬菜上市运销组织，其蔬菜销售量约占全市产地蔬菜上市组织总销售量的12%～15%，以宝山区罗店镇光明村的上市运销组织为其典型代表，该村利用靠近宝钢的优势而组建的蔬菜上市运销组织，其蔬菜除供应宝钢所有食堂外，还扩大到上钢五厂等六七十个单位。

（4）以农办批发市场为基地建立的蔬菜配送组织

以曹安农办批发市场、嘉定区封浜批发市场、松江区仓桥农办批发市场、维奇特批发市场为代表。以农办批发市场为基地在场内建立的蔬菜配送组织，通过同机关、学校、工厂等企事业单位事先订立的蔬菜配送合同，根据各单位每天需要的品种、数量、质量要求，按照低于市零售价格略高于市场批发价的行情，每天按时送到这些单位。其好处是，对于批发市场而言，其蔬菜的实际售价高于其批发价，可增加市场的经济收入；而对于消费者而言，则可以有效减少因蔬菜采购而耗费的人力、物力，对交易双方均有利。

目前上海有20多家蔬菜批发市场在从事蔬菜配送工作，配送内容已由蔬菜延伸到荤菜，从副食品拓展到主食品和佐料，配送的服务对象也已从所在单位内的膳食需要配送拓展到职工家庭配送。

（5）以某种蔬菜品种为载体组建的跨地区专业性蔬菜运销组织

这种类型的蔬菜上市组织，目前在上海的数量还比较少，经营量不大，但其特点和优势突出，即突破地域范围，实行专业化生产、加工、经营一条龙，符合现代化农业发展的趋势及要求。如青浦县在沈巷、练塘、莲盛等茭白产区组建的季节性运销组织，将域内4000多公顷的茭白配送销售到全国各地，产品生产、基地建设、运销组织三位一体，保证了该地区茭白生产的顺利发展及其经济效益的有效提高。

五、中国城市地区蔬菜产业发展的问题与对策

（一）城市地区蔬菜产业发展存在的主要问题

近20多年来，中国环城市地区蔬菜产业发展迅速，以大连为例，1985～2005年，大连蔬菜（含菜用瓜）产量由69.91万吨增加到240.6万吨，增加2.44倍，平均每年递增6.4%；按当年价格计算，1996年，大连蔬菜产值占农业（即种植业）产值的29.25%，到2005年的这一比重即已提高到36.79%，平均每年增加0.84个百分点。与此同时，环城市地区的蔬菜产业发展也仍然存在不少的问题，主要是：

1. 品种结构亟待调整和优化

中国环城市地区的蔬菜品种虽然近几十年来品种逐年增多，如北京地区的主要蔬菜品种目前即已达57个种属、300多个品种，包括叶菜类、甘蓝类、茄果类、瓜类、豆类、根菜类、葱蒜类、薯芋类、水生菜类、食用类10大类型，主要蔬菜品种已实现早、中、晚熟配套，耐寒耐热品种配套，春秋季品种配套，形成周年生产、周年供应的稳定格局。北京地区从20世纪80年代初开始进行特菜品种的引进与种植，起步时主要是生菜、绿菜花、荷兰豆

等5～6个品种，之后不断增加，目前北京全市种植的特菜品种已达150多个，种植面积及其总产量份额分别占全市总量的3%和5%左右。

但是，从整体看，中国环城市地区的蔬菜品种结构仍处于落后状态，仍以低档次、低品位及价值的传统蔬菜为主，优质高档次、高价值的蔬菜品种少、比重小，品种更新、结构优化速度仍嫌缓慢。

2. 蔬菜产品质量不高，有害物质残留问题比较突出

蔬菜产品质量包括蔬菜产品的内在品质和商品质量，前者体现为蔬菜产品的营养成分、卫生安全、口感、味道等特性，后者包括蔬菜产品的外形、色泽、加工处理水平、商品化率等等。中国环城市地区由于工业污染造成的生态环境问题突出，加上生产过程中对化学肥料、农药的过量使用，致使蔬菜产品的质量安全、有害物质残留超标成为中国蔬菜产业中的一个突出问题。在商品质量方面，中国目前蔬菜生产的商品率只有80%左右，出口蔬菜的商品化率更低，低于70%；其次是上市蔬菜产品经过加工处理的净菜比例极低，使蔬菜生产的经济效益提高受到限制。

3. 生产种植技术及其质量控制手段等仍处于落后状态

中国环城市地区的蔬菜生产种植水平虽然高于广大农村地区，在国内居上游水平，但同先进国家及地区相比较，仍存在较大差距，生产过程中的机械化、自动化程度不高，以手工操作为主的传统耕作方式仍唱主角；保护地设施建设标准不高，高水平的永久性温室数量有限，抵御自然风险的能力不足；良种技术、生物技术、装备技术、信息技术、植保技术、种植工艺等各种技术的综合配套能力更低，亟待改进和提升。

从表14～4中可以清楚地看到，同国外的先进水平相比较，中国温室蔬菜生产的土地生产率低，人均管理面积小，劳动生产率低，资金生产率低，反映出中国蔬菜生产技术的落后性。

表14-4　中国、荷兰温室番茄生产效率比较

国家	土地生产率			劳动生产率			资金生产率		
	单价 元/千克	单产 千克/m²	产值 元/m²	管理面积 m²/人.年	产量 千克/人.年	产值 万元/人.年	直接成本 元/m²	折旧 元/m².年	效益 %
中国	2	7.5	15	500	3750	0.75	10	5	100
荷兰	16	54	864	2500	135000	216	210	400	141.6
中国相当于荷兰的%	12.50	13.89	1.74	20.00	2.78	0.35	4.76	1.25	70.62

资料来源：翁鸣、陈劲松：《中国农业竞争力研究》，中国农业出版社，2003年版。

在产品质量控制等方面，一是有关蔬菜商品质量的标准体系建设工作尚处于初创阶段，无论从标准的技术水平或是标准的数量看，都仍然无法满足实际生产的需要，不少产品仍处于无标准生产、无标准上市、无标准流通的局面，已有的标准有些也已落后或存在标准水平偏低等问题；二是质量安全检测手段、技术和设备落后，人才短缺问题十分突出，不少有毒残留检测项目尚未展开，一些检测项目因缺乏先进的仪器和技术方法而停留在感官判断阶段，检测结果的质量难以保证，等等。

4. 生产经营与流通的组织方式落后，小生产与大市场的矛盾突出

中国环城市地区的蔬菜生产经营组织方式大多也是一家一户式的分散经营，经营规模小，户均经营规模多在0.2～0.3公顷，即使是较大的专业大户，通常也难以超过5公顷，只有极少数保留集体经营体制和一些按现代企业制度组建的农业公司具有较大的经营规模。蔬菜生产的小规模经营，不可避免地带来一系列的矛盾及问题，包括"买难、卖难"，先进技术难以得到有效应用，菜田的基本建设特别是生态建设落后，无法按统一的标准组织生产，无法有效控制蔬菜生产过程各环节的质量和安全，等等，从而制约蔬菜产业的健康、高效发展。

在蔬菜的流通组织方面，自1984年中国成立第一家蔬菜产地批发市场以来，经过20多年的努力，已初步建立了一个以蔬菜批发市场为龙头，以集贸市场为基础，多种零售业态为网络的蔬菜流通体系，在促进蔬菜生产，保障城市消费市场供应方面发挥了

重要作用。目前存在的主要问题是流通效率低，集中体现为 运销成本高，流通差价大。中国目前城市蔬菜零售市场的蔬菜产品销售价格一般要高出产地批发市场批发价格的100%以上，蔬菜销售商的利润相当于生产商利润的3～4倍，生产商的收入仅为零售价的1/4～1/3，流通费用成为蔬菜价格形成的主要组成部分。造成这一现象的主要原因：一是流通主体的规模小，向蔬菜批发市场供货的绝大部分为从事小规模蔬菜种植的农户，而在城市从事蔬菜零售经营的绝大部分则是进城找生活的农民，这种以进城农民为主体，以血缘和地缘关系为纽带而结成的“小规模、大群体”的个体蔬菜经营组织从总体上支撑了中国城市地区蔬菜产销的运行，是导致蔬菜流通时间长、效率低的一个重要方面。二是流通方式落后，即使是作为中国蔬菜流通体系核心的批发市场，目前也仍然以面对面、一对一的交易方式为主，而且是现金交易，蔬菜质量靠目测，收集、中转、运输、分配等流通业务尚未完全分开，都是依靠贩运商来完成，缺乏集中分类和拍卖成交机制，等等。三是流通加工能力不足，流通损耗严重，长期以来，中国都只重视蔬菜的生产种植，忽视采后的保鲜、储藏、加工处理等环节活动，蔬菜加工能力不足，加工量仅占蔬菜总产量的2%～5%，每年损失的蔬菜占蔬菜总产量的30%以上。

（二）城市地区蔬菜产业发展走势

在一个可以预见的时期之内，中国未来时期环城市地区的蔬菜产销发展将出现以下方面的重大变化：

1. 良种化速度加快

中国自20世纪80年代以来，蔬菜主要品种已经更换了2～3次，良种覆盖率达到80%以上，已开展杂交优势利用研究的蔬菜品种达27种，主要蔬菜品种50%～90%为一代杂交种，黄瓜、番茄、辣椒、白菜、甘蓝、西葫芦等已基本实现杂优化。今后一个时期，中国蔬菜种植的品种更新及良种化速度将进一步加快。

首先是良种繁育将得到进一步的加强。中国拥有蔬菜良种繁育的良好生物学基础，目前收集到的蔬菜种质资源已达3万多份。

近年来，中国在研究利用蔬菜品种资源和优良新品种选育方面成效卓著，每年都在50多种蔬菜上有新品种育成，已育成可抗2～3种病害的新品种150多个，已经育成和普及的新品种1000多个。

其次，各类名、特、优、珍、奇、新、稀蔬菜品种如野生类蔬菜、食药两用蔬菜、保健型蔬菜、观赏类蔬菜等，以及从国外引进的蔬菜新品种将得到更为有力、速度更快的推广。

第三，种子生产专业化和规模化、种苗生产工厂化、经营企业化、管理规范化、育繁推销一体化、用种商品化成为现实，种业成为整个蔬菜产业的重要组成部分及发展的基础。

2. 生产条件向着高技术方向快速推进

一是符合中国国情的高标准、高水平的保护地面积扩大、比重增加，生产过程中的机械化、自动化程度提高，手工操作退居次要地位，成为高度机械化、自动化生产的一种辅助形式。

二是蔬菜生产技术包括良种技术、生物技术、装备技术、信息技术和种植工艺技术、植保技术等的综合配套能力提高。

三是蔬菜生产的自然生态环境、经济与社会环境条件得到有效的改进和完善。环城市地区趋于恶化的环境污染得到有效的遏制与治理；蔬菜产业信息化建设快速推进，全球卫星定位系统、地理信息系统、遥感和管理信息系统等得到有效应用和推广。

3. 标准化、无害化、有机化生产程度提高

流通标准等迅速健全、完善，质量监控检测手段和设备等不断改进和完善，产品无害化、有机化程度提高，有机蔬菜种植面积不断扩大、产量增加、比重提高。

4. 生产与流通的组织化程度提高

蔬菜生产经营与流通的组织方式出现重大变化，符合中国国情和蔬菜产区具体情况的新的生产经营组织形式、上市组织形式和流通方式等不断涌现、发展，企业化、规模化经营成为中国环城市地区蔬菜产业化经营的主流。

5. 生产水平提高

包括蔬菜生产效率和产品的质量水平提高。前者包括土地生产率、劳动生产率、资金生产率的提高，后者主要包括优质高档及洁净蔬菜比重增加和蔬菜生产的无害化及其产品的安全、卫生程度的提高。

中国目前的蔬菜单产水平全国平均仅相当于世界蔬菜生产先进国家水平的30%～70%，荷兰温室栽培的番茄单产平均每平方米高达54千克（合540吨/公顷），而中国的温室番茄单产平均每平方米只有7.5千克（75吨/公顷），仅相当于荷兰单产水平的13.9%不到。从中国国内情况看,各地区的生产水平发展也差异明显。2005年,中国全国按蔬菜播种面积平均每公顷蔬菜产量为31856千克，上海31248千克，天津41846千克，北京47843千克，大连66144千克。随着蔬菜生产条件的不断改善和蔬菜种植技术的不断进步及其成果的推广应用，中国环城市地区蔬菜生产水平落后于国外先进水平以及各地区间发展的极不平衡现象必然得到根本改善。

6. 区域专业化、外向性程度扩大

中国未来时期环城市地区的蔬菜生产将由过去以满足所在城市生活消费需求为目标的“菜蓝子工程”逐步转向以全国及国际市场为导向，以比较利益的获取为目标，以大流通为手段，以当地特色优势蔬菜为主，兼及所在城市生活消费需要蔬菜标准包括产品标准、生产标准、加工标准、上市标准的专业化、外向性蔬菜生产基地。在这一过程中，各城市地区的蔬菜生产重点，在品种方面，将集中发展其竞争力强、地方特色明显的名、特、优、珍、奇品种，逐步退出与外埠雷同的大路菜生产；在区域与市场方面，生产基地的地域布局将由城市的近郊向远郊及其周边县（市）、乡（镇）域转移，市场区域选择由所在城市向国内其他地区及国外扩展；在产业内涵方面，将由单一的生产种植转向流通及精深加工、运销配送等产业并重，形成完整的蔬菜产业链。

（三）城市地区蔬菜产业发展政策

针对中国环城市地区蔬菜产业发展当前存在的主要问题及其未来的趋势及走向，各地区应当采取的重大措施主要是：

1. 建立蔬菜发展专项资金

以地方财政拨款和中央财政的部分下拨资金为基础，多渠道筹集社会各类资金，建立地区蔬菜专项发展资金，对蔬菜生产与流通的重点建设项目、工程等给予必要的投资资助，对蔬菜生产经营过程中的风险损失等给以适当的补贴，以促进蔬菜产业的健康发展和顺利运行。

2. 增加蔬菜产业的科技投入

农业科技投入不足，是中国农业领域存在的一个突出问题。目前世界平均的农业科研投资占农业总产值的比重约1%，部分发达国家超过5%，而中国只占0.2%左右，不到发达国家平均水平值2.4%的1/10。由于对农业的科技投入不足，农业科技研发长期处于落后状态，高新技术成果、具有重大开发价值的突破性、应用性科技成果少；农业技术推广机构缺乏，人员队伍极不稳定，农业科技成果的生产转化率低，农业科技储备薄弱，等等。所有这些，在中国环城市地区蔬菜产业中也明显存在。改变这一落后状态，首先需要大幅增加对蔬菜生产的科技投入，力争使科技投入占蔬菜产业产值的比例提高到2.6%以上。

3. 高度重视种子产业发展

种子是农业生产资料中最为重要的一种，是解决农业生产根本问题的重要手段。一切农业增产措施都需要通过种子的作用来加以体现和实现。一粒种子足以引起农业的根本改变，从而引起整个世界的改变。蔬菜产业的发展，首先必须重视以生产和销售蔬菜种子为目的的蔬菜种子产业的优先发展，加强蔬菜种子的科技创新和新品种选育，完善蔬菜种子的科研培育体系、种子生产推广体系、种子质量检测与中试体系、种子信息网络体系，积极培育育繁销一体化的蔬菜种业企业，树立其在蔬菜产业发展中的主体地位。

4. 促进蔬菜产业化经营的组织与方法模式创新

创新蔬菜生产经营与流通的微观经营组织与宏观管理组织，建立以“企业—农场”型为主体的蔬菜产业化经营组织结构体系，以生产性企业为龙头，以直挂、直销方法为主体的蔬菜产地上市组织体系，切实解决蔬菜产业目前存在的“小生产、大市场”之间的突出矛盾。

第15章 花卉农业：最具魅力的事业

第15章 花卉农业：最具魅力的事业

一、花卉、中国与世界

（一）花卉：大自然赐予人类最美的礼物

花卉，作为一种观赏植物，融汇了大自然一切美的精华，有形、有姿、有色、有味、有韵、有着旺盛的生命活力，是大自然赐予人类最美的礼物。花卉千姿百态，色彩瑰丽，神奇奥妙，或葱翠盎然，或姹紫嫣红，或一枝独秀，或百花齐放，或亭亭玉立，或娇小可人，或含蓄内敛，或张扬奔放，……以其秀丽独特的风韵，将人们带入一个生气盎然的斑斓、瑰丽世界。

人类自远古以来就同花卉结下了不解之缘，人们爱花、栽花、护花、赏花、赞花，以不同的方式表达对花的喜爱和赞美，借以传送内心的情感。在中国浩如烟海的古代诗词中，有关描写花的千古绝句数不胜数。如《诗经》中的“桃之夭夭，灼灼其华”；唐诗中的“接天莲叶无穷碧，映日荷花别样红”和“春色满园关不住，一枝红杏出墙来”之句，以及“秾丽最宜新看雨，妖娆全在欲开时”（郑谷《海棠》），“满树和娇烂漫红，万枝丹彩灼春融”（吴融《桃花》），“春城锦绣吹折同，天染琼瑶日照开”（徐寅《玫瑰》），“绿叶裁烟翠，红英动日华”（元稹《感石榴二十韵》），“色疑琼树倚,香似玉京来”(刘禹锡《咏栀子花》),“杜鹃花时夭艳然，所恨帝城人不识”（施肩吾《杜鹃花词》），“烂漫岂无意，为君占年华。风光饶此树，歌舞胜诸家”（白居易《樱桃花下有感而作》），“媚欺桃杏色，香奇倚罗风”（潘咸《芍药》），“剪刻彤云片，开张赤霞裹”（元稹《红芍药》），“惟有牡丹真国色，花开时节动京城”（刘禹锡

《赏牡丹》），等等。

在今天，人们爱花、栽花、护花，不只是因为它能给人们带来视觉上的美感和愉悦，还因为花可以美化环境，净化空气，并可陶冶情操，使人修身养性。爱花、栽花、护花、赏花、赞花，不仅是一件民间雅事，更是一种时尚，已成为人们追求高品质生活不可或缺的一项活动。

（二）古代中国培育了无数争奇斗艳的奇花异草

在中国。花卉栽培的历史可以追溯到7000多年前的河姆渡时期，经过长时期的努力，培育了种类品种繁多的奇花异草，《诗经》中记载的就有梅、兰、木桃（贴梗海棠）、芍药、荷华、苕等众花卉，构成一个百花争艳、绚丽多彩的花的世界。

1. 牡丹

中国特产名花，有“国色天香”、“花中之王”的称誉，原产于中国北方地区，在中国已有1500～2000年的栽培史，目前秦岭和陕北山地野生品种尚有很多。成书于西汉年间的《神农本草经》中即已有以牡丹根皮制成的中药“丹皮”的记载。到隋朝时，牡丹已成为名贵的观赏花卉，当时已培育出飞来红、天外红、一拂黄、延安黄等优秀品种。唐代，牡丹进入皇宫，成为最为珍贵的花卉，而且由原来的单瓣在唐元和年间培育出了“重台花”，构成牡丹栽培史上的一个重要转折。由于社会对于牡丹的偏好及广为栽培，因此在当时的文学作品全唐诗中留下的牡丹之歌在其咏花之作中数量也是最多的，总量超过百首。诗人们各显其能，使出浑身解数，极尽其对牡丹的推崇、赞美之能事。其中艺术成就最高的当是白居易的《牡丹芳》。除此之外，还有刘禹锡的《赏牡丹》“惟有牡丹真国色，花开时节动京城”，徐凝的《题开元寺牡丹》“虚生芍药徒劳妒，羞杀玫瑰不敢开”等等。及至宋代，中原各地均栽有牡丹。南宋时，四川天彭牡丹栽种颇盛，品种已有近百种之多。宋代洛阳牡丹为全国名花，据《洛阳花木记》载，当时洛阳有牡丹109种，并培育出了“姚黄”、“缕金黄”等名贵品种，栽培之盛，可见一斑。明代，牡丹的栽培以亳州为最盛。据达尔文称“按照中国的传统来说，牡丹的栽培已经有1400多年了，并育成了200～300个变种”。牡丹是中国古代花卉栽培的一大突出成就。

2. 芍药

中国最古老的花卉品种之一。先秦时，因梅、兰、菊、牡丹等佳品尚未培育成功，故芍药为当时的第一名花。乃至唐代，芍药仍是“媚欺桃杏色，香奇倚罗风”（潘咸《芍药》）；“剪刻彤云片，开张赤霞裹”（元稹《红芍药》）。唐以后，牡丹大盛，芍药有所逊色，故有“世谓牡丹为花王，芍药为花相”之说。芍药栽培以宋代最盛，当时在苏皖一带曾广泛栽培，其中又以扬州芍药最为有名，与洛阳牡丹并称。据《扬州芍药谱》记载，当时当地栽培的芍药品种就有39种之多，仅红芍药就有冠群芳、点妆红、醉西施、瑞莲红、霓裳红、柳浦江、缀珠红等名贵品种。至明代，北京成为继扬州之后的又一芍药栽培中心。

3. 菊花

原产中国，在3000多年前即已有栽培。《夏小正》上已有“九月荼鞠（菊）”的记载。唐代，菊的栽培已相当普遍，并且在品种上除黄菊外，已培育出白菊、紫菊和少量红菊。到了宋代，艺菊技术已有很大的发展，以青蒿嫁接的方法已普遍使用，得以进一步培育出大量的新的品种。宋人著的《菊谱》，见诸于记载的就有五、六部。明清两代，菊的品种更多，明代《群芳谱》收录的菊花品种即已达270种之多。至清代《广群芳谱》记载的常见菊花已有300～400种。今天，中国的菊花已有2000多种，全世界的栽培菊花无一不是直接间接地传自中国。有人说，菊的性格冷烈，但却生得妩媚袅娜，特别是金黄的菊，叫人满眼纯净、神清气爽，又不挑拣土地，所以特别招人喜爱。这话确有道理。中国历史上的文人墨客对菊的评价是，“素萼迎寒秀，全英带霞香”（刘禹锡）；“素色不同篱下发，繁花疑自月中生”（李商隐），“暗暗淡淡紫，融融冶冶黄。陶令篱边色，罗含宅里香”（李商隐）。苏东坡怀里的菊盛得下满山的旷逸。李清照满地的黄花则是愁肠百结的瘦女子。而黄巢眼里的菊又是“满城尽带黄金甲”，把菊描述硬了。

4. 梅花

原产地为中国。中国的梅花大多分布在长江以南各地，人工栽培梅花至少已有3000～4000年的历史，《诗经》上即已有关于梅的记载。到西汉初年，中国已有重瓣梅花。据《西京杂记》载，当时上林苑植有同心梅、紫蒂梅等品种。南北朝时，扬州、南京成为著名的植梅地区。隋唐时代，植梅和咏梅之风大盛，不少文人雅士纷纷为梅作画、咏 诗、填词，对梅的品格神韵大加赞誉，为后人留下了无数流芳百世的诗词书画。在全唐诗中，有齐已的《早梅》，“万木冻欲折，孤根暖独回。前村深雪里，昨夜一枝开。风递幽香出，禽窥素艳来。明年如应律，先发望春台”；张谓的《早梅》，“一树寒梅白玉条，迥临村路傍溪桥。不知近水花先发，疑是经科雪未销”；以及罗邺的《早梅》，“缀雪枝条似有情，凌寒澹注笑妆咸”，等等。乃至北宋，植梅更为兴盛，新品种不断涌现。据宋代范成大的“梅谱”记载，当时梅有檀香梅、磬口梅、狗蝇梅等上中下三品，共十几个品种。当时江浙之梅名闻天下，苏州邓尉的“香雪梅”也始于宋代。今天，中国的梅花已有200多个品种，国内已有8个城市将其列为市花。

5. 荷花

又名莲花、莲、水芙蓉、荷、蓉等，古称荷华、夫渠、夫容等，中国传统十大名花之一，早在2800多年前中国即已由野生引为栽培，逐渐变成观赏花卉。莲属世界上只有两种，一种是莲，花为粉红或白色，分布在亚洲和大洋洲；另一种是美洲黄莲，花为黄色，分布在北美的东北部和南美的北部。原产地在中国的莲1种。人们对荷花的爱好、称颂，《诗经》、《楚辞》中即已有记载。春秋时期的器物上也经常铸有荷花花纹。汉代建筑的藻井上也多画荷花。南北朝后佛教在中国广泛传播，荷花图案更是大为流行，同时也促进了荷花的广为种植。据《花镜》、《群芳谱》的记载，当时荷花已有千叶莲、四面莲、并头莲、洒金莲、重台莲等20多个品种。因荷花而形成的大量杰出文学作品，如李白的

《古风》，“碧荷生幽绿，朝日艳且鲜。秋花冒始终如一水，密叶罗青烟”；李商隐《赠荷花》中的佳句“惟有绿荷红菡萏，卷舒开合任天真”；等等。中国目前的荷花分布极为广泛，东西南北中都有，尤其是长江南北，更是荷花盛产的地方，杭州西湖、武汉东湖、济南大明湖、南京玄武湖、湖南洞庭湖等，都是荷花之乡。

6. 兰花

又名山兰、幽兰、芝兰等，原产地为中国。中国是兰属植物的分布中心，早在春秋末期，越王勾践即已在浙江的诸山种有兰花。兰花栽培从唐代开始盛行，以至全唐诗中的咏兰之作为后人留下了不少的佳句甚至是千古绝唱，包括唐皇李世民的“春晖开紫苑，淑景媚兰场”（芳兰），无可的“兰色结春光，氛氲掩众芳”（兰），等等。及至宋代，兰花栽培更是大为发展，当时兰花品种已有紫兰和白兰二类共12种。宋人鹿亭翁编著的“兰易”，是中国最早的一种兰花专著。明清两代是兰花栽培的昌盛时期，出现了许多关于兰花的著述。

7. 玫瑰

又名徘徊花，原产地为中国华北。《西京杂记》中有汉武帝乐游苑栽有“玫瑰树”的记载，由此推断，中国最迟在西汉年间即已栽培玫瑰。后来又培育出碧色玫瑰、“两色浅深代”玫瑰等新品种，玫瑰不只是一种观赏植物，还可用于提炼香精，用于熏茶、酿酒和制作各种食品。

8. 水仙

又称“女史花”、“桃女花”、“金盛银台”，六朝人称之为“雅蒜”。在中国，早在1000多年前即已开始栽培。《南阳诗注》中载：水仙“本生武当山谷间”。按《尚书·禹贡》的说法，武当属于中国古九州中的荆州之域，所以人们推测水仙最初是在古荆州地区为人们所发现的。水仙在唐代即为人们所珍视，到宋代，水仙栽培已盛极一时，诗人词家争相竞作咏水仙诗词。中国水仙有复瓣和重瓣两种，宋代已有复瓣水仙。宋元时代，汀鄂一带一直是盛产水仙之地。至清康熙年间，漳州水仙还远涉重洋，大批出口。

9. 蔷薇

古称刺红、牛棘。在中国，人工栽培蔷薇最迟开始于汉代，已有至少2000年的栽培史。由于蔷薇“以锦如霞色，连春接夏开”，“朵朵精神叶叶柔，雨晴香指醉人头”（杜牧《蔷薇花》），到南北朝时，蔷薇即已大面积栽培。据史料记载，梁元帝萧绎酷爱蔷薇，他在竹林堂“有十间花屋，枝叶交映，芬芳袭人”。至唐代，蔷薇的栽培更是普遍，唐诗中有“凿断千家作一池，不栽桃李种蔷薇”之句，当时已开始用蔷薇提炼香精，制作香露。

10. 百合花

在中国，最迟在南北朝期间即已栽培。梁宣帝萧詧还曾为百合提过诗。现在欧洲栽培的百合花有些也是从中国移植过去的。

11. 茉莉

原产地为印度（一说原产波斯），汉代传入中国后在广东、福建、台湾及苏、杭、皖南等地均有广泛栽培，故有“茉莉名佳花亦佳，远从佛国到中国”之说。

（三）一个花园，没有中国的花木，就不配称之为花园

几千年来，中国驯化、培育出了许许多多的名花奇木，不但积累下了丰富的花卉种植经验，总结出了不少花卉文化艺术，为世界各国的园林建设，花卉业发展作出了无以替代的卓越贡献。

由中国驯化、培育的许多名花贵木，很早即开始传入其他国家。公元3世纪中国桃花传入伊朗；公元5世纪，中国的荷花经朝鲜传入日本；之后，相继传入日本的花卉还包括梅花、牡丹、菊花、芍药、山茶花等。中国花卉传入欧美国家的时间稍稍晚些，但最晚也不迟于公元10世纪前后。

从公元16世纪开始，欧美国家的植物学家先后纷纷来华，在中国的云南、四川、西藏等地采集花卉资源和标本。在此之后的二、三百年间，由外国植物学家从中国先后引走的园林植物即达数千种之多，其中北美从中国引种的园林植物就在1500种以上；

意大利引种的中国植物也有1000多种；荷兰有40%的园林植物来源于中国，美国加州的园林植物70%来自中国；英国爱西堡植物园，从各国收集而来的植物近万种，而原产中国的即有1500种以上，其中杜鹃属300种，报春花属40种，蔷薇属32种。至于日本的园林植物，源于中国的就更多了。

绚丽多彩的中国园林植物，不仅极大地丰富了各国园林植物的种类，而且对各国花卉及园林苗木育种工作也起到了重要的甚至是决定性的作用。鉴于中国园林花卉资源对于世界园林花卉的巨大贡献，西方国家的植物学家称中国是“世界园林”，“没有中国的花木，就称不上一个花园”，是恰如其分、当之无愧的。

二、 市花和国花：文化性格与风貌的象征

（一）中国市花知多少

市花，是一座城市地理状况、人文历史和城市特色的标志与象征，也是城市文化内涵和市容风光的一部分，更是所在城市居民精神和性格的重要展现。通过市花，既可以在相当程度上了解一个城市及其邻近地区的植被分布、气候特征和自然概貌，也能够从某个侧面窥探出所在城市及地区的文化传统与审美观念。市花的评选、培育、欣赏和利用，对于丰富花卉文化，促进花卉业的发展，具有十分重要的意义。

中国省、地、县三级城市（包括县城）现有2600个左右，其中已评出市花的城市193个，大部分是省和地级城市，所涉花卉绝大部分都是香花，而且同一种花卉被多个城市评为市花的情况普遍存在，如月季被52个城市评选为市花。其他被多个城市评选为市花的，还有杜鹃（21个城市）、桂花（14个城市）、山茶花（12个城市），石榴、梅花、菊花、荷花（分别为10个城市）等等。中国部分城市的现有市花评选结果如下表15～1所示。

表15-1　中国部分城市的现有市花一览表

省名	城市名	市花	省名	城市名	市花
北京	北京	月季、菊花	辽宁	阜新	黄刺玫
天津	天津	月季	吉林	长春	君子兰
上海	上海	白玉兰		吉林	大丽花
辽宁	沈阳	玫瑰		延吉	杜鹃花
	大连	月季		延边	玫瑰花
	锦州	月季	山东	枣庄	石榴
	辽阳	月季		德州	菊花
	丹东	杜鹃		曲阜	兰花
	抚顺	玫瑰		莱州	月季
河北	石家庄	太平花、月季		荣成	杜鹃
	张家口	大丽花	山西	太原	菊花
	承德	玫瑰		长治	月季
	沧州	月季	陕西	西安	石榴、月季
	邯郸	月季		延安	牡丹
	廊坊	月季		咸阳	紫薇
	邢台	月季		汉中	栀子花
	保定	兰花、菊花	青海	西宁	丁香
	辛集	月季		格尔木	红柳
河南	郑州	月季	宁夏	银川	玫瑰
	开封	月季、菊花		石嘴山	月季、丁香
	洛阳	牡丹	新疆	乌鲁木齐	玫瑰
	南阳	桂花		奎屯	玫瑰
	许昌	荷花	安徽	合肥	桂花、石榴
	商丘	月季		马鞍山	杜鹃、桂花
	新乡	石榴、月季		芜湖	茉莉、月季
	驻马店	石榴、月季		巢湖	菊花、杜鹃
	安阳	紫薇		阜阳	月季
	三门峡	月季		安庆	月季
	信阳	月季、桂花		淮安	月季
	焦作	月季		蚌埠	月季
	淮阳	月季		淮南	月季
	平顶山	月季		淮北	桂花、蜡梅
	漯河	月季		铜陵	桂花、牡丹
	鹤壁	迎春花		黄山	桂花
	鄢陵	蜡梅	江苏	南京	梅花
黑龙江	哈尔滨	紫丁香		无锡	梅花、杜鹃
	佳木斯	玫瑰		南通	菊花、桂花
	伊春	兴安杜鹃		扬州	琼花
内蒙古	呼和浩特	大丽花、丁香		苏州	桂花、梅花
	包头	小丽花		镇江	蜡梅、杜鹃
山东	济南	荷花		连云港	石榴
	菏泽	牡丹		常州	月季
	青岛	月季、茶花		淮阴	月季

省名	城市名	市花	省名	城市名	市花
山东	济宁	荷花、月季	江苏	宿迁	月季
	威海	月季、山茶		徐州	紫薇
甘肃	兰州	玫瑰		泰州	月季
江西	南昌	月季、金边瑞香		张家港	菊花
	九江	云锦杜鹃	广东	佛山	玫瑰、月季
	吉安	月季、杜鹃		汕头	凤凰木
	鹰潭	月季		中山	菊花
	景德	山茶		梅州	梅花
	新余	杜鹃花、月季		惠州	三角花
	井冈山	杜鹃		深圳	三角花
	瑞金	瑞香		湛江	洋紫荆
浙江	杭州	桂花		珠海	杜鹃、三角花
	嘉兴	杜鹃花		肇庆	鸡蛋花、荷花
	绍兴	兰花		江门	宝巾花
	温州	山茶		韶关	杜鹃
	宁波	山茶		广州	木棉花
	余姚	杜鹃	湖南	长沙	杜鹃花
	金华	荷花		湘潭	菊花
福建	福州	茉莉、水仙		岳阳	栀子花
	泉州	刺桐花		常德	栀子花
	三明	杜鹃花		衡阳	月季、山茶
	龙岩	山茶、兰花		株洲	红木
	南平	百合花		邵阳	月季
	厦门	三角花、茉莉		娄底	山茶、月季
	漳州	水仙	四川	成都	木芙蓉
	惠安	宝巾花		攀枝花	木棉
湖北	武汉	山茶、梅花		泸州	桂花
	鄂州	梅花		德阳	月季
	丹江口	梅花		自贡	紫薇
	黄石	石榴		西昌	月季
	十堰	石榴、月季		广元	桂花
	沙市	月季、广玉兰		乐山	海棠花
	孝感	荷花		内江	栀子花
	恩施	桂花、月季		彭州	桂花
	宜昌	月季	台湾	台北	杜鹃花
	襄樊	紫薇		新竹	杜鹃花
	荆门	石榴		台东	蝴蝶兰
	老河口	桂花		基隆	紫薇
	洪湖	荷花		高雄	朱槿
	随州	月季		台中	木棉
云南	昆明	云南山茶		台南	桂花、凤凰木
	玉溪	扶桑		嘉义	玉兰
	大理	高山杜鹃		宜南	兰花
	东川	白玉兰		桃园	桃花

省名	城市名	市花	省名	城市名	市花
云南	保山	兰花	台湾	彰化	菊花
贵州	贵阳	兰花、紫薇		南投	梅花
西藏	拉萨	玫瑰		屏东	叶子花
香港	香港	紫荆花		花溪	荷花
澳门	澳门	荷花		花莲	荷花

（二）国花：国家和民族的象征

国花，往往是一个国家和民族的象征，它反映一个民族的价值观、审美观和文化传统，也反映一个国家的植被分布规律及自然面貌状况。全世界200多个国家和地区，目前已有100多个国家选定了自己的国花。

从已定国花国家所选定的国花情况看，大多数国家的“国花”是名副其实的观赏花卉，但也有以木本树木作为“国花”（实际上是“国树”）的国家，如以色列和希腊就以油橄榄、塞内加尔以猴面包树、澳大利亚以金合欢、桉树作为自己的“国花”。

有些国家的国花与其所处的地带有一定的关系。热带地区为高温高湿的雨林地带，这里的植物具有自己的很多特点，附生植物极为丰富，而附生兰的种类更是繁多。这些热带兰花大色艳，绚丽多彩，构成了雨林中特有的“空中花园”，因此，这一地区的巴西、哥伦比亚、萨尔瓦多、新加坡等不少国家即以热带兰为国花。

旅人蕉产在非洲热带雨林中，不但株形优美、花朵奇特，还能为旅游者提供饮水解渴之需，故此，被马达加斯加奉为国花。

非洲大陆还有因干旱气候造成的热带稀树草原地区，由于猴面包树是适应这种气候的典型树种，其茎内贮藏着大量的水分，其果烤食具有面包的风味，深受当地人的喜爱，因此，被塞内加尔选为国花。

亚热带地区的植被分为绿林带和亚热带荒漠区。墨西哥是亚热带荒漠的典型地区，其植被的代表种类是仙人掌类，其果实和嫩茎是可口的蔬菜和水果，所以墨西哥把仙人掌选作自己的国花。

油橄榄是地中海气候的典型植物，其果实的含油率高，几乎不含胆固醇，是当地人食用油的主要来源，同时它还是胜利、和平和智慧的象征。希腊、以色列种植的油橄榄最多，因此被它们选定为国花。

寒温带气候寒冷，草本植物是主要植被，因此这一地区的国家多选择草花为国花，如芬兰以铃兰、俄罗斯以向日葵为国花。

另外，也有的国家将具有某种特殊意义的花卉或植物选定为国花的。如第二次世界大战期间，1944～1945年冬季，荷兰发生严重的饥荒，很多人以郁金香的球根充饥，渡过了难关，后来荷兰人就将郁金香定为国花

世界部分国家的国花如下表15～2所示。

表15-2　世界国花（部分）概览

洲别	国名	国花	洲别	国名	国花
	日本	樱花、菊花		俄罗斯	向日葵
	印度	荷花、菩提树		波兰	三色堇
	伊朗	大马士革月季		罗马尼亚	狗蔷薇
	以色列	油橄榄、银莲花		捷克	石竹、椴树
	朝鲜	金达莱		斯洛伐克	石竹、椴树
	韩国	木槿		匈牙利	天竺葵
	黎巴嫩	雪松		保加利亚	玫瑰、突厥蔷薇
	孟加拉	睡莲		比利时	虞美人、杜鹃花
	巴基斯坦	素馨		奥地利	薄雪花
	菲律宾	毛茉莉		丹麦	蓬蒿菊
	叙利亚	月季		英国	狗蔷微
	土耳其	郁金香		芬兰	铃兰
亚洲	缅甸	龙船花	欧洲	希腊	油橄榄
	印度尼西亚	毛茉莉		卢森堡	月季
	伊拉克	红月季		挪威	欧石楠
	老挝	鸡蛋花（缅栀）		葡萄牙	熏衣草、雁来红
	尼泊尔	杜鹃花		瑞典	白蜡树
	沙特阿拉伯	玫瑰、金枣		圣马力诺	仙客来
	马来西亚	扶桑		法国	鸢尾
	斯里兰卡	荷花、睡莲		意大利	雏菊、月季
	泰国	睡莲、素馨		列支敦士登	黄百合
	也门	咖啡		摩纳哥	康乃馨
	新加坡	万代兰		西班牙	康乃馨
	柬埔寨	杏		瑞士	薄雪草
	越南	竹子		荷兰	郁金香

洲别	城市名	市花	洲别	城市名	市花
亚洲	不丹	兰花、绿绒蒿	欧洲	德国	矢车菊
	阿富汗	郁金香		爱尔兰	白三叶草
	阿联酋	孔雀草		梵蒂冈	地中海百合
非洲	埃及	睡莲		马尔他	矢车菊
	刚果	桃花心木	大洋洲	澳大利亚	金合欢、桉树
	肯尼亚	兰花		新西兰	桫椤、四翅槐
	利比里亚	黑胡椒		斐济	扶桑
	加纳	海枣	北美洲	加拿大	糖槭
	摩洛哥	石竹		美国	红月季
	南非	帝王花		墨西哥	仙人掌、大丽花
	塞内加尔	猴面包树		危地马拉	白兰花、爪哇木棉
	加蓬	火焰木		萨尔瓦多	丝兰
	利比亚	石榴		洪都拉斯	康乃馨
	塞舌尔	凤尾兰		尼加拉瓜	百合
	马达加斯加	旅人蕉、凤凰木		哥斯达黎加	卡特兰
	塞拉利昂	非洲油椰		巴拿马	鸽子兰
	坦桑尼亚	丁香、红月季		古巴	百合、野姜花
	突尼斯	素馨		牙买加	愈疮木
	尼日利亚	长绒棉		海地	王棕、刺葵
	埃塞俄比亚	海芋		多米尼加	桃花心木
	阿尔及利亚	夹竹桃、鸢尾	南美洲	哥伦比亚	卡特兰、咖啡
	苏丹	扶桑		委内瑞拉	热带兰
	赞比亚	叶子花		厄瓜多尔	白玉兰
	津巴布韦	嘉兰		秘鲁	向日葵
				智利	野百合
				阿根廷	赛波花、刺桐
				巴拉圭	西番莲、茉莉
				乌拉圭	山楂

三、花卉农业：快速崛起、前景广阔的新兴产业

（一）发展中的中国花卉业

自20世纪80年代以来，花卉业作为一个具有明显特色的新兴农业产业，引起了世界各国的关注和兴趣，使之在世界范围内快速崛起，成为最具活力的产业之一。国际花卉业的快速发展，特别是欧美国家花卉市场需求的不断扩大，为中国花卉产业的发展带来了千载难逢的空前机遇。

近十几年来，中国花卉产业蓬勃发展，据不完全统计，到1998年，全国花卉种植面积即已达9.1万公顷，年产鲜切花20多亿

支，盆花11亿盆，花卉消费需求以年均增长20%以上的速度上升。2004年，全国花卉种植面积扩大到64万公顷，年销售额431亿元人民币，占当年全国农业（种植业）产值的2.38%；2005年，全国花卉种植面积进一步扩大到81万公顷，占当年全国农作物总播种面积的0.52%，高出麻类作物种植面积的1.4倍。目前，全国花木交易市场1000个左右，各种类型的花店上万个，年花卉产值平均以15%左右的速度递增，是中国发展最快的农业产业部门之一。与此同时，还呈现出以下方面的突出特点：

1. 花卉生产结构发生重大变化

20世纪80、90年代，中国花卉生产基本上由盆花及园林苗木生产一统天下，近年来这种情况得到明显改变，适销对路、高经济效益的鲜切花、观叶植物和草坪等迅速发展。中国先后引种了一大批优质切花品种，包括唐昌蒲、月季、菊花、香石竹、非洲菊等世界著名的五大切花和其他切花新秀以及小型切花。在盆花方面，由中低档次的仙客来、瓜叶菊向中高档次的郁金香、百合、牡丹、比利时杜鹃等发展，等等。

2. 花卉生产的区域布局趋于完善

在加强国内培育和从国外引进大批优良花卉品种的同时，中国花卉业的批量定点生产方式开始形成并发展，规模化的花木和种苗生产基地不断建立，花卉生产的经济、合理的区域布局逐渐完善，一批花卉行业及企业的规模也在不断扩大，并呈强劲态势。

3. 花卉科研教育事业迅速发展

近20年来，中国花卉行业的科学研究及教育事业发展迅速。除生产单位外，先后有200多个园林花卉科研和教学单位进行了花卉方面的科学研究与相关技术的试验发展，内容包括：新品种的引种和选育，传统名花的商品化研究、商品盆景的标准化、规模化技术研究与推广、无土栽培、生物技术、无毒种苗繁育、野生花卉资源的开发利用，等等。

在花卉教育方面，为适应花卉业生产与经营对高素质花农花工及花卉销售人员的要求，各种各样的技术培训班和证书班等如同雨后春笋般地兴办，一些大专院校也先后办起了三年制和四年制的园林花卉专业，并已有多批专、本科及研究生毕业进入园林花卉行业从事生产技术、经营管理和科研及教学工作，使花卉业的生产技术与经营管理水平得到明显的改进和提高。

4、形成了专业性的宣传媒介体系

中国花卉产业在生产、经营、科研及教育事业等方面快速发展的同时，相关的专业性报刊杂志等也相继涌现，除全国性的外，有些省市也办有地方性的宣传交流媒介。这些报刊杂志在宣传引导、信息传递、技术传授、科学普及、经验交流等方面，进而在促进花卉生产与经营方面发挥了重要作用，如《中国花卉报》、《中国花卉盆景》杂志等优秀报刊所发挥的重要作用都是其他手段所无法替代的。

（二）中国花卉业发展的优势及其前景

中国花卉业的发展有着独天独厚的诸多优势，主要是：

1. 组合良好的生态资源

中国幅员辽阔，纵跨热带、亚热带、温带等多个气候带，再加以地形、光照、降雨等自然资源的多种组合与多变所构成的多样化的农业生态类型，特别适合多种类型的花木得以在合宜的条件下种植和生长发育，使花卉生产的天然资源得到最为充分、合理的利用，通过适时、适地的栽培与护养，以最小的投入获取较高的收益。

2. 丰富的花卉种质资源

中国是世界上最大的种质资源库，是园林植物资源和野生花卉资源最为丰富的国家。全世界高等植物35万种，而中国就有3万多种，其中有观赏价值的约占1/6以上，名列世界前排。目前世界各国的名贵观赏花木，大多原产于中国。例如，具有重要观赏价值的杜鹃花，全世界800余种，中国即有650多种，占世界总量的3/4；再如山茶花，全世界山茶属220多种，中国产的195种，占世界总数的近90%，世界山茶花品种3万多个，其中具有观赏价值的只有1000多个，而中国即有800多个，在中国云南，山茶花不仅种类多，而且名优品种也多。在其他名花中，中国拥有的品种数量，梅花300多个，牡丹600多个，荷花200多个，菊花更是高达3000多个。中国是多种名花的故乡，享有“花之都”美誉的美国加利福尼亚洲，70%的花木的原产地在中国。世界花卉出口第一大国荷兰，其花木的40%也是原产于中国的。丰富的花卉种植资源，是中国花卉业发展不可多得的重要优势。

3. 前景可观的潜在市场

近十几年来，中国花卉业虽然发展迅速，生产量不断增加，但中国的花卉消费水平同世界发达国家相比较却仍然处于低水平的落后状态。以鲜花消费为例，目前发达国家的年人均鲜花消费量，荷兰达150支，法国80支，美国也达30支，而中国城镇人口人均仅10支不到，加上农业人口全国人均还不到4支。随着城乡居民经济收入水平的快速提高和人们生活消费结构的不断改进与提高，全国人均年鲜花消费量达到美国的1/3，即人均10支，全国全年的鲜花消费总量即达130多亿支。中国国内花卉消费的市场潜力与发展前景是十分可观的。

4. 优质的劳动力资源

中国人口众多，全国目前13亿多人口，60%～70%生活在农村，这种情况在一个相当长的历史时期内都难以有根本性质的改变。农民占多数，是中国的一种常态。中国劳动力不仅数量巨大，而且劳动力成本也低，花卉业发展所需要的人力资源易于解决并满足，因此，生产成本低，有助于其市场竞争能力的有效提高。

5. 源远流长的花卉文化资源

经济与文化密切相关。任何一种经济活动，实质也是一种文化活动，并有赖于文化的推动与促进。中国花卉栽培历史源远流长，花卉栽培的发展，不仅丰富了人们的物质与日常的精神生活，陶冶人们的情操，同时也推动了中国花卉文化的不断发展。在中国5000多年的文化史中，有关花卉的学术专著和诗、词、散文、随笔等文学作品层出不穷，人们爱花、种花、护花、赏花已成为一种代代相传至今的历史传统。截止到20世纪末，中国有166

个大中城市选定和命名了自己的市花，涉及花木42种，各地、城市以花为媒，每年举办各种各样的花卉节日，比较有名的有梅花节、桃花节、牡丹花节、桂花节、荷花节、茶花节、月季花节等。有些中小城市也往往结合其花卉资源优势定期或不定期地举办各目不同的花卉节、展示会、赏花会等。浓郁的花卉文化传统及其活动的广泛、深入开展，能够不断有效地推动和促进花卉业的进一步发展。

四、中国花卉农业发展目标与措施

（一）政策与目标

1996年，国务院八部委联合下发的《全国花卉业“九五”计划》，曾把花卉业发展的指导思想规定为：“应进一步强调以市场为导向，以科技为动力，以质量为核心，以效益为目标”，坚持“稳步、调整、提高、增效”的发展方针。

中国花卉业的发展目标是：

（1）加强育种和新品种的引进工作，提高优质种球、种苗生产的供应能力，主要品种的生产常用种供应基本实现自给。

（2）世界五大切花和其他切花新秀的生产品种配套齐全，品质明显提高，大城市实现均衡上市，长年供应。

（3）重视并增加各类观花、观果、观叶等盆栽花木的生产与供给，力争做到品种多、质量高、长年供应。

（4）继续提高商品盆景的内涵与质量，努力向商品性和艺术性并重的方向发展，提高商品盆景的市场开拓及竞争能力。

（5）积极开发、利用野生园林植物与花卉资源，努力培育出具有国际竞争能力的名、特、珍、稀、优新品种。

（6）适应城市生态文明和精神文明建设即环保、绿化、美化的需要，大力发展观赏、垂直绿化用苗木、草坪、攀援花草和宿根花卉等。

（7）大力发展具有中国特色的干花系列制品，不断提高干花的工艺水平和造型艺术水平，积极向国外市场推销。

（8）稳步发展药用、食用和工业加工用等“一物多用”的花卉生产，拓宽花卉生产的适用范围及目标，提高其投入产出的经济效益。

（9）重视并保障花卉栽培用肥料、植保药物、工具、器皿、基质等各个方面配套产品的生产与供给，并努力实现种类齐全、保证质量、价格合理、购买方便。

（10）提高并保证花木流通的质量与效率，切实解决花木流通过程中出现的各种问题，建立花木流通的高效运营体系及其机制。

（二）花卉生产基地建设

花卉业的发展，重视并搞好花卉生产基地建设特别重要。花卉生产基地建设与发展应注意重视以下问题的有效解决：

1. 选址与品种的有效配置

花卉生产基地的建设地点，一般应符合或充分考虑以下方面的基本条件：

（1）交通方便或比较方便，人员及车辆容易进出。

（2）自然气候条件适合目标花卉的栽培要求，包括空气流通、光照是否良好，水分是否充足，旱季灌溉、雨季排涝是否方便，气温及土壤酸碱度等是否适合等等。

（3）远离污染源，如工厂、煤窑、矿山等等。

在品种配置方面，根据选好的生产基地，按照其地形、光照、气温、降水等方面的条件，“因条件制宜”地进行种植。例如，在土壤偏酸且又无法改造的地带，就不宜种植忌酸性的花木，地表肥力高的地方，适合种植耐肥的桂花、黄杨、银杏、苏铁等花木；气温高的地带适宜种植耐热花木，气温低的地方应种植耐寒花卉；干旱的地方可种植松树类植物，潮湿的地方宜种植柏树类树木；光照充足的地方应种植喜阳的花木，光照较差的地方可种植耐阴的花木，等等。

2. 突出地方特色

市场竞争，说到底是产品质量、产品特色（即差异性）上的竞争，中国花卉量最大的是牡丹、国兰、青枫等品种，这些花卉之所以能够为外国人所喜欢，就是因为它们具有中国特色。广西桂林给外来游客留下的深刻印象，除青山秀水外，成片的桂花也是一个极重要的方面。江苏的盆景出口占其整个花卉出口总量的50%以上，个中缘由便是花卉种植与艺术创作相结合，充分展示出其鲜明的个性化特色。花卉生产基地的建设与发展，必须结合当地自然及社会文化等方面的条件，培育自己的品种，创造自己的个性化地方特色，否则，就难以在激烈的市场竞争中形成其旺盛的生命力及市场活力。

3. 形成合理的生产结构

一是生产的档次结构。按照“立足中档、眼望高档、附带低档”的基本原则，形成花卉生产的“低、中、高”有机结合的档次结构。花卉生产，低档次的花卉品种数量多、繁殖及生长快、栽培广、普及率高，而高档次的花卉则多为数量少、繁殖及生长慢、成型难、栽培率低的一些稀有品种。当前的花卉市场，高档次的花卉通常是有价无市，而低档次的花卉则是有市而无价（即价格低廉）。从长远看，随着城乡居民收入及其生活水平的提高和生活消费观念及方式的改变，人们对于花卉的品位要求必然不断提高，中、高档次的花卉需求必然不断扩大，花卉生产基地的建设与发展应当充分考虑花卉市场的这一变化动向及其趋势，使花卉生产的当前适应性与长远的稳定性和可持续性有效结合，协调推进。

二是生产周期结构。按照“以短养长，滚动发展”模式，实现短期项目与长期项目的有机结合，协同发展。不同花卉的生产周期往往各不相同。草本花卉如菊花、月季、玫瑰、郁金香、绣球、海棠、唐昌蒲、非洲菊、百合、金鱼草、大丽花、康乃馨、天竺葵、马蹄莲、花烛、千日红、鸡冠花、指甲花等等，栽植几个月或一两年即能上市，可根据时令需求进行种植，具有投资少、见效快、效益好，并且易形成规模，可人工控制花期以适应市场需求等突出优点。而木本花卉如桂花、梅花、茶花、牡丹、杜鹃花、迎春花、玉兰、发财树、石榴、茉莉等等，生产周期较长，难于获得快捷的经济效益，但种植此类花木市场相对稳定，风险较小，若有一定的经济实力，也不失为一种理想的投资方式。

三是产品用途结构。在当前及今后一个相当长的时间内，中国城市建设的重要目标之一，是实现人与自然的和谐相处，城市园林化。适应城市建设的这一要求，花卉生产应当重视并注意能够绿化和香化城市环境的园林花卉品种与城市室内和阳台装饰用花卉的发展相结合。

4. 重视新品种和优良品种的培育与发展

品种落后、档次不高，是中国花卉业当前存在的突出问题之一。为此，花卉生产基地必须重视优良品种和新品种的培育、发展以及新奇花卉的引种、推广，通过有效途径发现、育成或引进一些形色、形味、色味俱佳，生活条件要求不高，便于管理、抗病抗逆能力强、适应性广、运输方便的花卉品种。

5. 提高花卉生产的集约化与专业化水平

生产温室化、工厂化、专业化与集约化是花卉业发展的必由之路。在大型特大型城市郊区，应当致力于建设生产设施、环控及栽培工艺技术先进的现代化、专业化程度高的花卉生产基地，主要生产高档次的花卉，以适应城市高消费及花卉出口的需要；在中小城市郊区，按照现代化生产基地和一般保护地以及裸露种植基地相结合的原则进行建设，以满足当地不同层次的花卉消费需求和对外地区销售的市场需求。而在一些地理条件优越、气候适宜的地区，则可致力建设高度专业化的花卉生产基地，包括优质种球种苗生产基地、鲜切花生产基地、盆栽花卉生产基地、各类盆景生产基地等等，通过多种途径发展优势产品。

（三）健全花卉销售市场

具体措施包括：

1. 加强信息的收集、传递与交流

及时了解、掌握国内外花卉生产与消费的动态趋向、供需状态、价格、品种、科技进步等方面的信息，是实现花卉销售的必备前提，是健全花卉销售市场的一个重要方面。应该考虑通过多种途径建立手段完善、功能齐全的花卉信息管理系统，实时传递有关花卉生产与销售的各种信息。

2. 重视花卉产地市场建设

在花卉生产的集中地或主产区，建立具有一定规模的花卉专业市场和批发市场，以促进花卉生产和销售的发展，逐步形成产、供、销一条龙、特点突出、功能及服务完善的生产销售网络。

3. 拓展销售通道

花卉销售的主要办法及方式包括：（1）批量出售给花商，然后进入花卉市场；（2）消费者直接到生产地选购；（3）花卉生产商或其合作伙伴承包城市园林绿化工程；（4）生产者或经营商自己开办花卉零售机构；（5）开展花卉租赁和送花上门服务工作。由于花卉出租送花上门服务是花卉业最具潜力与前途的销售发展方向之一，因此，应该引起足够的重视。

4. 强化法制建设，保护各方的合法效益

花卉的生产、销售与消费不同于一般农产品，为有效保护花卉生产、销售与消费各方当事人的合法权益，促进花卉业的顺利发展，应切实加强花卉行业的法制建设，包括：（1）制定和完善花卉生产与销售方面的法规及管理办法，使花卉业的发展有章可循、有法可依；（2）加大花卉市场的监管力度，建立有效的生产与销售监督机制及投诉机构，及时解决花卉交易过程中可能出现的各种问题；（3）规范花卉的价格形成机制和相关服务的内容及办法，确保花卉生产商、经销商和消费者利益的有效实现。

中　国　学　术　思　想　库

Library of Chinese Academic Thought

学术顾问：纪宝成　程天权

环城农业

中国城市农业问题发展研究

(下)

朱乐尧　周淑景　著

中央编译出版社
Central Compilation & Translation Press

目 录（下卷）

第16章 环城果业：追求卓越，再创辉煌

第17章 现代养殖业：突破资源限制，增加食品总量

第18章　休闲服务农业：体验经济时代的重要产业

第19章　观光农业：有望改写农村经济史的产业

第20章　农产品加工业：环城农业发展的重要支撑

第21章 农业物流：使农产品市场运转的重要环节

第16章　环城果业：追求卓越，再创辉煌

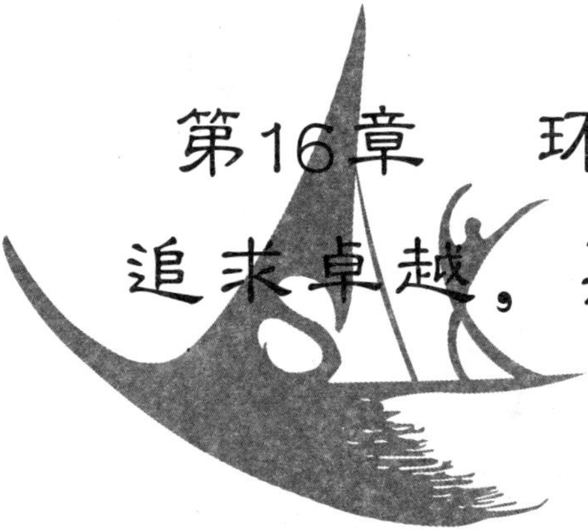

第16章 环城果业：追求卓越，再创辉煌

一、中国水果生产与消费的历史进程：稀缺已成为过去

（一）中国水果消费从奢侈到普通到必需

水果，在过去相当长的一个时间里，对于大多数中国人来说，基本上是属于那种可望而不可及的食品。那时苹果在南方、桔子在北方，都是稀世珍品，是稀罕之物，远非是一般人所能消费的。笔者1965年从偏僻的小山村进入县城读初中，在县城第一次见到产于北方的苹果和家乡南岭以南热带地区的香蕉。听人说，苹果、香蕉味道香甜，远非家乡当地产桔子、柿子、梨、李子和桃子等一类水果所能够与之相比拟的。但在县城上学三年，我也始终未能如愿一尝苹果和香蕉的滋味。就是在相识的众多同学之中，尝过苹果和香蕉等外地水果的，也只是极个别的一二位而已。记得当时县城的苹果售价大约为0.4～0.6元/500克，相当于当时2.0～2.5千克大米的价格；香蕉0.3～0.4元/500克，相当于1.5～1.75千克大米的价格。就是当地产的应时水果，从一年之中成熟最早的枇杷，到夏季的桃子、李子、梨、再到秋、冬天的柚子、桔子和柿子等，除自家产的，也只是在极个别情况下会在市场上偶然购买一、二次尝个鲜，在当时经济、社会条件下，毕竟水果类食品还不是人们生活所必需的。因此，水果的生产量也十分有限。20世纪50年代，中国全国人均水果占有量不过4～5千克，直到1980年，中国的人均水果占有仍不过7千克。

或许是应了“奢侈的本性就是变动”这样一句俗语，奢侈的表现总是因时代、因国家或文明而异，不可能一经认定就永远不变。奢侈不只是稀、奇、新的物品，代表某种虚荣心和令人艳羡

的成功标志，也是穷人有一天也能够实现的梦想。这种梦想一旦实现，奢侈就会黯然失色。欧洲一位历史学家说过："某种稀有的、长期可望而不可及的食品一旦为大众力所能及，消费便会骤增，好比长期受到压抑的食欲突然爆炸。这种食品一经普及，很快就丧失魅力……形成某种饱和局面"（Dr.Jean Claudian，1964）。水果就属于这样一种食品。

在今天的中国，水果作为一种食物早已成为普通的必需而非多余。

根据中国城镇居民家庭抽样调查资料显示，全国城镇居民家庭的人均年干鲜瓜果类消费支出已从1996年的117.7元人民币增加到2006年的240.2元，占人均年食品消费支出的比重，由6.18%上升到7.71%，增加1.53个百分点，每年平均增加0.15个百分点。同期，全国城镇居民家庭人均年肉禽蛋水产品类食品消费支出占食品消费支出比重，由1996年的29.96%上升到2000年31.02%的历史最高峰之后，便开始下降，到2006年已减少到26.23%，六年间比重减少4.8个百分点；人均年蔬菜类食品消费支出占食品消费支出的比重，从20世纪90年代中期开始变小，由1996年的10.85%减少到2000年的9.75%，之后，各年基本稳定在9.4%～9.6%之间。水果类食品消费的不断增加及其对肉类、蔬菜类食品消费的有限替代作用，由此可见。

（二）中国水果生产得天独厚的种质资源

中国已是当今世界名符其实的水果生产超级大国，2005年，中国水果总产量占世界总量的17.36%，为同年水果生产位居世界第二的印度和第三巴西的1.88倍和2.50倍，高于当年欧洲所有国家水果总产量的11.5%、北美洲的44.2%和南美洲国家的24.6%。

中国水果生产的发展条件可谓是得天独厚。历史上的中国即是世界水果生产的重要中心之一。世界上三个最早最大的水果原生地，除南欧外，就是中国华北、华南及其毗邻地区。以华北为中心的原生种群，包含许多重要的温带落叶果树，如桃、中国李、杏、中国梨、柿、枣等，分布在长江以南的常绿果树，包括柑桔、橙、柚和龙眼、荔枝、枇杷等，有些不只是原产中国，而且直到现在还是中国的特产。这些原产于中国的果树，目前已多数被推广到了世界各地。

桃，原产中国西北部，是中国最为古老的栽培果树之一，大约在三、四千年前即已受到人们的广泛重视，并开始栽培。《诗经》中即有“桃之夭夭，灼灼其华”生动描述桃树开花结果情况之句，古籍《尔雅》中则有“旄，冬桃”，“ 桃，山桃”的记载。其他文献如《礼记》、《左传》等有关于桃的记载就更多了。至秦汉年间，桃已培育出多个品种。著于公元533～544年间的《齐民要术》一书中，即已有关于桃的特性、栽培技术等方面比较详尽的记载，证明当时的桃树栽培技术已经相当发达。大约在公元前一到二世纪，桃先由中国西北经中亚传入印度、波斯，再由波斯传至希腊，以后再播迁到欧洲各国。19世纪后半期，日本、美国等引种中国的水蜜桃和蟠桃，并以此为基础培育出了许多新的品种。

李，是中国很早即已广泛栽培的一种果树，也作为观赏植物种植。在发掘江陵凤凰山西汉墓过程中，就曾发现李核，说明中国在此之前即已有李树栽培。

杏，源于中国北方、西北和东北，以及蒙古东部和西伯利亚地区，整个杏属植物的原生种均起源于中国。《夏小正》中即有“正月，梅杏杝桃则华。四月，囿有见杏”的描述，是关于杏的最早记载。古代希腊、波斯栽培的杏，均由中国传入。

樱桃，中国栽培樱桃的历史至少可追溯到春秋战国年间，因为在发掘的战国墓葬中已发现有樱桃。

柰，原产地在甘肃、河西走廊和新疆一带，是从林檎中发展出来的变异类型。古代所谈的柰，包括今天的苹果、沙果（沙红）、海棠果（红果）等。大约在南北朝时，柰中已出现红色的品种，北方人称之为频婆果，中国原产的小苹果（如花红等）即由它逐渐培育而成，在明代王象晋编辑的《群芳谱》中正式称之为“蘋果”。现在广泛栽培的大苹果，是在19世纪末从国外传入中国的。

梨，原产地大部分在中国。《诗经·晨风》中“山有苞棣，隰有树檖”、“召之甘棠，秦之树檖”，其中“甘棠”、“树檖”即是野梨，说明早在3000年前，中国的古人即已注意到了野生梨的利用，至三国时，已培育出了“大如拳，甘如蜜，脆如菱”（《初学记》卷二十八引魏文帝诏）的优良品种，即现在的鸭梨或雅梨。

枇杷，是中国的一种特产果树，自古即被视为一种珍贵树种。云贵高原、广西北部、湖北和四川中部及西南部是中国枇杷栽培的原产地。枇杷在7世纪的唐代曾传往日本。

杨梅，江、浙、粤特产，在汉墓遗存中曾发现杨梅。

葡萄，一般认为是张骞通西域后传入中国的，其实中国在史前时期即已开始栽培葡萄，《诗经·豳风》中的“薁”（音“郁”）即是中国原生葡萄的古称“蘡薁”。

枣，在中国的栽培很早时即已遍及全国，河南新郑裴李岗新石器遗址、湖北江陵的秦墓和汉墓中都曾发现有保存完好的枣干果。

柑桔，作为一类果树的综合名称，包含了很多的种、变种和栽培品种。经济意义较大的有甜橙、桔、柚和柠檬4种。除柠檬外，其余3种均原产于中国。中国栽培柑桔类果树的历史可以上溯到四、五千年前的新石器时代，周代即已成为贡品，《尚书·禹贡》中就有“厥色桔柚锡贡”的记载。到汉代，桔柑类果树即已得到大规模的种植，《史记·货殖列传》上说，“蜀汉江陵千树桔”，收入可与“千户侯”相匹敌。后来宋代韩彦直写成了世界史上第一部有关柑桔的专著《桔录》。在中国文学史上，以桔为题材的文学杰作，从《楚辞·桔颂》开始，不胜枚举，足以说明柑桔类果树在中国经济社会生活中的重要地位。1545年中国甜橙第一次引种到里斯本，进入欧洲。之后，西方各国便开始大量种植，并逐步传播到世界各地。

荔枝，系中国南方原产常绿果树，也有着悠久的栽培史。《汉书》、《三辅黄图》、《南方草木状》均有对荔枝的记载。

龙眼、椰子、香蕉、橄榄、无花果等水果在中国古代也早有栽培。另外，在各个不同的历史时期，还从国外先后引入了石榴、脐橙、菠萝等果树品种，并得到广泛栽培。

（三）快速崛起的中国水果产业

中国水果生产近30年来以空前的速度快速增长与发展，其特点为：

1. 农业大宗产品中增长最快的一个农产品生产部门

1980年，中国水果总产量679.3万吨，占世界水果总量的2.35%不到，居世界第9位，仅相当于同年世界排名前三位美国水果总产量的23.4%、意大利的31.8%、巴西的36.12%。1995年，中国水果总产量突破4000万吨，达到4214.6万吨，占世界水果总量的10.37%，成为世界水果生产第一大国，为同年世界排名第二到第四位的印度水果产量的1.17倍、巴西的1.24倍和美国的1.44倍。2005年，中国水果总产量（不包括果用瓜）突破8800万吨，达到8835.5万吨，为1980年的13倍多。

从1980年至2005年的25年间，中国园林水果总产量（不包括果用瓜）平均每年递增10.85%，同期，全国水产品总产量平均每年递增10.2%，猪牛羊肉总产量平均每年递增6.75%，水果增长速度均快于同期水产品及肉类产量增长速度。

2. 加速增长势头强劲

中国水果总产量1978～1990年间每年递增9.1%，年均增加量为101.45万吨；1991～2005年平均每年增长10.9%，高出前12年均增长率1.8个百分点，年均增加量511.44万吨，其中前10年平均每年增加435.07万吨，后5年每年平均增加522万吨。

3. 果园面积稳步扩大

1980年，中国全国果园总面积178.27万公顷，2005年达到1003.48万公顷，25年增加825.21万公顷，每年平均增加33.01万公顷，其中近5年（2001～2005）每年平均净增量仍达22.06万公顷。果园寿命期平均按20年计算（其中盛果期15年），截止到2005年底全国果树5龄林以内尚未进入盛果期的果园面积比重至少在1/3以上，表明中国在不增加新的果园面积情况下，单是现有果园的增产潜力在中近期内都是相当可观的。

4. 大宗品种份额趋于减少

中国水果以苹果、柑桔和梨为主，三种水果产量占全部水果总量的比重，1980年为66.96%，加上葡萄、枣、柿子，比重即达到82.3%。发展到2005年，苹果、柑桔和梨的产量份额已降为58.02%，加上香蕉、葡萄、枣、柿子，7种水果的产量份额为77.3%，明显低于20多年前的份额水平（如表16~1所示）。

表16-1　中国主要水果产量占水果总产量比重及其变化　单位：%

品种	1980年	1990年	1995年	2000年	2005年
香蕉	0.90	7.77	7.42	7.94	7.34
苹果	34.79	23.04	33.24	32.82	27.18
柑桔	10.59	25.90	19.52	14.11	18.02
梨	21.58	12.55	11.73	13.51	12.82
葡萄	1.62	4.58	4.13	5.27	6.56
菠萝	1.10	2.47	1.28	1.38	0.96
红枣	5.48	2.26	1.86	2.10	2.82
柿子	8.24	3.33	2.30	2.56	2.47
合计	84.30	81.90	81.48	79.69	78.26
其中前三位	66.96	61.49	63.49	60.44	58.02

5. 区域布局趋于均衡

近30年来，中国各地区水果生产均得到较快发展，特别是原来水果生产相对落后的省区发展尤为迅速。20世纪80年代之前，中国水果产量最大的前3个省即占全国总量的近50%，前10个省的这一比重接近80%。2006年，全国水果产量最大的前3省份额已降低34.6%，前10个省的份额也已降至66.5%不到。在此期间，水果生产发展较快、规模较大的省、区包括河南、陕西、广西、安徽、湖北等等（表16~2）。

表16-2　中国水果产量前十名及其份额

名次	1981年		2006年	
	省区	占全国%	省区	占全国%
1	山东	22.80	山东	14.56
2	河北	12.77	河南	11.62
3	辽宁	11.84	河北	8.42
4	河南	6.70	陕西	6.10
5	广东	5.36	广东	5.80
6	四川	4.86	广西	4.70
7	山西	3.89	安徽	4.25
8	陕西	3.77	浙江	3.77
9	广西	3.55	江苏	3.64
10	江苏	2.87	湖北	3.62
合　计		78.41		66.48
其中：前3名		47.41		34.60

（四）水果生产布局：城市地区优于一般乡村地区

水果类食品是人类食物的重要组成部分。维持人体正常新陈代谢，从而保证人类正常生存和繁衍后代所需要的营养及能量，必须由多种食物构成的平衡膳食来加以提供和满足，水果类食品即是其中的一类。水果类食品的生理及营养功能与蔬菜类食品相类似，主要提供人体所需要的膳食纤维、多种矿物质、维生素和胡萝卜素等营养，并起到改善饮食、帮助消化、促进健康的重要作用。虽然水果类食品可以在很大程度上由蔬菜食品加以替代，反之亦然，但二者的食用方法不同，进食过程中的感受不同，从这个意义上说，水果类食品在相当程度上又是其他任何一类食品所无法替代的。

水果类食品属鲜活农产品范畴，具有鲜活农产品所拥有的一般特征，包括：（1）供给受到自然力的明显制约和影响；（2）生产有着其明显的季节性；（3）产出受到土地资源的约束；（4）生产布局的消费指向比较突出，必须在限定的时期内将产品送到消费者手中；（5）供给弹性小于1，但需求对价格的升降反应相对敏感，等等。由此，水果类食品生产在城市近郊及其中、远郊地区布局，具有以下方面的条件优势：

1. 靠近水果鲜食消费市场，运销问题易于解决

水果类食品人均消费水平的高低，同人们的收入水平及食物消费习惯密切相关。城市居民不但收入水平明显高于农村居民，而且对于水果的消费偏好也明显大于农村地区居民，因此，城市是消费水果规模最大、最为集中的一个区域。在城市附近地区组织水果生产，能够方便、及时地将产品销售到消费者手中，并节约流通费用，有助于提高水果生产的经济效益，增加生产者的经济收入。

2. 便于组织产品深加工

城市是工业生产中心，发展水果加工业的条件优越，投资建厂相关条件容易配套，成本相对较低，项目预期易于实现，因此，有助于解决原料类水果生产的市场销售问题。

3. 便于组织产品的对外销售

城市作为信息、金融的集散中心，发达的商业、服务业，便捷的对外交通，极有利于组织地产水果的对外销售，使地产水果能够较为顺利地进入区外国内其他地区及国际市场。

城市地区水果生产的不利条件，主要是土地资源高度稀缺，土地及人力资源费用明显高于农村地区，从而导致水果的生产成本费用相对较高。

二、环城果业发展定位与开发模式

（一）城市地区水果产业发展的基本问题

城市地区的水果产业发展，因地区、因城市而异，应当结合本地区的自然环境及气候条件、经济与社会发展水平、历史传统和城市规模、属性等具体情况，充分考虑并注意以下基本问题：

1. 战略定位

城市地区水果产业发展，必须立足当地自然、经济、社会环境及其资源条件，依据和利用本地区及城市的比较优势，围绕城乡一体化，依托城市、服务城市，以市场为导向，以现代果业科学技术为动力及支撑，以农业增效、企业和农民增收、地区经济与社会效益最大化为目标，建立和发展与当地资源及环境条件相适应、同当地经济与农业、工业、商业服务业发展相协调、在全国同行业中具有鲜明的个性特色的可持续的地区果业产业化经营体系。

2. 市场定位

一是区内市场和区外国内、国际市场相结合。立足所在城市地区市场，面向国内其他地区及外贸出口市场。

二是鲜食果品市场与果品工业加工原料市场相结合。依据产业发展的外部条件、规模、品种特性等具体情况，确立鲜食果品市场与工业加工原料市场的主辅地位及其相互关系和在不同水果品种间的市场配置，优先考虑所在城市生活消费市场对鲜食水果的需求及满足问题。

三是物质产品市场与服务产品（劳务）市场相结合。既充分考虑社会对于水果产业所生产的物质产品的需求，也考虑城市居民与水果生产发展密切相关的其他方面的一些需求，包括果园游憩、休闲观光、文化活动等服务方面的需求，等等。

3. 功能及作用定位

一是作为水果食品及工业原料的产品供给保障功能与劳动就业、增加收入、观光休闲、生态保护、文化传承等多种功能相结合。

二是对相关资源和生产过程及其所形成的果园景观等进行多角度、全方位的综合开发，形成多层结构、多途径利用的产业综合体。

4. 品种定位

大宗品种与特色小品种、传统名优珍稀品种与新兴品种相结合，以适应和满足不同的市场需求。原则上鲜食、观光果园品种应当力争特色化、多样化、小品种化；而工业加工原料、出口创汇果园品种则应当力求专一化、规模化、大宗品种化。

5. 形象定位

塑造良好的产业形象、产品形象，创品牌、出精品，提高水果产品质量和打造知名商标、品牌相结合。

（二）环城果业生产组织模式

城市地区水果产业的有效发展，除建设规模化、专业化的产业化生产基地外，还应当特别重视以下的生产组织方式：

1. 观光果园

果品生产、生态保护和旅游观光服务功能并重，突出果园果树品种和旅游观光服务项目的特色，将果园景观的观赏、乐趣游和果实的采摘、品尝以及果园相关的文化活动如绘画写生、摄影、文学作品的写作与品评、季节庆典活动等有机地结合在一起。

观光果园建设需要处理好以下方面的问题：

（1）周边环境。同当地的自然风光、农村及农业景观和周边地带的旅游景区建设相适应、相协调，以丰富旅游观光的内涵，增加游客兴致，提高对游客的吸引能力。

（2）景观设计。按照高水平、高标准的休闲游憩、观光园林建设要求进行设计，原生态与人工景观、果林树木景观与人工建筑物景观相结合。

（3）文化内涵。与当地的文化传统、历史传统和重要的历史事件相结合，挖掘、搜集当地与目标果园直接相关的生产及文化传统、历史传统、重大的历史事件等，并在果园的建设上加以体现和反映，提高观光果园的文化品味、内涵及层次。

（4）乡村风趣。与当地饮食、民居、民风、民俗、生活习性和习惯等相结合，体现乡村的特点和风趣，使游客进入果园游憩、观赏、休闲，能够充分享受乡村生活的情调与乐趣，并形成意犹未尽的感受。

（5）品种选择。突出名、特、优、新、奇、珍、稀特色品种，果园树种尽可能做到不同品种、不同熟期合理配置，以便延长果园可供游客游憩、观光的赏花期和果实采摘期。

2. 市民果园

市民果园以体验、休闲功能为主，通过划块出租方式租给市区居民经营，为市民提供从事农事活动、体验果园劳作的生活乐趣并获取相应劳动硕果的机会。果园所有者将果园划块出租收取租金，同时为承租果园地块的市民提供相关服务，包括代工、技术指导、代购农用生产资料和果树的日常照看、管护，等等。

市场果园的建设地点，可以选择在城市近郊，也可以在人员和车辆进出交通便利的中、远郊地带。

市民果园的单园占地规模以50～100公顷，租地市民人数不少于50人为宜。

3. 社区性果园

也称“果园社区”，是果园与城市社区开展互助的一种组织形式，参与果园社区的居民，与果园的果农共同分担生产成本、风险及赢利，为果园提供固定的销售渠道；果园尽最大努力为市民提供安全、新鲜、高品质且低于市场零售价的产品，同时为成员市民提供休闲和农事体验活动的场所及良好的服务，确保双方互利共赢目标的实现。

市场与农民的这种互助组织形式，在美国发展很快，美国学者认为，这种经济组织形式是一种创新和变革，能够有效加强农民和消费者的关系，有利于区域农产品的供给增加及整个经济的快速发展。

4. 试验与发展示范果园

试验与发展示范果园以试验发展、示范教育功能为主，兼及水果产品的商业化生产，目的在于对从国内外引进的果树新品种或科研单位选育的最新果树品种进行大面积的适地栽培与驯化，以探索其增产、增收的措施、途径，通过经验积累，为新果树品种的大范围种植推广创造必备的条件，并实际从事新品种的应用推广工作及经营。

5. 特色水果生产园（基地）

以种植、生产地方特色明显的传统名优水果或珍稀水果为出发点，以满足目标市场的需求为目标。中国各地区由于其自然的、历史的和传统工艺等方面的条件及原因，在漫长的果树栽培历史过程中，逐渐形成了一些独具特色的地方名优品种，而且同一地区的同一传统品种在不同地域、地点上栽培的，其产品的色泽、口感、风味等内在与外观品质还往往各不相同。例如，在全国享有盛名的大连苹果，其中又以金州区三十里堡和旅顺口区镇泉寺生产的为最优，不但着色好，而且松硬度适中、酸甜适口，风味独特，为大连其他区、县、乡（镇）苹果所不及，三十里堡红果村的苹果切开放24小时后仍颜色不变。又如，北京郊区的梨，以下营、五里营生产的为最优；李子以玉皇庙生产的玉皇李、海棠以康庄生产的八楞海棠，槟子以帮水峪生产的帮水峪槟子为最佳。再如江西赣州地区的南康甜柚，其上等品必须出自南康市城区周邻地带，等等。所有这些，便构成特色水果生产园（基地）建立与发展的依据条件、基础及理由。

三、环城果业产业化经营支撑体系建设

（一）优质种苗体系

优质种质资源，优质种苗，是优质水果生产可持续发展的基础。中国目前果业发展的良种苗木繁育体系极不发展，种苗质量不高，其突出表现，一是种质资源和种苗繁育基地建设严重滞后，无法满足果业发展的实际需要；二是种苗不按标准生产，缺乏有效管理和从事种苗生产与繁育的龙头企业，种苗繁育的各个环节未能形成有机整体，苗木调运的混乱现象比较普遍；三是良种选育、引进和区域适应性试验与发展相对滞后，品种更新速度缓慢。

强化优质水果种质资源基地和优质果树种苗体系建设，需要采取以下重大措施：

（1）增加建设优质水果种质资源基地和优质果树种苗体系的资金投入，为优质水果种质资源的收集和优质果树种苗繁育创造良好的资金保障条件。

（2）制订和规范果树种苗的生产技术规程，建立果树种苗市场准入制度，加强种苗繁育生产与流通全过程的有效管理。

（3）培育从事种苗生产与繁育的龙头企业，发挥龙头企业在规范种苗繁育与苗木调运过程中的主渠道作用，使种苗繁育全过程的有效管理落在实处。

（4）创新种苗繁育管理机制，推动和促进良种选育、引进和区域适应性试验与发展的有效进行，加快果树品种的更新速度。

（二）科技支持保障体系

包括城市地区在内的中国果业能否实现跨越式的快速发展，其市场竞争能力能否有根本性质的提高，关键在于果业的科技含量能否有大幅度的提升，而这又在很大程度上取决于能否建立起一个强大的果业发展的科技支持体系。中国从整体上看，果业生产从资源开发利用、品种选育到果园管理、危险性病虫害防治、无公害生产和采后加工处理等各个环节的技术发展，同先进国家

相比较，目前均处于落后状态。为此，在强化果业发展的科技支持体系方面，需要采取以下方面的主要措施：

（1）加大果业科技投入的力度和强度，国家和水果产区各级政府用于支持果业发展的科技投入占果业总产值的比重应不低于2.6%。

（2）健全果业科技研发组织机构体系，完善、创新其管理体制，推动和促进果业科学研究及其技术研制与试验发展的有效展开。

（3）在重视现有优良品种的提纯复壮与繁育推广的同时，加强名、特、珍、稀、新品种的开发和选育，以达到“人无我有，人有我优，人优我新，推陈出新”的品种开发目标预期。

（4）建设高效的果业技术服务体系，一是在县（市）、乡（镇）、村各级分别建立果业技术服务组织，并配备相应的专、兼职技术人员，形成自上而下的技术服务体系；二是由政府每年安排一定的专项经费，用于支持乡（镇）、村果业技术服务组织的日常活动，从根本上解决目前存在的村、乡（镇）农业技术服务组织大多因为缺乏经费来源而难以进行正常技术服务活动的问题。

（三）市场营销体系

市场营销是市场经济体制条件下产品生产经营过程中的最后一个环节，也是产品价值能否得以实现的最重要环节。在中国，农业领域中的市场营销问题，一直是困扰农民和农业发展的一大难题，2007年海南出现的卖香蕉难问题就是这一问题的集中反映。

健全、优化果业产品市场营销体系，可采取以下方面的一些措施：

（1）创新市场营销组织体系，通过建立、强化不同层次的果农协会、运销合作组织等中介组织，改进果农与市场或与龙头企业的联结关系及其方式，以增强果农市场进入的谈判能力。

（2）鼓励、支持果业产业化龙头企业加大对产后收购、储藏、洗涤、分级、包装等加工处理和市场销售环节的投资，以便提高果业生产的采后处理能力和果品的市场销售能力。

（3）强化果业信息网络系统建设，以村、乡（镇）、县（市）果业联合组织例如果农协会为依托，运用现代网络通信技术，建立果业信息网络系统，实时发布、处理包括果业生产、市场供求及产品销售等方面的各种经济技术信息。

（4）实施品牌战略，按照“个性化”、“唯一性”和突出产品、产地特色原则，抓好品牌建设，为产品销售创造良好的条件。

（四）政策支持体系

在市场经济体制条件下，相对于工商业的经营活动而言，农业生产经营具有极强的异质性，比较难于适应市场运行的基本原理及要求，因此极易出现资本逃离农业的极不合理现象。如果资本回避农业，如果资本的逻辑过于轻视农业的社会必要性，那么就有必要通过政策的力量来干预和影响资本的流向及分配，以便保证农业获得其发展所需要的资金及其他方面的要素资源。利用法律的、行政的和经济上的各种手段，通过适当的政策扶持农业发展，是目前世界各国的一种通行做法。根据中国国情及其果业发展的实际情况，加大国家对果业发展的支农、惠农政策力度与强度，可考虑采取以下具体措施：

（1）设立果业发展专项基金

对现有财政支农资金进行有效的整合和合理分配，在既有必要又有条件的城市地区集中部分财力，设立果业发展专项基金，通过无偿资助、贷款贴息等形式，用于扶持优势果品发展，加大种苗繁育、基地建设、科研教育、技术推广、病虫害防治、质控体系建立、市场营销等公益性项目方面的政府资金投入力度。

（2）建立果业风险基金

从财政支农资金中安排一定比例的资金，以此为基础，多渠道、多方式筹集部分社会资金，设立果业生产风险基金，健全、完善果业生产保险机制，当出现不可预见的自然灾害或（和）市场风险时，用于补偿果农因风险而造成的部分损失，以保证果农的经济收入不因风险而出现大的波动。

四、个案研究：大连果业发展的经验和教训

（一）大连果业发展的条件优势

大连是中国久负盛名的鱼果之乡，地理区位优越，自然气候条件良好，资源丰富，发展水果生产的条件十分有利，比较优势明显。具体表现：

1. 气候条件适宜，自然环境优越

大连地处北半球中纬度暖温带气候区内，属温带海洋性气候。全年日照总时数平均为2500～2900小时；无霜期180～200天；年平均气温8～10.5℃，8月最热，平均气温为24.4℃，1月最冷，平均气温为-5.3℃，年极端最高气温为35℃左右，最低气温-20℃左右；年均降雨量为550毫米～950毫米，2/3的降水量集中在7～9三个月间。长期生活在大连或是短时期在大连小住过的人们，都会感觉到大连冬无严寒，夏不酷署，四季分明的宜人气候特点。这种气候同样特别适宜果树的生长及其果实的增产与品质提高，使大连成为中国以苹果、梨为主体的温带水果最适宜区。加上大连风光秀丽的自然山水，景观别异、独具特色的城乡建筑，还使大连特别有条件充分利用果园景观，成为中国观光果园最为发展的一个地区。

2. 地形地貌最适合发展果业

大连地区属于辽东半岛低山丘陵的一部分，绝大部分为山地及久经剥蚀而成的低缓丘陵，其中丘陵和夷平面约占全区总面积的45%，而且发育典型，海拔高度一般在50～200米之间，个别高丘海拔高度超过400米，但其相对高度都在200米以下；平原低地面积不大，主要分布在较大河流的中下游地区和河口地带，以及东西海岸的个别地段和一些山间谷地。这样一种地形地貌，从农业的经济、生态利用角度看，最适宜发展的是以林木种植为对象的林、果业，而非以草本植物为对象的传统农业（即种植业）。

3. 悠久的传统和丰富的品种资源

大连果树栽培的历史悠久，果业发展长期以来一直走在全国的最前列。1901年，苹果进入大连引种成功，1948年，大连建起

了第一个国营果园（关东果园）（后改名为“华侨果树农场”，现“三寰公司”前身之一）。1952年，大连水果总产量达到6.2万吨，分别占当年全国及辽宁省水果总产量的2.54%、49.1%；1960年增加到17.3万吨，占全国及辽宁省的比重分别提高到4.35%、56.56%。

大连水果不但产量大，而且品种多，品质好。苹果是大连水果的主导品种，早在20世纪30年代金洲三十里堡的苹果即以个大色艳、皮薄、汁多、味浓、肉质细密、适口性好而驰名中外，畅销国内外市场，成为出口的重要产品。除苹果外，桃、葡萄、梨、樱桃等也有相当规模，而且品质也多优于其他产区所生产的同品种水果。

悠久的果树栽培传统，丰富的品种资源和生产高品质果品的自然气候条件等，是构成大连果业发展必要性及其条件优势的另一重要方面。

4. 良好的地理区位

大连地处中国东北地区的最南端、国际东北亚地区的中心地带，三面环海，北倚广阔的中国东北腹地，是中国北方地区最为重要的口岸城市之一。便捷的陆海空对外交通，通畅的信息往来，为水果规模化生产的产品有效外销包括销往国内其他地区及国外提供了不可多得的有利条件，从而成为大连果业发展的另一条件优势所在。

（二）走向相对落后的大连果业

自20世纪70年代以来，大连水果生产虽然仍持续增长，总产量不断增加，但面对全国果业的加速发展局面，却开始走向落后。1978年，大连水果总产量达到36.44万吨，同1960年比较增幅达1.1倍，占当年全国水果总产量的比重也相应提高到5.55%，比1960年比重增加1.2个百分点，但占辽宁省水果总产量的比重则已下降到38.85%，比1960年的比重减少17.71个百分点。1990年，大连水果总产量进一步增加到49.04万吨，但占全国当年水果总产量的比重则下降到2.62%不到，比1978年的比重减少2.92个百分点。2005年，大连水果总产量为98.12万吨，占全国的份额进一步下降到1.11%，占辽宁的比重也只有29.8%。

苹果作为大连最为重要的一种水果，1984年总产量为41.49万吨，仍占全国苹果总产量的14.1%，发展到2005年，大连苹果总产量虽然进一步增加到61.1万吨，但在全国苹果总量中的所占份额则已下降到了2.54%。

近几十年来，大连水果在全国的重要地位，大连作为全国水果生产基地特别是苹果生产基地的重要性急剧下降，大连果业发展的比较优势远未得到发挥，归根结底是由于重工商轻农业、轻果业的经济发展思路及其政策配置所促成的。由于不很重视果业发展和对果业的科技投入，结果导致果园的不断萎缩，品种更新缓慢，退化现象突出，果品品质明显下降。2005年，大连全市果园总面积69314公顷，比1989年的12.71万公顷减少了5.78万公顷，减幅高达45.5%；果树总株数4675万株，比1989年的5565.4万株减少16%。

20世纪80年代以来，山东、陕西等苹果主产区先后从国外引进不少优质品种，如藤牧1号（1986）、美国8号（1985）、千秋（20世纪90年代初）、松本锦（1994）、萌（1996）、红将军（1996）和新乔纳金等，与此同时，还积极研发、培育具有自主知识产权的新的优质品种，如山东烟台市果树站选育的优系嘎拉、优系富士等。这些新品种不但品质好，在果个、果形、着色、肉质、味道、口感等方面均优于原品系，而且丰产性能也十分明显。如优系嘎拉烟嘎1号和烟嘎2号均表现早果、丰产，改接后第2年即有腋花芽结果，第3年平均每公顷果园苹果产量即可达57.6吨（合3840千克/亩）。大连在良种选育、引进和区域适应性试验从而在品种更新方面相对滞后，明显落后于山东、陕西等苹果主产区，因此，近些年来，大连产苹果不但整体质量明显不如山东等地产苹果，而且单产水平也处于落后水平。2005年，大连全市苹果果园平均单产15.31吨/公顷，同年，山东全省平均19.61吨/公顷、河南全省平均也达18.13吨/公顷，大连分别比山东、河南低21.93%、15.55%。

其他大宗水果生产也存在与苹果相类似的问题。20世纪80年代中期以来，大连生产的杷梨和丰黄、黄露桃等香味特浓，其品质可与其他任何地区所产的梨和桃相媲美，而如今这样的优良品种也已不复存在。

再如樱桃，堪称大连市水果中的优势品种，近几年来栽培面积快速扩大，但是，由于缺乏科学的引导和规划，品种庞杂，大小品种多达100多个，不同品种的果个、果形、色泽、味感等千差万别，任何一种品种都规模不大，而且分散种植，结果导致市场营销方面的种种困难和问题，直接影响产品的价值实现及其效益的提高。

（三）大连绝无可以轻视果业发展的理由

无论是从资源优势的有效利用或是从经济效益方面看，大连都不具有可以轻视果业发展的任何理由。2005年，大连果园面积69314公顷，单产水平平均14156.5千克/公顷，果园土地产值率平均2.68万元/公顷；水果平均出售价格为1.75元/千克。这实际上是一个较低的水平。目前，世界上先进国家的水果单产，荷兰全国平均已超过30吨/公顷，2004、2005年分别为31.4吨/公顷、31.6吨/公顷；美国2000年全国平均25.2吨/公顷，埃及2004、2005年全国平均每公顷也已高达19.7吨、19.2吨。

大连如能加强对果园的有效管理，果园单产水平进入世界先进行列，全市平均达到25吨/公顷，水果平均出售价按2.5元人民币/千克计算，如果果园面积恢复到80年代末水平，稳定在12.5万公顷左右，那么，全市的年果业产值即可实现78.13亿元，相当于2005年全市整个农作物栽培业产值78.79亿元水平。

水果还是极具加工价值的一类农产品。假定大连水果总产量中的50%用于深加工，其工业增加值与农业产值的比例关系达到发达国家2.5～3.0：1水平，平均按2.5：1测算，全市水果加工业的年工业增加值可望达到97.66亿元人民币。果业农业产值与其工业增加值合计175.79亿元，相当于2005年大连第一产业与第二产业增加值的15%。

〔附：环城果业项目开发设计〕

出口苹果标准化
生产基地建设方案

说明：本方案是作者应大连天立农业开发有限公司之邀，为其建立出口苹果生产基地而设计、制定的建设方案。方案已付诸实践，目前仍在实施过程中。

一、世界苹果生产发展动态与现状分析

（一）世界苹果生产与发展的总体状况

苹果是世界水果生产与消费的大宗水果品种之一。截止到2003年，世界苹果总产量达到5796.7吨，占世界水果总量的12%，低于柑桔占水果总量22%、香蕉占14%、葡萄占13%的比重，居世界水果生产的第4位。

第二次世界大战后，世界苹果生产稳步增长与发展，由1949～1951年的3年平均1383.3万吨/年增加到2001～2003年3年平均5733.1万吨，增长3.15倍，平均每年递增2.8%。分时期的发展概况大致为：1960年之前，除1958年外，各年的世界苹果总产量基本稳定在1600余万吨以下；1960～1979年间，大致稳定在1900～2300万吨之间，1980年突破3000万吨，1990年接近4000万吨，2001年达到5791.6万吨。2001年比1977年净增1.71倍，平均每年递增4.3%，明显快于前28年（1949～1977）的增长速度。但近4年，世界苹果总产量基本稳定在5700多万吨到5800万吨之间，2003年5796.7万吨，同2001年相比较，仅增加5.1万吨，增长0.09%不到。

（二）世界苹果生产的洲际分布

根据2003年联合国粮农组织农业生产年鉴提供的数据资料，2001年后，世界苹果总面积基本稳定在520余万公顷（合7800多万中国亩），总产量在5700万吨到5800万吨之间，如下表1～1所示。

从表1～1的数据中还可以看出，目前世界苹果生产主要集中在亚洲和欧洲地区。其中亚洲是世界第一大苹果生产大洲，欧洲其次。2001～2003年3年平均，亚洲苹果产量即占世界苹果总产量的52.5%，欧洲占28.9%，两大洲合计占世界苹果总产量的81.4%，北美洲和中美洲占8.65%，南美洲5.75%，非洲和大洋洲分别占2.77%、1.42%。

表1-1　世界苹果生产的洲际分布（2001～2003）

地区	2001		2002		2003		2001-2003平均			
	面积（万公顷）	产量（万吨）	面积（万公顷）	产量（万吨）	面积（万公顷）	产量（万吨）	万公顷	比重（%）	万吨	比重（%）
世界总计	525.4	5791.6	509.2	5611.1	526.1	5796.7	520.2	100.00	5733.1	100.00
亚洲	312.4	3032.1	300.3	2951.1	316.9	3053.5	309.9	59.57	3012.2	52.54
欧洲	156.6	1657.8	152.7	1622.0	152.9	1684.9	154.1	29.62	1654.9	28.87
北、中美洲	25.7	521.6	24.5	470.8	24.7	495.9	25.0	4.81	496.1	8.65
南美洲	13.3	349.5	13.9	312.7	14.1	326.7	13.8	2.65	329.6	5.75
非洲	13.4	151.3	14.2	167.5	14.1	157.7	13.9	2.67	158.8	2.77
大洋洲	3.8	79.4	3.7	87.1	3.7	78.1	3.7	0.71	81.5	1.42

（三）世界苹果生产的国别分布

根据1998年联合国粮农组织农业生产年鉴统计数据，1998年世界上有80多个 国家和地区生产苹果，1996～1998年3年平均苹果产量超过50万吨的国家共有23个，这23个国家合计的苹果生产量占同期世界苹果生产总量的84%；其中苹果产量超过100万吨的国家12个，即中国、美国、法国、泰国、意大利、伊朗、德国、波兰、俄罗斯、阿根廷、印度和乌克兰。

发展到2003年，世界上有90多个国家和地区进行苹果生产，其中2001～2003年间3年平均苹果产量超过50万吨的国家有22个，这22个国家合计的苹果生产量占同期世界苹果生产总量的86%，比1996～1998年3年平均23个苹果生产量超过50万吨国家占世界总量84%的比重提高了2个百分点。年均苹果生产量超过100万吨的国家仍然为12个，但前述的乌克兰为智利所取代，乌克兰2001～2003年间的年均苹果产量已降至50.1万吨。

从世界苹果生产主要国家的发展变化情况看，不同国家间的苹果产量增长速度差异明显。总的说来是发达国家大多数已开始趋于下降，少数国家或稳中有升，但升幅不大，而大多数发展中国家的苹果产量则有较快的增长（如下表1～2所示）。

（四）世界苹果生产发展潜力及其地域空间走向

截止到2004年，世界人均占有的水果量为60千克，其中苹果8.9千克/人，占14.8%。苹果作为一种营养全、口感好、耐贮藏、加工性强和加工用途广的优良水果，随着世界经济与发展和收入生活水平及其质量的不断提高，对苹果的需求必将大幅增加，苹果生产发展的巨大空间及其现实可能性是可以想象、可以预见的。

但是，另一方面，由于受到自然气候、环境生态、技术及社会等方面条件的影响和制约，世界上适宜苹果生产的地域空间又是有限的，并不是所有地方都可以发展的，这是其一。

其次，苹果生产作为一种典型或比较典型的劳动密集型行业，必须以丰富的廉价劳动力保障供应的前提。进入20世纪70、80年后，法国、德国、意大利、西班牙和日本等苹果适宜区域中的经济发达国家苹果产量趋于减少或停滞，其根本原因就是苹果生产的人工费用支出过高、过于昂贵。一些发展中国家的情况正好相反，所以世界苹果生产近几十年来开始转向适宜区域中的发展中国家的趋势特别明显并趋于加强。

中国的苹果适宜区域面积在世界各国中最多、最大、西北黄土高原、渤海湾等地区的气候条件都足以同美国、新西兰、法国等国家的著名苹果区相媲美。中国作为世界上最大的发展中国家，无论从哪个方面看，发展苹果生产的条件都是十分有利的。

表1-2　世界苹果生产的国别分布（2001-2003）

单位：万吨

国家	2001	2003
中国	2002.3	2001.0
美国	427.7	408.9
法国	239.7	240.2
泰国	245.0	250.0
伊朗	235.3	235.8
波兰	243.4	242.8
意大利	234.1	194.5
俄罗斯	168.2	190.0
德国	177.9	157.8
印度	123.0	142.0
阿根廷	142.9	110.0
智利	113.5	110.0
日本	93.1	89.2
巴西	71.6	84.2
西班牙	91.7	79.1
韩国	66.0	66.0
匈牙利	60.5	55.0

注：我国苹果面积及产量，联合国粮农组织农业生产年鉴和中国统计年鉴上的数字不完全一致。本表使用的是联合国粮农组织农业生产年鉴数字。

二、中国苹果生产发展特点及存在的主要问题

（一）中国苹果生产发展趋势与特点

19世纪末，国外栽培的大苹果进入中国。之后，经过一百多年的发展，中国后来居上，一跃成为世界上最大的苹果生产大国，目前的苹果栽培面积和产量均居世界首位，是中国农产品中具有明显国际竞争力的重要产品之一。2003年，中国苹果栽培面积达到190.05万公顷（合2850万亩），产量2110.2万吨，分别占中国水果总面积的20.1%和其总量的27.9%，占世界苹果总面积及其产量的36.1%和36.4%。2005年，中国苹果出口突破80万吨，达到824050吨，出口额3.063亿美元；苹果浓缩汁出口64.85万吨，出口额4.582亿美元，两项出口额合计7.645亿美元，占同年农产品出口总额2.81%。苹果生产已成为中国北方苹果主产区农村经济的重要支柱性产业之一，在推进农村和农业结构调整、增

加农民收入及促进出口创汇等方面发挥着举足轻重的作用。

中国苹果生产的发展具有以下方面的基本特点：

1. 产量快速增加，质量有所提高

1952年，中国苹果产量11.8万吨，仅相当于同年梨产量的30.2%和柑桔产量的57.05%。1965年，全国苹果产量超过柑桔产量，1970年又超过梨产量，成为中国产量最大的一种水果。之后，苹果生产快速增加，1981年达到300.6万吨，1987年426.4万吨，1994年突破1000万吨，达到1112.9万吨，1999年2080.2万吨，2004年达到2367.55万吨，为1970年的29.67倍，平均每年递增长10.5%，其中前21年（1970～1991）平均每年递增8.6%，后13年（1991～2004）平均每年递增13.6%，明显快于前20余年的增长速度。

1997年后，中国苹果生产进入调整阶段，非适宜区和适宜区内的老劣品种以及管理技术落后、经济效益低下地区的苹果栽培面积大幅减少，优生区及经济效益较高地区的苹果生产稳步发展。到2004年，全国苹果栽培面积内历史最高水平即1996年的298.7万公顷（4480.2万亩）减至187.67公顷（2815.1万亩），减少37.20%，同期苹果总产量增加38.9%，单位面积产量由5765公斤/公顷（1996）增加到2004年的12615公斤/公顷，增加1.19倍。标志着中国苹果生产已由数量扩展型开始转向质量效益型，栽培面积趋于合理。

2. 栽培区域西移，生产分布趋于集中，区域结构明显变化

中国目前共有25个省、直辖市、自治区生产苹果，主要集中在由15个省、市区构成的渤海湾（山东、辽宁、天津、北京和河北）、西北黄土高原（陕西、山西、甘肃、青海、宁夏）、黄河故道（河南、江苏、安徽）和西南冷凉高地（云南、四川等）4大地区。至2003年，4大地区栽培面积分别占全国总面积的40%、39%、12%和4%，产量分别占全国总产量的45%、35%、15%和3%。同20世纪80年代末期作一比较，西北黄土高原区的栽培面积及其产量快速增加，而渤海湾地区的栽培面积及产量比重则趋于减少。从表2～1中可以看到，1988年，山东、河北、辽宁3省的苹果栽培面积及其苹果产量合计为88.49万公顷、274.8万吨，分别占全国总量的53.29%和63.26%；到2004年，3省苹果面积已减少到71.88万公顷，其中山东减少9.45万公顷，辽宁减少11.22万公顷，河北略有增加，为4.06万公顷，同年3省苹果总产量虽已增加到1005.67万吨，但在全国苹果总产量中的比重则已降到42.48%，3省面积和产量占全国总量的比重分别比1988年减少23和20.78个百分点。而陕西、山西2省合计的苹果栽培面积及其产量占全国总量的比重，则由1988年的16.05%、9.88%增加到2004年的30.1%和31.99%，分别增加14.05和22.11个百分点。

3. 品种结构有所改善，栽培技术进步比较明显

经过近20多年来的广泛选种、引种及试验发展，中国苹果品种结构逐渐改善，良种比例大幅提高。目前全国苹果优良品种的比例已达到70%以上，红富士、元帅系、金冠、乔纳金、嘎拉及其他优良品种的栽培面积比例分别达到49.62%、9.72%、6.19%、3.00%和1.91%，国光及其他传统品种的栽培面积比例仅为13.99%和11.31%。

品种结构改善、单产水平提高等都是苹果生产技术进步的重要表现及结果。苹果栽培技术的提高还体现为苹果质量的逐步改进和改善。到目前为止，中国全国苹果的优质果比率已达到40%左右，优质示范园区的优质果率则已达到60%以上，为全面提高中国苹果的整体质量及其在国际市场上的竞争能力奠定了比较扎实的基础。

4. 产后处理能力加强，果品附加值有较大增加

近几年来，中国苹果的产后商品化处理发展较快，目前全国已有洗果、打蜡、分级、包装生产线50多条，使优选果率不断提高；20世纪70年代全国苹果冷藏量不足10万吨，目前已增加到500万吨左右，约占全国苹果总产量的1/4。

伴随苹果产量的快速增长，中国的苹果加工业也得到了迅速的发展，目前，作为中国苹果加工主要产品的浓缩苹果汁生产已初具规模，中鲁、安得利、海升、汇源等果汁加工龙头企业，先后从国外引进先进的加工设备和工艺，面向欧洲、北美、大洋洲和俄罗斯等地区及国家生产出口产品，苹果加工量已达200万吨以上，约占全国苹果总产量的10%左右。2005年，全国苹果汁出口已达64.85万吨，出口额已超过同年的鲜果出口额，达到4.582亿美元，苹果汁出口量和出口额分别比2004年增加33.1%和40.8%。

表2-1 苹果主要产区省面积、产量分布动态变化

单位：面积：万公顷；产量：万吨；比重：%

	1988				2004			
	面积		产量		面积		产量	
	数量	比重	数量	比重	数量	比重	数量	比重
全国总计	166.05	100.00	434.4	100.00	187.67	100.00	2367.55	100.00
山东	43.5	26.20	160.3	36.90	34.05	18.14	669.06	28.26
河北	22.59	13.60	52.3	12.04	26.65	14.20	214.29	9.05
河南	17.85	10.75	41.6	9.58	16.47	8.78	286.93	12.12
辽宁	22.40	13.49	62.2	14.32	11.18	5.96	122.22	5.16
山西	9.94	5.99	19.1	4.40	15.27	8.14	202.14	8.54
陕西	16.71	10.06	23.8	5.48	41.21	21.96	555.21	23.45
6省合计	132.99	80.09	359.3	82.71	144.83	77.17	2049.85	86.58

5. 对外出口持续增长，贸易条件不断改善

1995年，中国苹果的鲜果出口还只有108946吨，占当年全国苹果总产量的0.78%，出口额为4530万美元；到2000年，鲜果出口量增加到297651吨，占当年苹果总产量的比重提高到1.46%，出口额达到9656万美元；2005年，全国苹果鲜果出口量及其出口额进一步增加到824050吨和30631万美元，分别比1995年增加6.56倍、5.76倍，占当年全国苹果总产量比重提高到3.48%，比1995年提高2.7个百分点（如下表2～2）。

表2-2　中国苹果鲜果出口变化动态

指标	单位	1995	2000	2002	2003	2004	2005
出口量	万吨	10.89	29.77	43.87	43.90	78.42	82.41
占苹果总产量	%	0.78	1.46	2.28	2.08	3.31	3.48
出口额	万美元	4530	9656	14942	15000	27446	30630.9

在苹果浓缩汁出口方面，2002年，中国的苹果汁出口量为29.68万吨，出口额1.9亿美元；出口量占世界贸易总量的37.5%，为世界第一出口大国。到2005年，苹果汁出口量和出口额分别增加到64.85万吨和4.58亿美元，分别比2002年增加1.185倍、1.411倍（如

表2～3所示），出口量占世界贸易总量的比重超过50%。

表2-3　中国苹果浓缩汁出口变化动态

指标	单位	2002	2003	2004	2005
出口量	万吨	29.68	41.7	48.72	64.85
出口额	亿美元	1.9	2.54	3.25	4.58

从出口的价格情况看，苹果鲜果出口全国平均每吨1985年为338.0美元，1995年增加到399.3美元，2000年降至324.4美元，之后趋于回升，2005年371.7美元，2006年1～2月份进一步提高到425.6美元；苹果汁出口全国平均2002年为640.2美元/吨，2005年增加到706.5美元/吨，比2002年提高10.36%（如下表2～4），出口价格的提高，意味着中国苹果及其加工品出口贸易条件有所改善。

表2-4　中国苹果及其果汁出口价格变化动态

单位：万美元/吨

项目	1985	1995	2000	2002	2003	2004	2005
苹果鲜果	338.0	399.3	324.4	340.6	341.7	350.0	371.7
苹果汁				640.2	609.1	667.1	706.5

（二）中国苹果生产与出口贸易存在的主要问题

中国苹果产业近几十年来虽然发展迅速，绩效斐然，但也仍然存在不少的问题，主要是：

1. 生产布局仍有待优化

中国苹果生产的区域分布，在趋向合理集中的同时，“适地适栽”原则的贯彻实施仍有相当的差距，其突出表现，一是非适宜区和次适宜区仍有大量的苹果栽培；二是在适宜区盲目发展不适宜的品种栽培现象仍然存在，甚至比较突出。辽东半岛无论从自然气候、土壤或社会经济条件看，都是中国苹果生产发展的最佳区域，1978年，辽宁省苹果产量占全国苹果总产量的28.9%，但是到2005年的这一比重即已降至5.16%。近在1988年，辽宁的苹果栽培面积仍相当于山东的51.5%，仅比河北少1900公顷，居全国第三，占全国苹果栽培总面积的13.5%，单位面积产量2777千克/公顷，在苹果生产大省中仅次于山东，比全国平均的单产水平高出6.15%。发展到2005年，辽宁苹果栽培面积占全国总面积的比重即已降低到5.96%，仅相当于陕西的27.13%和山东的32.83%

及河北的42.6%，居全国及省、市、区第6位，单位面积产量比全国平均低13.39%，比山东低44.38%（如下表2～5所示）。辽宁苹果生产的这一巨大变化，一方面意味着辽宁苹果生产的优势近几十年来并未得到充分有效的利用和发挥，另一方面则表明辽宁苹果生产的品种选择及其技术和管理存在不少问题，明显处于落后地位，致使单产水平降低，进而导致种植面积的大幅减少。

表2-5　中国苹果生产大省单产水平比较

单位：千克/公顷

地区	1988	2005	2005/1988 ± %
全国平均	2616	12615	382.22
山东	6685	19649	433.22
河北	2315	8041	247.34
河南	2331	17421	647.36
辽宁	2777	10931	293.63
山西	1922	13238	588.76
陕西	1424	13473	846.14

2. 品种结构亟待调整

中国苹果生产在品种结构方面存在的突出问题，一是主栽品种比较单一，红富士一个品种的栽培面积即接近全国苹果栽培总面积的一半；二是熟期搭配极不合理，早中熟品种相对较少，晚熟品种占75%～80%，早熟品种不足5%，中熟品种也只有10%～15%。过于集中的成熟期，使苹果采收后的上市销售压力过大；三是鲜食与加工品种比例很不协调，主栽品种基本上都是鲜食品种，适于加工品种很少，致使苹果加工企业无稳定的优质原料来源，加工产品质量缺乏起码的保证。

3. 良种苗木繁育体系不全，扩繁应用乏力

采用良种苗木可以增加苹果早期产量20%以上，能明显提高苹果的生产效益。发达国家苹果的生产早已普遍采用无病毒良种苗木，而中国目前无病毒良种苗木的繁育体系却依然很不健全，苗木质量低下。主要问题一是不按标准生产，缺乏有效管理和从事苗木生产的龙头企业，苗木调运比较混乱；二是良种选育、引进和区域适应性驯化、试验发展工作相对滞后，致使品种更新速度缓慢。

4. 果园管理技术滞后，土地生产率水平低下

尽管近几十年来中国苹果果园的管理技术水平有所提高，新

技术、新成果在苹果生产中得到不断的应用，但从整体看，中国全国苹果果园的管理水平仍然处于落后状态，使中国苹果单产水平和苹果质量难以得到有效的提高。

中国苹果单产2005年已经达到12615千克/公顷（合811千克/亩），但与先进国家相比较仍有很大的差距。目前国外苹果生产先进国家每公顷产量多在20吨以上，其中新西兰、意大利、荷兰、巴西和法国等国家的苹果单产平均每公顷都在30吨（2000千克/亩）以上，中国全国平均的单产水平仅相当于先进国家单产水平的40%左右。另外，中国各地区间的单产水平发展也很不平衡，一些地区的单产水平已接近或达到世界先进水平，但有些地区的单产平均每公顷仍然只有4500千克（300千克/亩）左右。

5. 产后加工处理水平低，包装质量差

苹果生产先进国家的鲜食苹果采后都要经过机械清洗、打蜡、分级、包装等一整套加工处理之后才投放市场，因此，其苹果的附加值及其售价也高。而中国入市苹果经过这样一个程序加工处理的仅占总产量的1%左右，因此，中国苹果尽管其内在品质与国外差距不大，但其外观、包装质量与其他主产国相比较却差距明显，苹果附加值小，优质果率偏低，约占国外的1/2，价格自然也低。这也中国苹果出口价格一直低于其他苹果主产国并缺乏与其他国家相竞争的能力的重要原因之一。

6. 贮藏、加工能力不足，苹果产业的增值能力有限

中国苹果的总贮藏能力约占苹果总产量的1/4左右，同美国等发达国家比较低约60个百分点。而且中国的苹果贮藏库条件简陋，以地窖、土窖洞、冷凉库等土办法为主，气调贮藏容量小，仅占3%～5%。

在冷链流通方面，先进苹果生产国已基本上实现了包括运输、贮藏和销售方面的采后冷链流通，而中国的苹果冷链流通目前仍属空白。

在苹果深加工方面，中国目前一是加工量小，仅占苹果总产量的10%左右，美、法、英等国家的这一比例早已达到30%以上；二是加工技术水平较低，质量不高，同发达国家相比较还有很大的差距；三是加工品种单一，除苹果浓缩汁外，苹果鲜榨汁、苹果汁饮料、苹果酒、苹果醋、苹果液（酱）等其他加工均未形成规模。

7. 产业组织化程度低，市场营销乏力

一是中国苹果生产基本上以农户家庭为单位，规模小，投入不足，产业的组织化程度极低，从生产到市场销售各环节关联性差，“小生产与大市场”之间的矛盾突出，产、运、贮、加、销环节脱节，产品终端的竞争力低。二是龙头企业规模小、数量少、市场竞争能力不足，对产业的带动能力小，龙头企业也未能与果农形成合作共同体,在苹果生产的标准化方面与先进国家比较存在较大差距，与国际标准及市场接轨性差。三是企业品牌意识薄弱，未能形成具有国际竞争力的品牌，国内现已注册的一些苹果品牌，大多质量不高，知名度和竞争力都十分有限，而且法律保护乏力，被盗用和假冒的情况时有发生。四是忽视市场信息体系建设，对市场研究少，信息渠道建设的人财物投入严重不足，市场供求信息传递速度慢，对产品销路、消费者口味习惯、国际市场变化趋势等知之甚少，市场开拓能力不强。

（三）促进中国苹果生产与贸易发展的对策思路

针对中国苹果生产与贸易出口存在的前述问题，苹果适宜区的各级政府和从事苹果生产与出口贸易的企业有必要采取以下方面的重大措施：

1. 重视苹果生产的示范基地和（或）示范园的建设

探索建立适应国际标准或惯例，具有中国特色、符合中国国情及地区具体区情、特点的标准化苹果生产及流通加工的规范体系，通过示范基地及示范园的示范作用，促进周邻村、乡、县（市）苹果生产与流通加工按规范的标准要求有序展开。

2. 加强苹果生产的结构调整

包括品种结构、生产结构调整。品种结构调整的重点：一是不同用途方向的苹果品种搭配合理，引进、种植加工专用型苹果品种，并逐步扩大其种植面积；二是同一用途方向不同熟期的苹果品种协调发展，增加早、中熟苹果品种的栽培比重；三是增加和扩大具有明显特色的苹果品种比例，特色范围包括色泽、果形、口味等等。生产结构调整的重点是加强苹果采收后的流通加工，提高苹果生产的后续商品化处理水平及其程度。

3. 提升苹果产业化经营水平及其组织性程度

充分发挥果业龙头企业的生产组织作用，通过龙头企业将高度分散从事苹果生产的农户家庭有效地聚合在一起，形成统一对外的命运共同体和面对市场进行有效的苹果生产与经营的经济组织。

4. 加大对市场的开发力度，增加市场开发投入

加强对国际市场和目标地区、国家消费习惯、消费者口味等方面问题的深入研究，重视品牌塑造和品牌营销，建立通畅、高效的市场营销网络及信息传递系统，等等。

三、项目建设与经营发展的市场、资源基础

（一）项目建设与经营发展的资源优势

从总体看，本项目建设与经营具有以下方面的比较优势及发展的有利条件：

1. 规模优势

中国是世界苹果生产的第一大国，中国苹果栽培面积和苹果总产量均已占到世界总量的36%以上。从未来时期发展的基本趋势看，中国苹果产量占世界总产量的比重还将进一步提高，中国作为世界苹果生产重心的重要地位将进一步得到提升并加强。这一方面是因为中国于上世纪末、本世纪初新发展的大批果园正逐次进入盛果期，加上中国苹果生产技术进步及其成果的广泛应用正以空前的速度迅速向前推进，中国苹果生产的单产水平将不断提高；另一方面则是因为发达国家的苹果生产由于受到多方面因素的影响和制约，业已形成的停滞态势仍将继续，总产量的增长将十分有限，甚至可能出现下滑势头，因此，中国苹果产量在世界总产量中的所占比重还将继续增加，由此而形成的规模优势必然对世界苹果生产的基本格局产生重大影响，对欧美发达国家的

苹果生产形成巨大压力，使中国在国际苹果生产与贸易中处于某种程度的有利地位。

从中国国内情况看，随着中国农业与农村经济结构的进一步调整，苹果生产非适宜区和次适宜区栽培面积不断减少而逐渐向优势区集中的势头将进一步得到加强，是世界范围内苹果栽培的最佳地域之一，而且目前的大连苹果生产，大部分老残果园已得到或正在进行改造，同时新发展了一批优质苹果园，苹果业已开始形成恢复性增长格局。这一点对于本项目的建设与经营发展来说也是十分重要和极为有利的。

2. 资源条件优势

大连苹果在中国具有盛名，是中国有名的苹果之乡。在20世纪70、80年代以前，苹果产量一直占全国的1/7，一些重点果区的苹果质量一直名列全国之首，三十里堡红果村的苹果切开24小时后仍不变颜色。从苹果生产的气候条件看，大连地区的年平均气温9℃~11℃，年降水量在550毫米~900毫米之间，年日照时数2500~2900小时，苹果着色期日照率大于50%，生产优质高档次苹果的生态条件足以同国内、外任何著名苹果产区相媲美（如下表3~1所示）。

表3-1　苹果产区生态条件比较

产区	主要指标				辅助指标		
	年均温（℃）	降雨（mm）	1月中旬均温(℃)	年极端最低温(℃)	夏季均温6-8(℃)	>35℃天数（天）	夏季平均最低气温（℃）
最适宜区	8~12	560~750	>-14	>-27	19~23	<6	15~18
大连地区	9~11	560~900	-4~-6	-18~-25	22~23	2~3	16~18
黄土高原区	8~12	490~660	-1~-8	-16~-26	19~23	<6	15~18
山东半岛	10~13	580~850	-2~-10	-13~-24	23~25	4~6	18~20
美国华盛顿产区	15.6	470	8	-8	22.6	0	6

除自然气候方面的比较优势外，还具有以下方面的有利条件：

（1）品种资源优势

中国从国外引进和选育的苹果品种有近700个，各国的主栽品种中国国内几乎都有栽培，引种极其方便，能够针对国内外市场生产营销对路的苹果。

（2）地缘优势

大连地处沿海，是中国北方最为重要的对外贸易口岸城市之一，交通便捷，地缘、区位优势突出，苹果出口无论是进入俄罗斯或是东南亚、欧美国家等都十分便利。

3. 成本、价格优势

苹果属于劳动密集型产业，苹果生产特点是无公害优质苹果生产需要大量的人工投入，如果实套袋、剪枝整形、有机肥生产、采收等主要依靠人工劳动来完成。中国的劳动力资源丰富，农村劳动力价格低，因此苹果生产的成本费用明显低于发达国家。由于中国苹果的竞争对手主要是美国、欧盟、新西兰、日本等发达国家和地区，因此，中国苹果生产在世界苹果业中具有明显的成本、价格优势。

（二）项目建设与经营发展的市场潜力与拓展空间

1. 国际鲜果市场潜力

世界鲜苹果年贸易量目前约564万吨，贸易额30亿美元左右。苹果进口最多的国家依次为德国、英国、荷兰、比利时、卢森堡、奥地利、美国和巴西等。各国在1996～2003年间的苹果年进口量：德国为70.7万～78.9万吨，英国为42.2万～46万吨，荷兰为23.5万～28万吨，比利时、卢森堡为24.8万～28.5万吨，奥地利为6.1万～19.9万吨，美国为14.1万～18.2万吨和巴西12.6万～25.7万吨，东南亚一些国家和地区年进口量约在41万吨。根据联合国粮农组织统计，德国、英国、西班牙、奥地利、瑞典和中国香港等国家和地区为苹果的纯进口国和地区。

世界上出口鲜苹果的国家主要有法国、美国、智利、意大利、荷兰、匈牙利、土耳其、中国、南非、新西兰和阿根廷等国家，其中智利、土耳其、南非、阿根廷和新西兰等为苹果纯出口国。近年来，美国、法国、新西兰、日本等国家的苹果生产不断萎缩，果品自给率急剧下降，欧美由10年前的89%降为47%，日本由8年前的84%降为41%。目前，发达国家40%～50%的果品靠进口。欧洲市场鲜苹果的需求量每年即以3%的速度增长，为中国苹果出口创造了十分有利的市场空间。

因此，近年来，我国苹果出口数量迅速增加，在原来主要出口东南亚和俄罗斯等国家和地区的基础上，出口至欧洲、加拿大和中东各国的数量也不断增长。从竞争对手进入国际市场，尤其是欧美市场的苹果品种看，美国、法国和新西兰等国家的主要品种是嘎拉、新红星和金冠等，而我国苹果主要出口的主要品种则是红富士、嘎拉、新红星、红将军等，在品种上存在一定的差异性，可以在一定程度上降低竞争的强度。

2005年，中国鲜苹果出口已达82.41万吨，比上年增加5.1%，为1996年的5倍。按照1996～2005年中国苹果出口每年增长19.6%计算，到2010年中国高档苹果出口量也可达到132万吨，2015年达到210万吨；出口的国家和地区主要集中在东南亚、俄罗斯、欧洲、中东和北美。

目前我国通过边境贸易向俄罗斯、越南、缅甸等国家出口苹果近100万吨，未来5年将继续增加，达到150万吨以上，2015年有可能突破200万吨。

2. 国内市场需求

中国人均苹果产量2004年为18.2千克，高于世界平均的人均苹果占有量近80%，但低于新西兰、意大利、德国和法国等国家人均30千克的占有量水平。根据《21世纪中国农业发展战略》测算，2000年我国苹果需求量为1790万吨,按3%的年增长率计算，到2010年苹果的需求总量将增加到2406万吨，2015年达到2789万吨。

目前我国苹果汁的人均消费量不足0.1公升，如果5年内人均消费苹果加工品增加到1千克，消费苹果量将增加260万吨；到2015年苹果加工品消费量达到3千克，将消费苹果390万吨。

根据国内、国外市场分析，2010年我国苹果总量需求将达到2950万吨，2015年达到3590万吨。

（三）项目建设与经营发展的企业基础

大连天立农业开发有限公司是在中国经济与农业发展进入全

新的重要阶段后设立的一家集果品生产的组织与指导、果品收购、贮藏、流通加工及销售全过程经营业务于一体的专业公司。公司注册资本1000万元人民币，经营范围为果树种植，果品收购、贮藏、加工和销售等，公司法定住所为瓦房店市赵屯乡洪屯村。

大连天立农业开发有限公司的设立宗旨为：“以农为本，通联工商；为农服务，让利于农；农、企共进，同求发展”。

大连天立农业开发有限公司自成立以来，遵循公司设立宗旨，以“扶持广大果农，促进中国果业发展”为己任，按照“农字当头，强字立业，联字为根”的运营思路，同辉煌世纪农业开发（大连）有限公司、威海致成食品有限公司（中国·山东）等农业经营企业和数以万计的果品生产农户休戚与共、紧密结合，共同构成一个从生产、加工、储藏到销售的经营实体，将各方所拥有的资源有效地聚合在一起，用多目标资产替代单一的目标资产，以广阔的外部资源代替有限的内部资源，通过不同主体间不同领域、行业、部门与层次经济、经营活动的有机结合，共生互补、关联推进，在进行超越界限的果业经营管理与发展方面已初见成效。

到目前为止，大连天立农业开发有限公司按照国际标准投资兴建的5000吨大型现代化水果贮藏气调冷库及流通加工生产线已投入使用，以瓦房店市赵屯乡为中心的大连优质出口苹果生产与流通加工基地和以山东威海市乳山崖子镇为中心的山东优质出口苹果生产及流通加工基地已见雏形。公司已有固定资产2,315万元人民币，水果年贮藏能力已逾万吨，年苹果经销量已达4万吨，出口地域已覆盖欧洲、中东、东南亚等20多个国家及地区，占辽宁对该地区及国家苹果出口总量的80%以上。

大连天立农业开发有限公司2004年由辽宁出入境检验检疫局确定为省级扶持农产品出口省重点龙头企业，2006年在被瓦店市人民政府确定为该市农产品加工重点企业之后，又由大连市人民政府确定为市（地）级农业产业化重点龙头企业。

大连天立农业开发有限公司“十一五规划”及未来10年期间的发展目标是，投资建立以大连优质苹果出口标准化生产示范园为中心的辽南及胶东半岛优质鲜苹果出口和以江西南康优质脐橙、柚子出口标准化生产示范园为中心的赣南优质橙、柚出口的两大标准化果品生产基地，以此为依托及基础，构建以苹果、桔橙两大水果为主体，多品种、跨地区、南北对接、优势突出，具有中国明显特色的优质水果生产与出口贸易体系，高效推动中国果业的进一步发展，使中国尽快成为世界果业生产与贸易大国中的强国。

大连天立农业开发有限公司的长远目标是："以促进中国果业发展为己任，既求最佳，也求最大，先'佳'后'大'，'佳'、'大'结合，平衡推进，使中国果业立于世界之林，让中国果品遍销世界各地。"

四、项目建设指导思想、发展目标与建设内容

（一）指导思想与发展目标

本项目建设以十六届五中全会关于"建设社会主义新农村"和"推进现代农业建设"的指示精神为指针，以《中共中央 国务院关于推进社会主义农村建设的若干意见》和《中华人民共和国经济和社会发展第十一个五年规划纲要》的相关任务规定为指导，以项目实施地域的现有苹果园为依托，以国际市场为导向，以先进的苹果生产及果园管理技术的应用推广为支撑，以不断提高果品的外观及内在质量为中心，以扩大苹果出口，实现农业增效、农民增收为目的，建立既与国际标准及市场接轨，又适合中国国情的苹果生产质量标准，包括栽培、加工、贮藏保鲜、运输技术规程及农药残留控制、检测标准，产、贮、运、加、销各环节有机衔接、紧密结合，具有一定规模和高竞争能力及带动能力的优质苹果标准化生产示范基地。通过基地的示范作用，促进示范基地周邻县、乡乃至整个大连及辽南地区苹果生产及其采后的流通加工按照标准化方式及模式逐步展开，提高其产业化经营的程度与水平，一方面为企业扩大苹果出口提供充足、可靠的商品货源，另一方面是推动和促进大连及整个辽南地区苹果产业国际竞争能力的不断提高。

具体要求及发展目标如下：

1. 为企业增加出口提供稳定的货源

一是在现有基础上，从2006年起到2008年，为新增优质苹果出口超过4万吨，提供稳定、可靠的货源支持，使企业平均每年增加出口1.3万～1.5万吨苹果、到2008年企业苹果出口总量达到8万吨以上目标具有可靠的货源保证。

二是改进、提高出口苹果质量，使出口苹果的附加值得以增加，从而为不断提高出口苹果的价格提供有力的依据及支持，从根本上改变、扭转中国出口苹果长期存在的低价现象。

三是为企业不断地拓宽苹果出口目标市场的地区范围，有效构建以欧盟15国、北美和中东地区为重心、出口目的地（国）覆盖率达到80%以上的出口目标市场网络奠定坚实的货源基础，使进入欧美国家高端市场的苹果比重不断扩大和提高。

2. 促进苹果业的结构调整

一是品种结构调整。将有计划、有步骤地引进国内外市场畅销的苹果品种，增加和扩大优质新品种苹果的栽培面积及其比重，有效构建主栽品种突出、多品种结合、熟期搭配合理的果园及基地品种结构，以改变现有品种过于单一、成熟期高度集中的单一型苹果生产品种结构。

二是经营活动结构调整。以生产为中心，构建从产前服务到产中、产后经营，供、产、贮、运、加、销各环节紧密结合的苹果产业化经营活动体系及其运营机制，以改变目前只注重生产环节而忽视其上游及下游业务经营的非体系化经营模式倾向。

三是经营组织结构调整。以农户为依托，以企业为龙头，形成企业、农户利益攸关、各司其职、各负其责、各尽其能、各得其所的命运共同体，以改变中国苹果产业长期以来所存在的组织化程度低、缺乏组织性的问题。

3. 推动创新

一是生产制度创新。适应新时期农业及农村经济发展的客观要求，推进苹果产业宏观发展管理及其微观经营体制与营运机制的改革，在不改变现有以农户经营为主的制度架构前提下，探讨并建立以农民为主体的新型合作组织及企业形式，重构“公司+农户”模式，增强农民在与企业交往、合作中的谈判地位。

二是生产过程创新。推进并实现苹果生产全过程包括栽培、果园管理和采后流通加工、贮藏、运输、包装等所有环节的无害化、规范化及标准化作业，建立全方位、全过程使用无公害、无污染农用投入品的苹果无公害标准化生产作业体系。

三是产业化经营方式创新。苹果生产经营从产前服务一直到产品入市销售全过程所有业务活动全部纳入产业化经营范畴，对所涉行业、部门、项目进行有效的整合、综合与复合，探讨并建立完全新型、具有中国特色、符合所在地区文化传统及其特点的农业产业化经营模式及其运营方式。

四是农业活动内涵创新。扩大和延伸农业活动的内涵与方式结构，建立以农业生产活动为轴心，承前启后的新型农业概念体系，将与苹果生产直接相关的产前、产后及其有关的旁侧经营活动纳入苹果产业经营的统一范畴，用全新的概念规范、计划和管理苹果业（农业）的经营与发展。

五是农业经营的地域构造模式创新。通过示范基地、示范果园的示范、带头作用，建立以示范基地、示范果园带周邻、促发展的苹果生产地域空间延伸拓展扩张体系，将周邻地区的苹果生产经营活动纳入以示范基地、示范果园为中心的苹果产业跨地域经营与发展范畴，形成苹果产业的跨地区经营发展体系。

4. 提高苹果品质

示范基地标准化生产果园生产的苹果品质包括其果形、色泽、大小、成熟度、缺陷与损伤等外观品质与内在品质均明显高于基地外地区、果园所生产的苹果。

一是无病虫果比例不低于99%，无公害优质果比率达到100%；

二是依据中国出口鲜苹果专业标准（ZB B31006-88），达到A级以上标准的优质果比率不低于70%，其中的AAA级果占总产量的比率超过30%，AA级果占总产量的比率达到25%以上。

5. 实现增产增收

一是通过多种途径、利用多种方式，不断提高示范基地标准化生产果园的鲜果土地生产率。果园的平均单位面积产量达到3000千克/亩（45000千克/公顷）以上；

二是在不断提高示范基地标准化生产果园所产果品质的同时，积极引入和推广新的高产、高效、优质苹果品种，指导和引导果园及农户采用新的栽培技术、施肥及植保技术，控制和防止生产过程中的无谓投入，降低生产成本，从而达到增加收入及其经济效益的最终目的。

（二）建设运作规则及原则

本项目建设的有效运作，包括项目建设内容的选择与确定、资金筹措、项目经营及其发展设计等，按照以下规则及原则进行：

1. 资源开发与产业发展多层化、结构配置多样化、集成化

具体要求及措施包括：（1）以主导经营业务项目为轴心，相关配置其上游与下游经营业务项目，构建“一业为主、多种经营同时发展”的经营结构，生产多种服务/产品，形成项目产业配置的广度；（2）利用现代科学技术对土地、投入品、人力、技术的要素资源实施多层次的深度开发，在增加产品/服务产出数量的同时，提高其质量，从而加大其附加值，由此形成项目产业配置的深度；（3）利用价值链的内在联系，将项目的产前、产中、产后各环节活动有机地链接在一起，通过价值增值和经济循环功能，提高项目经营的投入产出经济效益，形成项目产业配置的高度。

本项目产业配置前述三个不同维度或方向结构的有机结合，互为支持、互进互动，各相对独立的经营活动融为一体，成为一个内在联系密切、多形态、多部门的产业集成体系或系统。

2. 项目功能多样化、综合化

项目对外提供的服务及其功能作用，不限于某一种或某一方面，而是重视提供多种服务及其功能作用。既提供从实物产品的生产组织与指导、苹果的收购、质检、分级、贮藏、包装、运输销售到信息的收集、整理与传递服务，以及相关的融资协助小额贷款、农资配送、基础设施服务等，同时还使不同的服务产品及其功能有机地结合在一起，形成一种融各种服务于一体的功能综合体。

3. 项目运营集合化、组织一体化

采用适当的经营组织方式及其规模效益的获取途径与实现方法，将公司和农户以及农户与农户、企业与企业之间的利益及其逐利行为有效地聚合在一起，从而形成一个能够使各相互独立的经济行为主体之间既保持其独立性，自主经营、自负盈亏、自行决策，又互为联系与支持、互为开放、互进互动的结合系统，从而保证项目所涉农户、企业等所有行为主体的一致行动与有效合作和由此而形成的规模经济效益的实现及其利益的合理分配。

4. 项目经营知识化、管理智能化

突出知识、技术、智力资源在项目经营过程中的重要地位及其有效运用，形成以知识、智力资源为动力，以现代高新技术的运用为支撑的知识型、智能化经营管理运行体系，既提高项目经营者的知识素质与水平，也重视加大项目生产与服务及其产出品本身的技术、知识含量。

5. 项目视野宏观化、微观经济社会化

项目建设与经营发展不就事论事、就项目论项目，而是保持广阔的视野和宽泛的思路。

一是从社会角度、社会利益出发考虑项目的建设与经营发展，促进宏观经济、社会效益的提高与获取，而不是仅仅考虑公司自身的得与失，在公司利益与社会利益之间保持平衡。

二是争取广大农民、社会的广泛支持，形成“搭台、农户唱戏、同舟共济、利益共享”广泛吸引农户参与项目建设和经营的开放性系统，而不是由公司在那里孤芳自赏。

三是项目建设与经营过程中所涉问题的处理，均依照从整体着眼，从事物间的联系入手，全面考虑、多方照顾的原则，采用类似中医治病，一付中药、药分君臣、症治关键，医头痛从脚上下功夫的办法进行。

6. 项目及产业与企业发展可持续化

项目建设内容的确立、发展方向与经营模式的选择等等，必须有助于项目建设本身和项目经济系统、企业经营活动的良性运转，以保证项目、产业、企业的可持续发展。

（三）建设的范围与内容

本项目建设包括以建立标准化生产示范果园为中心的苹果生产能力建设，以市场为导向，品种结构调整为中心的苹果竞争能力建设；以扩建商品化处理厂为重心的苹果采后商品化处理能力建设和以改进、完善市场信息系统为重点的苹果出口贸易运营系统建设等4个方面的基本内容。

1. 标准化生产示范苹果园建设

对瓦房店市赵屯乡新立、河洼、郑屯和高速4个行政村现有10800亩苹果园和普兰店市四平镇凤凰山林场2000亩苹果园，合计12800亩（853.3公顷）果园进行更新改造，建成符合以下标准的高产、稳产、优质高效的示范果园：

（1）果园规划科学、设计合理，生产用地与为生产提供服务的各种用地包括防护林用地、道路用地和其他公用设施用地之间比例协调；

（2）果园作业区（即小区）划分科学、合理，作业区的大小、形状和面积等，同果园的地形、地貌、气候及土壤条件等自然要素相适应，便于进行作业和管理；

（3）良好、通畅而合理的道路系统，既便于果园的进出及其作业管理，又能够保证土地的合理利用；

（4）良好的果园群落生境及其生态环境，果园内及其周围建有生态保护设施；

（5）果园建有配套的灌、排水系统和现代化的灌溉设施，如喷灌或滴灌、渗灌等；

（6）果园管理及其作业过程与技术的选择和应用合理、规范，果树长势良好，树相符合高产、稳产、优质的要求。

2. 新品种引进、新技术应用试验示范果园建设

本项目建立苹果新品种引进、新技术应用试验示范园的目的在于为苹果优良品种引进和新技术的大范围推广进行必要的应用试验提供场地及条件，以便避免由于盲目引种和使用新技术可能带来的风险及损失，有效改变、扭转大连及整个辽南地区苹果良种选育、引进及其栽培、管理新技术应用区域适应性试验工作相对滞后，良种苗木繁育体系落后、果园管理技术水平低下，致使品种更新、新技术推广应用速度缓慢的滞后发展局面。

新品种引进、新技术应用试验示范果园建设规模为：占地150亩（10公顷），建成试验生产条件、设施、手段配套，高标准、高水平的优良品种引种试验、优质苗木繁育、适应品种栽培性试验和苹果栽培、果园管理新技术应用试验的重要基地，同时成为培训农民、农户的教学实验园区。

3. 苹果采后商品化处理能力建设

在现已建成并已投放使用的5500吨苹果气调冷藏库基础上，投资扩建3000吨气调冷藏库和2500平方米的苹果商品化处理厂，同时配备苹果质检、分级、洗涤、打蜡、包装、运输所必备的标准化先进设备、设施，包括从意大利购进洗涤打蜡自动生产线、从德国购进无钉果箱粘合机，配套添置叉车、大型储藏箱、周转箱等果品流通加工用机械设备及工具，建立苹果质量检测实验室，等等，以适应并满足优质出口苹果标准化生产示范建设，确保苹果采后商品生处理水平不断提高的客观需要。

4. 苹果出口贸易运营系统建设

苹果出口贸易运营系统建设的主要任务及重点为：（1）出口目标市场开拓与发展。通过对现有已进入国家及地区市场的延伸与拓广，进一步开发新的苹果进口国家及地区市场，拓宽、疏通苹果出口贸易通道，到2008年前后，公司鲜苹果出口覆盖世界各主要苹果进口地区及国家；（2）完善、健全苹果贸易信息网络，加强对国际苹果进口贸易市场的调查研究，掌握、熟悉不同目标市场的消费偏好及习惯，跟踪国际市场对苹果质量安全要求及购买力的实时变化情况，为扩大苹果出口提供可靠的依据；

（3）精心组织各种形式的苹果宣传推介及促销活动，扩大大连苹果在国际市场上的知名度，不断提高、强化公司苹果品牌营销能力；（4）构建以扩大出口为目标的苹果生产与流通多层次、多渠道的网络体系，不断提高苹果出口贸易的组织化程度，加强国内各苹果出口企业之间的合作与协作，有效防止和避免各出口单位间相互压价、低价销售现象的出现与发生。

五、标准化生产示范果园的生产活动组织与管理

（一）生产与经营的组织方式及其运营模式

本项目中的标准化生产示范果园按照“公司→示范区（果园）→小区（果园作业区）→农户”的层次进行组织和管理。具体办法如下：

本项目标准化生产示范果园所涉“4村一场”（即瓦房店市赵屯乡新立村、河洼村、郑屯村、高速村和普兰店市四平镇凤凰山林场）12800亩果园、4483户果农，按照“一村（场）一区”原则，设立5个相对独立的果园区。果园区全称为“大连天立农业开发有限公司优质水果出口产业大连苹果标准化生产示范基地××村（场）苹果生产园区”。园区设苹果生产协会，由辖区生产苹果的农户组成。苹果生产协会全称为“大连天立农业开发有限公司优质水果出口产业大连苹果标准化生产示范基地××村（场）苹果生产协会”。协会设理事长1人，由农户推选，理事由小区（果园作业区）农户组长兼任。

果园区根据其果园面积的大小、下辖农户的多少和地形、地貌等自然条件特点，划分15～20个果园小区（果园作业区）。果园小区通称“××乡（镇）××村（场）果园第××组”。果园小区按果园毗邻地块原则确定，下辖60～80户果农。每个果园小区设农户组长1人，由所在小区全体农户推选。农户组长兼任所在果园区（即村或场）苹果协会理事。

本项目所涉农户是本项目标准化生产示范果园从事苹果生产的主体，是果园的基本生产单位，以家庭成员劳动，运用所承包

的果园（或土地）和自有的生产资料，在公司的组织、指导和果园小区的具体管理、协调下从事出口苹果生产经营活动，并在经济上独立核算、自负亏盈。

大连天立农业开发有限公司是本项目建设和本项目标准化生产示范果园日常运营的经营主体，在本项目建设与经营中起着主体工程师的架构设计与营运主导作用，是确保整个项目建设与经营顺利发展并使其始终保持高度的组织性与动员状态的主导力量。

大连天立农业开发有限公司出口苹果标准化生产示范基地经营管理流程及其组织方式与模式如图5～1所示。

1. 大连天立农业开发有限公司职能

大连天立农业开发有限公司作为本项目优质苹果出口标准化生产示范基地建设与经营的组织者及经营主体，承担以下五个方面的职能。

（1）组织基地农户发展出口苹果生产，提高苹果生产的组织化程度，吸引和带动基地农户进入苹果产业化经营序列。

（2）引导基地农户调整苹果生产结构及其品种结构，提高苹果的内在品质，生产适销对路的高品质、无污染、无公害、安全、卫生的苹果食品。

（3）为基地农户的苹果生产活动提供产前、产中和产后全过程、多方位、多角度的各种服务及支持，包括资金、技术支持和农资供应、融资、产品销售、科技信息、市场信息、管理咨询服务等等，与基地农户建立密切的经济、技术联系，形成互为依存的利益共同体。

（4）进行苹果采收后入市前的果品检测、分级、洗涤、打蜡、贮藏、包装等系列商品化处理活动，提高苹果产品的附加值，实现其价值的不断增加与提高。

（5）开拓市场，建立产品销售网络，成为沟通农户与市场之间的桥梁。

2. 基地中间组织职能

基地中间组织即介于大连天立农业开发有限公司和基地农户

之间的各类组织形式，包括按村（场）设立的苹果生产协会和村（场）果园区下设的果园作业组。基地中间组织是连结和沟通基地农户与大连天立农业开发有限公司的桥梁，其主要职能包括：

（1）服务。一是为下属农户提供其所需要的生产技术、果园管理、信息咨询等方面的各种服务；二是为公司提供某些方面的服务，协助公司做好有关基地农户的组织与管理工作。

（2）管理。接受公司委托和（或）基地农户的授权，开展并做好所在园区或作业区某些方面的管理工作，如组织农户按预定计划进行生产、采收，等等。

（3）协调。一是沟通和协调基地农户与公司之间的关系与联系；二是协调所在园区农户之间的生产经营活动及其利益关系。

3. 农户职能

基地农户职能，一是按照与公司签订的合作协议及订购合同的要求，从事苹果生产活动，并将所产苹果在同等价格条件下优先卖给公司；二是积极参与示范基地的建设与经营发展活动，为示范基地的建设与经营发展献计、献策；三是成为示范基地成功经验和重要成果对外扩散的促进者和传播者，使示范基地的示范、带动作用得到最为充分的发挥。

（二）无公害生产的组织与控制

开发绿色食品，生产无公害产品，是本项目建设与发展的重要目标之一，是标准化生产示范果园的核心内容。实现无公害生产，不只是为了满足产品出口的需要，还是保护环境，促进人与自然的和谐，建立环境友好型社会，提高人民生活质量，确保人类健康的必由之路。

为确保无公害果品生产的目标有效实现，本项目生产示范果园将全力采取以下重大措施：

1. 保护果园生态环境，建立有利于农业生态良性循环的土壤、水源管理制度

具体措施包括：（1）全方位、多角度地避免和防止有害物质进入或侵入果园造成对果园土壤、灌溉用水及周围空气的污染；（2）保护果园的群落生境，改变频繁耕作、除草、土地清耕裸露的传统果园耕作方式及制度，通过免耕、少耕，减少水土流失，保持果园的土壤结构和生物多样性处于良好状态；（3）科学合理地使用肥料，以施用有机肥、农家肥为主，尽可能地少施或不施化学肥料，限制施用城市垃圾肥料，同时改变施肥方式，以便防止或减少因为施肥而对土壤形成的污染和结构破坏；（4）改变植保及有限制与控制地使用化学农药，实现果园病虫害的综合防治，从而防止和避免大量使用化学农药而对果园生态与果品本身所造成的污染与质量破坏；（5）实行果园种草、养猪、养鸡，果、草、畜并举，使天然有机肥直接回归土壤，增加果园土壤的有机质含量，改善土壤的理化性状，增强土壤活力；（6）实行节水灌溉，以降低能耗和防止因灌溉而可能造成的污染现象出现与发生。

2. 因地、因事、因时制宜地制定果园的规范化生产技术规程

生产技术规程所规范的内容及范畴应囊括产前、产中及产后全过程的有关环节及其活动，包括果园土壤、肥料来源及使用、灌溉水的管理、果树的整形修剪、花期和结果期管理，病虫害防治和农药的选用，以及果实采收和采收后的加工整理，分级、包装、贮藏等方面的技术，其中最为重要的是病虫害防治和农药的选用，其次则是化学肥料的合理使用。

3. 建立专家队伍和技术培训中心，加强对农民、农户的培训和指导

聘请中国农业科学院、中国农业大学、沈阳农业大学、熊岳果树研究所、大连农业科学院和瓦房店市的果树专家组成专家组，就包括无公害生产问题在内的优质苹果生产与管理技术，分期分批地对基地农户和所涉县（市）、乡（镇）、村（场）的果树技术人员进行有效的培训，同时委派技术人员、专家、教授深入生产第一线，具体指导农户解决其苹果生产过程中可能碰到的各种具体的技术难题。

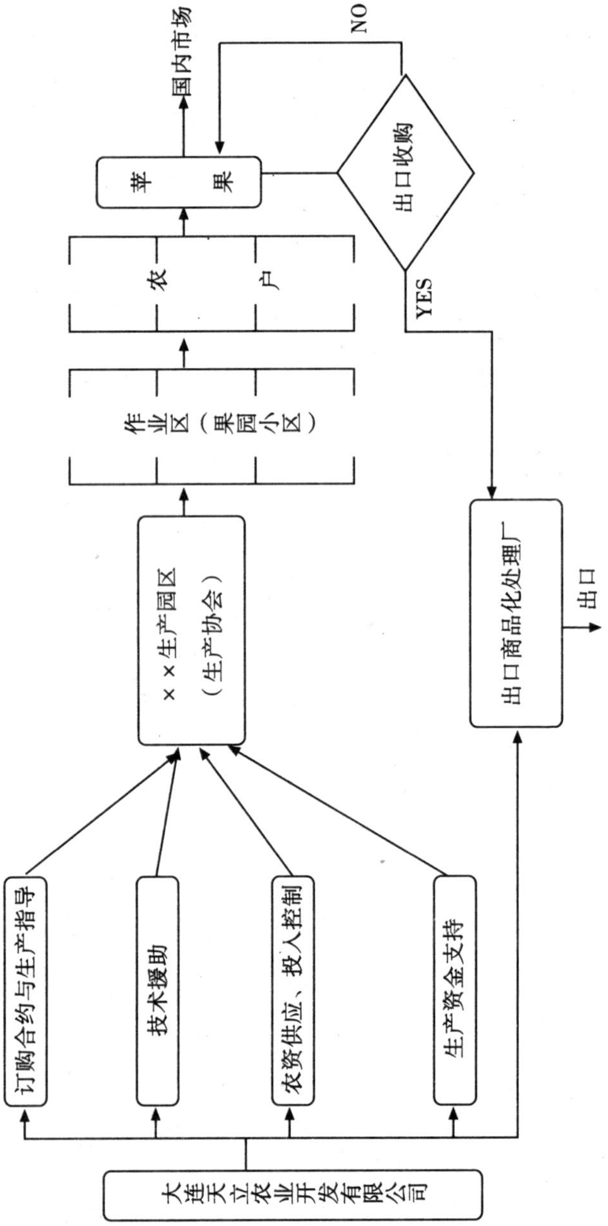

图5-1 天立公司苹果生产基地产品生产组织与管理流程图

4. 建立农资供应、配送制度，加强对生产投入品使用的管理与控制

公司设立农用生产资料采购供应中心，集中采购农药、肥料、果实套袋等生产资料，并按低价销售配送到户，供果农使用。一方面是通过投入品的低价供应以降低农户的苹果生产费用投入及成本支出，以提高苹果生产的经济效益，另一方面则是通过投入品的集中采购、统一配送，加强对各种投入品特别是限制使用的化肥、农药和必须使用的某些投入品如果实套袋、无公害农药及肥料使用的管理与控制，同时对其使用的过程及方法等进行有效的指导，从源头上规范、控制化学农药及化学肥料等限制使用的投入品的使用，以减少因盲目使用化肥、滥用化学农药而造成的侵染，确保无害化生产的有效实现。

5. 加强苹果采收后的无害化处理过程，确保果品不在采后入市过程中被污染

具体措施，一是加强对商品化处理厂、果品贮藏库的周围环境及其内部空间的生态保护，防止有害物质的侵染；二是使用清洁、无毒、无异味的果品包装材料包括包装纸、网套、低箱、隔板和运输工具等；三是采后加工整理过程中的各个操作环节严格按照安全、卫生、无害化操作规程的规定实施操作，避免和防止在这一过程中可能出现的人为侵染。

6. 加强对无害化生产过程的跟踪审查

建立无害化生产的跟踪审查体系，切实做好与无害化生产相关的各个环节包括生产、收获、加工、贮藏、包装、运输等的记录工作，特别是生产过程中有关技术实施、肥料、农药使用数量、方法及施用时间、过程的记录，一方面以此加强对生产、加工过程的有效控制，另一方面则是为日后市场营销的相关活动及产品认证提供重要依据。

无害化生产的记录表格如附表1～4所示。

（三）科技进步及其成果推广应用的组织与管理

科学技术是第一生产力，以科技为先导，将先进的科学技术成果转化为农业生产力，是当代农业发展的必由之路，是本项目建设与经营发展的重中之重。为此，本项目将采取以下重大步骤及措施来确保先进技术成果的加速应用与推广：

1. 建立技术推广中心，加强苹果新品种、新技术的引进和推广

技术推广中心按照“小机构、大网络”原则进行组建，通过双赢的利益纽带及其运作机制，同相关院校、科研院所建立密切的科研合作联系，广泛聘请国内外著名苹果专家、学者担任中心的特邀研究员或兼职科研专家，进行有关苹果生产技术、新品种选育与扩繁的专题研究。中心配备的专职技术人员、果树专家具体负责对来自院校、科研院所的科技成果转化与推广应用方面的工作，解决新品种、新技术应用、推广过程中的一些具体而实际的问题，组织对农民的技术培训，指导农民对果园进行有效的生产作业与管理。

2. 建立科技发展基金，确保研发经费的充分供给

公司从每年的苹果出口净收入中按不低于2.6%的比例提取科技进步费用，与从政府财政科技三项费用支出中争取的科技项目补贴或资助一起，构成公司的科技发展基金。企业科技基金实行财务单列，专款专用，用于满足科技进步方面的各项费用支出。

3. 健全、完善科技进步及其成果推广应用的运行机制

具体措施包括：（1）建立新技术、新品种引进、推广应用计划制度，每年从实际出发，选择一批技术成熟、市场前景广阔、经济效益良好的重点科技研发成果、优良品种纳入年度计划范畴，切实做好相关的引进、应用创新和推广方面的工作。（2）为科技人员特别是在生产第一线工作的科技人员提供优惠的待遇条件，充分调动科技人员的工作积极性。（3）定期和不定期地举办各种类型的农民技术培训班，通过技术讲座、现场示范、发放影像资料、技术人员深入果园指导等方式及途径，加强对农民、农户的技术培训，提高农民、农户应用新技术、新品种的积极性及其综合素质能力。（4）发展和完善科技服务体系，及时解决农民、农户应用新技术、栽培新品种过程中可能遇到的各种技术问题。

（四）公司与农户利益分配的组织与协调管理

在市场经济条件下，各经济行为主体之间的利益分配问题，是任何一个经济系统都必须加以重视并妥善解决的一个具有根本性质的重大课题，是经济组织系统内的生产活动组织与管理能否顺利进行和有效展开的核心问题。本项目将按照以下基本原则采取与之相适应的重大措施，建立公司与农户“风险共担、利益共享”的利益分配及其保障机制，使参与苹果出口产业化经营的农户与公司形成一个利益共同体。

1. 建立利益分配机制的出发点及其原则

（1）农字当头。从有利于农业发展和农民增收出发，优先保证农民的利益不受侵害，切实保障农民的合理权益，以此为基础，使公司的利益得以保证和持续。

（2）利益保证。协调参与苹果出口的产前、产中、产后一体化经营系统的所有行为主体的利益获取及其保障，以增强凝聚力，使生产与出口的规模不断扩大、实力不断增强。

（3）联字为根。合理处理经营群体与外部服务体系及其相关经济实体之间的利益关系。使基地内部之间和基地与外部相关单位之间建立起相互依存的密切联系与利益关系，形成不同类型的利益共同体。

2. 利益分配机制

公司通过以下途径及方式保证农民、农户参与苹果出口产业化经营的利益所得：

（1）苹果高价收购

对达到出口标准、符合出口要求的苹果，公司以适当高于同期市场收购价格（农民出售价格）的价格收购农户所产的苹果。

（2）农资优价供应

公司集中采购果园生产所需要的肥料、农药、果实套袋等主要生产资料，并以低于市场零售价格的价格出售给农户使用。

（3）免费服务

公司为农户免费提供有关技术指导、技术培训、管理咨询、融资协助等各种服务，使农户能够及时获得所需要的技术扶持及融资支持。

（4）利润返还

公司依据农户提供的苹果数量及质量，在一个经营年度结束后，按适当比例提取部分利益，以奖励的方式返还给农户。

（5）公用事业建设

公司出资建设有关公用事业，免费提供部分公共物品为农民所使用。

3. 利益分配保障措施

公司通过以下措施使利益分配机制的有效运行得以保证：

（1）合同订购

公司与农户签订产销合同，规定收购农户签约产品的约定支付价格和服务支持及其保证的办法与手段等，明确公司与农户双方的应得权益、履约义务及责任和违约处理办法等。

（2）价格保护

公司按至少不低于“完全成本+平均利润”的价格收购农户所生产的苹果，以确保签约农户的起码利益。

（3）风险基金

公司与农户共同建立基地生产风险基金，用于因不可抗力如遭遇风雹等自然灾害造成严重损失时，及时对果农给予补助，以及支付果农为维护经济权益而进行法律诉讼时所需费用等。基金来源由公司每年出资一部分、果农志愿从销售给公司的果款中每公斤提取0.02～0.04元人民币、政府每年给予的扶持资金组成，滚动使用。基金的决策管理人员由出资人推选，按章程规定负责对基金的使用进行计划、管理和监督。

（4）生产扶持

公司通过多种途径、利用各种方式积极扶持农户的生产活动，包括融资协助、免费提供有关服务、低价供应和向农户赊销其所需生产资料，等等。

附表1　技术实施记录

年度：　　　　　　　　　　　　　　地点：

实施日期	主要气候特征	操作时间	技术实施内容及过程	实施人姓名	记录人

附表2　农药应用记录

年度：　　　　　　　　　　　　果园地点：

序号	应用日期	农药名称	购买地点	购买价格（元/公斤）	使用浓度	使用量（株/亩）	使用时点	气候特征	记录人姓名
1									
2									
3									
4									
5									
6									
7									
8									
9									

附表3　肥料使用记录

年度：　　　　　　　　　　　　果园地点：

序号	使用日期	肥料名称	购买地点	购买价格（元/公斤）	使用方法	使用量（株/亩）	使用地点	气候特征	记录人姓名
1									
2									
3									
4									
5									
6									
7									
8									
9									

附表4　农用生产资料（肥料、农药除外）应用记录

年度：　　　　　　　　　　　　果园地点：

序号	应用日期	资料名称	购买地点	购买价格	使用方法	使用量（株/亩）	记录人姓名
1							
2							
3							
4							
5							
6							
7							
8							
9							

六、新品种、新技术应用推广试验示范园建设计划

（一）试验示范园建设的依据及其原则与条件

1. 建设的依据与目的

农产品及其生产技术如同其他产品及其生产技术一样，必然经历一个从无到有（导入期）、由少到多和（或）由点到面（成长期）、接近饱和（成熟期），又逐步衰落（衰退期），直到被淘汰的发展变化过程。因此，从产业角度看，农业的持续发展必然需要不断地引入、应用和推广新的产品品种及其生产技术，以便实现和达到以新换旧、以优汰劣的发展目的。而新品种、新工艺与新技术的引进、应用与推广，是一个过程，期间充满不确定性和可能的种种风险，需要进行必要的试验，经过一定的试验发展过程。而试验发展的目的，则在于加快产业产品和产业技术更新换代的速度，同时最大限度地减少更新换代过程中的各种不确定性，从而降低由于不确定性而带来的各种风险所造成的经济损失。

以上即是本项目建设优质苹果新品种、新技术应用推广试验示范园的缘由及其依据。

2. 建设原则及其条件

（1）以市场为导向。根据市场变化的基本动向，选择和确定新品种、新技术的引进方向、结构及其试验发展的方法、途径。

（2）以技术为先导。紧紧跟踪并把握苹果生产的最新技术及其品种的发展动态，引进前景看好的新品种、新技术进行创新后加以试验和发展。

（3）以优势资源为前提。充分考虑当地自然条件、社会经济条件、现有产业发展基础对所选择目标品种引进、新技术应用、推广的影响与制约及其现实可能性等方面的问题，便于形成规模化、高效化生产。

（4）以效益为中心。能够有效地提高经济效益、社会效益

和生态效益，带动更多的农户参与苹果生产的产业化经营活动，使农民增收、农业增效、企业获利，并且有助于果园生态环境和果园内部群落生境的改善与提高，实现经济、社会与生态效益的结合与统一。

（5）以农户的支持和参与为支撑，能够得到农民、农户的强力支持，便于农民、农户的积极参与和响应，等等。

（6）统筹规划，重点和一般相结合。一是试验示范园规模适当，不能太小也不宜太大。规模太小，试验的品种必然受到限制，其影响力必然有限；而规模太大，则不易控制，试验效果可能欠佳。二是既要突出重点，又必须照顾一般，一品为主，多品结合，当前效果与长远利益相结合。

（7）以推广为目的。试验示范园建设及其新品种、新技术引进、试验的目的在于成功后加以推广，因此，园区建设和品种、技术的引进与试验发展，必须充分考虑推广、应用的可能性及其难易程度。

（二）试验示范园的品种试验结构

试验示范园的品种试验范围按照其用途分为：鲜食优良品种、鲜食与加工兼用型品种、加工专用品种和授粉专用品种4大类型。

1. 鲜食优良品种

【藤牧1号】

又名“南部魁”，美国品种，中国1986年从日本引入。

藤牧1号果实中大型，平均单果重217克，最大果重320克，肉质脆、酸甜适口，香味浓，可溶性固形物含量12.48%，品质上等，7月中下旬成熟。

藤牧1号定植第3年平均株产15千克，合亩产1007千克，第4年进入盛果期，平均株产34.3千克，最高可达43千克，合亩产2300千克，最高可达2880千克/亩。

【萌】

又名“嘎富”，日本品种，亲本为嘎拉 富士。中国于1996年引入。

萌果实7月上旬成熟、品质中上，丰产，是一个填补市场空档的早熟品种，极具市场潜力。

萌平均单果重200克，最大果重275克，可溶性固形物含量13%，酸0.7%～0.8%，风味酸甜适中或微酸，具有香气。

萌早果丰产，3年生树开花株率100%，4年生平均株产16千克，合亩产量1750千克，无采前落果现象。

【松本锦】

日本品种，津轻和耐劳26号杂交而成，1994年引入中国。经栽培试验，认定是一个适宜中国栽培的综合性优良中早熟苹果品种。

松本锦果实大，平均苹果重320克，大果达500克以上，汁液多，肉质细脆，可溶性固形物12%～13%，硬度5.2千克/平方厘米，可滴定酸0.44%。8月上旬果实成熟。

松本锦定植第3年平均株产6千克，第4年进入盛果期，平均株产可达15.61千克，无采前落果现象。

【优系嘎拉】

山东烟台市果树站从嘎拉中选育而成，其中的烟嘎1号、烟嘎2号已于1999年通过山东省农作物品种审定委员会审定。

烟嘎1号，果实中大，单果重187克～232克，大小均匀，肉质细脆、爽口，汁多味甜，微香，品质上乘，8月中下旬成熟。

烟嘎1号、2号，早果丰产，改接后第2年即有腋花牙结果，第3年平均亩产3840千克。两个品系均属优良的早中熟品种，色泽鲜艳，光泽美观，风味香甜，品质上佳。目前国内栽培刚刚起步，极具发展前景。

【美国8号】

美国品种，1985年从美国引入中国，经栽培试验，认为是一个早果丰产、适应性强的优良早熟品种。

美国8号，平均单果重200克，最大可达350克，果质硬度9.31千克/平方厘米,可溶性固形物含量14.6%。果实肉质细嫩，脆而多汁，甜酸适口，芳香较浓，8月初充分着色成熟，8月上旬采收。

美国8号在3年生树上嫁接，当年即可形成大量腋花芽，第2年株产7.8千克，第3年可达13.1千克，无采前落果现象。

【千秋】

日本品种，1966年日本秋田县果树试验场用东光与富士杂交育成，1978年命名。20世纪90年代初引入中国。

千秋，果实中大，平均单果重142克~220克，大小整齐。果肉黄白色，肉质细嫩多汁，甜酸适口，微香，品质中上至极上，可溶性固形物含量13.6%。9月下旬成熟。优点：早果丰产、稳产、抗病性强，优质。可取代乔纳金、嘎拉品种作为主栽品种。

【红将军】

日本品种，在早生富士树上发现的着色系芽变，1996年引入中国。

红将军，果大，平均单果重307.2克，大果可达400克以上。果肉黄白色，肉质细脆，汁液多，可溶性固形物含量15.91%，果实含糖总量21.32%，含酸量0.32%，果实酸甜，稍有香气，品质上等，9月上中旬成熟、采收。耐贮，自然贮藏可至春节前后，最佳食期9月中旬至10月下旬。

红将军丰产性强，2年成花，3年生树亩产997.4千克，4年生树亩产1678千克。

【优系富士】

山东烟台市果树站从红富士中选育而成，共推出烟富1~6号6个品系，区试栽培表现较好的有烟富1号、烟富3号和烟富6号，其中烟富1号和烟富3号已于1998年通过山东省农作物品种审定委员会审定。

烟富1号，平均单果重256克~318克，大小均匀，8月下旬开始着色，10月中旬即达浓红，树冠上、下和内外均能良好着色，全红果比例高达78%~87%，着色指数95.2%~96.2%，色泽浓红艳丽，果实清脆爽口，汁液多，风味甜。

烟富3号，平均单果重245克~314克，全红果比例78%~80%，色泽浓红、艳丽，光泽美观。风味香甜，可溶性固形物含量14.8%～15.4%，硬度8.7千克～9.4千克/平方厘米。

烟富6号（短枝形），平均单果重253克～271克，全红果比例80%～86%，可溶性固形物15.2%，硬度9.8千克/平方厘米，品质上等。果个、果形、着色和丰产性能均优于原品系。

【新乔纳金】

日本品种，1997年发现，1980年命名。已引入中国。

新乔纳金，果大，平均单果重200克～300克，大小整齐，果肉黄白或淡黄色，肉质中粗、脆硬，香气浓，酸甜适度，风味浓郁，品质上等，可溶性固形物14.6%，10月上中旬采收。耐贮，贮到春节前后风味最佳。

新乔纳金为乔纳金牙变，系三倍体品种，树势强，栽后2年始果，早果丰产性好。坐果率较高，平均每果台坐1.4个果，需人工授粉或蜜蜂（或壁蜂）授粉。自花不实，靠授粉品种树授粉。

2. 鲜食加工兼用品种

【红玉】

美国品种，果实扁圆形，单果重150克～170克。果面大部分浓红或全面浓红，色泽艳丽。果肉乳黄色，肉质致密多汁，甜酸，香味浓，可溶性固形物13%，品质上。9月中下旬成熟。

红玉品种，坐果率较高，产量中等，作为加工鲜食兼用品种有较大的利用价值。

【澳洲青苹】

澳大利亚品种，是良好的鲜食兼加工和餐用品种。中国1974年引入，目前栽培不多。

澳洲青苹，果实圆锥形，单果重约200克，果面翠绿色，果肉绿白色，肉质硬脆、致密、汁液多，风味酸，少香气，可溶性固形物12%左右，10月下旬成熟。果实极耐贮，贮后品质好。

澳洲青苹，树势强，较丰产。

【国光】

美国品种，生食、制汁兼用品种，极丰产品种。

国光，果实扁圆或近圆形，平均单果重140克，果肉黄色，多汁、味酸甜而浓，可溶性固形物15%左右，10月下旬采收，果实极耐贮藏。

3. 加工专用品种

【Judeline】

单果重80克~120克，10月中旬成熟，耐贮运。结果早，丰产、稳产，抗病虫害。出汁率70%~75%，苹果酸含量4.8克/升，制汁品质优良。

【Judaine】

单果重70克~120克，10月下旬至11月上旬成熟，耐贮运。结果早、丰产、极稳产，抗病虫害。出汁率70%~75%，苹果酸含量6.9克/升，制汁品质极佳。

【Chanteline】

单果重100克~150克，10月下旬至11月初成熟。结果早，丰产性强，无大小年和苹果黑白病。出汁率70%~75%，苹果酸含量6.2克/升，适于制汁和制苹果酱（泥）。

【Juralla】

单果重70克~120克， 11月下旬成熟，耐贮运。结果早，丰产，抗病虫害性强。出汁率60%~70%，苹果酸含量11.0克/升，优良的制汁品种。

【Douce moet】

单果重38克~64克， 11月初成熟，耐贮藏。结果早，丰产，有大小年结果现象。出汁率63%，可产酒度6.58，苹果酸含量2.39克/升，残糖27.2克/升，单宁含量2.43克/升。果汁香气浓，色泽深，适于酿酒，所酿制的苹果酒柔和清香，并带苦头。

【Donce ceetligne】

单果重50克~70克， 11月初成熟，耐贮藏。结果早，极丰产，较稳产。出汁率65%，可产酒度6.58，苹果酸含量1.9克/升，单宁含量1.83克/升。果汁甜，略带香气。适宜制酒，一般与较苦的苹果酒勾兑。

4. 专用授粉品种

【Red Hornet】

树姿较开张，萌芽力、成枝力均高。易成花，1年生枝每节间均能形成腋花芽，每花序5～7朵花，雄蕊20枚。果实扁圆形，平均苹果重6.9克，果面红色，果肉黄色。4月20日前后盛花期，果实成熟期11月初，果实至初冬落叶后仍挂枝头，异常美观，有轻微的大小年开花现象。

【Gold Hornet】

树姿较直立，萌芽力高、成枝力较低。易成花，1年生枝各节间均形成腋花芽，每花序5～7朵花，雄蕊21枚。果实圆形或鸡心形，平均苹果重7.6克，果面黄色，沙质，无食用价值。4月23日前后盛花期，果实9月上旬成熟，熟前落果较重，无大小年开花现象。

【Manchurian】

树姿较直立，长势较强，极易成花，1年生枝各节间均能形成腋花芽，每花序开花5～8朵，平均6朵，雄蕊16～20枚。果实似珍珠，平均苹果重6.6克，果实圆形，红色，无食用价值。4月25日前后盛花期，果实10月中旬成熟，熟后即落。无大小年开花现象。

【Snowdrift】

树姿较直立，长势较缓和，极易成花，1年生枝各节间均有腋花芽，每花序有花4～7朵，雄蕊20枚。果实扁圆形，平均苹果重6.1克。4月20日前后盛花期，果实7月下旬成熟，成熟后自然脱落。无大小年开花现象。

以上4个品种，经山东先后从欧盟国家引进后经过试验研究，花期与我国的红富士、新红星、乔纳金、嘎拉等主栽品种基本一致，且花量大，授粉效果好，在生产中具有推广价值。

（三）试验示范园建设规模及其用地结构

试验示范图规划占地总面积150亩（10公顷），其中果树引种试验栽培面积120亩（8公顷）、防护林用地15亩（1公顷）、砧木繁育用地7.5亩（0.5公顷）、道路及其他公用设施建设用地7.5亩（0.5公顷）。果树引种栽培试验试验以鲜食优良品种为主，用地面积占引种试验栽培面积比重最少不低于50%，最大不超过70%。

其次是加工专用品种，试栽面积以30～40亩为宜，最少不低于20亩。鲜食与加工兼用品种以增加鲜食苹果的品种花样、熟期搭配等，以弥补鲜食苹果品种上的某些不足为目标，试栽面积宜小不宜大，最多不超过5亩。

果树引种栽培试验同期进行试验栽培的品种不少于10个，单个品种的试验栽培面积根据具体情况确定，大的不超过5亩，小的不少于0.5亩。

七、项目投、融资计划

（一）项目投资预算

1. 标准化生产示范果园建设预算

本项目计划将现有12800亩（853.3公顷）苹果园（实有栽培面积）通过更新改造变成道路、排灌及生态防护设施配套，现代化生产工具、手段配备齐全，品种优良和生产与管理技术先进的苹果生产标准化示范园。根据苹果园的标准设计规范要求，果园占地的使用比例大致为：果树栽培面积占80%～85%，防护林8%～10%，道路5%，其他用地1%～2%。道路系统一般干路宽6～7米，支路宽4～5米，作业道宽1～2米。防护林主林带宽幅一般10～12米，副林带宽6～8米。排灌系统，平地果园一般每80～100亩果树栽培面积配一眼井和相应的灌渠及灌溉设施，排水系统一般排水沟宽2～3米，排水支沟0.8～1.5米。

考虑到本项目拟改造果园的具体情况，相关建设内容的具体要求及标准如下：

（1）道路系统

道路用地占果园总占地面积比重按5%确定，干路、支路平均宽5米。由此，本项目果园的道路总长度为10.7万延长米。由于果园的现有道路大约已占标准道路系统要求的30%，因此，按标准化果园所要求的道路系统总长度的70%需要新建，即本项目标准化生产果园需要投资新建的果园道路总长度为74900延长米。按7.5万延长米计算，每延长米道路造价平均25元人民币，果园道路建设投资总额为187.5万元人民币（表7～1）。

表7-1 生产示范园道路建设预算

指标	单位	2006	2007	累计
道路长度	米	35000	40000	75000
工程造价	元/米	25.0	25.0	--
投资金额	万元	87.5	100.0	187.5

（2）防护林

大连地区春、秋季南、北风交替频繁，风速较大，每年6级及以上的大风日数，本项目所在地区在40～50天左右，最大风速达40米/秒。为此，果园防护林用地占果园总占地面积比例按标准设计规范的上限即10%进行建设。同时设定标准化生产示范园建设面积的50%需要设置防护林，防护林工程大连地区的造林费用平均每公顷约5610元人民币，其中苗木费用1650元/公顷，肥料费用2970元/公顷，人工费用990元/公顷；育林费用，从定植后的第二年开始，连续3年，平均每年每公顷为4140元，其中肥料费用3960元，人工费180元，3年合计12420元/公顷。由此果园防护林建设所需投资总计为96.16万元人民币（表7～2）。

表7-2 生产示范园防护林建设预算

指标名称	单位	2006	2007	2008	2009	2010	累计
建设面积	公顷	21.33	32.00	--	--		53.33
造林费用	万元	11.97	17.95				29.92
其中：人工费用	万元	9.86	14.78				24.64
物质费用	万元	2.11	3.17				5.28
育林费用	万元		8.83	22.08	22.08	13.25	66.24
其中：人工费用	万元		8.45	21.12	21.12	12.67	63.36
物质费用	万元		0.38	0.96	0.96	0.58	2.88
费用合计	万元	11.97	26.78	22.08	22.08	13.25	96.16
其中：人工费用合计	万元	9.86	23.23	21.12	21.12	12.67	88.00
物质费用合计	万元	2.11	3.55	0.96	0.96	0.58	8.16

（3）灌溉系统

在本项目建设的标准化果园果树栽培面积12800亩中，1/4采用滴灌方式灌溉，每1眼机井灌溉100亩果园，果园的果树栽植株行距密度为3×4（米），平均每亩56株果树，每亩地下管网总长为77.5米。由此，需要配备32眼机井和24.8万米滴灌地下管网。

机井建设及其提水设施和输电线路合计投资的单位工程造价

为50000元/套（眼），滴灌地下管网工程造价包括输水管道和滴灌设备费用为15元/米。由此，果园灌溉系统建设所需投资总额为532万元，其中机井、提水设施和输电线路建设160万元，输水管道和滴灌设备372万元（表7～3）。

表7-3　生产示范果园灌溉系统建设预算

指标名称		单位	2006	2007	累计
机井、提水设施及输电线路	数量	眼（套）	12	20	32
	投资金额	万元	60.0	100.00	160.0
滴灌地下管网	长度	万米	9.3	15.5	24.8
	投资金额	万元	139.5	232.5	372.0
投资金额合计		万元	199.5	332.5	532.0

（4）果树更新、改造

包括老果园果树更新、低产果园技术改造、劣质果园果树品种更新和果园缺株补栽、劣株更新等等。本项目果园总面积的80%左右需要进行程度或大或小的果树更新改造，平均每亩第1年投入80元人民币，第二年投入50元人民币，本项目果园果树更新改造所需投资总额为133.12万元人民币（表7～4）。

表7-4　生产示范果园果树更新、改造费用预算

指标名称	单位	2006	2007	2008	累计
面积	亩	6140	4100	--	10,240
当年更新、改造投入	万元	49.12	32.8	--	81.92
第二年追加投入	万元	--	30.7	20.5	51.20
费用合计	万元	49.12	63.5	20.5	133.12

（5）其他投资

包括安装杀虫灯300盏，每盏1000元，合计30万元；施放赤眼蜂，每亩需投入25元，施放1万亩，总费用25万元；增添果园生产喷药用农机具36台（套），每套6900元，合计24.84万元；购买苹果套袋机2台，每台81580元，合计16.3万元。其他投资总计96.14万元（表7～5）。

以上五项投资总计1044.92万元（详见表7～6）。

表7-5　生产示范果园植保措施预算

项目	数量单位	数量	单价（元）	金额（万元）	完成时间
杀虫灯	盏	300	1000	30.0	2006年
施放赤眼蜂	亩	10000	25	25.0	2006年
农机具	台（套）	36	6900	24.84	2006年
苹果套袋机	台	2	81580	16.3	2006年
合计				96.14	

表7-6　生产示范果园建设投资明细表

单位：万元

项目	2006	2007	2008	2009	2010	累计
果园道路	87.5	100.0				187.5
果园防护林	11.97	26.78	22.08	22.08	13.25	96.16
灌溉系统	199.5	332.5				532.0
果园更新	49.12	63.5	20.5			133.12
植保措施	96.14					96.14
合计	444.23	522.78	42.58	22.08	13.25	1044.92

2. 优质苹果品种及生产新技术应用推广试验示范园建设预算

优质苹果品种及生产新技术应用推广试验示范园建设投资包括建园投入和建园后第4年之前（不包括第4年）的园区管理所发生的全部费用。

（1）土地租金

起始年平均每亩600元，之后，租金每年提高2%，占地150亩，合计的土地租金总额为37.10万元人民币（表7～7）。

表7-7　生产示范果园土地租金明细表

指标名称	单位	2007	2008	2009	2010	累计
租金单价	元/亩	600.0	612.0	624	637	--
租金总额	万元	9.0	9.18	9.36	9.56	37.10

（2）基本建设投资

包括果园道路、生态防护、排灌设施及办公和生活设施建设投资，以及农机具购置费用等。

按标准化苹果园设计规范要求，果园道路建设1000延长米，平均每延长米工程造价25元，合计投资2.50万元人民币，果园防护林15亩10000平方米，平均每亩造林费用374元，合计5610元，防护林育林费用平均每亩每年276元，连续3年总育林费用12420元，防护林造林及育林投资总计18030元人民币。

果园灌溉设施，配置2眼机井，钻井及提水设施和输电线路费用合计100000元。滴灌或喷灌地下管网平均每亩77.5米，管网建设总长度4650米，平均每米管道及滴灌、喷灌设备造价平均按15元计算，投资费用合计139500元人民币。果园灌溉设施总投入239500元人民币。

果园办公及生活用房360平方米，平均每平方米工程造价按860元人民币计算，总投资为30.96万元人民币。

果园生产用农机具包括喷药、运输及果园作业机械（具）等，合计15.6万元人民币。

果园基本建设投资总计748130元人民币（参见表7～8）

表7-8　试验示范园基本建设预算明细表

单位：元

项目	2007	2008	2009	2010	累计
果园道路	25000				25000
果园防护林	5610	4140	4140	4140	18030
灌溉设施	239500				239500
房屋	309600				309600
农机具	156000				156000
合计	735710	4140	4140	4140	748130

（3）苗木定植费用

包括果树苗木、肥料购置和人工报酬费用。试验示范园苹果栽植的平均密度为株距3米、行距4米（3×4m），每亩56株，果树苗木购入费用平均3.5元/株，每亩苗木费用196元。果树定植时每株施用优质有机肥100公斤，有机肥平均按80元/吨计算，每亩肥料费用448元。定植整地、挖穴（沟）、栽植等合计用工每亩8个劳动工日，每工日劳动力报酬20元，每亩人工费用160元。前述3项费用合计804元/亩。试验示范园定植费用总额为96,480元人民币。

（4）栽后管理费用

试验示范园果树定植后挂果前每株每年追施含纯氮0.1～0.25公斤、磷0.05～0.1公斤和钾0.1～0.3公斤的有机肥和用适量微量营养元素制成的肥料，折成价格大致为5元/株左右，连续3年，试验示范园肥料费用总计约10.08万元人民币，地膜、农药等其他农用生产资料投入费用平均每株每年1.2元，3年全园合计24,192元；果园作业用人工平均每亩每年30个工日，每工日劳动报酬20元，连续3年全园合计的人工费用为21.6万元。前述3项费用总计为340992元人民币（表7～9）。

表7-9　试验示范园果树栽培预算

单位：元

项目	2007	2008	2009	2010	累计
栽植	96480				96480
其中：人工费用	19200				19200
物质费用	77280				77280
栽后管理		113664	113664	113664	340992
其中：人工费用		72000	72000	72000	216000
物质费用		41664	41664	41664	124992
合计	96480	113664	113664	113664	437472
其中：人工费用	19200	72000	72000	72000	235200
物质费用	77280	41664	41664	41664	202272

（5）科技费用

包括新品种引进和新技术应用研发投入以及技术实验室建设费用。到2010年底前，引进10个苹果新品种，每个新品种的引进费用为12000元，总计12.0万元人民币。新技术应用研发每年投入3万元，4年共计12.0万元人民币。技术实验室仪器设备购置费用15万元人民币。三项费用合计39.0万元人民币（表7～10）。

表7-10　试验示范园科技费用预算

单位：万元

项目	2007	2008	2009	2010	累计
新品种引进	3.6	3.6	4.8	--	12.0
技术应用	3.0	3.0	3.0	3.0	12.0
实验室建设	5.0	3.0	3.0	4.0	15.0
合计	11.6	9.6	10.8	7.0	39.0

（6）其他费用投入

包括管理、技术人员工资、办公及生活设备购置费用、日常办公费用等。

试验示范园设专职管理人员1人，果园技术员2人，兼职人员折全职人员2人，人员平均工资1,800元/人·月，非工资福利费用按工资额的50%计提，4年人员工资总额为64.8万元；合计15万元；办公及生活用客货两用车辆1辆，6万元人民币；日常办公费用包括通信、水电、日常办公用品费用，平均每人每月500元，4年合计12万元人民币。前述4项费用投入合计97.8万元人民币（表7～11）。

表7-11　试验示范园人员工资办公费用预算

单位：万元

项目	2007	2008	2009	2009	累计
工资、福利支出	16.2	16.2	16.2	16.2	64.8
办公及生活设备	15.0				15.0
车辆	6.0				6.0
日常办公费用	3.0	3.0	3.0	3.0	12.0
合计	40.2	19.2	19.2	19.2	97.8

优质苹果品种及生产技术应用推广试验示范园建设总投资为:292.40万元（表7～12）。

表7-12　试验示范园建设预算明细表

单位：万元

项目	2007	2008	2009	2010	累计
土地租金	9.0	9.18	9.36	9.56	37.10
基本建设	73.57	0.414	0.414	0.414	74.81
果树栽培	9.65	11.37	11.37	11.37	43.76
科技费用	11.6	9.6	10.8	7.0	39.00
工资、办公	40.2	19.2	19.2	19.2	97.80
合计	144.02	49.76	51.14	47.54	292.40

3. 苹果采后商品化处理系统扩建投资预算

在现有气调冷藏库及商品化处理厂基地上扩建3000吨气调库、2500平方米苹果商品化处理厂房，购置相关的苹果商品化处理作业机械、器具等，包括从意大利进口1条（套）苹果洗涤打蜡生产线，从德国购入无钉果箱粘合机1台，配置叉车2台、大型木制储藏箱2万个、塑料周转箱5万个，果品检测仪10套，总投资2550.37万元人民币，具体如下表7～13所示。

表7-13　苹果商品化处理厂扩建投资预算（2006）

项目	单位	数量	单价（元）	投资金额（万元）	备注
气调库	吨	3000	5000	1500.0	2007年完成
商品化处理厂房	平方米	2500	860	215.0	
苹果洗涤打蜡自动生产线	条（套）	1	2000000	200.0	
无钉果箱粘合机	台	1	600000	60.0	
叉车	台	2	100000	20.0	
木制储藏箱	个	20000	200	400.0	
塑料周转箱	个	50000	30	150.0	
果品检测仪	套	10	5370	5.37	
合计	--	--	--	2550.37	

4. 科技进步费用预算

包括优质苹果新品种引种与推广费用、新技术应用研发费用、外聘专家指导讲学费用、培训农民费用等。

截止到2008年底，从国内外共引进优质苹果新品种20个（试验示范园除外），其中鲜食优良品种10个，鲜食加工兼用优良品种1个（澳洲苹果）、加工专用优良品种5～6个，专用授粉品种2～3个，平均引种费用1.2万元/个人民币。

新技术应用研发课题8个，平均课题费用2万元/个，费用总额16万元人民币。

外聘专家深入生产第一线进行指导、讲学，每年3人/次，平均费用8000元/人·次,5年费用总额12万元人民币。

培训农民、农户每年总计5000人/次，培训费用包括师资费用、学习材料费用、实验物料费用等，平均20元人/次，5年费用总额50万元人民币。

科技进步5年总预算102万元人民币（详见表7～14）。

表7–14　项目科技进步预算　　金额单位：万元

项目	数量单位	2006		2007		2008		2009		2010		金额累计
		数量	金额	数量	金额	数量	金额	数量	金额	数量	金额	
新品种引进	个	2	2.4	3	3.6	5	6.0	5	6.0	5	6.0	24.0
新技术研发课题	个	--	--	2	4.0	2	4.0	2	4.0	2	4.0	16.0
专家讲学	人/次	3	2.4	3	2.4	3	2.4	3	2.4	3	2.4	12.0
培训农民	人/次	5000	10.0	5000	10.0	5000	10.0	5000	10.0	5000	10.0	50.0
费用合计			14.8		20.0		22.4		22.4		22.4	102.0

5. 项目投资年度计划

如下表7～15所示。

表7–15　项目总投资预算及年度投入计划　　单位：万元

项目	2006	2007	2008	2009	2010	累计
生产示范园	444.23	522.78	42.58	22.08	13.25	1044.92
试验示范园	--	144.02	49.76	51.14	47.54	292.40
商品化处理厂	1050.37	1500.0	--	--	--	2550.37
科技投入	14.8	20.0	22.4	22.4	22.4	102.0
合计	1509.4	2186.8	114.74	95.62	83.19	3989.69

（二）项目筹、融资计划

项目建设资金由项目建设单位——大连天立农业开发有限公司负责筹措并投入，资金来源包括：

（1）企业现有利润积累；

（2）项目建设期间企业经营净收入；

（3）企业通过银行贷款等方式而形成的债务收入；

（4）政府资金；

（5）其他资金来源。

项目筹、融资计划安排如下表7～16所示。

表7-16　项目筹资计划表

单位：万元

筹资渠道	2006	2007	2008	2009	2010	累计	
						金额	%
企业利润积累	600.0	--	--	--	--	600.0	15.08
当年经营收入	80.0	100.0	100.0	100.0	50.0	430.0	10.80
政府资金	800.0	800.0	--	--	--	1600.0	40.2
借贷资金	350.0	1000.0	--	--	--	1350.0	33.92
合计	1830.0	1900.0	100.0	100.0	50.0	3980.0	100.0

八、项目经济、社会效益分析

（一）农民收入分析

1. 苹果产量及其质量

苹果产量的多少及其质量高低，是影响果农经济收入大小及其效益高低的具有决定性意义的基本因素之一。大连及整个辽南地区是中国苹果生产的最佳适宜区之一，苹果栽培具有丰产、优质、高效的丰富潜力。但目前这种潜力并未得到充分、有效的利用与发挥，近在1988年，辽宁苹果栽培面积及其产量仍分别占全国总量的13.5%和14.3%，在全国6个苹果主产省区中仅次于山东居第二位。但是发展到2004年时，辽宁苹果栽培面积及其产量占全国总量的比重即已分别降到5.96%和5.16%，在6个苹果主产省区中排名最后，栽培面积仅相当于陕西的27.13%、山东的32.8%，总产量比山东少81.73%，比陕西低77.97%。2004辽宁苹果的单位面积产量仅10.93吨/公顷（728.7千克/亩），比山东低44.38%，比河南少37.26%。本项目达到所设计的目标后，单位面积的苹果产量在3000千克/亩以上，128000亩果园可增产苹果29070吨以上，收购价格水平维持现有水平不变，仅此一项即可使经营本项目果园的果农平均每户增收7880多元。

2. 苹果价格

中国苹果农户出售价格全国平均1995年达到92.82元/50千克，2000年降到43.36元/50千克之后有所回升，2002年为48.20元/50千克，2004年达到58.83/50千克，2005年进一步提高，大连地区已超过90元/50千克水平。从未来趋势看，苹果价格进一步适量提高的空间及势头仍然存在，特别是优质、安全、卫生的绿色苹果价格更是将以较大的幅度和速度提高。本项目建成后，所产苹果的突出特点是优质、安全、卫生，全部按国家规定的无公害苹果生产标准和欧盟EOREPGAP和HACCP绿色生产标准组织生产，因此，其出售价格高于通常生产的苹果价格是可以确定的。

3. 生产成本

目前全国平均的苹果生产成本为32.4元/50千克（2004），其中肥料、农药等物质费用占50.1%，人工费用占49.9%，人工费中外聘劳动力费用占总成本支出的9.4%，不考虑农户自身的人工投入费用，农户苹果生产的成本费用支出即物质费用和外聘劳工报酬费用支出合计大致为19.28元/50千克。本项目果园以农家肥为主，通过果园养畜、养禽，果（树）肥（绿肥）套作解决大部分肥料来源问题，通过生物及物理手段实现病虫害防治从而最大限度地降低农药的使用量，因此，可以有效地减少苹果生产的物质费用支出。依据本项目所进行的大量调查及试验实践结果数据所进行的分析表明，在本项目所设计的科学施肥、合理用药条件下，考虑到未来时期农资价格可能上升的影响作用，每生产50千克苹果的物质费用支出及适量外聘劳工的劳动报酬合计的生产成本完全可以控制在25元之内（不包括农户自身用工的劳动报酬）。

5. 农民经济收入

依据上述分析结果，在苹果单位面积产量为3,000千克/亩，苹果出售价格不低于120元/50千克、不包括农户自身用工劳动报酬的苹果生产成本低于25元/50千克的条件下，农民每经营1亩苹果园的年农业纯收入可达5700元人民币以上。这就意味着，本项目所涉12800亩果园、4300户果农在项目建成进入相对稳定的经营阶段后，平均每户果农仅苹果一项的年纯收入即可达17000元以上。如果每户果农的果园经营面积能够达到0.5公顷（7.5亩）左右，则其苹果生产的纯收入可达到42750元以上，家庭人均纯收入可超过1万元人民币。

（二）企业收益分析

1. 苹果出口量

本项目优质苹果标准化生产示范园和新品种、新技术应用推广试验示范园建成并进入相对稳定的经营阶段后，单位面积苹果产量达到3000公斤/亩，其中符合出口标准要求的苹果比率平均保持在70%以上，实际出口的苹果数量占符合出口标准苹果总量的90%，示范园每年的苹果出口总量可稳定在2.8～3.0万吨之间，年增减幅度不会大于5%，即±1750吨。加上示范园对周邻地区苹果生产的示范带动作用，本项目建成后，出口苹果的年货源供应量可以达到5万吨以上。

2. 苹果出口离岸价格

中国鲜苹果出口全国平均1985年为338.0美元/吨，1995年增加到399.3美元/吨，2000年降至324.4美元/吨之后趋于回升，2005年为371.7美元/吨，2006年1～2月进一步提高到425.6美元/吨。中国苹果出口价格在世界上是最低的，但不同的出口目的地，出口价格差异明显，如下表8～1所示，2004和2005年，最低的独联体国家，仅分别为252.64美元/吨、312.24美元/吨，而最高的北美洲，则分别为913.84美元和818.37美元/吨。

表8–1 中国苹果出口不同地区的价格比较

单位：美元/吨

地区	2004	2005
亚洲	338.90	363.86
北美洲	913.84	818.37
大洋洲	539.77	721.65
拉丁美洲	408.48	415.52

续表

地区	2004	2005
非洲	490.77	571.87
欧洲	387.22	389.21
其中：		
欧盟15国	563.72	608.23
中东	509.44	545.64
东盟	372.62	402.99
独联体	252.64	312.24
全国平均	349.99	371.71

表8-2 中国苹果出口的目的地比较

地区	2004		2005	
	数量（吨）	占全国出口%	数量（吨）	占全国出口%
亚洲	576679.1	73.54	650933.6	78.99
北美洲	4272.1	0.54	3191.7	0.39
大洋洲	35.2	0.54	9.7	0.39
拉丁美洲	1461.5	0.19	1920.5	0.23
非洲	2485.9	0.32	3616.2	0.44
欧洲	189255.0	24.13	164378.1	19.95
其中：				
欧盟15国	74593.7	9.51	37373.8	4.54
中东	30510.0	3.89	30513.7	3.70
东盟	386577.5	49.30	384304.3	46.64
独联体	158851.9	20.25	222535.1	27.01
全国合计	784188.8	100.0	824049.8	100.0

再从中国苹果出口的目的地结构情况看，价格低廉的亚洲及独联体国家一直是中国苹果出口的最主要地区及国家，已占到中国苹果出口总量的90%以上，而价格较高的北美洲、大洋洲、非洲、中东及欧盟15国所在比重则比较微小，但该地区每年从中国进口的苹果量仍在7.5万吨（2005）以上（2004年为11.2万吨）详见表8～2。

综合上述情况，同时考虑到中国是世界最大的苹果生产及供应大国，中国苹果总产量已占到世界总产量的36%以上，而中国优质鲜果苹果的数量又是有其限度的，因此，本项目优质苹果的出口价格在未来时期稳定在500美元以上，应该是没有问题的。

3. 苹果出口费用

本项目生产示范园、试验示范园、商品化处理厂建设投资3990万元按8年分摊（折旧），年苹果出口量在现有基础上增加5万吨，出口苹果的平均分摊（折旧）成本为98.4元/吨（合4.92元/50千克）。

出口苹果的变动成本包括收购费用和贮藏、加工、包装、运输、销售和合理的损耗等日常经营成本，合计大致为156元/50千克，其中收购费用成本120元/50千克、出口经营费用成本36元/50千克。

出口苹果的出口总成本为3218.4元/吨（160.92元/50千克）。

4. 企业出口收入

依据上述分析及其假定条件，在确保新增5万吨苹果出口，出口离岸价为500美元/吨，出口总成本费用为3218.4元/吨的条件下，美元与人民币比价按现有1:8.0测算，公司每出口1吨苹果的净收益为781.6元人民币。考虑到人民币的升值走向，如果美元与人民币比价能够稳定在1:7.0～1:7.5之间的水平上，则公司苹果出口的净收益仍可达到281.6元/吨～531.6元/吨，公司年苹果出口的总收益为1408万～2658万元人民币。

5. 企业经营收入分析

假定：

（1）项目果园（不包括试验示范果园）生产的苹果，出口量占总产量的63%（符合出口标准的产量比率达到70%，实际出口的数量占符合出口标准产量的90%），其余部分内销。出口苹果离岸价平均500美元/吨，内销苹果企业出售价格平均165元/50千克（合3200/吨），美元与人民币比价按1:7.5计算。

（2）项目建设投资全部由企业承担，投资的平均分摊率为年7.4%（按13.5年的折旧即分摊年限计算）。

（3）苹果收购价格平均125元/50千克；出口部分的流通加工费用平均35元/千克，内销部分的流通加工费用平均20元/50千克。

（4）试验示范果园建设投资折旧由项目生产果园分摊，同时不考虑来自项目果园之外的苹果经销量对项目投资折旧费用的分摊问题。

由此，本项目未来5年（2007～2011）的企业经营收入情况如下表8～4所示。

表8-4 2007-2011年企业经营收入预计

项目		单位	2007	2008	2009	2010	2011
经销量	合计	吨	11750	23500	28070	31330	32640
	出口	吨	7400	14805	17685	19738	20563
	内销	吨	4350	8695	10385	11592	12077
出口销售收入		万美元	370.0	740.25	884.25	986.9	1028.15
		人民币万元	2775.0	5551.875	6631.875	7401.75	7711.125
内销部分销售收入		万元	1435.5	2869.35	3427.05	3825.36	3985.41
销售收入合计		万元	4210.5	8421.225	10058.925	11227.11	11696.535
投资折旧费用	原值	万元	1509.4	3696.2	3810.94	3906.56	3989.75
	折旧额	万元	111.70	273.52	282.01	289.09	295.24
流通成本费用	出口	万元	2368.0	4737.6	5659.2	6316.16	6580.16
	内销	万元	1261.5	2521.55	3011.65	3361.68	3502.33
	合计	万元	3629.5	7259.15	8670.85	9667.84	10082.49
费用合计		万元	3741.2	7532.67	8952.86	9966.93	10377.73
营业税		万元	93.3	186.51	222.76	248.65	259.05
总成本合计		万元	3845.51	7719.18	9175.62	10215.58	10636.78
当年利润收入		万元	364.99	702.045	883.305	1011.53	1059.755
利润累计		万元	-	1067.035	1950.34	2961.87	4021.625

（三）项目财务与经济效益评价

1. 农业增加值

本项目建成进入相对稳定的经营阶段后（自2011年前后开始），年农业增加值可达9740万元人民币，近5年（2007～2011）预计的农业增加值如下表8～5所示。

表8-5 项目农业增加值预

单位:万元人民币

年度	2007	2008	2009	2010	2011
金额	3505.5	7011.26	8374.73	9347.31	9738.15

2. 出口创汇

本项目建设除自身果园产品出口额外，还可有效带动周邻村乡的出口苹果生产,增加整个区域的苹果出口总量。项目果园与项目外果园的苹果出口量比例按1:0.5计算，即本项目果园每出口1吨苹果，带动周邻村乡的苹果出口0.5吨，由此，在本项目建成进入稳定的经营阶段后，年出口创汇额可保持在1540美元以上。前

5年预计的出口创汇额如下表8～6所示。

表8-6　项目出口创汇预计

单位:万美元

项目	2007	2008	2009	2010	2011
项目果园出口	370.0	740.0	885.0	987.0	1030.0
项目外果园出口	185.0	370.0	442.5	493.5	515.0
合计	555.0	1110.0	1327.5	1480.5	1545.0

3. 投资利润率

本项目建成进入稳定的经营阶段后，企业的年投资利润率为26.57%。如果考虑农户的增收、受益情况，则项目的社会年投资利润率至少可达60%～70%。

4. 投资回收期

从表8～4中的预期利润中可以看到，本项目从2007年开始投资建设，截止到2008年末累计完成项目计划投资总额的92.6%，到2011年底，企业从本项目获取的净利润累计可望达到4020万元人民币，收回项目计划投资总额后还高出约30万元人民币。项目的企业投资回收期大致为3.5年。

5. 盈亏平衡分析

本项目投资完成后，年投资折旧费用为295万元人民币，项目果园苹果生产预定的出口与内销比率不变（即出口占产量的63%，内销占27%），苹果的购入价、流通加工、税费合计平均每吨大致为3,258.8元。

由此，如果项目果园苹果出口和内销价格达到预期目标，即出口岸价平均500美元/吨，内销部分平均3300元人民币/吨，美元与人民币比价按1:7.5计算，则项目苹果经销总量的盈亏平衡为9085吨，其中出口5725吨，内销完成3360吨。出口及内销量高出该数量，企业即能盈利。

如果项目果园的苹果生产与销售总量及其出口与内销价格均达到预期目标，那么，只要苹果的进价、流通加工和税费合计平均每50千克不高于179元/50千克，企业即能盈利。

结论：按照设定条件，本项目企业的苹果经销量盈亏平衡点为9085吨，其中出口5725吨，内销3360吨；平均销售价格的盈亏平衡点为162.94元/50千克，总成本费用的盈亏平衡点为179元/50千克。

（四）社会效益分析

1. 扩大农村就业

目前中国苹果生产全国平均的果园用工量为42.7日/亩（2004），据此测算，本项目12920亩示范果园可容纳2750个职业农民就业。由于本项目果园施肥实行以农家肥为主，果园种草、养畜、养禽，可至少增加同果树管理等量的（2750个）就业岗位。二者合计可稳定5500个农民的劳动就业。

出口苹果采后环节的商品化处理活动，包括分级、质检、贮藏、加工、包装、运输、销售等等，新增加的5万吨苹果出口规模，可至少增加3000个新的长年就业岗位。

本项目苹果生产及其后续商品化处理活动可提供的农村就业岗位至少可达8500个以上。

2. 促进出口创汇农业和农村及农业经济的纵深发展

中国是世界第一大苹果生产国，苹果也是中国水果业的第一大产业。增加和扩大苹果出口，其意义不只是创汇，每年可增加大量的出口收入，更为重要的是：（1）能够促进苹果业生产及其品种结构的适时调整，增加优质苹果生产，建立品种多样、熟期匹配的品种结构，提高我国苹果生产在国际市场的竞争能力和知名度，进而带动和促进我国出口农业的崛起与发展。（2）带动和促进农业和农村经济结构的有效调整及其产业链的不断延伸与拓展，使农村及农业经济日益向着纵深方向快速发展。

3. 提高农业发展的经济效益

苹果业特别是优质苹果生产的经济效益明显高于一般的农业生产项目。国家统计部门进行的抽样调查结果表明，2004年中国苹果生产的平均完全成本为32.4元/50千克，其中人工费用占总成本的49.89%，农户的苹果出售价格平均为58.3元/50千克，农民栽种1亩苹果园可获得净收益1015元人民币，或纯收入1650元/亩。相当于粮食生产净收益或纯收入的4～6倍。发展出口苹果生产，能够有力地推动和促进农业经济效益的不断提高。

本项目建成后，每年可实现的农业增加值在9260万元以上。

4. 为项目所在地区的新农村建设提供强力支撑

建设社会主义新农村是中国现代化进程中的重大历史任务。社会主义新农村建设的基础在经济，关键在于产业的振兴与发展。本项目建设与经营的有效展开与发展，对于项目所在地区的农业增效、农民增收，搞活一方经济，夯实社会主义新农村建设的经济基础具有十分重要的作用及意义，足以为当地的新农村建设提供强力、坚实的产业支撑。

九、项目风险分析及其控制措施

（一）生产风险

项目生产风险的具体表现，从农户角度看，一是单位面积产果量或（和）出售价格水平低，生产成本高，果品的销售收入不足以抵偿其生产的成本投入；二是果品品种或其外观及内在质量、等级等不符合市场要求，难以销售出去而实现其价值。从公司角度看，则是整个基地的苹果总产量规模小或是品种差、质量低，果农大量转业从事其他方面的生产或经济活动，从而使公司有效经营所需要的果品量及质量、品种的稳定货源缺乏起码的保证。

从本项目生产示范园的具体情况看，12800亩果园，4300户果农，平均每户果农的经营规模为2.98亩果园。在苹果生产的物质费用成本和必要的外聘用工费用成本为25元/50千克的条件下，为使果农能够持续其苹果的生产经营，必须确保其家庭中至少有1个劳动力的年经营纯收入不低于当地城镇职工的年人均工资收入水平，大致为12000元/年（即1000元/人·月）。如果符合出口标准要求的鲜苹果收购价格能够达到120元/50千克水平，果农所产苹果符合出口标准的比率不低于70%，按70%计算，农户苹果生产的单位面积苹果产量必须达到2580千克/亩，其中合乎出口标准要求的苹果稳定在1800千克/亩以上，果农的预期收入才有保障，从而才会有从事苹果生产经营的积极性，公司出口经营的生产风险可以消除或规避。果农所产苹果的收购价格减少或生产的物质费用及必须外聘用工的人工成本费用增加，在其他条件不变的情况下，要求果农苹果生产的单位面积产量必须相应地增加。

如果农户的果园经营规模不变，苹果生产的物质费用及处聘用工费用合计由原假定的25元/50千克，提高到30元/50千克，苹果收购价格由120元/50千克降低到100元/50千克，则农户维持其苹果生产所要求的单产水平必须不少于3200千克/亩，其中达到出口标准的2340千克/亩。

如果果农所产苹果的收购价格提高到150元/50千克，其他条件按初始假定不变，即农户经营规模平均2.98亩/户，生产费用支出25元/50千克，则果农苹果生产所要求的单位面积产量可降到2030千克/亩，其中符合出口标准要求的1420千克/亩。

降低甚至消除项目生产风险的具体措施，从公司经营角度看，主要包括：

（1）加强对果农生产经营的管理与指导，包括帮助果农选择优良苹果品种，降低生产费用支出，指导果园的作业过程及其管理等等；

（2）适当扩大农民、农户的果园经营规模；

（3）稳定并保持合理的苹果收购价格；

（4）改进和提高苹果生产的产品质量，等等。

（二）经营风险

本项目经营风险从公司角度看，主要体现为出口数量过小或价格过低，苹果出口所形成的公司净收入不足以收回公司对本项目建设所投入的建设资金。

按照本项目建设所设定的相关条件及其目标预期，项目建设总投资为3990万元人民币，投资的折旧（分摊）年限为8年，平均每年为499.75万元人民币，公司为维持其存在的日常费用和出口固定费用合计为108万元/年（月均9万元），实现苹果出口的变动费用为3098.4元人民币/吨，其中苹果购入费用为2400元/吨，出口费用698.4元/吨。如果出口苹果的离岸价格为500美元/吨，美元与人民币的汇率为1:8.0，公司为如期收回其项目投资并保持公司出口贸易的顺利展开，那么年均出口的苹果总量就不能低于6668吨的水平。其他条件不变，如果出口苹果的离岸价格降至450美元/吨，则公司的年苹果出口量就必须增加到11984吨以上。

假定苹果的出口数量为3万吨，其他条件不变，即苹果出口的变动费用为3098.4元人民币/吨，固定费用601.125万元人民币（建设投资折旧+公司维持费用），公司为按期收回其项目投资并维系公司出口贸易业务的正常进行，在现行汇率水平条件下，出口苹果的离岸价格就不能低于412.35美元/吨。在此基础上，增加苹果出口的数量，在美元与人民币比价不低于1:8的条件下，苹果出口离岸价格可以在不低于387.5美元/吨范围内做出调整。如果减少苹果出口的数量，则必须相应地提出苹果的出口价格。

防范和降低经营风险的基本措施包括：

提高苹果市场流通的组织程度，确保出口供货的可靠来源；

加强宣传推介，利用多种方式及渠道开展促销活动形成出口的规模经营；

建立苹果出口贸易信息网络，掌握跟踪国际市场瞬息万变的供求信息，根据市场变化做好相应的出口贸易工作；

重视同业间的协作与合作，防止出口单位间恶性竞争和相互压低价格出售行为的发生与存在。

（三）汇率风险

汇率是出口贸易必须加以考虑的一个重要问题，也是本项目可能面临的重大风险之一。在本项目中，按照出口贸易所面临的基本条件，即项目建设投资折旧和公司维持费用合计601.125万元人民币/年，出口变动费用3098.4元/吨，年出口量稳定在3万吨时，如果美元与人民币的汇价由目前的1:8.0降低到1:7.5，那么，出口苹果的离岸价格就必须得由现在的412.35美元/吨增加到439.85美元/吨，不如此，就有可能出现入不敷出的出口贸易亏损问题。

如果苹果出口进口方能够接受的价格一定，比如412.35美元/吨，而美元与人民币的汇价比为1:7.5，那么为确保苹果出口的顺利展开，就必须设法降低国内苹果生产与出口贸易的成本费用，如将原来3098.4元/吨的变动成本费用降低到2892.25元/吨。

防范汇率风险的基本措施包括：

（1）加强生产及其后续活动的有效控制，降低出口苹果的生产与出口贸易成本费用；

（2）增加产品的附加值，提高出口苹果的出口价格；

（3）扩大出口规模等等。

（四）对项目风险的基本判断及结论

本项目建设与经营存在一定的风险，但风险的程度不高，可以通过相应的措施加以防范或降低其出现的可能性，一旦出现风险也可最大程度地减少其可能造成的损失及威协；而且，只要措施得力，营运适当，即可将风险降到最小的程度。其中最为基本的条件或措施包括：

（1）苹果出口量达到一定规模，新增加的出口量至少不低于2万吨；

（2）出口离岸价不低于420美元/吨；

（3）努力降低出口苹果的国内生产与流通费用，总费用不超过3000元/吨；

（4）加强对国内市场的有效开发，国内销量与出口贸易的数量比例力争达到1:1，至少应保持0.5:1的比例水平。

第17章　现代养殖业：突破资源限制，增加食品总量

第17章 现代养殖业：突破资源限制，增加食品总量

一、现代养殖业：生产什么？替代品还是补充品

（一）中国人能否也像欧洲人那样大块吃肉

长期以来，在肉食者的欧洲人看来，中国人是没有条件像他们那样大块地吃肉的。因为中国人口过多，土地稀缺，所以只能以“素食”即食用植物性产品为主。1779年，一位在中国的西方传教士就说得十分清楚，“欧洲近代哲学家们没有想到人口过多带来的种种不便和后果”，人口过多已迫使中国人“不养牛羊，因为供牛羊生活的土地必须用来养活人”。于是，“田里缺少肥料，饭桌上缺少肉，打仗缺少马”，“为收获同等数量的粮食需要付出更多的劳动，使用更多的人”。在此前的一位欧洲观察家也断定“中国人很少大块吃肉”，“因为他们只能用很少的土地来饲养家禽”。由于“用残羹剩汤，有时加一点米喂养的猪和家禽”，“这些为数不多的动物是不能满足一个天性爱食肉的民族的需要，因此，中国人吃肉总要加点别的东西。肉切成能一口吞下的小块，有时甚至剁成馅，作为‘菜’的配料使用，佐以酱油和其他调料”。即使是有钱人，也“好像只是为了增加食欲才夹几块猪肉、鸡肉或别的肉吃……不管他们多么有钱，地位多高，他们消费的肉食为数甚微。如果他们也像我们欧洲人一样吃肉，他们拥有的各种肉食无论如何不够他们的需要……会把整个国家吃穷的”。

从生态学角度看，这样的说法似乎是不无道理的。因为，能

量在生态系统中的流动，是沿着生产者和各级消费者的顺序，即沿着“绿色植物——草食动物——一级肉食动物——二级肉食动物”逐级减少的。通常，从后者那里所获得的能量大致等于前者所含能量的1/10，也就是说，在生态系统的能量流动过程中，每经过一级食物链就大约有9/10的能量被白白地损耗掉了。这种数量关系，被称之为林德曼（Linderman）百分之十定律。根据这一定律，假定一个人为维持其生存所需要的能量，当直接食用植物产品而一年需要200千克粮食时，若改食由粮食饲养的动物产品，那么一年即需要2000千克粮食。因此，对于人多地少的国家或地区来说，居民的食物就只能以谷物为主，而不应该以肉食为主，甚至不能食用过多的肉食。

但是，历史似乎并不完全倾向于这样一种说法。1978～2006年间，中国总人口由96259万人增加到131448万人，人均国土面积由9,973平方米减少到7303平方米，但中国全国人均占有的肉类产量却由8.9千克增加到61.25千克，增加5.9倍。1978年，中国人均占有的肉类产量仅相当于世界平均水平的1/3强，而目前则已高出世界平均水平的40%以上。

看来，中国人过去吃肉很少，未必就是人口多、土地少所致，而是由生产肉食的养殖业的落后发展水平及其生产方式与结构所决定的。只要能够有效地改变这种状况，人口密度相对较高的国家或地区同样可以消费更多的肉食。

（二）养殖业：内涵广泛的行业

养殖业，即动物饲养生产业，是通过动物养殖将植物产品转化成为人们所希望得到的动物产品的行业。养殖业包括畜禽饲养业和水产养殖业，以及其他动物饲养业和微生物养殖业。

畜禽饲养业，又称畜牧业，包括猪、牛、羊等牲畜饲养业，鸡、鸭、鹅等家禽饲养业，家兔等小型畜类动物饲养业，以及特种动物包括特种禽类和特种兽类动物饲养业，等等。特种禽包括肉鸽、鹌鹑、鹧鸪、孔雀、大雁、珍珠鸡以及各种观赏鸟类等。特种兽包括狐狸、貂、鹿、骆驼和各种宠物，等等。

水产养殖业是水产业的重要组成部分。水产业除水产养殖业外，还包括对自然水面的捕捞业。水产养殖业包括鱼类养殖、虾蟹养殖、贝类养殖，以及藻类如海带养殖和观赏鱼类裙带菜养殖，等等。

其他动物饲养，是指除上述畜禽和水生动物之外的动物饲养业，如蜜蜂、蚯蚓、蚕、食用蜗牛等。

微　生物养殖业，主要是指食用菌类栽培业。

传统养殖业主要限于以传统家畜（猪、牛、羊等）及家禽（鸡鸭鹅）为主的畜禽饲养业和以“四大家鱼”（草鱼、链鱼、鳙鱼、鲤鱼）为主体的淡水鱼类养殖业。

现代养殖业的动物养殖范围大为扩展，除传统畜禽饲养业和传统的淡水鱼类养殖业以外，新兴养殖业包括特种动物饲养业、海水养殖业、虾蟹贝类养殖业、微生物养殖业和其他新动物饲养业等迅速崛起，并在整个养殖业占有越来越重要的地位。例如，1975年，全国海水人工养殖水产品生产量仅占全国水产品总产量的6.34%，相当于全国内陆水产品人工养殖产量的37.33%，发展到2005年，前述两个比率即已分别提高到27.1%和68.9%。大连海水养殖业2005年产值达到87.36亿元人民币，已占大连水产业产值的62.1%和农林牧渔业总产值的25.5%，超过农业（即种植业）78.79亿元的产值水平，同畜牧业产值88.53亿元相接近，成为大连农林牧渔业中仅次于畜牧业的第二大产业部门。

（三）现代养殖业：转化人类无法食用的植物性产品

养殖业生产的实质是将植物产品转化成为动物产品。因此，养殖业的发展具有以下方面的功能及作用：

1. 为人类提供高品质、富营养的食品

养殖业提供的肉、蛋、奶等动物产品和食用菌类产品，营养全面，其蛋白质含量及营养质量远远高于植物性产品，易为人体吸收利用，而且适口性（口感、味道）好，是人类食品中品质最优的一类食品。因此，在衡量一个国家或地区居民生活水平的高低时，常以其膳食结构中有无足够的动物性食品和动物性蛋白质作为一个重要指标。

2. 将人类无法食用的植物性能量与物质转换成为食品

由植物通过光合作物而形成的能量及营养物质，能够直接作为人类食品的，只是其中的一小部分，还有大量的植物性能量及其营养物质如青草、树叶、农作物秸杆、糠麸、饼粕等，则是人类所无法直接食用的，但却能够为动物所利用，成为动物饲料的重要组成部分之一，进而转化成为可供人类利用的动物性产品。因此，养殖业的另一重要功能及作用，就是将人类无法直接食用的部分植物性能量及营养物质转化成可供人们利用的产品。

3. 提供工业用原料

养殖业生产的部分动物性产品如动物毛、绒、羽、皮革等，是轻纺工业的重要原料来源之一。另外，动物的一些副产品还可用作医药制造业原料。养殖业的扩张和发展，可以推动和促进轻纺工业、医药制造业等行业的发展，拓宽经济发展的空间。

4. 促进种植业发展

一是通过饲料生产，为种植业提供市场，包括一些副产品（秸杆、糠麸、饼粕等）市场，进而拉动种植业的扩张与发展；二是为种植业提供肥料和役畜，推动种植业发展。

5. 扩大就业，增加农民收入

养殖业使以种植业为起点的产业链得到有效的延伸和扩展，动物养殖与饲料作物种植、饲料加工、动物产品加工（包括食品加工、副产品加工）、相关服务业等有效地连接在一起，拓宽、扩大了经济发展与劳动就业的空间，为扩大就业、增加农业收入，提高农业发展的资源利用效率与经济效益等创造了有利的条件。在养殖业的上述功能及作用中，最为重要的功能和作用，是转化人类无法直接食用的植物产品，为人类提供新的食物来源和更加坚实、可靠的食品保障。

在当代经济社会条件下，由于人口的不断增加，地球只有一个，耕地的高度稀缺和增加粮食生产所受到的来自环境方面的种种限制，食品供应已经或正在成为一个日趋严峻的社会性问题。现代养殖业能够而且应该在增加和扩大人类食品供应来源方面有所作为。这应该成为现代养殖业的核心任务。

这就意味着，现代养殖业的任务主要的并不是为了利用人们可以直接食用的植物性产品以生产品质更优、营养价值更高的食品，而是在于利用人类难以直接食用的新的植物资源为人类生产更多的食品。

二、环城畜禽饲养业发展方向及模式

（一）同乡村地区相异的环城畜禽饲养业

环城畜禽饲养业，即城市及其周边地区的畜禽饲养业，作为一国畜牧业发展的重要组成部分，主要由以下部门所组成：

（1）养猪业

包括以引进、改良、改进猪种和繁育仔猪为目标的种猪饲养业和以生产猪肉食品为目标的肉用猪饲养业。

（2）养禽业

包括以生产禽肉食品为目标的肉用禽饲养业和以生产蛋类食品为目标的蛋用禽饲养业，以及以生产羽绒等工业用原料为其主要目标的原料禽饲养业。禽的主要种类是鸡、鸭、鹅和其他特种禽。后者主要包括肉鸽、鹌鹑、鹧鸪、孔雀、珍珠鸡、贵妃鸡、白鹇、野鸭、驼鸟、大雁、红腹锦鸡、丝光鸡、黄凤鸡、莱花鸡、野雉、骨项鸡等等。

（3）奶牛饲养业

以生产食用鲜奶和（或）生产用以奶品深加工的原料奶为目标。

（4）肉牛饲养业

以引进架子牛进行短期强度肥育的饲养为主，兼及部分或少量的从犊牛到肥育牛的全程饲养。

（5）其他动物饲养业

包括羊、兔、鹿、水貂、狐狸和少量的役用畜（牛、马、骡、驴等），以及某些特种畜动物等。

中国环城畜禽饲养业的发展，同典型农村地区的畜禽饲养业相比较，具有以下方面的突出特点：

1. 产业化起步早、发展快

在中国整个农业的产业化发展进程中，环城畜禽饲养业是产业化起步最早，发展最快的一个产业，在促进畜禽产品生产和丰富市场供应方面起到了十分重要的作用。从大连情况看，大连全市按当年价格计算的畜禽饲养业、畜牧业产值由1985年的3.79亿元增加到2005年的88.53亿元，平均每年增长17.1%，明显快于同期该市农、林业产值增长速度和全国同期畜牧生产值平均每年递增15.1%的增长速度。

2. 以所在城市城乡居民生活消费市场为导向

环城畜禽饲养业生产的产品以满足所在城市城乡居民主要是城市居民的生活消费为主，兼及深加工和出口的需要。

3. 企业化生产占有重要地位

中国农村地区的畜禽饲养业除个别专业饲养户外，基本上属于副业性质的家庭饲养，家家喂猪、户户养禽，进行非规模化的饲养与经营。环城畜禽饲养业的情况有所不同。在这里，虽然非规模、大分散的农户家庭饲养依然普遍存在，但新兴的企业化饲养发展迅速，并占有日益重要的地位。在大连，韩伟集团一家企业的鸡蛋产量即已占到全市禽蛋总产量的1/4以上，对大连市场的鲜鸡蛋供应份额已达到50%。

4. 集约化程度高，生产装备和饲养技术较为先进

环城畜禽饲养业的集约化经营程度、生产装备和饲养技术的水平明显高于农村地区。自20世纪80年代中后期以来，不少大中城市近郊及其相邻地区县（市）乡（镇）先后建立了一批从饲料配制到畜禽喂料、供水、清除粪便等废弃物，再到畜、禽舍内温度、湿度、通光、光照的控制与调节等均由电脑控制的机械化设备操作，达到国际先进水平的畜禽养殖场（基地）。

（二）由技术养殖到生态饲养

畜禽饲养业发展同动物养殖业生态学有着十分密切的关系。现代畜禽饲养业要求其结构选择和布局调整、经营组织的确定等，必须遵循畜禽生态学原理并借助系统生态工程的有关方法。

中国目前阶段的畜禽饲养业大多仍处于其发展的初级阶段，即“技术饲养业”阶段，其特征为：饲养生产效率的提高及其生产的增长与发展，主要通过饲养技术进步的综合作用加以保证和实现，重点是通过新的畜禽品种的选育、饲养水平的提高和管理措施的改进等技术创新措施，提高单位畜禽的生产能力，并将节省的资源投入新的生产过程。

在这一大背景下，大中城市近郊及其相邻县（市）、乡（镇）地区的畜禽饲养业，部分已开始进入畜禽饲养业发展的高级阶段，即“生态饲养业”阶段。生态饲养业将被饲养的动物及其生态环境和人类的社会活动作为一个有机的整体，依据生态学和生态经济学原理，遵循生态学和生态经济学规律，应用现代科学技术和系统工程的方法，进行系统、科学的饲养生产活动，促使畜禽饲养向着高产、优质、高效、低成本和稳定协调的方向推进。生态饲养业是一个以畜禽产品生产为其主要目标的多目标、多功能、多成分、多层次、组合合理、结构有序、开放循环、内外交流、关系协调、协同发展的动态平衡生态系统，它所追求的不仅仅是畜禽饲养业及其产品数量和质量本身的增加与提高，而是让畜禽饲养业作为整个人类社会生态系统的一个有机组成部分，直接服从和服务于人类本身生态质量和生活水平的不断提高和改善的实际需要，以取得更大并协调统一的经济、生态、社会三大效益。

（三）生态饲养模式

畜禽生态饲养的技术模式选择，应该根据所在地区、城市的自然环境及其资源禀赋状况和其所面对的经济、社会条件，因地、因事制宜地加以确立。可供选择的基本模式包括：

1. “养一种”结合模式

将畜禽饲养业与种植业紧密结合成为一个有机整体，畜禽饲养业为种植业提供所需要的肥料，种植业为畜禽饲养业提供饲料，既为系统的发展提供必要的条件保证，同时也使得系统内的废弃物得到充分、有效的利用，从而极大地提高系统物质良性循环和转化的速度，是低投入、高效益持久农业的有效模式之一。

“养—种”结合包括以下具体模式：

（1）畜禽饲养—耕地粮食作物、蔬菜、牧草、经济作物等；

（2）畜禽饲养—果树栽培—果园饲料作物。

“养—种”结合模式中的种植业，既可以是所在城市地区的种植业，也可以是其他地区的种植业。大连韩伟集团所采用的就是这样一种模式。韩伟集团饲养的300万只蛋鸡，年消耗玉米9万吨、豆粕3万吨，为此，韩伟集团 通过订单形式，在腹地东北地区建立了几十万亩的玉米和大豆生产基地，带动2万多农户发展种植业。与此同时，韩伟集团还利用蛋鸡饲养所产生的大量粪便，通过加工制成生物有机肥，供种植业使用。

2. “养—养”结合模式

也称饲养立体开发模式，即通过对饲养动物粪便的科学处理，利用不同种类动物对食物和环境条件的需求差，进行合理组合，以实现相互利用、互为条件和互相促进，从而达到低投入、高产出、多层次获取产品及收益的预期目标。具体模式包括：

（1）“畜禽饲养—鱼类养殖”模式。利用畜禽饲养所产生的粪便等废弃物为鱼类饲养提供部分的饲料。实践经验证明，1头90千克的肉猪约产250千克左右的粪便等废弃物，用于鱼类养殖，如果全年饲养6～7头肉猪，即可生产400千克左右的鲜鱼。

（2）“禽类饲养—小动物饲养”模式。主要是肉鸡、蛋鸡饲养和蚯蚓、蝇蛆养殖，鸭的饲养和小鱼虾及浮游生物养殖，等等。

3. “养—种—养”混合模式

利用畜禽粪便等废弃物肥田，增加粮食和饲料作物生产，再利用饲料发展饲养业，实现多层次开发、转化和获得产品及收益。具体模式有：

（1）“畜禽饲养—种草—养鱼”模式。利用畜禽粪肥种草，用草喂鱼，再利用鱼塘的塘泥种植畜禽饲料作物用于支持畜禽饲养业的发展。经验证明，每100千克畜禽粪肥用于种草，可产草150千克以上，用草养鱼可产草鱼6千克以上，附带生产滤食性和杂食性鱼2.25千克。

（2）“养畜—栽培食用菌—饲养畜禽”模式。利用畜粪栽培食用菌与利用稻草、棉籽壳等栽培食用菌的方法及其效率相类似，室内外均可栽培，每100千克培养基可生产平菇90～100千 克。食用菌收获后的培养基与菌丝体营养丰富，蘑菇香味浓郁，经粉碎后加工成畜禽饲料，适口性好，是畜禽饲料中的上等优质品。肉猪日粮中配合20%的菌糠，日增重可达0.6千克以上，料肉比3.6:1，可降低饲料成本10～15%。

4. "畜禽饲养——沼气——种养业"循环开发利用模式

利用饲养的畜禽粪便进行厌氧发酵生产代用燃料——沼气，再利用沼气池的废弃物——沼水、沼渣发展鱼类、蚯蚓等动物养殖，或用于种植粮食、蔬菜、水果、牧草、中草药、花卉等作物，进一步发展畜禽饲养，等等。

"畜禽饲养—沼气—种养业"循环开发利用模式如下图17～1所示。

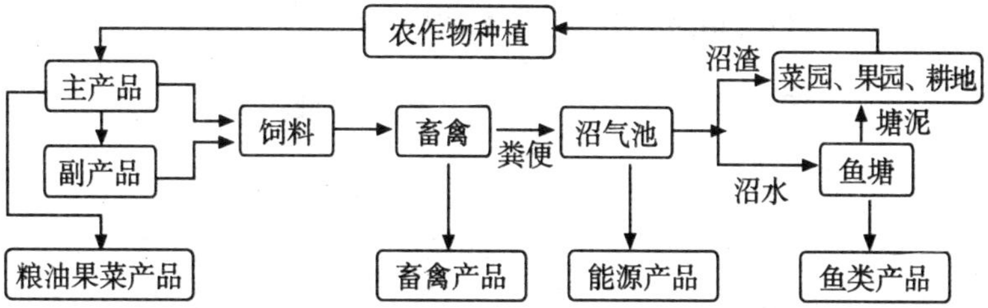

图17–1"畜禽饲养—沼气—种养业"循环开发利用模式

（四）生态饲养工程设计方法

畜禽饲养的生态工程建设与设计，一般应包括以下基本内容：

1. 布局设计

也称"平面设计"，侧重于基地布局、区域规划方面的内容，通过宏观总体安排，使畜禽饲养及其生产项目的空间布局与其生产的环境要求、产品生产目标、目的等相协调。

2. 功能设计

即对动物、植物、微生物立体组合的整体功能的匹配与设计，也称"垂直设计"。通过建立人工复合生物群体，使畜禽、饲料及其他作物、微生物相互促进、相互作用，使经营范围的生态元得到充分、有效的利用。

3. 时间设计

即对阶段发展目标模式选择的设计。主要根据不同经营区域或同一经营区域不同地块的生产力的差异，因地因时制宜地选择适应的阶段发展目标模式进行生产经营活动的组织与管理。

4. 食物链设计

即对畜禽饲养及其直接、间接相关的其他产品生产活动的结合与配比设计，通过建立多层次的食物链网，形成复杂、高效的生物结构，以促进物质和能源在系统内部的多次重复和循环利用。

5. 总体设计

即对目标区域或区间以畜禽饲养为重心的生态、经济、社会系统的综合运营及其效益而进行的设计。

三、环城畜禽饲养业发展难题与对策

（一）资源环境品质：环城畜禽饲养业发展的三大难题

1. 资源短缺

动物饲养业通过动物养殖将植物产品转化成为动物产品，具有不同于种植业的某些突出特点。其中之一就是动物营养的他养型，自身不能制造食物，需要依靠人工或天然的饲料饲草维持其生长、发育，必须以饲料饲草的保障供应为其前提及基础。这一点同种植业植物营养的自养性是截然不同的。

城市及其周边地区人口多、密度大，可供农业利用的土地资源少，居民生活用植物性农产品的供求压力大，矛盾突出，因此，植物性农产品中，可用作动物饲养饲料饲草的部分十分有限。饲料饲草资源的严重短缺，成为影响和制约城市地区动物饲养业发展的一个突出问题。

以北京、上海为例。上海市土地面积5800平方千米，2006年末城市总人口1815万人，平均每平方千米高达3129人，为全国平均人口密度的22.8倍。同年，上海市粮食总产量111.3万吨，人均61.3千克；蔬菜总产量418.8万吨，人均230.7千克，人均粮食、蔬菜占有量分别相当于同年全国平均水平的16.17%、51.96%。本地种植业产品除作物秸杆等废弃物外，基本不可能为动物饲养业提供任何的饲料饲草。

北京市面积17800平方千米，2006年，全市城乡常住总人口1581万人，平均每平方千米888人，为全国平均人口密度的6.5倍。同年，北京市粮食总产量109.2万吨，人均69千克；蔬菜总产量394.2万吨，人均249千克，同上海的情况相近似。北京西郊、北郊山区虽然拥有87000公顷草山草坡，但作为北京绿色生态屏障的建设地带，将其开发成为现实的饲料饲草环境难度极大。北京地区动物饲养发展的资源供给同样高度稀缺。

上海、北京是中国人口最多、密度最大的城市，因此，可以认为是两个特例。其他城市的情况如何？以大连为例。大连市有常住人口565.33万人（2005），陆域面积平均每平方千米450人，为全国平均人口密度的3.3倍。2005年，大连市耕地总资源27.1万公顷，全市人均占有耕地0.048公顷（0.72亩），相当于全国平均的人均占有耕地水平的51.8%；粮食总产量135.6万吨，人均240千克；蔬菜总产量240.6万吨，人均425千克。大连地区发展动物饲养业的资源供给也不宽裕。2005年，大连市肉类总产量51.55万吨、禽蛋22.24万吨、奶10.22万吨，畜产品饲料比肉类按1:3.0、禽蛋1:2.5、奶类1:0.5测算，大连市肉、蛋、奶三项生产每年所需饲料总量即达215万吨以上，高出大连市现有粮食总产量的近60%。

2. 环境污染

城市及其周边地区畜禽饲养业规模的不断扩大，工厂化、集约化、规模化养殖场（厂）的快速增加，因畜禽业所造成的环境污染日趋严重，在不少地区甚至已成为当地最为重要的污染源之一。在北京，1头商品猪平均每天的排泄物（粪尿）约3.5千克，需要使用20千克水进行冲洗，母猪则为前述数量的3～4倍。目前，北京畜禽饲养的畜禽粪便排放量已达630万吨/年以上，畜禽饲养场（厂）的年污水排放量超过2600万吨，造成北京市地表河的严重污染。调查结果表明，目前，北京市地表河污染物的60%～70%即来自规模畜禽饲养场。畜禽饲养场（厂）已成为整个北京水体最为重要的污染源。

除规范化畜禽饲养场（厂）外，小规模的专业户和农户养殖，也是污染城市及其周边地区地下水和土壤及大气的一个不容忽视的重要因素。小规模的养殖户，饲养区和居住区往往相隔不远，甚至贴在一起，饲养区形成的恶臭气味、夏季滋生的大量蚊蝇等必然对居民生活环境产生不利的影响。

3. 畜产品品质

城市郊区特别是近郊区由于紧挨城市，城市生活与生产排放的大量污物包括生活污水、工业“三废”、农业污染物等进入水体、土壤、空气之中，通过对生态环境和饲料的影响，最后进入饲养的畜禽体，在畜禽体内富积，形成对畜禽产品的污染。值得注意的是，工业及城镇生活污水中的有毒、有害物质特别容易富积于畜产品中，对人类健康形成威胁。

城市污染物对畜产品质量影响的具体途径，一是污染物进入畜禽的食物链，通过饲料和畜禽饮水污染畜禽产品；二是污染物影响畜禽生产的周围环境，致使畜禽易于感染各种疾病，为加强防治，每年都要使用大量的各种抗生素，从而导致畜禽产品的药物残留，造成对畜禽产品的污染。

（二）环城畜禽饲养业可持续发展对策

根据城市地区畜禽饲养业发展的特点、模式，针对发展过程中当前存在和未来可能出现的问题，应当注意采取和实施以下基本对策及措施。

1. 多业结合，循环发展

通过产业链，将饲料作物种植、饲料加工、畜禽饲养、畜禽产品加工和加工品销售等巧妙地组合成一个产业复合系统的时空结构，利用行业间的共生互利关系，提高资源利用的效率，促使物质循环再生和能量的充分利用，实现经济、社会、生态三大效益的统一和协调，发挥系统的整体性与功能整合性。这一产业复合系统的核心部分是形成农牧结合与互动格局，促进变废为宝。一是种植业废弃物资源化，将作物秸杆及主产品加工形成的糠麸、饼粕等废弃物变成可利用的饲料资源；二是畜禽业废弃物资源化，充分利用畜禽排泄物作为饲料种植业的有机肥料，提高饲料作物的生态种植水平。

2. 调整、优化畜禽养殖结构

一是发展食草畜禽养殖，包括牛、羊、兔、鹅、鸭等，重点发展牛、羊等反刍家畜，大幅提高其在整个畜禽饲养业中所占的比重，以便实现扩大饲料资源范围和提高饲料资源利用率进而扩大食品生产范围、增加食品总量的最终目的。

二是增加特种养殖，发挥特种养殖所具有的较高品位和较高经济价值的综合优势，通过畜禽养殖品种的多样化、特色化，提高整个畜禽饲养业的经济效益。

3. 合理布局

根据城市及其周边地区地理位置的级差地租、劳动工资变化和产品交通运输及城市环境保护等方面的要求，对畜禽生产实行合理布局。原则上，近郊区应以环保中小型畜禽饲养场和畜禽饲养的上游产业如科学研究、技术研发、科技服务等行业为主，具有一定规模的大、中型畜禽饲养场应分布在中、远郊地区。

4. 建立饲料原料生产基地

发展同外地区的经济技术合作，建立稳定的饲料原料生产基地，确保饲料原料的有效供应，以解决当地因土地资源有限而出现的饲料资源短缺问题。

5. 加强发展管理

畜禽饲养业发展管理的主要内容，一是发展规模的促进与控制，总体规模与实际要求相吻合，防止孰大孰小不合理现象的出现和存在；二是生产布局规划与控制；三是畜禽饲养环境与畜禽产品品质管理，制定切实可行的畜禽饲养及其产品品质管理办法实施细则，明确检测、日常管理和监督的具体办法、标准、要求等，采取措施严格执行；四是畜禽疾病防治管理，实施“防治结合、以防为主”的方针，达到“治本治标，标本兼治”的目的。

6. 强化政策扶持

健全、完善促进畜禽饲养业有效发展的政策支持体系，加强对养殖企业、养殖农户的政策鼓励与扶持，包括给予资金上的资助或补贴，协助畜禽养殖企业、农户解决畜禽饲养发展进程中依靠其自身力量无法解决的各种问题等。

四、小小鸡蛋作出大文章：大连韩伟集团发展记实

（一）从三千元到“中国第一”、“亚洲最大”

1982年，他借来3000元钱，买了50只鸡，开始从事庭院养鸡。两年下来，养鸡规模竟然发展到8000多只。于是，他毅然辞去其乡畜牧助理职务，回家做起了专业养鸡户。先是贷款15万元，兴建万只蛋鸡饲养场。接着10万只、100万户蛋鸡场拨地而起，养鸡规模不断扩大……如今，他的事业，除拥有一个年蛋鸡存栏达300万只、年鲜蛋产量5.8万吨、中国最大的现代化蛋鸡养殖基地外，还包括蛋白深加工、海珍品养殖、海洋系列保健产品开发与生产、生物有机肥制造等多个行业中具有相当规模和实力的生产企业。他，就是大连的韩伟；他的企业，即是“大连韩伟企业集团有限公司”。

大连韩伟企业集团有限公司（简称“韩伟集团”）成立于1992年8月，是中国第一家经国家体改委批准设立的纯民营非公有企业集团。先后荣获“中国肉类蛋白食品行业50强企业”、“国家质量检验检疫总局和中华工商业联合会‘重质量、守信誉’先进会员企业”、“全国优秀家禽企业”、“辽宁省综合实力百强企业”、“辽宁省十大诚信民营企业”、“全国食品安全信用体系建设示范单位”、“国家标准化农业示范园区”、“农业产业化国家重点龙头企业”、“世界蛋品协会国家级会员”等称号及荣誉，所生产的产品，被中国绿色食品发展中心认定为绿色食品，其“咯咯达”牌鸡蛋被认定为“中国驰名商标”、“中国名牌农产品”，产品远销日本、俄罗斯和东南亚及欧洲国家，以及中国国内100多个大中城市和港澳台地区。

今天的韩伟集团，不只是大连企业的典范，大连农业经济的一张名片，而且已成为国内为数不多的农业企业集团中的知名企

业，中国无公害鸡蛋标准制订单位，受到国家和省市领导人的重视及关怀。江泽民、胡锦涛、温家宝等国家领导人多次接见韩伟，全国人大常务委员会副委员长田纪云、王光英，中共中央政治局委员王兆国，全国政协副主席李贵鲜，农业部部长杜青林等还先后亲临韩伟集团，进行实地视察。如此规格的待遇和荣誉，在中国纯民营企业中，是并不多见的。

（二）执着、良知、责任：韩伟集团的经验之谈

韩伟集团所以能够在短短的20多年中成为“中国第一”、“亚洲最大”、“世界一流”集蛋鸡饲养、蛋品深加工、海珍品养殖开发于一体的大型综合性农业企业集团，其成功的做法及经验主要包括：

1. 专业化：认真执着地做一件事

事业做大了，在企业初具规模，特别是集团成立后，韩伟也曾一度认为应该考虑走多元化的企业发展之路，不能只是养鸡，应该把养鸡同其他若干产业结合起来一起做，否则怎么叫集团。于是，先后组建了房地产公司、商贸公司、广告公司，等等。但很快他就发现了问题：

“麦道公司作为一个飞机制造企业，应该完全有能力造汽车、造轮船，但它为什么几十年就是造飞机？”

“一个企业家和企业的发展，应该是扬长避短，既然自己的长项是养鸡，怎能盲日地从事自己基本不懂也不明白的广告策划、房地产经营，这不是在扬短避长吗？”

“一个人一生差不多只能执著地做一件事，既然自己做的是禽蛋产业，就应该集中精力沿着专一化的道路走下去。”

于是，韩伟当机立断，很快就关闭了那些业务不熟悉的企业，集中力量发展禽蛋产业。应当说，韩伟集团能有今天的骄人业绩，是同韩伟当年果断地摆脱所谓的多元化经营的诱惑与困扰的决断分不开的。中国第一代民营企业家发展到今天，仍在有声有色经营的已实在不多了，为什么夭折，其中相当部分原因就是在完成原始积累之后，信心膨胀，面对诱惑，盲目进入自己不熟

悉的领域，相信所谓的“多元化”经营。用韩伟的话来说，就是“扬短避长”地发展。

2. 规模化：敢为天下先

禽蛋产业属典型的规模性生产行业，要求企业必须具有一定的规模，集中化、规模化生产成为当代养禽业发展的一大趋势及特点。早在20世纪60、70年代，发达国家存栏规模为10万～40万只鸡的蛋鸡场即已相当普遍，饲养规模在100万只以上的也不在少数，如1970年时，美国加利福尼亚洲规模最大的一个蛋鸡场即养有350万产蛋鸡，英国最大的一家养禽业养有的产蛋鸡则已达1500万只。20世纪50年代，美国的养鸡场多达7000多家，现在已减少到不足10家，但其禽蛋产量，1951年为370万吨，到2005年已增加到533万吨，增长44.05%。目前，世界最大规模的一家养鸡场，其饲养规模已超过2200万只。

韩伟集团从50只鸡开始起步，经过短短25年的时间，饲养规模即已达到300万只，年鸡蛋产量5.8万吨，占大连市禽蛋产量的比重超过25%。其规模化发展速度，可以说在国外也是并不多见的，而根据从2006年开始的10年发展规划的规定，韩伟集团在规模化扩张方面还将迈出更大的步伐，那就是从2007年动工，在辽宁的阜新建一个饲养1000万只蛋鸡的示范项目，在该示范项目竣工投产后，通过滚动发展，在10年内将集团的蛋鸡饲养规模扩大到5000万只乃至10000万只。

韩伟集团蛋鸡饲养规模的快速扩张，使韩伟集团的蛋鸡饲养水平和禽蛋生产能力及其产品的市场进入与竞争能力等等不断提高，同时也为禽蛋产前、产中、产后诸环节有机连接成一个完整的产业链，有效形成禽蛋生产产供销、农工贸一体化经营奠定了坚实的条件基础。

3. 集群化：构建完整的产业链

产业集群化，即某一特定产业中密切联系的企业及其相关支撑机构在空间上集聚，并形成强劲、持续竞争优势，是现代经济发展的一个重要方面。产业集群在为企业创造良好发展环境的同时，为产业提供有效的需求与供给，从而保证产业的永续创新和发展。

韩伟集团目前旗下包括饲料厂、种蛋场、育雏场、蛋鸡场、液态蛋和蛋粉加工厂、生物有机肥制造厂等生产企业，形成了从饲料生产、蛋鸡饲养、蛋品加工、废弃物利用到产品市场营销的完整产业链。韩伟集团的下一步目标，是在现有基础上，以蛋品的产加销为重心，构建一个包括蛋品、蔬菜、粮食及其他相关食品在内的绿色和良性循环的产业链条，将带动和拉动的农户数量扩大到5万户以上，实现对农业产业要素环节的充分整合，提高农业的综合生产能力及竞争力。

4. 集约化：依靠科技手段的支撑，实现“技术企业化，企业技术化”

养鸡业最为重要的一件事，是加强疾病控制，培养无特定病原（specific pathogen free）鸡群，以保证生产的正常、顺利进行。对此，韩伟集团采取了在规模化饲养中依靠科技手段构筑一道道“防火墙”的系列重大措施。

第一道“防火墙”，是控制环境，为鸡群创造适宜生长、发育的良好条件。韩伟蛋鸡基地的种鸡场、孵化场、雏鸡场、育成鸡场、蛋鸡场分别座落在5座小山上，山和山之间由宽大的河谷相隔，加上这里三面环海，一年四季海风吹拂，空气流动极佳，再加上实行封闭饲养，因此，能够确保鸡群生长发育外部环境的绝对安全。

第二道“防火墙”，是严把育种关，直接引进抗病、高产的优良鸡种，种鸡绝不带病，从鸡雏开始跟踪防疫，发现病鸡随即淘汰。

第三道“防火墙”，是饲养管理。一是开展具体的鸡群营养学研究，根据实际需要自配、自产饲料，确保饮料的安全、营养和结构科学、合理，符合鸡群生长阶段的实际需要；二是从喂料、供水、除粪、集蛋到蛋的清洁、分级、包装以至禽舍内温度、通风、湿度、光照等均由电脑控制的机器设备自动操作，人工劳作只做辅助性的工作；三是饲养场所的严格管理，管理人员进入鸡场必须经过严格的消毒，而非工作人员则绝对禁止进入，以防止和避免交叉感染。

第四道“防火墙”，是执行严格的禽舍卫生制度，禽舍采用隔热材料建成，完全同外部自然条件隔绝；舍内通风、温度、湿度、光照实行自动控制调节；对粪便等废弃物进行实时清理，集中处理，等等。

第五道“防火墙”，是把好防疫关，企业拥有一支一流的专业科技人才队伍，严格按照高标准的养禽业免疫规范实施，每只鸡从破壳降生到被淘汰，均经历6次疫苗注射。

在科技手段的强力支撑下，韩伟集团的蛋鸡饲养不仅蛋鸡的平均产蛋率已接近国外的先进水平，蛋品的质量和安全性明显优于国内同行中的其他企业，而且在提高育成鸡成活率和防范禽流感等病毒方面，成为中国最成功的企业之一。

5. 品牌化：高营养、无药残优质“咯咯哒”

1999年，韩伟集团推出“咯咯哒”品牌鸡蛋。2000年11月举行的第九届上海商品交易会上，贴有“咯咯哒”绿色营养蛋标识的几万箱“咯咯哒”品牌鸡蛋，以每个包装10个蛋售价12元的标价一销而空。紧接着华联等1500家超市网点销售“咯咯哒”品牌鸡蛋，日销量超过15吨。随后，“咯咯哒”品牌鸡蛋顺利进入北京、广州等大中城市超市网点销售。2002年，“咯咯哒”品牌鸡蛋获得《日本国冷冻食品检查协会检验证书》，成为“咯咯哒”品牌鸡蛋进入国际市场的通行证。目前，韩伟集团每周向日本出口的鸡蛋已达100吨，成为唯一进入日本市场的中国蛋品企业。另外还有几百吨同时供应新加坡、马来西亚和韩国等国家的消费市场。2004年，“咯咯哒”商标经国家工商行政管理总局认定为“中国驰名商标”，2006年，“咯咯哒”品牌鸡蛋获“中国名牌农产品”称号。

“咯咯哒”品牌鸡蛋，并不是一个简单的品牌称号，而是有着严格的质量内涵和标准。“咯咯哒”品牌鸡蛋不只是一种无抗生素、激素、化学药物及重金属残留，低胆固醇，“吃得安全，吃了放心”的绿色食品，而且鸡蛋中的营养成份及其含量、口感性等均有别于一般的鸡蛋，富含氨基酸、维生素A和E，以及硒等微量元素。其中："咯咯哒"绿色蛋的维生E含量是普通鸡蛋的1倍；"咯咯哒"爱宝蛋的DHA（脑黄金）含量是普通鸡蛋的8～10倍，维生素E是普通鸡的10倍；"咯咯哒"活力宝蛋的w-3的不饱和脂肪酸是普通鸡蛋的7倍，维生素E是普通鸡蛋的10倍；"咯咯哒"富硒蛋中的有机硒35～50微克，是普通鸡蛋的3～5倍，维生素E是普通鸡蛋的1倍。

"咯咯哒"品牌鸡蛋的质量保证是通过以下条件及措施加以实现的：一是种鸡选自德国罗曼公司的父母代罗曼褐品种，这种鸡的抗病能力强，饲养过程中鸡体健康状态良好；二是使用专用基地生产的植物性原料，通过特殊工艺加工配制而成的饲料喂养；三是产蛋鸡群日龄处在鸡的最佳日龄，即从产蛋第一天起到第十个月期间的蛋，处于这一阶段的鸡群，吸收营养的能力和营养转化的能力最强，可以保证所生产的蛋的高营养性。凡不具备前述条件及要求的蛋鸡所产的蛋，即使是同一基地的鸡群，也不能贴上"咯咯哒"商标出售，而只能以普通鸡蛋出售。

6. 道德化：做一个有良知、有责任的企业家

做企业，首先是做人。中国改革开放以来，20世纪80年代起家的第一代企业家，发展到今天仍活跃在经济领域第一线的实在是为数不多了。韩伟集团能够每过十年，就跨上一个新的台阶，而每上一个台阶都是一个质的飞跃，其间的成功经验可能可以总结出几十条、上百条，但核心只有一条，即厚德载物，良知、诚信，社会责任感，靠良知、责任感办大事，靠诚信赢得市场、民心和竞争力。有污点、有道德缺失的企业是不可能永续、持久的，历史证明了这一点。

韩伟及其企业的道德意识、财富观，足以成为农产企业的一种借鉴。以下便是韩伟及其企业的相关认识：

"什么叫财富？能够为所有的人创造一些发展的空间，创造出来的物质，能给更多的人带来健康，让世人都能够享用，这就是最大的财富。"

"财富到了一定的程度，就是一个符号。对于企业家来说，财富还是一种责任和压力。要有高度的责任感，以一个表率的作用影响一个地区，带动其发展。”

“做一个成熟的商人首先要有正确的赢利观，无利不图不可以做，唯利是图坚决不做。”

“我知道农民面朝黄土背朝天是多么辛苦。我知道农民生产出来的鸡蛋卖不出去时的辛酸，我也知道农民的产品无法走向市场时那种困惑。我要把这个市场整合起来，然后让更多的农民在一个平台上，成为航空母舰上的一个螺丝钉，获得应得的利润。”“如果每一个有良知的企业家，都为中国的农民设身处地想一想，实实在在做一做，中国的新农村建设就不难实现。”

第18章 休闲服务农业：体验经济时代的重要产业

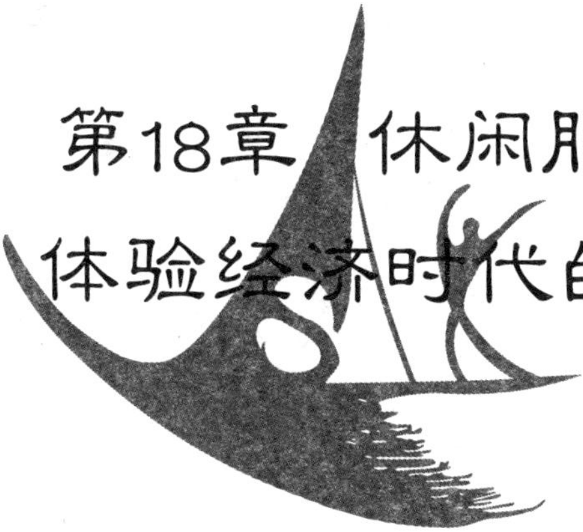

第18章　休闲服务农业：体验经济时代的重要产业

一、体验经济与休闲服务农业

（一）世界进入“体验经济”时代

1998年，美国哈佛管理学院出版约瑟夫·派恩（B.Joseph Pine H）、詹姆斯·盖尔摩（James H. Gilmore）合著的*The Experience Economy*一书。该书提出“体验经济”概念，认为世界经济发展在经历了农业经济时代、工业经济时代和服务经济时代之后，目前正在进入一个全新的时代，即“体验经济”时代。

农业经济时代的特点是，以农耕方式生产的鲜活农产品满足社会的消费需要，产品附加值低。工业经济时代，以经过加工的产品用以满足社会消费需要，产品的差异性日渐扩大，渐可影响价格，因此，产品的附加值升高。服务经济时代，实际消费的是最终产品加上其销售及其他相关服务，由于服务的差别性大，因此，进入消费的产品附加值更大。体验经济时代，除提供优质的最终产品和相关服务外，还要为消费者设计、布置一个舒坦安适、气氛高雅的消费环境和“体验”过程，由于设计的消费环境及体验活动具有市场的区隔作用，因此，“体验”产品的差别性和对价格形成的影响作用极大，产品附加值更高。

据此，该书作者认定，在当代经济及其竞争环境条件下，仅仅提供好的产品和（或）服务是远远不够的，必须在产品和服务之外，为顾客提供个性化、长久乃至终生难忘的人生体验活动过程。“体验”既已成为消费者越来越重视的要素，也是实现产品附加值最大化和有效应对市场竞争的重要方法及手段。

休闲服务农业即是适应“体验经济”发展要求的一种新兴产业形态，是体验经济时代的重要产业之一。

（二）休闲服务农业≠旅游观光农业

休闲服务农业是将农业资源转化为休闲服务，农业生产与现代休闲服务业紧密结合，利用农业景观、农业生产活动、农业生产方式及其经营模式和良好、独特的农业自然及其经济、社会、文化生态环境吸引人们前往进行与农业活动直接相关的某种生活和文化消费的一种新兴休闲服务业。休闲服务农业作为现代农业的一个重要组成部分，是农业由单纯的物质产品生产转向物质产品生产和提供劳务服务并重的必然结果，是当代农业发展的一个重要方面及趋势、方向之一。

休闲服务农业与旅游观光农业（也称“观光农业”或“旅游农业”），既有相通的一面，存在某种程度上的共性，也有着概念及内涵上的重大区别。观光农业，是利用农业资源，以吸引游客前往观、尝、品、考、书、画、摄、购、游、娱、住为目标，使农业和旅游业有机融合的一种产业形态。因为旅游、观光活动是休闲的一种具体方式及内容，所以观光农业即是休闲服务农业的一种类型，但却不能反过来说，休闲服务农业就是观光农业。因为，人们的休闲活动，除旅游、观光外，还有着其他更为广泛的活动内容和多样化的活动方式，如各种非旅游性质的消遣性农事活动，另外，观光农业的侧重点在于“游”和“观”，而休闲服务农业的兴趣点则在“休闲”、“体验”。

（三）农业有条件提供高级别和高层次的休闲服务

休闲服务农业发展的必然性和必要性，是由于农业的部门属性和当代社会生活的基本特质及要求所决定的。

农业作为人类经济、社会生活中的一个极重要的经济产业部门，除为人类生活及生产活动提供其生存与发展所必需的有用物品外，同时还担负着为人类提供悠适的生活、生存空间，延续和发展社会文明，最大限度地满足人类各种欲求包括人与自然和人与人之间的情感交流、享受和体验自然赋予的乐趣、农事劳动的感受、丰收的喜悦等方面的社会重任。随着社会物质生活的丰富及其质量的不断提高，人们特别是生活在城市的居民在紧张的工作之余，迫切需要使劳累了的身心能够得到某种程度的放松和调整。农业具有这方面的功能和作用。农事活动的循环性，可以使人们感受到自然的生命力和永恒，体会到生命的韵律和余裕；农业生产的异质性、多样性、季节性、前后关联性和连续性，使在现代生活中已经单纯化、统一化了的人们能够从中感受到生命、生活的节奏、活力、安定和永恒；农业生产与自然的互动性，使人们在与动植物的交流、“对话”中学会协调和互助，品味生存的快乐和艰辛；农业生产的自我创造性，创造性的劳动必然成就人们的自我创造，使自己成为一个充满 “综合人性”的完整的人，因此，农业有条件成为调整、放松人们身心的首要选择。农业为人们提供的休闲服务，足以使人们体会、感受到无穷的乐趣、喜悦，同时达到强身健体、延年益寿的功效。

二、休闲服务农业的产业形态与经营方式

（一）体验农业

体验农业是为城市居民通过参加农业劳动、从事农事活动，亲身体验农业乐趣而设计的一种农业形态。体验农业以农业的休闲服务功能为主，属服务性农业范畴。体验农业的主要形式是通过创设和建立专门的体验农园、度假农园（场）等，以度假休闲方式吸引城市居民来农园、农场从事一些田间劳动，通过学习农业生产的相关知识和技术、技能等以获得身心上的放松；或者将农园、农场中的部分土地以出租的方式租赁给城市居民使用，为城市居民利用节假日等休闲时间从事农业劳动和参与农业生产的全过程提供机会和条件保障，在享受农业劳动乐趣、获得身心放松的同时，也收获农业生产的物质产品成果。

体验农业在德国、日本等经济发达国家极为发展。德国的体验农业，其主要形式是市民农园。德国市民农园起源于中世纪德国的Kline Gordon。那时的德国人多在自家的大庭院里划出一小部分土地作为园艺用地，享受亲自栽培农作物的生活情趣和乐趣。19世纪初德国政府为每户市民提供一小块荒丘，用于建立自家的“小菜园”，以实现蔬菜生产的自给自足。19世纪后半叶，德国正式建立“市民农园”体制。20世纪后半期后，德国市民农园开始转向为市民提供体验农家生活的机会，使久居城市的市民得以享受、体会田园之乐。德国市民农园的土地来源，一部分为镇、县政府提供的公有土地；另一部分则来自居民提供的私有土地。每个市民农园的规模约2公顷土地，由大约50户市民组成一个集团，共同承租市民农园，每个承租人可租地100平方米租赁者同政府订立为期25～30年的使用合同，自行决定如何经营和种植或养殖什么，政府概不干涉，但其产品不能出售。如果承租人不想继续经营，可以中途退出或转让，由市民农园管委会负责选出新的承租人继续租赁。德国的市民农园很受市民青睐，兴旺之势很是强劲。全德的承租者目前已超过80万人，其产品总产值占到德国农业总产值的1/3。

日本体验农业的主要形式也是市民农园，一般由政府主办，利用农民闲置的农田，划成小块出租给市民种植目标农作物，为市民参与农业生产的全过程提供机会和条件。

（二）度假农业

度假农业以利用农业的休闲服务功能为主，通过开发建设专门的度假农场、度假村等度假场所，接待来自城市的度假者，为其提供与农业活动密切相关的各种休闲服务，以满足度假者体验农事活动、农业劳动和（或）乡村生活情趣与乐趣的需求。

度假农业可以是体验农业与旅游农业结合而成的一种新兴农业形态。体验农业，按照体验的活动内容，分为劳动体验和生活体验；根据体验的时间区分，包括农业生产的全程体验和短期体验，度假农业作为一种体验农业，系短期的劳动或（和）生活体验。旅游农业，按其内容可分为以观赏、观览农地景观为目的的观光旅游和以农业劳动、乡村生活体验为目标的体验旅游。度假农业就是为城市居民利用其假日参与体验农业生产劳动或（和）乡村生活乐趣而设计的一种服务农业形态。

（三）教育农业

教育农业是利用农业所内含的文化教育功能，为城乡居民特别是大、中、小学生体验学习或进行农业科技知识与技术的交流和教育提供实践场所而设计的一种特殊形态的服务农业形式。教育农业的具体形式，包括教育农园（场）、农业科学园、农业科技博览园、农业植物园、中小学生农业实践基地（农庄、农业园、农场）、大学生农业实习农场，等等。

（四）银发农业

银发农业，即利用农业所具有的人与自然和谐共处的属性与特点，农业与社会养老事业交叉结合而成的一种服务性农业形式。因其服务的对象和从事农事活动的主体，是一些已经退、离休但身体健康，尚能从事一定的农业生产劳动的退离休人员，故称之为“银发农业”。

中国已进入老龄化国家行列。中国第五次人口普查结果数据显示，2000年全国60岁以上的老年人口即已达到1.3亿人，占全国总人口的10.41%，其中65岁以上的8800多万人，占总人口的6.96%。到2006年底，全国65岁以上的老年人口占总人口的比重提高到7.9%。预计2010年，中国全国60岁和65岁以上的老年人口比重将分别达到12.18%和8.12%，2020年进一步增加到16.23%和11.3%，2030年为22.34%和15.21%。退离休后的老年人口所需要的，不只是单纯生活上的安逸和保障，既要有“老有所养，老有所医”，也需要有“老有所学、老有所为、老有所乐”。在这一过程中，老年人从事一些力所能及并能够带来乐趣、喜悦的劳动，不但必要、无害，而且大有裨益。由于农业劳动、农事活动与工商业活动不同，老年人从事一些力所能及的农业劳动、农事活动，被认为是一种最佳的养老、休养方式。因此，银发农业也被认为是颇具前途的一个产业。

退休后，找个山清水秀、民风纯朴的地方养老，是各国许许多多行将退休人员的一大心愿。因此，接纳来自外国的退休人员，为其提供良好的养老服务，正成为国际服务贸易的一个重要方面。近年来，东南亚各国都普遍看好这一重要商机，争相吸引世界各国的老年人，争着成为“养老的天堂”。

泰国是目前对外国老人颐养天年最具吸引力的一个国家。为吸引资产丰厚的退休老人进入泰国养老，2002年，泰国推出“退休签证”制度，凡年满50岁，存款加上年收入不少于80万泰铢（合约2 万美元），出具无犯罪记录和身体健康证明的人，就可以申请为期一年的退休签证，期满后可以延长。除方便的入境签证外，泰国的另一优势是生活费用低。泰国旅游局以日本老人为例算过一笔帐：在日本，一对夫妇每月的退休金约合8.5万泰铢，在东京只能住一间小房子，购物也需要精打细算。如果生活在曼谷，3万铢可租到两室一厅的公寓，2万铢作为日常生活费可以过得合适自在。如果在泰国北部的清迈等地养老，花费还更低。根据泰国移民局提供的数据，从2002年到2006年，共有29768人获得入境养老的退休签证。

在东南亚国家中，最早想出吸引其他国家退休人员主意的是马来西亚。马来西亚早在1996年即已开始推广“银发计划”，卖点是马来西亚的良好气候及疗养环境。只是因推广不力，使得泰国等国家后来居上。2002年，马来西亚推出“第二家园”计划（MSH），放宽了外国人入境养老的相关条件限定，执行部门也由严肃的移民局转移到灵活的旅游局，并成立专门的推广公司进行推广。同泰国相比较，马来西亚的退休签订资金门槛较高，申请人必须把7.5万美元存满一年，数额是泰国的3倍，可一旦获准，马来西亚的待遇就比较优惠：10年长期居留权，满期后可延长；免税进口一辆小轿车，收入免税；可带家人及佣人，子女可在当地求学。根据马来西亚旅游部门提供的数据，从1996年到2007年5月，共有50多个国家的9200多人在马来西亚建立了“第二家园”。

菲律宾这方面的计划及目标是，到2015年吸引100万外国退休人员，创造400万个工作岗位。为此，菲律宾一家开发公司号称要“为以往只能住在狭小公寓的日本银发族打造宽敞的休闲退休别墅”，而且称只要10万美元，就能在菲律宾拥有如天堂般的居住环境。菲律宾还在医疗保健、文化休闲等方面下足功夫。

中国的不少城市如大连、青岛、北戴河、秦皇岛等，自然生态与社会环境条件优越，具有吸纳外国退休人员进入中国，同国外竞争的有利条件。

三、休闲服务农业的发展条件与空间配置

（一）发展休闲服务农业应具备的基本条件

休闲服务农业的有效发展，需要具有“天时、地利、人和”之便，必须考虑“天、地、人”三方面的情况，具体地说就是：

1. 明显、突出的区位优势

一是城市本身的区位，即城市所处的地理位置。任何一个城市的崛起与发展，都总是同其地理区位密切联系在一起的。这一区位不但对于城市的发展至关重要，同样地，对于城市的任一经济产业部门的发展来说也是如此，不利的区位，城市难以发展，当然其下属的产业发展也必然步履艰难。

二是休闲服务农业的发展区位。休闲服务农业应处于城市行政区及城市功能辐射范围内的有利地带（点），以便同所在城市的经济、社会生态相吻合和相适应。

2. 特色化的农业背景

休闲服务农业以农业为依托及基础，因此，要求城市地区的农业发展应注意形成其鲜明、突出的个性化特色，使城市地区的农业功能，特别是其生态功能、社会文化服务功能的内涵与外延远远大于非城市地区，以便为以农业为依托及基础的休闲服务农业的兴起与发展创造出坚实、良好的基础条件。

3. 广阔的客源市场

休闲服务农业的有效发展，不但要求所在城市的居民能够积

极参与，而且能够通过国内及国外的城际交流，有效吸引国内其他城市居民和来自国外的居民的介入和参与，使休闲服务农业的稳定客源得以保证。

4. 城市居民的投资与消费取向

所在城市地区的居民，包括单位（企业）和个人，作为投资者，具有对休闲服务农业发展进行投资的意愿，并且有能力投资，资金比较丰裕，具有财力和物力上的基本保证。作为消费者，主要是所在城市的居民，具有消费农业休闲服务的价值取向和实际的支付能力。

5. 空间拓展和深化发展的潜力与可能

休闲服务农业空间拓展及深化发展的条件良好，具有不断升级、优化的潜力与可能。这里所说的空间拓展和深化发展包括：（1）地域空间的延伸与扩展，通过合理安排、有步骤的发展，能够有效形成“点、线、面”有机结合、融为一体的“板块”式经济；（2）行业的拓展和延伸，新的相关农业休闲服务项目及行业不断涌现，能够在现有的服务产品基础上，不断创新，开拓新的领域和新的产品，形成多角化发展态势；（3）配套企业及行业的形成与发展，企业间和行业间的协作不断加强，协作效率提高。

（二）城市地区休闲服务农业的空间布局与结构配置

城市行政区域及城市功能辐射范围内休闲服务农业发展的空间格局及其布局操作大致可分为以下几大块：

1. 城市建成区

城市建成区范围内的土地大多已开发成为城市建筑用地，其间零星分布的间隙地和农业用地，通过城市绿化带连接成为网络状区域，适宜发展中小学生农业园、农业科技博览园、农业植物园等教育型农业和市民农业等。

2. 城市扩展区

地处城市建成区的周邻地带（近郊区），是城市和乡村的结合部。本区范围内适宜发展以市民农园为主体的体验型农业和以养老休养为目标的银发农业，以及高新技术教育农园、中小学生农业教育实践基地，等等。

3. 城市中、远郊区

本区为城市行政区域范围内距城区较远的县（市）、乡（镇）域地带，适宜发展多种形式的度假休闲型农业和银发农业、大学生实习农场等等。

四、环城休闲服务农业实现方式及其形态

（一）农业科技园

在城市近郊选择适当地带，建成融农产品生产、观光、教育、展示展览、度假休闲服务等多种功能于一体的新兴农业科技产业园，使其成为高技术农业试验发展基地，中小学生农业科学教育基地，农业植物博览园，中国农业博物园，旅游度假、观光休闲胜地。建设占地规模达到1000公顷以上。

农业科技园按照“政府促进，社会投资，鼓励所在地域农民入股”的开发模式建设，通过招标方式确定建设与经营商。

（二）农业公园

在市辖属区、县（市）城市建成区或其近郊区建设一批将农业场所、农产品消费场所和休闲浏览、文化娱乐活动场所结成一体，农产品种类和风格等个性化特色鲜明的农业公园。农业公园可以是多产品构成的综合性公园，也可以是以单一农产品构成的专业性公园，如苹果公园、樱桃公园、葡萄公园、花卉公园、蔬菜瓜果公园等等。公园将目标农作物种植景观的观赏、产品采摘、品尝、销售，以及与目标作物、产品相关的品评、写作、绘画、摄影、体验、文化娱乐活动等融为一体，使农业生产活动生活化、文化化。

（三）市民农园

在市辖区、县（市）城近郊区域建设一批将农地以出租方式租给市民使用，用于种植蔬菜、花卉、果树或进行庭院式经营的

市民农园。单个市民农园的占地规模控制在2～30公顷（30～450亩）之间，划块出租，每块面积60～100平方米，同一个人在同一农园可以同时承租几块地块，但最多不超过10块。农园以种植专业园为主（蔬菜、瓜果、果树等），辅以少许的饲养专业园（家禽、家畜、特种动物饲养等）。市民在市民农园中承租的农地，可以自种，也可以雇工代种；所生产的农产品可以用于满足自身的生活消费需要，也可以进入市场出售，或者二者兼而有之。市民农园建立专门的服务组织，为承租人的农场经营提供所需要的有关服务，包括生产代工、农资供应、产品代销等。

市民农园由民间投资进行建设，政府给予政策上的扶持和资金上的适当资助。民间投资主体可以是企业，也可以是个人，可以独立投资，也可是合作投资。

（四）度假村（乡）

在生态环境优越、自然风光怡人、农业景观瑰丽并独具特色的市辖县（市）乡（镇）域内的山区或（和）沿海乡村地带，建立若干能有力吸引城市居民和外地游客的度假村（或乡）。

度假村（乡）的农业生产以产品生产或生态保护功能为主，同时提供农业观光、农事活动和乡村生活体验等农业休闲服务。

度假村（乡）以接待城市度假休闲人员及外地游客为主，为游客提供了解和认识农业、农村和农民，享受乡村生活乐趣的相关服务，包括食宿、观光、游乐、农业劳动和农产品采摘、品尝、购买等服务，同时成为城市中小学生寒暑假进行农村生活体验的场所。

度假村（乡）按“公司+农户（业户）”模式经营。业户（农家）在公司的指导、管理、协助下具体负责入驻客人的吃、住，客人以家庭成员的“角色入驻”，业户对待客人犹如对待家人一样，以便让客人真正体验到农家的生活风格与乐趣。公司负责旅游村（乡）经营方针、客人吃、住条件与标准的制订及其执行情况的监督、检查和指导，统一管理所有业户的招待、接待活动和旅游村（乡）的服务营销、市场开拓、公共关系处理 、客人入驻安排以及财务收支结算及分配活动等等，以保证服务的质量和经营的有效运营。

旅游村（乡）业户为客人提供的吃、住条件应从实际出发，体现乡村农家的质朴、纯朴，不追求高档、豪华，保证整洁、干净、卫生、安全即可。

（五）休闲养老农园（庄）

适应中国对发展社会化养老事业的客观要求，按照“养老、休养+休闲农业”的“养老、工作”相结合模式，建立面向当地城市居民和外地及国外老年人口的社会化养老休闲农园（庄）。

养老休闲农园（庄）的建设地点应符合以下基本条件：

（1）自然风光秀丽、景色怡人，生态环境条件优越，空气清新、宁静，无工业废气、废水、废渣、噪声等污染物污染；

（2）交通便利，车辆、人员进出方便，距离生活购物中心、医疗中心的路途时程不超过1个小时；

（3）农地资源、水资源及农业生产涉及的其他自然条件能够满足养老休闲农园（庄）休闲农业发展的实际需要。

养老休闲农园（庄）的内部条件建设应满足以下基本要求：

（1）居住条件优越，花园式小区，居住面积宽敞，生活设施齐全；

（2）医疗保健设施先进、完善，服务健全；

（3）高素质的生活护理队伍，高水平、周到、无微不至的护理、照料服务；

（4）丰富的精神文化生活；

（5）发展良好、发育充分的休闲产业，既满足入驻老年人自我表现、自我实现、消除寂寞、从劳动中找到欢乐的需要，又能够使其获得一定的经济收入，实现其老有所为的愿望或追求，等等。

第19章 观光农业：有望改写农村经济史的产业

第19章 观光农业：有望改写农村经济史的产业

一、旅游业、农业与观光农业

（一）旅游业和农业

旅游是当今世界最大规模的一种社会现象。在此基础上形成的旅游业，则是当代常盛不衰、最具活力和发展前景与潜力的一个重要产业。从20世纪后半个世纪的国际旅游发展情况看，国际旅游人数从1950年的2528.2万人次增加到2000年的69800万人次，增长26.6倍，平均每年递增11.45%；同期，国际旅游收入由21亿美元增加到4760亿美元，增长225.7倍，远远高于同期世界经济发展的增长速度（如表19～1）。

表19-1 20世纪后半期国际旅游发展情况统计

年 份	国际旅游人数（万人）	年均增长率	国际旅游收入（亿美元）	年均增长率（%）
1950	2528.2	--	21.00	-
1960	6020.6	9.10	68.60	12.6
1970	15969.0	10.3	179.00	10.1
1980	28482.1	6.0	1023.63	19.1
1990	41500.0	3.8	2300.00	8.4
2000	69800.0	5.4	4760.00	7.5

资料来源：根据世界旅游组织有关数据整理

在中国，入境旅游过夜者人数1980年为350万人次，到2006年已增加到4991.3万人次，增长13.3倍，年均增长10.8%；同期，国际旅游外汇收入由6.2亿美元，扩大到339.5亿美元，增长53.8倍，年均增长16.6%。中国的国内旅游人数1995年6.29亿人次，到2006年增加到13.94亿人次，平均每年递增7.5%；同期，国内旅游收入由1375.7亿元人民币增加到6229.7亿元，平均每年递增14.7%（见表19～2）。

表19-2　中国旅游人数和收入增长情况统计

指标		单位	2000	2002	2004	2005	2006
旅游人数	入境旅游人数	万人次	8344.4	9790.8	10803.8	12029.2	12494.2
	过夜旅游者	万人次	3122.9	3680.3	4175.1	4680.9	4991.3
	国内居民出境人数	万人次	1047.3	1660.2	2885.0	3102.6	3452.4
	国内旅游人数	亿人次	7.44	8.78	11.02	12.12	13.94
旅游收入	国际国内旅游总收入	亿元	4519.0	5566.0	6840.0	7686.0	8935.0
	其中：国际旅游外汇收入	亿美元	162.2	203.9	257.4	293.0	339.5
	国内旅游收入	亿元	3175.5	3878.4	4710.7	5285.9	6229.7

资料来源：中国统计摘要2007，中国统计出版社2007年5月版

伴随旅游业的蓬勃发展，旅游客体及其活动方式、内容等不断丰富、完善，新兴的旅游活动不断涌现，其中就包括极具发展前景与活力的农业旅游。

农业旅游以农业为依托和基础。在当今世界，农业所以成为旅游活动的重要对象即旅游客体或资源，主要与农业及旅游业的下述功能及其特性直接相关：

（1）观赏性。农业具有可供观赏的特性和价值。农业的观赏特性与价值贯穿于农业活动全过程及其外部环境，包括农业生产过程及其结果和农业活动外部环境所形成的自然景观、人文景观和田园风光等等。农业的这些景观、风光等可以满足特定游客通过旅游观光达到美的享受，获得愉快、欢悦的心理满足。

（2）知识性。农业所涉及的科学与技术知识具有面广、量多、综合性强等突出特点，而且有不少知识往往还是难以从书本上找到或学到的，或者是一些“百闻不如一见”的知识。农业中知识上的这些特点，是构成农业旅游开发的另一重要缘由。

（3）体验性。农业是一种异质性极强的生产活动，具有农事

活动的循环性和农业生产的多样性、与自然的互动性和自我创造性等突出特点，由此，使得农业生产活动具有体验、尝试的价值。生活、工作在城市的人们，利用休闲、度假时间及机会，参加一些简单、有趣的农事活动和劳动，亲自体验农业劳动的喜悦和乐趣以获得身心上的放松，也就成为了农业旅游的一项新兴内容。

（4）近自然性。农业生产以自然生态环境和天然资源的投入为条件，利用动植物及微生物的生命机能，将自然之物转化成为人们所需要的产品或服务，是最贴近自然的一个产业部门。回归自然，在良好的自然生态环境中游憩、休闲、健身疗养、娱乐、习作等等，是当代旅游的目的和动机之一。因此，农业自然也就成了旅游开发的重要对象之一。

（二）观光农业：以旅游服务为目标的亦农亦游产业

以旅游服务为目标的农业，被称之为“观光农业”（agri-tourism），又称“旅游农业”或“绿色旅游业”。

观光农业，兴起于20世纪60年代，是一种具有观览、游憩、度假、休息和认知、寻求新奇功能，集农业生产和生态、文化、农事活动旅游于一体，观光旅游与农业交叉融合、亦“农”亦“游”的新兴产业形态，具有农业和旅游业的双重属性。从旅游景观学角度看，可以将其定义为在一定社会经济条件及设定的目标预期引导下，对农业自然景观、农业人工景观、农村聚落景观及田园风光景观的深层开发，以适应旅游发展需要而形成的一种新兴旅游经营活动形态。而从农业经济活动角度加以定义，则可认为是以现有农业基础为依托，以农业生产经营为重心，利用农业生产及其景观和风光秀美的农村自然环境、乡村特有的鲜活土特产品、风俗民情、人文背景、乡土文化遗产等，以吸引游客前来观赏、品尝、购物、习作、体验、休闲、度假等，通过需求的扩大，以拉动农产品生产及其经营活动顺利展开与增长的一种新兴农业生产经营形态。

因此，观光农业的实质，是以生态学、美学和经济学原理指导，农业由第一产业向第三产业延伸和渗透，以多层次、综合利用农业资源为导向，通过对常规农业的结构改造与优化升级，达到既获取经济、社会效益，又促进生态环境保护的高效农业。

观光农业作为一种全新的特色产业，既极大地丰富了观光旅游的内涵，提高了观光旅游的品位，为方兴未艾、蓬勃发展的旅游业增添新的内容和活力，又有力地促进了农业的复兴和农村第三产业的快速崛起，在提高农业资源的多层、综合利用水平和农民及农业经营者的经营素质及能力，保护当地特色农业及其资源的持续利用，从而实现农业增效、农民增收和经济、社会与生态三大效益协同推进的最终目的等方面，具有特别重要的作用和意义。

（三）观光农业的基本特色

同常规农业相比较，观光农业具有以下方面的突出特点：

1. 自然生态环境优美

良好、优美的自然生态环境，是观光农业的前提与基础。观光农业的建立与发展，必须高度重视生态环境与生态基础设施的有效建设和整合，因此，观光农业所在区域的自然生态环境必然优越于常规农业区，绿色植物的覆盖率通常都要大于高于常规农业区。

2. 系统结构合理、协调

一是生物结构合理、协调，生物多样性在这里能够得到最为充分的体现；二是产业结构合理、协调，一、二、三次产业协调推进，和谐发展；三是农业行为主体结构合理、协调，便于千家万户农民家庭经营的有效进入，形成以农户为主体，由企业或集体经济组织担纲的观光农业经营整体。

3. 资源利用充分、合理

观光农业能够最为充分、有效、合理地利用所在区域的各种资源，包括农业自然资源、农业文化遗产资源、自然与人工文化景观资源等等，确保区域农业资源有机结合和最佳综合目标的如期实现。

4. 生产方式向无害化、可持续方向转变

以石油农业为代表的常规农业，对于化学肥料、化学药剂及其他农用化学用品的依赖相当突出，往往超量、超标使用各种农用化学生产资料。观光农业是以不牺牲资源环境为代价的一种可永续发展的农业，是严格按照限量使用化肥、农药等有害物质的生态农业。要求不使用化学肥料及农药，从事农产品的生产与经营活动，确保农用物品投入以有机肥料、生物防治为主，使所产农产食品为无公害的安全、营养、卫生食品。因此，观光农业在限制、控制化肥、农药等有害物质的使用，从而达到保护生态、修复被破坏了的生态环境方面具有十分重要的作用和意义。

5. 综合效益好、经济效益高

观光农业对农业资源进行多层开发和利用，因此，无论是其经济或是其社会、生态效益都远远高于常规农业，其中经济效益高出常规农业的数倍。

6. 生态文明程度高

观光农业所在村、乡（镇），由于主客观因素的作用，当地居民的生态文明意识和社区生态文明程度，必然高于一般的农村地区。

二、正确认识观光农业发展问题

（一）发展观光农业的经济、社会与文化意义

观光农业是以不牺牲资源和环境为代价永续发展的农业，是一种既能有效满足当代人的要求，又不危及后代人生存条件的共享农业。观光农业的发展前景广阔，具有极旺盛的生命力，是优质高效农业最为理想的选择，符合现代农业发展的前进方向。发展观光农业，具有十分重要的经济、社会及文化、生态意义。

1. 推动农业高效化生态化发展的理想选择

常规农业往往专注于植物种植或动物饲养本身的经营运作，生产目标单一，收入及效益较为有限。观光农业通过改进、完善和优化农业活动过程及其生态环境，推动农业向优质高效方向迈

进，进而带动农业资源的多层开发和利用，获取农业、旅游的双重收入及效益。观光农业既展示生态农业的内容，又进一步促进生态农业的深化与发展。而生态农业则是确保农业可持续发展的必由之路。因此，观光农业既是高效农业的具体体现，也是农业可持续发展的一种具体体现。

2. 引领地区产业结构的优化调整和GDP的快速增长

观光农业属于旅游业范畴，旅游业是一种关联性很强的产业，旅游业发展能够有效带动所在地区其他产业不同程度的发展。根据世界旅游组织的论证，旅游业的产业乘数高达7，即旅游业每投资1元可带来7元的综合最终产出。旅游业的乘数作用不仅带来经济收入的增加，而且促使地区产业结构的合理调整和升级优化，为所在地区的一、二、三次产业发展带来活力。浙江青田县利用“稻鱼共生”农业文化遗产发展旅游观光农业的实践结果显示，1990年，青田县一、二、三产业增加值分别为1.23亿元、1.02亿元、1.00亿元，合计3.25亿元；之后，由于以“稻田共生”农业文化遗产为依托及基础的旅游观光农业的不断发展，至2004年，全县一、二、三产业增加值分别增加到3.72亿元、23.86亿元和14.15亿元，合计41.73亿元。三次产业结构由1990年的0.378:0.31:0.308调整到2004年的0.09:0.577:0.342，同期，全县GDP按当年价格计算合计增加11.84倍，其中一、二、三产业分别增长2.02倍、22.39倍、13.15倍，增长最快的为第二产业。

3. 带动地区就业和农民收入及生活水平的迅速提高

观光农业除农业外，还涉及食、住、行、游、购、娱6个行业，其就业除农业部门外，可分为直接就业和间接就业两大部分。直接就业是指直接面对游客的相关行业如饮食、交通、住宿、旅游商品、旅游社、娱乐等行业的就业；间接就业是指与旅游业相关的各辅助性行业的就业，如食品供给、建筑业、为旅游业提供各种生产和生活资料的行业等等。此外，在旅游业中以工资或利润方式获得收入的人们以其收入购买商品或服务而增加的就业，也应列入旅游带动就业的范畴，是为诱发性的就业。根据WTTC对中国旅游业的就业效应测算，2003年的中国旅游就业乘数为3.88，即每个旅游从业人员可形成3.88个与旅游业相关的社会就业岗位，到2013年前后，中国的旅游就业乘数将提高到4.09。观光农业的有效发展，可以使部分农业剩余劳动力转向为游客提供相关的旅游服务，包括导游、提供食宿、餐饮等，变成旅游从业人员，成为农民就业、增收和不断增加其经济收入，提高和改善其生活水平的一个重要渠道。

4. 促进农业文化的广泛传播

农业生产活动具有经济和非经济的双重属性。农业生产活动作为一种非经济的活动，在培养人的情操、性格和传承社会文明等方面的作用及意义，实际上超出了人们的想象和预料。从人类生活侧面看，农业劳动充满“综合的人性”，有助于人成为完整的人，所以，卢梭认为，“农业是最早出现的人类职业。它是人类所从事的职业中最正派、最有用因而也是最高尚的职业”。“象农夫一样劳作，像哲学家一样思考，是教育的理想境界。”“都市是将人类引向灭亡的深渊。……而使之复活的是乡下”[①]。观光农业的发展，加强了城乡之间、城镇居民与农民之间、不同阶层之间、不同民族之间和不同地区居民之间的交流与沟通。这种交流与沟通的广泛进行，既有利于农民开阔眼界，也促使城镇居民深刻地了解国情民情、农村、农民与农业，从而转变观念、变革生活方式，为城乡融合创造更为有利的文化氛围和条件。

（二）国外观光农业发展经验

观光农业，在国外已有40多年的发展史，开发比较成功的多为经济上比较发达的国家和地区。20世纪60年代初，西班牙开始对路边的城堡或大农场实施内部装修改造成为饭店，用以留宿过往游客和发展乡村旅游大获成功，以后陆续出现了法国的“工人菜园”、美国的观光农场、日本的务农旅游等，都为本国创造了巨大的经济效益。

从国外的实践经验看，政府在观光农业发展进程中起着主导和调控的作用。以色列的观光农业发展，在很大程度上就是由国

① Rousseau，J.T.，Emile，1762

家和地方政府的倡导与支持所促成的。为发展乡村旅游业，增加农民收入，以避免农民大量流入城镇而对城镇造成的巨大压力，以色列政府即通过直接投资在农村修公园、城堡和其他旅游景点，同时还以各种方式向农民提供经济援助使其改造现有的闲置房舍，为乡村旅游业发展创造必备的基础设施条件。

在美国，政府在农业地区的旅游开发中也起着十分重要的作用。20世纪80年代末、90年代初，美国联邦及地方各级政府均把发展乡村旅游作为振兴农业地区经济发展的一种重要手段。商务部、农业部等有关部门，各州、郡地方政府都把农业地区的旅游开发纳入其重要的议事日程。经过联邦政府和地方各级政府的努力，美国农业地区的旅游业发展迅速，成为20世纪90年代全美农业地区经济普遍下滑过程中唯一有所增长的领域。

在韩国，农民开办“观光农园”，需要得到政府有关部门的批准。韩国农林部门在资金和政策上积极扶持农民发展“观光农园”的同时，还制定严格的管理法规，由于管理规范，方法得当，韩国“观光农园”发展比较顺利，势头良好，形式也日益向多样化方向发展。

在国外，政府对观光农业发展的引导和支持，主要通过以下方面的手段、措施等予以展开：

1. 法律支持

如美国，1992年即通过立法对发展农业地区旅游加以专门的规定，明确指出，开发乡村旅游有利于美国农业地区的经济发展，将促进自然环境、风景名胜、历史遗迹以及科学、教育、精神文明和休闲娱乐资源的保护完善，因此，政府应鼓励和支持农业地区大力发展旅游业。

在意大利，政府也颁布一些法令和规定，以鼓励并有效管理观光产业的发展。

在西班牙，各地区的立法机构都有乡村旅游方面的立法，从法律上规定和确立乡村旅游业的重要地位。

2. 技术指导

针对观光农业发展出现的问题，由政府主管部门负责采取相应的措施加以解决。如美国，针对农业地区旅游人才缺乏问题，各级政府即采取了以下重要措施来加以解决：一是编制各种技术辅导书籍，如商业部旅游局编制的《农村旅游手册》，用以指导农业地区开发当地的旅游资源，发展农业观光产业；二是开展职业培训，加速培养农业地区的旅游服务人才；三是为农业地区的观光农业发展提供咨询和专业建设服务。

3. 经济援助

政府通过建立发展基金、减免税收、投资补贴和提供低息投资贷款等财政、金融措施，对乡村旅游业的发展给予特定的支持和帮助。如美国联邦政府为支持农业地区发展旅游业，设有专门的“农村旅游发展基金”；联邦政府小企业管理局还通过专门的计划——农村旅游贷款计划，为从事农村旅游经营的企业和农户提供专项贷款。在意大利，政府也通过相关政策明确规定农业旅游可以享受农业低息信贷和减免税收等方面的政策优惠。在匈牙利，政府对农业旅游的政策优惠措施，也包括减免税收、贷款优惠、设立专项基金给予直接扶持等多个方面。

4. 建立社区环境管理体系，强化环境的有效保护

优美、良好的生态环境，是旅游业发展的必备前提，为此，各国均高度重视对农村自然环境的有效保护，以保持田园风光、乡村环境的完美，防止因空气、水资源污染造成对生态环境的破坏而影响旅游业的发展。

（三）中国观光农业发展现状及问题

中国大陆地区观光农业发展虽然起步较晚，但发展非常迅速，目前已初具规模，并形成了一些颇具特色的个性化经营模式。

中国观光农业兴起于20世纪90年代。据不完全统计，仅在1996～1997年动工和计划投资的观光农业项目，其规模在1亿元人民币以上的即在7个以上。1998年，国家旅游局以“华夏城乡游”作为主题旅游年，致力推动“吃农家饭、住农家屋、做农家活、看农家景”的农村旅游发展。迄今为止，中国观光农业旅游项目主要分布在北京、上海和广州等大城市近郊及少数特色农业较为发展的地区，如山东寿光等地，其中以珠江三角地区最为发达。在当地政府的积极倡导和支持下，不少地区先后开办了一些各具特色的观光农业项目，如浙江金华石门农场的花木公园、自摘自炒茶园，北京朝阳区的观光农业等等，正在逐步形成具有中国特色的观光农业基地。在北京、上海、江苏和广东等地的一些大中城市近郊，还建有一些引进国际先进现代农业设施的农业观光园，展示电脑自动控制温度、湿度、施肥、无土栽培和新特农产品种，成为农业科普旅游基地，如上海旅游新区的孙桥现代农业园区、北京的锦绣大地农业观光园、苏州的大地园、无锡的大浮观光农业园和珠海农业科技基地等等。

总体看，经过十几年的发展，中国观光农业已涉猎农林牧渔各行业，建设了一大批观光农园、农业公园、教育农园、森林公园、民俗观光村等多种类型的观光农业项目，基本形成了传统型观光农业、都市高新技术型观光农业、度假观光农业协同发展的基本格局。

中国观光农业发展的斐然成效和快速性，是谁也无法否认的，但这一过程中也存在一些明显的不足，主要是：

1. 认识不足，投资不力

观光农业的基础是农业体系内部的良性循环和良好的生态特性，但目前多数经营者对其内涵和本质属性的认识并不十分充分和清楚，旅游业和农业决策层对开发农业观光旅游资源的认识也仍然存在相当的差距，因此，对观光农业的投资组织与管理仍然乏力，在一定程度上影响了观光农业的更快发展。另外，农业部门与旅游业部门之间的联系不够密切，管理体制并未理顺，两张皮现象比较突出，结果导致观光农业资源的开发利用受到某种程度的限制。

2. 产业规模狭小，开发模式雷同

中国观光农业从总体上看，尚未形成完整、独立的产业体系，对传统旅游业具有依赖性，不少观光农业项目不过是相关旅游项目的附属部分。中国幅员辽阔，农业观光资源极其丰富，各地的观光农业发展完全有条件和能力形成自己的个性化特色，但目前的投资者及其经营人大多缺乏详尽的市场调研和周密的发展规划，项目、景点开发往往缺乏协调，功能雷同的重复项目多，所涉领域多限于果园、林地等类型，建设项目多为观光果园、森林公园、垂钓园等，而观赏性蔬菜园、花卉园、度假性民俗农庄、民俗观光村等方面的项目开发则较少。从大的领域看，有关耕作、栽培、放牧、捕捞、动物饲养等农事活动及民俗资源方面的开发明显不足。

3. 缺乏科学规划，管理体制不够完善、健全

观光农业作为一个新兴农业产业部门，在中国目前尚未形成专门的政策体系和有效的扶持手段，地（市）、县（市、区）级大多缺乏观光农业发展的科学规划和市场定位，使已有的观光农业项目往往“农”味不足，“非农化”倾向突出。

在发展管理及经营体制方面，一是立法明显滞后，执法渠道不畅，缺乏有效的执法手段，造成发展管理上的严重乏力；二是相关主管部门的联系机制不畅，使观光农业资源的开发利用受到限制；三是发展决策缺乏协调和沟通，因项目雷同而导致的无序竞争、恶性竞争现象比较明显、突出，资源的浪费和破坏现象时有发生，等等。

三、农业旅游观光资源及其开发模式

（一）农业旅游资源的组成

农业旅游资源由主体要素和辅助性要素组成（如下图19～1所示）。其中主体要素系指农林牧渔业活动或其文化遗产本身；辅助性要素是指农业活动衍生出的自然、人文景观与农业活动相关的文化现象及旅游资源的系统、全面开发与利用 。

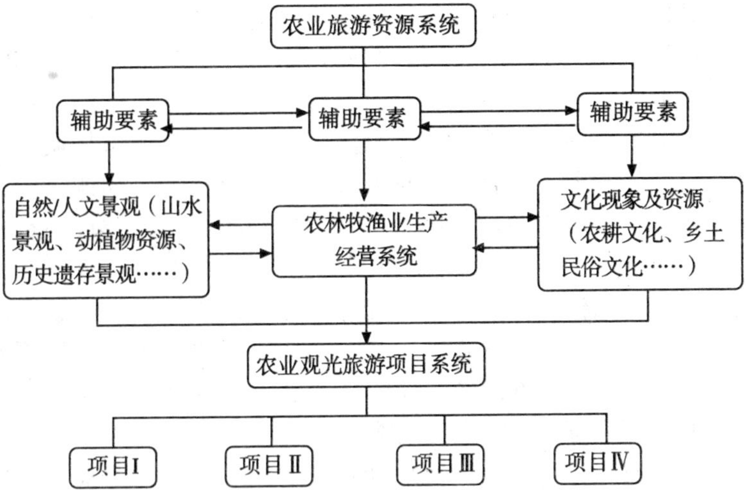

图19-1 农业旅游资源及其观光项目系统

（二）农业/农村社区游开发模式

农业/农村社区游模式是近年来国内外农业、生态旅游发展大为成功的一种新兴重要模式。农业/农村社区游模式以农业社区或农村社区为单位及依托，将社区居民纳入旅游发展活动范畴，使社区居民得以在旅游开发过程中扮演适当的角色并实现其应有的价值。

农业/农村社区游模式的核心理念是对所确定的目标区域作为一个功能齐全的社区进行开发，建设的重点是在不刻意安排景区景点的前提下，将社区整体打造成为一个具有独特的地域文化、优美的生态环境、浓郁的休闲氛围、完善的休闲设施和特殊情调的乡村聚落。

农业/农村社区旅游模式的有效运作包括资源、产品和经营管理3个基本层面。

在这里，资源运作的基本点是彻底摆脱以景色景点开发并以此为核心吸引、招揽游客的传统旅游观光开发模式，努力将所在区域居民的现有生活环境以及更为广义的生活方式等作为一种旅游资源加以开发利用，使游客所欣赏的不只是乡村优美的自然和（或）人工景观，还有更富涵义及意义的乡村生活方式及其氛围。

按照上述思路而形成的产品，就是社区旅游产品。社区旅游产品也与传统的旅游产品相区别，必须具备“深度旅游”和“体验旅游”的某些特征。比如上海的旅行社曾经面对外国人开展过的“做一日上海市民”的旅游活动，就属于典型的社区旅游产品。这种产品形式在农业、农村旅游开发中具有十分重要的意义及推广价值。游客以“社区居民”而不是区内的外来“游客”身份出现，符合旅游向“深度旅游”和“体验旅游”发展的基本趋势。

在旅游经营管理方面，农业/农村社区游模式的关键在于让社区居民直接参与有关决策的决定。应当看到，在农业/农村旅游开发过程中，将所涉区域居民排除在外，没有当地居民以主人身份参与的经营管理模式是不可想象的。结合中国的具体情况，可以考虑在当地政府主管部门及投资商的帮助及参与下，建立如下图19～2所示的社区旅游开发模式。模式中的社区旅游管理委员会，以社区居民（即村民）代表为主体，同时有政府官员、技术人员和投资商代表参与。社区旅游管理委员会统一经营社区居民共有的旅游服务设施和管理社区的旅游发展活动，出面与旅行社及其他相关组织等签订经营协议。社区旅游收益由社区和投资商共享。社区所得收入，除分配到社区居民手中外，设立社区发展基金，用以支持社区项目建设、环境整治和特殊居民户补贴。政府和投资商负责部分项目建设的资金及技术保障和社区旅游环境的塑造。

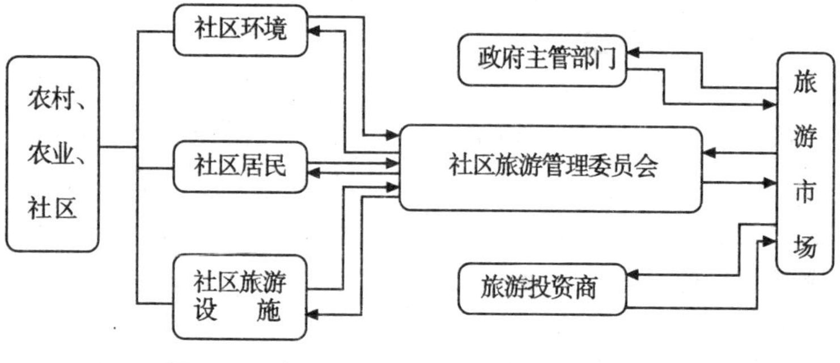

图19-2　农业/农村社区旅游开发管理模式

（三）农业/农村旅游产品设计

通过典型生态旅游社区的有效构建，展示乡村的和谐生产/生活方式，使游客在同乡村自然环境和村民的充分、广泛而深入的接触中感受生活，营造当代人精神回归的心灵家园，是农业/农村旅游产品设计与开发的根本所在。为使游客得以真实地触摸、感受乡村的现实生活、樵渔耕读、纵情山水，可以设计、开发如下农业/农村旅游产品：

1. 农家生活

农民家庭为游客提供洁净、方便、舒适的居住条件，游客进住到农民家中，与农民同吃、同住、同劳动，一起耕作、饲喂家禽家畜、采摘蔬果、做饭吃饭、聊天唠嗑，使游客成为农民家庭临时的正式成员。

2. 乡村风情

一是建构地域特色明显、突出的农村住宅和乡间道路，打造古朴、典雅、风格各异的集落，营建当代的世外桃园；

二是开发当地农村个性化特色显著的餐饮和购物，形成以当地土特产品为核心的乡村菜系和游客购物店铺，规范土特产品加工和包装及交易模式；

三是开发、升华当地农村的传统文化及风俗活动，丰富游客的旅游文化生活。

3. 乡村娱乐

突出“农”字，开发乡土气息浓厚的乡村游乐活动，如各种田间、山地、野外娱乐活动等。

4. 山水集落

依据自然山水、地形地貌，结合农田、山林建设，以大空间形式建造景观实体，并用雕塑、植物造景等手段丰富自然感，使历史上的乡村场景重现，展示现代人对历史和自然的感觉，使游客感受到乡村生活的美与快感。

5. 度假休闲部落

以“樵渔耕读”、“男耕女织”、“纵情山水”的生活方式及模式展开，几家乡村茶座、酒吧，一个乡村书院，为生活在现代都市中的市民提供乡村文化气息浓郁的度假休闲好去处。

6. 乡村农业观光园

不以呆板的博物馆形式为特征，而是以灵活的形式，将设施农业、裸地农业等不同模式、类别的农业形态有机地整合、匹配在一起，再配以独具观光价值的珍稀农作物、养殖禽畜、鱼类及食用菌、花卉、林木、水果、蔬菜等，形成独具特色的乡村农业观光园。

7. 观光农庄

利用特有的自然、人工景观和农业文化遗产及特色农业优势等，通过科学、合理的规划及建设，形成集农业生产和旅游观光、休闲度假等多种功能于一体，具有广泛的社会影响、较高的社会知名度和较为稳定的游客来源的经营性观光农庄，等等。

（四）观光农业开发建设内容

1. 经营组织体系

以目标开发区域（村、乡）为单位，设立观光农业开发有限公司，作为负责规划、管理、指导、协调和监控本地区观光农业发展及其日常经营的龙头企业。观光农业开发有限公司具体负责以下方面的职能工作：

（1）制订并组织执行本地区观光农业发展规划；

（2）制订并监督、指导执行本地区观光农业经营服务标准与行业规范；

（3）协调公司与经营农户和各经营农户之间的相互关系，解决观光农业发展及其日常经营过程中可能遇到的各种问题；

（4）组织和分配客源；

（5）指导农宿客舍的整修与装饰；

（6）农民培训和服务指导、监控；

（7）公共关系建设和广告、宣传，等等。

2. 经营标准

以县（市）、市（地）或省为单位，制订和确立观光农业经营的统一规范及标准，包括项目开发建设标准、经营行为准则、服务标准、收费标准等等，用以规范、评价、监控和纠正经营及服务人员的经营及服务行为，维护经营及服务人员和消费者的利益。

3. 创业培训

对公司及经营农户人员进行全面的创业及经营培训。培训内容包括观光农业的经营知识、岗位技能、行为规范，等等。

4. 信息平台建设

利用互联网络建立观光农业信息管理平台，实时发布相关信息，同时为消费者提供了解查询的窗口，搭建服务提供者与消费者之间的实时沟通桥梁。

5. 启动观光农业项目建设

有计划、有步骤地启动乡村观光项目、农业观光园项目、农业娱乐项目、旅游度假村项目和土特产品市场建设等系列项目的建设与经营。

四、观光农业发展方法与措施

（一）观光农业开发原则与开发思路

在中国，观光农业的发展，根据中国的具体情况和农业发展的制度安排，应以农民作为基层经营最为主要的行为主体，以促进农业生产、农村生态和农民生活的和谐发展为根本出发点，以增进农民利益、提高农民的经济收入为宗旨及目标，以满足消费者的消费需求为导向；在开发过程中，坚持资源的开发利用和自然环境的有效保护并重，注意生态系统的平衡维护，避免对野生植物的干扰破坏，观光农业发展与生态农业、生态林业、生态牧业和渔业建设相结合，自然景点开发与人文旅游资源开发相结合，保护体现文化多样性的各种要素，注意保持现存的民族群体文化特征，等等。具体要求如下：

（1）坚持以农业生产活动为基础及主线，以农业景观、农村文化习俗和农事活动为主要内容，所涉项目坚持在农业生产基础上，以农业为中轴进行开发和经营，不脱离农业另搞一套。

（2）注重并突出区域区位特色，因地、因资源制宜，科学规划，合理布局。

（3）项目及产业开发，着眼未来高起点、优结构，创特色，先易后难，循序梯度推进，以现有农业项目为基础，对现有农业项目进行筛选，择优发展、完善和提高，使之成为具有一定规模的观光农业项目，优先推动并促进观光游览和短期采摘型以及休闲度假型项目的开发与发展。突出个性，充分体现项目主题创意上的地方性、生态性特色，求新、求异、不求全，防止和避免低水平的重复建设。

（4）项目建设与经营实行市场运作、多元经济成分并存，不改变农地的经营占有权，充分利用国家、地方政府的项目投资和企业投资，与农民自筹配套资金相结合。

（5）项目开发与建设管理由政府实施有效的宏观调控，统一设计、统一规划，在政府规划的引导下，由农民和（或）企业自主开发建设，项目建成后由政府主管部门组织验收。

（6）充分利用和发挥已有基础设施和现有建设成果，最大限度地节约投资，项目建设投资分期实施，循序渐进，滚动发展，不广铺摊子，要讲求实效，边建设边对外经营。

（7）突出并丰富乡土文化内涵，注重和提高观光农业的文化品味，将教育、体验、健身和科考等寓于观光旅游活动之中，建成农业文明和农业科学知识教育以及先进农业技术推广应用的示范基地。

（8）以对传统农业的有效改造和促进农业资源综合利用水平的全面提高为切入点，充分利用一切可资利用的农业景观、自然资源，促进耕地农业与非耕地农业，农作物栽培业与人工造林、森林管抚以及动物饲养业、微生物养殖业，资源开发与生态环境保护的协调发展。

（9）坚持“公司+农户”的经营组织基本模式，观光农业最为基本的生产/服务活动在项目/行业公司的统一组织与管理下，由下辖农户独立完成。农户是观光农业最为基本的经营活动单位。

按照上述开发原则及规则，观光农业发展结合不同地域、村落的发展基础、资源特点及优点，可有序地开发以下基本项目：

（1）以景观游览为主线的乡村观光项目。起步阶段的景观游览以目标地域境内及其周邻乡镇的天然景观和野生景观为主，让游客享受贴近自然、感受自然的美感及乐趣。之后，逐步增加人工农业景观。

（2）以观光采摘、农事活动体验、农业科学技术知识教育与培训、农业科普、农业展示、新技术示范等活动为主线的农业观光项目，包括特色果园、菜园、花圃、市民农园、休闲农庄等等，逐步开辟和建成一批分布在全地区各地域、村落颇具观赏价值、功能各异的特色农业生产活动基地。

（3）以水面垂钓、林间狩猎活动为主线的农业娱乐项目。利用可养殖水域和山地森林资源，发展水产养殖和林间动物饲养，开辟并建成若干个水面垂钓和林间狩猎场所，让有兴趣的游客体验垂钓、狩猎的乐趣。

（4）以提供农家特色的食、宿服务为主线的农业及农村旅游民俗采风、农家生活体验项目。选择环境优雅、条件具备的村落，建成一批以农户为单位、统一管理，能同时规模化接纳游客食、宿的旅游度假村。度假村的食、宿服务由农户提供并完成，客源的组织与分配和农户食、宿服务标准包括农宿客舍的整修、装饰标准、卫生条件、饭菜质量及其食、宿费收标准的制订与核定等，均由公司负责进行。通过在乡村农家的吃、住和交流活动，让游客充分体验和享受乡村夜宿的浓郁情趣和农家饭菜的特有风味。

（5）以满足游客购物需求为主线的乡村土特产品市场项目。建成的土特产品市场以销售具有当地显著特色的农副产品及旅游产品为主。

（二）观光农业发展的主要措施

1. 科学规划、统一布局

在充分调查、全面分析的基础上，按照自上而下、自下而上、上下结合的方式逐级制定科学的观光农业发展规划，进行合理布局。

观光农业规划的基本要求是需要突出区域区位特色、游客的特定性、景区的合理性和项目建设的科学性、基础性，针对区域区位特征，设计多样的形式，并从宏观、中观、微观三个层次进行合理布局。例如在城市的近郊地区，比较适合发展观光菜园、观光花园、观光农场等项目；而在城市的中、远郊区则可以发展民俗观光村、度假民宿民庄、观光果园、森林公园等观光旅游项目等等。

2. 发挥并加强政府的指导与监管作用

政府应该而且可以成为观光农业建设与发展的组织者和监督者，可以且应该利用对土地、资金、科技、人才、信息等方面资源的掌控能力，调配各方资源，为观光农业的建设与发展创造良好的环境条件，以推动和促进观光农业的顺利建设与发展。其任务：一是设立专门机构负责观光农业建设与发展的宏观指导和规划、布局，包括对观光农业项目的认定、评价及其建设目标、规模、档次的确定等等；二是为观光农业的建设与发展制订并提供政策保障，如制定土地流转政策、税收政策、投融资政策、鼓励创新的政策等等；三是协调、解决观光农业建设与发展过程中所涉各行为主体间的利益关系；四是对观光农业的建设与发展实施监督和运行监管，确保观光农业建设与发展的规范和有序。

3. 加强人才培养，推动科技创新

一是建立观光农业人才培训基地，为观光农业的建设与发展培训所需要的各类人才；二是鼓励农业及旅游业院校为观光农业培养并提供各种高级人才，鼓励相关科研院所和高等院校开展扎实、有深度的技术研究与试验发展活动，以解决观光农业发展中的有关技术难题；三是促进高等院校、科研院所同企业的联系与合作，使从事观光农业经营的企业获取稳定的技术和智力支持。

（三）反规划：观光农业项目开发规划的一种方法

1. 反规划理论及其适用范围

“反规划”是一种不同于传统规划（也称“一般规划”）方法的规划方法。反规划理论由北京大学俞孔坚教授提出，该理论以建设和谐的人地关系为指导思想，以关怀土地和土地上的自然、生命和人文过程为伦理基础，讨论和提出区域发展的“反规划”途径及方法。

“反规划”，不是不规划，或者说不要规划或反对规划，而是用反规划思想指导规划，也就是反思规划，反过来规划，即采用逆向的规划程序及方法进行规划，或者说用非传统的规划方法论进行规划。“反规划”方法的突出特点，一是不规定必须做什么，而是只强调一定不要做什么，不能在某些地方做什么，以守住某种底线如生态底线、遗产底线等；二是“负”的规划成果，为决策者提供的规划成果是一个强制性的不发展区域（或空间），以便为子孙后代留下一个永远得到保护的“不建设”、“不破坏”的原始空间；三是以生命、土地、遗址/遗迹/文物的健康、安全和持久的公共利益的名义来做规划，而不是从眼前景区开发的需要出发进行规划。

反规划思想与中国古代的“无为而治”原则及思想具有某种程度上的相通之处。“为无为，则无不治”，自然遗产放在那里不动，100年也不会失去其价值，甚至还会增加其价值；而如果加以动用，一旦失误，即将大大地降低其价值。

“反规划”方法特别适用于具有深刻内容和宝贵价值的自然景观和人文景观（遗址/遗迹/历史文物等）的开发利用规划。反规划思想在规划中的运用原则及方法是：通过建立一个生态基础设施（EI）来保障关键的自然、文化过程的安全和健康，以维护大地景观的生态完整及地域特色，并为游客及当地居民提供可持续的生态服务。以建立的生态基础设施（EI）作为区域和景区旅游规划设计的基础，引导和框限景区的空间形态和格局。生态设施通过宏观、中观、微观三个层次和尺度进行建立，这三个尺度上的EI规划设计可以分别与一般规划（正规划）的景区总体规划、景区控制性规划、景区修建性详细规划相对应，如下表19～3所示。

表19-3 景区建设的常规规划与反规划比较

常规规划	常规规划	反规划
尺度/层次	发展的规划、建设的规划：建设什么，在哪里建设	控制、限制性的规划：不准开发、建设的地方和项目
景区建设总体规划	景区客源市场、景区主题形象，景区用地范围及空间布局，景区基础设施建设内容、开发措施	不可开发、不可强度开发的部位；核心区、缓冲区、适度开发（试验区）的大体框架；不能从事的活动
景区建设控制性规划	详细规定区内建设用地的范围（红线）和各项控制指标及其他规划管理要求，为区内开发建设活动提供指导	如何控制不开发、弱开发地区的景观元素，包括建设用地面积、建筑物密度和高度等，划定保护的界限，包括绿地范围、水域范围、自然及人工、遗迹保护范围等等
景区建设修建性详细规划	在总体规划和（或）控制性规划基础上，进一步深化、细化，用以指导各项建筑和工程设施的设计和施工	自然及人工遗产、遗迹、文物、古树、天然植被等的具体保护等

2. 反规划的实施方法、步骤及其意义

反规划景区建设的基本步骤是：

第一步：建立、确定景区建设的安全格局，包括生物多样性保护安全格局，自然及人工遗产、遗迹景观安全格局，游憩景观安全格局等等。

第二步：进行生态基础设施（EI）整合，生态基础设施（EI）的空间布局情景模拟与方案选择。

运用反规划方法进行景区建设的重要意义，是能够较好地克服和消除景区建设常规规划方法存在的弊端和不足，建立“生态优先”、自然及人工遗产保护为主、开发为辅的建设机制。

景区建设常规规划是一种关于发展的规划、重视发展的规划，虽然也不乏保护的内容，但大都居于次要、从属的地位，对于自然风景区和自然及人工遗产地来说，是一种颠倒了人与自然、

现实与历史关系的规划，因此，这里的保护往往不起作用，极易使“遗产”变成“遗憾”。

这是因为，景区建设的常规规划，从根本上忽视了大地景观和遗产是一个有机的整体，缺乏对景区及单元地块之间应有的连续性和整体性的认识，由于传统的常规规划使绿地系统和生态保护规划事实上是被动的点缀，是后续和次级的，从而使自然过程和遗产地连续性、完整性难以得到真正、有效保障，极易导致景区的无序扩张和资源及环境的破坏与浪费。

【附：观光农业（项目）反规划设计】

浙江青田稻鱼共生系统观光旅游开发方案

【案例项目背景】中国浙江省青田县的稻鱼共生系统于2005年被联合国粮农组织（FAO）选为首批全球重要农业文化遗产试点，并于2005年6月10日正式授牌。稻鱼共生系统是一种典型的传统优秀农业生产方式，是中国众多传统的生态农业模式的典型代表。在这个农业生态系统内，水稻和鱼类共生，通过内部自然生态协调机制，实现系统功能的完善。这种传统的农业系统既能充分利用田中的水、有害生物、虫类来养殖鱼类，又因鱼类的作用而使水稻丰产，提高生产的经济效益，同时通过鱼类防治病虫害，减少稻田的化肥及农药用量，保护生态环境，使农产品质量得以提高。由于系统具有多方面的重要价值，尤其体现在农业生物多样性保护和人类食物安全、营养健康等方面，因此具有成为世界农业系统示范和在全球同类地区推广的重要意义，因此，同样地具有作为一种观光农业项目加以开发利用的重要价值。

以下是北京师范大学地理学与遥感科学院吴殿廷、王欣和东北财经大学旅游与酒店管理学院王丽华老师运用反规划方法为青田农业遗产进行旅游开发而设计的一个开发方案。

1. 青田世界农业遗产反规划内容

基本要求是：守住生态底线、遗产底线。为此，农药不能用，饲料、化肥尽量少用，直到不用；生态多样性不能减少，包括物种多样性、景观多样性、土地使用类型多样性、生态多样性、文化多样性；稻鱼面积不能减少、也不用增加。因此，不能开垦新农田，但也不要在核心区内建房、修坟、盖宾馆等；核心区内的建设用地不能再增加。结合新农村建设，把老房子修旧如旧地改造一下基本能够满足村民生活需要；工厂、采石场等，核心区、缓冲区内都不能建设；接待设施、游乐设施等，都拿到核心区外。参与性 田鱼地块、对比性研究地块等，也拿到核心区外。

在核心区内，能不动的就不动；能不变的就不变。老房子改造，外观不动、不变，里面可以安全、舒适、便利。核心区内的水系、田埂等等，也不要动。树木可以增加但不能减少，生态用地不能减少树木。草地、湿地可以适当增加，但也没有必要大动干戈地去搞绿化、美化、亮化。

可在出口处（村子下方），修一个小型水电站，为村内生产生活提供电力，体现充分利用自然、人地和谐。

游客主要住在村口接待处，少量可以住到村民家里，深度体验田鱼生活。

2. 青田农业遗产开发/经营的思路

总体思路：系统保护、综合开发、整体经营。即在维护现有生产方式、生态系统和社区文化的基础上，改善社区生活环境，发展旅游业，追求综合效益。严格控制生态承载力、旅游承载力，分区管理，分层开发。把所有相关地区划分成核心保护区、优先发层区、管理服务区。服务区不安排在景区内，尤其是核心区内；分区确定生态承载力、旅游承载力，严格控制建筑规模、高度、密度等。

3. 青田旅游开发产品的初步设计

青田旅游性质属于综合性的生态旅游。可以开展的旅游内容：研修旅游，乡村旅游（观光旅游）、休闲旅游，购物旅游，生态旅游等。

旅游开发的核心理念：通过典型生态旅游社区的构建，展示一个世外山村和谐的生产生活方式，让游客在与村民生活和自然环境的充分接触中感受生活，营造现代人精神回归的心灵家园。针对大众游客的体验活动将不局限于参观学习，而是触摸真实生活，樵渔耕读、纵情山水。

产品1：研修旅游。避免大而呆板的博物馆形式，可结合示范田采用半露天的灵活样式，照顾到山村景观的和谐性，将“博物馆”灵活地改造为“博物溪廊”、“博物村”、“博物阁”等。真实的农户民宅、流动的家畜群均能够成为这一开放式博物馆的组成部分和景观。多提供游客参与的机会，让游客能够与村民有直接的交流。博物馆中除了资料和文物，还要有看得到的田鱼，听得到的牛哞，摸得到的水和泥土，调动游客的感官。

安排游客与村民一对一地接触。到村民的田间地头喂鱼食，修田埂、捞鱼，割稻打谷；到村边摘蔬菜、采野茶；到村民家里观看甚至是帮助制作田鱼干，一起做饭吃饭，聊天，喂家禽家畜。安排游客到接待示范户中住宿。

产品2：山村风情游。整体改造龙现村农户住宅和道路。改造建筑外立面，逐步恢复石墙青苔的风格，禁止现代建筑的新建。将来条件允许的情况下，逐步拆除难以改造的高大住宅。保持街道的洁净、古朴。

规划整修各家的门前田鱼池塘，形成沿主要街道的观鱼景观长廊。修整村落周围的田间和山林的步道，采用石板路和土路，将村内的水泥路分期逐步改造成石板路。

开发餐饮和购物，形成以田鱼为核心的龙现山村菜系。以村内典型的老宅——吴氏宗祠为核心，形成一个游客活动的中心。在此设置几家购物店铺，规范田鱼干的加工和包装，形成品牌购物。

将当地节庆活动中的鱼灯表演日常化，在吴氏宗祠附近，以乡村舞会的形式晚上搞鱼灯焰火晚会。晚上的音乐是欢快的，而白天村落中应当有优雅恬静的山村音乐背景。

产品3：“鱼乐”游（参与性旅游项目）。到山村来的游客不追求高档现代的游乐，应有针对性地在乡土气息上做文章，重点突出田鱼奇趣。例如：“鱼戏园”，让游客光脚沾泥地下田抓鱼，乃至打水仗，打泥仗，与村民姑娘摔泥跤，在窄窄的田埂上赛跑“追捕”。建一个为孩子准备的田鱼宝宝乐园，让孩子尽情地抓鱼嬉戏，争夺“田鱼宝宝”的奖励。另外，垂钓、烧烤和山村漫步也是值得向游客推荐的。

产品4：休闲度假游。以“樵渔耕读”的读书人的生活方式展开，在生活的同时感受自然之美。在村落之外，齐云山附近打造针对现代市民的高雅休闲项目，营建一个匠心独具、桃源般的浙南山村。重点在于意境营造，朴素自然，游客就是村民。

根据地形对各个院落进行空间布局，以小空间形式构成景观实体，并用建造、雕塑、植物造景等手段来丰富自然感，这里既是几百年前的山村场景重现，更是现代人对历史与自然的感悟。

产品5：购物游。学习日本农村商贸经营模式，吸引城里原观光客来旅游，购买当地土特产品。这里已经形成的商品系列包括田鱼系列（这里的田鱼干海内外闻名）；石刻、石雕系列——可以进一步做大、做优。还可以开发出山珍、绿色有机食品等。

第 20 章　农产品加工业：环城农业发展的重要支撑

第20章　农产品加工业：环城农业发展的重要支撑

一、工业与农业：从分离到结合

（一）工业活动类型及其发展的进步逻辑

在欧洲，工业（industrie）一词大约在18世纪即已取得它那为我们所熟悉的专门含义，但此时仍未摆脱它的旧有含义：工作、活动、技巧，而且在同一范围内与它相类似同时并用的还有工艺（art）、制作（manufacture）和制造（fabrique）等概念。只是到了19世纪，工业一词才被最终确立并固定下来。

通常意义上的工业活动，从它的早期发展看，大致可以分为以下4种基本类型：

第一类：形同星云的无数家庭小作坊：一个师傅，二三个帮工，一二名学徒，就像是一个家庭一样。18世纪的欧洲，不少地方城里城外都能见到许许多多这样的“家庭手工业小作坊”：在收割谷物和采摘葡萄后，“男女老少，一齐开始工作……这家纺纱，那家织布”。在每个小作坊内，“各项活计不加区分地连续操作”，以至往往不实行分工。

第二类：位置分散，但互有联系的工场。即分散的手工工场或称为分散的制造厂。这种分散的手工工场或制造厂从中世纪起即已开始形成，广泛分布于纺织、制刀、制钉和铁器制造等行业。其模式为：将互有联系的一些手工工厂或制造厂组合在一起，总管事的商人身兼协调、联络、领导等职责，由其提供原料，主持从原料投入到产品产出与销售的全过程，最后把贸易的利润留给自己。

第三类：集中的制造厂。其特点是把劳动力集中到大小不等的厂房内，对劳动过程进行实时的监督并实行细致化的分工，以促使劳动生产率的提高和产品质量的改善。18世纪下半叶欧洲的各种制造厂大多都属于这一范畴。

第四类：拥有机器设备以及用水和蒸气为动力的制造厂。即马克思所说的“工厂”。目前世界上广泛存在的工业活动形式即属于这一类型的制造厂，或是在这一类型基础上发展完善起来的。

以上4种类型工业活动出现的先后顺序，大致为：形同星云的无数家庭小作坊→分散的手工工场（或制造厂）→集中的制造厂→拥有机器设备以及用水和蒸汽为动力的制造厂（工厂）。

（二）工业、农民工业与农业

早期的工业活动并不是一个界限分明的独立领域，而是同无所不在的农业活动交织在一起。那时的工业或者与农业并存，或者被农业淹没。在当时，甚至还存在一种专门为家庭或为本村服务的农民工业，其产品的主要部分严格地说只具有使用价值，不具有价值，因为不是商品。

这种情况在18世纪的欧洲是一种普遍现象，而在中国乡村，直到20世纪50、60年代也还仍然存在。笔者在童年时就曾亲眼看到过，家乡农村农忙季节刚过，大量的“工业”活动就会自动代替农业活动，而成为农村经济活动的主体部分，农民生产的“工业”产品大部分供自己使用，多余的也供应市场，对外出售；产品范围从农具包括部分的铁制工具如锄、铲、镰刀等，竹木制用具如箩筐、风车、犁体等等，到农家日常生活用具、用品包括各种刀具、各种器皿、器具、布匹、衣物、鞋帽、雨具（伞、斗笠、蓑衣）等，以及各种小食品、文化娱乐用品包括纸张，等等。在家乡农民生产的各种“工业”品中，对笔者印象最深、影响最大的是农民用毛竹笋制作的纸张，这种纸张，当地俗称“高峰纸”，也称“草纸”，是为驰名的“宣纸”同一属类，其质地也并不比宣纸差。儿时用它习毛笔字，先是将它蒙在字贴上然后用毛笔把字影写下来，影写1～

2遍后，脱离字贴接着用毛字练写。有时也用同样的办法，学着画画，一年下来总要用去2～3大捆纸。这种纸质绵软，吸墨性极强，随写随干，而且均匀，是今天工厂里“工业化纸张”所无法与之相比拟的。另外，还有一些家乡农民制造的“工业品”，如以土制纸和当地产桐油为原料制作的雨伞，用毛竹和一种竹叶作材料制作的斗笠，既实用又精美，堪称艺术精品，儿时常用此类物品，印象也极其深刻。可惜现在再也找不到它们的踪影了。

早期的工业活动与农业在农村的交织与结合，即农民工业，有几个最为基本和重要的特点，一是以农民为主体，18世纪欧洲不少地区的麻纺工业，实际上就是农民加上妻子、儿女和雇工；二是根据寒暑更替、季节变换，决定经济活动，每逢夏季来临，农活便压倒一切，到秋收季节，即使是工厂里的工人、煤矿的矿工也必须离开工厂、坑道、参加秋收，而随着冬季的到来，各种工业活动便又重新抬头；三是产品自用与对外出售并重，不少产品的生产目的是自用，多余部分才考虑作为商品供应市场。

（三）工业与农业切割酿成的苦果

18世纪后，世界的最大变化就是工业以超乎异常的速度向前发展和推进。工业化在欧洲少数地区形成之后，不仅快速地向欧洲其他地区和国家播迁，而且也传播到一些“非西方”国家。工业化迅速成为一个世界性的进程。所有现代国家，几乎无一不把实现本国的工业化作为其经济增长和社会发展的一个重要目标和提高其人民生活福利水平的必要手段。历史显然是倾向于这一观点的：一些富足强大的国家拥有技术先进的工业基础，能够生产出大量的工业品；一些贫穷、落后的从属国家很少拥有或几乎没有工业，基本上是农业国。换句话说，凡是工业发达的国家，其经济实力都较为雄厚，国民收入水平一般都较高，而且经济的增长与发展速度也较为迅速；反之，凡是工业落后和工业基础薄弱的国家，几乎也都是贫穷和经济增长缓慢的国家。现在，整个地球上的居民，无一不受到工业化进程的影响，不管是好的影响还是坏的影响。

总起来看，工业化和工业的飞速发展，在增加社会财富，提高人们物质文化生活水平及其质量方面，无疑发挥了极其重要的作用，是社会福利增进及其水平提高的主要关键。但与此同时，社会也付出了极其高昂的代价，带来了不小的问题。自18世纪中期以来，人类赖以生存的自然界受到的损害比之整个史前时代造成的损害还要大出许多。日益严重的环境污染，自然资本储备和地球生命系统为维持其存在与延续所必需的服务即生态服务的持续、急剧地减少，已知和目前不清楚的一些危机，正悄然在地球上降临。人类的生存与发展正面临前所未有的巨大威胁。

酿成这一苦果的，不是别的，正是工业，是已有工业体系不断强化、发展的“非农化”选择，即工业日益同农业切割的必然结果。由于这种切割，工业日益成为一个封闭、内倾的自循环系统，除食品仍有赖于农业提供外，工业发展过程中具有决定性意义的两大块，即原材料及能源的供给与产品市场的拓展，都日益同农业相分离，而选择在工业内部或农业外加以解决。如果说在工业发展和工业化的初期阶段，工业生产的原料及能源中的相当部分，如纺织工业、轻工业所使用的棉、麻、毛等天然纤维原料和竹、木材料、薪柴（生物能源）等都是由农业生产并提供的，而随着工业发展和工业化进程加深，这部分原材料也日益转向工业内部解决。从中国的纤维产量发展情况看，1978～2006年，全国主要天然纤维（棉花、麻类、羊毛、羊绒）产量由351.8万吨增加到808.3万吨，增加1.3倍；同期，全国化学纤维产量由28.5万吨增加到2025.5万吨，增长70.1倍。1978年，全国主要天然纤维产量与化学纤维产量的比例为12.34:1，到2006年的这一产量比例则已成为0.40:1。从以农产品为原料的轻工业产值占全国工业总产值的比重变化情况看，1987年中国的这一比例仍达30.84%，到2002年即已下降到24.58%，15年即下降6.26个百分点。由于工业发展所使用的原材料及能源越来越依赖于农业外提供，于是工业大规模发展所形成的原材料及能源的巨量需求，不但不可能形成对农业发展的拉动效应，而且必然造成以下方面的问题：

（1）加大对非再生资源的开采力度与强度，从而加快非再生资源的耗竭速度；

（2）大规模开发、使用各种矿物能源和矿物原材料，从而形成对环境的严重污染；

（3）对食品的单一需求，促使农业的单一化发展，使农业发展所必需的多样化基础受到严重的威胁及破坏，等等。

在工业品市场方面，农业应该是工业发展的一个重要市场，是工业和农业发展互为条件与因果的一个重要方面。但是，现有工业体系的结构配置，基本上是按照“自己为自己服务”，产品主要依靠在工业部门内部消化思路进行的。根据中国投入产出表（价值型，1997），中国制造业对其自身的直接消耗系数达到0.47515，比1992年的这一系数0.44209提高0.03306个百分点，说明制造业发展对自身的依赖性强，且呈增强态势，而农业对制造业的直接消耗系数1997年仅为0.17737。现有工业体系的这一结构配置的结果是，急剧增加的资源耗费实际上是一种巨大的浪费，对带动有意义的国民财富增加作用不大。与此同时，巨量的和不断增加的无谓资源消耗所引起的巨量和不断增加的废弃物排放，还构成对环境的污染和威胁。

工业的兴起和发展，是人类文明发展的一个重要方面，是社会进步的一个重要标志或条件。但已有的工业化却选错了方向，走上了歧路。

（四）回到工业和农业结合的道路

工业摆脱其发展困境，走上发展坦途的关键，在于摆脱其内在封闭的自循环体系，重新回到与农业结合的发展道路，按照有利于农业的标准和要求，改变和调整其发展的方向及内部的结构配置，一是工业类型及其技术的选择，必须能够首先保证生产出在数量、形式和质量上满足农业发展需要的那一类产品或（和）服务，大力发展和进一步健全支农工业体系，包括为农业提供生产手段及农业产前服务的那一类工业部门和能够增加与扩大农产品需求的农产品加工及其他的农业产后服务部门；二是形成一种能够有效防止地球生态恶化和完善资源利用的工业生产结构体系，必须高度重视发展那些无污染、耗能低、高效率和高效益的生产部门，逐步减少对矿物资源及能源的依赖，更多地开发和利用由农业生产并提供的各种生物质材料及能源，最大限度地提高资源利用的效率；三是对工业化模式的选择和对工业增长目标、技术及政策的近期追求同长远利益的获取有机地结合，高度重视高新技术工业特别是能够为农业提供先进技术的高新技术工业部门的优先发展，使其尽快成为一个新的产业集群。

工业发展方向及其结构的上述调整，既是必须的，也是可能的。目前工业使用的各种矿物能源和矿物原材料，在经历了工业革命以来的大规模开采之后，其耗竭状态目前已开始显露，有些已成为现实，亟需开发新的替代能源和替代金属材料的原料来源。农业利用生物将自然界的物质和能量转化成为人类社会所需要的各种物质产品，农业使用的太阳能具有“取之不竭、用之不尽”的特点，加上农业的循环性、多样性和自我创造性等突出特性，由农业为工业生产并提供其所需要的能源和各种原料、材料无疑是一种可行的现实选择。目前，由农业提供的生物能源、生物质材料的利用已初露端倪，无论是从资源或是技术与经济角度看，其前景都是可以肯定的。这种前景一旦实现，包括农用生产资料制造和农产品加工及制造在内的支农工业即将成为工业中最为重要的部门或行业。

二、农产品加工业：现代农业不可缺乏的延伸

（一）农产品加工业是现代农业发展的重要组成部分

农产品加工业包括以农产品为原料的食品、饮料、烟草、饲料、纺织、缝纫、皮革、木材、家具、造纸及能源等加工与制造行业。农产品加工属于工业范畴，但与农业发展密切相关，是促进农业发展的重要力量之一，从产业链看，也可将农产品加工及制造业视为现代大农业的组成部分之一。理由如下：

1. 循环农业建设与发展的一个重要环节

循环农业是当代农业发展的一个重要方向及方法。循环农业最为本质的特征，是通过产业链的有效延伸，提高农业系统物质与能量的多级循环利用，最大限度地利用农业的生物质能资源。发展农产品加工业即是延长农业产业链条，进而实现农业生物质能资源充分、有效利用，最大限度减少农业废弃物排放的一个重要方面，因此，成为循环农业建设发展的一项重要内容和必备的环节。

2. 提高农产品附加值，增加生产领域的经济收入并提高其效益

对农产品实施加工，延长农业从生产到消费的产业链，既能够增加农产品附加值，使农业全过程的经济收入及其效益得以增加，

还能够为社会及农民提供新的就业岗位。1千克猪（活重）的售价目前不过7～8元人民币，而加工成香肠后1千克可售30～40元人民币。对新鲜水果、蔬菜利用低温高压膨化（非油炸）技术加工成膨化果蔬脆片，新鲜果蔬原料与其膨化产品的投入产出比率为10:1～15:1，目前市场上的膨化产品与其原料产品的价格比为80:1～90:1，按低价平均60:1～70:1测算，扣除生产成本后，产品增值4～5倍。

3. 改变农产品的物理或化学性状，以满足社会的消费需要

包括适应和满足消费者消费方式改变和消费者对产品口味要求的消费需要，延长产品的保鲜、储藏时间从而延长其消费期的需要。农产品生产受到自然力的影响和制约，大多具有地域性、季节性和鲜活产品贮存时间短等方面的突出特点。对农产品实施有效的精深加工，可以较好地解决季节性生产与长年甚至多年消费、一地区生产与多地区消费之间的矛盾。另外，人们消费的要求必然是多元的，包括对同一产品的消费方式选择以及由产品物理的或化学的性状所决定的风味、口感等。农产品加工业将一种初级产品加工成各种各样的高级农产食品，能够在一定程度上缓解农产品消费方式、风味、口感的单一性与人们的多样性追求之间的矛盾。

4. 促进农业技术进步，推动农业标准化生产的全面展开

农产品加工对其使用的农产品原料有其特定的技术、性状、质量标准等方面的要求。农产品加工业发展，农产品原料的批量化需求，必然推动农业种子繁育、种植技术、生产工艺等方面的进步与发展，促进农业标准化生产的有效展开与顺利进行。

5. 提高农产品竞争能力的重要方面

农产品竞争能力受到多种因素的制约和影响，是众多因素综合作用的结果，农产品加工是其中的一个重要方面。中国农产品产后加工环节少、深度浅、产品的技术含量不高、价值价格较低，以先进科技为支撑的农产品加工，不但可以改变农产品的物理或（和）化学性状，增加其技术含量，而且能够使被加工对象的使用价值发生重大变化甚至质的变化，包括变小用为大用，有限度的用为广泛的用，无用为有用等等，从而极大地提高产品的价值与价格比率，增强农产品的市场竞争能力，抢占农产品市场的制高点。大连韩伟集团与丹麦SANOVO公司合作，利用SANOVO公司先进的蛋粉加工设备和生产技术，加工生产全蛋粉、蛋黄粉、蛋白粉、全蛋液、蛋黄液、蛋白液等6大系列数十个品种，产品广泛用于烘焙、化工、海产品加工、肉制品、休闲食品、养殖等几十个行业，产品一经问市，便以其卓越的品质和高竞争力叫响海内外市场。农业加工业是农业产业后续发展的重要方向。

（二）中国农产品加工业发展现状及其前景

农产品加工业是中国近20多年来发展较快的工业行业部门之一。1986年，全国以农产品为原料的轻工业，生产总值按当年价格还不足3000亿元人民币，为2990.8亿元，占全国当年工业总产值的26.7%。2004年，全国以农产品为原料的轻工业产值增加到3.6万亿元人民币，为1986年的12倍，增长速度高于其他传统工业部门。

但是，同发达国家相比较，中国农产品加工业发展的滞后状态依然明显。1986年，中国农业产值与农产品加工业产值的比例关系1:0.75不到，2000年为1:0.85，2004年上升到1:1，而英国的这一比例则已高达1:3.7，美国1:2.7，日本1:2.4。2000年，中国农业产值与食品工业产值的比例为1:0.34，2004年上升到1:0.5，而发达国家则已达到1:1.5～1:2.0。这就表明中国农产品加工业的发展潜力还是相当巨大的，这一巨大潜力还突出地表现在以下几个方面：

一是中国目前的农产品加工率尚低，仅为20%～30%，发达国家有的已达90%。根据国家有关部门规划，到2015年前后，全国粮食、肉类、蔬菜、水果、水产品的加工率力争达到70%、15%、10%、20%和60%。

二是中国目前各地区间的农产品加工业发展极不平衡，主要集中在东部沿海经济发达地区，中、西部地区农产品加工业产值占全国总量的比重合计不到40%，其中中部地区占30%，西部地区为10%不到。

三是以农产品为原料的生物能源和生物原材料加工及制造业目前处于萌芽阶段，通过大规模开发而成为一个规模化的庞大产业已指日可待。

应当说，中国农产品加工业的发展前景还是相当广阔的。

（三）农产品加工业发展条件及措施

农产品加工业的发展，必须以高新技术成果为支撑，通过有效的技术开发、产品开发、规模化的生产能力开发和市场开发及其成果的有效应用，生产出高技术含量的加工产品，将科技生产力转化成为现实的生产力，才能够延续和持久。为此，要求与目标农产品加工所相关的农业、科研、开发、生产、经营等环节组织成为一个完整的产业链条，形成农、科、工、贸一体化经营。具体应具备以下方面的基本条件：

（1）规模化、标准化的目标农产品生产基地。目标农产品生产基地为农产品加工业提供符合其质量及数量要求的原料农产品。

（2）高水平的科研机构。科研机构为农产品加工业提供其所需要的科技研发成果。

（3）实力雄厚的中试基地或工程技术中心。中试基地和（或）工程技术中心解决科研与生产之间的“断层”问题，为科技与生产的结合架设连通的桥梁。

（4）培育经营主体。采取多种方式，构建生产经营的行为主体，为科研成果转化成生产力，实现规模化生产准备必要的主体条件，以便获取良好的经济与社会效益。

（5）完善服务体系。培育和发展各种中介组织，为农产品加工业及其企业的有效运行提供所需要的各种服务。

城市特别是大中城市地区，既具有大力发展农产品加工及制造业的比较优势及有利的内外环境条件，也有其必要性。为此，应采取以下强力措施：

1. 强化政府介入，加强宏观调控

一是制订农产品加工业发展规划，规定和确立农产品加工业发展的方向和重点项目，明确科技攻关、成果推广的优先支持项目和要达到的具体目标，引导农产品加工研发机构、生产企业按照规划确定的方向与目标发展。

二是根据发展规划的要求，制订和出台相关政策，以保证发展规划的有效实施及实现。

三是强化政府对农产品加工业发展的财政支持与资金投入，建立农产品加工业发展基金，以确保农产品加工业的顺利发展。

2. 重视科技体制创新，建立农产品加工业发展的科技进步支撑体系

一是优化科技资源配置，健全和完善农产品加工科技研发机构及其组织体系，形成高效的科技研发运行机制。

二是建立以企业为主体或核心，以研发机构为依托的技术研发组织，形成产、学、研紧密结合的科技研发运行机制。

三是建立开放式的研发机制，加强国内外研发机构及其企业间的合作，强化企业与国内外研发机构间的合作关系。

3. 实施人才行动计划，形成农产品加工业发展的人力资源支撑体系

一是制订优惠政策，广泛吸引高学历、高素质、高水平的专业优秀人才进入农产品加工业领域及其企业从事相关科技研发和（或）发展管理工作。

二是高度重视农产品加工业企业职业经理人员及管理人员的职业教育和培训，选拔、培养一批高素质、高水平的企业家。

三是加大对农产品加工业发展所需一般职工的教育培训力度，逐步完善、推行持证上岗制度。

4. 调整结构，加快新兴农业加工业发展步伐

包括以农产品为原料的生物能源和生物质材料加工及制造业，以开发利用农业废弃物为目标的相关加工及制造业，以高新技术为支撑以改进产品质量为目标的农产品加工及制造业，等等。这3个方面应该成为城市地区农产品加工及制造业发展的重心。

三、农产品加工业的组织模式

（一）企业化发展模式

农产品加工业的组织模式各种各样，从企业组织角度看，主要有以下几种模式：

1. 集科研、开发、生产、经营于一体的公司制模式

这一模式以企业为依托，通常是由企业出资，联系相关院校和（或）科研院所组建专门的研发机构，形成产、学、研联合体，或者是在企业内部设立科研单位，通过资金投入，引导、控制其研发方向，迅速开发出适销对路的产品。这种模式的优点是，科研与生产直接结合，企业作为科研主体，将在自身利益的驱动下积极展开研究与开发活动，解决从科研成果到生产以及销售等系列问题，科研成果产业化水平高，能够形成具有自主知识产权的核心产品，市场竞争力强，可持续发展的后劲大，是国际上具有代表性意义的一种发展模式，也是国家大力提倡的一种模式。

2. 以科研单位为依托，科研与生产相结合模式

这一模式以科研单位为主体进行运作，科研单位在进行科研选题时，以市场为导向瞄准市场需求，着重考虑研发成果的利用价值和商品的潜质问题。科研单位通过自己创办经济实体进行技术咨询、技术转让、股份合作、联合生产或直接投入生产，使科技成果转化成为现实的生产力。

3. 特色工业园区模式

工业园区是政府或企业为实现其工业发展目标而设立的工业企业集聚发展区域。工业园区通过行政的、市场的多种手段，集聚各种生产要素，并在一定的空间范围内进行科学整合，使聚集在一起的工业企业成为布局优化、结构层次合理、产业特色鲜明的产业集群。工业园区是合理布局工业和促进工业发展的一种重要形式，早已存在于各国的经济发展过程。但作为一种世界性的浪潮则与20世纪80年代硅谷等高新技术产业集聚区（最初称科学工业园区）的成功密切相关。如今，工业园区建设已成为世界各国及地区政府发挥比较优势，提升产业国际竞争力的一项重要内容。中国的工业园区建设热潮始于20世纪90年代，目前也已成为各地推进工业发展，提升工业化水平的一项重要措施。

利用工业园区模式发展农产品加工业方式包括：（1）建立专业化的特色工业园区，园区内聚集的企业主要是农产品加工企业；（2）在综合性工业园区或农业科技园区内设立农产品加工小区，聚集一批农产品加工企业。利用工业园区模式促进农产品加工业的发展，无论采取何种具体方式，均具有企业密集、资金密集、技术密集和人才密集等优势，能够形成农产品加工的规模效应、聚集效应，是解决农产品加工业发展对资金、技术、人才密集需求的有效方法。

（二）非企业组织模式

农产品加工业的某些生产项目（或领域）未必一定要采取企业形式组织生产，在一定条件下，也可以考虑采取非企业模式组织农产品加工。可采取的具体形式包括：

1. 工场手工业

以工场为单位，主要依靠手工劳动、使用简单工具的小规模工业生产，包括自产自销的手工业、直接为用户（消费者）服务的手工业和为商人（销售商）进行加工的手工业。

中国农民、农村具有从事手工业活动的悠久传统，涉及行业众多、分布广泛、技术精湛，在农村经济中占有一定的地位，在手工业产品中，不少还是极具价值的手工艺品，是珍贵的文化遗产。农村适合从事手工农产品加工的农副产品资源丰富、广泛，采取有效措施，积极发展工场（家庭）手工业，具有重要的经济、社会意义，可以成为农产品加工业发展的方向之一。

工场手工业的基本问题是：

生产什么，能否找到合适的项目（产品）和师傅；

生产多少，规模多大，能否形成规模，具有一定的知名度，也就是做成名牌；

如何生产和经营，其中最应注意的是怎样进入市场，如何销售。

第一个问题可通过市场调查和外聘师傅，由师傅带徒弟办法解决。

第二个问题可采取手工业园区办法，通过集中、集聚途径，形成地域生产规模。

第三个问题则用合作、联合的办法解决，即分散生产、集中营销、做足市场，做成名牌。

工场手工业或手工业作坊虽然属于传统产业范畴，但在工业化社会仍然具有相当旺盛的生命力和活力，在经济与社会发展过程中所具有的作用仍然是重要的，有不少还是无可替代的。也正因为如此，所以即使在工业化国家如法国，手工小作坊的发展也仍然受到社会和政府的高度重视，并在政策上加以扶持以促进其发展。工业化，并不意味着手工业不能发展、无须发展，或者其发展已无意义，而是有必要、有可能发展，并且前景仍然十分广阔。

2. 家庭作坊业

以家庭为单位，一个师傅，几个帮手，从事农产品加工或产品制造的某些活动，也是当代农产品加工业的重要组成部分之一。

家庭作坊业既可以以大企业下承包商的方式存在，也可以独立生产某些小商品等等。在法国，就有大量的无雇工和雇工不多的工业制造业生产单位。2004年，法国雇工9人以下的工业企业即达20.7万个，占全国工业企业总量的82.3%，其中雇工为零的10万家，占法国工业企业总量的40%，由此可以在相当程度上看出家庭工业生产单位在法国的重要性。

城市地区发展家庭农产品加工作坊的外部环境条件比较优越，可以成为促进城郊农村就业、实现经济发展的一个重要方面，而且经过努力也不难实现。

家庭作坊业能否得到有效发展，主要取决于以下措施的贯彻、执行：

（1）促进有助于家庭作坊业发展氛围的有效形成，包括政策氛围、舆论氛围、社会环境条件氛围等等，为家庭作坊业发展创造有利的环境条件。

（2）选择宜于进行纵向垂直分工或开展横向协作、有助于各生产项目集聚的产业项目。

（3）建立通畅的产品销售渠道和营销网络。

（4）形成集中连片的家庭农产品加工业或作坊生产基地。

（5）重视对农民的转业与创业培训。

（6）加强对家庭创业及其业务经营的有效指导。

（7）制订和出台鼓励、支持家庭农产品加工业发展的办法及措施。

（8）建立和完善劳动力的柔性供给市场。

（9）建立完善的公共设施系统。

3. 手工业和家庭作坊业发展策略

推动、促进工场手工业和家庭农产品加工业发展，可考虑采取以下基本措施：

（1）设立工场手工业及家庭农产品加工业工业园，建成集中连片的工场手工业和家庭制造农产品加工业生产基地。

（2）按照“分则小生产、合则大规模”、“分散生产、集中营销”的基本思路，采用“公司+业户”或“公司+工场区+业户”的基本模式，由项目/行业公司负责生产的组织、计划、市场开发、技术指导、质量控制和产品营销，业户在公司的组织、指导下开展产品生产。业户可以入驻专门设立的工场手工业和家庭农产品加工业工业园，也可以分散在目标区域内的各个自然村落。

（3）生产方向以“农村”、“农业”资源的有效开发与利用为基点或中轴，以农产品精深加工为重点，兼及观光农业的旅游产品开发与发展。

四、充满生机活力和前景可观的新兴农产品加工项目

（一）发芽糙米及其系列产品

1. 产品特点

发芽糙米是以去壳稻米为原料，经生理活性化工艺处理，将糙米发芽至一定芽长而得到的由幼芽、糠层和胚乳组成的糙米。发芽糙米保留了稻谷60%以上的重要营养物质，其营养价值十几倍于普通白米，尤其是经过发芽后，一些具有特殊生理功能的活性物质含量显著增加，产品的食味品质和消化吸收率均明显改善。发芽糙米所富含的R－氨基丁酸、膳食纤维、磷酸肌醇等生理活性成分具有降低心脑血管疾病发病率、预防消化道癌症、抗衰老等诸多保健功能。发芽糙米产品对于缓解近年来日趋增加的“三高”症、改善和提高人体健康水平具有重要的作用及意义。从资源利用方面考量，糙米的出米率高于白米15%左右，还能有效减少稻谷加工过程中对稻谷皮糖层高营养物质所造成的浪费，使产品资源得到最为充分、高效的利用。

2. 市场前景

发芽糙米产品是21世纪的重要健康食品之一，能够有效适应并满足当代人们对食品营养与保健的需求。自20世纪90年代末发芽糙米产品在日本问世以来，市场销量便迅速扩大，销售额已由1998年的数百万日元/年增加到目前的150亿日元/年。近年来，各种富含R－氨基丁酸的发芽糙米产品在台湾、香港等地也迅速形成畅销势头，并开发出了干制品、保鲜品、方便食品、保健品、糕点等系列产品。国外市场上普通发芽糙米的市场售价平均每千克高达50元人民币左右，是普通大米价格的10倍。

目前中国国内发牙糙米产品的开发与食用几乎还是空白，市

场需要培育，但潜力和空间巨大，产业化生产的市场条件已基本成熟。

3. 生产工艺与关键技术

发芽糙米及其相关产品的基本工艺及关键性技术如下：

（1）发芽糙米

工艺路线如下图所示：

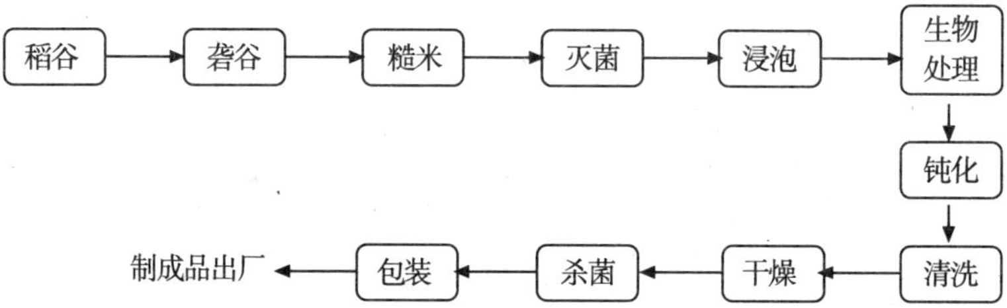

关键技术：高效灭菌、生物发芽技术和低温干燥技术

（2）发芽糙米营养素

工艺流程：

发芽糙米 → 分层分离 ↗糠层↘ / ↘胚芽↗ 提取 →熟化 → 干燥

配料 → 混合 → 粉碎 → 杀菌 → 包装→ 制成产品出厂 → （市场）

关键技术：营养素富集技术、营养素调配技术

（3）方便发芽糙米粉

工艺流程：

发芽糙米 → 配料 → 混合 → 挤压 → 膨化→ 超微粉碎→ 杀菌

→ 包装 → 产品出厂 →（市场）

关键技术：配料、调质、挤压熟化和膨化技术

4. 技术、设备与投资

发芽糙米及其系列产品的生产技术已完全成熟，生产设备可应用其他食品及发酵工程产业中的成型设备。

年产5000吨发芽糙米及其系列产品生产线的投资总额约3500万元人民币。

5. 经济效益

年产5000吨发芽糙米及其系列产品的年产值在5000万元以

上，年利税预计大于1150万元，投资回收期3.5～4.0年。

（二）米糠油

1. 产品特点

米糠油以稻谷加工过程中形成的副产品米糠为原料，原料资源丰富。中国目前年米糠产量高达5000万吨以上，除部分用作饲料外，其余作废弃物处理。

米糠的油脂含量为14%～24%，是一种重要的植物油料资源。

米糠的脂肪酸组成合理，并富含维生素E、甾醇、谷维素等脂肪体，易于人体吸收，具有清除血液中的胆固醇、降低血压、加速血液循环，刺激人体内激素分泌，促进生长发育的作用。米糠油是一种老少皆宜、营养丰富的食用植物油，食后吸收率达90%。

米糠油性能稳定，适宜用作煎炸用油，并可用于制造人造奶油、人造黄油、起酥油、色拉油等，在医药、精细化工、日用化工等领域及行业中也有着广泛的用途。

2. 市场前景

目前市场上米糠油的年产量约50万吨，据联合国粮农组织预计，2006年全球对精制米糠油的需求缺口在4.5万吨以上，并呈快速扩大的强劲势头。中国现有精制米糠油的年生产能力大致为4000吨。随着人们饮食消费向着营养、安全、健康方向的迅速转变，米糠油作为一种功能良好的营养保健油，市场需求必然迅速扩大，市场前景极为广阔。

3. 生产技术

米糠油生产过程中的关键技术，一是米糠的稳定化保鲜处理技术，二是米糠的制油工艺技术。这两方面的技术在中国均已解决。中国的米糠稳定化保鲜技术居世界领先水平，经稳定化处理的米糠保鲜期已在半年以上，从而解决了新鲜米糠极易腐败而影响米糠油原料供应缺乏保证和稳定的技术难题。米糠制油采用的溶剂浸出混合油负压蒸发工艺，毛油质量良好，在国内已有成功使用的先例，为成熟技术。

4. 投资与经济效益

建设100T/D的米糠油生产厂，项目总投资约6660万元人民币，其中流动资金2390万元，固定资产投资4270万元。

建成投产后，年新鲜米糠处理量2.75万吨，毛糠油处理量2.5万吨，年精制米糠油18750吨，年产品销售收入可达2.15亿元人民币，年利润总额4500万元。

（三）大米淀粉

1. 产品特点

大米淀粉以大米加工过程中所形成的碎米为原料。高纯度的大米淀粉利用生物酶法脱除蛋白质杂质，具有淀粉纯度高，蛋白质含量低（<1%），粉只颗粒细腻、风味甘平、理化特性良好等突出特点，是高档化妆品和优质保健品的重要原料。

2. 市场前景

高纯度大米淀粉的市场售价是普通玉米淀粉的5~8倍，国际市场需求量大，具有良好的发展前景。

3. 生产工艺

大米淀粉生产的基本工艺流程如下：

碎末 → 清理 → 研磨 → 调质 → 酶解 →固液分离

→粉料→干燥→粉碎→大米淀粉

→上清液→大米蛋白（肽）粉

（四）米糠精华素和膳食纤维

1. 产品特点

米糠精华素和米糠营养纤维以米糠为原料，通过浸提、酶处理、离心等工艺分离出两相，液相经过调配、均质、杀菌技术直接生产液态产品，或通过干燥处理生产固态米糠精华素产品；固相则直接经过干燥、粉碎处理生产米糠营养纤维。

由于米糠中富含抗氧化、降脂、抗癌等保健功能的活性成分（如谷维醇、GABA、IP6、多糖等），因此，以米糠为原料制成的米糠精华素和米糠营养纤维特别适合用作中老年人群的保健食品，功效显著。

2. 产品生产工艺

米糠精华素和米糠营养纤维生产的基本工艺流程为：

米糠 → 稳定处理 → 浸提 → 酶解 →固液分离

→上清液 → 调配 → 均质 → 干燥 → 米糠精华素

→固相 → 干燥 → 粉碎 → 米糠营养纤维

3. 设备与投资

米糠精华素、米糠营养纤维和大米淀粉生产的主要设备包括：提取罐、生物反应器、粉碎机、分离机、喷雾干燥机、包装机等。

项目总投资额约500万元人民币。

（五）小麦麸皮开发系列产品

1. 产品特点

小麦麸皮和小麦胚芽中含有小麦90%以上的功能活性成分。小麦麸皮是人类所需膳食纤维的最好来源，已知戊聚糖是其中主要的功能性多糖，以小麦麸皮为原料生产的可溶性戊聚糖和不溶性膳食纤维，前者具有显著的抗氧化、降脂功能，后者具有良好的改善肠道环境、通便功能，均可作为制作特殊保健功能食品的原料。

小麦胚芽则因富含微量矿物元素、维生素、生物酶等功能性成分而被称之为人类的“天然营养宝库”，是生产高档保健食品的重要资源。以小麦胚芽生产的即食麦胚片和麦胚保健饮料，具有天然谷物清香、营养保留比较完全、品质稳定等特点，是质量极佳的方便保健食品。

2. 产品生产工艺

利用小麦麸皮生产可溶性戊聚糖和不溶性膳食纤维的基本工艺流程如下所示：

麸皮→预处理→粉碎→浸提→固液分离

→上清液→酶法除淀粉→乙醇沉淀→离心→干燥→可溶性戊聚

→固相 → 干燥 → 粉碎 → 不溶性膳食纤维

以小麦胚芽为原料生产即食麦胚片和麦胚保健饮料的工艺流程为：

胚芽→清理→灭酶→轧片→干燥→调配→即食麦胚片

→生物浸提→均质→调配→杀菌→灌装→麦胚保健饮料

3. 设备与投资

以小麦麸皮和小麦胚芽为原料生产可溶性戊聚糖、不溶性膳食纤维和即食麦胚片、麦胚保健饮料等产品，主要设备包括：挤压机、提取罐、生物反应器、滚筒干燥机、粉碎机、胶体磨、分离机、饮料灌装机、包装机等。

项目总投资约650万元。

4. 市场前景

中国目前对麦麸、麦胚的开发利用同国外相比较处于落后水平，市场上出现的谷物纤维、小麦精华素等多为进口产品，售价不菲。利用麦麸、麦胚生产高档食品，潜在市场广阔，前景良好，而且技术完全成熟，风险小，投资不多、见效快。

（六）叶蛋白开发项目

1. 叶蛋白开发项目概述

叶蛋白是从新鲜牧草或作物的叶、茎中提取出来的一种植物性蛋白质。因其来自天然牧草或作物，因此，具有安全、可靠等特点。叶蛋白氨基酸成分组成齐全，含量丰富，必需氨基酸如赖氨酸、蛋氨酸、缬氨酸、亮氨酸、异亮氨酸、苯丙氨酸、酪氨酸和苏氨酸等含量很高，是理想的优质蛋白源，是食品工业和畜牧业的绿色蛋白质添加剂。

国外由英国最早开始对制取叶蛋白技术进行了研究，并很早就建立了提取叶蛋白的工厂；匈牙利于1973年也成功地研究出了用苜蓿提取叶蛋白的工艺；1975年美国又研究出了提取叶蛋白的新工艺，并建成了世界上第一座生产叶蛋白浓缩物的工厂。此后，前苏联、法国、澳大利亚、日本等国家也先后开发了包括从新鲜牧草、树叶和农作物中制取叶蛋白的工艺技术和机械设备。目前澳、美、法、新西兰正加快研究与开发，美国已制成苜蓿蛋白含量90%的产品应用于食品，并形成一定规模的产业。

中国对利用新鲜牧草提取叶蛋白的技术研究始于20世纪80年代中期，主要集中在制取方法和工艺的建立及改进上，对于提取机械及提取后形成的副产品的利用等方面的研究报道较少，同时叶蛋白的制取及利用技术仍相对落后。

2. 叶蛋白开发项目的经济、社会及生态学意义

（1）丰富蛋白质资源库中的蛋白质种类

长期以来，人们以粮食(籽食)为主要食物来源，对具有更大生产量的“植物叶”，并未引起足够的重视和注意。开发以叶为原料的产品，能够提供新的饲料和食品来源，对缓解粮食和饲料短缺将起到不可估量的作用。植物是蛋白质的丰富来源，植物叶是自然界最丰富的有机材料之一，以北方的大白菜为例，每年的产量都以数百亿吨计，如果以此为原料制取叶蛋白，不仅能够解决卖菜难、贮藏难的问题，而且更为主要的是开辟了蔬菜应用的新领域。

（2）缓解畜牧业中蛋白质饲料不足的矛盾

随着中国传统畜牧业向工厂化、现代化畜牧业发展步伐的进一步加快，蛋白质饲料的缺口越来越大，矛盾也越来越突出，如紫花苜蓿叶蛋白中所含的必需氨基酸与联合国粮农组织、联合国卫生组织推荐的必需氨基酸需要模式极为相似，与进口的秘鲁鱼粉相当，优于豆饼。据研究，将其7%～9%浓缩蛋白质配入猪、鸡饲料中，可节省25%～30%的大豆类饲料。如饲喂70千克的生长育肥猪，则可代替全部鱼粉。

（3）提供绿色、安全的蛋白质

值得注意的是，由于欧洲疯牛病的泛滥，已使畜牧业者对利用动物性蛋白质饲料的安全性心存疑虑，因此，国内外都在积极寻求、开发安全性高的蛋白质饲料资源。从新鲜植物汁液中提取的叶蛋白质，属于真正绿色的食用或饲用深加工原料产品，其蛋白质结构中的必需氨基酸齐全，质量优于粮谷类蛋白质。

另外，由于植物叶富含蛋白质、维生素、微量元素，一般牧草中叶蛋白质含量占干物质的20%左右，同时植物叶产量比籽实要高得多，如能充分利用这一资源，其意义怎样估计都不为过。

（4）调节饲草生产的季节性矛盾，改进饲草加工工艺

由于牧草生产的季节性强，在牧草生产旺季，大量鲜草家畜吃不完，如因保管不当使鲜草变质或错过最佳青贮、青干草调制的收割期，会造成宝贵的牧草资源浪费。叶蛋白生产是充分、有效利用这一资源，错开收割季节的有效途径之一。

自从1931年法国开始对苜蓿进行烘干脱水加工，以提供经济的饲草营养源以来，饲草产品的加工逐渐扩大，产品品种也逐渐增多，成为饲料工业中的重要组成部分。随着叶蛋白制取工艺发明和不断改引进，饲草加工工艺也发生了重大变化，由原先的快速烘干生产全株草粉，改变为先榨汁，之后汁、渣分两类加工，制取叶蛋白和加工草粉、草颗粒。

（5）人类直接食用的优质食物原料

叶蛋白可消化率一般达80%以上，富含赖氨酸、胡萝卜素等营养物质。在生物学价值方面与牛奶相似。按食品卫生要求进行深加工，从严提高纯度，将是我国人民生活中极重要的优质食物原料。

叶蛋白是最为理想、安全的营养源。据报道，在印度已用叶蛋白制成糖果类儿童食品，美、日有些厂家制成了叶蛋白果汁饮料。国内有些营养专家认为，叶蛋白是最好的减肥食品。

在食品工业中，对于功能性添加剂需要了解其物理、化学等特性，以便强化所生成食品的品质。目前，国内生产的大豆分离蛋白的功能性还不能完全达到食品生产的要求。植物叶蛋白的特殊结构，使其凝胶性、乳化能力、溶解分散度和发泡等功能特性远比大豆分离蛋白要好，是一种非常有潜力的食品添加剂资源。

（6）减轻环境污染

植物叶含有丰富的营养成分，但除少量蔬菜类植物外，一般植物叶均被遗弃，腐烂甚至焚烧，成为环境污染和引发火灾的主要因素之一。制取叶蛋白不但能变废为宝，而且也可以保护环境。

3. 叶蛋白开发项目的技术路径

（1）适合于叶蛋白提取的牧草品种

几乎所有的农作物、牧草、绿肥鲜叶都可作为提取叶蛋白的原料。为保证提取的叶蛋白的质量和产量，一般选择以下蛋白质含量高，叶片多，不含有毒成分和胶质、粘性物质的作物叶片作为原料，即：豆科牧草、禾本科牧草、豆禾混播牧草、苋菜、萝卜、向日葵、蔬菜茎叶以及树叶和水生植物。

（2）提取叶蛋白的设备

要获得叶蛋白，必须采取有效的办法破坏细胞壁，压榨取汁前要进行打浆，打浆的方法和效果对叶蛋白的提取率有较大的影响。打浆的方法有三种：碰撞、切割和应用不同的压力装置。从能耗效率考虑，使用以碰撞为主的锤片式粉碎机效率比较低，切割打浆是较为节能的一种方式。但由于碰撞对细胞的破碎程度大，因此，多数叶蛋白生产厂使用以碰撞为主的锤片式粉碎机。粉碎打浆好坏直接影响叶蛋白的提取率，是叶蛋白生产的主要设备，中国现已定型的粉碎机、打浆机的类型较多，主要是：

● 93D-324型捣泥机

93D-324型鲜草捣泥机主要用于加工鲜草，是将鲜草捣成泥状的一种新型机械。该机采用了对牧草进行撞击、揉搓和剪切三种力共同作用的原理，使牧草能够在完全不加水的情况下捣碎成泥状。用于叶蛋白提取生产设备中的叶破碎工序。该机的总重量(含电动机)约200千克，配套动力为5.5千瓦三相电动机，生产效率不少于200千克/小时。与国外(英国)叶蛋白提取设备中的叶细胞破碎机相比，具有较好的通过性，破碎效果更好，能耗低。华南农业大学农械厂已有批量生产。

● 93RJ-40型打浆机

它是在93RC-40型秸杆揉碎机的基础上改进设计的。在完全不加水的情况下，能有效地将物料破碎成为细碎的浆状物。试验样机主要是为提取叶蛋白而设计的，它可用于青绿多汁物料的打浆。

● 卧轴盆池式青饲料打浆机

盆池式青饲料打浆机主要由转子、盆池、轴承座架、机盖、机架和传动装置等组成。盆池是一个椭圆形的池子，用钢板焊成，也可用水泥砌成，沿纵长方向中间有一隔板(或隔墙)，把盆池分隔成浆水可作环形流动的池。池底向一端有一定坡度。在池底一端设有排浆管。转子由轴、刀座、挡水片和6把刀片组成。

每把刀片用两个螺栓固定在与主轴焊合在一起的刀柄上。刀片分3组对称排列。轴承座架由两个梯形架和一个空间方柜组成。机盖由盖、手把、铰链和压紧板组成，它的作用是确保安全，防止浆液溅出，故应与盆池严密配合，以免漏浆。

4. 叶蛋白提取方法及工艺技术

叶蛋白提取的工艺流程如下：

叶片选择→切碎打浆→压榨过滤→滤液分离→干燥→浓缩叶蛋白→贮藏

提取工艺包括3个关键性环节：破碎打浆及压榨取汁、叶蛋白的絮凝及分离、叶蛋白浓缩物的干燥。各环节工艺方法的选定及相应的前处理方法，对叶蛋白的提取率及质量均有较大的影响。

（1）原料的选择

用于提取叶蛋白的饲草要适时收割，一般收割原料的时期最好选在饲草发育期结束前或花期开始时。过早收割饲草的含水率及蛋白质含量较低，过晚收割则纤维素、木质素等物质逐渐形成和积累，蛋白质含量降低。通常植株越柔嫩，含水量越高，打浆过程中细胞就越易被破碎。叶片要新鲜，收割后要尽快加工。

（2）破碎榨液

● 碎叶打浆

碎叶打浆是利用相应的机械设备将原料叶破碎成浆，然后将汁液轻轻挤出的过程。叶蛋白由细胞质蛋白和叶绿体蛋白组成，主要分布于饲草叶片的细胞质中。因此，必须破坏细胞结构，才能把叶蛋白充分释放、提取出来，将原料叶切碎后，装入打浆机中打成匀浆。打浆分为干法打浆和湿法打浆两种。一般用于叶蛋白提取采用湿法打浆较为理想，叶蛋白产量较高，但湿法打浆比干法打浆出汁量增加了3倍，使后续工艺榨汁、絮凝、离心等处理过程费工费时，能耗增加很多。可按1:0.9的质量比加入自来水。打浆是提高出汁率的关键。

● 榨取汁液

就是将浆液装入压榨机中，挤压出绿色汁液。为把汁液从匀浆中充分榨取出来，压榨前也可加入5%～10%的水分进行稀释后挤压，然后过滤。在实际生产中，常常是粉碎、压榨和过滤在一机内完成。

浆液挤压过滤注意机型的选择，一般选用螺旋挤压机，亦可用滚筒式挤压机。

（3）叶蛋白的絮凝分离

叶蛋白的沉淀、分离是最关键的工序，根据不同的方法可得到细胞质蛋白和叶绿体蛋白。从汁液中将叶蛋白凝固分离出来，通常采用以下几种方法：

● 加热法

滤液中不同的蛋白质，其凝固温度也不同，一般采用蒸气加热，当温度达70℃左右时，叶蛋白开始凝固和沉淀。为使叶蛋白从汁液中尽量凝固分离出来，可分次加热，第一次加热到60℃～70℃时，快速冷却至40℃，滤出沉淀，主要是绿色叶蛋白，之后再加热至80℃～90℃，并持续2～4分钟，第二次凝固出的主要是白色的细胞质蛋白，并使有关的酶类钝化。加热汁液所得凝固物的结构较硬，容易过滤。多数滤液中的叶绿体可以通过添加磷酸盐或丁酸等极性溶剂后高速离心；或先使滤液稀释，然后低速离心，或在成浆前将收获的绿叶和醚接触使其在原处凝固等手段加以分离。

● 加碱法

用氢氧化钠(NaOH)或氨水(NH3・H2O)溶液与滤液混合，使滤液的pH值达到8～8.5，然后立即加中热，使叶蛋白凝固。

● 加酸法

用盐酸(HCl)溶液调整滤液的pH值到4～6.4，利用等电点原理，使叶蛋白析出。酸化作用的沉淀物质地柔软，较难用过滤器处理。据报道，用我国北方腌制泡菜后的泡菜水作为母酸，提取高秆菠菜叶蛋白，提取率为40%～44.97%，可获得很好的效果。

泡菜水的制备：将大白菜洗净，放人已清洗消毒的泡菜坛内，添加凉开水浸没，自然发酵5天(室温27℃左右)，就可得到pH值4～3.6的泡菜水。

● 发酵法

将接种乳酸杆菌的滤液在缺氧条件下发酵48小时左右，利用乳酸杆菌产生的乳酸使叶蛋白凝固沉淀，pH值为3.7～3.9时沉淀效果较好，pH值小于3.6或大于3.9时，虽然沉淀物中有较多的叶蛋白，但絮凝速度太慢，絮凝物松散，不适于工业化生产。用德氏乳酸杆菌发酵淀粉糖化液对高秆菠菜滤液进行叶蛋白沉淀，提取率为35.3%～43.5%。

德氏乳酸杆菌发酵液的制备：称取可溶性淀粉150克，加蒸馏水600毫升，将其加热至50℃～75℃；加入淀粉酶2克、氯化钙($CaCl_2$)2.5克，在此温度范围内保温3.5小时，然后加水稀释至18～20倍；加入适量德氏乳酸杆菌(1.2027)菌液，在30℃条件下保温26～40小时，得到pH值4～3.6的发酵液。

（4）叶蛋白的浓缩干燥

刚提取的叶蛋白浓缩物呈软泥状，必须及时进行干燥。可采用多功能水分蒸发器、喷雾干燥机或其他形式的空气干燥机进行干燥。在干燥时，为防止腐败，可加入7%～8%的食盐或1%的氧化钙等。干燥到含水分20%～30%时，可再次干燥粉碎，即形成成品。成品中一般含蛋白质约60%，高度不饱和脂肪酸为20%～30%。实践证明，从原料收割到制成叶蛋白成品的加工过程所用的时间越短，叶蛋白饲料的产品率越高，其蛋白质、维生素等营养成分的含量也越高。

（5）提取过程中蛋白质含量的变化

新鲜饲草经切碎打浆过滤，形成浆液和草渣，这时粗蛋质的损失为1.8%左右，损失的叶蛋白质有1.37%左右遗留于草渣中，0.43%遗留于打浆机或滤布等器具上。从滤液凝固到叶蛋白析出，粗蛋白质损失为0.4%左右，其中上清液带走0.2%，其余可能损失在离心机容器的器具中。

5. 叶蛋白的分类提取

叶蛋白提取率随原料种类的不同及凝固处理方法的不同而差

异较大。一般豆科牧草的叶蛋白含量相对较高，应是叶蛋白提取的主要饲草。

（1）串叶松香草和紫花苜蓿叶蛋白提取技术

串叶松香草提取叶蛋白以酸化加热处理最佳，提取率可达11.4%；直接加热处理次之，提取率为9.41%；碱化加热处理最低，提取率仅2.56%。紫花苜蓿叶蛋白的提取率，也以酸化加热处理最高，达23.18%；碱化加热处理的提取率次之，为18.9%；而直接加热处理的提取率仅为15.05%。紫花苜蓿的提取效果，几乎是串叶松香草的2倍。因此，利用串叶松香草提取叶蛋白时，最好采用酸化加热处理或直接加热处理的方法；利用紫花苜蓿提取叶蛋白时，宜选用酸化加热处理和碱化加热处理方法。

（2）鲁梅克斯叶蛋白提取技术

鲁梅克斯属于蓼科植物，主要以生产鲜叶为主，鲜叶产量每667平方米高达15000千克。干叶蛋白质含量为28%~34%，并有酶活性的蛋白质，也有少量其他蛋白质成分。可采用直接加热法提取叶蛋白，也可按照植物油料蛋白和动物奶蛋白生产工艺提取叶蛋白，并通过结晶法进一步提高纯度。

（3）苋菜叶蛋白提取技术

苋菜为苋科一年生草本植物，其叶片肥大，蛋白质含量较高，单析植株叶片比重，适合提取叶蛋白。苋菜提取叶蛋白用加碱提取法较易成功，第一次加热温度应控制在50℃~60℃，剩下的乳液则再加热到64℃~82℃。浓缩物经过干燥后就得到最后产品。

提取苋菜叶蛋白的工艺流程是：新鲜苋叶→切碎打浆→过滤→加碱析出→叶蛋白粗湿物。

【附：农产品加工业项目开发设计】

天然苹果酥片生产加工开发建设方案

〔项目设计背景〕　本项目方案是为大连天立农业开发有限公司出口苹果生产基地建设而设计的一个配套项目建设方案。目的在于提高苹果资源的利用效率及效益，使一些无法以鲜食苹果出口的等外及残次果得到有效开发利用，同时使公司的客户及营销网络资源等的利用程度提高到极致水平。

一、项目总论

（一）项目简介

1. 项目产品

主产品：苹果酥片及酥粒、酥粉

副产品：苹果饮料——“五汁饮”

2. 项目建设内容、进度及地址

项目建设Ⅰ期工程引进、建设苹果膨化产品生产线10条，竣工投产后继续扩建40条生产线。项目计划建成拥有50条主产品生产线的中、大型苹果加工厂。

项目建设地点：大连市郊区

3. 项目设计规模：

（1）产量：苹果酥片及酥粒：＞4000吨/年，其中Ⅰ期工程800吨/年

苹果饮料：>15000吨/年，其中Ⅰ期工程3500吨/年

（2）原料消耗：鲜苹果4.8万～6.0万吨/年

（3）占地：13.6万平方米（13.6公顷，即204中国亩）

（4）房屋建筑总面积：68000平方米，其中Ⅰ期工程14700平方米

（5）投资总额：24168万元人民币，其中Ⅰ期工程5230万元

（6）销售收入总额：＞52680万元人民币/年

（7）农业增加值：＞32000万元/年

4. 项目原理

（1）苹果酥片、酥粒、酥粉：以新鲜苹果为原料，采用低温微波膨化技术制成。产成品具有低脂肪、低热量、高纤维，钙、磷、铁等矿物元素和胡萝卜素、V_C、V_{B_1}、V_{B_2}等维生素含量丰富，浓缩了苹果的原有风味，苹果的原有营养物质未受损坏。

（2）苹果饮料：以加工酥片的废弃物苹果皮、苹果核为主要原料，辅之以其他纯天然果蔬和食药两用植物，在清宫"五汁饮"配方基础上，应用新兴技术、设备、工艺精制而成。饮品口味纯正、鲜美，具有生津止渴、清喉利咽、除烦清心、开胃醒脾和较强的解酒作用。

（二）项目建设的必要性和意义

1. 拓宽苹果消费渠道，增加市场对苹果的需求总量

中国是世界苹果生产大国，苹果栽培面积和产量均居世界首位。

大连及其周邻地区是中国苹果的主要集中产区之一，近年来的苹果鲜果总产量逐年快速增加，目前大连市的年鲜苹果总产量已接近70万吨，预计到2010年前后将达到80～90万吨。

中国苹果至今仍以鲜食为主，用于加工部分的比重极低。随着苹果产量的继续大幅、快速度增加，由于苹果鲜食消费市场容量增长的有限及相对缓慢，加上因人民币不断升值对苹果出口形成的不利影响，中国苹果生产与鲜食消费之间的矛盾将趋于尖锐、激烈，亟待寻找新的出路。对苹果进行加工，生产多样化的苹果加工食品，是无可回避的一种选择。本项目即属于这样一种选择。

2. 提高苹果的果品利用率

苹果生产过程中形成的大量残次果，目前大多作为无用之物

而被抛弃，或低价销售用于低价值的加工利用，从而无法作为产品实现其应有的价值。如何利用这一部分产出，使其应有的价值得以实现，是苹果生产需要加以解决的另一重大问题。本项目不但可以使无法进入鲜果消费市场的残次果得到充分的利用，提高果园产出苹果的利用率，增加果农收入，而且生产苹果酥片形成的果皮、果核也能够得到有效使用，将苹果的利用效率发挥到极致的程度。

3. 促进农产品附加值的不断提高

发展农产品精深加工业，促进农产品的有效增值，是当代经济与产业发展的基本趋势之一。经济发达国家早在20世纪80年代末期食品工业增加值与农业增加值的比例，美国即已达到1.07:1，日本为0.85:1，法国0.88:1，而我国目前的这一比例仅为0.12:1。加快农产品加工业发展，促进农产品的附加值的不断提高，是中国涉农产业急需解决的一大课题。

4. 推动食品的升级换代

由于人们收入水平的快速提高，引起人们消费观念的深刻变化，社会对“营养、健康、安全”食品的普遍追求，对于新型食品的开发与生产即是一种机遇，也是一种挑战。本项目完全符合21世纪人们对“营养、健康、安全”食品追求的高标准，是有效替代现有同类产品的一种重要产品。

（三）项目建设的基本条件

1. 产业基础良好

大连是“苹果之乡”，项目所在地是大连的苹果集中产区之一，所产苹果不但数量大，足以保证项目生产所需苹果的就地充分供应，节约原料的运输费用，降低产成品的生产成本，而且苹果品种丰富、自然品质及其加工性能良好，所产食品从口味、色泽到形状，均优于运用其他地区苹果所生产的同类食品，使项目产品进入市场后具有价格、质量等方面的竞争优势。

2. 区位优势突出

大连地处沿海，陆、海、空交通极为方便，是中国北方地区进出口贸易和国内贸易物流、信息的重要集散地之一。项目所在地，距大连驱车不到2小时路程，食品生产的周边自然生态环境条件、社会经济与交通条件等优势明显，既能保证所产食品的卫生、安全，产成品的运输和对外销售也方便、有利、易于进行。

3. 企业基础良好

本项目建设单位——大连天立农业开发有限公司，长期从事以苹果为主的水果进出口贸易业务经营，不但具有从事食品市场开发与营运的丰富经验，在国外建有比较发达、通畅的水果食品经（代）销商网络系统和在国内已形成了一个高效的水果采购网络系统，能够为本项目建成投产后的市场开发及产品营销提供方便条件，而且还可以方便地使用企业现已建成投放使用的大型水果储藏库，满足项目生产原料储藏的需要，节省项目新建原料仓储库投资。

4. 同国家鼓励产业发展的政策方向相吻合

本项目系农产品精深加工项目，既同国家鼓励发展农产品深加工的产业政策方向及其相关规定相一致，也与当前人类食品升级换代要求相适应。

二、项目建设背景与市场预测

（一）国内外食品发展趋势及其加工技术

1. 食品发展趋势

天然、营养、安全、卫生、低脂肪、高纤维、低糖分和低盐分，是当代人类食品发展的一个基本方向，被认为是“21世纪人类食品”应该具有的一些最为基本的特征。

食品发展的这一基本趋势，目前在美、日、欧等发达国家和地区已初露端倪。凡具有上述特征或属性的食品，近年来在国际市场上均迅速走俏，需求不断扩大，价格一路上扬。

2. 食品加工技术趋势

同世界食品发展趋势相对应，食品加工技术也呈现出以下的发展特征及趋势：

（1）尽可能地保存被加工物料的天然性及其营养成分，通过特殊工艺，防止和避免被加工物料在对其进行加工的过程中出现营养物质的流失、氧化、降解现象，最大限度地保证被加工物料原有营养物质及其结构不受损坏。

（2）严格控制可能的污染物进入食品加工过程，防止因二次污染而对加工食品造成的污染。

（3）加工过程中不产生任何新的有害物质，不对食品的安全性造成损害或降低，等等。

3. 项目技术及其产品特色

本项目采用的果蔬真空微波膨化技术，符合食品加工技术的发展趋势及其要求，是继油炸、真空油炸之后的第三代新兴食品加工技术。所产食品完全符合当代食品发展的趋势及要求，最大限度地保持了被加工物料的初始性及其营养成分，是最接近鲜苹果的一种制成食品。

本项目所生产的苹果膨化食品，具有以下方面的突出特点：

（1）苹果的原有特性及营养成分得以保持，浓缩了苹果原有的色、香、味，是最接近天然的一种制成苹果食品。

（2）加工过程不加入任何的合成添加剂及其他化工物质，产成品符合食品的卫生、安全标准，无任何化学污染。

（3）产品属水果类方便食品，符合人们食品消费上的“方便、营养、易保存、易携带”要求，使人体必须从水果中获取的营养成份不吃鲜果也能从消费本项目产品中得到，从而克服了必须鲜食水果而鲜果又难以保存的缺陷。

（4）苹果所具有的富含钙、磷、铁等矿物元素和V_C、V_{B_1}、V_{B_2}及胡萝卜素等维生素的特性未变，是儿童的最佳食品之一。

（5）产品既可作为休闲食品、旅游食品，而且也可将其制成颗粒或进行超微粉碎，与牛奶、奶粉、麦片等一起食用，作为配餐或增加营养的基料，或作为加工其他食品的高价值营养基料，等等。

（二）苹果食品加工现状及其发展趋势

发展苹果加工业，生产与鲜食苹果比较，风味及消费方式各异、更易保存、更方便食用的苹果加工食品，是苹果产业发展的重要方向之一。目前，发达国家如美、法、英等国的苹果加工量已占到其苹果总产量的30%。中国目前的苹果加工业仍处于落后状态，突出表现：

一是加工量小，全国苹果加工量仅占总产量的10%左右，同美国、英国、法国等国家相比较，低20个百分点以上；

二是加工品种单一，主要限于生产浓缩果汁，用作浓缩苹果汁原料的苹果量占全国苹果加工总量的90%以上，除此之外的其他苹果加工品，包括苹果鲜榨汁、苹果汁饮料、苹果酒、苹果醋、苹果酱（泥）、苹果脯、澄清型苹果汁和苹果脆片（油炸、非油炸）等等，都均未形成大的规模；

三是加工的技术水平、质量等，同发达国家比较，还有相当大的差距；

四是产业化体系不够健全，产、销环节脱节，研发力量薄弱，重生产，轻营销，轻研发，对市场及新产品、新技术研究太少，对产品销路和消费者的消费偏好、口味习惯以及国内外市场的变化趋势等，知之甚少，产品开发和市场开拓能力不强，品牌意识差，至今未能形成具有国际竞争力的产品品牌，等等。

采用低 温真空膨化技术生产的苹果加工食品，作为一种继油炸果蔬脆片、真空油炸果蔬脆片之后、应用前景极为广阔的第三代新兴食品，其有效发展，不只是有助于改变苹果加工食品品种单一的不合理状态，而且在增加苹果的加工量、改进和提高苹果食品加工技术的水平与质量等方面，均具有十分重要的意义，是苹果加工产业发展的重要方向之一。

（三）项目市场预测

1. 国外市场

水果是人类获取其身体所需营养的一个重要来源，目前，世界平均的人均水果消费量已达60多千克/年以上，发达国家如法国的人均水果占有量甚至已超过160千克。目前，世界水果消费的鲜食比例日趋减少，已只占水果消费的40%左右，水果消费的60%都是通过消费其精、深加工产品来实现的，如果汁、果酱等。但果汁、果酱等水果加工品的一个重要缺陷是，水果的天然性已荡然无存，其营养成份已遭到重大破坏，并不符合现代食品发展的趋势和要求。

采用真空高压或微波膨化技术对水果进行加工，所产食品既保持了被加工水果的初始性及其营养成分，其特有的色、香、味依然未变，是最接近天然的一类水果加工食品，而且可广泛用作休闲、旅游食品和用于制作饮料、面包、蛋糕等食品的配料。因此，国际市场上近年来对膨化水果食品的需求快速增加、扩大，销价一路上扬。2002年，国际市场对膨化水果食品的年需求量约为5万吨，价格约8000美元/吨，2004年增加到8万吨/年和10000美元/吨，目前的市场需要量已超过10万吨/年，价格也已在15000美元/吨以上。

从膨化水果食品的生产与供应情况看，目前国际市场上的膨化食品绝大部分源自中国台湾和新加坡等少数国家和地区，供不应求现象及态势明显。

2. 国内市场

中国从1989年开始研究和试验发展果蔬真空膨化食品生产技术，获得成功，先后投资建设了十几条水果（主要是苹果）膨化食品生产线。由于建设单位企业规模小、市场开发与营运能力低，或因为其他原因，这些生产线建成后大多处于闲置状态，目前只有河北深州东方集团公司建设的5条生产线处于运营的良好状态。该公司2005–2006生产年度的苹果膨化食品销售额已超过1亿人民币，成为河北衡水地区为数不多超亿元产值收入的重要企业之一。

河北深州东方集团公司生产的苹果膨化食品几乎全部用于出口，仍无法满足国外客商的订货需求，因此，国内仅在北京、上海等少数几个特大型城市的大型超市时有该类产品的少量销售，国内其他市场的苹果及其他水果膨化食品销售仍是一片空白，亟待开发。

由于市场对苹果膨化食品的需求不仅量大，而且以超乎寻常的速度增长，因此，已尝到该产品生产甜头的河北深州东方集团公司，目前已开始在现有工厂扩建5条苹果膨化食品生产线的同时，在北京密云县动工新建10条生产线。东方集团公司的目标是，在近3～5年内建成拥有50条生产线，年苹果膨化食品产量超过4000吨的大型苹果膨化食品生产企业。

【结论】 本项目产品的国内外市场潜力大、增长速度快，不但从长远看，极具开发的前景及意义，而且目前正处于供不应求的紧俏状态，市场易进入，投资完成后即可进入正常的市场营运期。

三、项目技术来源及其特点

（一）技术来源和知识产权

1. 技术来源

本项目主产品“苹果酥片”和副产品“苹果饮料”——“五汁饮”的加工生产技术出自于天津市食品研究所，是该所研发人员经过长时间的研究、试验发展而获得的两项专有技术。

天津市食品研究所成立于1958年，长期从事食品科学及其加工技术方面的研究与试验发展和食品科技研发成果的转让、推广及技术服务等业务活动，先后承担过不少国家、部、市（直辖市）级的重大、重点攻关项目，其中“动物脂脱除胆固醇及其粉末化技术”、“肉物流冷链串联关键技术”、“酶法生产核苷酸技术”、“果蔬低温真空微波膨化技术”等研究项目在技术上取得了重大突破，得到食品科技界和产业界的普遍认可。天津市食品研究所的科技研发成果应用遍及国内26个省、直辖市、自治区，涉及260余家企业，成果应用的企业经济、社会效益显著。

本项目建设单位同天津市食品研究所已达成本项目技术转让合作意向。

2. 技术知识产权及其获取办法

本项目投资建设单位通过与天津市食品研究所订立的技术转

让协议（合同）获取本项目的特定技术。

天津市食品研究所依据其技术转让协议（合同）的约定，赋予本项目投资建设单位使用其专有的本项目技术生产和销售协议（合同）产品的权利，并为本项目投资建设单位提供本项目技术的所有资料以及项目建设过程中和项目建成投产后的技术指导与服务。

【结论】本项目技术的知识产权清晰，技术提供方的技术提供及其技术服务能力和商业信誉良好，项目建设单位获取项目技术的办法合理。项目建设所需技术有可靠的保证，项目技术使用不存在或不会产生任何的实质性争议。

（二）技术特点

1. 苹果酥片及酥粒生产技术

本项目主产品苹果酥片及酥粒生产采用的低温真空微波膨化技术，为天津市食品研究所独创，具有不同于国内其他科研单位已研发成功的现有同类型技术如果蔬低温真空高压膨化技术等的突出特点和优点，主要是：

（1）生产设备、工艺技术性能稳定，运行安全、可靠，易操作、易控制；

（2）核心设备投资少，低于其他同类技术的设备投资；

（3）所产产品的内在品质、加工品质及其商品质量等优于其他同类型技术，加工过程中对苹果原有营养物质的损坏最轻，产品外观、色泽、形状最优，等等；

（4）技术成熟性程度最高，是国内同类技术成果中唯一已有批量化、规模化生产成功典例的一项技术成果。

此外，本项目技术除加工苹果酥片及酥粒外，也可广泛用于加工生产其他水果、蔬菜、肉类、水产品类酥片或粉剂，形成风味食品产品系列。

2. 苹果饮料——“五汁饮”生产技术

本项目副产品苹果饮料——“五汁饮”生产技术，其配方、工艺及其原料选择、产品口味、饮用后形成的营养效用等，也独具特色，与目前市场上的其他饮料食品截趣相异。

（三）设备技术及其来源

本项目的主要设备预干燥机和膨化机分别从常州市星干干燥设备有限公司和上海博奥微波能设备有限公司购入。

上述两家公司分别生产的预干燥机和膨化机质量可靠，目前国内苹果膨化食品生产主要厂家的预干燥机和膨化机，均由该两家公司生产并提供，使用效果良好，完全符合技术设计的要求。

四、项目建设与经营管理组织

（一）项目建设管理组织

为保证本项目开发建设的顺利进行，本项目建设单位——大连天立农业开发有限公司在其内部下设“苹果深加工项目建设指挥部”（以下简称“指挥部”），负责项目开发建设的投资预算与融资策划、物资采购与供应、施工的组织管理与协调等方面的职能工作。

指挥部“总指挥”由天立农业开发有限公司总经理兼任，下设“副总指挥”1人，由天立农业开发有限公司总经理委任，在总指挥的领导下，负责项目开发建设的日常组织与管理工作。

指挥部下设以下职能工作部门：

1. 办公室

办公室在总指挥的领导下开展工作，负责指挥部的日常办公管理和公共关系建设及其事务处理方面的职能工作，具体包括：

（1）项目开发建设过程中有关组织与管理的信息收集、整理与传递；

（2）指挥部办公制度的建立与实施组织，日常办公秩序的维护与管理；

（3）指挥部法律事务办理，文件、信函的制作、收发与管理；

（4）指挥部公共关系建设，对外联络、接待等事务处理与办理；

（5）指挥部办公用品购买、供应与保管；

（6）指挥部行政、庶务事项办理与处理，包括车辆管理、调度安排、保安、后勤保障，等等。

办公室设主任、办事员各1人。办事员在主任领导下开展工作，主任在总指挥领导下开展工作。

2. 企划部

企划部在副总指挥的直接领导下开展工作，负责项目开发建设计划安排、投资预算与融资策划、技术引进事项处理、设备采购、市场开发等方面的职能工作，具体包括：

（1）项目开发建设计划及进度安排；

（2）项目投资预算与融资策划；

（3）项目商业计划；

（4）技术引进、设备采购事项办理与处理；

（5）市场调研，产品营销策划和商务关系网络建设，等等。

企划部设企划经理、市场经理各1人。市场经理负责企划部技术引进、设备采购、市场调研、商务关系网络建设等方面的业务工作，企划经理负责企划部的日常事务处理和项目建设的各项策划、计划及谋划工作等。

3. 工程建设管理部

工程建设管理部在副总指挥的直接领导下开展工作，负责项目施工监督与协调、管理方面的日常工作，具体包括：

（1）项目工程施工质量及其建设进度监控与督导；

（2）协调和处理项目建设过程中公司和施工单位与当地政府、社区居民之间的相互关系及其可能发生的各种争端或异议事宜；

（3）协调和处理公司（指挥部）与施工单位之间的相互关系；

（4）项目工程施工秩序的维护和管理；

（5）组织技术、设备引进后的安装、调试和人员培训方面的工作，等等。

工程建设管理部设部长、工程监理、技术经理各1人。部长负责工程建设管理部的日常管理和对内、对外关系的协调与处理工作。工程监理负责项目施工监督和施工秩序的维护与管理。技术经理负责项目建设过程中所涉项目技术问题的处理。

项目建设管理组织结构如下图4～1所示。

项目建设指挥部在本项目建成投产后，自然终止其存在，相关后续职能转由大连天立农业开发有限公司所设立的职能部门承担。

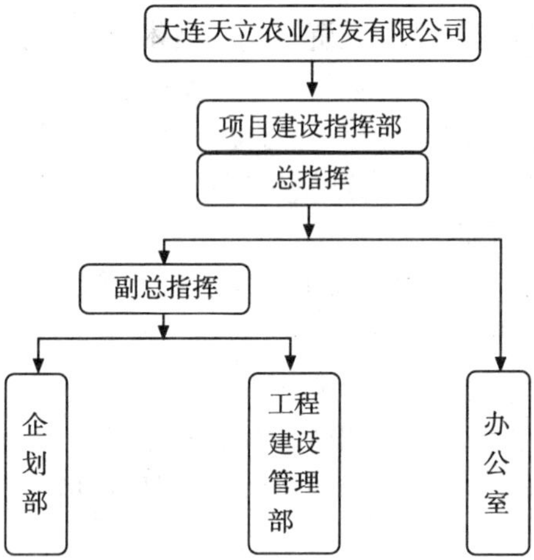

图4–1 项目建设管理组织结构

（二）经营管理组织

为保证本项目建成投产后项目经营的顺利展开和高效运营，本项目建设单位——大连天立农业开发有限公司对其企业的组织形态及结构模式进行以下方面的调整：

1. 改变公司的企业组织形式

即将大连天立农业开发有限公司的企业组织形式由目前的有限责任公司改为集团公司，全称为“大连天立农业开发（集团）有限公司”，并相应地调整其经营的业务范围，使之成为进行控股、参股投资的资本运营实体，有关的具体经营业务交由各分、子公司经营。

2. 设立新的项目业务经营实体组织

新设经营实体组织包括：

（1）大连天立果业开发有限公司，负责水果生产基地开发建设的组织与管理、产品收购、储藏、加工（流通加工）、配送等方面的业务经营活动，为鲜食水果的市场销售和工业加工提供货源保证。

（2）大连天立食品开发有限公司，负责新型食品开发、生产方面的业务经营活动，为加工水果食品市场开发提供产品保证。

（3）大连天立果品销售有限公司，负责鲜食水果及其加工品的国内市场开发与营销方面的业务经营活动，为果业开发有限公司生产的鲜食水果和食品开发有限公司生产的加工食品提供销售保证。

上述新设经营实体组织均以大连天立农业开发（集团）有限公司为主导，吸收其他企业法人或自然人参股共同投资、共同经营，按照规范的公司制企业要求进行组建，与改组后的现有辉煌世纪农业开发（大连）有限公司、山东威海致成食品有限公司一起，成为大连天立农业开发（集团）有限公司控股、参股的下设分、子公司。

3. 改组现有公司

对现有辉煌世纪农业开发（大连）有限公司、山东威海致成食品有限公司，通过大连天立农业开发（集团）有限公司的参股或控股投资，使企业股东及其权属状态发生变化，并调整其业务经营的范围和形态。其中辉煌世纪农业开发（大连）有限公司变成大连天立农业开发（集团）有限公司下设的专营鲜食水果及其加工品进出口业务的专业公司，山东威海致成食品有限公司则成为大连天立农业开发（集团）有限公司下设的负责山东威海地区水果生产基地开发建设、产品收购、储藏、加工（流通加工）、配送等业务经营活动的专业公司。

4. 创新公司经营机制

调整后的大连天立农业开发（集团）有限公司的企业组织机

构模式及其运营机制如下图4～2所示。

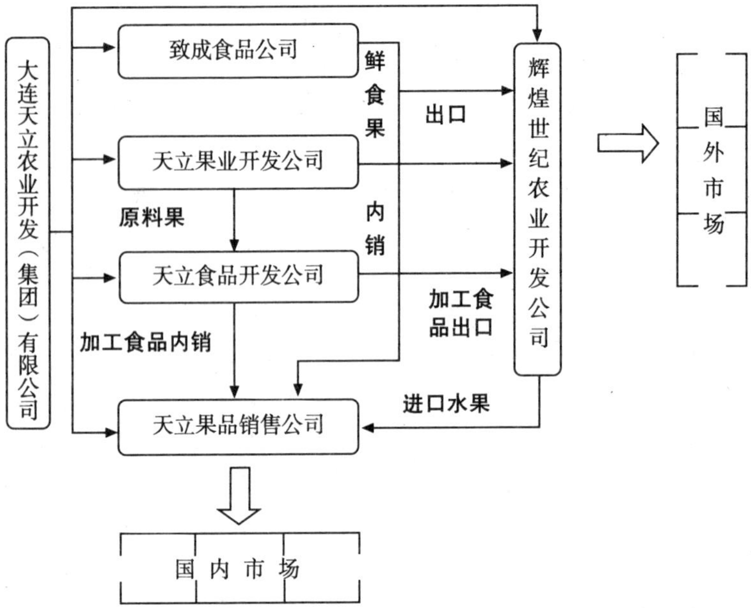

图4-2 大连天立农业开发(集团)有限公司组织结构

集团下属各分、子公司在财务上各自独立核算、自负盈亏，但在业务的经营上相互支持、紧密配合，休戚与共，关联推进，组成一个既分又合的经营有机体。

其机制如下：

致成食品公司和天立果业开发公司负责水果生产基地的开发建设和果品的收购、分级与贮藏，其中的等级水果，由辉煌世纪农业开发（大连）有限公司出口销往国外鲜食水果消费市场，或（和）由天立果品销售公司在国内鲜果市场上销售，残次果进入天立食品开发公司进行深加工。

致成食品公司和天立果业开发公司为辉煌世纪、天立果品销售公司的鲜果销售以及天立食品开发公司的食品加工生产提供货源保证，而后者则为前者提供果品需求保证。

天立食品开发公司生产的加工食品分别由辉煌世纪公司出口销往国外市场和由天立果品销售公司在国内市场上进行销售。

辉煌世纪公司从国外组织进口的水果进入天立果品销售公司的销售渠道及网络，在国内市场上销售。

而大连天立农业开发（集团）公司则通过计划、资金管理、合规的利润转移等各种方法、手段，负责组织和协调下属各经营实体（分、子公司）的业务经营活动，最大限度地发挥集团公司内部的各种潜力，以提高集团公司的整体经济效益和下属各经营实体的经济效益。

（三）人员配备与来源

本项目生产人员面向社会在当地公开招聘，技术人员、管理人员通过公司内部调剂和面向社会招聘两个渠道加以解决，以对外招聘为主。

项目建成投产前，公司聘请有关专家、教授和实践经验丰富的工程技术人员，对本项目的生产人员、管理人员、技术人员进行全面的职业技能培训。所有人员都必须参加培训，经考核合格后，方可上岗。

未经培训或培训后考核不合格的人员，不得上岗。

五、产品市场营销组织与管理

（一）目标市场与销售通路

1. 地域

国外市场与国内市场并重。

国内以经济相对发达、社会收入水平较高的东、中部大型和特大型城市市场为主。项目建成前期阶段，重点进入上海、广州、深圳、厦门、杭州、武汉等高收入城市，在此基础上，逐步形成以下八大销售区域：

（1）以广州为中心的珠三角城市群；

（2）以福州、厦门为中心的闽南地区城市带；

（3）以上海为中心包括杭州、南京在内的长三角城市群；

（4）以武汉为中心包括长江、南昌在内的华中地区城市带；

（5）以北京为中心包括天津、济南、石家庄、太原在内的华北地区城市网；

（6）以沈阳、长春、哈尔滨为中心的东北地区城市网；

（7）以重庆为中心包括成都、昆明在内的西南地区部分城市；

（8）以西安为中心的西部地区城市。

2. 顾客群

以城市高收入阶层和特定的集体消费群体为主要目标对象。其中苹果酥片和酥粒的目标顾客及消费方式具体包括：

（1）高收入家庭、城市白领阶层休闲消费和早上配奶用作早餐的主要食物之一；

（2）儿童零食替代品和正餐配餐消费；

（3）收入稳定、生活水平较高的城乡退、离休人员配餐消费；

（4）特定环境条件下工作、生活的人群，如高山驻军及其他工作单位等。

苹果饮料——“五汁饮”的目标顾客为城乡一般居民。

3. 销售通路

苹果酥片及酥粒的销售通路主要包括：

（1）城市大型超市：沃尔玛、家乐福、好又多等；

（2）高档食品专卖店；

（3）城市专供配送系统。

苹果饮料——“五汁饮”的销售通路为：

（1）城市超市；

（2）城市饮料摊点（店）；

（3）城乡小卖店。

本项目产品的目标市场结构如下图5～1所示。

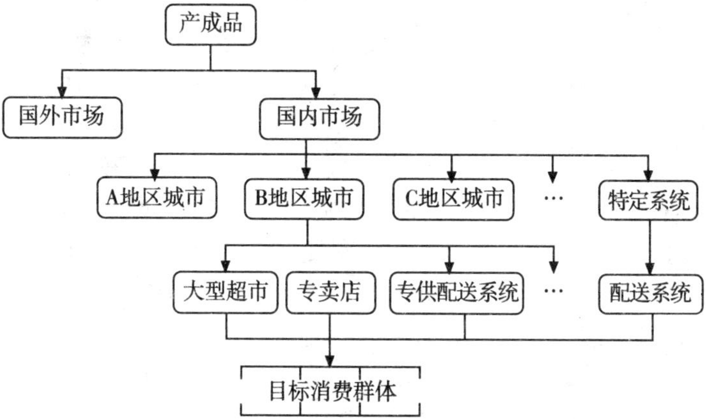

图5-1 项目产品目标市场结构

（二）产品销售组织模式

本项目产品的销售组织模式如下图5～2所示。产品分别由辉煌世纪公司和天立果品销售公司销往国外和在国内市场上进行销售。辉煌世纪公司同时从国外进口水果，进入天立果品销售公司销售渠道及网络，由天立果品销售公司负责销售。其中负责国内市场开发与营销的天立果品销售公司总经理以下分设营销副总经理和销售副总经理两职。

营销副总经理主管市场调研、营销策划、广告与促销等方面的工作，下设市场营销研究经理、营销企划经理和广告与促销经理，分别承担市场调研、营销策划、广告与促销方面的具体职能工作。

销售副总经理负责产品销售与顾客服务方面的工作，下设各地区经理和顾客经理，分别负责所在区域或所在特定系统的产品销售与顾客服务等具体工作。

（三）国内销区经销商组织管理模式

销区经销商，是本项目产品销售组织系统的末端经营组织，对本项目产品生产量和水果进口货物流量的大小、增加与稳定等具有决定性的作用及意义。现代产业经营与市场营销的真谛是："顾客决定企业；创造忠诚的顾客，比创造销售量更为重要，忠诚的顾客比新的顾客更具价值。"这一点，对于本项目的经营与发展来说尤为重要和突出。因此，本项目把加强对销区经销商的开发、培育、发展和管理作为本项目建设与发展的第一要务，以确保项目产品和进口水果销量能够随着其市场的不断扩大而增加，进而推动和促进本项目生产的顺利发展与运行。

本项目销区经销商的形成通过由天立果品销售有限公司在目标地区独资或合资、合作，由目标地区的现有营销企业法人以合作方式进行代理的办法与途径来实现，以现有企业法人的代理为主，辅之以合资、合作的新设办法。

对销区经销商的有效组织与管理，通过以下方式及途径予以保证：

（1）协约机制。天立果品销售有限公司与目标经销商签订规范的、具有法律约束力的合作协议；

（2）利益互惠机制。天立果品销售有限公司为目标经销商提高其经营活动的经济效率与效益提供优惠、方便的条件和各种服务；

（3）经营协调机制。天立果品销售有限公司与目标经销商的经营活动互为条件和支持，协调行动，通过有效措施，使任何一方都不采取与对方相佐或相脱离和有损于另一方利益的任何行动。

（四）销售促进与公共宣传的组织和管理

1. 销售促进

（1）网上促销。建立专门的项目互联网站，网上推介与网下销售相结合。

（2）中间商促销。制订有利于销区经销商增加销量、促进销售的经济、技术措施。

（3）业务会议和贸易展销。举办有助于扩大和促进销售的各种会议，参加各种产品展销、展示活动。

（4）活动促销。举办有助于扩大和促进销售的各种社会公益活动、节日活动、旅游活动，等等。

2. 公共宣传

（1）媒体广告。按照“介绍一种功能，披露一个背景，传播一种文化”的基本思路，设计广告方案和选择有效的媒介工具。

（2）新闻宣传。不断制造与本项目建设和本产品直接相关的各种新闻，通过新闻报道扩大产品的社会知名度和可信度。

（3）POP广告。广告目的：展示、说明、引起注意、宣传、给消费者以启示，等等。

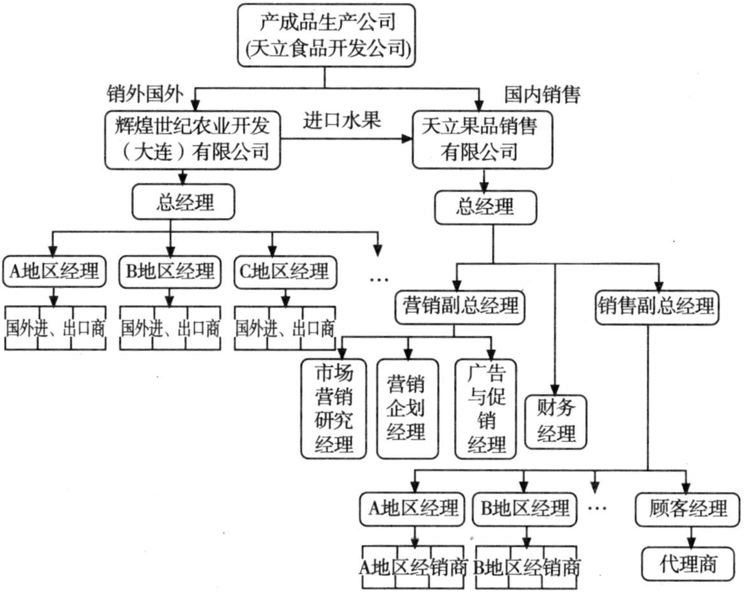

图5-2　产品市场销售组织模式

3. 公共关系建设

围绕特定消费群体，进行卓有成效的公共关系建设。

六、项目生产组织与产品结构模式

（一）生产组织形态及其结构模式

本项目产品由大连天立食品开发有限公司负责组织生产。

天立食品开发有限公司总经理全面负责公司生产经营活动和企

业日常行政活动的组织与管理。

公司总经理以下设立行政副总经理、生产副总经理和技术副总经理职位，协助总经理分别主管和处理公司行政、生产、技术方面的职能事务。

天立食品开发有限公司的组织形态及其结构模式如下图6～1所示。

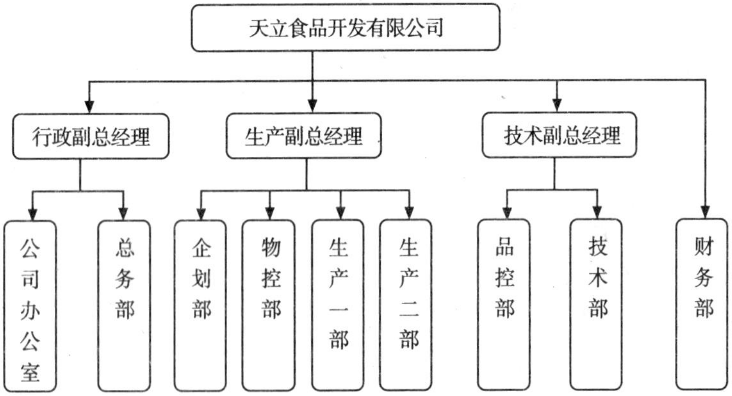

图6-1　项目生产组织结构模式

（二）项目产品生产作业流程

本项目产品生产的组织采取“需求计划型”和“订单生产型”相结合的办法进行运作。

需求计划型，即依据产品、市场分析而作出的市场需求预测数量及其产品结构而进行的一种计划生产。

订单生产型，是在接到客户订单后，根据订单数量、产品品种而安排生产的一种方式。

本项目的市场产品销售计划由辉煌世纪和天立果业销售公司分别作出，提供给天立食品开发公司，由其企划部安排生产计划，根据生产计划组织生产。

本项目产品生产作业的运作全过程如下图6～2所示。

图6-2　项目产品生产作业流程

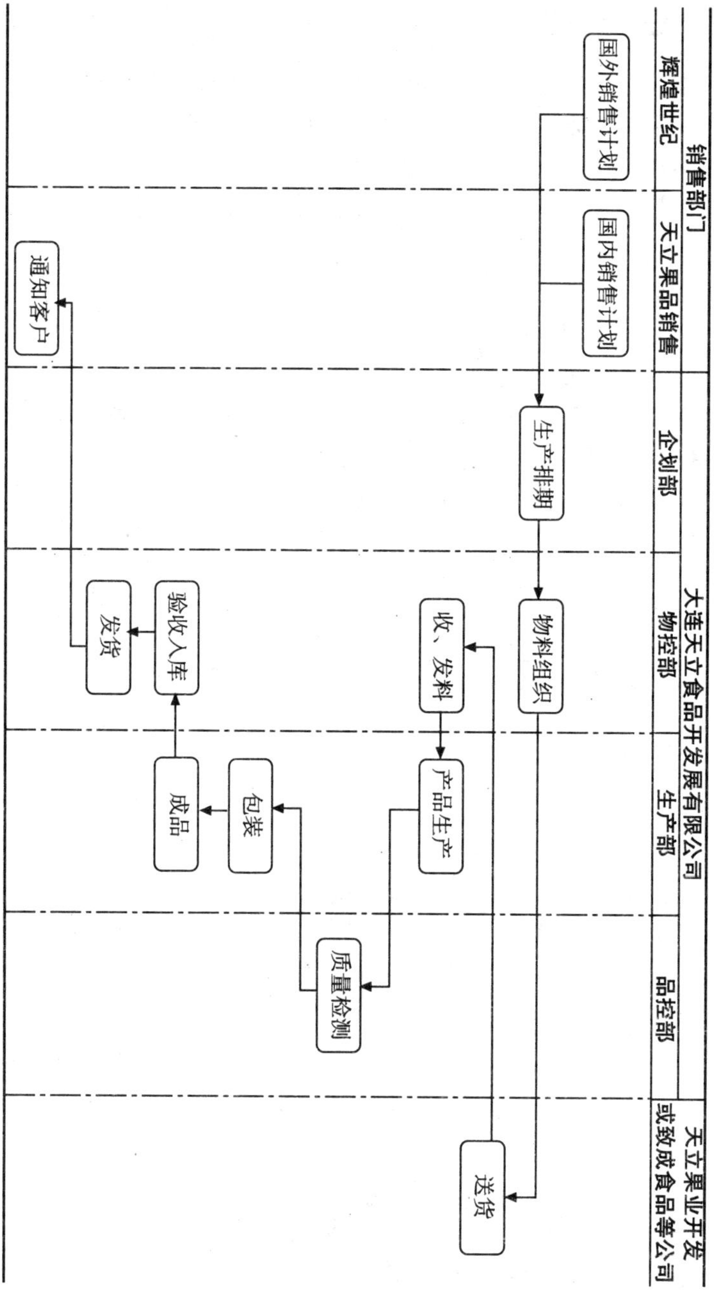

（三）产品组合

本项目包括主产品苹果酥片及酥粒和副产品苹果饮料——“五汁饮”两大品类。副产品产量根据主产品产量的大小加以确定。

主产品苹果酥片和酥粒的消费倾向包括休闲食品、正餐配餐用料和营养冲剂用料，以生产配餐和营养冲剂用料为主。

作为休闲食品的苹果酥片，采用45克/袋、30克/袋和15克/袋包装形态。

作为配餐和营养冲剂用苹果酥粒，采用25克/小袋×10小袋=1大袋的包装形式。

副产品苹果饮料——“五汁饮”采用1.8升/瓶、600毫升/瓶和250毫升/瓶，以及320毫升/玻璃杯包装形式。

本项目产品组合如下图6~3所示。

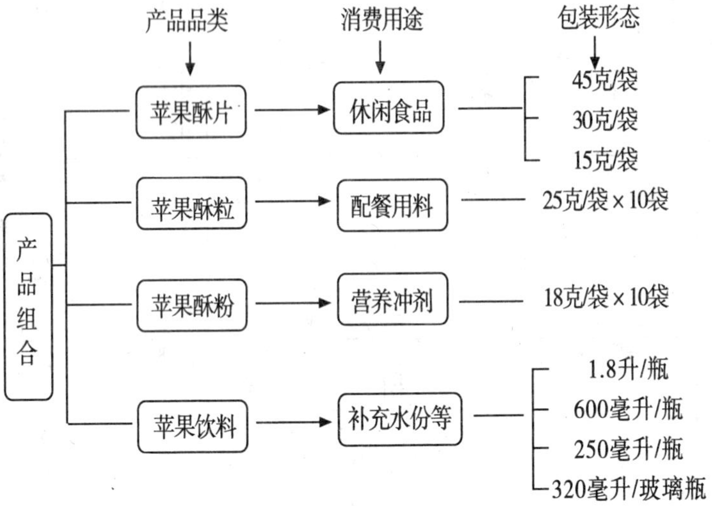

图6–3　　项目产品组合

（四）项目产品生产工艺流程

本项目产品生产的工艺流程如下图6~4所示。

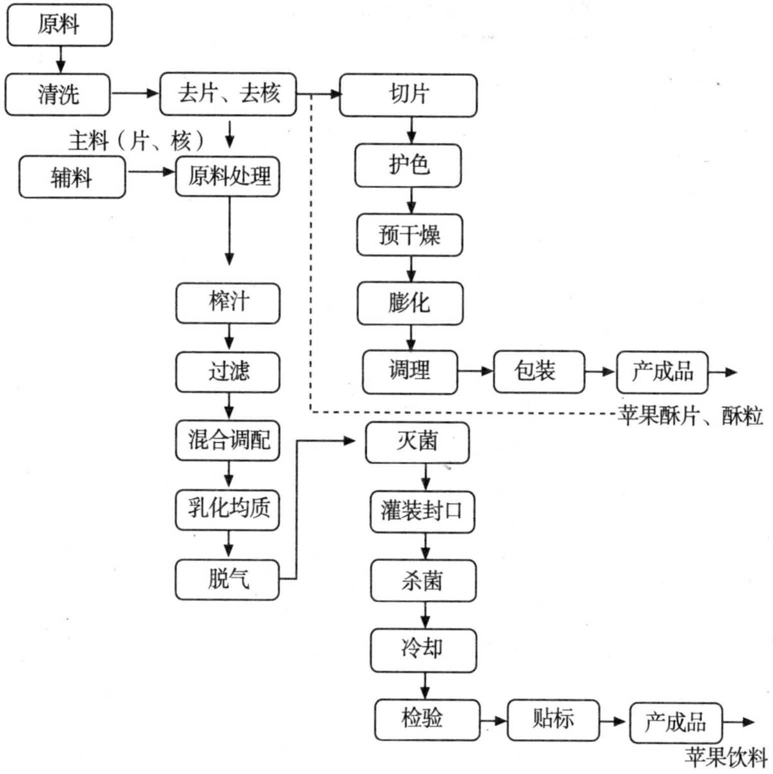

图6～4　项目主、副产品生产工艺流程

七、项目生产及投资规模设计与投资计划

（一）项目生产线

1. 主产品苹果酥片生产线

本项目生产的技术组织以生产线为其基本单元。每条苹果酥片（粒）生产线的相关数据如下：

（1）生产加工厂房（车间）≥500平方米；

（2）蒸汽锅炉≥1吨/台；

（3）输电变压器≥100千瓦/台；

（4）加工机器设备，主要设备清单如下表7～1。

表7-1　苹果酥片生产线主要设备清单

设备名称	单位	数量	备注
洗果机	台	1	
去皮机	台	10	
去核机	台	5	
切片机	台	2	
开水桶	个	20	
预干燥机	套	1	
膨化机	台	1	
调理机	台	6	
包装机	台	4	
连续封口机	台	4	

（5）用水量　20立方米/班；

（6）蒸汽耗量 1000～1200千克/小时；

（7）生产人员 20～24人/班；

（8）产品生产量≥80吨/年；

（9）鲜苹果、产成品比例:10:1～15:1。

2. 副产品——苹果饮料生产线

每条主产品苹果酥片生产线所需配置的副产品——苹果饮料生产线的主要经济、技术数据如下：

（1）生产加工厂房300～600平方米；

（2）蒸汽锅炉，0.5吨/台；

（3）变压器，30千瓦/台；

（4）生产设备，55万元人民币，机器设备主要包括原料处理设备、水处理设备、榨汁设备、过滤设备、配料罐、储料罐、乳化均质设备、脱气机、溶糖设备、配套泵及管件、灌装封罐设备等；

（5）用水量10吨/天；

（6）生产人员5人；

（7）产品生产量1吨/天。

（二）设计规模

1. 生产线规模

合计建设50条主产品生产线，分期建设。

其中：Ⅰ期工程建设10条生产线；

后续扩建40条生产线。

2. 厂房建筑规模

（1）生产用房面积

生产用房面积（主产品生产用房面积+副产品生产用房面积/1条生产线）×50条生产线=（500平方米+400平方米）×50条线=45000平方米。

（2）办公及化验室用房面积

办公楼13000平方米。

（3）员工宿舍面积

合计：800平方米。

（4）锅炉房、配电房、水泵房面积

合计：300平方米

（5）库房面积

原料库房使用原苹果冷库用房，新建产成品仓储用房8000平方米。

上述5项用房总面积为68700平方米，其中：

Ⅰ期工程建设14700平方米生产、办公、锅炉、配电、水泵用房和员工宿舍及产成品仓储用房；

后续扩建工程新建53300平方米生产、员工宿舍和产成品仓储用房。

3. 占地规模

土地建筑容积率按1:0.5计算，本项目占地总面积为136000平方米（合13.6公顷或204中国亩）。其中：

Ⅰ期占地29400平方米（合2.94公顷或44中国亩）；

后期续建增加占地106600平方米（合10.66公顷，或160中国亩）。

4. 产品生产规模

主产品苹果酥片和酥粒：80吨/年×50=4000吨/年。

副产品苹果饮料：1吨/天×300天×50=15000吨/年。

其中：

Ⅰ期工程建成投产后，主产品为800吨/年，副产品3000吨/年。

后期扩建工程建成投产后，新增主产品3200吨/年，副产品12000吨/年。

5. 用工规模

（1）生产用工

主产品每条生产线20～24人/班，平均按20人/班计算，每天2班；与之相对应的副产品每天1班，每1条副产品生产线需配备8个生产工人。

按50条主产品生产线设计，生产用工人合计2,400人。

其中：

Ⅰ期工程建成投产后需配备480名生产工人；

后期扩建工程建成投产后，新增1920名生产工人。

（2）管理用工

管理人员62人，其中Ⅰ期工程建成投产后28人，后期扩建工程建成投产后新增34人，如下表7～2所示。

表7-2　项目管理人员配备表

部分岗位		数量		
		Ⅰ期	后期新增	合计
经理室	总经理	1		1
	副总经理	3		3
	主任	1		1
办公室	秘书	1		1
	文员	1		1
企划部	经理	1	1	2
	职员	1	1	2
物控部	经理	1	4	5
	职员	2	3	5
生产1-5部	经理	1	4	5
品控部	质量工程师	2	4	6
	质检员	5	10	15
技术部	工程师	2	3	5
	技术员	4	6	10
财务部	会计	1	2	3
	出纳	1		1
合计		28人	34人	62人

上述两项用工共计2,462人。

其中：Ⅰ期工程配备508人；

续建工程建成投产后新增1,954人。

（三）投资预算

1. 厂区及房屋建设投资预计

如下表7～3所示。

表7-3　项目厂区及房屋建筑投资预算表

项目		单价（元/平方米）	I期工程		后期续建		合计	
			数量（m²）	投资额（万元）	数量（m²）	投资额（万元）	数量（m²）	投资额（万元）
占用土地		300.0	29400	882.00	106600	3198.00	136000	4080.00
建筑设施	厂区地下管道	80.0	14700	117.60	53300	426.40	68000	544.00
	厂区道路、绿化	260.0	14700	382.20	53300	1385.80	68000	1768.00
	生产用房	960.0	9000	864.00	36000	3456.00	45000	4320.00
	办公、化验用房	1260.0	1200	151.20	–	–	1200	151.20
	员工宿舍	1260.0	2600	327.60	10400	1310.40	13000	1638.00
	产成品库房	860.00	1600	137.60	6400	550.4	8000	688.00
	锅炉、配电房	860.00	300	25.80	500	43.00	800	68.80
	合计			2006.00	–	7172.00	–	9178.00
总　计				2888.00		10370.0 0		13258.0 0

2. 生产设备及配套设施投资预计

如下表7～4所示。

表7-4　项目生产设备及其配套设施投资预算表

项目	单位	单价（元/平方米）	I期工程		后期续建		合计	
			数量	投资额（万元）	数量	投资额（万元）	数量	投资额（万元）
主产品生产线	条	128.00	10	1280.00	40	5120.00	50	6400.00
副产品生产线	条	55.00	10	550.00	40	2200.00	50	2750.00
叉车	台	8.50	4	34.00	6	51.00	10	85.00
货车	辆	20.00	4	80.00	6	120.0	10	200.00
锅炉	台	25.00	4	100.00	10	250.00	14	350.00
变压器	KW	0.05	1300	65.00	5200	260.00	6500	325.00
化验设备	套	50.00	1	50.00	2	100.00	3	150.00
安装费用				60.00	–	150.00		210.00
其他				30.00	–	50.00	–	80.00
合计				2249.00		8301.00		10550.00

3. 办公设备及公用生活设施投资预计

如下表7～5所示。

表7–5　项目办公设备及公用生活设施投资预算表

项目		单位	单价（万元）	I期工程		后期续建		合计	
				数量	投资额（万元）	数量	投资额（万元）	数量	投资额（万元）
办公设备	计算机	台	0.36	10	3.60	5	1.80	15	5.40
	小轿车	辆	15.00	1	15.00	2	30.00	3	45.00
	打印机	台	0.14	1	0.14	1	0.14	2	0.28
	复印机	台	0.50	1	0.50	1	0.50	2	1.00
	传真机	台	0.20	1	0.20	–	–	1	0.20
	个人办公家具	套	0.15	31	3.15	19	2.85	50	7.50
	会议室、会客室布置			–	3.00	–	–	–	3.00
	其他			–	7.00	–	5.00	–	12.00
	合计				34.10		40.30		74.40
员工宿舍设施		套	0.08	300	24.00	1700	136.00	2000	160.0
食堂设施		套	15.00	1	15.00	4	60.00	5	75.0
生活用小货车		辆	8.00	1	8.00	1	8.00	2	16.00
卫生室		套	3.00	1	3.00	–	7.00	1	10.00
文体设施					3.00	–	12.00	–	15.00
其他					4.00	–	6.00	–	10.00
总计					91.10		269.30		360.4

4. 项目前期费用

包括项目调研、项目建设工程设计费用和建设期间的办公费用、人员工资、公共关系费用，等等，合计预计120万元，其中：

（1）项目调研5.00万元；

（2）设备采购及其他差旅费用5.00万元；

（3）项目工程设计费用70.00万元；

（4）建设期间办公费用（1年）10.00万元；

（5）建设期人员工资费用3.6万元/人·年×5人=18.00万元；

（6）公共关系费用12.00万元。

5. 项目投资总额预计

本项目投资总规模预计24288.4万元人民币，其中Ⅰ期工程投资5348.1万元人民币，后期续建工程投资18940.30万元人民币，如下表7～6所示。

表7–6　项目总投资预计表

单位：万元

项目	Ⅰ期工程	后期续建工程	合计
土地费用	882.00	3198.00	4080.00
建筑物	2006.00	7172.00	9178.00
生产设备及配套设施	2249.00	8301.00	10550.00
办公设备及公共生活设施	91.10	269.30	360.40
前期费用	120.00	–	120.00
总计	5348.10	18940.30	24288.40

（四）资金筹措计划

1. 筹资渠道与资金来源

本项目Ⅰ期工程总投资5,350万元人民币，拟申请银行贷款2000万元，争取国家专项资金补助1000万元，企业自筹2350万元。

2. 贷款的偿还

本项目建成投产后的净利润积累、固定资产折旧费、无形资产投资摊销和项目建设单位其他业务经营所形成的净利润积累，可用于本项目的还贷资金来源。

经测算，本项目的借款偿还期为2.5年（含建设期）。

（五）项目建设工期及进度

本项目建设分期进行。后续扩建工程在Ⅰ期工程建成投产进入稳定经营阶段后进行。

Ⅰ期工程建设10条生产线（包括与之相配套的副产品生产线），计划报经政府项目主管部门审批确认后即开始动工兴建。项目建设从项目工程设计、土建施工、设备订货、设备安装、人员招聘及培训到试运行和验收，在6个月内完成。

Ⅰ期工程的建设工期：6个月。具体进度安排如图7～7所示。

图7–7　项目Ⅰ期工程建设进程计划

八、项目收支预计

（一）销售收入预计

1. 苹果酥片（酥粒）

中国目前国内市场上的水果膨化食品，由河北深州东方实业集团公司生产的苹果脆片，市场零售价20克/袋装的为4.8元人民币/袋，平均每千克产品零售价高达240元人民币（合24万元/吨）。出口离岸价，苹果酥片（或酥粒、粉剂）每吨也在12万～16万元以上。

考虑到消费者的价格接受能力，作为早餐的配餐食品，一杯牛奶（0.25千克，1元人民币）和一份苹果酥粒（25克）冲饮，不超过4.5元人民币，同时保证中间商的经销利得，按25克/袋每袋零售价3.5元计算，零售商进销差价设定为1:1.20，则每千克苹果酥粒的出厂销售价为116.7元人民币（合11.67万元/吨）。

由此，本项目主产品苹果酥片（粒）生产Ⅰ期工程建成投产后，按设计规模年销售收入可达9336万元人民币；后期扩建工程建成投产后的年销售收入则可达46680万元人民币。

2. 苹果饮料

中国目前国内市场上的果汁饮料零售价格，600ml/瓶的价格为3.0～3.5元/瓶。本项目果汁600毫升/瓶的市场零售价平均按2.8元计算，零售商进销差价设定为1:1.25，则本项目果汁饮料600毫升/瓶的出厂销售价为2.24元/瓶（合3733.3元/吨）。

由此，本项目副产品苹果饮料生产Ⅰ期工程建成投产达到设计规模后的年产品销售收入可达1200万元人民币，Ⅱ期工程结束建成投产后的年产品销售收入则可增加到6000万元人民币。

本项目主、副产品的年销售收入预计如下表8～1所示。

表8-1　项目产品销售收入预计表

单位：万元

项目	Ⅰ期工程	Ⅱ期工程投产后
主产品：苹果酥片	9336	46680
副产品：苹果饮料	1200	6000
合计	10536	52680

（二）项目费用预计

1. 固定资产年折旧费用和前期费用年分摊额预计

设定：

（1）土地费用按50年分摊；

（2）建筑物（地下管道、房屋、厂区绿化等）投资折旧年限平均25年；

（3）生产设备及其配套设施平均按10年折旧；

（4）办公设备及公共生产设施平均按5年折旧；

（5）前期费用按10年分摊；

（6）苹果酥片与苹果饮料的费用分摊比例为7:3。

由此，项目固定资产年折旧费用及前期费用年分摊额如下表8～2所示。

表8-2　项目固定资产年折旧费用和前期费用年分摊额预计表

项目	年折旧率（%）	后期续建		I期工程	
		资产原值（万元）	折旧额（万元/年）	资产原值（万元）	折旧额（万元/年）
土地费用	2.00	882.00	7.64	4080.00	21.60
建筑物	4.00	2006.00	80.24	9178.00	367.12
办公及公共生活设施	20.00	91.10	18.22	360.40	72.08
生产设备及其配套设施	10.00	2249.00	224.90	10,550.00	1,055.00
前期费用	10.00	120.00	12.00	120.00	12.00
合计		5348.10	353.0	24168.40	1527.80
其中：苹果酥片			247.1		1069.46
苹果饮料			105.9		458.34

2. 原材料费用预计

（1）苹果酥片与鲜苹果的数量比例平均按1:12计算，鲜苹果收购价格平均2.4元/千克，加上20%的收购人工及储藏费用，为2.88元/千克。

（2）包装：

苹果酥片以30克/袋包装测算，每袋内包装0.15元，外包装0.05元，内装干燥剂0.08元，合计每袋包装费用为0.28元，平均每吨包装费用9333.3元。

苹果饮料以600毫升/瓶塑料瓶包装测算，每瓶包装费用，瓶子0.35元/个，盖子0.1元/个，标签0.05元/个，外包装0.15元，合计0.65元/瓶，平均每吨1083.3元。

（3）苹果饮料加工辅料平均每吨300元。

项目产品原材料费用预计如下表8～3所示。

表8–3　项目原材料费用预计表

产品	项目	单位费用（元/吨）	后期续建		I期工程	
			产量（吨/年）	费用合计（万元/年）	产量（吨/年）	费用合计（万元/年）
苹果酥片	原料	34560.00	800.0	2764.8	4000.0	13284.00
	包装物	9333.3		746.64		3733.32
	合计	43893.3		3511.44		17017.32
苹果饮料	辅料	300.00	3000.0	90.0	15000.0	450.00
	包装物	1083.3		325.0		1624.75
	合计	1383.3		415.0		2074.95
总计				3926.44		19092.27

3. 人工费用

（1）生产用工，平均每人每月1600元人民币。

（2）管理人员，职员平均每人每月3600元人民币，经理、工程师平均每人每月5000元人民币，总经理和副总经理平均每人每月8000元。

（3）人员福利，按工资总额的30%计提。

项目人工费用预计如下表8～4所示。

表8–4　项目人工费用预计

项目		I期工程		项目合计	
		人数（人）	工资福利费用（万元/年）	人数（人）	工资福利费用（万元/年）
管理人员	总经理、副总经理	4	49.92	4	49.92
	经理、工程师	8	62.40	20	156.0
	职员	16	89.86	38	213.41
	合计 其中：苹果酥片 苹果饮料	28	202.18 141.53 60.65	62	419.33 293.53 125.80
生产工人	苹果酥片	400	998.4	2000	4992.00
	苹果饮料	80	199.68	400	998.40
	合计	480	1198.08	2400	5990.40
总计 其中：苹果酥片 苹果饮料			1400.26 1139.93 260.33	2462	6409.73 5285.53 1124.2

4. 动力、燃料及运输车辆费用

（1）水电费用

苹果酥片，每生产1吨产成品为2,100元；苹果饮料，每吨产成品25元。

（2）生产用燃料费用

苹果酥片，每吨产成品1600元；苹果饮料，每吨15元。

（3）运输车辆维持费用

包括燃油费用，过路、过桥费用，维修费用，人员工资等，按每辆车每月平均1万元人民币计算。

上述3项费用预计如下表8～5所示。

表8-5　项目动力、燃料及运输车辆费用预计表

项　目	I期工程		I期、Ⅱ期合计	
	产成品(吨/年)	费用额(万元/年)	产成品(吨/年)	费用额(万元/年)
水、电费用	–	175.50	–	877.50
其中：苹果酥片	800	168.00	4000	840.00
苹果饮料	3000	7.50	15000	37.50
燃料费用	–	132.50	–	662.50
其中：苹果酥片	800	128.00	4000	640.0
苹果饮料	3000	4.50	15000	22.50
运输车辆费用	2（辆）	24.00	10（辆）	120.00
其中：苹果酥片		7.20		36.00
苹果饮料		16.80		84.00
合计		332.00		1660.00
其中：苹果酥片		303.20		1516.00
苹果饮料		28.80		144.00

5. 公司、工厂日常办公及后勤维持费用

（1）办公费用，包括办公用品、通信、邮资、差旅、办公用水、电及其他费用等，按每人每月平均650元计提。

（2）公共关系费用，按平均每月2～5万元计提。

（3）办公及生活用车辆维持费用，包括人员工资每辆车每月6000元人民币。

（4）职工午餐费用，按平均每人每天5元计提，每年300天。

（5）其他未预见费用，按前述费用总额的30%计提。

上述5项费用预计如下表8～6所示。

表8-6　项目日常办公及后勤维持费用预计表

项　　目	计量单位	I期工程		I期、Ⅱ期合计	
		数量	费用额（万元/年）	数量	费用额（万元/年）
办公费用	人	28	21.84	62	48.36
公共关系费用	–		24.00		60.0
办公车辆费用	辆	2	14.40	5	36.00
职工午餐费用	人	508	76.20		369.30
未预见费用	–		10.92		154.10
合计			177.36		667.76
其中：苹果酥片			141.89		542.21
苹果饮料			35.47		135.51

前述1～5项费用总计如下表8～7。

表8-7　项目产品生产费用预计总计表

项　　目	I期工程			项目合计		
	合计	苹果酥片	苹果饮料	合计	苹果酥片	苹果饮料
固定资产折旧	353.0	247.10	105.90	1527.80	1069.46	458.34
原材料费用	3926.44	3511.44	415.0	19092.27	17017.32	2074.95
人工费用	1400.26	1139.93	260.33	6409.73	5285.53	1124.20
动力、燃料费用	332.0	303.20	28.80	1660.00	1516.00	144.00
办公及后勤费用	177.36	141.89	35.47	677.72	542.21	135.51
总计	6189.06	5343.56	845.50	29367.52	25430.52	3937.0
平均产成品生产费用（元/吨）	–	66794.5	2818.33	–	63576.3	2624.67

（三）项目净收入

本项目增值税率为销售收入的13%，按国家规定减10个百分点，按销售收入的3%计提。由此，本项目建成投产达到设计规模后的净收入情况如下表8～8所示。

表8-8　项目净收入预计表

项　　目	I期工程			项目合计		
	合计	苹果酥片	苹果饮料	合计	苹果酥片	苹果饮料
销售收入	10536.00	9336.00	1200.00	52860.00	46680.0	6000.00
减:生产费用	6189.06	5343.56	845.50	29367.52	25430.52	3937.0
税收	316.08	280.08	36.0	1580.4	1400.4	180.8
净收入	4030.86	3712.36	318.50	21732.08	19849.08	1883.0

九、项目经济、社会效益预期分析

（一）项目财务与经济效益分析

1. 农业增加值

本项目Ⅰ期工程建成投产后，年农业增加值可达6270多万元人民币，在后续扩建工程建成投产后，年农业增加值可增加到32000万元人民币左右。

2. 出口创汇

国际市场近年对水果膨化食品的市场需求量及其价格一路上扬，2002年约5万吨、8000美元/吨，2004年增加到8万吨、10000美元/吨，目前已达到10万吨、15000美元/吨以上。本项目主产品具有良好的出口前景，出口价格按15000美元/吨计算，近期出口量按本项目主产品产量的80%计算，本项目Ⅰ期工程建成投产后的年出口创汇额即可达到960万美元，后续扩建工程建成投产后的出口量按项目主产品产量的50%测算，出口创汇额将增加到3000万美元以上。

3. 投资利润率

本项目建成投产进入稳定经营阶段后，企业的年投资利润率达76.2%，为一般经济项目的投资利润率所不及，属高盈利的项目。

4. 投资回收期

本项目投资回收期，包括项目建设期在内为2.5年，建设期12个月，不包括建设期的投资回收期为1.5年。

5. 盈亏平衡分析

本项目建设投资完成后，主产品的年投资折旧费用为1069.5万元人民币，副产品为458.3万元人民币；年人员工资费用，主产品为5285.53万元，副产品为1124.2万元；年原材料及燃料、动力、办公和后勤保障费用支出合计，主产品为19075.53万元，副产品为2354.46万元；加上产品生产上交的税收，平均每吨产成品的费用总额，主产品为70295元人民币，副产品为2745元。

（1）销量平衡点

如果项目产品的出厂销售价格达到预期目标，即主产品11.67万元/吨，副产品3733.3元/吨，在保持预计的生产成本费用不变情况下，只要产品的销售量，主产品达到2180吨（相当于设计规模的54.5%）、副产品达到10550吨（相当于设计规模的70%）以上，企业即可盈利。

项目主产品的销量平衡点为2180吨，副产品为10550吨。

（2）销价平衡点

在项目主、副产品产量的市场销量达到设计规模和项目产品成本费用保持在预计水平不再提高的条件下，只要主产品的平均销量价格达到70,295元/吨（即25克/袋装的价格高于1.76元/袋）、副产品达到2,745元/吨（即600毫升/瓶装的价格高于1.65元/瓶）以上时，企业即可盈利。

项目主产品的出售价格平衡点为25克装1.76元/袋、副产品为600毫升装1.65元/瓶。

（3）原料价格平衡点

按照前述预计的主、副产品销量、出售价格和除原料外的其他生产成本费用维持不变的情况，只要鲜苹果的收购价格不超过2.92元/千克（即在原定收购价2.40元/千克基础上的提高幅度不大于21.7%），企业即能盈利。

项目鲜苹果收购价格平衡点为2.92元/千克。

（二）社会效益分析

1. 扩大苹果需求总量，为所在地区苹果生产发展创造需求条件

本项目Ⅰ期工程建设计划完成后，对鲜苹果的需求总量即可达到9600吨，当后续扩建工程建设计划全部完成后，鲜果年需求量可增加到48000吨。进入本项目加工的苹果和直接进入鲜果消费市场的苹果之间的数量比例按4:6计算，即残次果和质量较差的苹果进入本项目加工，剩余的60%的优质果进入鲜果市场直接销售，由此，本项目全部建成后每年可使12万吨苹果需求市场得到较好

的保证，苹果单产平均按2,000千克/亩，可为6万亩（合4,000公顷）苹果园生产提供保证。

2. 增加农民经济收入

目前农民苹果生产过程中所形成的残次果和质量较差的苹果，其价值大多无法实现。本项目建成后，可使项目所在地区果农的生产的残次果的价值实现得以保证，每年可使周邻村、乡农民至少增收7500万元的经济收入。

3. 扩大就业

本项目建成后，仅苹果加工一项即增加2460多个工作岗位，加上本项目的关联效应，从生产苹果到终端产成品到达消费者手中的全过程所增加的全部就业岗位，按月收入平均1800元/人计算，至少可达24300多个。

4. 提高农业资源的综合利用效率及,效益

本项目建成后，项目产成品的终端出厂销售价格包括副产品在内，按鲜苹果产量计算，由目前不到1.8元/千克左右的收购价格提高到4.4元/千克，增加近1.5倍。

【结论】

综合前述分析，本项目农产品附加值增值能力、出口创汇能力和扩大社会就业能力大，项目具有较强的投资盈利能力，投资回收期短，投资回报率高，企业增效、农民增收作用显著，在企业财务及其经济效益和社会经济效益上具有,切实的可行性。

十、项目建设与经营的难点、风险分析及其控制措施

（一）市场开发

理论上，本项目产品具有良好、广大的市场潜力及前景，但潜在的市场能否得到有效的开发，则又是问题的另一方面。

由于本项目建设单位缺乏对水果制成品市场开发与运营的必要经验，特别是缺乏国内市场开发与运营的实践，因此，在本项目建成投产后，能否实现对本项目产品潜在市场的有效开发，即成为项目建设单位的一大难点，有可能构成本项目经营面临的最

大风险。

解决市场开发问题的具体措施，主要包括：

（1）调整企业的市场目标方向。在鲜果经销上，由目前的单纯出口迅速转向出口与内销并重，在本项目建设启动的同时，即开始着手开发和建设国内的市场营销网络，为本项目建设投产后实现部分产品国内销售准备条件。

（2）借梯登楼，利用企业的市场运营网络，对现有厂商生产的苹果膨化食品，通过协约途径，进行合作销售，在探索、积累制成品市场营销经验的同时，建设客户网络系统。

（3）组织高素质、强能力的企业市场营销人员队伍，为本项目建成投产后的产品营销准备人才及人力资源。

（二）生产的组织与管理

本项目建设单位一直从事流通领域的业务经营活动，转向对工业企业生产经营活动的组织与管理，不可避免地会遇到人才与经验缺乏方面的种种难题，从而成为本项目建设与经营发展的另一难点及风险问题。

措施：

（1）引进人才，组建专门的专业管理人员班底，全权负责本项目建设与经营发展的组织管理工作。

（2）研究和制定本项目建设与经营活动的详尽方案，使本项目生产经营过程中所涉及的全部活动尽可能地纳入事先规定的规范之中。

（3）加强对本项目人员的职业培训，提高项目生产与经营活动人员的素质和能力。

第21章 农业物流：使农产品市场运转的重要环节

第21章 农业物流：使农产品市场运转的重要环节

一、现代物流：中国未来时期强劲发展的一个产业

（一）世界物流业形成与发展

全球范围内的物资流通（物流）业从20世纪50年代开始形成，历经工厂物流、实物配送物流、综合物流、供应链物流，直到90年代末、21世纪初的电子物流等发展阶段，现代物流早已成为经济发达国家至关重要的成熟产业之一。

近十几年来，世界现代物流业发展，呈现出以下方面的突出特点及趋势：

（1）持续、快速增长。物流业务总量明显快于经济总量的增长速度，物流业成为拉动世界经济增长的重要力量。

（2）全球整合。现代物流网络遍布全球，物流企业快速发展和扩张，物流活动及其要素配置呈现区域化、全球化、统一化网络体系的发展格局。

（3）热点位移。物流活动快速向物流业务量迅速增大的国家和地区转移，发展中国家成为当代物流发展的热点地区。

（4）社会化服务。物流活动中的仓储、运输、配送、代理、咨询等实现链接，商流、物流、信息流、资金流进行系统集成，形成一体化、开放式的社会化服务体系。第三方物流公司的迅速发展和物流服务个性化水平的提高，成为物流业社会化程度及服务的代表性特征。第三方物流服务商的专业化、个性化服务特点

越来越明显。

（二）现代物流业在中国崛起

中国从20世纪80年代开始引进物流理念，90年代即发展起了第一批物流企业，主要分布在沿海开放地区。1999年11月，原国家经贸委会同世界银行在中国境内召开首次现代物流大型研讨会，上海等城市开始全面规划和发展现代物流。2001年3月，国家经贸委等国家六部委联合下发《关于加快我国现代物流发展的若干意见》，并于6月召开全国现代物流工作座谈会，现代物流业发展引起全国各地的全面重视，掀起第一波全国性的现代物流发展热潮。中国现代物流业发展进入全面起步阶段。

中国物流产业发展具有极为广阔的前景和潜力，经过十几年的努力，目前已呈现出强劲、全面加速发展的良好势头，成为各地经济与产业发展的热点问题之一。在深圳，现代物流已被列为其三大支柱产业之一，上海则将物流列为四大新兴产业之一，其他一些省、区、市或其下辖的地区、城市也纷纷制订现代物流发展规划，并积极推进现代物流业的实际发展，一大批现代物流重大项目相继启动或已建成投放使用。未来十几年，现代物流业将成为中国境内成长最快、发展最为迅速的一个产业，物流业增加值的增长速度明显高于GDP的增长。中国物流发展的后发优势显著，中国完全有可能用10～15年时间，完成发达国家半个多世纪所走过的发展历程，使中国物流业进入成熟的发展阶段。

二、中国农业物流的现实基础与前景展望

（一）在中国备受关注的农业物流

农业物流是整个物流业的重要组成部分。中国农业物流伴随中国物流业及农业的发展，近几年来一直呈强劲发展的基本态势，为进一步发展奠定了比较坚实的基础。具体表现为：

（1）发展农业物流已受到社会的普遍关注和重视。全国已先后建成了一大批以农产品为中心各具特色的农业物流中心，如杭

州余杭农产品国际物流中心、广西南宁国际物流中心、南京江宁农产品国际物流中心等。

（2）农业物流发展所必备的基础设施条件迅速改进并完善。运输体系日臻完善，以高速公路、铁路为轴心的运输网络已经建成。包括固定电话、移动电话、互联网络在内的比较方便、发达的通信系统已初步形成。仓储、产品交易市场等遍布全国各地，商流设施网络等已初具规模。

（3）农业物流运作主体与载体已有一定基础，多层次、多类型、多渠道、多主体的农村流通体系已在全国范围初步形成。

中国目前参与农业物流的主体包括以下6个方面的经营主体：

（1）农副产品批发市场。交易总额占中国农产品社会消费总额的3/4左右，城市4/5的农产品来自批发市场。

（2）农村供销合作社。中国农村供销合作社的基层组织遍布全国各乡（镇）、县（市），是农村地区分布最广、组织系统性最强的一个商业服务组织。

（3）邮政系统。邮政在中国农村拥有最为广泛、深入的服务网络和良好信誉。

（4）粮食系统。包括国有粮食系统和非国有粮油企业系统两大构成部分。

（5）个体运销户与经纪人。

（6）农业物流公司。专业从事农业物流经营活动的企业组织。

（二）绩效与问题同在：中国农业物流存在的问题

中国农业物流目前存在的问题，主要表现在以下几个方面：

（1）发展不平衡。一是地区间不平衡。经济发达地区与经济落后地区之间农业物流的发展水平、生态方式等差距明显。二是部门间的不平衡。粮食等居民生活必需的大宗农产品的物流水平相对发达、完善，城乡居民生活可有可无的非必需农产品的物流发展相对落后。

（2）缺乏高水平的农业物流专业服务商，特别是综合性的专业服务商。目前中国现有的农业物流公司大多规模小、服务的地域范围或部门行业狭窄，而参与农业物流的大型企业集团（系统）如粮食系统、邮政系统等，其主业都并不是物流，不是专业的物流服务商。

（3）物流业态及方式比较落后，水平较低。一是农产品流通形态传统，加工增值比例低下；二是标准化水平低，缺乏规范，缺少监督。

（4）物流技术与装备相对落后。如鲜、活农产品物流所需冷链，中国一直严重不足。

（三）政府对农业物流发展的关注和重视

促进农业物流的快速发展，是中国政府近年来高度关注的一个重大问题。

早在2003年12月31日中发〔2004〕1号文件《中共中央国务院关于促进农民增加收入若干政策的意见》中，即已明确提出，要“发挥市场机制作用，搞活农产品流通”，“加快发展农产品连锁、超市、配送经营，……进一步加强产地和销地批发市场建设，创造条件发展现代物流业”。

2004年12月31日中发〔2005〕1号文件《中共中央国务院关于进一步加强农村工作提高农业综合生产能力若干政策的意见》再次要求，要“加快农产品流通……，继续搞好集贸连锁经营、电子商务等新型业态和流通方式”。

2005年12月31日发布的《中共中央国务院关于推进社会主义新农村建设的若干意见》重申要“加强农村现代流通体系建设”，“继续实施‘万村千乡市场工程’，建设连锁化‘农家店’。……要完善全国鲜活农产品‘绿色通道’，实现省际互通”。

2006年3月第十届全国人民代表大会第四次会议批准的《中华人民共和国国民经济和社会发展第十一个五年规划纲要》将“继续实施‘万村千乡市场工程’，……完善鲜活农产品‘绿色通道'网络"列为"十一·五"规划必须完成的主要任务之一。

2007年1月30日发布的《中共中央国务院关于积极发展现代农业扎实推进社会主义新农村建设的若干意见》进一步要求"健全农村市场体系，发展适应现代农业要求的物流产业"，指出"发达的物流产业和完善的市场体系，是现代农业的重要保障。必须强化农村流通基础设施建设，发展现代流通方式和新型流通业态，培育多元化、多层次的市场流通主体，构建开放统一、竞争有序的市场体系"。为此，国家"支持龙头企业、农民专业合作组织等直接向城市超市、社区菜市场和便利店配送农产品"。

根据中央、国务院的指示精神，"十一五"期间国家农业部将在全国组织实施农产品批发市场"升级拓展5520工程"，即在5年内通过多方筹资重点扶持建设500个农产品批发市场，推进市场设施改造升级和业务功能拓展20项工作。

（四）中国农业物流发展前景展望

基本的判断是：发展势在必然，前景可圈可点；机遇挑战同在，建设主体多元；方式业态多样，分工合作趋稳。

【发展势在必然】 中国农业发展到今天，农业的进一步发展，既需要发达的物流来加以保障，同时也为物流业的发展提供了动因和条件。

【前景可圈可点】 一是市场保证，中国农业物流量特别巨大，市场前景可观；二是政策保障，从中央到地方各级政府全力支持，政策优惠；三是社会保障，从企业到学界，发展农业物流的呼声、积极性高，社会认同。

【机遇挑战同在】 对于试图进入中国农业物流产业的任何企业及投资商来说，都是一种千载难逢的机遇，进入正当时；另一方面，也是一种挑战，需要资金、技术、人才和智慧。

【建设主体多元】 进入中国农业物流产业从事物流服务的行为主体必然各式各样，既有国有企业，也有民营企业；既有内资企业，也有外资公司；既有法人单位，也有自然人。

【方式形态多样】 传统的与现代的、专一的与综合性的、地域性的与全国性的、常态的与超常态的、单向的与双向的（即农产品入市与工业品下乡两个方面）、兼业的与专业的等不同方式、形态的物流服务同时存在。

【分工合作趋稳】 不同物流主体、方式、业态之间既分工又合作，形成相对平稳的发展格局。

三、农产品流通途径与创新

（一）农产品流通的基本路径

农产品流通，即从生产者手中到达消费者手中的基本路径如下图21～1所示。

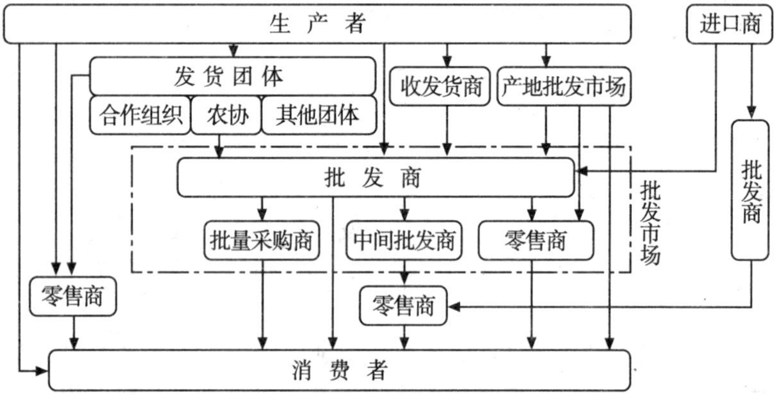

图21-1 农产品流通途径

从图21～1中可以看到，农产品从生产者手中到达消费者手中的流通途径，具体包括以下几种：

1. 生产者直接销售

即生产者所生产的产品不进入批发环节，而直接把产品卖给消费者或直接卖给零售商，经零售商销售给消费者，如下图21～2所示。

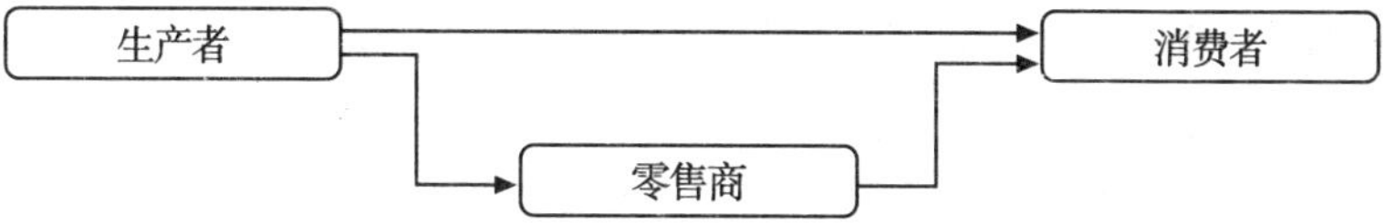

图21-2　生产者直接销售

2. 产地批发流通

农民生产的产品进入产地市场，农民同消费者或（和）零售商之间的交易关系在产地市场上进行，如下图21～3所示。

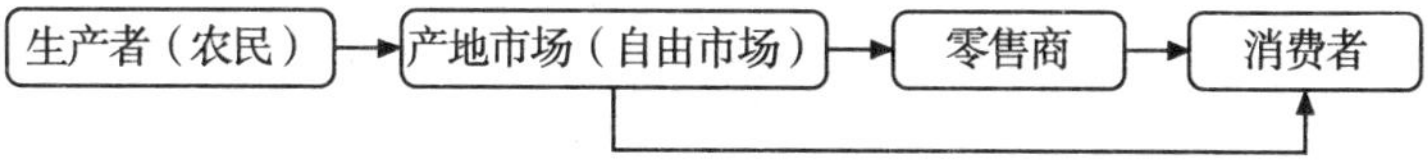

图21-3　产地批发流通

3. 产地、消费地批发流通

农产品产地、消费地批发流通的基本途径及其过程如图21～4所示。

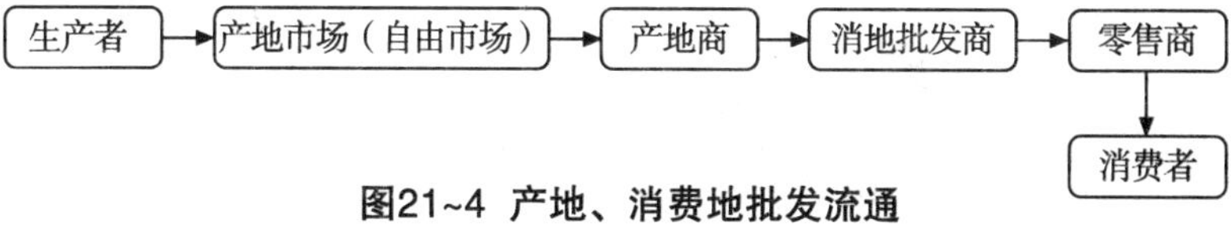

图21~4　产地、消费地批发流通

（二）农产品流通创新

从前述农产品流通基本路径中可以看到，为有效解决农产品从生产者手中到消费者手中的流通问题，需要解决两个最为基本的问题：

一是农产品的集散问题，即农产品怎样从分散的农民那里集中起来，再分散出去。

二是农产品到达消费者手中的方式、方法问题，常规的方法是通过零售市场，除此之外，还应该有其他的方法及路径。

为此，我们以大连城市为例，认为可以通过建立农产品集配中心和城市社区替代营销网络的办法来加以解决。

【附：农业物流开发项目设计（一）】

地区农产品集配中心建设方案

一、项目设定及其特色

（一）项目地址、规模与目标

1. 项目建设地点

本设计项目设定的建设地点为大连境内沈大高速公路南端大连入口处东侧荒地。

该地点位置优越，紧倚高速公路，距大连各货运码头及铁路货运站不远，人员及货物进出便利，项目建设的环境及地质条件良好。

2. 建设规模

【建筑规模】项目设定占地总面积30万平方米（合450中国亩，30公顷），总建筑面积18.5万平方米，包括：

（1）电子商务中心，1.5万平方米；

（2）产品交易中心，3.0万平方米；

（3）产品展示及拍卖中心，1.5万平方米；

（4）进出口产品交易中心，1.0万平方米；

（5）产品检测及流通加工中心，3.0万平方米；

（6）仓储配送中心，5.0万平方米；

（7）生活服务区，3.0万平方米；

（8）配套设施建筑，0.5万平方米。

【投资规模】本设计项目总投资为41417万元人民币（约5450万美元），其中固定资产投资36417万元，流动资金投资5000万元。

【经营规模】项目建成后可接纳400～500家企业和数千个微、小型经营者入驻经营，年农产品交易量超过200万吨，交易额在100亿元人民币以上。其中出口、进口贸易量超过50万吨，进出口贸易总额超过4亿美元。

3. 发展目标

建成东北亚地区中国境内规模最大、功能最全、涵盖地域最广、个性化特色显著，以蔬菜、水果产品为主兼及其他农产品的蔬菜水果食品集配中心。

（二）项目预期效益

1. 财务效益

项目经营期设定15年（不包括建设期），预计税后净利润累计852555万元人民币，平均每年5684万元，年投资利润率平均13.7%。财务净现值70730万元人民币，投资净回报率为1.71倍，投资回收期4.92年。

2. 社会效益

项目经营进入稳定阶段之后，每年可为社会提供2660多万元人民币的税收（包括营业税和企业所得税），同时，将有力地促进农产品进出口贸易的纵深发展和中国农产品质量及其安全性能的不断提高，降低农产品的流通成本，带动相关产业发展，直接创造近万个就业机会，带动几十万农民进入相关产业链，强化推动中国农村及农业经济的进一步发展和农民收入及其生活水平的快速提高。

（三）项目特色及其竞争优势

1. 良好的地理区位

中国是世界农产品生产与消费大国之一，中国东北三省一区（辽宁省、吉林省、黑龙江省及内蒙古自治区东部地区）是中国最为重要的农产品生产基地，辽东半岛和与之隔海相望的山东半岛是中国温带水果生产条件最优、品质最佳的集中产区。

大连地处国际东北亚地区的中心地带、辽东半岛的南端，是中国东北地区农产品南运、华东及华南地区农产品进入东北，以及中国农产品进出口贸易“合三为一”的理想之地。在大连建设本设计项目，既有助于推动和促进中国东北地区农产品的南销、华东及华南地区农产品的北进，以及中国农产品出口与进口贸易的强劲发展，同时也为项目本身的有效经营与发展提供了其他地区所不具有的条件及优势。

2. 有利的背景条件

【中国农村及农业发展进入新阶段】中国农村及农业正处于加速发展的重要阶段。农产品供应的极大丰富，商品农产品数量的不断增加，跨区域贸易和异地生产与消费的快速推进，以及进出口贸易持续扩大，是未来时期中国农业发展的基本特征和必然趋势，是构成中国农业物流业崛起的坚实基础和强有力的发展动因。

【国家政策】高度关注、重视并支持农业物流业发展，是中国农业发展政策的重要内容之一。中共中央、国务院每年对外发布的1号文件，都无不将"搞活农产品流通"作为一项重要任务，要求各级政府必须加以重视并切实完成。2007年1月30日发布的《中共中央国务院关于积极发展现代农业扎实推进社会主义新农村建设的若干意见》更是进一步明确指出，要"发展适应现代农业要求的物流产业"，"发展的物流产业，……是现代农业的重要保障"。

【项目建设的地方基础】大连作为本项目建设的所在地区，不但其区位条件优越，而且经济与社会发展环境条件也十分有利。大连是中国特大经济中心城市之一，不但综合经济实力名列中国城市前列，而且在口岸交通的便捷性，对内对外的高开放度，城市综合服务功能的完善性和生活及商务活动的适宜性等方面，也走在中国城市的最前列。在"软环境"方面，大连市政府早在20世纪末即已明确要把物流产业作为全市的一项支柱性产业加以发展，并在2002年编制了《大连市现代物流发展规划（2001～2020）》。

3. 独特的经营思路

【角色定位】本设计项目设定的运营主体，既为从事农产品贸易与流通活动的经营商提供服务（即农产品物流服务），是提供农产品物流服务的服务商，同时也直接参与农产品从生产者手中转移到消费者手中全过程的贸易与流通经营活动，是农产品物流管理（PDM，即physical distribution management）的经营商或运营商。在通常情况下，物流中心的运营主体并不直接参与物资流通的经营活动，而只是作为提供物流服务的服务商而存在。但本设计项目设定的运营主体，既作为提供农产品物流服务的服务商而存在，同时又是农产品物流的经营商，将“服务商”和“经营商”合在一起，有助于把握“服务”的方向，及时发现并解决问题，提高“服务”水平，从而增强物流中心的竞争与发展能力。

【业务领域】本设计项目设定的服务范围包括物的流通、信息的流通、交易活动、中介服务等多个方面，能够根据目标用户的需要提供其所希望得到的各种服务，从而区别于中国境内已有物流中心和农产品批发交易市场的服务领域及其性质 。

【集配产品范围】本设计项目设定的集配产品以蔬菜、水果等鲜、活农产品为主，兼及其他相关农产品，包括小品种的特色粮油产品，充分考虑到了中国境内及大连地区农产品集配的现状与发展需要，努力避免同已有物流、集配市场行为主体的直接竞争。

【服务方向】本设计项目为客户提供的服务，不只是限于物的流通过程中所涉相关场地、设施、运输、信息、商业、中介等方面的服务，尤其重要的是为用户提供的市场网络服务，包括为采购商提供货源市场网络，为生产商、销售商提供行销网络，成为真正连接农产品生产与消费的有效桥梁。本设计项目将致力同集配产品相联系的生产基地建立稳定的经济联系与关系，同时在中国境内各大中城市建立集配农产品的经（代）销系统，以保证集配农产品的货源及销路。

4. 比较优势

本项目与同类项目相比较，在经营方面具有以下的明显优势：

（1）经营规模大，关联效应明显。

（2）服务业务范围广、适用性强，对顾客有较大的吸引力。

（3）市场定位适当，避免非理性的竞争。

（4）提供货源市场及产品行销网络服务。

（四）项目收入模式

1. 收入途径及渠道

本设计项目通过以下途径及渠道获取经营收入并盈利：

（1）自营农产品贸易经营收入，包括进出口贸易和国内贸易及销售。

（2）场地、设施运营收入，包括场地、设施租金收入和设施、设备服务收入。

（3）产品集配服务收入，包括交易服务、货物输送服务、仓储服务、流通加工服务、产品检测服务等方面所形成的服务。

（4）中介服务收入，包括咨询、业务代理、广告与市场推介服务收入等。

2. 收入结构

以产品集配服务收入和自营农产品贸易经营收入为主，场地运营收入和中介服务收入为辅。

二、项目建设地区环境及优势分析

（一）大连市农业物流发展政策

大连市政府高度重视现代物流产业与农业物流的发展，并于2002年编制了《大连市现代物流发展规划（2001～2020）》（以下简称《规划》）。

《规划》规定，到2010年，全市物流业增加值占全市GDP的12%左右，综合物流成本占GDP的14%，第三方物流业务量占物流业务总量的45%以上，重点物流园区的功能达到国际一流水平；使大连成为“辽东半岛综合性物流中心，东北经济区国际物流中心，环渤海地区中转物流和南北水运的主枢纽，东北亚地区国际物流的主通道。”

根据《规划》的安排，未来规划期内，大连将建设和发展5个服务于国际物流和区域物流的多功能大型综合物流园区：

（1）大孤山半岛国际物流园区。规划面积12平方公里。主要物流货种包括：集装箱、汽车、油品、粮食、矿石、机电产品等。

（2）甘井子陆港综合物流园区。以沈大高速公路和黄海大道出口处的后盐物流区为中心，向西北延伸的环城带状物流区。物流货种以生产资料为主，辅之以本地的消费品物流，其中包括粮食、水产品、肉类及其制品等。

（3）老港综合物流园区。以城市居民生活消费品物流为主，其中包括蔬菜、水果等农产品。

（4）羊头洼港综合物流园区和金州编组站综合物流园区。

同时建设和发展以区域物流、专业物流和分拨业务为主的6个专业物流中心：水产品物流中心，空港快递专业物流中心，木材、木制品、家具物流中心，粮食专业物流中心，石油及其制品物流中心，汽车及其配件物流中心。

（二）大连发展农业物流的现实基础

1. 大连发展物流业的比较优势

从现代物流业发展的条件需求看，大连城市具备了大力发展现代物流业现实基础，同周邻的其他城市相比较，大连发展农业物流特别是农产品物流的比较优势明显、突出。

（1）理位置优越

大连地处国际东北亚地区的中心地带，辽东半岛的最南端，东临黄海，西濒渤海，南与山东半岛隔海相望，北倚中国东北地区腹地，发展国际中转通道物流和国际南北水运物流的条件得天独厚。

（2）经济发展水平较高

大连是中国经济发展较为活跃、水平较高的地区之一，2005年，大连市国内生产总值（GDP）达到2152.23亿元人民币，全市人均GDP38196元，为同年中国全国人均GDP的2.72倍，城市商业、服务业比较发达，商业的组织化、现代化程度较高。农业发展的特色明显，水产、水果、蔬菜、肉蛋奶等已成为大连农业的主体。

（3）城市服务体系发育充分

大连城市基础设施建设及公用事业发展良好，城市功能发育健全、完善，城市通信、金融服务事业发达，各类市场体系和社会化服务体系基本形成，高等教育学科齐全，人才培养数量及素质水平位居中国大中城市前列，现代物流业发展的城市环境良好。

（4）对外开放度高

大连是中国东北地区最为重要的出海口，是中国北方口岸城市中与东北腹地联系最为紧密的城市，也是东北经济区对外开放和国际化程度最高的城市。

（5）内外交通便捷

大连城市境内外交通体系健全、发达，海港、空港、哈大电气化铁路、沈大高速公路、黄海大道等紧密配合，已形成立体式、现代化、便捷、通畅的运输网络与集疏运体系。

（6）口岸服务体系健全

大连口岸服务体系健全、发达，拥有海关、检验检疫、海事、边防和口岸各类代理机构，口岸管理及综合服务水平较高，为进出口贸易提供了极为方便、有利的服务条件。

（7）货源丰富、数量庞大

东北地区是中国最为重要的农产品生产基地，2005年，辽宁、吉林、黑龙江三省粮食总产量占中国粮食总量的15.33%，其中玉米、大豆分别占中国总产量的28.56%、40.62%，是中国最大的商品粮生产供应基地。东北地区农产品出口和通过海运进入中国南方各沿海城市，大连是最为重要的一个通道。

大连及其邻近的山东省是中国最为重要的海产品、水果、蔬菜等农产品生产基地。山东农产品进入中国东北及俄罗斯远东地区，路经大连最为方便、距离最短。

2. 大连物流业发展特点

近几年来，大连物流业和农业物流以及与之相关的产业得到了较快的发展，突出表现是：

（1）现代物流业和农业物流发展所必需的港口、场所、道路、仓储库等基础设施建设迅速发展，现代物流业和农业物流发展的基础条件已基本形成。

（2）现有的仓储、运输、货代服务、外贸公司等有些已开始或正在向第三方物流企业迈进、转化与发展。

（3）一批工商企业已开始按照现代物流要求建立专业化的自配送系统。

（4）专业的物流企业已初具规模，已成为大连物流市场的主体。现有的专业物流企业大致可以分为三类：一是中外合资和外资物流公司；二是由大型企业创办的物流公司；三是新建的中小物流公司。

大连物流业及农业物流发展当前存在的突出问题，一是规模较小，水平较低，同国内先进城市比较，差距明显；二是物流业特别是农业物流技术及装备相对落后；三是缺乏农业物流的专业服务商；四是物流发展中的许多关系未能理顺，内部整体合力不强；五是物流业特别是农产品物流仍停留在比较传统的落后形态之上，缺乏高水平、专业化的农业物流中心，等等。

三、项目建设的作用、功能与市场预测

（一）项目建设的作用及功能

本设计项目的有效运营，具有以下方面的作用及功能：

1. 推动农产品生产与经营产业化进程

以对市场需求的有效把握，及时传递有关的市场供求信息，引导农民按照市场需要发展生产，并使农民生产的农产品能够及时、有效地进入市场，到达消费者手中，确保农民所产农产品价值的有效实现，为农业产业化目标的实现创造必要的条件。

2. 促进农产品流通与对外出口贸易的发展

以良好的市场服务，包括生产供给与消费需求信息的收集、整理与传递，产品的分拣、质检、包装、贮藏、运输与配送，使农民所生产和消费者所需要的产品能够及时到达消费者手中，同时通过对国际贸易规则、市场进入标准的熟悉，营销策划、产品推介，推动农产品的对外出口。

3. 为农产品的质量与安全保证增加一道防线

利用物流服务环节，对进入消费领域的农产品进行质量与安

全性能方面的把关，提高农产品的质量安全监管能力，确保到达消费者手中的农产品符合相关标准规定的质量及安全指标要求。

4. 参与农产品的价格形成

发挥物流过程及其运行机制的作用，参与农产品的价格形成，一是为产品供求双方的价格磋商提供意见；二是降低农产品的流通费用，从而影响农产品的价格形成，为实现“农业增效、农民增收、消费者受惠、企业盈利”等多重目标创造条件。

5. 规范市场行为

通过物流环节，避免、防止或消除非规范的市场行为的出现与发生，包括销售假冒伪劣产品、市场欺诈等等。

6. 保护消费者利益及其福利的提高

一是使消费者的消费需求能够得到及时的满足；二是消费者得到的产品符合相关标准规定的质量、安全有保障；三是消费者得到的产品是价格最低的产品。

7. 带动目标地区经济的有效发展

一是项目建设所在地区经济的发展；二是农产品生产地区经济的发展。

（二）项目市场分析与预测

1. 中国农业发展及其商品化趋势

中国是世界农产品生产与消费大国之一，也是世界各国农业发展增长最快的一个国家。农业主要产品产量均居世界前列，其中谷物、肉类、棉花、花生、油菜籽、水果等均居世界首位。2005年，中国农林牧渔业总产值达到39450.9亿元人民币，为1990年的2.48倍（按可比价格计算），在此期间平均每年增长6.3%。

在一个可以预见的未来时期（15～20年）内，中国农业增长速度有望高于现有的增长速度，至少是不会低于已有的发展速度。

中国正在扎实推进的新农村建设，财政对农业扶持的加强和呈加速发展态势的农业科技进步，所有这些都是中国农业发展速度必将进一步加快的一些重要因素。预计到2020年，中国农林牧渔业总产值按照2005年价格计算，将突破10万亿元人民币，达到10.35

万～10.50万亿元。

中国总人口中按户籍所在地划分，目前仍有高达70%的人生活在农村。剔除外出务工农民及其离开农村的家庭人员后，实际长年生活在农村的人口占全国总人口的比重目前仍不会低于60%。

未来时期，中国城镇化速度将加快，实际的农村人口比重将不断减少。由此，农产品中的商品部分比重将不断扩大，因此，进入流通领域的商品产品量的增长速度必然明显高于农业总产出的增长速度。

2. 中国农产品进出口贸易发展走势

2006年，中国农产品进出口贸易总额实现634.3亿美元，比上年增加12.7%。其中，出口313.6亿美元，增长13.71%；进口320.7亿美元，增加11.7%。2001～2006年间，中国农产品进出口总额平均每年增长17.9%，其中出口年均增长14.4%，进口年均增长22.1%。

从各方面分析，中国农产品进出口贸易增长的强劲势头仍在。预计，到2020年前后，中国农产品年进口总额至少可达到1250亿美元，年出口总额1050亿美元，进出口总额超过2300亿美元。

3. 东北地区农产品供求态势

中国东北地区三省一区现有总人口近12000余万人，占全国总人口的9.2%，2005年全区农业总产值4560亿元人民币占全国总量的11.6%，粮食总产量占全国总量的17.5%，其中玉米占33.5%、大豆占45.94%，是中国境内最为重要、规模最大的商品粮和饲料用粮（玉米、豆粕）生产基地，每年有大量的粮食（特别是大米、玉米）从该地区调出。与此同时，东北地区的蔬菜、水果等农产品生产又相对不足，需要从外地购入。如水果，全区总产量仅占全国总量的7%左右，人均占有水平远远低于全国平均水平，而且主要集中在辽宁，每年都需要从南方等地购入大量的水果以满足本地区的市场需要。

大连是东北地区农产品流出流入的重要中转站之一。东北地区数量庞大的农业物流量，为本项目建设提供了重要的市场基础。

（三）项目建设机遇

1. 中国进入农业物流发展最好时期

中国正进入农业物流发展的最好时期，中国经济的持续、强劲增长，正扎实推进的新农村建设，以及中国城市化水平的快速提高，必将带来中国农业的空前发展。农业及其商品化的进一步发展，既需要发达的物流产业来加以保障，同时也为物流产业的崛起与发展提供坚实的基础及动因。这是其一。

其次，物流业的有效发展和运行，物流过程的实现，需要有大量能够有效进行物流集散和提供多种物流服务的物流结点为其支撑及条件保证。建立和发展这样的农业物流结点，完善实现农业物流过程的操作平台是中国目前亟待解决的一个重要课题。

第三是国家政策对于农业物流发展特别是农业物流基础设施建设的强力支持，使本项目建设既具备了有利的经济环境条件，又拥有良好的政策环境条件。

2. 大连亟需发展农业物流结点建设

大连以其特有的条件及优势，必将成为中国北方乃至整个国际东北亚地区的物流中心城市，农业物流在大连的物流业中占有十分重要的地位。

大连物流业仍处于发展的早期阶段，物流结点建设和物流的实现能力等同大连物流发展的应有水平、优势、潜力相比较仍有相当差距，亟待改善和提高。大连的这种需要，即是机会。本项目能够有效弥补大连农业物流结点建设上的明显不足，是大连农业物流发展当前亟待解决的重大课题之一。这样的机会并不是常有的。机会对于任何人来说，都是“稍纵即逝，时不待人”。

3. 大连拥有发展农业物流的良好企业基础

大连是农产品运销、贸易企业集中分布的一个城市，不少企业多年从事以水果为重点的农产品收购、贮藏、流通加工及出口贸易和国内市场销售等经营活动，积累了大量、丰富的农产品流通经营的经验，拥有一个素质良好的农产品流通经营专业人才队伍和成熟、通畅的农产品营销网络及通道，足以为本设计项目建设及建成后的日常经营提供广泛的企业基础及坚实、良好的经济、技术和人才等方面的条件保证，有效解决客户组织与引入、物流、货源组织、物流过程管理和市场网络建设等方面的问题。

四、项目建设方案

（一）项目开发建设与经营运作规则

本项目开发建设与建成后的日常经营按以下基本原则及规则进行：

1. 系统化

按照系统论原理将项目建设及建成后的经营运作视为一个系统，将其纳入所在地区经济与社会发展的超大系统，重视并关注该系统与整个地区超大系统中其他各分（子）系统之间和该系统内部各组成部分之间的密切配合，实现其发展行动的协调一致。

2. 可持续发展

将可持续发展概念，作为一种意识、策略、方法手段，贯穿于项目建设与经营运作的全过程，确保项目建设与建成后经营运作技术、经济等方面选择的适合性与可行性。

3. 突出个性，提升共性

在体现物流产业一般性特点的基础上，突出项目的特有专业性、文化性等个性化色彩。

4. 可操作、可实现性

一是项目建设与经营运作计划及其目标预期便于操作、实施，能够实现，具有切实的可行性；二是拟定科学、合宜的建设与经营运作程序及步骤，分期、分批，循序进行。

5. 效益最大化

通过各种措施，确保项目投资效益的有效获取，实现企业、社会的最大回报，一是企业投入能够得到合理的赢利；二是社会能够获取最大的社会效益，包括带动地区经济的发展，农民增收、社会的和谐发展与进步等。

6. 致力于创新

包括服务创新、制度创新、产业创新、管理创新、经营创新、市场创新、发展创新等等。在发展中求创新，在创新中求发展，使创新融入项目建设与经营运作的全过程，既作为项目建设与经营运作的一种策略、手段、方式、方法，又是其中一种目标、目的。

（二）项目发展定位

1. 战略定位

建成以大连为基点，以进出口贸易为重心，面向国内外水平一流，国际化、现代化、专业化特点突出，以水果产品为主，兼及其他相关农产品的大型国际性农业物流中心。

2. 功能及经营业务定位

本设计项目所设定的基本功能和与之相对应的业务经营活动包括：

（1）仓储。建置拥有现代先进技术、设备的仓储设施，并利用这些设施进行产品贮藏保管活动，为用户提供产品的贮藏保管服务。

（2）装卸。配备装卸设备，并利用这些设备进行产品的装卸活动，为用户提供产品装卸服务。

（3）流通加工。配备流通加工所需要的场地、设备、设施、工具等，对进入市场销售的产品进行分拣、处理、质检、分级、包装等流通加工活动，为用户提供其所需要的流通加工服务。

（4）配送。配置产品运输所需要的运载工具及其他附属设施、配套服务条件等，并利用这些工具、附属设施、配套服务条件等进行配送活动，为用户提供产品配送服务。

（5）市场开发。建立市场网络，包括供应市场网络和需求市场网络，并利用这一网络进行相关的产品收购、集聚与营销活动，为用户提供其所需要的市场开发服务，包括为采购商提供供应市场开发服务和为生产（或销售）商提供需求市场开发服务。

（6）网络通信（电子商务）。配备网络通信（电子商务）的基础设施、设备，并利用这些设施、设备进行相关活动，为用户提供所需要的网络通信（电子商务）服务。

（7）产品交易。配备产品交易所需要的场地、设施、设备及其他配套服务，并利用这一条件开展交易活动，为用户提供交易过程中所需要的相关服务。

（8）国际贸易。建立农产品进口、出口贸易平台，并利用这一平台进行产品进出口贸易活动。

（9）市场代理。建立产品市场代理平台，并利用该平台开展产经销活动，为用户提供其所需要的代理服务。

（10）产品展示。建置产品展示所需要的场地、设施、条件等，并利用该场地、设施、条件开展产品的展示活动，为用户提供其所需要的产品展示服务。

（11）产品检测。配备产品检测设备、设施，并利用这些设备，设施开展产品检测活动，为用户提供产品检测服务。

（12）中介服务。建立完善的中介服务组织系统，为用户提供其所需要的市场、政策、法律、财务、融资、管理、公共关系建设等方面的咨询服务。

（13）商务设施。配备商务活动的场地、设施，为用户提供其所需要的服务。

（14）配套服务。为用户提供生活设施、交易结算、工商、税务、金融等方面的配套服务。

项目功能及业务经营内容如下图4～1所示。

3. 基础设施定位

本设计项目基础设施包括商务、仓储和生活服务设施等。

其中，商务设施包括：

（1）用于产品展示、展销、现货交易等业务活动的交易场地；

（2）为用户提供办公及商务活动场所的写字楼；

（3）提供公共管理用房、综合服务和流动客户食宿服务的服务大厦。

仓储设施包括贮藏库、流通加工厂、临时性仓库等，用于满足物品贮藏、流通加工和客户货物存储、周转保管等方面的用场、用房需要。

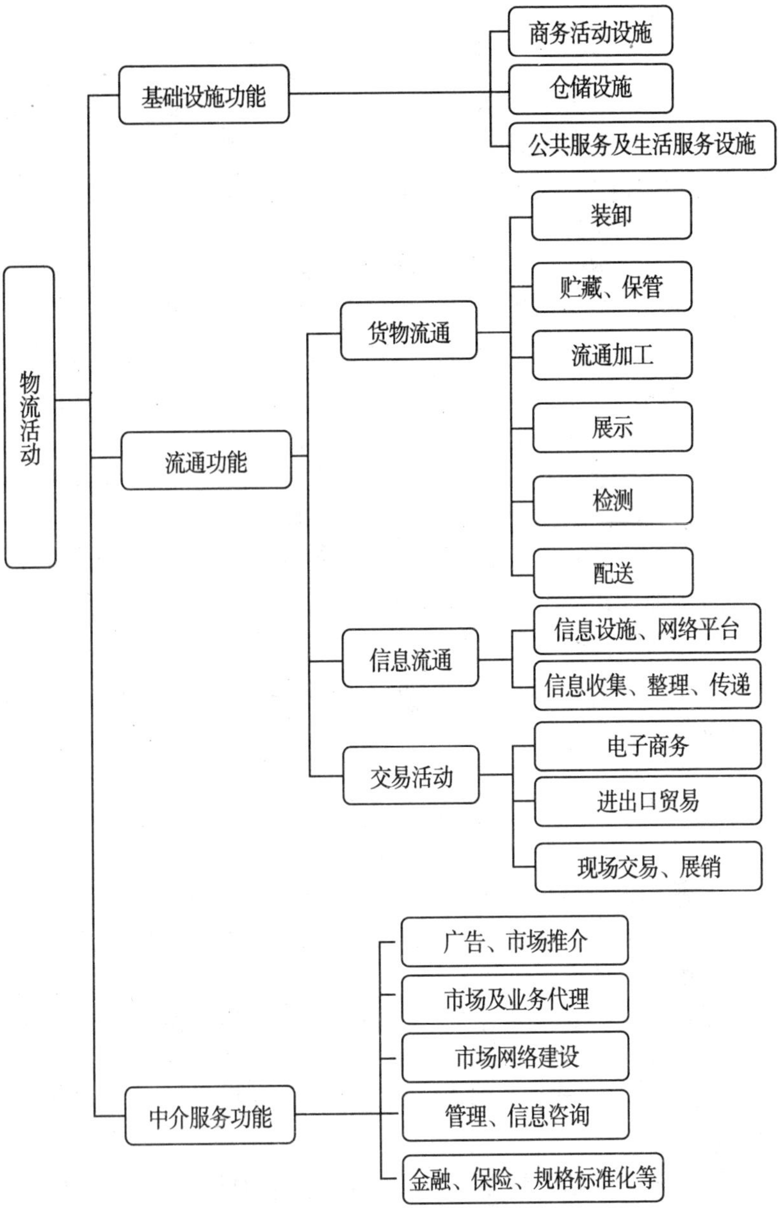

图4-1　项目功能及经营业务活动体系

生活服务设施包括商户公寓、文化休闲场所及设施等。

4. 产品定位

以城乡居民日常生活的副食品类农产品，需要长距离冷链运输、南北交流、国内外交流、便于进入大型超市或设立专卖店的品种为主，包括：

（1）水果，包括果用瓜。以苹果、柑桔类水果、特色水果为主。

（2）蔬菜，以高档特色蔬菜、小包装为主。

（3）粮豆，小品种、小包装杂粮、特色大米、粮用豆类。

（4）牛羊肉，以东北产牛羊肉为主，小包装。

（5）海产品。

（6）食用菌鲜品、干品，以东北产食用菌为主。

5. 经营收入定位

（1）自营货物流通经营收入。项目开发建设主体从事农产品收购、流通加工、仓储、运销到达零售商或消费者手中全过程业务经营活动而形成的业务经营收入。

（2）场地、设施运营收入。为用户提供经营场所、经营活动所需设备、设施服务所形成的经营收入，包括房屋、场地租金收入，设施、设备服务收入等。

（3）交易服务收入。为用户提供交易结算、工商税务、电子商务等服务与管理而形成的收入，包括现场交易服务收入、市场代理服务收入、电子商务服务收入，等等。

（4）货物输送服务收入。为用户提供货物输送服务，包括装卸、配送服务等所形成的收入。

（5）仓储服务收入。为用户提供货物贮藏、保管服务所形成的收入。

（6）流通加工服务收入。为用户提供流通加工服务包括产品分拣、分级、处理、质检、包装等服务所形成的服务性收入。

（7）中介服务收入。为用户提供中介服务包括各种咨询服务、业务代理、广告与市场推介服务等所形成的服务性收入。

（8）其他辅助性服务收入。包括产品检测服务和为用户提供日常生活服务等所形成的服务性收入，等等。

项目经营收入来源如下图4～2所示。

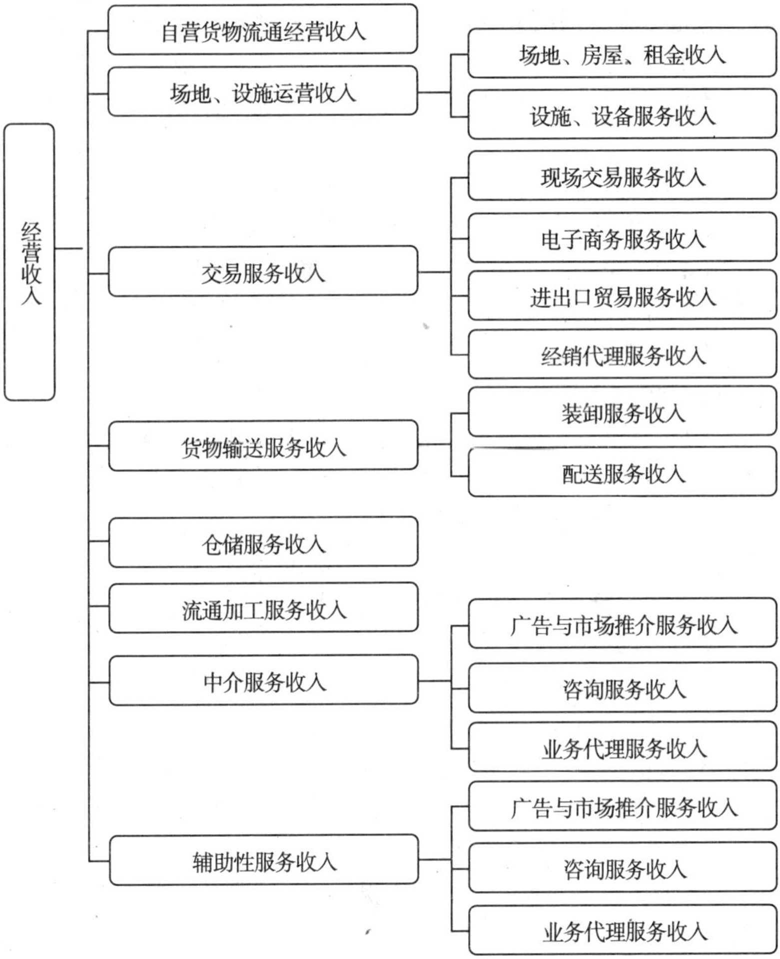

图4-2 项目经营收入构成

6. 建设与发展规模定位

建成设施及服务国内一流，东北地区规模最大、面向东北、服务全国及整个东北亚地区的农产品物流中心。

（三）市场网络建设

1. 目的及内容

【目的】为项目物流及其服务提供货物来源和货物的最终销售与消费通道。

【内容】包括（1）供货网络；（2）行销网络。

2. 生产商市场网络

【目的】为自营货物流通和采购商提供货源。

【目标客户】目标地区的产品生产者（农户、企业）、经纪人、收购商。

【方法】同目标地区政府、农产品收购企业、经纪人等建立稳定的协作关系及业务联系，通过当地政府、农产品收购企业、经纪人等的努力，建立生产基地，稳定与生产者的关系和目标产品生产的数量与质量、安全性能等，确保目标产品的有效供给并符合市场需求。

3. 行销市场网络

【目的】建立覆盖全国各大中城市，能够为目标物流产品进入当地消费市场提供良好服务及保证的产品销售网络，为项目物流产品顺利到达消费者手中实现最终消费提供条件保证。

【目标客户】现有同类产品经销商或有意和有能力进入该领域的投资商及个人。

【方法】通过与现有经营商的有效合作或新建企业方式，在目标地区建立能够按照物流活动基本标准（6R）将货物最终送到消费者手中的经销组织系统。六项标准包括：

（1）完好的质量（Right Quality）

（2）准确的数量（Right Quantity）

（3）恰当的时间（Right Time）

（4）送到合适的地点（Right Place）

（5）给消费者以良好的印象（Right Impression）

（6）公平的价格（Right Price）

4. 运行与经营机制

项目市场网络的有效运行，通过以下方式及途径加以保证：

（1）组织机制。以适当的方式如会员制方式、下属组织方式等，将目标产区的供货商和销区经销商纳入项目组织范畴，使其成为项目行为主体的重要组成部分，接受统一的规范指导。

（2）协约机制。项目管理主体与目标产区的供货商和销区经销商之间订立具有法律效力的合作协议。

（3）利益互惠机制。项目管理主体与产区供货商、锁区经销商之间互为服务、互惠互利，或建立共同的业务经营组织，或相互持股，等等。

（4）经营协调机制。项目管理主体与产区供货商、销区经销商之间的经营活动互为条件和支持，协调行动，通过一定的方式、办法使任何一方都不会且难以主动采取与对方相佐或相脱离的行动。

（四）项目建设内容及规模

1. 建设内容

本设计项目开发建设作为一个系统整体由以下部分组成：

（1）土建及设施工程

包括土地开发和房屋、场地及相关设施建设工程。

（2）项目运营辅助系统

包括交易服务系统、中介服务系统、广告与市场推介系统、市场网络系统，等等。

（3）经营管理组织系统

包括项目经营组织、项目信息系统、数据库建设等。

2. 土地开发

土地开发内容包括：土地平整；土地使用方向及用途规划与设计；道路及地下管网建设等。

土地开发的设定总面积为：30万平方米（30公顷或450中国亩）。

3. 房屋、场地及相关设施工程建设

具体内容包括：

（1）电子商务及公共服务中心

建筑面积1.5万平方米。

用于电子商务及项目公共管理与服务系统办公用房。

（2）产品交易中心

建筑面积3.0万平方米。

产品交易用场地，按市场类商铺形式设计，分为若干个交易大厅，包括鲜果、蔬菜交易大厅，粮油、干品交易大厅，肉类、水产品交易大厅等。

（3）产品展示中心

建筑面积1.5万平方米。

农产品展示用房，包括各地区产品、会员企业产品、企业及重要产品生产基地产品展示等。

（4）进出口产品交易中心

建筑面积1.0万平方米。

进出口产品展示、交易用房。

（5）产品检测及流通加工中心

建筑面积3.0万平方米。

产品检测和流通加工用房。流通加工包括分拣、处理、分级、包装等。

（6）仓储配送中心

建筑面积5.0万平方米。

贮藏仓库、周转库、临时用仓库和配送服务办公用房。

（7）生活服务区

包括服务大厦、商户公寓、餐饮、娱乐休闲等生活服务用房。

总建筑面积3.0万平方米。

（8）配套设施

包括锅炉房、变电所、污水处理站、员工宿舍等设施用房。

建筑面积5000平方米。

以上建筑的总建筑面积为18.5万平方米，土地容积率按1:0.6设计，项目占地总面积为30万平方米。

4. 运营辅助系统建设

【建设目的】

（1）为项目主营业务及客户提供多角度、全方位、高水平的配套服务，推动和促进主营业务的顺利发展和效率化运行。

（2）开发新的项目经营业务，拓宽项目经营及其收入的范围和渠道，发现和培育新的经济增长点，增强项目发展的潜力和能力，以实现资源利用的最大化。

【内容】

（1）交易服务系统，包括交易结算中心、质量检测中心、工商税务服务中心，业务代理与服务中心，等等。

（2）中介服务系统，包括信息中心、管理咨询服务中心、会计师事务服务中心、律师事务所，营销策划中心，等等。

（3）广告与市场推介服务中心。

（4）其他相关服务。

（五）项目建设实施及进度

1. 项目实施阶段与建设工期

【前期准备阶段】

本设计项目建设实施的全过程包括以下基本阶段：

前期准备阶段的主要任务包括：

（1）由项目发起单位设立项目建设筹备办公室，负责项目建设前期的筹备工作。

（2）寻找项目合作伙伴。

（3）完成项目建设的相关文案编制、拟定工作，包括各种文件、规划报告、可行性研究报告等。

（4）项目立项申报。

（5）项目公共关系建设，等等。

【土建工程施工及设备采购、安装与调试阶段】

启动时机：项目投资合作伙伴落实，合作协议已正式订立并生效。本阶段分为以下分阶段：

（1）施工前准备阶段。

时间：3个月

任务：①成立项目建设领导小组；

②合作各方承诺的建设资金到位；

③完成工程正式施工前的各项准备工作。

（2）工程建设施工阶段。

时间：18个月

任务：①土建工程施工；

②设备采购、安装、调试；

③竣工验收阶段。

时间：3个月

任务：完成土建工程和设备、设施工程验收，办理竣工交付使用手续。

土建及设备安装阶段的建设工期总时限为：24个月

2. 项目试运营阶段

启动时机：项目土建及设备工程建设竣工交付使用之后。

时间：1年

任务：发现问题，及时解决，积累经验，形成规范。

3. 项目建设实施组织机构

项目建设阶段由投资各方共同组成项目建设领导小组。领导小组设组长（项目建设总指挥）1人，副组长（副总指挥）2人，组员4人，共7人组成。

领导小组负责项目建设的日常组织与管理工作，执行项目董事会决策，保证项目建设工作的顺利进行。

项目建设领导小组下设以下职能工作部门：

（1）领导小组办公室

办公室负责项目建设组织与管理的日常办公及行政事务处理工作，包括文件、信函收发，公共关系事务处理，日常办公秩序的维护与管理，内部信息的收集、整理和传递，行政事务处理，车辆管理，保安，等等。

（2）工程建设企划处

负责建设计划及进度安排，对外招商与市场推广，商务公关与策划，入驻客户洽谈与服务等方面的工作。

（3）工程建设协调处

负责工程施工建设的组织、管理与协调，下设对外联络、施工管理、设备采购办公室等具体职能机构。

（4）财务处

负责融资策划、资金管理、投资预算和财务收支、会计核算等方面的职能工作。

项目建设实施组织结构如下图4～3所示。

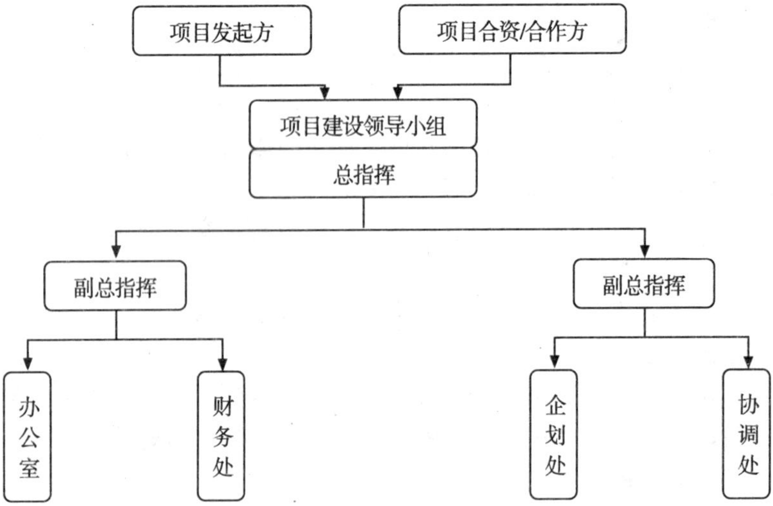

图4-3 项目建设实施组织结构

五、项目经营方案

（一）项目经营管理组织结构及人力资源配置

1. 项目治理模式

本设计项目建成后的日常经营管理，采取既有别于中国现有公司治理模式，也与西方发达国家以美英为代表的公司治理模式相区别的治理结构模式，如下图5～1。

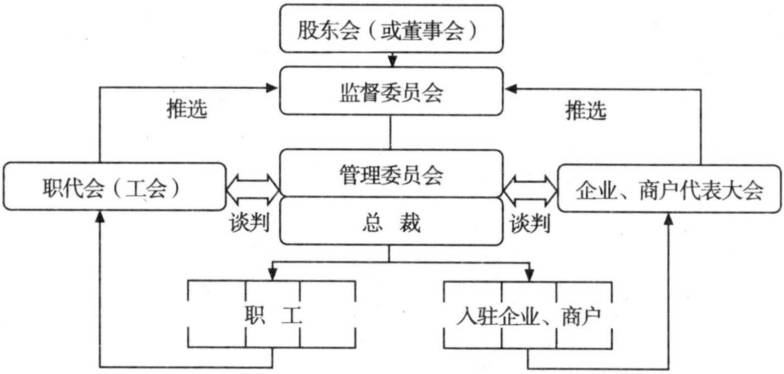

图5-1　项目经营治理结构

项目经营监督委员会由项目主办单位、项目职工、入驻企业及商户三方面代表组成，是项目经营的最高权力与决策机构,既反映和保护项目投资商的权益，也反映广大项目职工和入驻企业及商户的意愿，并保护其权益，实现投资商、职工和入驻企业及商户三者之间的和谐共处与发展。

2. 管理组织机构

本设计项目建成后的日常经营管理，采用监督委员会、管理委员会双重领导下的总裁负责制。设置8个职能部门和8个经营实体，如下图5～2所示。

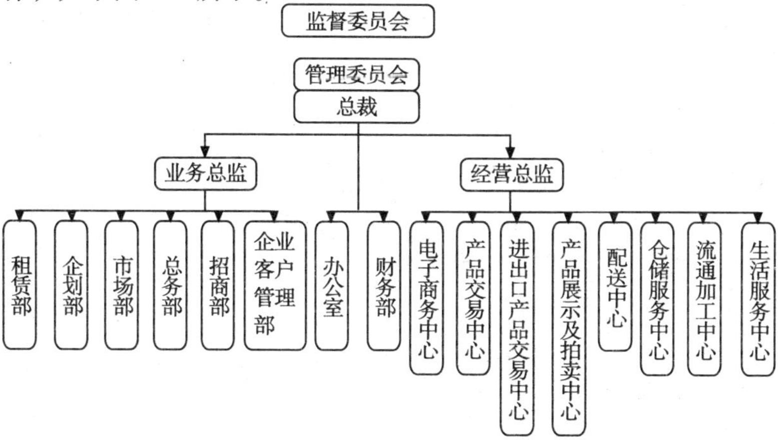

图5-2　　项目经营管理组织机构

3. 项目人员配置

本设计项目建设与发展经营所需专业人才、管理人才和各类服务人员，一律通过对外公开招聘、择优录取办法解决。

（二）项目市场推介

1. 组织与任务

项目市场推介的具体工作，由项目下设的市场部会同招商部，在协作单位和相关地区政府职能部门的帮助、指导下负责完成。

市场推介的工作目标及任务为：

（1）项目宣传、业务推介、形象塑造；

（2）招驻入驻集配中心的企业、商户；

（3）发展协作单位，构建集配产品货源及销路网络。

2. 方式与方法

市场推介通过以下方式及方法展开：

（1）策动公共宣传

利用新闻报道、各种广告等多种媒介方式，对项目服务进行全方位、多角度的宣传，引起目标客户对项目的关注和兴趣。

（2）设立地方办事机构

在目标城市、地区设立办事机构或委托专门的单位组织、企业等，负责所在城市、地区的项目市场推介工作，将市场推介工作落到实处。

（3）争取地方行业协会支持

同目标城市、地区的行业（企业）协会建立联系，争取目标城市、地区行业（企业）协会的帮助和支持，由其通过适当的方式，向其成员企业、商户宣传、推介本项目的服务业务，引导进入本项目，成为本项目的忠实客户。

（4）设立互联网站

推介过程立体化、多维化。建立专门的互联网站，网上推介与网下努力相结合。

（5）引导创业

发展项目的潜在用户，引导目标城市、地区具有创业意向的人员，特别是高校毕业生创建与本项目密切相关、能够成为本项目前承或后续环节的经济实体，在项目所在地外的目标城市、地区建立和发展可控的货源或消费物流节点。

中国高校毕业生“求职难，难求职”，是当前及今后一个时期中国社会的一个必然现象，也是本项目可以利用的一笔最为宝贵的财富和资源。引导和支持高校毕业生创建与本项目直接相关、能够为本项目经营与发展提供支持的经营实体，具有十分重要的经济、社会意义，可以而且应该成为本项目建设与经营发展的一个重要方面。

（三）项目经营策略

本设计项目建成后的日常经营策略包括：

1. 突出具有民族文化色彩的经营理念

具体内容主要包括：

（1）“乐观时变，人弃我取，人取我与，与之为取”。因时择机（机会）、由机聚力、据力而动。

（2）“形而上者为之道，化而裁之谓之变，推而行之谓之通，举而措之天下之民谓之事业”。从整体着眼，找出和确定事物发展的内在联系及其制约的关键性因素，据此入手解决项目经营过程中可能遇到的各种问题。

（3）“知人者智，自知者明”。关注入驻企业、商户和物流服务及物流产品消费者的文化生活追求，营造项目运营的文化氛围，促进项目运营过程中人文关怀的提升和实现。

（4）“穷则变，变则通，通则久”。致力创新，在创新中求发展，在发展中促推创新。

（5）凸现唯一，强调魅力，成就个性，创造尚不具有的服务；借梯登楼，踩着前人的肩膀不断打开新的经营领域。

（6）“非淡薄无以明德，非宁静无以致远，非宽大无以兼覆，非慈厚无以怀众，非平正无以判断”。以客户利得的优先获取为已任，在确保客户利得前提下，争取自己的盈利。

2. 经营推进，双向拓展

一是项目货源及消费物流的空间拓展与客户（企业、商户、生产者或消费者）扩展互为条件和动因，互进互动，空间拓展为客户扩展创造条件，客户扩展为空间拓展提供动力。

二是项目采购及消费物流的扩大同货源物流的拓展协调行动，需求拉动与供给促进交替使用。一方面通过各种方法、措施，不断扩大项目物流产品行销地域，以需求的扩大拉动项目经营的发展；另一方面则是不断开发、稳固新的货源基地，以供给的增加促进项目经营规模的扩大。

3. 创造良好的物流经营发展环境

一是制定服务标准，加强和完善物流服务的标准化工作，为客户提供标准的服务。

二是重视物流服务中介组织包括会计、律师、审计、咨询、信息、代理服务等组织的发展建设，特别是沟通物流企业与用户之间联系的物流咨询、信息服务等中介组织建设，为项目客户提供其所需要的各种服务。

三是完善、健全诚信体系，建立入驻企业、商户和与项目物流直接相关联的客户信誉登记制度、信用记录制度，督促项目所有相关企业、商户“重合同、讲诚信、守信用”，营造项目运营的良好诚信氛围。

四是提高办事效率，降低运营成本，使本项目成为同类服务的价格形成中心和发现中心。

五是造就一支高素质、高水平的物流服务及管理人员队伍。

六、项目投资与资金筹措方案

（一）投资估算

1. 估算依据

本项目投资估算的依据包括：

（1）国家发改委新近颁布的《建设项目经济评价方法参数（第三版）》

（2）原国家计委《投资项目可行性研究指南（试用版）》

（3）《全国统一建筑工程预算工程量计算规则》

（4）《辽宁省建筑工程预算实物量定额（2002年）》

（5）《辽宁省建筑工程预算实物量定额单位估价表（2002年）》

（6）机电设备供应商最近报价

（7）有关单位提供的相关基础数据

（8）作者通过调查获取的相关资料数据

2. 土建工程费用

根据本项目建设方案的设定：项目占地总面积30万平方米，房屋建筑工程 总面积18.5万平方米，道路及广场工程面积4万平方米，地上停车场2万平方米，绿化工程 10.0万平方米，加上供排水、供热、供电、通信工程 ，土建工程 总费用合计为22197.5万元人民币（如下表6～1所示）。

表6-1　土建工程费用估算表

工程名称	工程量（m²）	工程造价	
		单价（元/m²）	费用总额（万元）
一、平整场地	300000	3.5	105
二、房屋建筑工程	185000	–	16630.0
1、电子商务中心	15000	900	1500.0
2、产品交易中心	30000	600	2700.0
3、产品展示中心	15000	900	900.0
4、进出口产品交易中心	10000	900	900.0
5、产品检测及流通加工中心	30000	900	2700.0
6、仓储配送中心	50000	900	4500.0
7、生活服务区	30000	1000	3000.0
8、锅炉房	1000	900	90.0
9、变电所	600	900	54.0
10、污水处理站	2000	800	160.0
11、员工宿舍	1400	900	126.0
三、配套工程	–	–	5462.5
1、道路及广场工程	40000	150	600.0
2、供水工程	185000	50	925.0
3、排水工程	185000	30	555.0
4、供电工程	185000	60	1110.0
5、通信工程	185000	25	462.5
6、供热工程	185000	60	1110.0
7、绿化工程	100000	50	500.0
8、停车场	20000	100	200.0
合　计			22197.5

3. 设备购置及安装费用

项目主要设备购置费用预计3290万元人民币（如下表6～2所示）。设备安装工程 费按设备购置费的10%估算，为329万元。

设备购置及安装费用合计3619万元人民币

表6-2　主要设备购置费用估算表

单位：万元

序号	项目	单位	数量	单价	费用总额
1	供电设备	套	1	180	180
2	弱电设备	套	1	150	150
3	供暖设备	套	1	200	200
4	自动报警装置	套	6	5	150
5	空调通风设备	套	6	80	480
6	消除设备	套	6	90	540
7	电梯	套	3	30	90
8	扶梯	套	8	25	200
9	冷库设备	m^2	20000	650(元)	1300
	合计				3290

4. 工程建设其他费用

包括土地出让金、建设单位管理费用、勘察设计费用、工程监理费用、招标代理费用等，估计6803万元人民币（如下表6～3）

表6-3　工程建设其他费用估算表

单位：万元

序号	费用名称	计算依据	费率%	费用总额
1	土地出让金	180元/平方米		5400
2	建设单位管理费	建安工程费	1.0	258
3	勘察设计费	建安工程费	2.0	516
4	建筑工程监理费	建安工程费	0.5	129
5	开办费			500
	合　计			6803

5. 预备费

包括工程建设的未预见费用和项目建成投放使用后用于购置办公用设备、车辆及工器具等方面的费用，按工程建设费用总额的3%计算，为978.5万元人民币。

6. 财务费用

项目建设资金全部按贷款计提利息，利息率按年5.8%估算，建设期建设资金财务费用预计额为3897万元人民币。

7. 项目建设总投资

项目建设前述投资费用总计为36417.0万元人民币（如下表6～4）。加上流动资金5000万元，项目投资总额41417万元人民币。

表6～4 项目建设投资估算表

单位：万元

序号	项目	金额
1	土建工程	22197.5
2	设备购置及安装	3619.0
3	工程建设其他费用	6803.0
4	预备费用	978.5
5	财务费用	2819.0
合　计		36417.0

（二）资金投入与筹措计划

1. 资金使用计划

根据项目建设进程安排，项目建设正式启动后，第一年投放建设资金15000万元人民币，占建设资金总额的41.2%；余下部分第二年投入，总计21426万元人民币，占建设资金总额58.8%。

项目建成投放使用后的流动资金，第一年计划投入3000万元人民币。之后，根据需要加以追加。

2. 资金筹措计划

项目资金筹措计划如下表6～5所示。

项目建设资金发起方投入8420万元人民币，合作方投入8000万元人民币，拟向银行贷款20000万元，占项目建设费用总额的54.9%。

项目流动资金全部通过贷款解决。

表6-5 项目投资计划与资金筹措平衡表

单位：万元

项目	合计	建设期		运营期	
		第1年	第2年	第3年	第4年
一、项目总投资	41417	15000	21417	3000	2000
1、建设资金	36417				
2、流动资金	5000			3000	2000
二、资金筹措合计	41420	15000	21420	3000	2000
1、发起方投入	8420	5000	3420	–	–
2、合作各方投入	8000	4500	3500	–	–
3、银行贷款	25000	5500	14500	3000	2000
其中：建设资金	20000	5500	14500	–	–
流动资金	5000	–	–	3000	2000

3. 融资方案

【方案一】 合作经营

本设计项目由项目发起单位与投资意向的投资商合作经营。合作方提供本项目建设所需资金的全部或部分资金（不低于15000万元人民币，或2000万美元），经营风险由项目发起建设单位独立承担。

合作方投资通过资产折旧办法及途径收回，收回年限不低于8年（年折旧率12.5%），不高于10年（年折旧率为10%）。折旧期满，合作方按照相同的年折旧率标准继续享受1/2折旧期的合作回报，之后，合作经营终止，合作方的投资本金不再返还。

【方案二】 合资经营

有投资意向的投资商（合作方）与项目发起单位共同投资设立相应的专业公司经营本项目。新设立的合资公司由合资各方共同经营、共担风险、共负盈亏。

选择合资经营方式运作本项目时，在确定各方的股权分配及其资金注入比例时，应适当考虑项目发起单位的前期付出及其无形资产的价值和作用。

本设计项目发起单位作为项目发起人，在项目合作之前为建设本项目而进行的努力，已付出了大量的人力、物力和财力进行策划、调查、反复论证，从而提出项目开发建设的基本构想。这种构想是具有商业价值的。另外，项目建成后的顺利运营，在相当程度上有赖于项目发起单位的已有经验及其市场网络和公共关系努力等。所有这些都是无法评估作价而作为注册资本的。因此，在设立本项目合资经营公司时，应当给予项目发起单位以其拥有的无形资产投入进入新设公司的机会和权利。

本项目合资经营的出资建议方案如下表6～6所示。

表6–6 项目合资经营出资建设方案

出资人	出资方式	股权比例（%）	出资合计（万元）	资本金（万元）	建设投资（万元）
项目发起人	无形资产	5	250.0	250.0	
	有形资产	47.5	12375.0	2375.0	10000.0
	合计	52.5	12625.0	2625.0	10000.0
其他投资人	有形资产	47.5	12375.0	2375.0	10000.0
总　计		100	25000.0	5000.0	20000.0

七、项目财务分析

（一）财务分析的基础数据及其参数

本设计项目财务分析及评价根据国家发改委新近颁布的《建设项目经济评价方法与参数（第三版）和原国家计委《投资项目可行性研究指南（试用版）》的相关规定，以及对项目建设设定地点进行调查而得到的有关基础数据进行。

本项目财务分析与评价的基础数据及参数主要包括：

1. 税费

营业税：税率5%；

城乡维护建设税：营业税的7%；

教育费附费：营业税的3%；

以上3项“营业税及其附加”税率合计为5.5%。

企业所得税：税率25%。

2. 利息率

建设资金银行贷款有效年利率6.75%。

流动资金银行贷款年利率6.39%。

3. 项目计算期

设定15年，含建设期 17年。

4. 产能利用率

设定项目竣工投放使用后第一年的产能利用达到60%，第二年80%，第三年不低于95%。

5. 财务基准收益率

设定为10%。

（二）经营收入预计

1. 电子商务中心

（1）场地租金收入

电子商务中心建筑面积15000平方米，其中300平方米项目建设单位用于日常办公，12000平方米对外经营。设定对外经营部分，按目前大连市的写字间出租收费标准收取使用单位的场地使用费，平均每天每平方米1.5元人民币，营业期第一年使用率达到60%，第二年80%，第三年及其之后不低于95%，年经营收入预计如下表7～1所示。

表7–1 电子商务中心场地租金收入预计表

项目	单位	第1年	第2年	第3年
面积	m^2	12000	12000	12000
使用率	%	60	80	95
经营收入	万元	388.6	518.4	615.6

（2）交易服务费收入

交易服务费收标准为交易额的1%，费用由交易双方共同承担。设定经营期第一年的电子商务交易总额达到3亿元人民币，之后按25%增长，从第五年起进入经营的相对稳定阶段。经营期前五年的交易服务收入分别为300万元、375万元、468.75万元、585.94万元、732.42万元人民币。

2. 产品交易中心

产品交易中心建筑总面积3.0万平方米，以铺位方式提供给用户使用，按月出租。按建筑面积计算的租金费用平均每月每平方米按60元测算，经营期第一年租出率达到60%，第二年80%，第三年及其之后不低于95%，则其租金收入如下表7～2所示。

表7–2 产品交易中心场地租金收入预计表

项目	单位	第1年	第2年	第3年
面积	m^2	30000	30000	30000
使用率	%	60	80	95
租金收入	万元	1296	1728	2052

3. 进出口产品交易中心

（1）场地租金收入

使用进出口产品交易中心场地，按每平方米每天2.0元人民币标准收取场地使用费用。经营期第一年租出率达到50%，第二年75%，第三年及其之后不低于95%，则其租金收入如下表7～3所示。

表7-3　进出口产品交易中心场地租金收入预计表

项目	单位	第1年	第2年	第3年
面积	m^2	10000	10000	10000
使用率	%	50	75	95
租金收入	万元	360	540	684

（2）进出口贸易代理服务收入

经营期第一年进出口贸易代理额实现3000万美元，之后每年增长20%，到第三年代理额达到4320万美元，之后每年增长15%，第5年实现5720万美元后，趋于稳定。代理服务费收标准为交易额的2%，美元与人民币比价按1:7.0测算，代理服务收入如下表7～4所示。

表7-4　进出口贸易代理服务收入预计表

项目	单位	第1年	第2年	第3年	第4年	第5年
贸易代理额	万美元	3000	3600	4320	4968	5720
代理服务费	万元	420	504	605	695.5	800.8

4. 产品展示与拍卖中心

（1）场地租金收入

使用产品展示中心场地展示展销产品，按每平方米每天5元标准收取费用。营业期第一年全年平均的场地使用率达到30%。第二年50%，第三年及其之后不低于70%，则其租金收入如下表7～5所示。

表7-5　产品展示中心场地租金收入预计表

项目	单位	第1年	第2年	第3年
面积	m^2	15000	15000	15000
使用率	%	30	50	70
租金收入	万元	810	1350	1890

（2）拍卖手续费收入

经营期第一年拍卖交易额达到5000万人民币，之后每年增加30%，到第五年达到14280万元人民币后基本趋于稳定。在日本，农产品委托拍卖的手续费率蔬菜8.5%、水果7.0%、水产品5.5%、食用肉3.5%、花卉9.5%。本项目平均按3.5%测算。项目拍卖手续费收入预计如表7～6所示。

表7-6　拍卖手续费收入预计表　　单位：万元

项目	第1年	第2年	第3年	第4年	第5年
交易额	50000	6500	8450	10985	14280
手续费	175	2275	2957.5	384.5	499.8

5. 仓储配送中心

（1）气调库经营收入

项目气调库容量1.5万吨，50%自用，50%对外经营。对外经营部分按每吨每天6元标准收取仓储保管费用。

（2）普通贮藏库经营收入

普通贮藏库建筑面积3.0万平方米，30%自用，70%对外经营。对外经营部分按每平方米每天0.8元标准收取费用。

仓储库对外经营部分的使用率第一年为60%，第二年80%，第三年及其之后不低于95%。仓储配送中心对外经营部分的场地租金收入如下表7～7所示。

表7-7　仓储配送中心对外经营场地租金收入预计表

项目		单位	第1年	第2年	第3年
气调库	可利用库容	吨	7500	7500	7500
	使用率	%	60	80	95
	经营收入	万元	972	1296	1539
普通库	可利用面积	m^2	21000	21000	21000
	使用率	%	60	80	95
	场地租金收入	万元	367.9	490.6	582.5
合计		万元	1339.9	1786.6	2121.5

（3）配送服务收入

经营期第一年配送服务收入实现260万元人民币，之后每年增长20%，到第五年达到540万元后趋于稳定。

6. 产品检测及流通加工中心

（1）场地租金

产品检测及流通加工中心场地30%自用，剩下70%的场地以租赁经营方式对外出租。场地租金按每年每平方米220元标准计收（合0.6元/平方米·天），经营期第一年租出率达到70%，第二年90%，第三年及其之后实现100%。则其出租部分的租金收入如下表7～8所示。

表7-8 产品检测及流通加工中心场地租赁收入预计表

项目	单位	第1年	第2年	第3年
出租面积	m^2	21000	21000	21000
出租率	%	70	90	100
租赁收入	万元	323.4	415.8	462.0

（2）产品检测及流通加工服务收入

经营期第一年达到350万元人民币，之后每年增长25%，第二至第五年分别为437.5万元、546.9万元、683.6万元、854.5万元。之后，基本稳定在850万～860万元人民币水平上。

7. 生活服务区

生活服务区除商户公寓外的其他部分分项目对外承包经营。承包费用按项目及其占用面积核算。经营期第一年，所有对外承包项目平均按每平方米每年220元（合0.6元/平方米·天）标准收取，之后每年增加15%，从第三年开始,收费标准基本稳定。租出率经营期第一年达到80%，第二年及其之后不低于95%。

商户公寓200套，平均每套建筑面积60平方米，按日、月、年对外出租，平均日租金每套90元，经营期第一年租出率达到30%，第二年45%，第三年及其之后不低于60%。

生活服务区经营收入如下表7～9所示。

表7-9 生活服务区经营收入预计表

项目		单位	第1年	第2年	第3年
非公寓部分	可租出面积	m^2	18000	18000	18000
	租出率	%	80	95	95
	租金收入	万元	316.8	432.6	497.5
商户公寓	可利用数量	套	200	200	200
	租出率	%	30	45	60
	租金收入	万元	197.1	295.7	394.2
合计		万元	513.9	728.3	891.7

8. 自营物资流通经营收入

根据本设计项目建设设定地区有关单位多年经营水果进出口贸易的经验和对国内外农产品市场的经验判断，本设计项目建成投放使用后，自营货物流通部分，经营期 第一年有望实现的销售收入可达16200万元人民币（合每月1350万元）以上，扣除所有费用支出及营业税后，净利润收入可达2025万元人民币（销售收入净利润率不低于12.5%）。之后，每年递增10%，至第三年净利润达到2450.25万元人民币。

9. 其他收入

包括商品交易过程中的收费服务收入、业务代理收入和中介服务收入等等。营业期第一年可实现150万元人民币，之后，前两年每年增长30%，后两年每年增长15%，到第五年达到335.25万元后，收入相对稳定。

10. 项目经营总收入

项目前述经营业务收入合计如下表7~10所示，进入相对稳定期后，年经营收入为15336.6万人民币。

表7–10　项目经营收入预计表

单位：万元人民币

序号	项目	第1年	第2年	第3年	第4年	第5年
1	电子商务中心	688.8	893.4	1084.35	1201.54	1348.02
2	产品交易中心	1296.0	1728.0	2052.0	2052.0	2052.0
3	进出口产品交易中心	780.0	1044.0	1284.0	1379.5	1484.8
4	产品展示与拍卖中心	985.0	1577.5	2185.75	2274.5	2389.8
5	仓储配送中心	1599.9	2098.6	2495.9	2570.78	2660.64
6	产品检测及流通加工中心	673.40	853.3	1008.9	1145.6	1316.4
7	生活服务区	513.9	728.3	891.7	891.7	891.7
8	其他收入	150.0	195.0	253.5	291.53	335.25
	小计	6687.0	9118.1	11256.1	11807.15	12478.61
9	自营物资流通收入	2025.0	2227.5	2450.25	2646.27	2857.97
总计		8712.0	11345.6	13706.25	14453.42	15336.58

（三）成本费用支出预计

1. 固定资产折旧及递延资产摊销费用

（1）折旧费

土地转让金及建筑物价值按20年折旧，设备折旧年限平均10年，固定资产净残值率取5%。土地转让金及建筑物资产原值27597.5万元人民币，设备原值3619万元人民币。

（2）摊销费用

递延资产原值1403万元人民币，分5年摊销，年摊销费为280.6万元人民币。

2. 燃料动力费用

包括冬季取暖、水、电费用。取暖费用平均每平方米每年按21.5元（低于居民取暖23元/平方米标准）计算，采暖总面积195万平方米，年取暖费用总额为397.75万元人民币。

预计年耗水18万吨，单价3元/吨；耗电120万千瓦·小时，单价0.63元/千瓦·小时，年水、电费用合计129.6万元人民币。

年燃料动力费用总额为527.35万元人民币。

3. 人员费用

本项目职工人数320人，平均工资按人均1200元/月人民币计算，福利费用按工资总额30%计提，年人员费用合计599.04万元人民币。

4. 维修费用

根据同类项目经验，维修费用大致为折旧费的20%，年维修费用额为330.94万元人民币。

5. 营业税

营业税及其附加按营业收入的5.5%计提，营业期前三年税费如下表7～11所示。之后，各年的经营收入同第三年大致相当，税费也与第三年大致相同。

表7–11　项目营业税及其附加预计表

项目	第1年	第2年	第3年	第4年	第5年	
计费金额	6687. 0	9118. 1	11256.1	11807.15	12478.61	
税额	367. 79	501. 5	619. 09	649. 39	686. 32	

6. 财务费用

建设资金贷款利息率按年6.75%计付，流动资金贷款利息率按6.39%计付，建设期和营业期第三年应付利息如下表7～12所示。之后，开始还贷，年应付利息额逐年减少。

表7–12　财务费用预计表

项目		建设期		营运期		
		第1年	第2年	第1年	第2年	第3年
建设资金贷款	贷款本息	5500	20000	20000	20000	20000
	利息额	371.25	1350.0	1350. 0	1350. 0	1350.0
流动资金贷款	贷款本金	–	–	3000	5000	2000
	利息额			191.7	319.5	127.8
利息费用合计		371.25	1350.0	1541.7	1669.5	1477.8

7. 管理费用及其他

用于项目日常经营管理除前述折旧费、摊销费、燃力动力费、维修费、人员费、财务费用及税费等费用支出外的管理费用，包括日常办公费用、公共关系费用、广告及市场推介费用及其他未估算费用等，根据本项目特点和同类项目的已有经验，按项目经营收入额的5%提取，年费用预计额如下表7~13所示。

表7-13 项目管理费用及其他预计表

单位：万元

项目	第1年	第2年	第3年	第4年	第5年
计费金额	8712.0	11345.6	13706.35	14453.42	15336.58
费用金额	435.6	567.28	685.32	722.67	766.83

8. 费用总计

本项目成本费用支出合计如下表7~14所示。

表7-14 项目成本费用总额预计表

单位：万元人民币

序号	项目	第1年	第2年	第3年	第4年	第5年
1	折旧及摊销费用	1935.29	1935.29	1935.29	1935.29	1935.29
2	燃料动力费用	527.35	527.35	527.35	527.35	527.35
3	人员费用	599.04	599.04	599.04	599.04	599.04
4	维修费用	330.94	330.94	330.94	330.94	330.94
5	营业税	367.79	501.5	619.09	649.39	686.32
6	财务费用	1541.7	1669.5	1477.8	978.75	-
7	管理及其他费用	435.6	567.28	685.32	722.67	766.83
合计		5737.71	6130.9	6174.83	5743.43	4845.77

（四）财务收支与评价

1. 财务收支

项目经营期前五年财务收支与盈利情况如下表7~15所示。

表7-15 财务收支预计表

单位：万元

项目	第1年	第2年	第3年	第4年	第5年
经营收入	8712.0	11345.6	13706.35	14453.42	15336.58
减:成本费用	5737.71	6130.9	6174.83	5743.43	4845.77
税前利润	2975.0	5214.7	7531.52	8709.99	10490.81
减:所得税	743.75	1303.68	1882.88	2177.50	2622.70
税后净利润	2231.25	3911.02	5648.64	6532.49	7868.11

项目经营进入第5年（含建设期为第7年）时，贷款清偿后，项目年税前利润约达10500万元人民币，年企业所得税约2620万元，年税后净利润约为7868万元人民币。

2. 主要财务指标

（1）项目经营期15年税后净收入累计104872.6万元人民币；上交税额（含营业税）累计44644.8万元人民币。

（2）投资利税率年均24.07%，投资净利润率年均为16.9%。

（3）项目财务净现值60122.18万元人民币，投资净回报率为145.2%。

（4）投资回收期5年。

八、项目风险及其控制

（一）市场风险

1. 市场风险内涵

本设计项目的市场风险，一是源于中国农产品物流服务需求市场的不确定性。农产品物流问题被提到议事日程，在中国还只是近几年的事情，这一潜在市场的实际需求量究竟有多大，往往难于作出准确的判断和量化。二是来自于目标客户的不确定性，包括直接目标客户和间接目标客户。直接目标客户是提使用本项目服务的产品生产商（供应商）和采购商（批零商）。间接目标客户是指最终消费本项目流通产品的单位和个人。这两部分客户究竟是谁，在哪，多少，何以界定？准确地回答、解决这一问题，并非是一件容易的事情。

对上述两个“不确定性”的判断如有失误或出现大的偏差，项目建设的方向、内容和规模及其服务水平未能与市场的实际需求相吻合、相匹配时，即直接构成项目投资的市场风险。

2. 市场风险控制措施

（1）加强对市场需求及其变化的调研与预测，根据市场情况即时作出反应，对项目建设及经营进行及时的调整。

（2）进行有效的市场推介，加强广告和舆论宣传方面的工作。

（3）构建覆盖国内外所有目标地域的协作伙伴网络系统，

拓展和稳定项目的目标客户。

（二）行业风险

1. 行业风险内涵

在中国，农产品物流作为一个刚刚兴起的新兴产业，由于缺乏成熟产业所拥有的成熟规范，加上市场进入者的快速增加，极易形成低水平、非规范、不合理的盲目竞争，从而导致种种不良结果，构成项目投资的行业风险。

2. 行业风险控制措施

（1）突出项目的个性化特色，按照“人弃我取，人取我与，与之为取”原则，通过对项目服务产品的科学规划避免与同业间的直接竞争。

（2）加强与业界的竞争合作关系，努力促进在竞争中合作，在合作中竞争格局的有效形成。

（3）提高项目水平，努力争取并保持项目在同业中的市场领先地位。

（三）财务风险

物流服务是一种综合性服务，提供物流服务的企业需要拥有与之服务产品相适应的经济实力。本项目的财务风险主要来自资金供应能否及时满足项目运营的巨额资金需求。为此，可以而且应该采取以下方面的措施：

（1）寻找并选择良好的资金合作伙伴；

（2）建立可靠、通畅的融资渠道；

（3）科学地确定项目发展的方向与规划，坚持“以入量出，有多少资金，办多大事情”的基本原则进行项目建设与经营。

（四）管理风险

1. 管理风险表现

本项目的管理风险，一是来自低效的、非科学、非合理的内部管理措施及其管理规范；二是来自于项目人才的相对缺乏及其高流动性；三是项目物流服务技术及其创新的需要、可能与其现实之间的矛盾性。先进的技术是项目提供领先的物流服务的条件保障之一，但是，能否得到先进的技术，以及所获得的某种技术是否符合市场的实际需要，有无相应的人力、财力来保证该项技术的生产开发与推广应用等等，都存在某种不确定性，成为一种风险。

2. 管理风险的控制措施

（1）建立科学、有效的项目经营决策机制，提高管理决策水平，最大限度地减少因失误而导致的错误决策。

（2）建立严格、规范的管理制度体系，形成按制度规范进行管理的传统，减少人为因素对管理过程所造成的非理性影响及作用。

（3）加强人才的培养和储备，充分调动和发挥人才的积极作用。

（4）稳定职工队伍，特别是项目运营的管理团队。

（5）加强对项目所涉技术的密切关注及其研发与应用。

【附：农业物流开发项目设计（二）】

农产品城市社区替代营销网络建设方案

一、设计思路与项目概述

（一）全新的商业概念

本设计项目是运用当代信息技术和全新的市场营销概念及其营销方式而设计的一种以社区为依托，以城市居民家庭以农产食品为主体的日常生活消费品营销为对象，以安排城市“40~50”年龄段下岗待业人员再就业为目标的商业性新型居民服务网络系统。

中国城市中年龄在“40~50”年龄段的下岗待业人员的再就业问题，一直是一个不易或难于解决的棘手问题。因为年龄偏大，所以一般的用人单位大多都不愿意接纳、聘用。然而，年龄偏大，却有年龄偏大的许多长处及优势。问题仅仅在于应该发展一些什么样的产业或行业项目，采用何种方式或方法来利用他们的长处及优势，使这样一种不可多得的资源的利用率能够达到极致。本设计项目所设定的“城市社区替代营销服务网络”就是基于这样一种思路而推出的，目的在于安排更多的年龄在“40~50”年龄段的下岗待业人员，使其尽快实现有收入保障的再就业。

前述“替代营销”概念作为一个全新的市场营销方式或方法是一种“生产者——经销商——消费者”有机对接的重要机制，系指产品不通过常规营销体系的销售通路及方法而是通过一个全新的会员组织系统，运用直销、配送、连锁网络等方式使产品从生产者手中转移到消费者手中的权利转移及其价值实现过程。

替代营销方式源自20世纪70年代初期，是国外发达国家有效销售某些特定产品如有机农产品的成熟方式之一，其特点，从生产者及其经销商的相互关系角度来看，包括以下方面：

（1）生产者和经销商共同分担产品销售的风险，经销商与生产者签订合同，按照定期磋商后所确定的固定价格收购生产者所生产的全部或其部分产品，从而确保产品生产的“适销对路”和及时出售、转手，使生产方和经销商的各种利益得以保证并有效实现；

（2）生产者保证产品供应的时间与质量，在互惠互利的基础上同经销商一起参与制定产品销售的终端价格即零售价格，使生产者和经销商均能得到其所应该并能够得到的价格，同时降低经销商产品经营的质量风险和市场机会的错失风险。

从消费者及其与经销方的相互关系来看，替代营销方式具有以下特点：

（1）消费者依据经销商提供的产品清单提出购买计划，经销商按照该计划配送货物，消费者接受经销商提供的产品，既保证消费者的愿望及需求得以实现和满足，又使经销商的经销活动有的放矢，避免盲目；

（2）最大限度地减少产品流通及销售的中间环节和整个价格形成过程中由中间商所分摊的那一部分价格收入，从而为最大限度地降低产品零售价格提供基础和可能；

（3）可以通过适当、有效的方法及手段，如组织会员参观旅游、举办供方与需方直接交流的见面会、开展节日庆典活动等等，加强经销方与会员的感情交流，从而建立起以相互信任为基础的物品交易关系，而不是那种“见物不见人”的纯商业关系；

（4）便于经销商实施和提供全方位的信息服务，如通过周报或月报以及互联网络等方式及时通报所涉产品的生产供应及消费需求等方面的各种信息，包括消费者的产品需求、正在生产和即将上市的产品品种及其数量与质量、生产过程、生产环境、产品使用的价值及其方法、价格等等，以便于生产者和消费者作出选择，引导市场的健康发展与运行。

（二）项目建设依据及宗旨

1. 项目开发依据

本设计项目建设与发展的立足点或出发点是“创新商业，促进就业”。在中国目前条件下，城市充分就业的有效实现，需要有新的产业形态作为其支撑，发展商业不失为一种重要的和优先的选择。问题在于，处于转型中的中国经济与市场的有效开发与发展运行，需要以引进全新的市场营销概念，进行有效的市场创新、营销组织创新和营销方式方法创新，采用更新、更多、更为有效的市场营销方式及方法为前提，这是其一。

其次，尽管商业服务业是当代经济条件下就业容量最大、安排从业人员的就业费用及成本最低、实现速度最快、效果最为明显、突出的一个产业领域，然而，面对中国近几十年来由于进行产业及企业结构大幅调整和人员精减而迅速形成的大量下岗分流人员，除非通过商业服务业的创新与发展，否则就难以或根本就不可能创造和提供如此大量的就业岗位来满足下岗待业人员重新就业的实际需要。

可见，商业创新，即使从缓解中国社会所面临的巨大就业压力看，也已成为必要，从而构成本设计项目开发的出发点及初衷。

再从本设计项目所设定的项目建设地点——大连市的具体情况看，大连市具有并具备发展新的商业形态及市场营销方式、进行市场创新、商业组织及营销方式创新所必备的经济与社会生态环境条件，包括城市市场环境、市场开发的可能性及潜力、国家政策、人力与人才资源条件等等。

2. 项目建设宗旨及指导思想

本设计项目宗旨或指导思想是：以“促进就业、创新商业，沟通供求、服务社会”为己任，以“生产者增收、消费者增效，最大限度地创造新的就业岗位，协助政府及社会解决或缓解业已存在的充分就业难题和获取最大化的社会效益”为出发点及目标，集成城市居民日常生活所必需的农产食品和日常生活消费品的商品资源，以社区（街道、居民小区等）为依托，探索并创建具有大连城市特色的个性化农产品替代营销体系及其运行模式，开创城市日常生活消费品和农食品商业发展的新局面，同时为解决和安排城市“40～50”年龄段下岗待业人员的重新就业提供一种新的思路和办法。

（三）项目建设与发展的经济与社会意义

本设计项目开发建设与发展的经济与社会意义，突出地表现在以下几个方面：

（1）缓解城市居民就业的严峻形势

中国城市居民特别是“40～50”年龄段下岗待业的那一部分大龄城市居民的就业问题，已成为制约和影响城市经济发展、社会安定、居民生活水平提高的一个重要因素，社会普遍关注，并已引起党和国家以及地方各级政府的高度重视。本设计项目具有大量容纳和安排城市居民就业特别是“40～50”年龄段下岗待业人员就业的能力，是缓解城市就业难题的良方之一。

（2）带动和推进城市居民服务产业的迅速发展与全面振兴

本项目建成并顺利营运后，利用本设计项目所特有的网络系统，可以相关建立和发展一大批产业化经营的城市居民服务项目，如家政服务、信息与广告、创业咨询，等等，使这些行业发展进程中所面临的市场难题迎刃而解。

（3）开创农产品销售新思路，促进城市地区农业的持续、快速发展

中国以家庭经营制为基础的农业生产，“小生产”与“大市场”的矛盾格外突出，农民的“卖难”和城市消费者的“买难”成为困扰“农业增效、农民增收”和满足城市居民生活有效需求过程中的一个突出问题。这一点对于大连来说尤为明显。大连每年都需要从外地区调入大量的包括本地区有条件、有能力生产的各种农副产品，而另一方面，大连丰富的农业资源却有许多处于闲置或半闲置的状态，农民一直为其产品的销路不畅、难以出手

所困扰。本设计项目有效建成并投入运营后，通过社区替代营销网络，可以切实解决农民生产与城市农产品消费之间的有机衔接与对接，从而促进大连农业的更快发展。

（4）减少消费者的商品购买支出

进入本设计项目社区替代营销服务网络的产品，其最终销售价格即消费者购买的零售价格同其他商业网络比较，至少低10%以上，一般能低20～30%。在其他条件相同的情况下，消费者通过本设计项目网络购入消费品，购买等量产品的费用支出至少节约10%以上，或者说用同样多的支出至少可多购买10%以上的产品。

（5）形成并发挥示范效应

本设计项目提供一种城市商业发展和缓解城市大龄下岗待业人员就业难问题的全新思路，大连率先推出本项目，足以成为全国的典范，由此而产生的多种效应，包括对大连城市本身发展所产生的综合效应，怎样估计都不为过。

（四）项目建设与发展理念及目标

1. 经营理念

本设计项目建设及经营的基本理念及原则是：

（1）贴近客户，包括供货商特别是农民和消费者，与客户同舟共济，协力创建未来高质量、低支出的新的生态良性生活方式。

（2）扎扎实实做事，实实在在做人，不哗众取宠，不图取虚名，诚心诚意为供货厂商和消费者服务，把最好的东西带给客户和客户的事业及生活。

（3）客户服务做到专人负责，团队支持，充分利用并发挥团队协作的优势。

（4）建立一种友好的、创造性的、相互尊重和信任的互助合作关系，在达成共识、互惠互利的基础上确定货物交易及价格，而非单纯的商业交易伙伴关系。

2. 发展目标

本设计项目建设与经营发展的基本目标包括：

（1）创新商业

建成全国第一家规模最大、覆盖整个城市的居民食品及其他日常生活消费品替代营销服务网络，使大连成为全国商业创新的示范城市。

（2）促进就业

充分利用城市街道、社区中大量闲置的富有亲情地缘优势年龄在“40～50”段的下岗待业人员这一不可多得的人力资源，以家庭消费市场为依托，开创大龄下岗待业人员重新就业的路径与方法，推动和促进国家充分就业目标的有效达成与实现，使大连成为解决和安排“40～50”年龄段下岗待业人员重新就业的典例之一。

（3）生产者增收

通过本设计项目的有效运作，使相关产品的生产者特别是大连地区农民所生产的产品得以及时、有效地销售出去，并得到其合理、应有的价格水平，从而实现生产者增收、增效的生产经营目标。

（4）消费者增效

通过本设计项目的有效运作，大幅降低相关产品的终端销售价格（即零售价格）水平，同时确保消费者所购买、所消费产品的质量，使消费者在等量收入及消费支出的水平上，可以得到数量更多、质量更好的消费品，从而提高消费者的生活消费水平及质量。

（5）综合化经营

通过对本设计项目主营业务的前向与后向、上游与下游业务的关联延伸与发展，建成一个包括众多经营业务及其项目在内，以社区为依托的综合化商业经营及社区居民服务体系，使企业的经营效益得以增加、发展得以持续，居民的多种服务需求得以满足。

（五）项目经营业务范围

1. 主营业务

本设计项目经销以下品类的城市居民日常生活所需农产食品及其他消费品：

（1）粮食及其制品，包括大米、面粉、各种粗粮、豆类、薯类产品及其制品等；

（2）油脂类产品，包括各种食用植物油；

（3）蔬菜类产品，包括各种干、鲜蔬菜；

（4）调味品；

（5）糖、酒、烟类产品；

（6）饮料；

（7）干、鲜瓜果，包括各种水果、干果、果仁及其制品等；

（8）奶及奶类制品；

（9）日常生活杂项用品，包括洗涤用品、生活用具等。

2. 衍生业务

本设计项目所设定并有条件发展的衍生业务主要包括：

（1）产品生产物资供应。经销为控制产品质量而要求生产商必须按质量标准要求使用的一些生产资料，如农业生产中的肥料、农药等。

（2）家政服务。利用本设计项目所建立起来的客户网络系统，根据客户需求，组织和提供家政方面的相关服务。

（3）创业咨询与指导。网络成员（客户）进行创业，需要帮助的，为其提供有关创业方面的咨询与指导服务。

（4）调查服务。为需要进行社会调查、市场调查的企业及社会团体组织等提供调查方面的协助及服务，等等。

（六）项目建设规模

（1）网点规模。每个居民小区设置一个货物配送点，首先在大连市内四区（中山区、沙河口区、西岗区、甘井子区）建成200多个小区货物配送点，之后逐步向开发区、金州区、旅顺口区，以及北三市延伸，力争在5年内建成覆盖大连全市辖区范围的社区配送点。

（2）就业规模。近期安排“40～50”年龄段下岗待业人员1500多人重新就业，每个小区配备8～10名配送服务人员，之后逐步增加，每年安排800～1000人，5年后就业岗位增加到5000个以上。

（3）客户规模。初创阶段，经过3～6个月的努力，形成20万户以上会员客户。

（4）经销品种规模。初创阶段进入稳定经营后，经销产品品种达到3000余种，基本保证会员客户日常生活所需要的各种商品的有效供应。

（5）经销额规模。项目建成投产后，第一年经销总额达到4.0亿元以上，平均每个会员客户每月的购买额达到200元以上。

二、项目开发建设机会与背景

（一）中国市场环境及营销存在的问题要求进行商业创新

1. 中国市场环境

处于转型时期的中国经济及其市场具有不同于成熟性经济及其市场的诸多特点，其中最为突出的是：

（1）大：不只是地域辽阔，即使在一个城市或地区范围内的销售及购买潜力与前景也十分巨大，是生产厂商和产品经销商赚钱的天堂。

（2）变：发展变化迅速，不但市场容量变化快，而且有关于市场的政策与技术环境、组织形态等也在瞬息万变。

（3）乱：市场秩序混乱，假冒产品严重，反常怪事多多，商业伦理及信誉严重缺乏。

（4）燥：短期导向，大起大落，过度竞争。

（5）异：体制差异、行业差异、营销水平与服务质量差异、产品的世代差异等均十分显著。

由于上述特点的存在，一方面表明中国市场的开发潜力巨大，另一方面也给市场的有效开发与顺利发展带来了相当的困难，既损害生产商的利益，也伤害消费者的权益。

2. 中国市场营销现状

转型中的中国市场营销与发达国家的成熟市场相比较具有以下方面的突出特点：

（1）营销方式及其业态单一

尽管同过去相比较，中国市场的营销方式、商业形态已发生了很多的变化，正呈多样化方向发展，但同西方发达国家相比较，仍呈结构单一的落后状态，许多在发达国家流行并已证实有效的市场营销方式及商业形态在中国尚未起步或仍处于萌芽的不发展状态。

（2）通路极其复杂

转型过程中的中国市场环境、经销商构成、经销商专业素质及其行为等同成熟的市场相比较，差别十分显著，从而使中国的经销商行为及其动机十分复杂：

一是具有鲜明、突出的短期利益驱动特征，从而使所建立起来的通路极不稳定；

二是商业伦理、道德信誉等问题在通路中非常突出，通路的可控性程度极低；

三是经销商之间的市场冲突、通路冲突激烈，结果导致一些市场的严重混乱甚至瘫痪，等等。

（3）市场细分难以把握、困难度高

中国市场的“大”和“变”，使得中国的市场细分和消费者分群的复杂性要高于世界上的任何其他国家，以至于许多过于突出和强调市场细分的生产及其经销商往往陷于输家的尴尬境地。

（4）广告运作的陷阱与困惑

由于中国的消费者甚至比外国消费者更加迷信广告特别是强势媒体的广告宣传，广告被赋予了更大的作用。结果导致出以下突出问题：

一是巨额的广告费用，使得许多的产品生产商和经销商往往陷于“做广告找死”（因为需要花费巨额费用）和“不做广告等死”（产品难于销售）的两难选择境地，这一点对于大量的中小企业来说尤为突出。

二是非规范的广告运作管理，导致出众多的虚假广告，从而造成对消费者的严重伤害。

（5）变异了的关系营销

自20世纪90年代以来，关系营销在世界各国受到高度重视，其涵义是为强化与顾客的关系，包括用IT建立顾客关系管理等，其基础是契约论。然而，这样一种关系营销方式却并未在中国得到应有的发展和重视。中国商业界正视的“关系”营销是一种变异了的关系营销，其基础为“关系”论。

（6）推销主导，缺乏专才，小学水平

中国企业产品销售至今仍是以推销为主导，并且非常缺乏营销专业人才，虽然有的行业、企业在市场营销方面表现阶段不俗，进步很快，但同发达国家比较，中国的市场营销从整体上看仍处于初级阶段，或者说是“小学水平”。

（7）产品出厂价格与终端销售价格相差悬殊

在中国市场上，尽管有些产品的出厂价格与最终的零售价格已比较接近，价差甚小，但整体看二者间的差距悬殊，商业的获利空间过大，生产者不赚钱（利薄）、消费者付出昂贵的现象在中国十分突出。以香菇为例，目前大连市场上的香菇干品零售价一般都在45元/斤左右，质量稍优的超过50元/500克，而辽宁产的香菇干品产地销售价大致为18元/500克左右，最高不超过20元/500克，零售价比产地销售价高出1.25倍以上。再譬如消费量大的大米，黑龙江的优质大米运到大连的成本加生产的适度利润的价格大致为1.2元/500克左右，而目前大连的市场零售价格为1.6元/500克左右，零售价格高于其出厂价格的33.3%左右，是目前生活消费品中商业中间价格差较低的一类产品。而在成熟的市场条件下，产品出厂价格与零售价格的价差一般应在20%以下。

（二）大量存在的“40～50”待业人员是本项目的重要资源

下岗待业人员，特别是“40～50”年龄段待业人员的大量存在，并非只是社会充分就业的一个问题，更是一笔可资利用的巨大财富。从哲学角度看，问题的出现与存在是一件坏事，但对于发展来说，却可能是一件好事，或者说可以变成一件好事。因为，有了问题，就需要考虑解决问题的方式与方法，而社会就是在不断出现问题、不断解决问题的过程中有所发展、有所前进的。没有问题，不需要解决问题，社会也就缺乏了前进的动因、发展的动力，因此也就不可能前进和发展。所以，问题是一种动力，一种资源，是事物前进与发展不可或缺的一个方面。

因为存在大量的下岗待业人员，特别是“40～50”年龄段的待业人员，社会必须考虑这些人的劳动就业问题，由此，就有了本设计项目建设与发展的必要性，从而使其具有了建设与发展的动因和动力；与此同时，这一情况的存在，也为本设计项目建设与发展提供了大量可资利用的人力资源，从而解决了其建设与发展所必备的基本条件。

不仅如此，对于本设计项目的建设与发展来说，“40～50”年龄段下岗待业人员的大量存在及其充分利用，还能够带来以下方面的诸多好处：

（1）处于这一年龄段的员工，其敬业、乐业心强，会十分珍惜下岗后重新得到的这一份工作，从而便于管理；

（2）处于这一年龄段的人更善于处理人际间各种关系，因而容易形成和保持企业的团队优势；

（3）年龄较大的人，对所在社区的情况熟悉，同邻里的联系较为密切和广泛，能够较好地通过邻里间关系从事相关的商务活动。

三、项目市场潜力及其竞争优势分析

（一）目标市场人口及居民户的增长与发展

决定本设计项目潜在市场大小的基本因素有二，一是项目覆盖区内人口的多少；二是项目相关产品人均购买与消费支出额的大小。

目前大连市市辖区（包括中山区、西岗区、沙河口区、甘井子区、旅顺口区、开发区、金州区）总人口为280多万，其中非农业人口220万人左右；市辖区总计的居民家庭近100万户，其中：中山区、西岗区、沙河口区、甘井子区四区合计约65万户。另外还有大量的餐饮产业活动单位，包括餐饮企业、宾馆酒店等等，每年接待外来旅客250多万人次。

从发展角度看，自20世纪90年代中期以来，截止到2006年，大连市辖区总人口平均每年增长1.8%，其中非农业人口每年增长2.9%；市辖区居民家庭户数平均每年增加1.7%，随着“大大连”建设规划的实施与落实，大连城市建成区的面积必将迅速地向外延伸，从而使得市辖区内的非农业人口和城市居民的家庭数量进一步增加与扩大。如果预测期内市辖区非农业人口的年均增长率略高于现有实有增长率按3%、城市居民家庭的年增加率按2%计算，则未来一段时间大连市辖区的非农业人口数和城市居民家庭数量将达到如下表3～1所显示的水平。

表3–1　大连市辖区非农业人口及其家庭数量预计

项　目	单位	2005年	2008年	2010年
非农业人口	万人	316.25	345.60	366.63
城市居民户数	万户	103.50	109.81	114.25

（二）目标市场的购买力水平及其变化趋势

再从目标市场的购买能力情况看，根据城市居民家庭消费支出抽样调查统计资料显示，大连市城市居民家庭人均消费支出中用于与本设计项目经销产品相关的食品类（肉禽及其制品和水产类产品除外）产品和家庭日用杂品的消费支出平均每人每年已从1996年的1613.40元增加到了2001年的1760.0元，平均每年递增1.8%（表3～2）。

表3–2 大连城市居民家庭对目标经销产品的购买支出变化情况

单位：元/人·月

项目	1996	2001	2001/1996 ± %
1.粮食	23.66	20.95	–11.45
其中：大米	8.43	6.28	–25.50
2.淀粉及薯类	2.87	3.02	5.23
3.干豆类及其制品	3.26	3.61	10.74
4.油脂类	6.02	5.84	–2.99
5.菜类	24.99	23.50	–5.96
6.调味品	3.40	4.42	30.00
7.糖、酒、烟及饮料类	27.28	33.64	23.31
8.干鲜瓜果类	20.68	19.77	–4.40
9.坚果及果仁	3.48	3.82	9.77
10.奶及奶制品	7.83	12.84	63.98
合计	123.47	131.42	6.44
日常杂项生活用品	10.98	15.24	38.80
总计	134.45	146.66	9.08

对表3～2所显示的数据进行比较全面、深入的分析，有以下几点需要指出：

（1）本设计项目计划经销的目标产品从目标市场的已有消费情况看，1996～2001年间，除粮食、油脂类、菜类、干鲜瓜果类产品的消费额有所下降外，其他类产品消费额均呈增加态势，其中增加最快的是奶及奶制品类产品，平均每年增长10.4%；其次是日常杂项生活用品，每年增长6.8%；再其次是调味品，每年增长5.4%；其他依次为糖酒烟饮料类产品（4.3%）、干豆类及其制品（2.1%）、坚果及果仁（1.8%）。

（2）本项目目标市场中消费额下降的4类产品，消费的实物量非但未能减少，反而有所增加，其中粮食，1996年的人均消费量为86.4千克/年，2001年已增加到89千克/年；同期人均菜类消费量由138千克/年增加到155.8千克/年；人均油脂类消费量由8.4千克/年增加到11.1千克/年；人均干鲜瓜果类消费量由68.4千克/年增加到78.6千克/年。

（3）本项目前述设定的目标经销产品消费支出在整个目标市场消费总支出中所占有的比重不大，1996年仅占28.82%，2001年略有减少，为27.03%。

上述情况表明：

（1）本项目所设定的目标经销产品的人均消费容量相对稳定，并呈增长态势；

（2）目标市场经营的内涵活动空间极其宽泛，拓宽产品经销的品种范围，在不扩大目标市场界定的情况下，即可获取巨大的市场开发潜力。

假定本项目所设定的目标经销产品不变，人均消费支出按现有速度继续增加，则未来时期目标经销产品的人均消费支出可望达到如下表3～3所示水平。

表3–3　未来时期目标经销产品的人均消费支出预计

年份	2005年	2008年	2010年
元/月	157.51	166.18	172.21
元/年	1890.0	1994.16	2066.52

（三）项目市场的潜在总规模

依据前述分析预计，大连市辖区非农业人口居民家庭对项目所涉及产品的消费支出总规模在未来时期可望达到如下表3～4所示水平。

表3–4　未来时期项目市场潜在规模预计

项目	单位	2005年	2008年	2010年
非农业人口	万人	316.25	345.60	366.63
人均消费支出	元/年	1890.0	1994.16	2066.52
消费支出总额	亿元/年	59.80	68.92	75.76

从表3～4中可以看到，近期大连市辖区内由非农业人口家庭生活消费决定的本项目潜在市场规模即达60亿元人民币，再加上每年接待的250多万人次的外来旅客和公共餐饮产业活动单位、企事业单位公共生活对本项目所涉产品的消费，本项目潜在的市场总规模约在70亿～80亿元/年左右。只要本项目的市场份额达到10%，那么项目经营的年销售额即可达到7亿～8亿元，若市场份额达到20%，则项目经营的年经销额即为15亿元以上。

（四）项目竞争优势

本设计项目作为一种新的特定商业形态或市场营销方式，同现在的已有的商业形态及营销方式相比较，在争取更多、更大的市场份额方面具有以下的突出优势：

（1）低售价优势

本设计项目经销产品到达消费者手中的终端销售价格（即商品的最终零售价格）同其他商业营销业态及方式相比较，至少低10%以上，一般商品低20%～30%，最高可低50%左右。

（2）质量保证优势

进入本设计项目经销通道的产品以具有国家质检部门出具的质检合格证书为前提，必须符合国家规定的质量与安全标准要求，并对产地及生产企业进行严格的选择，因此，足以让消费者放心使用和消费本项目网络经销的各种产品。

（3）周到的服务优势

不但送货上门，随要随送，随叫随到，而且提供全方位的配套服务，包括提供市场及家庭生活信息、产品消费指导、健康生活咨询等等。

（4）文化氛围优势

本设计项目除商品经销活动外，还进行一系列与商品经销相关联具有浓厚文化色彩的各种活动，如组织会员旅游、实行购买积分制、消费抽奖、生产者与消费者交流、举办节日庆典、传播生活科学知识，等等。

（5）地缘亲情优势

本设计项目消费者的分群以社区为单位，不但服务人员来自本社区，而且所组织的各种活动也多以社区为单位，商务人员与客户之间、顾客与顾客之间的邻里关系和亲情往来，是最具运用价值及意义的一种商务资源。

（6）低营运费用优势

本项目属无店面商业范畴，可节省大量的设施费用支出，而且专业化的规模经营在产品购进方面也可以得到低进价的诸种利得及好处，因此，项目的营运费用低，足以同一般的商业营销业态及方式相抗衡，从而得以在激烈的竞争中立于不败之地。

综合上述，本设计项目不但市场潜力巨大，而且优势显著，极具开发与发展的价值及前景。

四、项目组织体系及其运营的方法与规则

（一）项目组织结构体系

1. 管理总部

管理总部是本设计项目营运的指挥中心，设总裁、企划总监、财务总监、采购总监、营销总监等高层领导岗位和采购中心、配送服务管理中心、企划部、财务部、总裁办公室4个职能部门。

（1）采购中心

负责项目产品采购和产品生产企业、厂商的选择与确立，以及供货渠道的开发与管理等职能工作。

采购中心总经理由采购总监兼任，下设采购业务经理2～3人（根据业务拓展的实际需要确定）。

（2）配送服务管理中心

负责项目经销产品的接收与分拨、调配和市场交易、配货、送货、货款回收，以及会员的发展与管理等管理工作。

配送服务管理中心总经理由营销总监兼任，下设文员1人，负责配送服务中心的日常办公事务处理；营销监理1人，负责全公司的交易事务处理及其管理；客户经理1人，负责客户的开发和客户关系管理；网络管理员2人，负责产品交易、客户动态、订货、配送、货款回收等信息的电脑录入及信息管理工作。

（3）企划部

负责项目发展与市场拓展策划和年度经营计划的拟订与制订，人力资源管理、员工招聘与培训、部门及岗位业绩考评管理等职能工作。

企划部经理由企划总监兼任，下设计划监理1人，负责计划与统计事务的处理；人事监理1人，负责日常人事管理事务处理，下设人事管理员1人，协助人事监理工作；培训监理1人，负责人员培训方面的工作。

（4）财务部

负责项目营运的财务管理与会计核算等职能工作。

财务部经理由财务总监兼任，下设主管会计2～3人，出纳员1人。

（5）总裁办公室

负责日常办公事务处理，协助总裁工作。下设办公室主任1人，文员1人。

项目管理总部的组织结构体系如下图4～1所示。

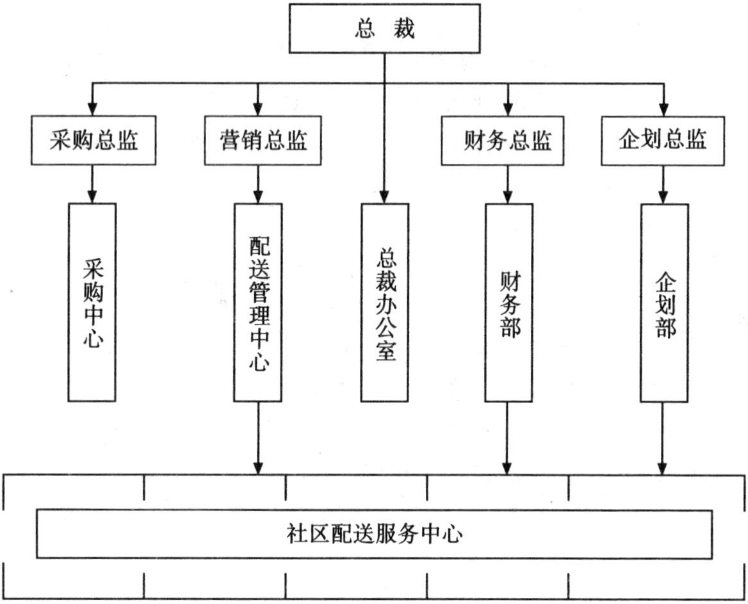

图4-1　项目管理总部组织结构体系

2. 社区配送服务中心

社区配送服务中心，是本设计项目下设的一级社区配送服务管理组织，负责指导和管理下属小区配送服务站（点）的配送服务。

社区配送服务中心依据以下基本原则设立：

（1）地域宽度

社区配送服务中心所管辖的地域半径最大应不超过5公里路程，以便于配送服务的集中、有效进行。

（2）管理幅度

社区配送服务中心所管辖的下属社区配送服务站（点），以8～10个为宜，至少不低于5个，最多不超过12个，以便于进行有效的管理与控制。

社区配送服务中心设社区监理1人，负责社区配送服务中心的领导与管理工作；设管理员2～3人，协助社区监理工作。

3. 小区配送服务站（点）

小区配送服务站（点）是本设计项目最为基层的一级业务经营管理组织，接受社区配送服务中心的领导与管理，负责指导和管理辖属区域配送业务工作人员的业务活动包括客户开发与管理，订单的收集、汇总与上报，货物分包、配送，货款回收等等。

小区配送服务站（点）的服务地域宽度，其半径应尽可能地控制在2公里以下，下辖的市场业务员以10～12人为宜，至少不低于8人，最多不超过15人。

小区配送服务站（点）设小区管理员1人，全面负责所在服务站（点）的管理工作；文员1人，负责信息、统计方面的工作；车辆驾驶员1人，负责货运车辆的驾驶和货物运输工作；配货员、业务员若干人（根据市场拓展情况具体确定），配货员与业务员的配比关系为1:5～1:10，即每5～10名业务员相应地配备一名配货员，以协助业务员的货物分包工作。

市场业务员定额管理的家庭客户量标准为每人180户，由其开发与管理的单位客户（包括餐饮产业活动单位、企事业单位食堂、宾馆饭店等），根据其产品购买规模的大小每一单位折合成2～5个家庭客户。

本设计项目的纵向经营组织结构体系如下图4～2所示。

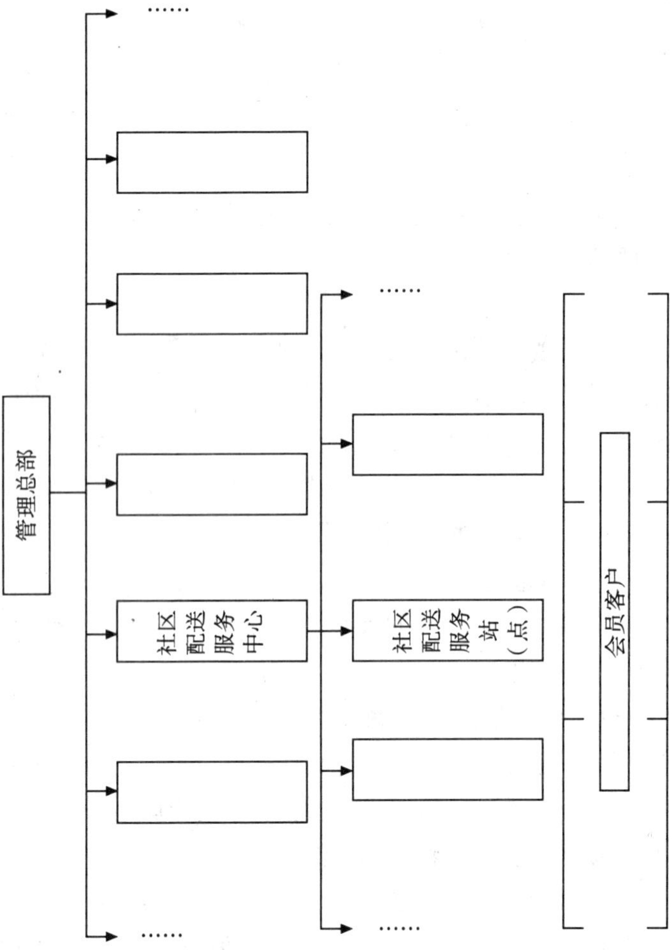

图4-2　项目经营组织结构体系

（二）项目运营方法与规则

1. 会员

本设计项目系统是一个独特的会员组织系统。凡愿意加入本服务网络，购买本项目系统所提供的产品20元以上者，即可成为本服务网络的正式会员，享受本服务网络提供的一切服务及优惠待遇。

会员的自然情况及其动态信息由小区配送服务站（点）市场业务员负责填写，并输入电脑逐级汇总上报至配送服务管理中心电脑归档、备案。

配送服务管理中心对每一位会员根据其购买产品的次数及数额进行积分，当积分达到一定数量时，对该会员进行奖励。积分及奖励的具体办法由专门的规章加以规定。

2. 订货服务

以周末报以及互联网方式向会员提供产品供应信息。供应信息包括产品名称、质量、包装及价格等。会员根据该供应信息填写购买订单，预订产品。产品订单可通过以下方式报送到所在小区的配送服务站（点）或责任业务员手中：（1）电话；（2）互联网；（3）面交。

3. 送货服务

社区配送服务中心根据会员订单提供的订货要求，组织要货并进行产品分装，后送至下属各配送服务站（点），由业务员向下辖会员送货。

所有会员每3天享受一次定期的送货服务，必要时可随要随送，当会员家中无人时，可以将产品置于会员指定的放货地点。

每次配送货盘中均放置一张“货单”，列出货盘中产品的名称、数量、价格，以及生产地及生产者名称等情况。

会员修改订单应提前1天通知所在小区的配送服务站（点）或责任业务员。通知方式与订货的方法相同。

4. 产品质量承诺

为会员提供的所有产品均符合国家标准或行业标准或企业标

准的要求，经过国家产品质检部门质检合格，其中食品保证符合无公害产品的安全标准，并由无公害产品生产基地生产。

5. 信息服务

免费向会员提供产品目录、周末报和浏览本服务网络的互联网网页。

6. 其他服务

定期组织会员进行各种有关的社会活动，如旅游、参观产品生产过程、与生产者见面交流有关情况、抽奖、节日庆典等，必要时可随时组织。

活动分为全市性和社区性两类。全市性的活动由配送服务管理中心负责组织，每年至少进行2～3次，邀请有关会员参加。社区性活动由各社区配送服务中心负责组织，每季度至少1次，会员自主参加。

五、项目目标规模及其建设与发展进程计划

（一）项目建设与发展的目标强度

本设计项目设定通过5年的建设与发展，达到以下基本目标：

（1）会员覆盖范围

会员的地域分布与覆盖范围为大连市城区境内的所有建成区，包括中山区、西岗区、沙河口区、甘井子区、旅顺口区、金州区和开发区。

会员覆盖强度即实有会员在目标客户总量中的所占比重，要求城区居民家庭会员占到市辖区城市居民家庭总数的60%以上，餐馆、宾馆酒店会员占到其产业活动单位总数的30%以上。

（2）会员数量

城区居民家庭会员达到65万户以上；

单位会员主要是餐饮产业活动单位、宾馆酒店、企事业单位食堂等，达到5000家左右，其中餐饮产业活动单位达到4500家。

（3）产品涵盖范围

项目经销所涉及的产品涵盖城市居民生活日常消费品的所有

大类，品种数达到3000种以上（日本POLAN网络销售的有机农产品达3400种，Radish-Boya系统销售的有机农产品也有数千种之多）。

（4）销售额强度

销售额强度，即产品的实际销售额在其潜在市场容量中的所占比重。要求对城区居民家庭会员的实际销售额应占到其潜在规模的50%以上，对单位会员的销售额平均每单位每天达到50元以上。

另外，通过与外地区的易货及现金贸易方式，实现大连农产品的对外销售，包括对外国和对国内其他地区的销售，总额达到5亿元人民币左右。

（二）项目建度与发展的目标指标规模

依据前述所设定的目标强度设定本设计项目投入正常运营后前5年各年度的发展目标指标如下表5～1所示。

表5-1　项目运营前5年发展指标规模设定

单位：元/人·月

项　目	单位	第1年	第2年	第3年	第4年	第5年
会员覆盖强度						
(1)居民家庭会员	%	20	30	40	50	60
(2)单位会员	%	5	10	15	20	30
会员数量						
(1)居民家庭会员	万个	20.3	31.0	42.2	53.8	65.9
(2)单位会员	个	500	1000	2000	3500	5000
产品种数	种	500	1000	1600	2500	3000
目标产品人均消费支出	元/月	154.73	157.51	160.35	163.23	166.18
销售额强度	%	30	35	40	45	50
目标销售额总计	亿元/年	4.01	7.72	12.38	18.58	26.58
(1)家庭会员	亿元/年	3.42	6.28	10.03	14.79	20.68
(2)单位会员	亿元/年	0.09	0.18	0.36	0.63	0.9
(3)对外销售	亿元/年	0.5	1.26	1.99	3.16	5.00

（三）项目建设与发展的就业容量及项目布点规模

根据前述设定的相关指标假定：

（1）每名市场业务员负责开发和管理180户家庭会员，单位会员按销售额等量折算；

（2）每小区配送服务站（点）下辖10名市场业务员；

（3）每10个小区配送服务站（点）组成1个社区配送服务中心。

在前述设定的会员数量条件下，本设计项目运营前5年的就业容量规模如下表5～2所示。

表5～2　项目运营前5年就业容量预计

项　目	单位	第1年	第2年	第3年	第4年	第5年
家庭会员	万个	20.30	31.0	42.2	53.8	65.9
单位折标准会员数	万个	0.54	0.69	0.82	0.89	0.89
会员总计	万个	20.84	31.69	43.02	54.69	66.79
市场业务员	人	1158	1760	2390	3038	3710
配送服务站（点）	个	116	176	239	304	371
配送服务中心	个	12	18	24	30	36
配送服务站（点）						
(1)配货员	人	116	176	239	304	371
(2)管理员	人	116	176	239	304	371
(3)文员	人	116	176	239	304	371
合　计	人	348	526	717	912	1113
配送服务中心						
(1)社区监理	人	12	18	24	30	36
(2)管理员	人	24	36	48	60	72
(3)司机	人	12	18	24	30	36
合　计	人	48	72	96	120	144
管理总部	人	18	18	20	22	24
员工总计	人	1572	2376	3223	4092	4990

六、项目投资预算与融资方案

（一）固定资产投资

1. 电子计算机购置费用

（1）管理总部，每个部配备1部台式电脑，共5台电脑；另配备2台手提电脑。

（2）每小区服务站（点）和社区服务中心各配备1部台式电脑。

（3）台式电脑每部按5000元人民币计算，手提电脑每部1.2万元。

电子计算机购置费用如下表6～1所示。

表6~1　电子计算机购置费用预计

项　目	单位	第1年	第2年	第3年	第4年	第5年
新增台式电脑	部	133	66	69	71	73
手提电脑	台	2	–	–	–	–
金　额	万元	68.9	33.0	34.5	35.5	36.5

2. 车辆购置费用

项目管理总部配备办公用小轿车2部，价格控制在15万元/辆以内，小货车每个社区配备1辆，价格6万元/辆，费用预计如下表6~2所示。

表6-2　车辆购置费用预计

项　目	单位	第1年	第2年	第3年	第4年	第5年
新增货车	辆	12	6	6	6	6
轿车	部	1	–	1	–	–
金　额	万元	87	36	51	36	36

3. 办公家具购置费用

（1）管理总部：3万元

（2）社区服务中心：0.5万元/个

（3）小区服务站（点）：0.3万元/个

办公家俱购置总费用支出如下表6~3所示。

表6-3　办公家具购置费用预计

项　目		单位	第1年	第2年	第3年	第4年	第5年
管理总部		万元	3.0	–	–	–	–
社区服务中心	数量	个	12	6	6	6	6
	费用	万元	6.0	3.0	3.0	3.0	3.0
小区服务站	数量	个	116	60	63	65	67
	费用	万元	34.8	18.0	18.9	19.5	33.5
费用总计		万元	43.8	21.0	21.9	22.5	36.5

4. 固定资产投资总计

如下表6~4所示。

表6-4　项目固定资产投资预计

单位：万元

项　目	第1年	第2年	第3年	第4年	第5年	累计
电子计算机	68.9	33.0	34.5	35.5	36.5	208.4
车辆	87.0	36.0	51.0	36.0	36.0	246.0
办公家具	43.8	21.0	21.9	22.5	36.5	145.7
合　计	199.7	90.0	107.4	94.0	109.0	600.1

（二）开办费用

包括场地租金、创建期员工培训费用和筹建期人员工资、办公费用等。

（1）场地租金

管理总部：150平方米×2.0元/天×365=10.95（万元）

库房：500平方米×0.5元/天×365=9.125（万元）

社区配送服务中心：

120平方米×1.0元/天×365×12=52.56（万元）

小区配送服务站（点）：

50平方米×1.0元/天×365×116=211.7（万元）

上述租金费用合计为284.34万元。

项目启动进入正常运营后的场地租金计入日常营运费用范围，不作为开办费用。

（2）新员工培训费用

作为投资，仅计算社区服务中心、小区服务站（点）创设时的员工培训费用，按每人50元计算，包括教材、资料费、师资报酬，教学用品费、教室租金等。社会服务中心、小区服务站（点）进入正常运行后的员工培训费用计入日常营运费用范畴。

（3）筹建期人员工资、办公费用

即整个项目开办建设的筹建期人员工资和日常办公费用。筹建期从项目正式启动到第一批货款回笼时为止，按3个月计算，仅计算管理总部所涉费用，社区服务中心、小区服务站（点）所涉费用计入流动资金范畴。

筹建期人员工资：

1500元/人·月×18人×3个月=8.1（万元）

办公费用：

1.5（万元/月）×3（月）=4.5（万元）

上述费用总支出如下表6～5所示。

表6-5　项目开办费用预计

单位：万元

项　目		单位	第1年	第2年	第3年	第4年	第5年
场地租金		万元	284.34	-	-	-	-
员工培训	人数	人	1554	786	827	847	874
	费用	万元	7.77	3.93	4.14	4.24	4.37
筹建期工资、办公费用		万元	12.6	-	-	-	-
费用总计		万元	304.71	3.93	4.14	4.24	4.37

（三）流动资金

（1）工资周转金

按新设社区服务中心、小区服务站（点）新增人员配备，每人500元。

（2）货物周转金

假定公司进货从付出资金到出售后收回资金的时间为半个月，预计每1标准家庭客户（会员）每月购货额为200元左右，为留有余地按250元准备，购进与出售的价差率平均按15%计算，则每新增1标准家庭客户的所需货物周转金为106元人民币。

于是，项目所需流动资金数额如下表6～6所示。

表6-6　项目所需流动资金数额

单位：万元

项　目		单位	第1年	第2年	第3年	第4年	第5年
工资周转金	新增员工	人	1554	786	827	847	874
	金　额	万元	77.7	39.3	41.35	42.35	43.70
货物周转金	新增客户	万户	20.84	39.3	41.35	42.35	43.70
	金　额	万元	2209.0	1150.1	1203.1	1237.0	1282.6
流动资金合计	当上新增额	万元	2286.7	1189.4	1244.45	1279.35	1326.3
	累　计	万元	-	3398.4	4642.85	5922.2	7248.5

注：流动资金累计额为当年新增流动资金+上年累计货物周转资金。

（四）项目筹资方案

综合前述投资预计，项目资金需求如下表6～7所示。

表6-7 项目资金需求预计

单位：万元

项 目	第1年	第2年	第3年	第4年	第5年	累计
固定资产投资	199.7	90.0	107.4	94.0	109.0	600.1
开办费用	304.71	3.93	4.14	4.24	4.37	321.39
流动资金	2286.7	3398.4	4642.85	5922.2	7248.5	23498.65
合 计	2791.11	3492.33	4754.39	6020.44	7361.87	24420.14

本设计项目资金需求通过以下渠道筹措解决：

（1）项目建设单位自有资金投入；

（2）政府资助。按照现有政策规定，企业安排“40～50”年龄段下岗待业人员就业，政府按每人每月200元左右的标准进行补贴，另外，下岗职工再就业培训费用支出也可申请补贴；

（3）银行贷款；

（4）信用交易贷款，按进货额的40%筹措，即每百元货款，现付60元，剩下的40元日后付款；

（5）临时拆借；

（6）项目净利润积累。

项目运营第1年的资金筹措方案如下表6～8所示。

表6-8 项目启动资金筹措计划

资金需求		资金来源	
项 目	金额（万元）	方 式	金额（万元）
⑴固定资产投资	199.7	⑴自有资金投入	500.0
⑵开办费用	304.71	⑵政府资助	380.0
其中：场地租金	284.34	其中：培训补贴	8.0
培训费	7.77	“40～50”工资补贴	372.0
⑶流动资金	2286.7	⑶银行贷款	800.0
其中：货物周转金	2209.0	⑷信用交易贷款	811.11
工资周转金	77.7	⑸短期拆借	300.0
合 计	2791.11	合 计	2791.11

七、项目财务分析

（一）项目经营收入

假定：

（1）项目如期实现所设定的经营销售额收入目标；

（2）项目社区服务网络所经销的产品进销差价率[即（销售价格/进货价格）×100%-1]平均为15%，即销售价格=进货价格×（1+15%）；

（3）项目对外地区销售的产品进销差价率平均为10%。

于是，项目运营后前5年的经营收入如下表7～1所示。

表7-1 项目经营收入预计

单位：万元

项目		第1年	第2年	第3年	第4年	第5年
社区服务网经营收入	终端销售收入	35100	64600	103900	154200	215800
	销售净收入	4578	8426	13552	20113	28148
对外地区经营收入	终端销售收入	5000	12600	19900	31600	50000
	销售净收入	238	600	948	1505	2381
经营净收入		4816	9026	14500	21618	30529

（二）项目经营费用

1. 固定资产折旧费用

（1）电子计算机折旧年限为5年，折旧率为20%；

（2）车辆折旧年限为8年，折旧率为12.5%；

（3）家具折旧年限为5年，折旧率为20%。

项目固定资产折旧费用如下表7～2所示。

表7-2 项目固定资产折旧费用预计

单位：万元

项目		第1年	第2年	第3年	第4年	第5年
电子计算机	资产原值	68.9	101.9	136.4	171.9	208.4
	折旧额	13.78	20.38	27.28	34.38	41.68
车辆	资产原值	87.00	123.0	174.0	210.0	246.0
	折旧额	10.88	15.38	21.75	26.25	30.75
家具	资产原值	43.8	64.8	86.7	109.2	145.7
	折旧额	8.76	12.96	17.34	21.84	29.14
折旧费用合计		33.42	48.72	66.37	82.47	101.57

2. 待摊费用

项目筹建期间3个月管理总部的场地租金、人员工资及办公费用总额为15.34万元，分摊年限为5年，年分摊费用为3.07万元；项目营业前的员工培训费按5年分摊，年分摊率为20%。两项分摊费用情况如下表7～3所示。

表7-3 项目分摊费用预计

单位：万元

项目		第1年	第2年	第3年	第4年	第5年
租金、工资等		3.07	3.07	3.07	3.07	3.07
培训费用	费用总额	7.77	11.70	15.84	20.08	24.45
	分摊额	1.55	2.34	3.17	4.02	4.89
分摊费用合计		4.62	5.41	6.24	7.09	7.96

3. 工资、福利保障费用

（1）管理人员，包括管理总部、社区服务中心、小区服务站管理员，平均月工资标准为1500元/人；

（2）市场业务员、配货员、司机等人员工资，平均月工资标准为600元/人；

（3）福利保障费用按工资总额的40%提取，用于劳动保护、各种保险费用支出、午餐补助等。

项目工资、福利保障费用预计如下表7～4所示。

表7-4　项目工资、福利保障费用预计

项目		单位	2004	2005	2006	2007	2008
管理人员	人数	人	170	258	331	416	503
	工资费用	万元/年	306	464.4	595.8	748.8	905.4
业务人员	人数	人	1402	2118	2892	3676	4487
	工资费用	万元/年	1009.44	1524.96	2082.24	2646.72	3230.64
工资费用总计		万元/年	1315.44	1989.36	2678.04	3395.52	4136.04
福利保障费用		万元/年	526.18	727.74	1071.22	1358.21	1654.42
总计		万元/年	1841.62	2717.10	3749.26	4753.73	5790.46

4. 场地租金

（1）管理总部场地面积150平方米，租金为2.0元/平方米·天；

（2）库房，500～1000平方米，租金0.5元/平方米·天；

（3）社区服务中心，每中心120平方米，租金1.0元/平方米·天；

（4）小区服务站（点）每站150平方米，租金1.0元/平方米·天。

项目场地租金费用如下表7～5所示。

表7–5　项目场地租金费用预计

项 目		单位	第1年	第2年	第3年	第4年	第5年
管理总部	面积	平方米	150	150	150	150	150
	租金	万元/年	10.95	10.95	10.95	10.95	10.95
库 房	面积	平方米	500	500	1000	1000	1000
	租金	万元/年	9.125	9.125	18.25	18.25	18.25
社区服务中心	面积	平方米	1440	2160	2880	3600	4320
	租金	万元/年	51.84	77.76	103.68	129.60	155.52
小区服务站（点）	面积	平方米	5800	8800	11950	15200	18550
	租金	万元/年	208.8	316.8	430.2	547.2	667.8
租金总计		万元/年	280.72	414.64	563.08	706.0	852.52

5. 日常办公费用

日常办公费用包括办公用品、电话及网络、通信费用、办公场所水、电费用等，管理总部按每月3万元标准提取，下属社区服务中心和小区服务站（点）分别按每月3600元和2000元标准提取。

项目日常办公费用支出预计如下表7～6所示。

表7–6　项目日常办公费用支出预计

单 位		单位	第1年	第2年	第3年	第4年	第5年
管理总部		万元/年	36.0	36.0	36.0	36.0	36.0
社区服务中心	数量	个	12	18	24	31	36
	金额	万元/年	51.84	77.76	103.68	133.92	155.52
小区服务站（点）	数量	个	116	176	239	304	371
	金额	万元/年	278.4	422.4	573.6	729.6	890.4
费用合计		万元/年	366.24	536.16	713.28	899.52	1081.92

6. 促销费用

用于媒体广告宣传支持、包装、产品目录和周末报及产品宣传单的印制和客户购货积分制奖励等方面的支出，按销售总收入的1%提取，如下表7～7所示。

表7–7　项目促销费用预计

项目	单位	第1年	第2年	第3年	第4年	第5年
销售总额	亿元	4.01	7.72	12.38	18.58	26.58
促销费用	万元	401.0	772.0	1238.0	1858.0	2658.0

7. 采购及业务费用

用于采购和进行对外业务活动方面的费用支出，包括差旅费用、业务招待费用、运输费用等等，按销售收入的0.5%提取，如下表7~8所示。

表7-8 项目采购及业务费用预计

项 目	单位	2004	2005	2006	2007	2008
销售总额	亿元	4.01	7.72	12.38	18.58	26.58
采购及业务费	万元	200.5	386.0	619.0	929.0	1329.0

8. 车辆使用费用

用于车辆的日常保养、维护、耗油、过路（桥）费用等，每车每月按1500元进行控制，总费用如下表7~9所示。

表7-9 项目车辆使用费用预计

项 目	单位	第1年	第2年	第3年	第4年	第5年
车辆数	辆	13	19	26	32	38
使用费用	万元	23.4	34.2	46.8	57.6	68.4

9. 培训费用

职工培训费用用于购买培训教材、印发学习材料、授课师资报酬等方面的支出，按每位职工平均每年30元计提。费用总支出如下表7~10所示。

表7-10 项目培训费用预计

项 目	单位	第1年	第2年	第3年	第4年	第5年
人数	人	1572	2376	3223	4092	4990
费用	万元/年	4.72	7.13	9.67	12.28	14.97

10. 奖励基金

用于奖金、奖励方面的支出，按销售总收入的0.8%提取，如下表7~11所示。

表7-11 项目奖励基金预计

项 目	单位	第1年	第2年	第3年	第4年	第5年
销售总额	亿元	4.01	7.72	12.38	18.58	26.58
奖励基金	万元	320.8	617.6	990.4	1486.4	2126.4

综合上述费用预计，本设计项目运营后前5年经营费用总额如下表7~12所示。

表7~12 项目经营费用总额预计

单位：万元

项 目	第1年	第2年	第3年	第4年	第5年
固定资产折旧费用	33.42	48.72	66.37	82.47	101.57
待摊费用	4.62	5.41	6.24	7.09	7.06
工资福利费用	1841.62	2717.10	3749.26	4753.73	5790.46
场地租金	280.72	414.64	563.08	706.0	852.52
日常办公费用	366.24	536.16	713.28	899.52	1081.92
促销费用	401.0	772.0	1238.0	1858.0	2658.0
采购及业务费用	200.5	386.0	619.0	929.0	1329.0
车辆使用费用	23.4	34.2	46.8	57.6	68.4
培训费用	4.72	7.13	9.67	12.28	14.97
奖励基金	320.8	617.6	990.4	1486.4	2126.4
总 计	3377.04	5538.96	8002.1	10792.09	14031.2

（三）项目财务收支分析

1. 项目经营含税净利润预计

在不考虑税收的情况下，本设计项目运营后前5年的销售净收入扣除其全部费用支出后的净利润如下表7~13所示。

表7–13 项目经营含税净利润预计

单位：万元

项 目	2004	2005	2006	2007	2008
经营收入	4816	9026	14500	21618	30529
减：经营费用	3377.04	5538.96	8002.1	10792.09	14031.2
含税净利润	1438.96	3487.04	6497.9	10825.9	16497.8

2. 项目经营税后净收入

假定本设计项目的营业税率为3%，企业所得税按15%执行，则在纳税条件下项目运营后前5年的净利润如下表7~14所示。

表7–14 项目经营税后净利润预计

单位：万元

项 目	第1年	第2年	第3年	第4年	第5年
经营收入	4816	9026	14500	21618	30529
减：经营费用	3377.04	5538.96	8002.1	10792.09	14031.2
营业税	1203	2136	3174	5574	7974
税前净收入	235.96	1176	2783.9	5251.9	8523.8
减：所得税	35.39	175.65	417.59	787.79	1278.57
税后净利润	200.57	1000.35	2366.32	4464.11	7245.23

八、项目经济、社会效益分析

（一）项目预期收益及投资回报预计

1. 预期收益

以前述项目财务收支假定及其分析预测数据为依据，考虑到本设计项目建成后从第5年起的项目经营可以进入稳定、通畅的营运轨道，经营收入增长将趋于稳定，因此，假定：

（1）从第5年起，之后的项目销售总额在26.6亿元人民币的基础上继续稳步增加；

（2）以商业银行现行1年期的贷款利息率5.85%作为本项目的基本收益率；

（3）本项目市场稳定，开发潜力巨大，经营及财务风险小，风险报酬率取4.15%；

（4）以基准收益率5.85%与风险报酬率4.15%之和（即10%）作为本项目的折现率。

由此，可测算出项目建成运营后前5年预期收益的折现总额，如下表8～1所示。

表8～1　项目运营后前5年含税收益现值预计

项目	单位	第1年	第2年	第3年	第4年	第5年	累计
项目含税净利润	万元	1438.96	3487.04	6497.9	10825.9	16497.8	38747.6
折现率	%	10	10	10	10	10	–
折现系数		0.9091	0.8264	0.7513	0.6830	0.6209	–
折现值	万元	1308.16	3007.22	4881.87	7394.09	10243.48	26834.82

从第6年开始的永久性收益现值为：

（第5年净利润/折现率）×第5年的折现系数

=（10243.48/10%）×0.6209

=63601.77（万元）

项目预期的总收益现值为：

26834.82+63601.77=90436.6（万元）

2. 投资回报率

本设计项目包括流动资金在内的全部投资的资金回报率为：

项目预期总收益现值/资金投入额

=90436.6/8170=11.07(倍)

即项目每投入1元资金，从长远看可得到的全部回报为11.07元，其中前5年的回报为7.8元。长远的投入产出比为1∶11.07，其中前5年累计的投入产出比为1:7.8，前5年平均每年实现的投入产出比为1:1.56。

3. 投资回收期

本设计项目设定的投资内容是逐年进行并完成的，第一次投资完成后，采取边经营、边投资扩大经营规模的办法稳步进行。作为本项目的启动性投资，第1年投入2791.1万元，当年的含税净利润即达1438.96万元，加上第二年的含税利润3487.04万元，两年合计为4926万元，是启动投资的1.76倍，启动性投资的投资回收期为1.5年不到。之后的追加投资，当年即可收回，或者更确切地说，所有追加投资所利用的都是项目经营的利润积累，从这个意义上说，项目的追加投资在投资前即已收回。

（二）项目建设与发展的宏观经济与社会效益

1. 有效解决或缓解城市的就业难题

中国城市包括大连在内大量存在着“40～50”年龄段的下岗待业人员，他们的重新就业一直是一个不易解决的难题。社会关注，政府重视，但却始终未能找到一个行之有效、积极稳妥的办法及出路。本设计项目以安排“40～50”年龄段下岗待业人员重新就业作为出发点，项目建成后，近期即可吸纳和安排1500多人就业，发展到第5年时，仅产品经销1个项目，按预定计划即可安排5000人以上就业。

考虑到本设计项目发展具有较强的旁侧关联效应，项目建成后，利用本项目所建成的服务网络，可以进一步带动和促进家政服务、信息咨询等居民服务项目或行业的顺利发展，从而形成和增加新的就业增长点，扩大就业面。粗略匡算，本设计项目建成进入稳定的经营过程后，由于本设计项目产品经销和与之密切相连的其他项目在内，将可吸纳和安排1万名左右年龄在“40～50”

岁的下岗待业人员重新就业。

2. 带动和促进城市居民服务业的全面发展

城市居民服务业的不发展是包括大连在内的中国城市发展进程中的一个突出问题。对城市居民家庭消费支出情况抽样调查结果表明，目前大连城市居民家庭用于各种服务（非物品性质的服务）性消费的支出，包括家务服务，设备用品维修服务、住房维修服务等等，平均每人每年不足百元，仅占其消费总支出额的1.5%不到。

城市居民家庭的服务性消费支出少，占其消费总支出的比重低，一方面是因为城市居民服务业的不发展、欠发达，另一方面则是城市居民服务发展缺乏一个通畅的市场沟通渠道及手段。由于二者互为因果和发展的前提条件，因此，一方面的不发展，必然导致另一方面的不发展，进而又导致自身发展陷于进一步的困境。本设计项目的建设与发展可以较好地解决这一矛盾，因为利用本项目所建成的服务网络，首先可以解决居民服务发展的市场通路问题，从而为居民服务业的发展奠定一个必备的前提，在二者之间形成一个互进互动的发展机制。

3. 推进城市周边地区农业的加速发展

农业的高效发展有赖于农产品消费市场的不断扩大和稳定。本设计项目的建设与发展至少可以从两方面对大连农业的有效发展产生积极作用，一是大连城市农产品消费市场的扩大与深化，使之消费更多的当地产农产品；二是更为有效地进入外地区市场，包括对外国出口，从而扩大大连农产品的消费市场区间。

根据本设计项目的经营计划规定，发展到第5年及其之后，每年的产品经销额可保持在26.5亿元人民币以上，其中农产品的销售额占经销总额比重达到60%以上，年销售额在16亿元人民币以上，其中外销5亿元左右，分别占目前大连农牧渔业总产值的8%和2.5%左右。

4. 节约居民消费支出

本设计项目进入稳定经营阶段后，社区产品经销额每年可达到21.5亿元人民币以上，由于本项目所涉产品经销的最终价格一般低于其他商业组织的20%到30%，平均按20%计算，在社区年产品经销额维持在20亿元左右时，城市居民的消费支出至少可节约4亿元人民币以上。

九、项目建设与发展的难点和解决难点问题的基本对策

（一）市场进入

本设计项目建设的开发能否成功，发展是否顺利，关键在于项目所设定产品营销方式及方法能否为本设计项目的目标客户即城市居民家庭所接受，并受到他们的欢迎和青睐。为此，涉及到诸多方面的问题需要解决。首先是市场的有效进入，必须设法让消费者认可本项目所设定的产品经销方式、方法及其产品本身。为此，本设计项目将采取宽范围、高频次的媒体广告与公共宣传和社区走访、家庭及单位访问相结合的方式，展开宣传攻势，即：（1）介绍项目模式的特有功能、作用和意义；（2）披露项目推出的背景、目的及其必要性；（3）传播项目所特有的项目文化及其内涵，以便达到和实现“提高企业知名度，建立和塑造良好的企业形象，发展和培育忠诚的客户群体”等目的及目标。

（1）项目广告与公共宣传媒体及其方式组合

项目启动前期以报刊的公共宣传为主，宣传方式包括理论探讨、新闻报道、专家访谈等等；启动过程中及其之后，以电视、广播为主，辅之以户外广告、宣传单、宣传画等等，以商业性广告为其主要形式及内容。

（2）建立公共宣传、广告和人员走访的互动机制

公共宣传与广告和业务人员的销售促进、社区走访、家庭及单位访问紧密配合，同时进行，互进互动。

（3）主题清楚、明确，充满新意

每一次宣传和人员行动，每一个广告和宣传单，每一篇文章和每一幅宣传画，都要有一个不尽相同且又充满新意的明确而清楚的主题，不断地推出话题，不断地制造新闻，不断地吸引公众

视线。

（二）员工队伍建设

本设计项目建设与发展的另一重要问题是拥有一个怎样的员工队伍。经济活动，归根到底是人的活动。企业经营，实质就是对人的经营，包括对企业职工和对企业客户的经营。而对客户的经营，关键还在于对企业职工的经营，必须以对企业职工的经营为前提及基础。因此，员工队伍对于企业的重要性无论怎样估计都不为过。

基于本设计项目涉及的员工人数众多、各人的背景及来源各异等方面的特点，为建设和管理好这一庞大的员工队伍，本设计项目要求严把以下三关即“招聘、培训、日常管理”关。

（1）招聘

按标准的条件、程序招聘所需员工。事前提出和设定不同岗位的人员任职条件、要求和招聘考核的办法、内容及程序等，然后严格遵照执行。

（2）培训

所有员工都必须经过严格的培训，经考核合格后方可上岗。培训内容包括营销知识培训、产品知识培训、个人形象知识培训和礼貌待人的方式方法知识培训等等。

（3）日常管理

制定和执行各种规章制度，规范员工的行为准则及其标准，加强对员工的岗位职责活动行为及其绩效的考核与测评，建立规范的绩效考评制度体系。

（三）货品资源组织

本设计项目所设定的商品经销业态及其方式、方法和营销的客户对象、经营目标及目的等，不但要求所经销的商品范围、品种数量必须宽泛，而且品质必须优良、可靠，由此，构成本设计项目建设与发展的又一基本难点。

解决这一问题的主要措施包括：

（1）建立广泛的供货与采购渠道；

（2）制定规范的采购责任制，严格采购的程序及办法；

（3）规范供应商的考核标准及办法，建立采购物品的质量保证体系；

（4）严格采购作业过程管理。

（四）风险的防范与控制

本项目风险主要包括：

（1）经营风险，主要来自企业内部管理不善，对外协调不力、供应链中断等方面。

（2）行业风险，来自同业竞争和行业发展水平的限制。

（3）市场风险，市场开发不力，目标客户不接受。

总体权衡，本项目风险不大，而且有关风险大多都事前可以预测，只要采取适当的措施即可较好地防范和化解。

参考文献

［1］胡锦涛:《高举中国特色社会主义伟大旗帜 为夺取全面建设小康社会新胜利而奋斗——在中国共产党第十七次全国代表大会上的报告》,《人民日报》，2007年10月25日

［2］《中共中央国务院关于积极发展现代农业扎实推进社会主义新农村建设的若干意见》，北京：人民出版社，2007

［3］《中国共产党第十六届中央委员会第五次全体会议文件汇编》，北京：人民出版社，2005

［4］《中共中央国务院关于推进社会主义新农村建设的若干意见》，北京：人民出版社，2006

［5］《中华人民共和国国民经济和社会发展第十一个五年规划纲要》，北京：人民出版社，2006

［6］《中共中央国务院关于进一步加强农村工作提高农业综合生产能力的若干政策意见》，2005

［7］《中共中央国务院关于促进农民增加收入若干政策的意见》，2004

［8］丁泽霖：《农业经济学基本理论探索》，北京：中国农业出版社，2002

［9］［日］祖田修：《农学原论》，北京：中国人民大学出版社，2003

［10］中国社会科学院农村发展研究所、国家统计局农村社会经济调查司：《2006～2007年：中国农村经济形势分析与预测》，北京：社会科学文献出版社，2007

［11］孔祥智主编：《聚焦“三农”——180位专家学者破解“三农”难题》，北京：中央编绎出版社，2004

［12］浙江师范大学农村研究中心、浙江师范大学工商管理学院：《中国新农村建设：理论、实践与政策》，北京：中国经济出版社，2006

［13］石庆华等：《江西农业发展战略研究》，北京：中国农业出版社，2006

［14］焦必方、方志权：《中日鲜活农产品流通体制比较研究》，上海：上海财经大学出版社，2002

［15］石扬令、常平凡：《中国食物消费分析与预测》，北京：中国农业出版社，2004

［16］黑龙江省县城经济学会：《新农村建设与县城经济发展》，北京：中国农业出版社，2006

［17］［美］阿兰·兰德尔：《资源经济学》，北京：商务印书馆，1989

［18］陈健：《农业：现实与历史》，北京：人民出版社，1991

［19］张放主编：《都市农业与可持续发展》：北京：化学工业出版社，2005

［20］［美］Paul Hawken,Amory Lovins,L.Hunter Lovins：《自然资本论》，上海：上海科学普及出版社，2000

［21］［美］威廉·福格特：《生存之路》，北京：商务印书馆，1981

［22］［美］德·希·珀金斯：《中国农业发展》，上海：上海译文出版社，1984

［23］农业部计划司：《新世纪初中国农业展望——农业部农业和农村经济发展第十个五年计划汇编》，北京：中国农业出版社，2002

［24］王兆骞主编：《中国生态农业与农业可持续发展》，北京：北京出版社，2001

［25］杨京平主编：《农业生态工程与技术》，北京：化学工业出版社，2001

［26］席运官、钦佩：《有机农业生态工程》，北京：化学工业出版社，2002

［27］李小云、左停、叶敬忠主编：《2003～2004中国农村情况报告》，北京：社会科学文献出版社，2004

［28］徐祥临：《三农问题论剑》，海口：海南出版社，2001

[29] 李学勇主编：《推进新的农业科技革命的探索与实践》，北京：中国农业出版社，2002

[30] 闵文庆、钟秋毫主编：《农业文化遗产保护的多方参与机制》，北京：中国环境科学出版社，2006

[31] 方炎：《农业可持续发展的政策、技术与管理》，北京：中国农业出版社，2003

[32] 吕英华主编：《无公害蔬菜施肥技术》，北京：中国农业出版社，2003

[33] 张铁如：《板栗无公害高效栽培》，北京：金盾出版社，2004

[34] 黄祖辉、杨利勋、陈随军主编：《农业经济管理理论文集》，北京：科学出版社，2005

[35] 周震虹：《中国农业产业化之路——洞庭湖区个案研究》，北京：人民出版社，2006

[36] 金祥荣主编：《转型期农村制度变迁与创新》，北京：中国农业出版社，2002

[37] 赵邦宏、邸文祥：《中国产业化经营》，北京：中国物价出版社，2002

[38] 陈士瑜主编：《珍稀菇菌栽培与加工》，北京：金盾出版社，2003

[39] 罗菊香主编：《21世纪的林业》，合肥：安徽科学技术出版社，2002

[40] 李继勋：《名优水产品安全养殖技术规范》，北京：中国农业大学出版社，2005

[41] 朱明德主编：《都市型现代农业理论与实践》，北京：中国农业出版社，2003

[42] 中关村国际环保产业促进中心：《新农村能源与环保战略》，北京：人民出版社，2007

[43] 严昌主编：《肉牛科学饲养》，北京：中国农业出版社，2004

[44] 王韩民：《农业形态概览》，北京：中共中央党校出

版社，2001

[45] 莱斯特·R. 布朗：《纵观世界全局（第二集）》，北京：中国对外翻译出版公司，1987

[47]〔苏联〕乌克兰科学院经济研究所：《农业中土地资源和水资源利用的经济问题》，北京：农业出版社，1980

[48] 高文胜：《苹果》，北京：中国农业大学出版社，2005

[49] 农业部发展计划司：《优势农产品区域布局规划汇编》，北京：中国农业出版社，2005

[50] 经济合作与发展组织：《中国农业政策回顾与评价》，北京：中国经济出版社，2005

[51] 刘巽浩：《农业概论》，北京：知识产权出版社，2007

[52] 周红兵：《赣南经济地理》，北京：中国社会出版社，2007

[53] 齐如山：《华北的农村》，沈阳：辽宁教育出版社，2007

[54] 于连生主编：《自然资源价值论及其应用》，北京：化学工业出版社，2004

[55] 郭晓龙、刘艳华主编：《园艺作物栽培》，北京：化学工业出版社，2007

[56] 皇甫伟国主编：《瓜菜优质高效生产技术》，北京：农业出版社，2005

[57] [美] 玛丽林·周等：《世界粮食问题展望与农业潜力》，北京：农业出版社，1982

[58] 中国农业科学院科技情报研究所：《国外农业现代化概况》，北京：生活·读书·新知三联书店，1979

[59] [英] 克拉潘：《现代英国经济史》，北京：商务印书馆，1986

[60] 李成勋主编：《2020年的中国——对未来经济技术社会文化生态环境的展望》，北京：人民出版社，1999

［61］［法］费尔南·布罗代尔：《15至18世纪的物质文明、经济和资本主义》，北京：生活·读书·新知三联书店，1992

［62］沈学年、刘巽浩等：《多熟种植》，北京：农业出版社，1983

［63］刘坚主编：《中草药种植指南》，北京：中国农业出版社，2000

［64］王洪宾主编：《旅游学概论》，北京：中国旅游出版社，2004

［65］［美］G.M.马斯特斯，《环境科学技术导论》，北京：科学出版社，1982

［66］湖南省林业科学研究所：《油茶》，北京：中国林业出版社，1981

［67］［美］莱斯特·R.布朗等：《经济·社会·科技》，北京：科学技术文献出版社，1989

［68］邓蓉、张存根：《中国肉禽产业发展研究》，北京：中国农业出版社，2003

［69］傅筑夫：《中国经济史论丛》，北京：生活·读书·新知三联书店，1980

［70］［美］西蒙·库兹温茨：《各国的经济增长》，北京：商务印书馆，1985

［71］［美］戴维·皮尔斯、杰瑞米·沃福德：《世界无末日——经济学·环境与可持续发展》，北京：中国财政经济出版社，1996

［72］自然科学史研究所：《中国古代科技成就》，北京：中国青年出版社，1978